일본어능력시험 완벽 대비

JLPT N1 단기합격

JLPT N1 단기 합격

지은이 일본어의숲
펴낸이 임상진
펴낸곳 (주)넥서스

초판 1쇄 인쇄 2025년 8월 5일
초판 1쇄 발행 2025년 8월 15일

출판신고 1992년 4월 3일 제311-2002-2호
주소 10880 경기도 파주시 지목로 5
전화 (02)330-5500 팩스 (02)330-5555

ISBN 979-11-6683-989-4 13730

출판사의 허락 없이 내용의 일부를
인용하거나 발췌하는 것을 금합니다.
저자와의 협의에 따라서 인지는 붙이지 않습니다.

가격은 뒤표지에 있습니다.
잘못 만들어진 책은 구입처에서 바꾸어 드립니다.

www.nexusbook.com

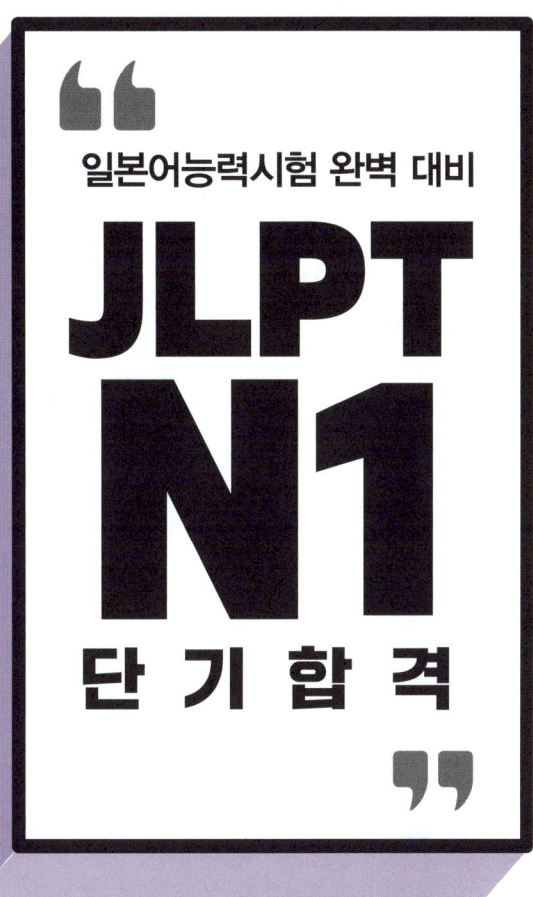

일본어능력시험 완벽 대비

JLPT N1 단기합격

넥서스 JAPANESE

JLPT N1 시험 개요

JLPT N1이란?

JLPT는 Japanese-Language Proficiency Test의 약자로, 의미는 '일본어능력시험'입니다. '일본어능력시험'은 일본어를 모국어로 사용하지 않는 사람들의 일본어 능력을 측정하여 인정하는 시험입니다. N1의 N은 'Nihongo(일본어)'를 나타내고 1은 레벨을 나타냅니다. 레벨은 N5부터 N1까지 총 5단계가 있으며, N1이 가장 높은 레벨입니다.

레벨	과목	시간
N1	언어 지식(문자 · 어휘, 문법) · 독해	110분
	청해	60분
	합계	170분

필요한 능력

읽기 능력	듣기 능력
약 10분 동안 1,000자가량 되는 N1 레벨 이하의 어휘를 사용한 논리적인 문장의 내용을 이해하고 필자의 의도를 파악하는 능력	N1 레벨 이하의 어휘를 사용한 대화, 뉴스, 강의 등을 듣고 전체적인 내용과 중요한 포인트를 이해하는 능력

참고: 일본어능력시험 공식 웹사이트 「N1~N5: 인정의 기준」

JLPT N1의 득점 구분

레벨	득점 구분	득점 범위
N1	언어 지식(문자 · 어휘, 문법)	0~60점
	독해	0~60점
	청해	0~60점
	합계	0~180점

JLPT N1에 합격하기 위해 필요한 점수

※한 과목이라도 점수가 19점 미만이면 불합격입니다.

레벨	득점 구분	득점 범위
N1	언어 지식(문자 · 어휘, 문법)	19점 이상
	독해	19점 이상
	청해	19점 이상
	합계	100점 이상

JLPT N1에 합격하기 위해 필요한 점수의 예

레벨	득점 구분	득점 범위
N1	언어 지식(문자 · 어휘, 문법)	50 / 60 (19점 이상)
	독해	20 / 60 (19점 이상)
	청해	40 / 60 (19점 이상)
	합계	110 / 180 (100점 이상)

참고: 일본어능력시험 공식 웹사이트 「득점 구분 · 합격 불합격 판정 · 결과 통지」

이 책의 내용 및 활용 방법

1 이 책의 내용

제1장 언어 지식(문자·어휘)

'제1장 언어 지식(문자·어휘)'에서는 4,000개의 단어를 어휘 리스트로 정리하였습니다. 단어를 외운 뒤 JLPT N1에 나오는 네 종류의 문제를 674개의 연습 문제를 통해 풀어 볼 수 있습니다.

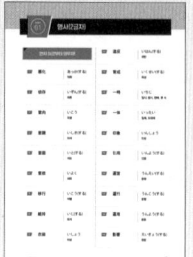  

제2장 언어 지식(문법)

'제2장 언어 지식(문법)'에서는 JLPT N1에 나오는 문법 130개의 의미와 접속 방법, 예문을 공부합니다. 여기에서는 의미가 비슷한 문법끼리 테마별로 정리되어 있습니다. 모두 16개 테마로 되어 있으며, 각 테마에서 학습한 문법을 확인해 보는 연습 문제가 수록되어 있습니다.

제3장 독해

'제3장 독해'에서는 먼저 독해 문제를 푸는 요령을 익힙니다. 그 다음에 직접 문제를 풀어 봅니다. 문제마다 해설이 수록되어 있습니다.

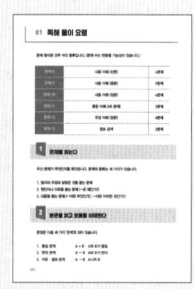 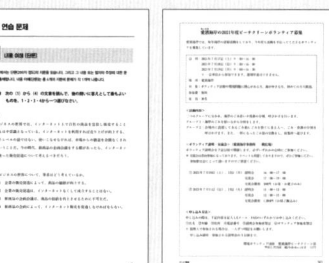 

> 제4장 청해 👍

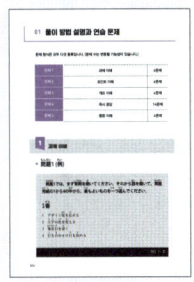  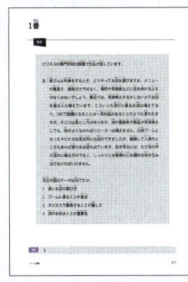

'제4장 청해'에서는 먼저 청해 문제를 푸는 요령을 익힙니다. 그 다음에 직접 문제를 풀어 봅니다. 문제마다 대화 스크립트가 수록되어 있으며, 청해 듣기 음원은 넥서스 홈페이지에서 다운 받거나 스마트폰으로 QR코드를 인식하여 바로 재생할 수 있습니다.

💬 부록 모의 시험 2회분

마지막으로 실제 JLPT N1과 동일한 형식의 모의 시험을 풀어 실력을 점검해 보세요. 총 2회분이 수록되어 있습니다. 맨 마지막 페이지에는 정답을 마킹할 수 있는 답안지가 포함되어 있으므로 절취하여 활용해 보세요.

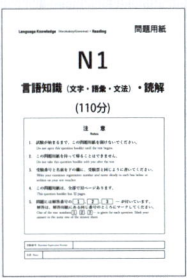  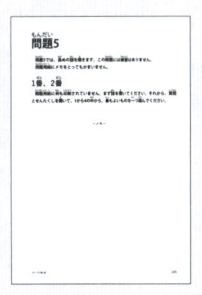

2 활용 방법

① 시험까지 시간이 충분히 있다면?

책을 처음부터 **순서대로 학습**하세요. 특히 **단어와 문법을 이해하고 확실히 암기**하면서 모든 문제를 풀어 보세요.

② 시험까지 남은 시간이 별로 없다면?

먼저 **모의 시험 2회분**을 풀고 채점한 다음에 **점수가 낮은 파트부터 공부**하세요. 만약 독해와 청해를 연습할 시간이 없는 경우에는 **단어와 문법만이라도 이해하고 암기**하세요.

부가자료 활용 방법

1 앱 단어장

① 앱을 다운로드한 후 최초 접속 화면에서 중앙 하단의 '모리탕(モリタン)' 버튼을 누르면 단어장 화면으로 이동됩니다. N1부터 N3까지의 단어장이 있는데, 'N1 단어장(単語帳)' 버튼을 선택합니다.

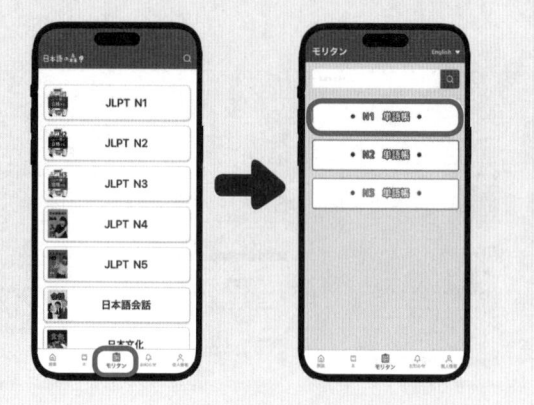

② N1 단어장은 1일차부터 41일차까지 준비되어 있습니다. '전부 보기(全部見る)' 버튼을 누르면 하루에 암기해야 할 단어가 나옵니다. 오른쪽 상단에서 한국어를 포함한 9개 언어 번역본을 선택할 수 있습니다. 번역을 한국어로 설정하여 외운 단어를 체크해 보세요.

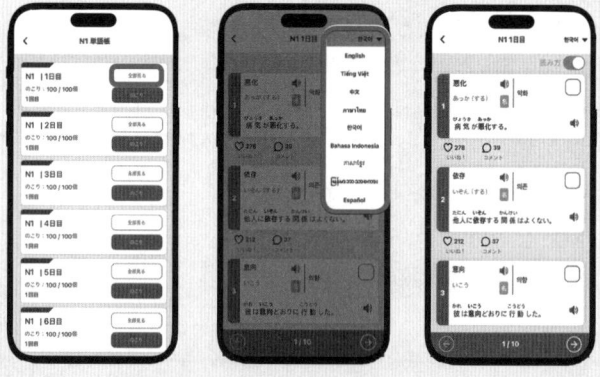

③ 한자, 읽는 법, 뜻, 음성 듣기, 예문이 수록되어 있습니다. 읽는 법을 나타내거나 안 보이게 가릴 수 있습니다. 또한 예문을 보고 단어의 사용법도 확인해 보세요. 단어와 예문의 음성도 들을 수 있습니다. 체크 기능을 활용하면 외우지 못한 단어만 따로 복습할 수 있습니다.

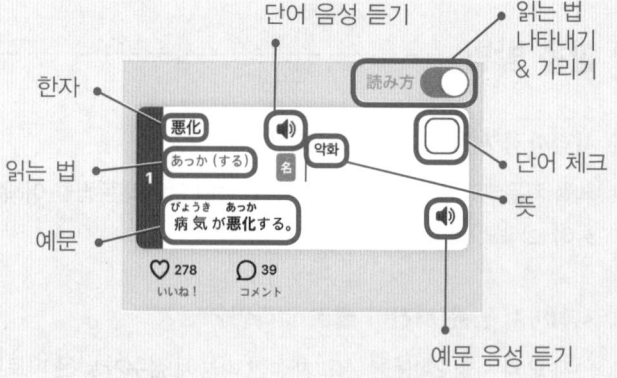

2 청해 MP3

① 넥서스 홈페이지에서 도서명으로 검색하시면 회원가입이나 로그인 없이 MP3 파일을 무료로 다운로드 할 수 있습니다.

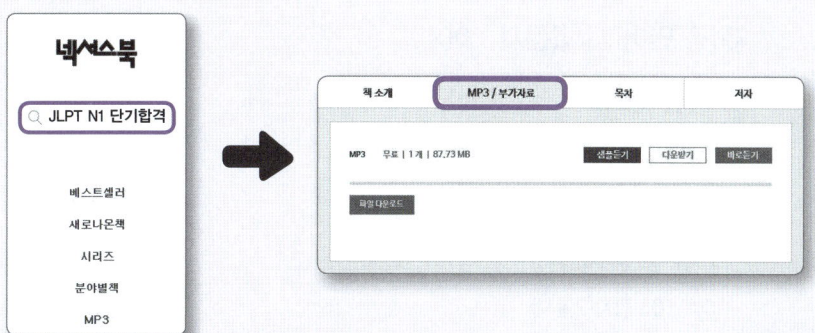

② 스마트폰으로 책 속의 QR코드를 인식하면 MP3를 바로 재생할 수 있습니다.

청해 음원 듣기

3 일본어의숲 유튜브 채널

일본어의숲 유튜브에 방문해 보세요. 무라카미 유카 선생님의 재미있고 다양한 일본어 학습 동영상 콘텐츠를 확인할 수 있습니다.

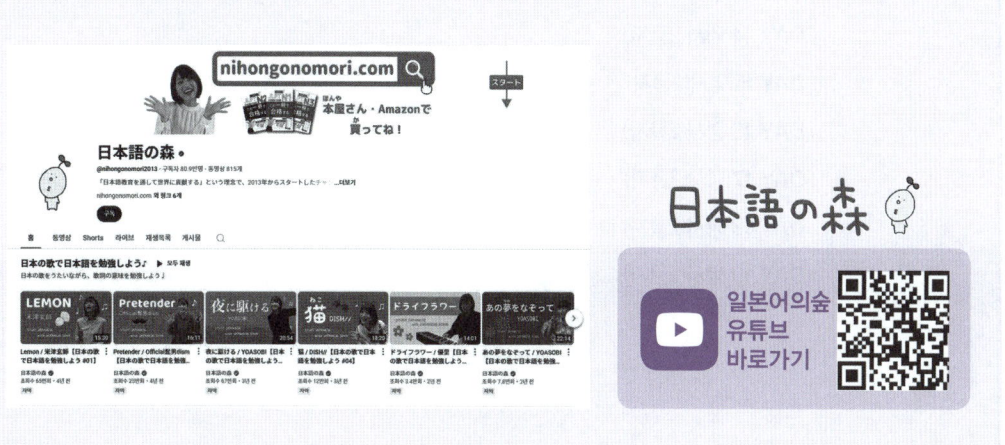

목차

JLPT N1시험 개요 · 4
이 책의 내용 및 활용 방법 · 6
부가자료 활용 방법 · 8

제1장 언어 지식(문자·어휘)

01 어휘 리스트

먼저 이것부터 외우자!

DAY 01 명사(2글자) 17
DAY 02 명사(2글자) 22
DAY 03 명사(2글자) 27
DAY 04 명사(2글자) 32
DAY 05 명사(2글자)·동사(일반) 37
DAY 06 동사(일반)·な형용사 42
DAY 07 な형용사·부사(일반)·가타카나·명사(1글자) ... 47

이것만 외우면 합격!

DAY 08 명사(1글자) 52
DAY 09 명사(1글자)·명사(2글자) 57
DAY 10 명사(2글자) 62
DAY 11 명사(2글자) 67
DAY 12 명사(2글자) 72
DAY 13 명사(2글자) 77
DAY 14 명사(2글자) 82
DAY 15 명사(2글자) 87
DAY 16 명사(2글자) 92
DAY 17 명사(2글자) 97
DAY 18 명사(2글자) 102
DAY 19 명사(2글자) 107

DAY 20 명사(2글자)	112
DAY 21 명사(2글자)	117
DAY 22 명사(2글자)·명사(3글자)	122
DAY 23 명사(3글자)·명사(그 외)	127
DAY 24 명사(그 외)·동사(일반)	132
DAY 25 동사(일반)	137
DAY 26 동사(일반)	142
DAY 27 동사(일반)	147
DAY 28 동사(일반)·동사(복합)	152
DAY 29 동사(복합)	157
DAY 30 동사(복합)·い형용사	162
DAY 31 い형용사·な형용사	167
DAY 32 な형용사	172
DAY 33 な형용사·부사(일반)	177
DAY 34 부사(일반)·부사(의성어·의태어)	182
DAY 35 부사(의성어·의태어)·가타카나	187
DAY 36 가타카나	192
DAY 37 가타카나·접속사·접두어	197
DAY 38 접두어·접미어	202
DAY 39 접미어·관용 표현	207
DAY 40 관용 표현·존경어·겸양어·경어 표현	212
DAY 41 경어 표현·경어와 함께 사용하는 말	222

02 연습 문제

1 한자 읽기	228
2 문맥 구성	251
3 유의 표현	279
4 용법	293

제2장 언어 지식(문법)

01 풀이 방법 설명

    1 문장의 문법 1 (문법 형식 판단) ————————— 314

    2 문장의 문법 2 (문장 만들기) ————————— 315

    3 글의 문법 ————————— 316

02 N1 문법 130

    1 역접 ————————— 320

    2 순접 ————————— 327

    3 조금 · 유일 ————————— 333

    4 범위 ————————— 341

    5 불평 · 욕 ————————— 349

    6 목적 · 금지 · 수단 · 대비 · 강제 ————————— 360

    7 강조 ————————— 369

    8 직후 · 동시 ————————— 377

    9 가정 ————————— 385

    10 관계 ————————— 392

    11 부정① ————————— 400

    12 부정② ————————— 407

    13 입장 · 상황 · 모습 ————————— 413

    14 명사를 수식하는 문법 · 동사의 문법 ————————— 422

    15 열거 · 반복 ————————— 430

    16 경어 ————————— 439

제3장 독해

01 독해 풀이 요령 ————————— 452

02 연습 문제

  8 내용 이해 (단문) 465

  9 내용 이해 (중문) 474

  10 내용 이해 (장문) 486

  11 통합 이해 (AB문제) 491

  12 주장 이해 (장문) 495

  13 정보 검색 500

제4장 청해

01 풀이 방법 설명과 연습 문제

  1 과제 이해 504

  2 포인트 이해 514

  3 개요 이해 524

  4 즉시 응답 530

  5 통합 이해 535

부록 모의 시험

  제1회 558

  제2회 608

  N1 문법 130 색인 660

  모의 시험 답안지 663

별책 부록 정답 및 해석

  · 연습 문제 해석

  · 모의 시험 제1회, 제2회 정답 및 해석

제1장

언어 지식
(문자·어휘)

01 어휘 리스트

JLPT N1의 기본은 단어입니다. 단어를 확실하게 외운 다음에 '제2장 문법'으로 넘어갑시다. 이 장에서는 약 4,000개의 단어를 공부합니다. 시험 전에 어휘 리스트를 활용해 단어를 외웠는지 마지막으로 확인해 보세요.

어휘 리스트 보는 법

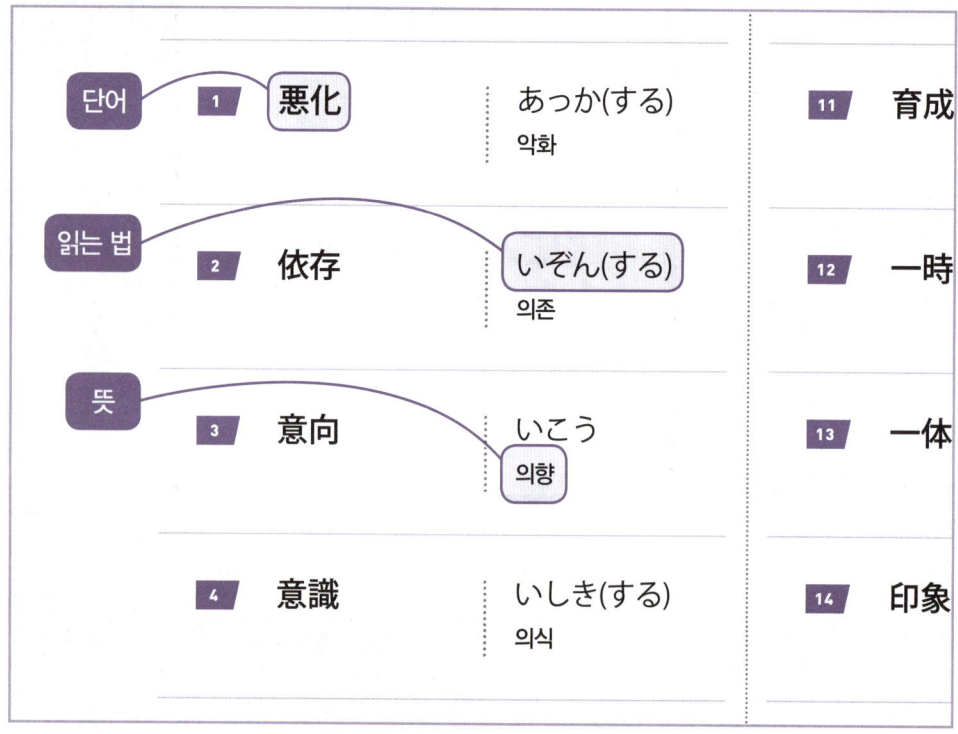

1 일본어 단어를 확인합니다.
2 이어서 히라가나로 표기된 읽는 법을 확인합니다.
3 마지막으로 단어의 한국어 뜻을 확인해 주세요.
4 일본어 단어와 읽는 법과 한국어 뜻을 같이 보면서 단어를 외워 보세요.
5 추가로 단어장 앱을 이용하여 예문을 읽고 단어의 사용법을 확실히 익혀 보세요.

DAY 01 명사(2글자)

먼저 이것부터 외우자!

1	悪化	あっか(する) / 악화
2	依存	いぞん(する) / 의존
3	意向	いこう / 의향
4	意識	いしき(する) / 의식
5	意図	いと(する) / 의도
6	意欲	いよく / 의욕
7	移行	いこう(する) / 이행
8	維持	いじ(する) / 유지
9	衣装	いしょう / 의상
10	違反	いはん(する) / 위반
11	育成	いくせい(する) / 육성
12	一時	いちじ / 일시; 잠시, 한때, 한 시
13	一体	いったい / 일체, 도대체
14	印象	いんしょう / 인상
15	引用	いんよう(する) / 인용
16	運営	うんえい(する) / 운영
17	運行	うんこう(する) / 운행
18	運用	うんよう(する) / 운용
19	影響	えいきょう(する) / 영향

20	栄養	えいよう 영양		31	解消	かいしょう(する) 해소
21	遠慮	えんりょ(する) 사양		32	解説	かいせつ(する) 해설
22	横顔	よこがお 옆얼굴		33	回収	かいしゅう(する) 회수
23	家計	かけい 가계; 생계		34	回復	かいふく(する) 회복
24	家出	いえで(する) 가출		35	改善	かいぜん(する) 개선
25	課題	かだい 과제		36	拡大	かくだい(する) 확대
26	過程	かてい 과정		37	獲得	かくとく(する) 획득
27	過労	かろう(する) 과로		38	確率	かくりつ 확률
28	解決	かいけつ(する) 해결		39	確立	かくりつ(する) 확립
29	解雇	かいこ(する) 해고		40	覚悟	かくご(する) 각오
30	解除	かいじょ(する) 해제		41	学習	がくしゅう(する) 학습

42	学歴	がくれき / 학력		53	希望	きぼう(する) / 희망
43	楽器	がっき / 악기		54	期末	きまつ / 기말
44	感謝	かんしゃ(する) / 감사		55	機関	きかん / 기관
45	感心	かんしん(する) / 감탄		56	機能	きのう(する) / 기능
46	環境	かんきょう / 환경		57	規格	きかく / 규격
47	管理	かんり(する) / 관리		58	規制	きせい(する) / 규제
48	簡易	かんい(な) / 간이		59	規則	きそく / 규칙
49	企画	きかく(する) / 기획		60	規模	きぼ / 규모
50	企業	きぎょう / 기업		61	規約	きやく / 규약
51	危機	きき / 위기		62	記入	きにゅう(する) / 기입
52	基準	きじゅん / 기준		63	休戦	きゅうせん(する) / 휴전

64	居住	きょじゅう(する) 거주		75	禁止	きんし(する) 금지
65	距離	きょり 거리		76	緊張	きんちょう(する) 긴장
66	競争	きょうそう(する) 경쟁		77	近年	きんねん 근년; 근래
67	共存	きょうぞん(する) 공존		78	金融	きんゆう 금융
68	協会	きょうかい 협회		79	苦労	くろう(する) 고생
69	協力	きょうりょく(する) 협력		80	空白	くうはく 공백
70	強調	きょうちょう(する) 강조		81	傾向	けいこう 경향
71	恐怖	きょうふ 공포		82	契約	けいやく(する) 계약
72	教育	きょういく(する) 교육		83	形成	けいせい(する) 형성
73	業種	ぎょうしゅ 업종		84	経過	けいか(する) 경과
74	業務	ぎょうむ 업무		85	経路	けいろ 경로

86	計画	けいかく(する) 계획		97	現場	げんば 현장
87	芸能	げいのう 예능, 연예		98	現像	げんぞう(する) (사진) 현상
88	決意	けつい(する) 결의		99	故郷	こきょう 고향
89	検査	けんさ(する) 검사		100	雇用	こよう(する) 고용
90	権力	けんりょく 권력				
91	研究	けんきゅう(する) 연구				
92	原因	げんいん 원인				
93	原点	げんてん 원점				
94	原文	げんぶん 원문				
95	減速	げんそく(する) 감속				
96	現象	げんしょう 현상				

DAY 02 명사(2글자)

1	顧客	こきゃく	고객
2	後悔	こうかい(する)	후회
3	語学	ごがく	어학
4	誤解	ごかい(する)	오해
5	交付	こうふ(する)	교부
6	効果	こうか	효과
7	口座	こうざ	계좌
8	口述	こうじゅつ(する)	구술
9	口論	こうろん(する)	언쟁; 말다툼
10	向上	こうじょう(する)	향상
11	工作	こうさく(する)	공작
12	工夫	くふう(する)	고안; 궁리
13	幸福	こうふく(な)	행복
14	攻撃	こうげき(する)	공격
15	更新	こうしん(する)	갱신
16	構成	こうせい(する)	구성
17	構造	こうぞう	구조
18	行為	こうい	행위
19	行進	こうしん(する)	행진
20	行政	ぎょうせい	행정

#	単語	読み / 意味
21	講義	こうぎ(する) / 강의
22	購入	こうにゅう(する) / 구입
23	高原	こうげん / 고원
24	合意	ごうい(する) / 합의
25	合成	ごうせい(する) / 합성
26	告白	こくはく(する) / 고백
27	国有	こくゆう / 국유
28	困難	こんなん(な) / 곤란
29	混同	こんどう(する) / 혼동
30	再建	さいけん(する) / 재건
31	再現	さいげん(する) / 재현
32	才能	さいのう / 재능
33	採用	さいよう(する) / 채용
34	在庫	ざいこ / 재고
35	財政	ざいせい / 재정
36	作戦	さくせん / 작전
37	作用	さよう(する) / 작용
38	殺人	さつじん / 살인
39	参考	さんこう(する) / 참고
40	残業	ざんぎょう(する) / 야근; 잔업
41	志望	しぼう(する) / 지망
42	思考	しこう(する) / 사고; 생각

43	指示	しじ(する) 지시		54	事例	じれい 사례
44	支持	しじ(する) 지지		55	持参	じさん(する) 지참
45	支店	してん 지점		56	時期	じき 시기
46	脂肪	しぼう 지방		57	次第	しだい 순서, ~하는 대로
47	視線	しせん 시선		58	治療	ちりょう(する) 치료
48	視点	してん 시점		59	自覚	じかく(する) 자각
49	視野	しや 시야		60	自己	じこ 자기
50	視力	しりょく 시력		61	失言	しつげん(する) 실언
51	資源	しげん 자원		62	実家	じっか 본가; 친정
52	事項	じこう 사항		63	実在	じつざい(する) 실재
53	事前	じぜん 사전		64	実践	じっせん(する) 실천

#	単語	読み / 意味
65	車庫	しゃこ / 차고
66	車両	しゃりょう / 차량
67	主張	しゅちょう(する) / 주장
68	取引	とりひき(する) / 거래
69	取材	しゅざい(する) / 취재
70	手段	しゅだん / 수단
71	首相	しゅしょう / 수상; 총리
72	受賞	じゅしょう(する) / 수상
73	需要	じゅよう / 수요
74	収益	しゅうえき / 수익
75	収入	しゅうにゅう / 수입
76	周囲	しゅうい / 주위
77	就職	しゅうしょく(する) / 취직
78	修正	しゅうせい(する) / 수정
79	習慣	しゅうかん / 습관
80	従来	じゅうらい / 종래
81	重視	じゅうし(する) / 중시
82	重点	じゅうてん / 중점
83	祝日	しゅくじつ / 공휴일
84	縮小	しゅくしょう(する) / 축소
85	準備	じゅんび(する) / 준비
86	初日	しょにち / 첫날

87	所有	しょゆう(する) 소유
88	助言	じょげん(する) 조언
89	商店	しょうてん 상점
90	消去	しょうきょ(する) 소거
91	消費	しょうひ(する) 소비
92	消滅	しょうめつ(する) 소멸
93	証言	しょうげん(する) 증언
94	証人	しょうにん 증인
95	証明	しょうめい(する) 증명
96	情報	じょうほう 정보
97	条件	じょうけん 조건
98	状況	じょうきょう 상황
99	状態	じょうたい 상태
100	職業	しょくぎょう 직업

DAY 03 명사(2글자)

#	漢字	읽기 / 뜻
1	職種	しょくしゅ / 직종
2	職務	しょくむ / 직무
3	振込	ふりこみ / 이체; 납입
4	新規	しんき / 신규
5	真心	まごころ / 진심
6	神経	しんけい / 신경
7	身内	みうち / 일가; 가족, 한패
8	進化	しんか(する) / 진화
9	進展	しんてん(する) / 진전
10	進歩	しんぽ(する) / 진보
11	進路	しんろ / 진로
12	人材	じんざい / 인재
13	人手	ひとで / 일손, 남의 손
14	人情	にんじょう / 인정
15	人目	ひとめ / 이목; 남의 눈
16	世帯	せたい / 세대
17	制服	せいふく / 교복, 제복
18	性質	せいしつ / 성질
19	性別	せいべつ / 성별
20	政権	せいけん / 정권

21	政策	せいさく 정책		32	前例	ぜんれい 전례
22	正義	せいぎ 정의		33	想像	そうぞう(する) 상상
23	正体	しょうたい 정체		34	総合	そうごう(する) 종합
24	清掃	せいそう(する) 청소		35	即日	そくじつ 당일
25	精神	せいしん 정신		36	存在	そんざい(する) 존재
26	責任	せきにん 책임		37	存続	そんぞく(する) 존속
27	接近	せっきん(する) 접근		38	対応	たいおう(する) 대응
28	設置	せっち(する) 설치		39	対象	たいしょう 대상
29	設立	せつりつ(する) 설립		40	待遇	たいぐう 대우, 대접; 서비스
30	先日	せんじつ 전날, 일전		41	態度	たいど 태도
31	専用	せんよう 전용		42	台所	だいどころ 부엌

43	大衆	たいしゅう 대중		54	直感	ちょっかん 직감
44	単一	たんいつ 단일		55	直接	ちょくせつ 직접
45	担任	たんにん(する) 담임		56	賃金	ちんぎん 임금
46	短縮	たんしゅく(する) 단축		57	賃貸	ちんたい 임대
47	団結	だんけつ(する) 단결		58	追跡	ついせき(する) 추적
48	著書	ちょしょ 저서		59	提案	ていあん(する) 제안
49	貯蓄	ちょちく(する) 저축		60	提供	ていきょう(する) 제공
50	挑戦	ちょうせん(する) 도전		61	提示	ていじ(する) 제시
51	調和	ちょうわ(する) 조화		62	提出	ていしゅつ(する) 제출
52	長所	ちょうしょ 장점		63	典型	てんけい 전형
53	頂上	ちょうじょう 정상		64	展開	てんかい(する) 전개

65	展示	てんじ(する) 전시		76	到達	とうたつ(する) 도달
66	展望	てんぼう(する) 전망		77	同居	どうきょ(する) 동거
67	店舗	てんぽ 점포		78	同士	どうし ~끼리
68	転送	てんそう(する) 전송		79	同情	どうじょう(する) 동정
69	伝言	でんごん(する) 전언		80	同様	どうよう 같음, 마찬가지
70	伝説	でんせつ 전설		81	導入	どうにゅう(する) 도입
71	伝達	でんたつ(する) 전달		82	特定	とくてい(する) 특정
72	途上	とじょう 도상; 도중, 노상		83	特別	とくべつ(な) 특별
73	投資	とうし(する) 투자		84	内心	ないしん 내심
74	統合	とうごう(する) 통합		85	内側	うちがわ 안쪽
75	統治	とうち(する) 통치		86	日程	にってい 일정

87	入手	にゅうしゅ(する) 입수
88	妊娠	にんしん(する) 임신
89	認識	にんしき(する) 인식
90	年配	ねんぱい 연배
91	納得	なっとく(する) 납득
92	農民	のうみん 농민
93	破壊	はかい(する) 파괴
94	敗戦	はいせん(する) 패전
95	背景	はいけい 배경
96	配給	はいきゅう(する) 배급
97	配信	はいしん(する) 배포, 전송
98	爆撃	ばくげき(する) 폭격
99	爆弾	ばくだん 폭탄
100	発熱	はつねつ(する) 발열

DAY 04 명사(2글자)

1	発砲	はっぽう(する)	발포
2	判決	はんけつ(する)	판결
3	判断	はんだん(する)	판단
4	判定	はんてい(する)	판정
5	反応	はんのう(する)	반응
6	反感	はんかん	반감
7	反響	はんきょう(する)	반향, 메아리
8	反撃	はんげき(する)	반격
9	反省	はんせい(する)	반성
10	犯罪	はんざい	범죄
11	否定	ひてい(する)	부정
12	批判	ひはん(する)	비판
13	比較	ひかく(する)	비교
14	比率	ひりつ	비율
15	皮肉	ひにく(な)	빈정거림, 비꼼
16	秘密	ひみつ	비밀
17	被害	ひがい	피해
18	筆者	ひっしゃ	필자
19	表情	ひょうじょう	표정
20	評価	ひょうか(する)	평가

21	品種	ひんしゅ 품종		32	復習	ふくしゅう(する) 복습
22	貧困	ひんこん 빈곤		33	服装	ふくそう 복장
23	貧富	ひんぷ 빈부		34	複合	ふくごう(する) 복합
24	不順	ふじゅん(な) 불순		35	物語	ものがたり 이야기
25	不調	ふちょう(な) 상태가 나쁨, 컨디션이 나쁨		36	物資	ぶっし 물자
26	普及	ふきゅう(する) 보급		37	物事	ものごと 사물, 모든 일; 매사
27	浮気	うわき(する) 바람		38	物体	ぶったい 물체
28	負債	ふさい 부채; 빚		39	分解	ぶんかい(する) 분해
29	負担	ふたん(する) 부담		40	分業	ぶんぎょう(する) 분업
30	舞台	ぶたい 무대		41	分析	ぶんせき(する) 분석
31	部門	ぶもん 부문		42	分別	ぶんべつ(する) 분별

43	変換	へんかん(する) / 변환
44	変形	へんけい(する) / 변형
45	保育	ほいく(する) / 보육
46	保温	ほおん(する) / 보온
47	保管	ほかん(する) / 보관
48	保険	ほけん / 보험
49	補給	ほきゅう(する) / 보급
50	補充	ほじゅう(する) / 보충
51	報告	ほうこく(する) / 보고
52	報道	ほうどう(する) / 보도
53	崩壊	ほうかい(する) / 붕괴
54	方針	ほうしん / 방침
55	法律	ほうりつ / 법률
56	暴力	ぼうりょく / 폭력
57	防止	ぼうし(する) / 방지
58	本音	ほんね / 본심; 속마음
59	本気	ほんき / 진심
60	本場	ほんば / 본고장
61	本心	ほんしん / 본심
62	本能	ほんのう / 본능
63	埋蔵	まいぞう(する) / 매장
64	万人	ばんにん / 만인; 여러 사람

65	魅力	みりょく 매력		76	優先	ゆうせん(する) 우선
66	無言	むごん 무언		77	有効	ゆうこう(な) 유효
67	無効	むこう(な) 무효		78	有力	ゆうりょく(な) 유력
68	無断	むだん 무단		79	予感	よかん(する) 예감
69	面倒	めんどう(な) 귀찮음, 돌봄		80	予期	よき(する) 예기
70	模様	もよう 모양		81	予言	よげん(する) 예언
71	目下	もっか 목하, 눈앞, 현재		82	予告	よこく(する) 예고
72	目撃	もくげき(する) 목격		83	予想	よそう(する) 예상
73	目線	めせん 시선; 눈길, 눈높이		84	予防	よぼう(する) 예방
74	目的	もくてき 목적		85	余裕	よゆう 여유
75	優位	ゆうい(な) 우위		86	様子	ようす 모습

87	用意	ようい(する) 준비		98	理論	りろん 이론
88	用件	ようけん 용건		99	流出	りゅうしゅつ(する) 유출
89	要求	ようきゅう(する) 요구		100	了解	りょうかい(する) 양해
90	要請	ようせい(する) 요청				
91	要約	ようやく(する) 요약				
92	養成	ようせい(する) 양성				
93	翌日	よくじつ 다음 날; 익일				
94	利益	りえき 이익				
95	利子	りし 이자				
96	理性	りせい 이성				
97	理由	りゆう 이유				

DAY 05 명사(2글자)·동사(일반)

1	両立	りょうりつ(する) / 양립
2	倫理	りんり / 윤리
3	冷蔵	れいぞう(する) / 냉장
4	連結	れんけつ(する) / 연결
5	連行	れんこう(する) / 연행
6	連日	れんじつ / 연일
7	生ける	いける / (꽃·가지 등을) 꽂다
8	もたらす	가져오다; 초래하다
9	扱う	あつかう / 다루다; 취급하다
10	異なる	ことなる / 다르다
11	営む	いとなむ / 경영하다
12	映る	うつる / 비치다
13	延びる	のびる / 연장되다, 연기되다
14	演じる	えんじる / 연기하다, 역할을 맡다
15	汚す	よごす / 더럽히다
16	汚れる	よごれる / 더러워지다
17	応じる	おうじる / 응하다
18	殴る	なぐる / 때리다
19	稼ぐ	かせぐ / (돈을) 벌다
20	解く	とく / (문제를) 풀다

21	解ける	とける 풀리다		32	疑う	うたがう 의심하다
22	壊す	こわす 부수다		33	詰める	つめる 가득 채우다, 막다
23	改まる	あらたまる 고쳐지다, 개선되다		34	救う	すくう 구하다
24	改める	あらためる 고치다, 개선하다		35	求める	もとめる 구하다; 요구하다
25	外れる	はずれる 벗겨지다, 떨어지다, 빗나가다		36	許す	ゆるす 용서하다, 허가하다
26	叶う	かなう 이루어지다		37	狂う	くるう 미치다
27	勧める	すすめる 권하다; 추천하다		38	響く	ひびく 울려 퍼지다
28	慣れる	なれる 익숙해지다		39	驚く	おどろく 놀라다
29	含める	ふくめる 포함시키다		40	勤まる	つとまる 감당해 내다, 수행하다
30	寄せる	よせる 밀려오다, 가까이 대다, (한 군데로) 모으다		41	勤める	つとめる 근무하다
31	輝く	かがやく 빛나다		42	禁じる	きんじる 금지하다

43	駆ける	かける 전속력으로 뛰다		54	向く	むく 향하다
44	傾ける	かたむける 기울이다		55	広まる	ひろまる 넓어지다, 널리 퍼지다
45	敬う	うやまう 공경하다		56	構える	かまえる 꾸미다, (집 등을) 짓다
46	経る	へる 지나다, 경과하다		57	行う	おこなう 행하다
47	繋がる	つながる 이어지다		58	合わす	あわす 합치다, 맞추다
48	結ぶ	むすぶ 맺다, 잇다, 묶다		59	込める	こめる 담다, (속에) 넣다, 포함하다
49	嫌がる	いやがる 싫어하다		60	削る	けずる 깎다
50	現れる	あらわれる 나타나다, 드러내다		61	仕上げる	しあげる 마무리하다
51	限る	かぎる 제한하다		62	支える	ささえる 지지하다
52	固める	かためる 굳히다		63	試みる	こころみる 시험하다, 시도해 보다
53	戸惑う	とまどう 당황하다, 망설이다		64	謝る	あやまる 사죄하다; 사과하다

65	収まる	おさまる 수습되다		76	深める	ふかめる 깊게 하다
66	従う	したがう 따르다		77	親しむ	したしむ 친하게 지내다, 가까이하다
67	巡る	めぐる 돌다, 둘러싸다		78	震える	ふるえる 떨리다
68	除く	のぞく 없애다; 제거하다		79	震わせる	ふるわせる 떨게 하다
69	傷つく	きずつく 상처 입다		80	図る	はかる 도모하다
70	招く	まねく 초대하다		81	整える	ととのえる 정돈하다
71	焼ける	やける 타다, 구워지다		82	生かす	いかす 살리다, 활용하다
72	触れる	ふれる 접촉하다, 닿다, 만지다		83	生じる	しょうじる 생기다, 일어나다
73	伸ばす	のばす 늘리다		84	責める	せめる 비난하다
74	心掛ける	こころがける 마음에 새기다, 유의하다		85	設ける	もうける 만들다, 마련하다
75	深まる	ふかまる 깊어지다		86	占める	しめる 차지하다

87	染まる	そまる 물들다		98	断つ	たつ 끊다; 자르다
88	染める	そめる 물들이다		99	断る	ことわる 거절하다
89	狙う	ねらう 노리다, 겨누다		100	築く	きずく 쌓다; 쌓아올리다, 이루다
90	組む	くむ 짜다, 끼다				
91	訴える	うったえる 고소하다, 호소하다				
92	争う	あらそう 다투다; 경쟁하다				
93	測る	はかる 재다				
94	代わる	かわる 대신하다				
95	奪う	うばう 빼앗다				
96	担う	になう 짊어지다, 떠맡다				
97	探る	さぐる 더듬어 찾다, 살피다				

DAY 06 동사(일반)·な형용사

1	調える	ととのえる 갖추다; 마련하다		11	曇る	くもる 흐려지다
2	痛める	いためる 아프게 하다, 고통을 주다		12	納まる	おさまる 납부되다; 수납되다
3	通じる	つうじる 통하다		13	納める	おさめる 납부하다; 수납하다
4	締める	しめる 죄다; 매다		14	破る	やぶる 깨부수다, 찢다
5	諦める	あきらめる 포기하다		15	配る	くばる 나눠 주다; 배포하다
6	転がる	ころがる 구르다, 넘어지다		16	迫る	せまる 다가오다
7	努める	つとめる 노력하다; 힘쓰다		17	抜ける	ぬける 뽑히다
8	倒す	たおす 쓰러뜨리다		18	避ける	さける / よける 피하다
9	踏まえる	ふまえる 밟아 누르다, 근거하다		19	負かす	まかす 지게 하다
10	逃す	のがす 놓치다		20	片付く	かたづく 정리되다, 해결되다

21	片付ける	かたづける 정리하다, 해결하다		32	黙る	だまる 입을 다물다
22	保つ	たもつ 유지하다, 지키다		33	優れる	すぐれる 우수하다; 뛰어나다
23	歩む	あゆむ 걷다		34	誘う	さそう 권유하다
24	補う	おぎなう 보충하다		35	余る	あまる 남다
25	崩す	くずす 무너뜨리다		36	与える	あたえる 주다; 수여하다
26	崩れる	くずれる 무너지다		37	養う	やしなう 기르다; 양육하다
27	訪れる	おとずれる 방문하다		38	抑える	おさえる 억누르다
28	飽きる	あきる 질리다		39	頼る	たよる 의지하다
29	望む	のぞむ 바라다; 원하다		40	絡む	からむ 얽히다
30	埋める	うめる 묻다, 메우다		41	冷やす	ひやす 식히다
31	満たす	みたす 채우다, 충족시키다		42	励ます	はげます 격려하다

43	騙す	だます / 속이다
44	いい加減な	いいかげんな / 적당한
45	意外な	いがいな / 의외인
46	過激な	かげきな / 과격한
47	わがままな	제멋대로인, 버릇없는
48	確かな	たしかな / 확실한
49	確実な	かくじつな / 확실한
50	楽観的な	らっかんてきな / 낙관적인
51	活発な	かっぱつな / 활발한
52	完璧な	かんぺきな / 완벽한
53	頑丈な	がんじょうな / 튼튼한
54	気楽な	きらくな / 마음 편한
55	気軽な	きがるな / 부담 없는, 가벼운
56	愚かな	おろかな / 어리석은
57	結構な	けっこうな / 충분한
58	健全な	けんぜんな / 건전한
59	賢明な	けんめいな / 현명한
60	広大な	こうだいな / 광대한
61	国際的な	こくさいてきな / 국제적인
62	自動的な	じどうてきな / 자동적인
63	手軽な	てがるな / 손쉬운, 가벼운
64	重要な	じゅうような / 중요한

65	順調な	じゅんちょうな 순조로운		76	単純な	たんじゅんな 단순한
66	上品な	じょうひんな 고상한, 고급스러운		77	短期的な	たんきてきな 단기적인
67	慎重な	しんちょうな 신중한		78	段階的な	だんかいてきな 단계적인
68	新たな	あらたな 새로운		79	地味な	じみな 수수한
69	真剣な	しんけんな 진지한		80	忠実な	ちゅうじつな 충실한
70	身近な	みぢかな 가까운, 친근한		81	抽象的な	ちゅうしょうてきな 추상적인
71	盛大な	せいだいな 성대한		82	長期的な	ちょうきてきな 장기적인
72	積極的な	せっきょくてきな 적극적인		83	直感的な	ちょっかんてきな 직감적인
73	切実な	せつじつな 절실한		84	適切な	てきせつな 적절한
74	対照的な	たいしょうてきな 대조적인		85	適当な	てきとうな 적당한
75	大幅な	おおはばな 큰 폭의; 대폭적인		86	典型的な	てんけいてきな 전형적인

87	伝統的な	でんとうてきな 전통적인
88	独特な	どくとくな 독특한
89	派手な	はでな 화려한
90	否定的な	ひていてきな 부정적인
91	不当な	ふとうな 부당한
92	複雑な	ふくざつな 복잡한
93	平気な	へいきな 멀쩡한, 아무렇지 않은
94	豊かな	ゆたかな 풍부한, 풍족한
95	豊富な	ほうふな 풍부한
96	未熟な	みじゅくな 미숙한
97	密接な	みっせつな 밀접한
98	無難な	ぶなんな 무난한
99	無能な	むのうな 무능한
100	無礼な	ぶれいな 무례한

DAY 07 な형용사·부사(일반)·가타카나·명사(1글자)

1	明白な	めいはくな / 명백한
2	優先的な	ゆうせんてきな / 우선적인
3	有益な	ゆうえきな / 유익한
4	容易な	よういな / 용이한
5	理性的な	りせいてきな / 이성적인
6	冷静な	れいせいな / 냉정한
7	あちこち	여기저기
8	あれこれ	이것저것
9	いきなり	갑자기
10	いくらか	조금, 다소
11	いよいよ	드디어
12	お互いに	おたがいに / 서로
13	しょっちゅう	늘, 언제나
14	すでに	이미
15	だいたい	대략; 거의
16	たいてい	대개
17	たまたま	가끔, 우연히
18	どうか	어떻게든, 제발
19	とりあえず	일단, 우선
20	なんだか	왠지, 무언가

21	なんとか	어떻게든, 그럭저럭		32	結局	けっきょく 결국
22	やっと	겨우		33	今更	いまさら 이제 와서, 새삼스럽게
23	わざと	일부러, 고의로		34	再び	ふたたび 재차; 다시
24	わざわざ	일부러, 고의로		35	最も	もっとも 가장
25	わりに	비교적, 생각한 것치고		36	自ら	みずから 스스로
26	一体	いったい 도대체; 대체		37	自然に	しぜんに 자연스럽게
27	仮に	かりに 만일; 가령		38	絶対に	ぜったいに 절대로
28	改めて	あらためて 다시, 새삼스럽게		39	全然	ぜんぜん 전혀
29	確かに	たしかに 확실히		40	まるで	마치
30	間もなく	まもなく 곧, 머지않아		41	大量に	たいりょうに 대량으로
31	急に	きゅうに 갑자기		42	当然	とうぜん 당연히

43	堂々と	どうどうと 당당히		54	ロマンチック	로맨틱
44	突然	とつぜん 갑자기; 돌연		55	カーペット	카펫
45	非常に	ひじょうに 대단히		56	カウンター	카운터
46	必死に	ひっしに 필사적으로		57	カウント(する)	카운트
47	例えば	たとえば 예를 들어		58	グローバル	글로벌
48	インタビュー(する)	인터뷰		59	コミュニケーション	커뮤니케이션; 의사소통
49	インフルエンザ	독감		60	コメディー	코미디
50	ウイルス	바이러스		61	サポート(する)	서포트; 지원
51	エース	에이스		62	ジャンプ(する)	점프
52	エプロン	앞치마		63	ショック	쇼크; 충격
53	オーバー(する)	오버; 초과, 과장		64	スクリーン	스크린

65	スタジオ	스튜디오	76	トップ	톱; 최정상, 최고
66	ストーリー	스토리; 이야기	77	ネックレス	목걸이
67	ストロー	빨대	78	バック(する)	백; 뒤, 배경
68	スペース	스페이스; 공간, 우주	79	パワー	파워; 힘
69	セット(する)	세트	80	ヒント	힌트
70	センス	센스	81	ファイト	파이팅
71	タッチ(する)	터치	82	ファイル	파일
72	チャレンジ(する)	챌린지; 도전	83	プライド	프라이드; 자존심
73	チャンネル	채널	84	ブランド	브랜드
74	デザート	디저트	85	プロ	프로
75	デザイン(する)	디자인	86	ベース	베이스

87	ホール		홀
88	マイナス		마이너스
89	マッサージ(する)		마사지
90	メイン		메인
91	メディア		미디어
92	メロディー		멜로디
93	ユニフォーム		유니폼
94	レベル		레벨
95	レンタル(する)		렌털; 대여
96	ロック(する)		잠금

이것만 외우면 합격!

97	闇	やみ	어둠
98	陰	かげ	그늘
99	渦	うず	소용돌이
100	鉛	なまり	납

DAY 08 — 명사(1글자)

1	沖	おき / 먼바다		11	脚	あし / 다리
2	芽	め / (식물) 싹		12	逆	ぎゃく / 역; 반대; 거꾸로
3	核	かく / 핵, 핵심		13	丘	おか / 언덕
4	角	つの / かど / 뿔 / 모서리, 길모퉁이		14	弓	ゆみ / 활
5	株	かぶ / 주식		15	筋	すじ / 힘줄
6	幹	みき / (나무) 줄기		16	恵	めぐみ / 은혜
7	管	くだ / 관		17	茎	くき / (식물) 줄기, 대
8	癌	がん / 암		18	芸	げい / 연예, 재주
9	器	うつわ / 그릇, 용기		19	穴	あな / 구멍
10	技	わざ / 기술		20	件	けん / 건

21	源	みなもと 근원		32	策	さく 대책
22	股	また 넓적다리, 가랑이		33	札	ふだ / さつ 표; 팻말 / 지폐
23	公	おおやけ 공공, 정부		34	志	こころざし 뜻, 마음
24	垢	あか 때, 더러움		35	紫	むらさき 보라색
25	溝	みぞ 도랑, 홈, 골		36	雌	めす 암컷
26	綱	つな 밧줄		37	侍	さむらい 사무라이(일본의 무사 계급)
27	頃	ころ 때, ~쯤		38	軸	じく 축
28	根	ね 뿌리		39	主	ぬし 주인
29	魂	たましい 영혼		40	種	しゅ / たね 종 / 씨; 씨앗
30	際	きわ 가장자리		41	趣	おもむき 멋; 정취, 느낌
31	柵	さく 책, 울타리		42	獣	けもの 짐승

43	術	すべ 수단; 방법; 도리
44	盾	たて 방패
45	沼	ぬま 늪
46	証	あかし 증거
47	丈	たけ 길이; 기장
48	刃	は (칼)날
49	跡	あと 흔적, 자국; 발자국
50	節	ふし 마디
51	禅	ぜん (불교) 선
52	巣	す 둥지
53	霜	しも 서리, 성에
54	蔵	くら 곳간; 창고
55	対	つい 한 쌍
56	端	はし 끝, 가장자리, 구석
57	値	あたい 값어치
58	恥	はじ 부끄러움; 수치
59	宙	ちゅう 하늘; 공중
60	潮	しお 밀물, 썰물, 바닷물
61	腸	ちょう 장; 창자
62	頂	いただき 정상; 꼭대기
63	的	まと 과녁, 목표
64	棟	とう (집·건물 등) ~동

65	筒	つつ 통, 관		76	眉	まゆ 눈썹
66	頭	かしら / あたま 머리		77	票	ひょう 표; 쪽지, 투표지
67	尿	にょう 소변; 오줌		78	苗	なえ 모종
68	念	ねん 주의함, 염원		79	浜	はま 모래사장
69	脳	のう 뇌		80	幅	はば 폭; 너비
70	肺	はい 폐		81	柄	え / がら 손잡이 / 몸집, 무늬
71	罰	ばつ 벌		82	並	なみ 보통; 중간
72	判	はん 도장, 판단		83	峰	みね 봉우리
73	班	はん (학교) 반		84	麻	あさ 삼베
74	扉	とびら 문		85	膜	まく 막
75	尾	お 꼬리		86	末	すえ / まつ 끝; 마지막 / 말

87	脈	みゃく / 맥
88	婿	むこ / 사위
89	網	あみ / 망, 그물
90	矢	や / 화살
91	雄	おす / 수컷
92	翼	つばさ / 날개
93	裸	はだか / 알몸
94	寮	りょう / 기숙사
95	類	たぐい / 같은 부류; 유례
96	例	れい / 예
97	暦	こよみ / 달력
98	枠	わく / 테두리
99	絆	きずな / 유대; 인연

DAY 09 명사(1글자)·명사(2글자)

#				#		
1	脇	わき	겨드랑이	11	挨拶	あいさつ(する) 인사
2	最良	さいりょう	최선	12	悪気	わるぎ 악의
3	入隊	にゅうたい(する)	입대	13	悪事	あくじ 악행
4	直観	ちょっかん	직관	14	悪癖	あくへき 나쁜 버릇
5	主観	しゅかん	주관	15	圧倒	あっとう(する) 압도
6	被告	ひこく	피고	16	圧迫	あっぱく(する) 압박
7	被災	ひさい(する)	재해를 입음	17	暗闇	くらやみ 어둠
8	愛嬌	あいきょう	애교	18	暗殺	あんさつ(する) 암살
9	愛想	あいそ / あいそう	붙임성	19	暗算	あんざん(する) 암산
10	愛用	あいよう(する)	애용	20	暗示	あんじ(する) 암시

21	依頼	いらい(する) 의뢰	32	遺跡	いせき 유적
22	委託	いたく(する) 위탁	33	育児	いくじ(する) 육아
23	委任	いにん(する) 위임	34	一括	いっかつ(する) 일괄
24	威力	いりょく 위력	35	一環	いっかん 일환
25	意義	いぎ 의의	36	一貫	いっかん(する) 일관
26	意地	いじ 성미, 고집	37	一筋	ひとすじ 한 줄기, 외곬
27	異議	いぎ 이의	38	一見	いっけん(する) 일견(한 번 봄); 언뜻 봄
28	異動	いどう(する) 이동	39	一息	ひといき 단숨, 한숨 돌림
29	移住	いじゅう(する) 이주	40	一致	いっち(する) 일치
30	衣類	いるい 의류	41	一変	いっぺん(する) 일변; 완전히 달라짐
31	遺言	ゆいごん 유언	42	一面	いちめん 일면

43	一様	いちよう(な) 똑같음; 한결같음
44	一連	いちれん 일련
45	逸品	いっぴん 일품; 걸작품
46	印鑑	いんかん 인감
47	引力	いんりょく 인력(끌어당기는 힘)
48	陰謀	いんぼう 음모
49	隠居	いんきょ(する) 은거
50	雨具	あまぐ 우비
51	運賃	うんちん 운임
52	運搬	うんぱん(する) 운반
53	英雄	えいゆう 영웅
54	衛星	えいせい 위성
55	閲覧	えつらん(する) 열람
56	援助	えんじょ(する) 원조
57	沿岸	えんがん 연안
58	沿線	えんせん 연선(선로를 따라서 있는 땅)
59	演奏	えんそう(する) 연주
60	縁起	えんぎ 기원, 유래, 운수
61	縁側	えんがわ 툇마루
62	縁談	えんだん 혼담
63	遠隔	えんかく 원격
64	遠征	えんせい(する) 원정

65	汚職	おしょく 오직; 독직; 부정		76	音色	ねいろ 음색
66	汚染	おせん(する) 오염		77	下火	したび 불이 약해짐, 시들해짐
67	往来	おうらい(する) 왕래		78	下心	したごころ 속마음, 속셈
68	応募	おうぼ(する) 응모		79	下線	かせん 밑줄
69	横綱	よこづな 요코즈나(스모 선수 중 가장 높은 서열)		80	下地	したじ 밑바탕
70	横行	おうこう(する) 횡행(멋대로 다님)		81	下痢	げり 설사
71	殴打	おうだ(する) 구타		82	仮説	かせつ 가설
72	黄金	おうごん 황금		83	加減	かげん(する) 가감, 조절, (사물의) 상태나 정도
73	屋敷	やしき 대지, 저택		84	加味	かみ(する) 가미
74	乙女	おとめ 소녀, 처녀		85	可決	かけつ(する) 가결
75	恩恵	おんけい 은혜		86	家畜	かちく 가축

87	家柄	いえがら 집안; 가문	98	貨幣	かへい 화폐
88	家来	けらい 하인	99	過言	かごん 과언
89	家路	いえじ 귀갓길	100	過剰	かじょう(な) 과잉
90	架空	かくう 가공			
91	河川	かせん 하천			
92	火花	ひばな 불꽃			
93	火災	かさい 화재			
94	稼働	かどう(する) 가동			
95	花壇	かだん 화단			
96	花粉	かふん 꽃가루			
97	課外	かがい 과외			

DAY 10 명사(2글자)

#	단어	읽기	뜻
1	過疎	かそ	과소(지나치게 드묾)
2	過度	かど	과도(정도에 지나침)
3	我々	われわれ	우리들
4	餓死	がし(する)	아사
5	介護	かいご(する)	간호
6	介入	かいにゅう(する)	개입
7	会合	かいごう(する)	회합
8	解剖	かいぼう(する)	해부
9	回線	かいせん	회선
10	回想	かいそう(する)	회상
11	怪獣	かいじゅう	괴수
12	改革	かいかく(する)	개혁
13	改修	かいしゅう(する)	수리
14	改築	かいちく(する)	개축
15	改訂	かいてい(する)	개정
16	海運	かいうん	해운
17	海峡	かいきょう	해협
18	海中	かいちゅう	해중; 바닷속
19	海流	かいりゅう	해류
20	開催	かいさい(する)	개최

21	開拓	かいたく(する) 개척		32	概要	がいよう 개요
22	開幕	かいまく(する) 개막		33	概略	がいりゃく 개략
23	階級	かいきゅう 계급		34	街角	まちかど 길모퉁이
24	階層	かいそう 계층		35	街頭	がいとう 길거리; 노상
25	貝殻	かいがら 조개껍질; 조개껍데기		36	該当	がいとう(する) 해당
26	外貨	がいか 외화		37	垣根	かきね 울타리, 장벽
27	外観	がいかん 외관		38	各種	かくしゅ 각종
28	外泊	がいはく(する) 외박		39	拡散	かくさん(する) 확산
29	外来	がいらい 외래		40	格差	かくさ 격차
30	害虫	がいちゅう 해충		41	格闘	かくとう(する) 격투
31	概念	がいねん 개념		42	核心	かくしん 핵심

43	獲物	えもの / 사냥감
44	確信	かくしん(する) / 확신
45	確定	かくてい(する) / 확정
46	確保	かくほ(する) / 확보
47	革新	かくしん(する) / 혁신
48	革命	かくめい / 혁명
49	学芸	がくげい / 학예
50	学説	がくせつ / 학설
51	楽観	らっかん(する) / 낙관
52	楽譜	がくふ / 악보
53	割愛	かつあい(する) / 할애
54	喝采	かっさい(する) / 갈채
55	活躍	かつやく(する) / 활약
56	葛藤	かっとう(する) / 갈등
57	株価	かぶか / 주가
58	乾燥	かんそう(する) / 건조
59	刊行	かんこう(する) / 간행
60	勘定	かんじょう(する) / 계산
61	勘弁	かんべん(する) / 용서함, (해야 할 일을) 면해 줌
62	勧告	かんこく(する) / 권고
63	完結	かんけつ(する) / 완결
64	完熟	かんじゅく(する) / 완숙

65	完備	かんび(する) 완비	76	換算	かんさん(する) 환산
66	官僚	かんりょう 관료	77	歓迎	かんげい(する) 환영
67	干渉	かんしょう(する) 간섭	78	歓声	かんせい 환성, 환호성
68	幹部	かんぶ 간부	79	監査	かんさ(する) 감사
69	感触	かんしょく 감촉	80	監視	かんし(する) 감시
70	感染	かんせん(する) 감염	81	監督	かんとく(する) 감독
71	感度	かんど 감도	82	看護	かんご(する) 간호
72	感銘	かんめい 감명	83	看病	かんびょう(する) 간병
73	慣習	かんしゅう 관습	84	緩和	かんわ(する) 완화
74	慣用	かんよう 관용	85	観衆	かんしゅう 관중
75	慣例	かんれい 관례	86	観賞	かんしょう(する) 관상

87	観測	かんそく(する) 관측
88	観点	かんてん 관점
89	観覧	かんらん(する) 관람
90	貫禄	かんろく 관록
91	還元	かんげん(する) 환원
92	鑑定	かんてい(する) 감정
93	間隔	かんかく 간격
94	間柄	あいだがら 관계, 사이
95	関税	かんぜい 관세
96	関与	かんよ(する) 관여
97	関連	かんれん(する) 관련
98	眼球	がんきゅう 안구
99	岩石	がんせき 암석
100	願書	がんしょ 원서

DAY 11 명사 (2글자)

#	漢字	読み	의미
1	危害	きがい	위해
2	喜劇	きげき	희극
3	器官	きかん	기관
4	器材	きざい	기재(기구와 재료)
5	基金	ききん	기금
6	基盤	きばん	기반
7	奇跡	きせき	기적
8	寄贈	きぞう(する)	기증
9	寄付	きふ(する)	기부
10	寄与	きよ(する)	기여
11	既婚	きこん	기혼
12	期日	きじつ	기일(정해진 날짜)
13	棄権	きけん(する)	기권
14	機構	きこう	기구
15	機材	きざい	기재(기계의 재료)
16	帰省	きせい(する)	귀성
17	気概	きがい	기개
18	気質	きしつ	기질
19	気心	きごころ	속마음
20	気前	きまえ	기질, 마음씨

21	気配	けはい 낌새; 분위기
22	気迫	きはく 기백
23	気品	きひん 기품
24	気風	きふう 기풍
25	気流	きりゅう 기류
26	祈願	きがん(する) 기원
27	規定	きてい(する) 규정
28	規範	きはん 규범
29	記載	きさい(する) 기재
30	記述	きじゅつ(する) 기술
31	貴族	きぞく 귀족
32	起源	きげん 기원
33	起点	きてん 기점
34	起動	きどう(する) 기동
35	起伏	きふく(する) 기복
36	軌道	きどう 궤도
37	飢餓	きが 기아
38	亀裂	きれつ 균열
39	偽造	ぎぞう(する) 위조
40	儀式	ぎしき 의식
41	戯曲	ぎきょく 희곡
42	技能	ぎのう 기능(기술상의 재능)

43	犠牲	ぎせい / 희생
44	疑惑	ぎわく / 의혹
45	義務	ぎむ / 의무
46	義理	ぎり / 의리
47	議案	ぎあん / 의안; 안건
48	議決	ぎけつ(する) / 의결
49	議題	ぎだい / 의제
50	喫煙	きつえん(する) / 흡연
51	脚光	きゃっこう / 각광
52	脚色	きゃくしょく(する) / 각색
53	脚本	きゃくほん / 각본
54	逆境	ぎゃっきょう / 역경
55	逆接	ぎゃくせつ / 역접
56	逆転	ぎゃくてん(する) / 역전
57	逆流	ぎゃくりゅう(する) / 역류
58	休息	きゅうそく(する) / 휴식
59	休養	きゅうよう(する) / 휴양
60	宮殿	きゅうでん / 궁전
61	急患	きゅうかん / 응급 환자
62	急変	きゅうへん(する) / 급변
63	急募	きゅうぼ(する) / 급구
64	急務	きゅうむ / 급한 일

65	救援	きゅうえん(する) 구원	76	許容	きょよう(する) 허용
66	救済	きゅうさい(する) 구제	77	漁船	ぎょせん 어선
67	究極	きゅうきょく 궁극	78	漁村	ぎょそん 어촌
68	究明	きゅうめい(する) 규명	79	供述	きょうじゅつ(する) 진술
69	窮地	きゅうち 궁지	80	競走	きょうそう(する) 경주
70	給食	きゅうしょく 급식	81	共鳴	きょうめい(する) 공명
71	巨匠	きょしょう 거장	82	凶作	きょうさく 흉작
72	拒絶	きょぜつ(する) 거절	83	協議	きょうぎ(する) 협의
73	拒否	きょひ(する) 거부	84	協調	きょうちょう(する) 협조
74	挙式	きょしき 거식(식을 올림)	85	協定	きょうてい(する) 협정
75	虚偽	きょぎ 허위	86	境遇	きょうぐう 경우; 형편; 처지

87	境地	きょうち 경지		98	脅迫	きょうはく(する) 협박
88	境内	けいだい 경내		99	興業	こうぎょう 흥업(새로 사업을 일으킴)
89	強行	きょうこう(する) 강행		100	興奮	こうふん(する) 흥분
90	強豪	きょうごう 강호; 강자				
91	強制	きょうせい(する) 강제				
92	強盗	ごうとう(する) 강도				
93	恐慌	きょうこう 공황				
94	教科	きょうか 교과				
95	教訓	きょうくん(する) 교훈				
96	教習	きょうしゅう 교습				
97	教職	きょうしょく 교직				

DAY 12 명사(2글자)

1	郷土	きょうど	향토
2	驚異	きょうい	경이
3	仰天	ぎょうてん(する)	몹시 놀람
4	凝縮	ぎょうしゅく(する)	응축
5	業者	ぎょうしゃ	업자
6	業績	ぎょうせき	업적
7	極意	ごくい	비법; 경지
8	極楽	ごくらく	극락
9	極限	きょくげん	극한
10	勤労	きんろう	근로
11	均衡	きんこう	균형
12	禁物	きんもつ	금물
13	筋道	すじみち	절차, 순서
14	緊急	きんきゅう	긴급
15	近眼	きんがん	근시
16	近況	きんきょう	근황
17	近郊	きんこう	근교
18	近接	きんせつ(する)	근접
19	吟味	ぎんみ(する)	음미, 자세히 조사함
20	苦境	くきょう	곤경

21	苦情	くじょう 불평; 푸념, 고충
22	苦戦	くせん(する) 고전
23	駆使	くし(する) 구사
24	駆除	くじょ(する) 구제(해충 등을 없앰)
25	空腹	くうふく 공복
26	屈指	くっし 굴지
27	屈折	くっせつ(する) 굴절
28	群衆	ぐんしゅう 군중
29	軍艦	ぐんかん 군함
30	傾斜	けいしゃ 경사
31	刑罰	けいばつ 형벌
32	形見	かたみ 유품
33	形勢	けいせい 형세
34	形態	けいたい 형태
35	掲載	けいさい(する) 게재
36	経緯	けいい 경위
37	経歴	けいれき 경력
38	継続	けいぞく(する) 계속
39	警戒	けいかい(する) 경계
40	警護	けいご(する) 경호
41	軽減	けいげん(する) 경감
42	軽視	けいし(する) 경시

43	軽装	けいそう 가벼운 차림		54	決行	けっこう(する) 결행
44	軽蔑	けいべつ(する) 경멸		55	決勝	けっしょう 결승
45	劇団	げきだん 극단		56	決裂	けつれつ(する) 결렬
46	激減	げきげん(する) 격감		57	結核	けっかく 결핵
47	激怒	げきど(する) 격노		58	結合	けつごう(する) 결합
48	激励	げきれい(する) 격려		59	結晶	けっしょう 결정
49	欠陥	けっかん 결함		60	結成	けっせい(する) 결성
50	欠勤	けっきん(する) 결근		61	結束	けっそく(する) 결속
51	欠如	けつじょ(する) 결여		62	結末	けつまつ 결말
52	欠乏	けつぼう(する) 결핍		63	血管	けっかん 혈관
53	決議	けつぎ(する) 결의		64	倹約	けんやく(する) 절약; 검약

65	健在	けんざい 건재		76	検事	けんじ 검사
66	健闘	けんとう(する) 건투		77	検討	けんとう(する) 검토
67	兼業	けんぎょう(する) 겸업		78	権威	けんい 권위
68	兼用	けんよう(する) 겸용		79	権限	けんげん 권한
69	喧嘩	けんか(する) 싸움; 다툼		80	献立	こんだて 식단; 메뉴, 준비
70	嫌悪	けんお(する) 혐오		81	元素	げんそ 원소
71	建前	たてまえ 겉치레, 겉으로 드러내는 모습		82	元旦	がんたん 설날
72	懸念	けねん(する) 걱정; 근심		83	元年	がんねん 원년(일왕이 즉위한 첫해)
73	検挙	けんきょ(する) 검거		84	原作	げんさく 원작
74	検索	けんさく(する) 검색		85	原則	げんそく 원칙
75	検察	けんさつ 검찰		86	原典	げんてん 원전; 원서

87	原爆	げんばく 원자 폭탄
88	原油	げんゆ 원유
89	厳禁	げんきん 엄금
90	厳守	げんしゅ(する) 엄수
91	厳選	げんせん(する) 엄선
92	幻想	げんそう 환상
93	減点	げんてん(する) 감점
94	源泉	げんせん 원천
95	玄人	くろうと 전문가; 프로
96	現行	げんこう 현행
97	言及	げんきゅう(する) 언급
98	言動	げんどう 언동

DAY 13 명사(2글자)

1	言論	げんろん / 언론
2	古来	こらい / 예로부터
3	固執	こしつ(する) / 고집
4	孤児	こじ / 고아
5	孤独	こどく(な) / 고독
6	孤立	こりつ(する) / 고립
7	戸籍	こせき / 호적
8	故障	こしょう(する) / 고장
9	誇張	こちょう(する) / 과장
10	互角	ごかく / 호각
11	娯楽	ごらく / 오락
12	後援	こうえん(する) / 후원
13	後退	こうたい(する) / 후퇴
14	誤差	ごさ / 오차
15	交易	こうえき(する) / 교역
16	交渉	こうしょう(する) / 교섭
17	光沢	こうたく / 광택
18	公募	こうぼ(する) / 공모
19	功績	こうせき / 공적
20	効率	こうりつ / 효율

21	口先	くちさき 입에 발린 말		32	構想	こうそう(する) 구상
22	口頭	こうとう 구두		33	甲斐	かい 보람
23	好意	こうい 호의		34	皇居	こうきょ 황거
24	好況	こうきょう 호황		35	耕作	こうさく(する) 경작
25	好評	こうひょう(な) 호평		36	考慮	こうりょ(する) 고려
26	工面	くめん(する) 변통; 돈 마련, 주머니 사정		37	肯定	こうてい(する) 긍정
27	幸運	こううん(な) 행운		38	航海	こうかい(する) 항해
28	抗議	こうぎ(する) 항의		39	荒廃	こうはい(する) 황폐
29	抗争	こうそう(する) 항쟁		40	講習	こうしゅう 강습
30	拘束	こうそく(する) 구속		41	講読	こうどく(する) 강독
31	控除	こうじょ(する) 공제		42	貢献	こうけん(する) 공헌

43	購読	こうどく(する) 구독	54	合点	がってん 납득; 수긍
44	購買	こうばい(する) 구매	55	合併	がっぺい(する) 합병
45	鉱業	こうぎょう 광업	56	豪邸	ごうてい 대저택
46	降参	こうさん(する) 항복; 굴복	57	克服	こくふく(する) 극복
47	降伏	こうふく(する) 항복	58	告訴	こくそ(する) 고소
48	高低	こうてい 고저; 높낮이	59	国交	こっこう 국교
49	合間	あいま 틈; 짬	60	国防	こくぼう 국방
50	合唱	がっしょう(する) 합창	61	国連	こくれん 국제 연합
51	合席	あいせき(する) 합석	62	昆虫	こんちゅう 곤충
52	合奏	がっそう(する) 합주	63	根気	こんき 끈기
53	合致	がっち(する) 합치	64	根拠	こんきょ 근거

65	根源	こんげん 근원		76	挫折	ざせつ(する) 좌절
66	根底	こんてい 근저; 토대; 바탕		77	債務	さいむ 채무
67	根本	こんぽん 근본		78	催促	さいそく(する) 재촉
68	混血	こんけつ 혼혈		79	催眠	さいみん 최면
69	混合	こんごう(する) 혼합		80	再三	さいさん 두세 번; 여러 번
70	混沌	こんとん 혼돈		81	再発	さいはつ(する) 재발
71	混乱	こんらん(する) 혼란		82	最善	さいぜん 최선
72	差額	さがく 차액		83	採掘	さいくつ(する) 채굴
73	砂糖	さとう 설탕		84	採決	さいけつ(する) 채결
74	砂漠	さばく 사막		85	採算	さいさん 채산(수입과 지출을 맞춰 계산함)
75	詐欺	さぎ 사기		86	採取	さいしゅ(する) 채취

87	採集	さいしゅう(する) 채집
88	採択	さいたく(する) 채택
89	栽培	さいばい(する) 재배
90	歳月	さいげつ 세월
91	災害	さいがい 재해
92	細菌	さいきん 세균
93	細工	さいく(する) 세공
94	細心	さいしん 세심
95	細胞	さいぼう 세포
96	最中	さいちゅう/さなか 한창 ~(인 때)
97	在職	ざいしょく(する) 재직
98	在籍	ざいせき(する) 재적
99	財源	ざいげん 재원
100	削減	さくげん(する) 삭감
101	搾取	さくしゅ(する) 착취

DAY 14 명사(2글자)

1	昨今	さっこん 작금; 요즘		11	山脈	さんみゃく 산맥
2	錯覚	さっかく(する) 착각		12	惨事	さんじ 참사
3	察知	さっち(する) 알아차림; 헤아려 앎		13	惨敗	ざんぱい(する) 참패
4	殺到	さっとう(する) 쇄도		14	産出	さんしゅつ(する) 산출
5	雑貨	ざっか 잡화		15	産物	さんぶつ 산물
6	参観	さんかん(する) 참관		16	酸化	さんか(する) 산화
7	参照	さんしょう(する) 참조		17	残金	ざんきん 잔금
8	参上	さんじょう(する) 찾아뵘		18	残高	ざんだか 잔고
9	山岳	さんがく 산악		19	仕業	しわざ 소행, 짓
10	山頂	さんちょう 산 정상		20	仕草	しぐさ 행위; 몸짓

21	刺激	しげき(する) 자극		32	指摘	してき(する) 지적
22	司法	しほう 사법		33	指標	しひょう 지표
23	始末	しまつ(する) 자초지종, 형편; 꼴, 뒤처리		34	指紋	しもん 지문
24	姿勢	しせい 자세		35	指令	しれい(する) 지령
25	師匠	ししょう 스승		36	支援	しえん(する) 지원
26	師弟	してい 사제		37	支障	ししょう 지장
27	志向	しこう(する) 지향		38	施工	せこう(する) 시공
28	思索	しさく(する) 사색		39	施行	しこう(する) 시행
29	思惑	おもわく 생각; 예상, 평판		40	施設	しせつ 시설
30	指揮	しき(する) 지휘		41	死傷	ししょう(する) 사상
31	指図	さしず(する) 지시		42	糸口	いとぐち 실마리; 단서

43	紙幣	しへい 지폐		54	児童	じどう 아동
44	視覚	しかく 시각		55	持続	じぞく(する) 지속
45	視察	しさつ(する) 시찰		56	時効	じこう 시효
46	試行	しこう(する) 시행		57	時差	じさ 시차
47	資格	しかく 자격		58	治癒	ちゆ(する) 치유
48	資金	しきん 자금		59	磁気	じき 자성
49	資産	しさん 자산		60	示唆	しさ(する) 시사
50	飼育	しいく(する) 사육		61	自営	じえい 자영(직접 경영함)
51	歯科	しか 치과		62	自我	じが 자아
52	事態	じたい 사태		63	自首	じしゅ(する) 자수
53	事柄	ことがら 사항; 일		64	自粛	じしゅく(する) 자숙

65	自負	じふ(する) 자부
66	自腹	じばら 자기 부담; 자기 돈
67	自慢	じまん(する) 자랑
68	辞職	じしょく(する) 사직
69	辞退	じたい(する) 사퇴
70	辞任	じにん(する) 사임
71	叱責	しっせき(する) 질책
72	執行	しっこう(する) 집행
73	執着	しゅうちゃく(する) 집착
74	執筆	しっぴつ(する) 집필
75	失格	しっかく 실격
76	失脚	しっきゃく(する) 실각(지위에서 물러남)
77	失明	しつめい(する) 실명
78	嫉妬	しっと(する) 질투
79	実況	じっきょう(する) 실황; 생방송
80	実刑	じっけい 실형
81	実権	じっけん 실권
82	実施	じっし(する) 실시
83	実質	じっしつ 실질
84	実情	じつじょう 실정
85	実態	じったい 실태
86	実費	じっぴ 실비

87	芝居	しばい(する) 연극
88	斜面	しゃめん 경사면
89	社交	しゃこう 사교
90	謝罪	しゃざい(する) 사죄
91	遮断	しゃだん(する) 차단
92	弱音	よわね 약한 소리; 나약한 말
93	弱虫	よわむし 겁쟁이
94	主権	しゅけん 주권
95	主催	しゅさい(する) 주최
96	主軸	しゅじく 주축
97	主将	しゅしょう 주장(팀을 대표하는 선수)
98	主導	しゅどう(する) 주도
99	守備	しゅび 수비
100	手間	てま 수고, 품; 손이 감

DAY 15 명사(2글자)

#	漢字	読み/의미
1	手口	てぐち / 수법, 유형
2	手際	てぎわ / 솜씨
3	手順	てじゅん / 수순; 순서; 절차
4	手錠	てじょう / 수갑
5	手数	てすう/てかず / 수고; 품
6	手当	てあて / 수당
7	手配	てはい(する) / 수배
8	手薄	てうす(な) / 일손 부족, 허술함
9	手法	しゅほう / 수법, 기법
10	種子	しゅし / 종자
11	趣旨	しゅし / 취지
12	受給	じゅきゅう(する) / 수급
13	受理	じゅり(する) / 수리
14	寿命	じゅみょう / 수명
15	授与	じゅよ(する) / 수여
16	樹木	じゅもく / 수목
17	樹立	じゅりつ(する) / 수립
18	激務	げきむ / 격무(몹시 고된 일)
19	収穫	しゅうかく(する) / 수확
20	収支	しゅうし / 수지(수입과 지출)

21	収集	しゅうしゅう(する) 수집
22	収縮	しゅうしゅく(する) 수축
23	収束	しゅうそく(する) 수속; 수습
24	収容	しゅうよう(する) 수용
25	周期	しゅうき 주기
26	就活	しゅうかつ(する) 취업 준비; 구직 활동
27	就業	しゅうぎょう(する) 취업
28	修学	しゅうがく(する) 수학(학문을 닦음)
29	修行	しゅぎょう(する) 수행
30	修士	しゅうし 석사
31	修飾	しゅうしょく(する) 수식
32	修繕	しゅうぜん(する) 수선
33	修復	しゅうふく(する) 수복
34	修了	しゅうりょう(する) 수료
35	秀作	しゅうさく 수작
36	終始	しゅうし 시종일관, 처음부터 끝까지
37	終息	しゅうそく(する) 종식
38	終日	しゅうじつ 종일; 온종일
39	襲撃	しゅうげき(する) 습격
40	充実	じゅうじつ(する) 충실
41	従事	じゅうじ(する) 종사
42	従属	じゅうぞく(する) 종속

43	渋滞	じゅうたい(する) 정체	54	微塵	みじん 잘게 조각 남, 아주 조금
44	重傷	じゅうしょう 중상	55	処置	しょち(する) 처치
45	重複	ちょうふく / じゅうふく(する) 중복	56	処罰	しょばつ(する) 처벌
46	重宝	ちょうほう(する) 귀중한 보물, 편리함, 소중히 여김	57	処分	しょぶん(する) 처분
47	宿命	しゅくめい 숙명	58	処理	しょり(する) 처리
48	熟慮	じゅくりょ(する) 숙려	59	初耳	はつみみ 처음 들음, 금시초문
49	出没	しゅつぼつ(する) 출몰	60	所在	しょざい 소재
50	瞬時	しゅんじ 순식간	61	所持	しょじ(する) 소지
51	巡回	じゅんかい(する) 순회	62	所定	しょてい 소정
52	順応	じゅんのう(する) 순응	63	庶民	しょみん 서민
53	順序	じゅんじょ 순서	64	署名	しょめい(する) 서명

65	書式	しょしき / 서식
66	書評	しょひょう / 서평
67	書面	しょめん / 서면
68	序列	じょれつ / 서열
69	徐行	じょこう(する) / 서행
70	除外	じょがい(する) / 제외
71	傷跡	きずあと / 흉터; 상흔
72	奨励	しょうれい(する) / 장려
73	小銭	こぜに / 잔돈
74	承諾	しょうだく(する) / 승낙
75	承認	しょうにん(する) / 승인
76	昇進	しょうしん(する) / 승진
77	消息	しょうそく / 소식
78	焦点	しょうてん / 초점
79	照合	しょうごう(する) / 조합
80	照明	しょうめい / 조명
81	症状	しょうじょう / 증상
82	衝撃	しょうげき / 충격
83	衝突	しょうとつ(する) / 충돌
84	証拠	しょうこ / 증거
85	詳細	しょうさい / 상세
86	賞賛	しょうさん(する) / 칭찬

87	障害	しょうがい 장애; 방해물
88	上質	じょうしつ 상질(질이 좋음)
89	上陸	じょうりく(する) 상륙
90	蒸気	じょうき 증기
91	蒸発	じょうはつ(する) 증발
92	蒸留	じょうりゅう(する) 증류
93	譲歩	じょうほ(する) 양보
94	色彩	しきさい 색채
95	色調	しきちょう 색조
96	触覚	しょっかく 촉각
97	触発	しょくはつ(する) 촉발
98	伸縮	しんしゅく(する) 신축
99	信仰	しんこう(する) 신앙
100	信任	しんにん(する) 신임

DAY 16 명사(2글자)

#	漢字	読み / 의미
1	信念	しんねん / 신념
2	侵攻	しんこう(する) / 침공
3	侵入	しんにゅう(する) / 침입
4	侵略	しんりゃく(する) / 침략
5	審議	しんぎ(する) / 심의
6	審査	しんさ(する) / 심사
7	心境	しんきょう / 심경
8	心情	しんじょう / 심정
9	心地	ここち / 기분, 마음
10	心中	しんちゅう / 심중; 마음속
11	心得	こころえ / 마음가짐, 소양
12	振興	しんこう(する) / 진흥
13	新興	しんこう / 신흥
14	新婚	しんこん / 신혼
15	新築	しんちく / 신축
16	新薬	しんやく / 신약
17	深刻	しんこく(な) / 심각
18	申告	しんこく(する) / 신고
19	申請	しんせい(する) / 신청
20	真下	ました / 바로 아래

21	真珠	しんじゅ / 진주
22	真上	まうえ / 바로 위
23	真相	しんそう / 진상
24	真理	しんり / 진리
25	神秘	しんぴ / 신비
26	紳士	しんし / 신사
27	親交	しんこう / 친분, 친밀한 교제
28	親善	しんぜん / 친선
29	診療	しんりょう(する) / 진료
30	身柄	みがら / 신병; 몸, 신분
31	辛抱	しんぼう(する) / 참고 견딤
32	進撃	しんげき(する) / 진격
33	進捗	しんちょく / 진척
34	震災	しんさい / 지진에 의한 재해
35	人影	ひとかげ / 인적, 사람의 그림자
36	人質	ひとじち / 인질
37	人出	ひとで / 인파
38	人波	ひとなみ / 인파
39	人柄	ひとがら / 인품
40	人脈	じんみゃく / 인맥
41	図星	ずぼし / 정곡, 핵심
42	吹雪	ふぶき / 눈보라

43	推移	すいい(する) 추이	54	世論	よろん / せろん 여론
44	推進	すいしん(する) 추진	55	是正	ぜせい(する) 시정
45	推薦	すいせん(する) 추천	56	制限	せいげん(する) 제한
46	推測	すいそく(する) 추측	57	制裁	せいさい(する) 제재
47	推理	すいり(する) 추리	58	制定	せいてい(する) 제정
48	水気	みずけ 수분; 물기	59	征服	せいふく(する) 정복
49	水田	すいでん 수전; 무논	60	成就	じょうじゅ(する) 성취
50	睡眠	すいみん 수면	61	成熟	せいじゅく(する) 성숙
51	衰退	すいたい(する) 쇠퇴	62	整頓	せいとん(する) 정돈
52	遂行	すいこう(する) 수행	63	整列	せいれつ(する) 정렬
53	随時	ずいじ 수시	64	晴天	せいてん 맑게 갠 하늘; 맑은 날씨

65	正規	せいき 정규		76	責務	せきむ 책무
66	生涯	しょうがい 생애; 평생		77	赤面	せきめん(する) 얼굴이 빨개짐
67	生身	なまみ 살아 있는 (사람의) 몸, 날고기; 생고기		78	跡地	あとち (건물 등을) 철거하고 난 터
68	生息	せいそく(する) 생식; 서식		79	摂取	せっしゅ(する) 섭취
69	精算	せいさん(する) 정산		80	窃盗	せっとう(する) 절도
70	精進	しょうじん(する) 정진		81	説教	せっきょう(する) 설교
71	製鉄	せいてつ 제철		82	雪崩	なだれ 눈사태
72	西欧	せいおう 서구; 서유럽		83	絶賛	ぜっさん(する) 절찬, 극찬
73	誠意	せいい 성의		84	絶頂	ぜっちょう 절정
74	静止	せいし(する) 정지		85	絶望	ぜつぼう(する) 절망
75	税務	ぜいむ 세무		86	絶滅	ぜつめつ(する) 절멸, 멸종

87	先導	せんどう(する) 선도
88	先方	せんぽう (교섭, 거래 등의) 상대방, 전방; 앞쪽
89	占領	せんりょう(する) 점령
90	宣教	せんきょう(する) 선교
91	宣言	せんげん(する) 선언
92	宣誓	せんせい(する) 선서
93	宣伝	せんでん(する) 선전
94	専念	せんねん(する) 전념
95	戦術	せんじゅつ 전술
96	戦闘	せんとう(する) 전투
97	洗練	せんれん(する) 세련
98	潜水	せんすい(する) 잠수
99	潜入	せんにゅう(する) 잠입
100	繊維	せんい 섬유

DAY 17 명사(2글자)

1	船舶	せんぱく / 선박
2	選考	せんこう(する) / 전형
3	選出	せんしゅつ(する) / 선출
4	選択	せんたく(する) / 선택
5	銭湯	せんとう / 대중목욕탕
6	前提	ぜんてい / 전제
7	前途	ぜんと / 전도
8	全盛	ぜんせい / 전성
9	全滅	ぜんめつ(する) / 전멸
10	措置	そち(する) / 조치
11	疎通	そつう(する) / 소통
12	素材	そざい / 소재
13	素質	そしつ / 소질
14	素手	すで / 맨손, 빈손
15	素朴	そぼく(な) / 소박
16	訴訟	そしょう(する) / 소송
17	阻止	そし(する) / 저지
18	創刊	そうかん(する) / 창간
19	創作	そうさく(する) / 창작
20	創造	そうぞう(する) / 창조

21	創立	そうりつ(する) 창립		32	相互	そうご 상호; 서로
22	倉庫	そうこ 창고		33	相場	そうば 시세; 시가
23	喪失	そうしつ(する) 상실		34	相当	そうとう(する) 상당; 해당, 상응
24	想定	そうてい(する) 상정		35	総会	そうかい 총회
25	捜査	そうさ(する) 수사		36	総勢	そうぜい 총원; 전체 인원수
26	捜索	そうさく(する) 수색		37	草花	くさばな 화초
27	挿入	そうにゅう(する) 삽입		38	装飾	そうしょく(する) 장식
28	操作	そうさ(する) 조작		39	装着	そうちゃく(する) 장착
29	操縦	そうじゅう(する) 조종		40	装備	そうび(する) 장비
30	争奪	そうだつ(する) 쟁탈		41	遭遇	そうぐう(する) 조우(우연히 만남)
31	相応	そうおう(する) 상응, 걸맞음		42	遭難	そうなん(する) 조난

43	騒音	そうおん / 소음
44	騒動	そうどう / 소동
45	増強	ぞうきょう(する) / 증강
46	増進	ぞうしん(する) / 증진
47	増築	ぞうちく(する) / 증축
48	促進	そくしん(する) / 촉진
49	即刻	そっこく / 즉각; 곧; 즉시
50	束縛	そくばく(する) / 속박
51	損害	そんがい / 손해
52	損傷	そんしょう(する) / 손상
53	多発	たはつ(する) / 다발(많이 발생함)
54	妥協	だきょう(する) / 타협
55	打開	だかい(する) / 타개
56	打撃	だげき / 타격
57	対抗	たいこう(する) / 대항
58	対処	たいしょ(する) / 대처
59	対照	たいしょう(する) / 대조
60	対戦	たいせん(する) / 대전
61	対談	たいだん(する) / 대담
62	対比	たいひ(する) / 대비
63	対面	たいめん(する) / 대면
64	待望	たいぼう(する) / 대망

65	態勢	たいせい 태세		76	大口	おおぐち 입을 크게 벌림, 큰소리
66	滞納	たいのう(する) 체납		77	大差	たいさ 큰 차이; 대차
67	貸与	たいよ(する) 대여		78	大損	おおぞん(する) 큰 손해; 대손실
68	退化	たいか(する) 퇴화		79	大物	おおもの 큰 것, 대어, 거물
69	退治	たいじ(する) 퇴치		80	達人	たつじん 달인
70	代弁	だいべん(する) 대변		81	脱出	だっしゅつ(する) 탈출
71	台帳	だいちょう 대장; 장부		82	脱税	だつぜい(する) 탈세
72	台頭	たいとう(する) 대두; 진출		83	脱帽	だつぼう(する) 모자를 벗음, 경의를 표함
73	台本	だいほん 대본		84	担架	たんか 들것
74	大家	おおや 집주인		85	探検	たんけん(する) 탐험
75	大筋	おおすじ 대략적인 줄거리; 요점		86	探知	たんち(する) 탐지

87	炭素	たんそ 탄소		98	畜産	ちくさん 축산
88	鍛錬	たんれん(する) 단련		99	蓄積	ちくせき(する) 축적
89	弾丸	だんがん 탄환		100	秩序	ちつじょ 질서
90	弾力	だんりょく 탄력				
91	断言	だんげん(する) 단언				
92	断絶	だんぜつ(する) 단절				
93	断念	だんねん(する) 단념				
94	断面	だんめん 단면; 일면				
95	段落	だんらく 단락				
96	談話	だんわ(する) 담화				
97	地獄	じごく 지옥				

DAY 18 명사(2글자)

#	단어	읽기/뜻	#	단어	읽기/뜻
1	窒息	ちっそく(する) 질식	11	中退	ちゅうたい(する) 중퇴
2	着眼	ちゃくがん(する) 착안	12	中毒	ちゅうどく 중독
3	着工	ちゃっこう(する) 착공	13	中和	ちゅうわ(する) 중화
4	着手	ちゃくしゅ(する) 착수	14	仲人	なこうど 중매; 중매인
5	着色	ちゃくしょく(する) 착색	15	忠告	ちゅうこく(する) 충고
6	着目	ちゃくもく(する) 주목; 착안	16	抽選	ちゅうせん(する) 추첨; 제비뽑기
7	中核	ちゅうかく 중심, 핵심	17	兆候	ちょうこう 징후; 징조
8	中旬	ちゅうじゅん 중순	18	彫刻	ちょうこく(する) 조각
9	中傷	ちゅうしょう(する) 중상(근거 없는 말로 남을 헐뜯어 명예를 손상함)	19	徴収	ちょうしゅう(する) 징수
10	中枢	ちゅうすう 중추	20	聴覚	ちょうかく 청각

21	聴講	ちょうこう(する) 청강		32	鎮圧	ちんあつ(する) 진압
22	聴取	ちょうしゅ(する) 청취		33	津波	つなみ 해일
23	調整	ちょうせい(する) 조정		34	墜落	ついらく(する) 추락
24	調節	ちょうせつ(する) 조절		35	追及	ついきゅう(する) 추궁
25	調達	ちょうたつ(する) 조달		36	追求	ついきゅう(する) 추구
26	頂点	ちょうてん 정점		37	追放	ついほう(する) 추방
27	鳥肌	とりはだ 소름; 닭살		38	痛感	つうかん(する) 통감
28	直属	ちょくぞく 직속		39	通算	つうさん(する) 통산
29	直面	ちょくめん(する) 직면		40	通常	つうじょう 통상
30	沈没	ちんぼつ(する) 침몰		41	通知	つうち(する) 통지
31	沈黙	ちんもく(する) 침묵		42	通報	つうほう(する) 통보

43	停滞	ていたい(する) 정체		54	適応	てきおう(する) 적응
44	堤防	ていぼう 제방		55	適性	てきせい 적성
45	定義	ていぎ(する) 정의		56	徹底	てってい(する) 철저
46	定理	ていり 정리		57	徹夜	てつや(する) 철야
47	抵抗	ていこう(する) 저항		58	撤回	てっかい(する) 철회
48	提携	ていけい(する) 제휴		59	撤去	てっきょ(する) 철거
49	提唱	ていしょう(する) 제창		60	撤収	てっしゅう(する) 철수
50	訂正	ていせい(する) 정정		61	鉄鋼	てっこう 철강
51	泥沼	どろぬま 수렁, 늪		62	鉄棒	てつぼう 철봉
52	摘出	てきしゅつ(する) 적출		63	天職	てんしょく 천직
53	摘発	てきはつ(する) 적발		64	天罰	てんばつ 천벌

65	添削	てんさく(する) 첨삭		76	土台	どだい 토대
66	添付	てんぷ(する) 첨부		77	土俵	どひょう 스모 경기장; 씨름판
67	転換	てんかん(する) 전환		78	奴隷	どれい 노예
68	転勤	てんきん(する) 전근		79	投棄	とうき(する) 투기
69	転落	てんらく(する) 전락		80	投稿	とうこう(する) 투고
70	点滅	てんめつ(する) 점멸		81	投入	とうにゅう(する) 투입
71	伝来	でんらい(する) 전래		82	答弁	とうべん(する) 답변
72	殿様	とのさま 영주·귀인에 대한 존칭		83	統制	とうせい(する) 통제
73	度胸	どきょう 담력; 배짱		84	統率	とうそつ(する) 통솔
74	度量	どりょう 도량; 아량		85	討議	とうぎ(する) 토의
75	土手	どて 둑; 제방		86	踏襲	とうしゅう(する) 답습

87	陶器	とうき 도기; 도자기
88	陶芸	とうげい 도예
89	闘志	とうし 투지
90	動機	どうき 동기
91	動向	どうこう 동향
92	動揺	どうよう(する) 동요(흔들림)
93	同志	どうし 동지
94	同棲	どうせい(する) 동거
95	同調	どうちょう(する) 동조
96	同等	どうとう 동등
97	同伴	どうはん(する) 동반
98	同封	どうふう(する) 동봉
99	同盟	どうめい 동맹
100	同類	どうるい 동류; 동종(같은 종류)

DAY 19 명사(2글자)

#	단어	읽기/뜻	#	단어	읽기/뜻
1	愚痴	ぐち / 푸념	11	独裁	どくさい(する) / 독재
2	童謡	どうよう / 동요(어린이를 위한 노래)	12	独創	どくそう(する) / 독창
3	道端	みちばた / 길가	13	独奏	どくそう(する) / 독주
4	銅像	どうぞう / 동상	14	独断	どくだん(する) / 독단
5	匿名	とくめい / 익명	15	突破	とっぱ(する) / 돌파
6	特技	とくぎ / 특기	16	内緒	ないしょ / 비밀
7	特許	とっきょ / 특허	17	内臓	ないぞう / 내장(가슴·배 안에 있는 여러 가지 기관)
8	特権	とっけん / 특권	18	内蔵	ないぞう(する) / 내장(안에 가지고 있음)
9	特集	とくしゅう(する) / 특집	19	内訳	うちわけ / 내역; 명세
10	特徴	とくちょう / 특징	20	内乱	ないらん / 내란

21	日陰	ひかげ 응달; 그늘, 음지		32	捻出	ねんしゅつ(する) 염출(생각해 냄), 변통
22	日向	ひなた 양달; 양지		33	燃焼	ねんしょう(する) 연소
23	日夜	にちや 밤낮; 주야		34	燃料	ねんりょう 연료
24	任意	にんい 임의		35	濃縮	のうしゅく(する) 농축
25	忍耐	にんたい 인내		36	濃度	のうど 농도
26	熱意	ねつい 열의		37	脳裏	のうり 뇌리
27	熱湯	ねっとう 열탕		38	農耕	のうこう 농경
28	熱量	ねつりょう 열량		39	把握	はあく(する) 파악
29	念願	ねんがん 염원		40	派遣	はけん(する) 파견
30	念頭	ねんとう 염두		41	派生	はせい(する) 파생
31	念仏	ねんぶつ 염불		42	破棄	はき(する) 파기

43	破損	はそん(する) 파손		54	背後	はいご 배후
44	破裂	はれつ(する) 파열		55	配布	はいふ(する) 배포
45	俳優	はいゆう 배우		56	配慮	はいりょ(する) 배려
46	廃棄	はいき(する) 폐기		57	倍率	ばいりつ 배율
47	廃水	はいすい 폐수		58	培養	ばいよう(する) 배양
48	拝借	はいしゃく(する) 빌려 씀(겸양어)		59	媒介	ばいかい(する) 매개
49	排気	はいき 배기		60	賠償	ばいしょう(する) 배상
50	排出	はいしゅつ(する) 배출		61	剥奪	はくだつ(する) 박탈
51	排除	はいじょ(する) 배제		62	拍子	ひょうし 박자
52	排水	はいすい(する) 배수		63	白状	はくじょう(する) 자백
53	敗北	はいぼく(する) 패배		64	迫害	はくがい(する) 박해

65	爆笑	ばくしょう(する) 폭소
66	爆破	ばくは(する) 폭파
67	発育	はついく(する) 발육
68	発芽	はつが(する) 발아
69	発覚	はっかく(する) 발각
70	発刊	はっかん(する) 발간
71	発揮	はっき(する) 발휘
72	発掘	はっくつ(する) 발굴
73	発作	ほっさ(する) 발작
74	発散	はっさん(する) 발산
75	発足	ほっそく(する) 발족
76	発端	ほったん 발단
77	発注	はっちゅう(する) 발주
78	発病	はつびょう(する) 발병
79	発泡	はっぽう(する) 발포
80	抜粋	ばっすい(する) 발췌
81	伴奏	ばんそう(する) 반주
82	判別	はんべつ(する) 판별
83	反射	はんしゃ(する) 반사
84	反発	はんぱつ(する) 반발
85	反乱	はんらん(する) 반란
86	反論	はんろん(する) 반론

87	繁栄	はんえい(する) 번영		98	比喩	ひゆ 비유
88	繁殖	はんしょく(する) 번식		99	秘訣	ひけつ 비결
89	繁盛	はんじょう(する) 번성		100	秘話	ひわ 비화
90	晩年	ばんねん 만년; 노년				
91	卑下	ひげ(する) 비하				
92	否決	ひけつ(する) 부결				
93	悲観	ひかん(する) 비관				
94	悲鳴	ひめい 비명				
95	批評	ひひょう(する) 비평				
96	披露	ひろう(する) 피로; 널리 알림, (문서를) 펴 보임				
97	比例	ひれい(する) 비례				

DAY 20 명사(2글자)

1	肥料	ひりょう / 비료		11	必着	ひっちゃく / 필착(꼭 도착해야 함)
2	避難	ひなん(する) / 피난		12	標語	ひょうご / 표어
3	非行	ひこう / 비행		13	表彰	ひょうしょう(する) / 표창
4	飛躍	ひやく(する) / 비약		14	評判	ひょうばん / 평판
5	備蓄	びちく(する) / 비축		15	描写	びょうしゃ(する) / 묘사
6	微笑	びしょう(する) / 미소		16	病状	びょうじょう / 병상; 병세
7	微量	びりょう / 미량		17	品格	ひんかく / 품격
8	匹敵	ひってき(する) / 필적		18	浜辺	はまべ / 해변
9	必修	ひっしゅう(する) / 필수		19	貧血	ひんけつ / 빈혈
10	必然	ひつぜん / 필연		20	頻度	ひんど / 빈도

21	不意	ふい 불의		32	腐敗	ふはい(する) 부패
22	不況	ふきょう 불황		33	赴任	ふにん(する) 부임
23	不備	ふび 미비		34	侮辱	ぶじょく(する) 모욕
24	不評	ふひょう(な) 평판이 나쁨		35	武装	ぶそう(する) 무장
25	付随	ふずい(する) 부수; 관련됨		36	武力	ぶりょく 무력
26	付録	ふろく 부록		37	封鎖	ふうさ(する) 봉쇄
27	富豪	ふごう 부호		38	風潮	ふうちょう 풍조
28	布告	ふこく(する) 포고		39	風味	ふうみ 풍미
29	扶養	ふよう(する) 부양		40	復活	ふっかつ(する) 부활
30	敷金	しききん 보증금		41	復帰	ふっき(する) 복귀
31	浮力	ふりょく 부력		42	復旧	ふっきゅう(する) 복구

43	復興	ふっこう(する) 부흥		54	分配	ぶんぱい(する) 분배
44	服従	ふくじゅう(する) 복종		55	分離	ぶんり(する) 분리
45	福祉	ふくし 복지		56	分類	ぶんるい(する) 분류
46	払拭	ふっしょく(する) 불식		57	分裂	ぶんれつ(する) 분열
47	沸騰	ふっとう(する) 비등; 끓어오름		58	噴射	ふんしゃ(する) 분사
48	仏像	ぶつぞう 불상		59	噴出	ふんしゅつ(する) 분출
49	物議	ぶつぎ 물의		60	奮起	ふんき(する) 분기; 분발
50	物色	ぶっしょく(する) 물색		61	奮闘	ふんとう(する) 분투
51	分割	ぶんかつ(する) 분할		62	粉末	ふんまつ 분말; 가루
52	分散	ぶんさん(する) 분산		63	紛失	ふんしつ(する) 분실
53	分担	ぶんたん(する) 분담		64	紛争	ふんそう(する) 분쟁

65	文句	もんく / 불평; 불만
66	文献	ぶんけん / 문헌
67	兵器	へいき / 병기; 무기
68	平常	へいじょう / 평상; 평소
69	弊害	へいがい / 폐해
70	並行	へいこう(する) / 병행
71	並列	へいれつ(する) / 병렬
72	閉業	へいぎょう(する) / 폐업
73	閉鎖	へいさ(する) / 폐쇄
74	別荘	べっそう / 별장
75	別途	べっと / 별도
76	偏見	へんけん / 편견
77	変革	へんかく(する) / 변혁
78	変更	へんこう(する) / 변경
79	変遷	へんせん(する) / 변천
80	変動	へんどう(する) / 변동
81	変貌	へんぼう(する) / 변모
82	片言	かたこと / 떠듬떠듬하는 말
83	返還	へんかん(する) / 반환
84	返却	へんきゃく(する) / 반납
85	返済	へんさい(する) / 변제
86	便宜	べんぎ / 편의

87	便乗	びんじょう(する) 편승; 같이 탐
88	弁解	べんかい(する) 변명
89	弁護	べんご(する) 변호
90	弁償	べんしょう(する) 변상
91	弁明	べんめい(する) 변명
92	弁論	べんろん(する) 변론
93	保護	ほご(する) 보호
94	保持	ほじ(する) 보유, 유지
95	保障	ほしょう(する) 보장
96	保養	ほよう(する) 보양; 휴양
97	保留	ほりゅう(する) 보류
98	舗装	ほそう(する) (도로 등) 포장
99	捕獲	ほかく(する) 포획
100	捕虜	ほりょ 포로

DAY 21 명사(2글자)

1	補強	ほきょう(する)	보강
2	補助	ほじょ(する)	보조
3	補償	ほしょう(する)	보상
4	募金	ぼきん(する)	모금
5	募集	ぼしゅう(する)	모집
6	墓地	ぼち	묘지
7	報酬	ほうしゅう	보수
8	報復	ほうふく(する)	보복
9	奉仕	ほうし(する)	봉사
10	抱負	ほうふ	포부
11	放棄	ほうき(する)	포기
12	放出	ほうしゅつ(する)	방출
13	放置	ほうち(する)	방치
14	放任	ほうにん(する)	방임
15	法案	ほうあん	법안
16	法廷	ほうてい	법정
17	蜂蜜	はちみつ	벌꿀; 꿀
18	褒美	ほうび	포상
19	豊作	ほうさく	풍작
20	飽和	ほうわ	포화

21	妨害	ぼうがい(する) 방해		32	撲滅	ぼくめつ(する) 박멸
22	暴騰	ぼうとう(する) 폭등		33	勃起	ぼっき(する) 발기; 분기
23	暴動	ぼうどう 폭동		34	勃発	ぼっぱつ(する) 발발
24	暴風	ぼうふう 폭풍		35	没収	ぼっしゅう(する) 몰수
25	暴落	ぼうらく(する) 폭락		36	没頭	ぼっとう(する) 몰두
26	暴露	ばくろ(する) 폭로		37	没落	ぼつらく(する) 몰락
27	冒険	ぼうけん(する) 모험		38	本筋	ほんすじ 본론
28	冒頭	ぼうとう 서두		39	本腰	ほんごし 본격적인 마음가짐
29	膨張	ぼうちょう(する) 팽창		40	本籍	ほんせき 본적
30	防衛	ぼうえい(する) 방위		41	翻弄	ほんろう(する) 가지고 놂; 농락
31	防御	ぼうぎょ(する) 방어		42	摩擦	まさつ(する) 마찰

43	麻酔	ますい 마취		54	密集	みっしゅう(する) 밀집
44	麻痺	まひ(する) 마비		55	密度	みつど 밀도
45	埋葬	まいそう(する) 매장		56	民衆	みんしゅう 민중
46	埋没	まいぼつ(する) 매몰		57	無実	むじつ 무실, 억울함
47	末端	まったん 말단		58	無償	むしょう 무상
48	万能	ばんのう 만능		59	無駄	むだ(な) 쓸데없음
49	慢性	まんせい 만성		60	無茶	むちゃ(な) 터무니없음
50	満喫	まんきつ(する) 만끽		61	無念	むねん(な) 무념, 원통함
51	蔓延	まんえん(する) 만연		62	矛盾	むじゅん(する) 모순
52	味覚	みかく 미각		63	名義	めいぎ 명의(서류 등에 쓰는 표면상의 이름)
53	未練	みれん 미련		64	名残	なごり 흔적, 미련

65	名簿	めいぼ / 명부
66	名誉	めいよ(な) / 명예
67	命中	めいちゅう(する) / 명중
68	明暗	めいあん / 명암
69	迷信	めいしん / 미신
70	滅亡	めつぼう(する) / 멸망
71	免除	めんじょ(する) / 면제
72	面影	おもかげ / 면모, 모습
73	面識	めんしき / 면식
74	面目	めんぼく / 면목
75	模型	もけい / 모형
76	模索	もさく(する) / 모색
77	模範	もはん / 모범
78	模倣	もほう(する) / 모방
79	妄想	もうそう(する) / 망상
80	猛暑	もうしょ / 폭염
81	盲点	もうてん / 맹점
82	目先	めさき / 눈앞, 목전
83	問屋	とんや / 도매상
84	門限	もんげん / 폐문 시간, 통금 시간
85	野心	やしん / 야심
86	役職	やくしょく / 직무, 관리직

87	役柄	やくがら 역할, 직무	
88	躍進	やくしん(する) 약진	
89	油絵	あぶらえ 유화	
90	油断	ゆだん(する) 방심	
91	林業	りんぎょう 임업	
92	輪郭	りんかく 윤곽	
93	隣接	りんせつ(する) 인접	
94	類似	るいじ(する) 유사	
95	類推	るいすい(する) 유추	
96	冷房	れいぼう 냉방	
97	零細	れいさい(な) 영세	
98	連係	れんけい(する) 연계	
99	連携	れんけい(する) 연대, 제휴	

DAY 22 명사(2글자)·명사(3글자)

1	連帯	れんたい(する) / 연대
2	連中	れんちゅう / 동료, 무리
3	連邦	れんぽう / 연방
4	連盟	れんめい / 연맹
5	路地	ろじ / 골목
6	露出	ろしゅつ(する) / 노출
7	労力	ろうりょく / 수고, 일손; 노동력
8	廊下	ろうか / 복도
9	朗読	ろうどく(する) / 낭독
10	浪費	ろうひ(する) / 낭비
11	老衰	ろうすい(する) / 노쇠
12	優越	ゆうえつ(する) / 우월
13	優勢	ゆうせい / 우세
14	幽霊	ゆうれい / 유령
15	有機	ゆうき / 유기
16	有数	ゆうすう / 유수(손꼽을 만큼 훌륭함); 굴지
17	有様	ありさま / 모양; 꼴, 형편
18	猶予	ゆうよ(する) / 유예
19	由緒	ゆいしょ / 유서
20	由来	ゆらい(する) / 유래

21	誘因	ゆういん 유인; 원인		32	融和	ゆうわ(する) 융화
22	誘拐	ゆうかい(する) 유괴		33	夕闇	ゆうやみ 땅거미
23	誘致	ゆうち(する) 유치		34	予断	よだん 예단; 예측
24	誘導	ゆうどう(する) 유도		35	余暇	よか 여가
25	誘発	ゆうはつ(する) 유발		36	余興	よきょう 여흥
26	誘惑	ゆうわく(する) 유혹		37	余地	よち 여지
27	遊牧	ゆうぼく(する) 유목		38	妖怪	ようかい 요괴
28	郵送	ゆうそう(する) 우송		39	容赦	ようしゃ(する) 용서, 양보
29	融合	ゆうごう(する) 융합		40	様式	ようしき 양식
30	融資	ゆうし(する) 융자		41	様相	ようそう 양상
31	融通	ゆうずう(する) 융통		42	洋風	ようふう 서양풍

43	溶液	ようえき 용액		54	落札	らくさつ(する) 낙찰
44	用心	ようじん(する) 주의; 조심		55	落胆	らくたん(する) 낙담
45	要因	よういん 요인		56	酪農	らくのう 낙농
46	要人	ようじん 요인(중요한 자리에 있는 사람)		57	利潤	りじゅん 이윤
47	要望	ようぼう(する) 요망		58	利息	りそく 이자
48	要領	ようりょう 요령		59	理屈	りくつ 도리; 이치
49	養殖	ようしょく(する) 양식(물고기·해조·버섯 등을 인공적으로 기름)		60	理想	りそう 이상
50	抑圧	よくあつ(する) 억압		61	理念	りねん 이념
51	抑制	よくせい(する) 억제		62	率先	そっせん(する) 솔선
52	欲望	よくぼう 욕망		63	立腹	りっぷく(する) 화를 냄
53	羅列	られつ(する) 나열		64	略奪	りゃくだつ(する) 약탈

65	留保	りゅうほ(する) 유보		76	論理	ろんり 논리
66	了承	りょうしょう(する) 승낙, 양해		77	和解	わかい(する) 화해
67	両極	りょうきょく 양극		78	賄賂	わいろ 뇌물
68	良識	りょうしき 양식(뛰어난 식견이나 건전한 판단)		79	脇役	わきやく 조연
69	領域	りょういき 영역		80	惑星	わくせい 혹성
70	領海	りょうかい 영해		81	枠内	わくない 테두리 안, 범위 내
71	領土	りょうど 영토		82	腕前	うでまえ 솜씨
72	領地	りょうち 영지		83	腕力	わんりょく 완력
73	老舗	しにせ/ろうほ 노포		84	嗜好	しこう(する) 기호
74	論議	ろんぎ(する) 논의		85	躊躇	ちゅうちょ(する) 주저
75	論文	ろんぶん 논문		86	嫌味	いやみ(な) 일부러 싫은 소리나 행동을 함

#	日本語	読み方	韓国語
87	目処	めど	목표, 전망
88	刺繍	ししゅう	자수(수를 놓음)
89	裸足	はだし	맨발
90	解熱剤	げねつざい	해열제
91	感無量	かんむりょう	감개무량
92	区役所	くやくしょ	구청
93	掲示板	けいじばん	게시판
94	香辛料	こうしんりょう	향신료
95	取締役	とりしまりやく	중역; 이사
96	奨学金	しょうがくきん	장학금
97	口喧嘩	くちげんか	말싸움
98	身代金	みのしろきん	몸값
99	精一杯	せいいっぱい	있는 힘껏
100	大惨事	だいさんじ	대참사

DAY 23 명사(3글자)·명사(그 외)

1	年賀状	ねんがじょう / 연하장
2	披露宴	ひろうえん / 피로연
3	不可欠	ふかけつ(な) / 불가결
4	不気味	ぶきみ(な) / 섬뜩함
5	雰囲気	ふんいき / 분위기
6	文化財	ぶんかざい / 문화재
7	文房具	ぶんぼうぐ / 문방구
8	平行線	へいこうせん / 평행선
9	放射能	ほうしゃのう / 방사능
10	有頂天	うちょうてん / 매우 기뻐함
11	用心棒	ようじんぼう / 경호원
12	もろもろ	여러 가지, 가지가지
13	ありのまま	있는 그대로
14	いざこざ	옥신각신
15	いびき	코골이
16	うなぎのぼり	천정부지로 올라감
17	おさらい(する)	복습
18	お揃い	おそろい / 옷 등의 색깔·무늬 등을 맞춤, 세트
19	おまけ	덤, 값을 깎음
20	おもちゃ	장난감

21	かかと		발뒤꿈치, 굽
22	かすみ		안개
23	がっかり(する)		실망
24	くじ		제비; 추첨
25	くじ引き	くじびき	제비뽑기; 추첨
26	けだもの		짐승
27	こつ		요령
28	逆さま	さかさま	거꾸로 됨
29	仕掛け	しかけ	시작함, 장치
30	しきたり		관습; 관례
31	しずく		물방울
32	ずぶ濡れ	ずぶぬれ	흠뻑 젖음
33	焚き火	たきび	모닥불
34	たんぱく質	たんぱくしつ	단백질
35	ちらし		전단지
36	つかの間	つかのま	잠깐 동안, 순간
37	つじつま		사리; 이치, 계산
38	つば		(입속의) 침
39	つぼ		단지; 항아리
40	つぼみ		꽃봉오리
41	できもの		종기; 뾰루지
42	てっぺん		정상; 꼭대기

43	とりこ	포로
44	にきび	여드름
45	妬み	ねたみ / 시기; 질투
46	ばい菌	ばいきん / 미균; 세균
47	ひと休み	ひとやすみ(する) / 잠깐 쉼
48	ひび	금; 잔금
49	びら	전단지; 광고지
50	ひらめき	번쩍임, 번뜩임
51	へま	바보짓, 실패; 실수
52	まぐれ	헷갈림, 요행
53	まなざし	눈빛, 시선
54	まばたき(する)	눈을 깜박임
55	もめごと	다툼; 분쟁
56	ゆとり	여유
57	善し悪し	よしあし / 옳고 그름
58	よそ見	よそみ(する) / 한눈팖, 남 보기
59	よだれ	침; 군침
60	例え	たとえ / 예
61	下取り	したどり / 보상 판매
62	下調べ	したしらべ / 예비 조사, 예습
63	果て	はて / 끝
64	箇条書き	かじょうがき / 조목별로 씀

65	花びら	はなびら 꽃잎		76	橋渡し	はしわたし 다리를 놓음, 중개
66	悔い	くい 후회		77	極み	きわみ 끝, 극치
67	割り当て	わりあて 할당; 배당		78	筋合い	すじあい 근거; 이유, 처지
68	株式会社	かぶしきがいしゃ 주식회사		79	金回り	かねまわり 주머니 사정; 형편
69	勘違い	かんちがい(する) 착각		80	区切り	くぎり 단락, 매듭
70	丸ごと	まるごと 통째로		81	駆け足	かけあし 뛰어감; 구보, 일을 급히 함
71	顔つき	かおつき 얼굴 생김새, 표정		82	群れ	むれ 떼; 무리
72	気立て	きだて 마음씨		83	憩い	いこい 푹 쉼; 휴식
73	共働き	ともばたらき(する) 맞벌이		84	肩書き	かたがき 직함; 지위
74	強み	つよみ 강도, 강점		85	見込み	みこみ 예상; 전망
75	恐れ	おそれ 두려움; 공포		86	見晴らし	みはらし 전망

87	見通し	みとおし 전망, 예측
88	軒並み	のきなみ 잇따라 늘어섬, 집집마다
89	言い合い	いいあい(する) 말다툼
90	言い訳	いいわけ(する) 변명
91	戸締まり	とじまり(する) 문단속
92	行き違い	いきちがい / ゆきちがい 엇갈림, 틀어짐
93	行き来	いきき(する) 왕래
94	栄養失調	えいようしっちょう 영양실조
95	根回し	ねまわし(する) 사전 교섭
96	災い	わざわい 재앙; 화
97	すれ違い	すれちがい 엇갈림, 스치듯 지나감
98	仕組み	しくみ 구조, 계획; 시스템
99	仕打ち	しうち 처사

DAY 24 명사(그 외)·동사(일반)

1	仕返し	しかえし(する) / 복수; 앙갚음
2	質疑応答	しつぎおうとう / 질의응답
3	思い切り	おもいきり / 단념, 마음껏
4	指折り	ゆびおり / 손꼽아 헤아림, 굴지
5	便り	たより / 소식, 편지
6	持ち込み	もちこみ / 가지고 들어옴/감; 지참
7	取り柄	とりえ / 장점, 쓸모
8	取り返し	とりかえし / 되찾음, 만회
9	手さばき	てさばき / 손재주; 솜씨
10	手ざわり	てざわり / 손에 닿는 감촉
11	手の平	てのひら / 손바닥
12	手引き	てびき(する) / 안내, 도움, 입문
13	手掛かり	てがかり / 손으로 잡을 곳, 단서; 실마리
14	手続き	てつづき / 수속
15	手遅れ	ておくれ / 때늦음
16	手直し	てなおし(する) / 고침; 수정
17	手つき	てつき / 손놀림, 손짓
18	手分け	てわけ(する) / 분담
19	狩り	かり / 사냥
20	首飾り	くびかざり / 목걸이

21	受け持ち	うけもち 담당; 담임
22	終始一貫	しゅうしいっかん 시종일관
23	重み	おもみ 무게
24	商い	あきない 장사, 매매
25	情け	なさけ 인정; 동정
26	色合い	いろあい 색조, 성격
27	心構え	こころがまえ 마음가짐; 각오
28	振り出し	ふりだし 출발점, (수표·어음) 발행
29	振る舞い	ふるまい 행동, 대접
30	身なり	みなり 옷차림, 체격
31	身の回り	みのまわり 신변, 개인의 일상적인 물건 등
32	身振り	みぶり 몸짓
33	人込み	ひとごみ 인파, 북적이는 곳
34	人事異動	じんじいどう 인사이동
35	人通り	ひとどおり 사람의 왕래
36	人並み	ひとなみ 보통 상태, 평범한 것
37	成り行き	なりゆき 과정; 경과
38	跡継ぎ	あとつぎ 후계자
39	戦い	たたかい 싸움
40	前かけ	まえかけ 앞치마
41	前触れ	まえぶれ 예고, 전조
42	前置き	まえおき 서론, 머리말; 서문

43	前売り	まえうり / 예매
44	素振り	そぶり / 거동, 기색
45	息抜き	いきぬき(する) / 숨을 돌림, 환기
46	打ち合わせ	うちあわせ / 미팅, 협의
47	体つき	からだつき / 몸매
48	台無し	だいなし / 엉망, 망침
49	第一人者	だいいちにんしゃ / 일인자
50	断トツ	だんとつ / 단연 선두, 톱
51	値打ち	ねうち / 값어치
52	仲直り	なかなおり(する) / 화해
53	宙返り	ちゅうがえり(する) / 공중제비
54	兆し	きざし / 조짐; 징조
55	締め切り	しめきり / 마감
56	渡り鳥	わたりどり / 철새
57	度忘れ	どわすれ(する) / 까맣게 잊음
58	当たり前	あたりまえ(な) / 당연함
59	当て	あて / 목표, 목적
60	踏み場	ふみば / 발 디딜 곳
61	頭打ち	あたまうち / 한계점에 도달함
62	同時進行	どうじしんこう(する) / 동시 진행
63	憧れ	あこがれ / 동경
64	日取り	ひどり / 날짜; 일정

65	年末年始	ねんまつねんし 연말연시		76	夜更け	よふけ 밤이 깊어짐, 심야
66	排せつ	はいせつ(する) 배설		77	夜明け	よあけ 새벽
67	抜てき	ばってき(する) 발탁		78	夕焼け	ゆうやけ 노을
68	表向き	おもてむき 표면상; 공식상		79	夕暮れ	ゆうぐれ 해 질 녘; 황혼
69	辺り	あたり 근처; 부근; 주변		80	予行練習	よこうれんしゅう(する) 예행연습
70	福利厚生	ふくりこうせい 복리후생		81	裏返し	うらがえし 뒤집음, 반대
71	無駄遣い	むだづかい(する) 낭비		82	立入禁止	たちいりきんし 출입 금지
72	目盛り	めもり 눈금		83	ありふれる	흔하다
73	目当て	めあて 목표, 목적; 노림		84	いじける	움츠러들다, 주눅이 들다
74	目つき	めつき 눈매, 눈빛		85	いじる	만지다; 손대다
75	夜更かし	よふかし(する) 밤샘		86	いらだつ	초조해하다; 애가 타다

87	いらつく	초조해지다, 짜증 나다	98	くじける	접질리다, 꺾이다
88	うかがう	묻다, 듣다(겸양어), 엿보다, 살피다	99	くつろぐ	편히 쉬다; 휴식하다
89	うぬぼれる	자만하다; 우쭐해하다			
90	うろつく	헤매다; 서성거리다			
91	おごる	한턱내다, 우쭐해지다			
92	おだてる	치켜세우다			
93	かさばる	부피가 커지다			
94	かする	스치다, 가로채다			
95	かばう	감싸다			
96	かわす	주고받다, 교차하다			
97	くぐる	빠져나가다; 통과하다			

DAY 25 동사(일반)

1	ぐらつく	흔들리다; 휘청거리다
2	けなす	헐뜯다; 깎아내리다
3	こじれる	(일이) 꼬이다, (병이) 악화되다
4	こだわる	고집하다, 구애되다
5	こぼす	흘리다; 엎지르다
6	ごまかす	속이다, 얼버무리다
7	こもる	틀어박히다
8	さえずる	(새가) 지저귀다, 재잘거리다
9	さまよう	헤매다; 방황하다
10	さらう	날치기하다, 휩쓸다
11	ざわめく	웅성거리다
12	しがみつく	매달리다, 달라붙다
13	しくじる	실수하다; 실패하다, 해고되다
14	しつける	익숙하다, 훈육하다
15	しのぐ	참고 견뎌 내다, 헤쳐 나가다
16	すっぽかす	팽개쳐 두다, (약속을) 어기다
17	ずらす	비켜 놓다, 벗어나다, (할 일을) 미루다
18	そそる	돋우다; 자아내다
19	そびえる	우뚝 솟다
20	企む たくらむ	(일을) 꾸미다, 꾀하다

21	称える	たたえる 칭찬하다, 기리다		32	なめる	핥다, 맛보다, 우습게 보다
22	たどる	더듬어 가다; 나아가다		33	にじむ	번지다, 배다
23	ためらう	주저하다; 망설이다		34	ねじれる	뒤틀리다; 꼬이다
24	たるむ	느슨해지다		35	ねだる	조르다; 치근거리다
25	つねる	꼬집다		36	ののしる	욕하다; 매도하다
26	潰す	つぶす 찌부러뜨리다, (시간을) 때우다		37	剥げる	はげる 벗겨지다, 바래지다
27	つぶやく	중얼거리다, 투덜대다		38	化ける	ばける 둔갑하다, 변신하다
28	つぶる	(눈을) 감다, 못 본 체하다		39	ばてる	지치다
29	止める / 留める	とめる / とどめる 멈추게 하다 / 머무르게 하다		40	はばかる	꺼리다, 위세를 떨치다
30	とぼける	시치미 떼다, 얼빠지다		41	はまる	꼭 맞다, 푹 빠지다
31	なぞる	본뜨다, 모방하다		42	はめる	끼우다; 채우다, 끼다

43	ばらす		뜯다, 폭로하다
44	ばらまく		흩뿌리다
45	ばれる		들키다; 탄로나다
46	ひるむ		기가 죽다; 겁먹다
47	へりくだる		겸손하다; 자기를 낮추다
48	ぼける		바래다; 흐려지다, 둔해지다
49	ぼやく		투덜거리다; 불평하다
50	ぼやける		희미해지다; 흐려지다
51	またがる		올라타다, 걸치다
52	まとう		(몸에) 걸치다, 감기다
53	みなす		간주하다; 가정하다
54	群がる	むらがる	떼 지어 모이다
55	めくる		넘기다; 젖히다, 벗기다
56	もがく		발버둥 치다, 초조해하다
57	もてなす		대접하다; 대우하다
58	モテる		인기가 있다
59	揺さぶる	ゆさぶる	뒤흔들다
60	ゆすぐ		헹구다, (입을) 가시다
61	安らぐ	やすらぐ	편안해지다
62	威張る	いばる	으스대다
63	意気込む	いきごむ	벼르다, 단단히 마음먹다
64	意気投合する	いきとうごうする	의기투합하다

65	慰める	なぐさめる 달래다; 위로하다	76	下す	くだす 내리다
66	萎える	なえる 쇠약해지다; (식물 등이) 시들다	77	懐く	なつく 잘 따르다; 친해지다
67	育む	はぐくむ 기르다; 키우다	78	害する	がいする 해치다, 방해하다
68	逸らす	そらす (방향을) 돌리다, 피하다	79	垣間見る	かいまみる 엿보다
69	逸れる	それる 빗나가다, 벗어나다	80	隔たる	へだたる (거리가) 떨어지다, 가로막히다
70	映える	はえる 빛나다, 비치다	81	隔てる	へだてる 사이에 두다, 가로막다
71	栄える	さかえる 성해지다; 번영하다	82	慣らす	ならす 익숙하게 하다, 길들이다
72	煙る	けむる 연기가 나다	83	甘える	あまえる 응석 부리다
73	遠ざかる	とおざかる 멀어지다	84	緩む	ゆるむ 느슨해지다, 누그러지다
74	遠ざける	とおざける 멀리하다	85	緩める	ゆるめる 느슨하게 하다, 완화하다
75	応える	こたえる 응하다	86	貫く	つらぬく 관통하다, 관철하다

87	陥る	おちいる 빠지다		98	朽ちる	くちる 썩다, 쇠퇴하다
88	企てる	くわだてる 계획하다		99	牛耳る	ぎゅうじる 좌지우지하다
89	危ぶむ	あやぶむ 걱정하다, 위태로워하다		100	拒む	こばむ 거부하다, 막다
90	帰す・ 帰する	きす・きする 돌려보내다, 돌리다				
91	気負う	きおう 분발하다, 단단히 마음먹다				
92	偽る	いつわる 거짓말하다; 속이다				
93	逆らう	さからう 거스르다, 거역하다				
94	及ぶ	およぶ 달하다; 이르다, 미치다				
95	及ぼす	およぼす 미치게 하다				
96	急かす	せかす 재촉하다; 서두르게 하다				
97	急ぐ	いそぐ 서두르다				

DAY 26 동사(일반)

1	挙げる	あげる / (손을) 들다
2	強いる	しいる / 강요하다
3	怯える	おびえる / 겁먹다
4	狭める	せばめる / 좁히다
5	脅かす	おびやかす / おどかす / 위협하다
6	脅す	おどす / 위협하다
7	興じる・興ずる	きょうじる・きょうずる / 흥겨워하다
8	仰ぐ	あおぐ / 우러러보다
9	凝らす	こらす / (한 곳에) 집중시키다, 뻐근하게 하다
10	凝る	こる / 열중하다, 공들이다, 뻐근하다
11	極まる	きわまる / 극한에 달하다
12	極める	きわめる / 한도에 이르다
13	謹む	つつしむ / 삼가다
14	掘る	ほる / 파다, 캐다
15	恵まれる	めぐまれる / 혜택받다, 타고나다
16	掲げる	かかげる / 내걸다; 내세우다
17	携わる	たずさわる / 관계하다; 종사하다
18	継ぐ	つぐ / 잇다; 계승하다
19	欠く	かく / 빠뜨리다
20	兼ねる	かねる / 겸하다

21	研ぐ	とぐ (칼 등을) 갈다		32	口ずさむ	くちずさむ 흥얼거리다
22	見せびらかす	みせびらかす 과시하다		33	慌てる	あわてる 허둥대다
23	見とれる	みとれる 넋을 잃고 보다		34	控える	ひかえる 못 떠나게 하다, 삼가다
24	枯れる	かれる (초목이) 마르다		35	耕す	たがやす 경작하다
25	誇る	ほこる 자랑하다; 뽐내다		36	荒らす	あらす 거칠게 만들다, 황폐하게 하다
26	顧みる	かえりみる 되돌아보다, 돌보다		37	講じる	こうじる 강의하다, 강구하다
27	悟る	さとる 깨닫다		38	告げる	つげる 고하다, 알리다
28	誤る	あやまる 실수하다; 틀리다		39	恨む	うらむ 원망하다
29	交える	まじえる 섞다, 교차시키다		40	催す	もよおす 개최하다, 불러일으키다
30	交わす	かわす 주고받다, 교차하다		41	塞がる	ふさがる 막히다, 닫히다
31	交わる	まじわる 교차하다, 사귀다		42	裁く	さばく 중재하다, 재판하다

43	際立つ	きわだつ 뛰어나다, 두드러지다		54	仕分ける	しわける 구분하다; 분류하다
44	冴える	さえる 선명하다, 맑아지다		55	仕立てる	したてる 제작하다, 꾸미다
45	察する	さっする 헤아리다, 살피다		56	司る	つかさどる 맡다; 담당하다
46	擦る	する 문지르다, 갈다		57	志す	こころざす 뜻을 두다
47	擦れる	すれる 스치다, 닳다		58	施す	ほどこす 베풀다; 주다, 행하다
48	仕える	つかえる 시중들다; 섬기다		59	至る	いたる 이르다; 도달하다
49	仕掛ける	しかける (시비 등을) 걸다, 설치하다		60	治まる	おさまる 안정되다, 가라앉다
50	仕向ける	しむける 대하다, 작용하다		61	撒く	まく 뿌리다; 흩뿌리다
51	仕上がる	しあがる 마무리되다, 완성되다		62	射る	いる 쏘다, 맞히다
52	仕切る	しきる 칸을 막다, 구분하다		63	遮る	さえぎる 막다, 가리다
53	仕入れる	しいれる 매입하다		64	弱る	よわる 약해지다

65	手掛ける	てがける / 직접 다루다, 보살피다
66	腫れる	はれる / 붓다
67	授ける	さずける / 주다, 전수하다
68	就く	つく / 오르다, 취임하다
69	襲う	おそう / 습격하다; 덮치다
70	集う	つどう / 모이다
71	重んじる・重んずる	おもんじる・おもんずる / 중요시하다
72	縮まる	ちぢまる / 줄어들다, 짧아지다
73	出くわす	でくわす / (우연히) 만나다, 마주치다
74	楯突く	たてつく / 대들다; 반항하다
75	準じる・準ずる	じゅんじる・じゅんずる / 준하다
76	潤う	うるおう / 축축해지다, 윤택해지다
77	傷める	いためる / 상하다, (음식을) 썩히다
78	償う	つぐなう / 보상하다, 속죄하다
79	勝る	まさる / 우수하다; 뛰어나다
80	召す	めす / 드시다, 부르시다
81	唱える	となえる / 소리내어 읽다, 외치다, 주장하다
82	焦る	あせる / 초조해하다, 조급해하다
83	省く	はぶく / 생략하다, 줄이다
84	省みる	かえりみる / 돌이켜 보다, 반성하다
85	称する	しょうする / 칭하다, 기리다, 사칭하다
86	譲る	ゆずる / 물려주다, 양보하다

87	侵す	おかす 침범하다, 침해하다
88	慎む	つつしむ 삼가다, 조심하다
89	浸す	ひたす 담그다; 흠뻑 적시다
90	尽きる	つきる 다하다, 끝나다
91	尽くす	つくす 끝까지 다하다, 애쓰다
92	垂れる	たれる 늘어지다, 늘어뜨리다
93	衰える	おとろえる 약해지다, 쇠퇴하다
94	遂げる	とげる 이루다; 얻다
95	据える	すえる 붙박다; 설치하다
96	澄む	すむ 맑다
97	制する	せいする 제지하다, 억누르다
98	整う	ととのう 정돈되다, 갖추어지다
99	調う	ととのう 준비되다; 마련되다
100	晴らす	はらす (불쾌감·의심 등을) 풀다

DAY 27 동사(일반)

1	生やす	はやす	(수염·초목 등을) 기르다
2	惜しむ	おしむ	아끼다, 아쉬워하다
3	説く	とく	설득하다, 설명하다
4	絶する	ぜっする	초월하다
5	絶やす	たやす	끊다; 없애다
6	染みる	しみる	스며들다
7	潜む	ひそむ	숨다, 잠재하다
8	潜る	もぐる	잠수하다, 숨어들다
9	煽る	あおる	부채질하다
10	閃く	ひらめく	번뜩이다
11	繕う	つくろう	고치다; 수선하다
12	蘇る	よみがえる	되살아나다; 소생하다
13	阻む	はばむ	방해하다, 막다
14	奏でる	かなでる	연주하다
15	操る	あやつる	조종하다, (말을) 잘 구사하다
16	相次ぐ	あいつぐ	잇따르다
17	葬る	ほうむる	매장하다
18	装う	よそおう	치장하다, 가장하다
19	憎む	にくむ	미워하다; 증오하다
20	促す	うながす	재촉하다, 촉구하다

21	即する	そくする 꼭 맞다; 입각하다		32	滞る	とどこおる 밀리다, 막히다
22	捉える	とらえる 포착하다, 파악하다, 사로잡다		33	退く	しりぞく 물러나다, 후퇴하다
23	束ねる	たばねる 묶다, 통솔하다		34	脱する	だっする 벗어나다, 탈출하다
24	尊ぶ	とうとぶ 공경하다, 존중하다		35	嘆く	なげく 슬퍼하다; 한탄하다
25	貴ぶ	とうとぶ 중시하다		36	鍛える	きたえる 단련하다
26	損なう	そこなう 손상하다		37	弾く	ひく / はじく 튕기다, 연주하다
27	損ねる	そこねる 상하게 하다		38	弾む	はずむ 튀다
28	耐える	たえる 견디다; 참다		39	値する	あたいする ~할 가치가 있다, ~할 만하다
29	堪える	たえる 참다, 감당하다		40	恥じらう	はじらう 수줍어하다
30	帯びる	おびる (허리 등에) 차다, 띠다		41	恥じる	はじる 부끄러워하다
31	怠る	おこたる 게으름을 피우다		42	懲りる	こりる 질리다

43	挑む	いどむ 도전하다		54	適う	かなう 들어맞다; 적합하다
44	眺める	ながめる 바라보다		55	徹する	てっする 사무치다, 철저하다
45	跳ねる	はねる 뛰다, 튀다		56	添える	そえる 첨부하다, 더하다
46	長引く	ながびく 오래 끌다, 지연되다		57	転じる・転ずる	てんじる・てんずる 변하다, 돌리다
47	捗る	はかどる 진척되다		58	妬む	ねたむ 질투하다
48	沈める	しずめる 가라앉히다		59	途切れる	とぎれる 끊기다; 중단되다
49	釣る	つる 낚다		60	途絶える	とだえる 끊어지다
50	定まる	さだまる 정해지다		61	怒る	いかる / おこる 화내다
51	定める	さだめる 정하다		62	投じる・投ずる	とうじる・とうずる 던지다
52	摘む	つむ / つまむ 뜯다 / 집다		63	逃れる	のがれる 벗어나다; 피하다
53	敵う	かなう 필적하다		64	透ける	すける 비쳐 보이다

65	動じる・動ずる	どうじる・どうずる 동하다, 동요하다
66	突く	つく 찌르다
67	鈍る	にぶる 둔해지다; 무뎌지다
68	馴染む	なじむ 친숙해지다, 어울리다
69	匂う	におう 냄새가 나다
70	賑わう	にぎわう 번성하다, 활기차다, 붐비다
71	任す	まかす 맡기다
72	忍ぶ	しのぶ 견디다; 참다
73	粘る	ねばる 잘 달라붙다, 끈덕지게 버티다
74	破ける	やぶける 깨지다, 찢어지다
75	廃れる	すたれる 소용없게 되다, 한물가다; 쇠퇴하다
76	拝む	おがむ 절하다
77	背く	そむく 등지다, 어기다
78	培う	つちかう 가꾸다, 기르다
79	剥がす	はがす 벗기다, 떼다
80	博す・博する	はくす・はくする 얻다, (명성을) 떨치다
81	白ける	しらける 바래다, (분위기가) 깨지다
82	薄まる	うすまる 엷어지다
83	発する	はっする 발하다
84	抜かす	ぬかす 빼다; 거르다
85	伴う	ともなう 따라가다; 동반하다
86	反る	そる 휘다, 젖혀지다

87	秘める	ひめる 숨기다, 간직하다
88	被る	こうむる 받다, (피해를) 입다
89	費やす	ついやす 다 소비하다, 낭비하다
90	備わる	そなわる 갖추어지다, 구비되다
91	漂う	ただよう 떠돌다, 표류하다, (향기·분위기가) 감돌다
92	病む	やむ 앓다, 병들다
93	富む	とむ 풍부하다, 많다
94	浮かれる	うかれる 들뜨다, 신이 나다
95	腐る	くさる 썩다, 상하다
96	負う	おう 짊어지다, 입다
97	侮る	あなどる 깔보다
98	舞う	まう 흩날리다, 춤추다
99	覆す	くつがえす 뒤엎다
100	覆る	くつがえる 뒤집히다

DAY 28 동사(일반)·동사(복합)

1	沸く	わく / 끓다
2	噴く	ふく / 내뿜다
3	憤る	いきどおる / 분노하다, 개탄하다
4	紛らす・紛らわす	まぎらす・まぎらわす / 얼버무리다, (마음을) 달래다
5	紛れる	まぎれる / 헷갈리다, (마음이) 잊혀지다
6	偏る	かたよる / 치우치다, 기울다
7	募る	つのる / 심해지다, 모으다
8	慕う	したう / 연모하다, 뒤를 좇다, 따르다
9	報いる	むくいる / 보답하다
10	報じる・報ずる	ほうじる・ほうずる / 보답하다, 보도하다
11	捧げる	ささげる / 받들어 올리다, 바치다
12	縫う	ぬう / 꿰매다
13	妨げる	さまたげる / 방해하다
14	暴く	あばく / 파헤치다, 폭로하다
15	暴れる	あばれる / 날뛰다, 난폭하게 굴다
16	膨れる	ふくれる / 부풀다
17	頬張る	ほおばる / 입에 잔뜩 넣다
18	磨く	みがく / 닦다
19	明かす	あかす / 밝히다
20	滅びる	ほろびる / 멸망하다

21	滅ぶ	ほろぶ 망하다		32	揺るがす	ゆるがす 뒤흔들다
22	滅ぼす	ほろぼす 멸망시키다, 망치다		33	要する	ようする 요하다, 요약하다
23	免れる	まぬかれる 면하다, 벗어나다		34	来る	くる / きたる 오다
24	面くらう	めんくらう 당황하다, 허둥대다		35	来す	きたす 오게 하다, 초래하다
25	面する	めんする 면하다		36	絡める	からめる 휘감다, 묻히다
26	儲かる	もうかる 벌이가 되다, 덕을 보다		37	乱す	みだす 어지럽히다, 혼란시키다
27	目論む	もくろむ 계획하다, 꾀하다		38	乱れる	みだれる 흐트러지다
28	癒す	いやす 치유하다; 고치다		39	裏付ける	うらづける 뒷받침하다; 입증하다
29	有する	ゆうする 가지다; 소유하다		40	裏返す	うらがえす 뒤집다, 뒤바꾸다
30	揺する	ゆする 흔들다		41	率いる	ひきいる 거느리다, 이끌다
31	揺らぐ	ゆらぐ 흔들리다		42	臨む	のぞむ 향하다, 임하다; 만나다

43	冷やかす	ひやかす 놀리다, 차게 하다	54	老いる	おいる 늙다, 노쇠하다
44	励む	はげむ 힘쓰다, 열중하다	55	老ける	ふける 나이를 먹다, 늙다
45	劣る	おとる 뒤떨어지다; 못하다	56	和む	なごむ 온화해지다
46	裂く	さく 찢다, 쪼개다	57	和らぐ	やわらぐ 누그러지다
47	裂ける	さける 찢어지다, 갈라지다	58	和らげる	やわらげる 누그러뜨리다
48	練る	ねる 반죽하다, (계획을) 짜다	59	歪む	ゆがむ 비뚤어지다; 일그러지다
49	連なる	つらなる 줄지어 있다; 연속해 있다	60	賄う	まかなう 조달하다, 마련하다
50	連ねる	つらねる 늘어놓다	61	惑う	まどう 망설이다, 헤매다
51	弄ぶ	もてあそぶ 장난하다, 농락하다	62	惑わす	まどわす 혼란시키다, 꾀다
52	漏らす	もらす 흘러나오게 하다, 누설하다	63	詫びる	わびる 사죄하다
53	漏れる	もれる 새다, 누설되다	64	揉む	もむ 비비다, 문지르다

65	揉める	もめる 옥신각신하다		76	やり通す	やりとおす 해내다
66	甦る	よみがえる 되살아나다		77	引きずる	ひきずる 질질 끌다
67	睨む	にらむ 노려보다		78	引き下げる	ひきさげる 인하하다; 내리다
68	手当てする	てあてする 준비하다, 치료하다		79	引き寄せる	ひきよせる 끌어당기다
69	近寄る	ちかよる 접근하다		80	引き起こす	ひきおこす 일으키다
70	こなす	잘게 부수다, 소화시키다, 다루다		81	引き取る	ひきとる 거두다
71	掻き回す	かきまわす 휘젓다		82	引き受ける	ひきうける 떠맡다
72	噛み切る	かみきる 물어뜯다		83	引き上げる	ひきあげる 끌어올리다
73	たどり着く	たどりつく 다다르다; 이르다		84	引き締める	ひきしめる (정신을) 다잡다
74	怒鳴り込む	どなりこむ 호통을 치다		85	引き落とす	ひきおとす 자동 이체하다, 끌어당겨 쓰러뜨리다
75	やり遂げる	やりとげる 달성하다		86	引っ掻く	ひっかく 할퀴다

87	飲み込む	のみこむ 삼키다
88	押し寄せる	おしよせる 밀려오다; 몰려들다
89	押し切る	おしきる 밀어내다, 무릅쓰다
90	押し付ける	おしつける 밀어붙이다
91	割り込む	わりこむ 끼어들다
92	寄り掛かる	よりかかる 기대다
93	吸い上げる	すいあげる 빨아올리다
94	朽ち果てる	くちはてる 썩어 문드러지다
95	競い合う	きそいあう 경합하다; 경쟁하다
96	駆けつける	かけつける 급히 달려가다
97	繰り下げる	くりさげる 미루다; 늦추다
98	繰り上げる	くりあげる 앞당기다
99	繰り返す	くりかえす 반복하다; 되풀이하다
100	結び付く	むすびつく 이어지다; 결부되다

DAY 29 동사(복합)

1	結び付ける	むすびつける / 연결시키다; 결부시키다
2	見計らう	みはからう / 가늠하다
3	見合わせる	みあわせる / 보류하다
4	見失う	みうしなう / 놓치다, 잃다
5	見守る	みまもる / 지켜보다
6	見習う	みならう / 본받다
7	見出す	みいだす / 찾아내다; 발견하다
8	見積もる	みつもる / 견적을 내다, 어림잡다
9	見損なう	みそこなう / 잘못 보다
10	見渡す	みわたす / 멀리 바라보다, 둘러보다
11	見逃す	みのがす / 빠뜨리고 보다, 눈감아 주다
12	見入る	みいる / 넋을 잃고 보다, 주시하다
13	見抜く	みぬく / 간파하다, 꿰뚫어보다
14	立て直す	たてなおす / 바로잡다
15	見分ける	みわける / 분간하다
16	見落とす	みおとす / 간과하다
17	言いふらす	いいふらす / 퍼뜨리다; 선전하다
18	言い残す	いいのこす / 할 말을 남기다
19	言い張る	いいはる / 우기다
20	言い渡す	いいわたす / 선고하다

#	단어	읽기 / 뜻	#	단어	읽기 / 뜻
21	言い放つ	いいはなつ / 말을 뱉다	32	似通う	にかよう / 비슷하다
22	呼び込む	よびこむ / 불러들이다	33	持ち越す	もちこす / 미루다; 넘기다
23	込み上げる	こみあげる / 복받치다	34	持ち直す	もちなおす / 다시 들다
24	込み入る	こみいる / 복잡하게 얽히다	35	取りそろえる	とりそろえる / 골고루 갖추다
25	差し引く	さしひく / 빼다; 공제하다	36	取りとめる	とりとめる / 목숨을 건지다
26	差し支える	さしつかえる / 지장을 주다	37	取り扱う	とりあつかう / 다루다; 취급하다
27	差し出す	さしだす / 내밀다	38	取り押さえる	とりおさえる / 붙잡다
28	使いこなす	つかいこなす / 능숙하게 사용하다	39	取り下げる	とりさげる / 취하하다; 철회하다
29	思い詰める	おもいつめる / 골똘히 생각하다	40	取り外す	とりはずす / 떼어 내다
30	思い上がる	おもいあがる / 우쭐대며 생각하다	41	取り巻く	とりまく / 둘러싸다; 에워싸다
31	思い返す	おもいかえす / 회상하다	42	取り寄せる	とりよせる / (주문하여) 가져오게 하다

43	取り仕切る	とりしきる 주관하다, 관리하다	54	取り立てる	とりたてる 징수하다
44	取り持つ	とりもつ 주선하다, 중재하다	55	受け継ぐ	うけつぐ 계승하다
45	取り次ぐ	とりつぐ 전하다	56	受け入れる	うけいれる 받아들이다
46	取り除く	とりのぞく 없애다; 제거하다	57	蹴飛ばす	けとばす 걷어차다
47	取り消す	とりけす 취소하다	58	出直す	でなおす 다시 시작하다
48	取り組む	とりくむ 매진하다, 맞붙다; 씨름하다	59	乗っ取る	のっとる 탈취하다
49	取り調べる	とりしらべる 조사하다	60	乗り越える	のりこえる 극복하다, 능가하다
50	取り締まる	とりしまる 단속하다	61	食い違う	くいちがう 어긋나다
51	取り入る	とりいる 환심을 사다, 빌붙다	62	食い込む	くいこむ 파고들다
52	取り付ける	とりつける 달다; 설치하다, (계약 등을) 성립시키다	63	食い止める	くいとめる 저지하다; 막다
53	取り戻す	とりもどす 되찾다	64	振り返る	ふりかえる 되돌아보다, 회고하다

65	申し込む	もうしこむ / 신청하다
66	申し出る	もうしでる / 자청하다
67	申し入れる	もうしいれる / 제의하다
68	積み立てる	つみたてる / 적립하다
69	切り捨てる	きりすてる / 잘라 버리다
70	切り出す	きりだす / 자르기 시작하다, 말을 꺼내다
71	組み合わせる	くみあわせる / 조합하다
72	組み込む	くみこむ / 짜 넣다, 삽입하다
73	打ち込む	うちこむ / 박아 넣다, 몰두하다
74	打ち消す	うちけす / 없애다; 지우다
75	打ち切る	うちきる / 끊다, 중단하다
76	打ち明ける	うちあける / 털어놓다, 죄다 꺼내다
77	待ち望む	まちのぞむ / 고대하다, 희망하다
78	着飾る	きかざる / 치장하다
79	張り合う	はりあう / 팽팽히 맞서다
80	張り出す	はりだす / 내달다, 내밀다
81	貼り出す	はりだす / 게시하다, 내붙이다
82	張り切る	はりきる / 긴장하다, 팽팽해지다
83	張り裂ける	はりさける / 터지다
84	跳ね上がる	はねあがる / 뛰어오르다, 튀다
85	跳ね返る	はねかえる / 튕겨 나오다
86	跳び上がる	とびあがる / 펄쩍 뛰다

87	追い込む	おいこむ / 몰아넣다
88	投げ出す	なげだす / 내던지다
89	当てはめる	あてはめる / 꼭 들어맞다; 적합하다
90	踏み込む	ふみこむ / 뛰어들다, 파고들다
91	突き止める	つきとめる / 밝혀내다; 알아내다
92	突っ張る	つっぱる / 버티다, 팽팽하다
93	粘り着く	ねばりつく / 달라붙다
94	飛び越す	とびこす / 뛰어넘다
95	飛び掛かる	とびかかる / 덤벼들다
96	飛び散る	とびちる / (사방으로) 튀다
97	飛び抜ける	とびぬける / 뛰어나다
98	備え付ける	そなえつける / 설치하다, 비치하다
99	付け加える	つけくわえる / 덧붙이다

DAY 30 동사(복합)·い형용사

1	浮かび上がる	うかびあがる / 떠오르다
2	抱え込む	かかえこむ / 끌어안다
3	放り込む	ほうりこむ / 던져 넣다
4	問い合わせる	といあわせる / 문의하다
5	落ち合う	おちあう / 만나다, 합류하다
6	立ち寄る	たちよる / 들르다
7	立ち向かう	たちむかう / 맞서다, 처하다
8	立て替える	たてかえる / 대신 치르다
9	あくどい	(색이) 칙칙하다, 악착같다
10	あさましい	한심하다, 비열하다
11	あっけない	싱겁다, 허망하다
12	あどけない	해맑다, 앳되다
13	危なっかしい	あぶなっかしい / 위태롭다
14	いやらしい	불쾌하다, 역겹다, 징그럽다
15	うっとうしい	성가시다, 귀찮다
16	敵わない	かなわない / 당해낼 수 없다
17	ぎこちない	어색하다, 부자연스럽다
18	くすぐったい	간지럽다, 끈질기다
19	しぶとい	끈질기다
20	しんどい	힘들다

21	ずうずうしい	뻔뻔스럽다; 낯두껍다
22	すがすがしい	상쾌하다; 시원하다
23	すさまじい	끔찍하다, 무시무시하다
24	せこい	쩨쩨하다, 옹졸하다
25	そそっかしい	경솔하다; 덜렁대다
26	そっけない	냉담하다; 쌀쌀맞다
27	たくましい	늠름하다; 건장하다
28	だらしない	칠칠치 못하다, 게으르다
29	だるい	나른하다
30	つつましい	조신하다; 얌전하다
31	とてつもない	터무니없다, 당치도 않다
32	とんでもない	당치도 않다
33	なれなれしい	정겹다
34	儚い	はかない / 덧없다
35	ばかばかしい	어리석다
36	みすぼらしい	초라하다
37	みずみずしい	싱싱하다
38	もっともらしい	그럴싸하다
39	もどかしい	답답하다
40	やかましい	시끄럽다
41	やましい	뒤가 켕기다
42	やむを得ない	やむをえない / 어쩔 수 없다

43	ややこしい	까다롭다		54	悔しい	くやしい / 분하다
44	よそよそしい	쌀쌀맞다, 서먹서먹하다		55	懐かしい	なつかしい / 그립다, 정겹다
45	意地悪い	いじわるい / 심술궂다, 짓궂다		56	緩い	ゆるい / 헐겁다
46	鋭い	するどい / 날카롭다		57	疑わしい	うたがわしい / 의심스럽다
47	煙たい	けむたい / 매캐하다		58	恐ろしい	おそろしい / 무섭다
48	汚らわしい	けがらわしい / 더럽다, 추잡하다		59	虚しい	むなしい / 공허하다
49	何気ない	なにげない / 무심하다		60	激しい	はげしい / 격렬하다
50	華々しい	はなばなしい / 화려하다		61	決まり悪い	きまりわるい / 민망하다
51	回りくどい	まわりくどい / (말 따위를) 빙 둘러서 하다, 에두르다		62	潔い	いさぎよい / 깨끗하다
52	快い	こころよい / 기분 좋다		63	見苦しい	みぐるしい / 보기 흉하다
53	怪しい	あやしい / 수상하다		64	賢い	かしこい / 현명하다, 똑똑하다

65	厳しい	きびしい / 엄하다
66	厚かましい	あつかましい / 뻔뻔하다
67	好ましい	このましい / 바람직하다
68	慌ただしい	あわただしい / 어수선하다
69	荒い	あらい / 거칠다
70	荒っぽい	あらっぽい / 난폭하다
71	細かい	こまかい / 세세하다
72	仕方ない	しかたない / 어쩔 수 없다
73	思いがけない	おもいがけない / 뜻하지 않다
74	手ぬるい	てぬるい / 미적지근하다
75	手厳しい	てきびしい / 매우 엄하다, 호되다
76	手厚い	てあつい / 극진하다, 후하다
77	手荒い	てあらい / 거칠다
78	柔らかい	やわらかい / 부드럽다
79	渋い	しぶい / 떫다
80	詳しい	くわしい / 자세하다, 상세하다
81	情けない	なさけない / 한심하다
82	情け深い	なさけぶかい / 인정이 많다
83	心強い	こころづよい / 든든하다
84	心苦しい	こころぐるしい / 마음이 괴롭다
85	心細い	こころぼそい / 불안하다
86	心地よい	ここちよい / 기분 좋다, 상쾌하다

87	心ない	こころない 생각이 없다, 매정하다		98	疎ましい	うとましい 싫다, 역겹다
88	申し分ない	もうしぶんない 더할 나위 없다		99	素早い	すばやい 재빠르다
89	真ん丸い	まんまるい 동그랗다		100	相応しい	ふさわしい 어울리다, 상응하다
90	親しい	したしい 친하다				
91	甚だしい	はなはだしい 심하다				
92	清い	きよい 맑다				
93	生温い	なまぬるい 미적지근하다				
94	生臭い	なまぐさい 비린내가 나다				
95	脆い	もろい 여리다				
96	惜しい	おしい 아깝다				
97	疎い	うとい 친하지 않다				

DAY 31 い형용사·な형용사

1	尊い	とうとい 고귀하다, 귀하다
2	貴い	とうとい 귀중하다, 귀하다
3	待ち遠しい	まちどおしい 몹시 기다려지다
4	淡い	あわい 연하다, 엷다
5	注意深い	ちゅういぶかい 신중하다
6	著しい	いちじるしい 현저하다, 두드러지다
7	途方もない	とほうもない 터무니없다
8	鈍い	にぶい 둔하다
9	粘り強い	ねばりづよい 끈질기다, 끈덕지다
10	悩ましい	なやましい 고민스럽다
11	濃い	こい 진하다
12	薄暗い	うすぐらい 어두컴컴하다
13	煩わしい	わずらわしい 성가시다
14	卑しい	いやしい 천하다, 미천하다
15	否めない	いなめない 부정할 수 없다
16	貧しい	まずしい 가난하다
17	幅広い	はばひろい 폭넓다
18	分厚い	ぶあつい 두껍다
19	紛らわしい	まぎらわしい 헷갈리다
20	乏しい	とぼしい 모자라다, 부족하다

21	望ましい	のぞましい 바람직하다		32	あやふやな	애매한
22	忙しない	せわしない 분주하다		33	ありがちな	흔한
23	満たない	みたない 부족하다, 기준이나 한도에 차지 않다		34	ありきたりな	뻔한, 흔해 빠진
24	名高い	なだかい 유명하다		35	いくじなしな	패기 없는, 무기력한
25	目まぐるしい	めまぐるしい 어지럽다		36	いんちきな	속임수인, 엉터리인, 사이비인
26	目覚ましい	めざましい 눈부시다, 놀랍다		37	おおらかな	너그러운
27	勇ましい	いさましい 용감하다		38	きざな	불쾌한, 거슬리는
28	幼い	おさない 어리다		39	生真面目な	きまじめな 고지식한
29	用心深い	ようじんぶかい 조심성이 많다		40	きゃしゃな	가냘픈, 연약한
30	欲深い	よくぶかい 욕심이 많다		41	ささやかな	소소한
31	あべこべな	거꾸로인, 반대인		42	しなやかな	유연한

43	ずさんな	허술한, 부실한
44	せっかちな	성급한
45	でたらめな	엉터리 같은
46	にこやかな	상냥한, 생글생글한
47	のどかな	한적한, 평온한, 느긋한
48	はるかな	아득한
49	ひたむきな	한결같은, 일편단심인
50	冷ややかな	ひややかな 차가운, 냉정한
51	ぶかぶかな	헐렁헐렁한
52	まちまちな	제각각인
53	まめな	부지런한, 충실한
54	むちゃくちゃな	형편없는, 엉망인
55	やんちゃな	(아이가) 응석을 부리는, 장난을 치는
56	わずかな	얼마 안 되는
57	わんぱくな	개구쟁이인, 장난꾸러기인
58	偉大な	いだいな 위대한
59	異色な	いしょくな 색다른
60	一途な	いちずな 한결같은
61	淫らな	みだらな 음란한
62	円滑な	えんかつな 원활한
63	円満な	えんまんな 원만한
64	旺盛な	おうせいな 왕성한

65	臆病な	おくびょうな 소심한, 겁이 많은	76	滑稽な	こっけいな 익살맞은
66	穏やかな	おだやかな 온화한; 평온한	77	堪能な	たんのうな 능통한, 능숙한
67	穏和な	おんわな 온화한	78	寛大な	かんだいな 관대한
68	果敢な	かかんな 과감한	79	寛容な	かんような 관용적인, 너그러운
69	華やかな	はなやかな 화려한	80	簡潔な	かんけつな 간결한
70	過酷な	かこくな 가혹한	81	簡素な	かんそな 간소한
71	過密な	かみつな 과밀한; 빽빽한	82	緩やかな	ゆるやかな 완만한, 느슨한
72	画一的な	かくいつてきな 획일적인	83	肝心な	かんじんな 중요한
73	格別な	かくべつな 각별한	84	頑な	かたくな 완고한, 고집이 센
74	画期的な	かっきてきな 획기적인	85	頑固な	がんこな 완고한, 지독한
75	滑らかな	なめらかな 매끄러운	86	奇妙な	きみょうな 기묘한

87	希薄な	きはくな 희박한		98	強硬な	きょうこうな 강경한
88	気さくな	きさくな 소탈한, 싹싹한		99	強情な	ごうじょうな 고집이 센
89	気まぐれな	きまぐれな 변덕스러운		100	強大な	きょうだいな 강대한, 막강한
90	気掛かりな	きがかりな 마음에 걸리는				
91	稀な	まれな 드문, 희소한				
92	貴重な	きちょうな 귀중한				
93	客観的な	きゃっかんてきな 객관적인				
94	急激な	きゅうげきな 급격한				
95	窮屈な	きゅうくつな 갑갑한, 꼭 끼는				
96	強引な	ごういんな 억지스러운, 강제적인				
97	強気な	つよきな 강경한, 단호한				

DAY 32 な형용사

1	強烈な	きょうれつな 강렬한		11	謙虚な	けんきょな 겸허한
2	極端な	きょくたんな 극단적인		12	険悪な	けんあくな 험악한
3	勤勉な	きんべんな 근면한		13	顕著な	けんちょな 현저한
4	具体的な	ぐたいてきな 구체적인		14	厳かな	おごそかな 엄숙한
5	軽快な	けいかいな 경쾌한		15	厳粛な	げんしゅくな 엄숙한
6	軽薄な	けいはくな 경박한		16	厳正な	げんせいな 엄정한
7	軽率な	けいそつな 경솔한		17	厳密な	げんみつな 엄밀한
8	健やかな	すこやかな 건강한		18	巧みな	たくみな 솜씨가 좋은
9	堅実な	けんじつな 견실한		19	巧妙な	こうみょうな 교묘한
10	懸命な	けんめいな 열심히 하는		20	幸いな	さいわいな 다행스러운

21	控えめな	ひかえめな 조심스러운, 약간 적은		32	弱腰な	よわごしな 소극적인
22	肯定的な	こうていてきな 긍정적인		33	手近な	てぢかな 가까이 있는
23	高尚な	こうしょうな 고상한		34	手頃な	てごろな 적당한
24	高慢な	こうまんな 교만한, 오만한		35	手薄な	てうすな 허술한, 불충분한
25	豪華な	ごうかな 호화스러운		36	従順な	じゅうじゅんな 순종적인
26	些細な	ささいな 사소한		37	柔軟な	じゅうなんな 유연한
27	細やかな	こまやかな 세심한, 섬세한		38	重厚な	じゅうこうな 중후한
28	散々な	さんざんな 엉망인, 심한		39	消極的な	しょうきょくてきな 소극적인
29	残酷な	ざんこくな 잔혹한		40	真摯な	しんしな 진지한, 진솔한
30	質素な	しっそな 검소한		41	神聖な	しんせいな 신성한
31	弱気な	よわきな 나약한		42	親密な	しんみつな 친밀한

43	迅速な	じんそくな / 신속한
44	地道な	じみちな / 착실한, 성실한
45	粋な	いきな / 세련된, 멋진
46	性急な	せいきゅうな / 성급한
47	静的な	せいてきな / 정적인
48	清らかな	きよらかな / 청아한, 맑은
49	清純な	せいじゅんな / 청순한
50	精密な	せいみつな / 정밀한
51	精力的な	せいりょくてきな / 정력적인
52	誠実な	せいじつな / 성실한
53	絶大な	ぜつだいな / 절대적인, 아주 큰
54	浅はかな	あさはかな / 경솔한, 생각이 얕은
55	繊細な	せんさいな / 섬세한
56	鮮やかな	あざやかな / 선명한
57	鮮烈な	せんれつな / 강렬하고 선명한
58	前向きな	まえむきな / 긍정적인, 적극적인
59	善良な	ぜんりょうな / 선량한
60	疎かな	おろそかな / 소홀한
61	疎遠な	そえんな / 소원한, 소홀한
62	壮大な	そうだいな / 장대한
63	爽やかな	さわやかな / 상쾌한
64	早急な	さっきゅうな / そうきゅうな / 조급한, 시급한

#	単語	読み / 意味	#	単語	読み / 意味
65	相当な	そうとうな / 상당한	76	達者な	たっしゃな / 능숙한, 뛰어난
66	相対的な	そうたいてきな / 상대적인	77	達筆な	たっぴつな / 글씨를 잘 쓰는
67	速やかな	すみやかな / 신속한	78	単調な	たんちょうな / 단조로운
68	多忙な	たぼうな / 바쁜	79	淡白な	たんぱくな / 담백한
69	怠慢な	たいまんな / 태만한	80	端的な	たんてきな / 단적인
70	退屈な	たいくつな / 지루한	81	着実な	ちゃくじつな / 착실한
71	大げさな	おおげさな / 과장된	82	中途半端な	ちゅうとはんぱな / 어중간한, 어설픈
72	大ざっぱな	おおざっぱな / 대략적인, 엉성한	83	著名な	ちょめいな / 저명한, 유명한
73	大まかな	おおまかな / 대략적인, 대충인	84	定かな	さだかな / 확실한, 분명한
74	大胆な	だいたんな / 대담한	85	定期的な	ていきてきな / 정기적인
75	妥当な	だとうな / 타당한	86	的確な	てきかくな / 적확한, 딱 들어맞는

87	適度な	てきどな 적당한, 알맞은
88	唐突な	とうとつな 당돌한
89	特殊な	とくしゅな 특수한
90	独裁的な	どくさいてきな 독재적인
91	鈍感な	どんかんな 둔감한
92	濃厚な	のうこうな 농후한
93	濃密な	のうみつな 농밀한
94	莫大な	ばくだいな 막대한
95	抜群な	ばつぐんな 뛰어난, 월등한
96	抜本的な	ばっぽんてきな 근본적인
97	半端な	はんぱな 어중간한
98	繁雑な	はんざつな 번잡한, 일이 많고 번거로운
99	煩雑な	はんざつな 번잡한, 번거롭고 복잡한
100	卑劣な	ひれつな 비열한

DAY 33 な형용사·부사 (일반)

#	단어	읽기/뜻	#	단어	읽기/뜻
1	悲惨な	ひさんな / 비참한	11	不用意な	ふよういな / 부주의한
2	微かな	かすかな / 희미한, 미미한	12	不利な	ふりな / 불리한
3	微妙な	びみょうな / 미묘한	13	物好きな	ものずきな / 유별난, 호기심이 많은
4	貧弱な	ひんじゃくな / 빈약한	14	粉々な	こなごなな / 산산조각 난
5	頻繁な	ひんぱんな / 빈번한	15	平凡な	へいぼんな / 평범한
6	敏感な	びんかんな / 민감한	16	膨大な	ぼうだいな / 방대한
7	不穏な	ふおんな / 불온한	17	密かな	ひそかな / 은밀한
8	不振な	ふしんな / 부진한	18	無残な	むざんな / 무참한, 끔찍한
9	不服な	ふふくな / 불복한	19	無邪気な	むじゃきな / 순진한, 수수한
10	不毛な	ふもうな / 척박한, 메마른	20	無情な	むじょうな / 무심한, 무정한

21	無造作な	むぞうさな / 아무렇지 않은
22	無鉄砲な	むてっぽうな / 분별이 없는, 무모한
23	無謀な	むぼうな / 무모한
24	明瞭な	めいりょうな / 명료한
25	明朗な	めいろうな / 명랑한
26	綿密な	めんみつな / 면밀한
27	猛烈な	もうれつな / 맹렬한
28	厄介な	やっかいな / 성가신
29	愉快な	ゆかいな / 유쾌한
30	優雅な	ゆうがな / 우아한
31	勇敢な	ゆうかんな / 용감한
32	憂鬱な	ゆううつな / 우울한
33	有望な	ゆうぼうな / 유망한
34	余計な	よけいな / 쓸데없는
35	理不尽な	りふじんな / 불합리한, 부당한
36	裏腹な	うらはらな / 정반대인, 모순된
37	律儀な	りちぎな / 의로운, 정직한
38	率直な	そっちょくな / 솔직한
39	流暢な	りゅうちょうな / 유창한
40	倫理的な	りんりてきな / 윤리적인
41	冷酷な	れいこくな / 냉혹한
42	冷淡な	れいたんな / 냉담한

43	露骨な	ろこつな / 노골적인
44	朗らかな	ほがらかな / 쾌활한, 명랑한
45	和やかな	なごやかな / 온화한, 화목한
46	傲慢な	ごうまんな / 오만한
47	几帳面な	きちょうめんな / 착실한, 꼼꼼한
48	曖昧な	あいまいな / 애매한
49	緻密な	ちみつな / 치밀한
50	貪欲な	どんよくな / 탐욕스러운
51	斬新な	ざんしんな / 참신한
52	不吉な	ふきつな / 불길한
53	不審な	ふしんな / 수상한
54	良質な	りょうしつな / 양질의
55	いつの間にか	いつのまにか / 어느새
56	あいにく	공교롭게
57	あえて	굳이, 억지로
58	あたかも	마치
59	いかに	어떻게, 얼마나
60	いかにも	어떻게든, 너무나도
61	いざ	막상
62	いたって	극히, 매우
63	いっそ	차라리
64	偽りなく	いつわりなく / 곧이곧대로, 곧바로

65	いとも	매우, 아주
66	いやに	이상하게, 매우, 상당히
67	おおむね	대체로, 대강
68	おおよそ	대략
69	おかまいなく	상관없이
70	おのずと	저절로, 자연히
71	かえって	도리어, 반대로
72	かつ	또한, 동시에
73	かつて	예전에, 일찍이
74	こぞって	모두, 빠짐없이
75	ことごとく	모조리, 번번이
76	ことのほか	의외로, 뜻밖에
77	さしあたり	당장에, 당분간
78	さぞ	틀림없이, 필시, 아마
79	さぞかし	필시, 분명
80	さぞや	틀림없이, 필시
81	さも	아주, 정말
82	しいて	억지로, 무리하여
83	じかに	직접
84	しきりに	자꾸, 빈번히
85	すかさず	즉각, 틈을 두지 않고, 지체 없이
86	どうにか	그런대로, 그럭저럭

87	どうやら	아무래도
88	どうりで	어쩐지, 그 때문에
89	とかく	그럭저럭, 어쨌든
90	とっくに	진작에, 이미
91	とっさに	순간적으로
92	とりわけ	특히
93	なお	또한
94	なにかと	여러모로
95	にわかに	졸지에, 불현듯
96	ひいては	나아가서는
97	ひたすら	오로지, 줄곧
98	ひとまず	우선, 하여튼
99	ふいに	별안간, 느닷없이
100	ふんだんに	듬뿍, 충분히

부사(일반)·부사(의성어·의태어)

1	ほどほどに	적당히	11	もろに	전면으로, 완전히
2	まさしく	틀림없이	12	やけに	몹시, 유난히
3	まして	더구나, 하물며	13	やたらに	무턱대고, 마구
4	全く まったく	완전히, 전혀	14	よくも	잘도, 용케도
5	まともに	제대로	15	よほど	상당히, 꽤
6	まるっきり	전혀, 아주	16	ろくに	제대로, 변변히
7	まんざら	그다지, 아주	17	安静に あんせいに	안정에
8	むやみに	함부로	18	案の定 あんのじょう	아니나 다를까
9	もはや	이제, 더 이상	19	依然 いぜん	여전히
10	もれなく	빠짐없이	20	一概に いちがいに	일률적으로

21	一気に	いっきに 단숨에		32	幾多	いくた 수많이
22	一挙に	いっきょに 일거에, 단번에		33	格段に	かくだんに 현격히
23	一向に	いっこうに 조금도, 전혀		34	気安く	きやすく 마음 편히
24	一際	ひときわ 유달리, 한층 더		35	気兼ねなく	きがねなく 스스럼없이
25	一切	いっさい 일절		36	急遽	きゅうきょ 급거, 갑작스럽게
26	一層	いっそう 한층 더		37	極めて	きわめて 극히, 더없이
27	一躍	いちやく 일약		38	極力	きょくりょく 극력, 온 힘을 다해
28	果たして	はたして 과연		39	決して	けっして 결코, 절대로
29	隔週	かくしゅう 격주		40	兼ねて	かねて 겸하여
30	丸々	まるまる 전부, 온통, 통통하게 살찐 모양		41	嫌々	いやいや 마지못해
31	危うく	あやうく 하마터면		42	故意に	こいに 고의로

43	交互に	こうごに 교대로, 번갈아		54	徐々に	じょじょに 서서히
44	公然と	こうぜんと 공공연히		55	少なからず	すくなからず 적잖이
45	今や	いまや 이제 곧, 바야흐로		56	尚更	なおさら 더욱더
46	散々	さんざん 심하게, 실컷		57	真っ先に	まっさきに 맨 먼저
47	思うまま	おもうまま 생각대로		58	真っ二つに	まっぷたつに 두 갈래로
48	思う存分	おもうぞんぶん 마음대로, 실컷		59	辛うじて	かろうじて 간신히
49	時折	ときおり 가끔		60	人一倍	ひといちばい 남보다 훨씬, 남달리
50	若干	じゃっかん 약간		61	先立って	さきだって ~에 앞서
51	主として	しゅとして 주로		62	専ら	もっぱら 오로지
52	瞬間的に	しゅんかんてきに 순간적으로		63	前もって	まえもって 미리
53	所詮	しょせん 결국, 어차피		64	相当	そうとう 상당히

65	相変わらず	あいかわらず 여전히		76	当面	とうめん 당면, 당분간
66	総じて	そうじて 전체적으로		77	満遍なく	まんべんなく 골고루, 빈틈없이
67	即座に	そくざに 즉석에서		78	適宜	てきぎ 적절히, 각자 알아서
68	即時に	そくじに 즉시		79	突如	とつじょ 갑자기, 느닷없이
69	大して	たいして 그다지, 별로		80	念入りに	ねんいりに 정성 들여
70	大概	たいがい 대개		81	漠然と	ばくぜんと 막연하게
71	大方	おおかた 대충, 대개, 거의		82	並びに	ならびに 및
72	断じて	だんじて 단연코, 결코		83	呆然と	ぼうぜんと 멍하니
73	断然	だんぜん 단연		84	未だ	いまだ 아직
74	中途半端に	ちゅうとはんぱに 어설프게, 어중간히		85	無性に	むしょうに 몹시
75	当分	とうぶん 당분간		86	無論	むろん 물론

87	予め	あらかじめ 미리, 사전에	98	うっとり	넋을 잃은 모양, 황홀한 모양
88	容赦なく	ようしゃなく 사정없이, 가차 없이	99	うとうと	꾸벅꾸벅
89	臨機応変に	りんきおうへんに 임기응변으로	100	おどおど	벌벌, 주뼛주뼛
90	歴然と	れきぜんと 확연히, 또렷이	101	がさがさ	바스락바스락
91	到底	とうてい 도저히, 아무리, 하여도	102	がっちり	튼튼한 모양
92	ざらに	흔하게			
93	未然に	みぜんに 미연에			
94	試しに	ためしに 시험 삼아			
95	あっさり	시원스럽게, 담백하게			
96	うきうき	들뜬 모양, 신난 모양			
97	うっかり	무심코, 깜빡			

DAY 35 부사(의성어·의태어)·가타카나

1	からっと	활짝, 바삭
2	がらりと	갑자기 확
3	きちっと	제대로, 정확히
4	きっちり	꼭, 딱
5	きっぱり	딱 잘라, 단호히
6	きょろきょろ	두리번두리번
7	くっきり	또렷이, 선명히
8	ぐっすり	푹
9	ぐったり	축 늘어진 모양
10	くよくよ	끙끙 앓는 모양
11	ぐらぐら	흔들흔들
12	げっそり	여윈, 홀쭉
13	こそこそ	살금살금, 소곤소곤
14	こっそり	살짝, 몰래
15	ごろごろ	데굴데굴, 뒹굴뒹굴
16	ざっと	대충
17	さっぱり	개운한 모양
18	さらさら	보송보송, 뽀송뽀송
19	しっとり	촉촉한 모양
20	じめじめ	축축하게, 질퍽하게

21	じりじり	찔끔찔끔, 서서히
22	じろりと	힐끗
23	じわじわ	서서히, 줄줄
24	しんなり	숨이 죽은 모양, 부드러운 모양
25	すくすく	쑥쑥
26	すっきり	속 시원하게
27	ずばり	(정곡을) 딱, 콕
28	すらすら	술술, 척척
29	ずらっと	쭉, 줄줄이
30	ずるずる	질질, 줄줄
31	すんなり	척척, 순조롭게
32	そわそわ	안절부절
33	だぶだぶ	헐렁헐렁, 출렁출렁
34	だらだら	축 늘어진, 질질
35	ちやほや	얼르는 모양, 알쫑알쫑, 추어올리는 모양
36	ちょくちょく	간간이
37	ちらっと	힐끗
38	ちらりと	흘끗
39	てきぱき	척척
40	どたばた	우당탕
41	とろとろ	꾸물꾸물, 눅진한 모양
42	どろどろ	걸쭉한 모양, 질척한 모양

43	どんより	어두침침한 모양, 우중충한 모양
44	ねちねち	치근덕대는 모양, 끈적끈적, 깐족깐족
45	のびのび	마음 편히, 느긋이
46	のろのろ	느릿느릿, 꾸물꾸물
47	のんびり	유유히, 태평스럽게
48	はっきり	분명히, 명확히
49	はらはら	조마조마
50	びくびく	벌벌, 오들오들
51	ひしひし	절실하게, 오싹오싹
52	ひそひそ	소곤소곤
53	ひっそり	고요히
54	ひらひら	팔랑팔랑
55	ぴんぴん	팔팔, 펄떡펄떡
56	ひんやり	서늘하게, 싸늘하게
57	ぶかぶか	헐렁헐렁
58	ふらふら	휘청휘청, 비틀비틀
59	ぶらぶら	어슬렁어슬렁
60	ふんわり	폭신폭신
61	ぺこぺこ	꼬르륵꼬르륵, 굽실굽실
62	へとへと	축 처진 모양, 녹초가 된 모양
63	べとべと	끈적끈적
64	ぺらぺら	유창하게 말하는 모양, 술술, 팔락팔락

#	일본어	뜻
65	ぼうっと	멍하니
66	ほっと	안심하는 모양
67	ぼつぼつ	(구멍이) 송송
68	ぽつぽつ	(비가) 뚝뚝, 조금씩
69	みるみる	순식간에, 금세
70	めきめき	눈에 띄게
71	めそめそ	훌쩍훌쩍
72	やんわり	살며시, 완곡히
73	ゆるゆる	느긋느긋, 헐렁헐렁
74	まるまる	모조리, 온통
75	うんざり	진절머리가 남, 넌더리가 남, 지긋지긋
76	きっかり	딱, 정확히
77	ぐっと	꾹, 힘껏
78	じっくり	곰곰이, 차분히
79	さっと	휙
80	ちょっぴり	조금, 약간
81	つくづく	절실히, 지그시
82	てっきり	틀림없이
83	はっと	덜컥, 깜짝, 문득
84	はるばる	아주 멀리서, 끝까지
85	ふと	문득
86	ひょっと	어쩌면, 뜻밖에

87	生き生き	いきいき 생생한 모양	
88	長々	ながなが 오래도록	
89	アクセス(する)	액세스; 접근성, 접속, 찾아오는 길	
90	アシスタント	어시스턴트; 조수, 보조	
91	アタック(する)	어택; 공격	
92	アドバイス(する)	어드바이스; 조언	
93	アピール(する)	어필	
94	アプローチ(する)	어프로치; 접근	
95	アポイント	약속	
96	アマチュア	아마추어	
97	アンコール	앙코르	
98	イメージ(する)	이미지	
99	インサイド	인사이드	
100	インスピレーション	영감	

DAY 36 가타카나

1	インターチェンジ	(고속도로) 인터체인지
2	インターナショナル	인터내셔널
3	インターフォン・インターホン	인터폰
4	インターン	인턴
5	インテリ	인텔리; 지식인
6	インテリア	인테리어
7	インフォメーション	인포메이션
8	インプット(する)	인풋; 입력
9	インフレ	인플레, 인플레이션
10	ウエート	웨이트; 중량
11	ウエット	웨트; 젖음
12	ウェブ	웹
13	エレガント	우아함, 고상함
14	エンターテイメント	엔터테인먼트
15	エントリー(する)	엔트리
16	オートマチック	오토매틱; 자동
17	オプション	옵션
18	オリエンテーション	오리엔테이션
19	ガード(する)	가드
20	ガードマン	가드맨; 경비원

21	ガードレール	가드레일
22	カウンセラー	카운슬러; 상담원
23	カテゴリー	카테고리
24	カムバック(する)	컴백
25	カルテ	진료 기록 카드
26	ガレージ	차고
27	カレンダー	캘린더; 달력
28	カンニング(する)	커닝
29	キープ(する)	킵; 유지함
30	ギブアップ(する)	포기, 항복
31	キャスター	캐스터
32	キャスト	캐스트; 배역
33	キャッチ(する)	캐치
34	キャップ	캡; 뚜껑, 모자
35	ギャップ	갭; 차이
36	キャプテン	캡틴; 주장
37	クール	쿨; 시원함
38	クレーム	클레임; 이의 제기
39	クローズアップ(する)	클로즈업
40	ケア(する)	케어; 보살핌, 관리
41	コーディネーター	코디네이터
42	コーディネート(する)	코디

43	ゴールイン(する)	골인
44	コスト	코스트; 비용
45	コネクション・コネ	커넥션; 인맥
46	コマーシャル	커머셜; 광고
47	コミッション	커미션; 수수료
48	コンクール	콩쿠르; 경연 대회
49	コンセプト	콘셉트; 개념, 발상
50	コンディション	컨디션
51	コンテスト	콘테스트; 경연 대회
52	コントラスト	콘트라스트; 대조, 대비
53	コントロール(する)	컨트롤; 조절, 통제
54	コンプレックス	콤플렉스
55	サイクル	사이클
56	サポーター	서포터; 후원자, 지지자
57	シークレット	시크릿; 비밀
58	シート	시트; 좌석
59	シェア(する)	셰어; 공유
60	シック	시크; 멋짐
61	シナリオ	시나리오
62	シビア	엄격함, 혹독함
63	ジャズ	재즈
64	シャトル	셔틀

#	単語	意味
65	ジャンボ	점보
66	ジャンル	장르
67	ジンクス	징크스
68	スクラップ	스크랩
69	スケール	스케일; 규모
70	スチーム	스팀
71	ステーション	스테이션; 정거장, 역
72	ステータス	사회적 지위
73	ステップアップ(する)	스텝업; 단계적 진보
74	ストック(する)	스톡; 비축
75	ストライキ	스트라이크; 파업
76	ストレート	스트레이트; 곧장, 직접적; 직설적
77	スプリング	스프링
78	スポンサー	스폰서
79	スムーズ	스무스; 원활함, 순조로움
80	スリル	스릴
81	スローガン	슬로건; 구호, 좌우명
82	セキュリティー	보안, 방범
83	セクション	섹션
84	セクハラ(する)	성희롱
85	セレモニー	세리머니; 의식
86	ソックス	양말

87	ターゲット	타깃; 목표, 표적
88	タイムリー	시기적절함
89	ダメージ	대미지; 손해, 피해
90	チーフ	치프; 수석, 최고위 장
91	チャージ(する)	차지; 충전
92	チャイム	차임 벨
93	チャンピオン	챔피언
94	ティッシュ	티슈
95	データ	데이터
96	データベース	데이터베이스
97	デコレーション(する)	데커레이션, 장식
98	デッサン(する)	데생
99	テナント	세입자, 임차인
100	デビュー(する)	데뷔

DAY 37 가타카나·접속사·접두어

1	デフレ	디플레, 디플레이션	
2	デリケート	델리케이트; 섬세함	
3	トーン	(무게) 톤	
4	ドライ	드라이	
5	トリック	트릭; 속임수	
6	ドリル	드릴; 나사 송곳, 반복 연습	
7	トレーニング(する)	트레이닝; 훈련	
8	ナンセンス	난센스	
9	ニュアンス	뉘앙스	
10	ネック	목	
11	ノイローゼ	노이로제	
12	ノルマ	할당량	
13	ハード	하드; 딱딱한, 어려운; 힘든	
14	ハードル	허들; 진입 장벽	
15	ハーモニー	하모니; 조화	
16	バックアップ(する)	백업	
17	バッジ	배지	
18	バッテリー	배터리	
19	バット	배트	
20	パトカー	순찰차	

#	単語	意味	#	単語	意味
21	バトル	배틀	32	フォロー(する)	팔로우; 보조
22	パトロール(する)	순찰	33	ブザー	부저
23	パニック	패닉	34	プライベート	프라이빗; 개인적
24	バロメーター	바로미터; 지표, 지침	35	フラッシュ	플래시
25	パワハラ	(직장 상사 등의) 갑질	36	ブランク	블랭크; 공백
26	ピーク	피크; 절정	37	フランク	솔직함
27	ピンチ	핀치; 위기	38	プレゼンテーション・プレゼン	프레젠테이션
28	フィルター	필터	39	プロセス	프로세스; 과정
29	フェリー	페리	40	ブロック	(건축재, 장난감 등의) 블록; 집합체, 일정 구획
30	フォーム	폼; 형식	41	プロフィール	프로필
31	フォーラム	포럼	42	プロローグ	프롤로그

43	フロント	프런트
44	ペア	페어; 쌍
45	ベテラン	베테랑
46	ボイコット(する)	보이콧
47	ホース	호스
48	ポーズ(する)	포즈; 자세
49	ポジション	포지션; 위치, 지위
50	ボディーガード	보디가드; 경호원
51	マスコミ	매스컴; 대중 언론
52	マスメディア	매스 미디어; 대중 매체
53	マッチ(する)	매치; 일치
54	マニュアル	매뉴얼
55	ミスプリント	미스프린트
56	ムード	무드; 분위기
57	メカニズム	메커니즘
58	メンテナンス(する)	(건물, 기계 등의) 유지 보수
59	モダン	모던; 현대적
60	ユーモア	유머; 해학, 익살
61	ユニーク	유니크; 독특함
62	ランク	랭크; 순위
63	リアリティー	리얼리티
64	リード(する)	리드; 앞장서서 이끎

65	リストアップ(する)	리스트 업
66	リハーサル(する)	리허설
67	リベンジ(する)	리벤지; 복수, 설욕전
68	リミット	한계, 한도
69	リラックス(する)	릴렉스; 긴장을 풂
70	ルーズ	루즈; 헐렁함, 허술함
71	ルート	루트
72	レース	레이스
73	レギュラー	레귤러
74	レバー	레버; 조작봉
75	レントゲン	엑스레이
76	ロープ	로프; 밧줄
77	ロケーション	로케이션; 장소
78	ワット	와트
79	ワンパターン	원 패턴; 틀에 박힘
80	ワンマン	원맨; 한 사람 만의, 독재적인 사람
81	あるいは	또는, 혹은
82	しかも	게다가
83	したがって	따라서
84	すなわち	즉
85	すると	그러자
86	その上	そのうえ 게다가

87	それとも	아니면	
88	ついては	따라서, 그래서	
89	ところが	그런데	
90	ところで	그런데	
91	にもかかわらず	그럼에도 불구하고	
92	もしくは	혹은, 또는	
93	及び	および / 및	
94	悪循環	あくじゅんかん / 악순환	
95	悪影響	あくえいきょう / 악영향	
96	誤操作	ごそうさ / 오조작	
97	誤作動	ごさどう / 오작동	
98	誤報	ごほう / 오보	
99	誤字	ごじ / 오자; 오타	
100	超満員	ちょうまんいん / 초만원	

DAY 38 접두어·접미어

1	超高速	ちょうこうそく 초고속		11	被扶養者	ひふようしゃ 피부양자
2	超特急	ちょうとっきゅう 초특급		12	不平等	ふびょうどう 불평등
3	超高層	ちょうこうそう 초고층		13	不注意	ふちゅうい 부주의
4	超能力	ちょうのうりょく 초능력		14	不十分	ふじゅうぶん 불충분
5	超人	ちょうじん 초인		15	不器用	ぶきよう 서투른 솜씨
6	当日	とうじつ 당일		16	不真面目	ふまじめ 불성실
7	当人	とうにん 당사자		17	未完成	みかんせい 미완성
8	被保険者	ひほけんしゃ 피보험자		18	未経験	みけいけん 미경험
9	被選挙権	ひせんきょけん 피선거권		19	無条件	むじょうけん 무조건
10	被雇用者	ひこようしゃ 피고용자		20	無自覚	むじかく 무자각

21	無計画	むけいかく / 무계획
22	無愛想	ぶあいそう / 무뚝뚝함
23	無秩序	むちつじょ / 무질서
24	無意味	むいみ / 무의미
25	猛反対	もうはんたい / 맹렬한 반대
26	猛勉強	もうべんきょう / 열공
27	猛練習	もうれんしゅう / 맹연습
28	猛暑日	もうしょび / 폭염일
29	猛攻撃	もうこうげき / 맹공격, 맹공
30	猛特訓	もうとっくん / 맹훈련
31	猛犬	もうけん / 맹견
32	猛毒	もうどく / 맹독
33	従業員	じゅうぎょういん / 종업원
34	警備員	けいびいん / 경비원
35	特派員	とくはいん / 특파원
36	幼稚園	ようちえん / 유치원
37	動物園	どうぶつえん / 동물원
38	温暖化	おんだんか / 온난화
39	活性化	かっせいか / 활성화
40	過疎化	かそか / 과소화
41	高齢化	こうれいか / 고령화
42	専門家	せんもんか / 전문가

43	建築家	けんちくか / 건축가
44	使命感	しめいかん / 사명감
45	拒否感	きょひかん / 거부감
46	謙譲語	けんじょうご / 겸양어
47	尊敬語	そんけいご / 존경어
48	看護師	かんごし / 간호사
49	美容師	びようし / 미용사
50	応接室	おうせつしつ / 응접실
51	研究室	けんきゅうしつ / 연구실
52	閲覧室	えつらんしつ / 열람실
53	担当者	たんとうしゃ / 담당자
54	既婚者	きこんしゃ / 기혼자
55	権力者	けんりょくしゃ / 권력자
56	候補者	こうほしゃ / 후보자
57	死傷者	ししょうしゃ / 사상자
58	配偶者	はいぐうしゃ / 배우자
59	被疑者	ひぎしゃ / 피의자
60	容疑者	ようぎしゃ / 용의자
61	統率者	とうそつしゃ / 통솔자
62	後援者	こうえんしゃ / 후원자
63	被害者	ひがいしゃ / 피해자
64	契約書	けいやくしょ / 계약서

65	履歴書	りれきしょ 이력서	76	連絡先	れんらくさき 연락처
66	領収書	りょうしゅうしょ 영수증	77	被災地	ひさいち 재해지, 피해 지역
67	企画書	きかくしょ 기획서	78	植民地	しょくみんち 식민지
68	報告書	ほうこくしょ 보고서	79	行楽地	こうらくち 행락지
69	好奇心	こうきしん 호기심	80	保守派	ほしゅは 보수파
70	自尊心	じそんしん 자존심	81	正統派	せいとうは 정통파
71	可能性	かのうせい 가능성	82	廃棄物	はいきぶつ 폐기물
72	危険性	きけんせい 위험성	83	危険物	きけんぶつ 위험물
73	耐久性	たいきゅうせい 내구성	84	競争率	きょうそうりつ 경쟁률
74	自主性	じしゅせい 자주성	85	合格率	ごうかくりつ 합격률
75	取引先	とりひきさき 거래처	86	手数料	てすうりょう 수수료

87	入場料	にゅうじょうりょう 입장료
88	汚職がらみ	おしょくがらみ 비리 관련
89	仕事がらみ	しごとがらみ 일 관련
90	恋愛がらみ	れんあいがらみ 연애 관련
91	金銭がらみ	きんせんがらみ 금전 관련
92	犯罪がらみ	はんざいがらみ 범죄 관련
93	家族ぐるみ	かぞくぐるみ 온 가족, 가족 단위
94	地域ぐるみ	ちいきぐるみ 지역 전체
95	組織ぐるみ	そしきぐるみ 조직 전체
96	土地ぐるみ	とちぐるみ 땅 전체
97	町ぐるみ	まちぐるみ 온 동네
98	会社ぐるみ	かいしゃぐるみ 회사 전체
99	繁華街	はんかがい 번화가
100	商店街	しょうてんがい 상점가

DAY 39 접미어·관용 표현

1	人生観	じんせいかん 인생관	11	安全圏	あんぜんけん 안전권
2	価値観	かちかん 가치관	12	大気圏	たいきけん 대기권
3	歴史観	れきしかん 역사관	13	文化圏	ぶんかけん 문화권
4	先入観	せんにゅうかん 선입관, 고정 관념	14	アジア圏	あじあけん 아시아권
5	世界観	せかいかん 세계관	15	主導権	しゅどうけん 주도권
6	相談係	そうだんがかり 상담계, 상담 담당	16	選挙権	せんきょけん 선거권
7	案内係	あんないがかり 안내계, 안내원	17	収入源	しゅうにゅうげん 수입원
8	英語圏	えいごけん 영어권	18	情報源	じょうほうげん 정보원
9	首都圏	しゅとけん 수도권	19	供給源	きょうきゅうげん 공급원
10	合格圏	ごうかくけん 합격권	20	発信源	はっしんげん 발신원, 발신지

21	税源	ぜいげん / 세원		32	書き心地	かきごこち / 필기감
22	発生源	はっせいげん / 발생원		33	寝心地	ねごこち / 잠잘 때의 기분
23	語源	ごげん / 어원		34	報道陣	ほうどうじん / 보도진
24	音源	おんげん / 음원		35	経営陣	けいえいじん / 경영진
25	エネルギー源	えねるぎーげん / 에너지원		36	講師陣	こうしじん / 강사진
26	税務署	ぜいむしょ / 세무서		37	幹部陣	かんぶじん / 간부진
27	警察署	けいさつしょ / 경찰서		38	男性陣	だんせいじん / 남자 집단
28	乗り心地	のりごこち / 승차감		39	女性陣	じょせいじん / 여자 집단
29	住み心地	すみごこち / 거주했을 때의 기분, 거주성		40	取材陣	しゅざいじん / 취재진
30	居心地	いごこち / (어느 장소에) 있을 때 기분		41	捜索隊	そうさくたい / 수색대
31	触り心地	さわりごこち / 촉감		42	探検隊	たんけんたい / 탐험대

43	部隊	ぶたい / 부대
44	自衛隊	じえいたい / 자위대
45	警察隊	けいさつたい / 경찰대
46	支援隊	しえんたい / 지원대
47	出発点	しゅっぱつてん / 출발점
48	着地点	ちゃくちてん / 착지점
49	改訂版	かいていばん / 개정판
50	実写版	じっしゃばん / 실사판
51	所持品	しょじひん / 소지품
52	特産品	とくさんひん / 특산품
53	情報網	じょうほうもう / 정보망
54	通信網	つうしんもう / 통신망
55	放送網	ほうそうもう / 방송망
56	監視網	かんしもう / 감시망
57	交通網	こうつうもう / 교통망
58	安全網	あんぜんもう / 안전망
59	道路網	どうろもう / 도로망
60	流通網	りゅうつうもう / 유통망
61	連絡網	れんらくもう / 연락망
62	国籍欄	こくせきらん / 국적란
63	広告欄	こうこくらん / 광고란
64	概要欄	がいようらん / 개요란

65	記入欄	きにゅうらん / 기입란
66	住所欄	じゅうしょらん / 주소란
67	空欄	くうらん / 공란
68	解答欄	かいとうらん / 해답란
69	求人欄	きゅうじんらん / 구인란
70	職歴欄	しょくれきらん / 경력란
71	コメント欄	こめんとらん / 코멘트란
72	舞台裏	ぶたいうら / 무대 뒤
73	路地裏	ろじうら / 뒷골목
74	いわゆる	이른바
75	あらゆる	모든
76	お手上げ	おてあげ / 속수무책, 두 손 다 듦
77	肩を持つ	かたをもつ / 편들다, 지지하다
78	ぐっと来る	ぐっとくる / 뭉클하다
79	これといった	이렇다 할
80	さじを投げる	さじをなげる / (전망이 없어) 포기하다
81	そっぽを向く	そっぽをむく / 외면하다
82	どうしようもない	어쩔 수 없다
83	鼻にかける	はなにかける / 자랑하다
84	腹を決める	はらをきめる / 마음을 먹다, 작정하다
85	ピークに達する	ぴーくにたっする / 절정에 달하다
86	ふに落ちる	ふにおちる / 납득이 가다, 이해가 되다

87	もってのほか	당치도 않음
88	やきもちをやく	질투하다
89	良しとする	よしとする / 괜찮다고 넘어가다
90	一目置く	いちもくおく / 한 수 위로 보다
91	顔が広い	かおがひろい / 발이 넓다
92	気が済む	きがすむ / 만족하다
93	気に障る	きにさわる / 거슬리다, 비위 상하다
94	気を使う	きをつかう / 신경을 쓰다
95	気を晴らす	きをはらす / 기분 전환을 하다
96	口がかたい	くちがかたい / 입이 무겁다
97	口出し	くちだし(する) / 참견
98	指を折る	ゆびをおる / 손꼽을 정도로 뛰어나다
99	手を焼く	てをやく / 애를 태우다
100	首になる	くびになる / 해고되다

 관용 표현·존경어·겸양어·경어 표현

1	焼け石に水	やけいしにみず	밑 빠진 독에 물 붓기, 언 발에 오줌 누기
2	席を外す	せきをはずす	자리를 뜨다
3	準備万端	じゅんびばんたん	만반의 준비
4	長い目で見る	ながいめでみる	긴 안목으로 보다
5	途方に暮れる	とほうにくれる	어찌할 바를 모르다
6	頭打ちになる	あたまうちになる	한계점에 다다르다
7	波に乗る	なみにのる	흐름(시세)을 잘 타다
8	鼻をつく	はなをつく	코를 찌르다
9	平行線をたどる	へいこうせんをたどる	평행선을 걷다
10	本末転倒	ほんまつてんとう	본말전도, 배보다 배꼽이 큼

11	満場一致	まんじょういっち 만장일치
12	面倒を見る	めんどうをみる 돌보아 주다
13	目に見える	めにみえる 뻔하다
14	躍起になる	やっきになる 기를 쓰다, 안간힘을 쓰다
15	体の具合	からだのぐあい 몸 상태
16	お祭りムード一色	おまつりむーどいっしょく 축제 분위기 물씬
17	会心の一撃	かいしんのいちげき 회심의 일격
18	優柔不断	ゆうじゅうふだん 우유부단
19	ムラがある	むらがある 고르지 않음, 불균일함
20	腹が立つ	はらがたつ 화가 나다
21	なんだかんだ	이래저래

22	みるみるうちに	순식간에, 금세
23	いらっしゃる	가시다, 오시다, 계시다
24	おいでになる	오시다
25	おっしゃる	말씀하시다
26	おわかりになる	아시게 되다
27	お越しになる	おこしになる 들어오시다
28	お会いになる	おあいになる 만나 뵙다
29	お掛けになる	おかけになる 앉으시다
30	お帰りになる	おかえりになる 돌아가시다, 귀가하시다
31	お気に召す	おきにめす 마음에 드시다
32	お休みになる	おやすみになる 주무시다, 쉬시다

33	お求めになる	おもとめになる 구하시다
34	お見えになる	おみえになる 보이시다
35	お考えになる	おかんがえになる 생각하시다
36	お受け取りになる	おうけとりになる 받으시다
37	お召しになる	おめしになる 입으시다
38	お待ちくださる	おまちくださる 기다려 주시다
39	お待ちになる	おまちになる 기다리시다
40	お伝えになる	おつたえになる 전달하시다
41	お読みになる	およみになる 읽으시다
42	お年を召す	おとしをめす 연세가 드시다
43	お買いになる	おかいになる 사시다, 구입하시다

44	お聞きになる	おききになる 들으시다, 물어보시다	
45	くださる	주시다	
46	ご覧になる	ごらんになる 보시다	
47	ご利用になる	ごりようになる 이용하시다	
48	ご理解いただく	ごりかいいただく 이해해 주시다	
49	なさる	하시다	
50	召し上がる	めしあがる 드시다	
51	致す	いたす 하다(겸양어), 드리다	
52	頂く	いただく 받다(겸양어)	
53	伺う	うかがう 여쭙다	
54	賜る	たまわる 하사 받다	

55	承る	うけたまわる 삼가 받다
56	おる	있다(겸양어)
57	お待ちする	おまちする 기다리다(겸양어)
58	お目にかかる	おめにかかる 만나 뵙다
59	かしこまる	알다(겸양어)
60	検討いたす	けんとういたす 검토하다(겸양어)
61	させていただく	하다(겸양어)
62	差し上げる	さしあげる 드리다
63	存じる	ぞんじる 알다, 생각하다(겸양어)
64	存じ上げる	ぞんじあげる 알아내다
65	頂戴する	ちょうだいする 받다(겸양어)

66	拝見する	はいけんする 보다(겸양어)
67	拝借する	はいしゃくする 빌리다(겸양어)
68	拝聴する	はいちょうする 경청하다(겸양어)
69	拝読する	はいどくする 읽다(겸양어)
70	参る	まいる 가다, 오다(겸양어)
71	申し上げる	もうしあげる 아뢰다
72	申し伝える	もうしつたえる 전하다, 전달해 올리다
73	申す	もうす 말씀드리다
74	あいにくですが、	공교롭게도,
75	いかがですか。	어떻습니까?
76	いたしかねます。	어렵습니다.

77	お気になさらないでください。	おきになさらないでください。 신경 쓰지 마세요.
78	お見舞い申し上げます。	おみまいもうしあげます。 위로의 말씀을 드립니다.
79	お言葉を返すようですが、	おことばをかえすようですが、 외람됩니다만, 말대꾸를 하는 것 같아 조심스럽습니다만,
80	お手数をおかけする	おてすうをおかけする 수고를 끼치다
81	お世話になっております。	おせわになっております。 신세 지고 있습니다.
82	お早めにご連絡ください。	おはやめにごれんらくください。 빨리 연락 주세요.
83	お力添えありがとうございます。	おちからぞえありがとうございます。 도와주셔서 감사합니다.
84	お詫び申し上げます。	おわびもうしあげます。 사과드립니다.
85	かしこまりました。	알겠습니다.
86	くれぐれもお気をつけください。	くれぐれもおきをつけください。 아무쪼록 조심하세요.
87	ご贔屓いただきありがとうございます。	ごひいきいただきありがとうございます。 찾아 주셔서 감사합니다.

88	ご存じです。	ごぞんじです。 알고 계십니다.
89	ごゆっくりお過ごしください。	ごゆっくりおすごしください。 편안한 시간 보내세요.
90	ご遠慮ください。	ごえんりょください。 삼가 주십시오.
91	ご検討願います。	ごけんとうねがいます。 검토 부탁드립니다.
92	ご厚意に感謝いたします。	ごこういにかんしゃいたします。 후의에 감사드립니다.
93	ご無沙汰しております。	ごぶさたしております。 잘 지내셨습니까?
94	恐れ入りますが、	おそれいりますが、 죄송합니다만,
95	恐縮ではございますが、	きょうしゅくではございますが、 송구스럽습니다만,
96	御愛顧いただきありがとうございます。	ごあいこいただきありがとうございます。 애용해 주셔서 감사합니다.
97	御礼申し上げます。	おれい / おんれい もうしあげます。 감사드립니다.
98	差し支えなければ、	さしつかえなければ、 괜찮으시다면,

| 99 | 失礼ですが、 | しつれいですが、
실례합니다만, |

DAY 41 경어 표현·경어와 함께 사용하는 말

1	承知しました。	しょうちしました。 알겠습니다.
2	申し上げにくいのですが、	もうしあげにくいのですが、 말씀드리기 어렵습니다만,
3	早速ですが、	さっそくですが、 다름이 아니라, 본론입니다만,
4	なんなりとお申し付けください。	なんなりとおもうしつけください。 뭐든지 말씀해 주세요.
5	取り急ぎご報告させていただきました。	とりいそぎごほうこくさせていただきました。 급히 보고 드렸습니다.
6	何卒よろしくお願いします。	なにとぞよろしくおねがいします。 아무쪼록 잘 부탁드립니다
7	よろしいでしょうか。	괜찮으시겠습니까?
8	～ほど	～정도로
9	あちら	저쪽
10	こちら	이쪽

11	この度	このたび 이번
12	そちら	그쪽
13	どちら	어느 쪽
14	どなた様	どなたさま 어느 분
15	私	わたし / わたくし 나 / 저
16	一昨日	おととい / いっさくじつ 그저께
17	一昨年	おととし / いっさくねん 재작년
18	昨日	きのう / さくじつ 어제
19	昨年	さくねん 작년
20	昨晩	さくばん 어젯밤
21	昨夜	さくや 어젯밤

22	少々	しょうしょう 조금
23	誠に	まことに 참으로, 정말로
24	後程	のちほど 나중에, 잠시 후에
25	先程	さきほど 아까, 조금 전에
26	先日	せんじつ 요전, 일전, 며칠 전
27	大変	たいへん 몹시, 매우
28	只今	ただいま 지금, 현재
29	本日	ほんじつ 오늘
30	本年	ほんねん 금년, 올해
31	明後日	あさって/みょうごにち 모레
32	明朝	みょうちょう 내일 아침

33	明日	あした / あす / みょうにち 내일
34	ご子息	ごしそく 자제분
35	拝啓	はいけい (편지 첫머리에 쓰는) 근계
36	敬具	けいぐ (편지 마지막에 쓰는) 경구
37	不手際	ふてぎわ 미숙함, 어설픔
38	所存	しょぞん 생각, 의견
39	貴校	きこう (상대방 학교를 높여) 귀교
40	貴行	きこう (상대방 은행을 높여) 귀행
41	貴社	きしゃ (상대방 회사를 높여) 귀사
42	貴店	きてん (상대방 지점, 점포를 높여) 귀점
43	御校	おんこう (상대방 학교를 높여) 귀교

44	御行	おんこう (상대방 은행을 높여) 귀행
45	御社	おんしゃ (상대방 회사를 높여) 귀사
46	弊校	へいこう (자기 쪽 학교를 낮춰) 저희 학교
47	弊行	へいこう (자기 쪽 은행을 낮춰) 저희 은행
48	弊社	へいしゃ (자기 쪽 회사를 낮춰) 저희 회사
49	弊店	へいてん (자기 쪽 가세를 낮춰) 저희 가게
50	ご健勝	ごけんしょう 건승

02 연습 문제

문제 형식은 모두 네 종류입니다. (문제 수는 변동될 가능성이 있습니다.)

문제 1	한자 읽기	6문제
문제 2	문맥 구성	7문제
문제 3	유의 표현	6문제
문제 4	용법	6문제

1 한자 읽기

● 問題1 (例)

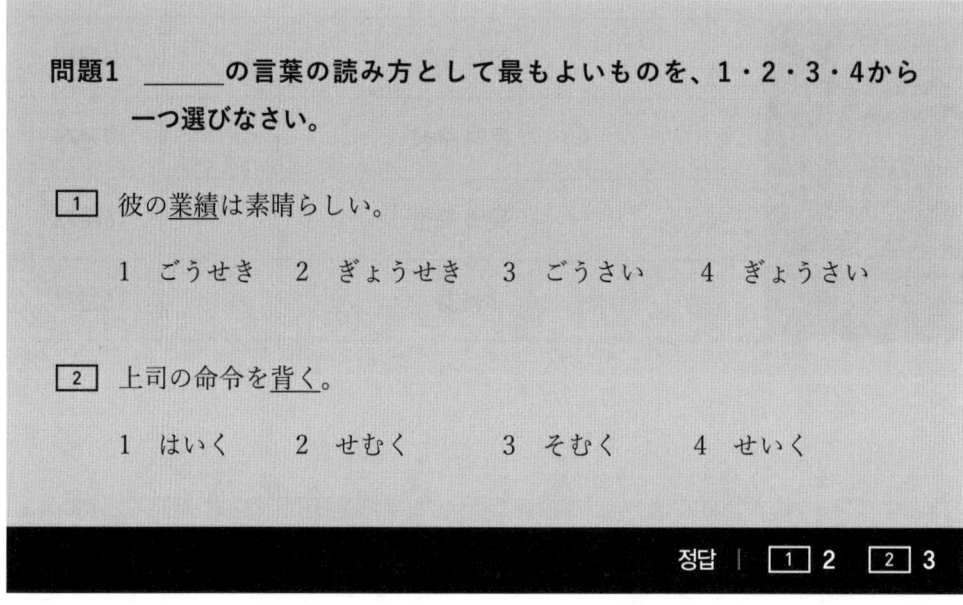

문제1에서는 한자의 읽는 법을 고르는 문제가 6개 출제됩니다. 선택지 중에는 헷갈리는 것들이 많이 있을 수 있습니다. 음독과 훈독, 장음(ー), 촉음(っ), 탁음(゛), 반탁음(゜) 등에 주의하면서 읽는 법을 확인해 두세요.

● 틀리기 쉬운 예

・承認→しょうにん(O)、しょにん(✗) ・上級→じょうきゅう(O)、しょうきゅう(✗)

・実際→じっさい(O)、じつさい(✗) ・隠蔽→いんぺい(O)、いんへい(✗)

연습 문제 1회

問題1 ＿＿＿＿の言葉の読み方として最もよいものを、1・2・3・4から一つ選びなさい。

1 自分の失敗を、謙虚に受け止めることができない。
　　1　けんきょう　　2　げんきょう　　3　けんきょ　　4　げんきょ

2 ヴェルサイユ宮殿に行ってみたいと思っている。
　　1　きゅうてん　　2　きゅうでん　　3　くてん　　4　くでん

3 背が伸びたせいで、部屋が窮屈に感じる。
　　1　きゅうくつ　　2　しゃくつ　　3　きゅうしゅつ　　4　しゃしゅつ

4 お客様には、迅速かつ丁寧な対応を心がけなさい。
　　1　じんそく　　2　じゅうそく　　3　じゅっそく　　4　じっそく

5 この会社の新しい製品は欠陥だらけだ。
　　1　けっきゅう　　2　けっかい　　3　けっさん　　4　けっかん

6 電子書籍の普及で、新聞の概念は大きく変わった。
　　1　きねん　　2　がいねん　　3　ぎねん　　4　かいねん

7 比喩を使って説明すると一気にわかりやすくなる。
　　1　ひう　　2　ひや　　3　ひゆ　　4　ひゅう

8 裁判で虚偽の証言をすることは、犯罪である。
　　1　きょい　　2　きょうい　　3　きょぎ　　4　きょうぎ

9 彼女は嗜好が偏っていて一緒に食事しても楽しくない。
　　1　さこう　　2　しこう　　3　せこう　　4　すこう

10 戸籍とは、国民の身分関係を証明するものである。
　　1　こさい　　2　こせき　　3　とせき　　4　とさい

정답　1 3　2 2　3 1　4 1　5 4　6 2　7 3　8 3　9 2　10 2

연습 문제 2회

問題1 ＿＿＿の言葉の読み方として最もよいものを、1・2・3・4から一つ選びなさい。

1. 相互に納得いくまで議論しましょう。
   1 あいこ　　　2 そうご　　　3 あいご　　　4 そうこ

2. 会議では、安易に結論を出さず慎重に検討するべきだ。
   1 しんじゅう　2 しんちょう　3 しんちゅう　4 しんじゅ

3. 私の肌はとても敏感で、すぐに乾燥してしまう。
   1 しゅんかん　2 まいかん　　3 びんかん　　4 じんかん

4. 犯人の特徴は、右目の下にあるほくろだ。
   1 とくちょう　2 とくよう　　3 とくちょ　　4 とくび

5. 騒音問題について、近所の人たちと話し合いを行った。
   1 こうおん　　2 ぞうおん　　3 そうおん　　4 ちょうおん

6. 舞台用の衣装を作る仕事を任された。
   1 いるい　　　2 いそう　　　3 いふく　　　4 いしょう

7. 森にはたくさんの樹木が生えています。
   1 じゅぼく　　2 きぎ　　　　3 じゅもく　　4 じゅき

8. 彼女には人を引き寄せる不思議な魅力がある。
   1 きりょく　　2 みりょく　　3 みんりょく　4 びりょく

9. 今日の午後、首相が会見を開くそうだ。
   1 しゅうそ　　2 しゅしょ　　3 しゅしょう　4 しゅそう

10. 彼は感情の起伏が激しい人だ。
    1 きけん　　　2 きよう　　　3 きだい　　　4 きふく

정답　1 2　2 2　3 3　4 1　5 3　6 4　7 3　8 2　9 3　10 4

연습 문제 **3회**

問題1 ＿＿＿の言葉の読み方として最もよいものを、1・2・3・4から一つ選びなさい。

1 去年始めた仕事が、ようやく<u>軌道</u>に乗ってきた。
　　1　くどう　　　　2　じんどう　　　　3　じどう　　　　4　きどう

2 庭の<u>花壇</u>に何の花を植えるか迷っている。
　　1　かでん　　　　2　かだん　　　　3　かじょう　　　　4　かどう

3 芸能人の不倫<u>疑惑</u>がニュースで取り上げられている。
　　1　ぎわく　　　　2　ぎはく　　　　3　ぎしん　　　　4　こんわく

4 「ロミオとジュリエット」は世界的に有名な<u>戯曲</u>である。
　　1　げっきょく　　　2　ゆうきょく　　　3　ぎきょく　　　4　きょきょく

5 イタリアにはたくさんの<u>遺跡</u>が存在する。
　　1　きせき　　　　2　いせき　　　　3　きそく　　　　4　いそく

6 <u>強盗</u>に銀行のお金を全て盗まれてしまった。
　　1　ごうどう　　　　2　ごうとう　　　　3　きょうと　　　　4　きょうとう

7 台風の影響で日本各地に<u>猛烈</u>な大雨が降り続いている。
　　1　もうれつ　　　　2　しれつ　　　　3　きょうれつ　　　　4　ぼうれつ

8 一人でたくさんの敵と戦うとは、<u>勇敢</u>というより無謀だ。
　　1　ゆうか　　　　2　ゆうけん　　　　3　ゆうかん　　　　4　ゆうこう

9 軍隊に入っていたとき、<u>捕虜</u>になった経験がある。
　　1　ほきょ　　　　2　ほひ　　　　3　ほりょ　　　　4　ほしゅ

10 彼はまだ20代だが、なんだか<u>貫禄</u>がある。
　　1　かんりょく　　　2　きろく　　　　3　かんろく　　　　4　かんらく

정답　1 4　2 2　3 1　4 3　5 2　6 2　7 1　8 3　9 3　10 3

연습 문제 **4회**

問題1 ＿＿＿の言葉の読み方として最もよいものを、1・2・3・4から一つ選びなさい。

1 あの会社は、たくさんの負債を抱えている。
 1 ふせき　　　2 ふさい　　　3 ぶせき　　　4 ぶさい

2 アフリカには広大なサハラ砂漠が広がっている。
 1 さばく　　　2 さきゅう　　3 さぼう　　　4 さまく

3 東京近郊のいろんな場所に住んだことがあります。
 1 きんこう　　2 きんしょう　3 きんぺい　　4 こんこう

4 部下の前で失敗をして、上司としての名誉が傷ついた。
 1 めいよ　　　2 なよ　　　　3 めいほ　　　4 めよ

5 ビル・ゲイツは、世界一の大富豪である。
 1 ふんごう　　2 ふごう　　　3 とごう　　　4 ぶごう

6 何でも切れるこの包丁は万能だ。
 1 ばんのう　　2 まんのう　　3 ばんの　　　4 まんの

7 相手の巧妙な作戦に手も足も出なかった。
 1 こうにょう　2 きみょう　　3 こうみょう　4 こうじょう

8 会社が倒産し、膨大な借金を抱えることになった。
 1 こうだい　　2 ほうだい　　3 ぼうだい　　4 きょうだい

9 貴族と庶民の生活には、経済的に大きな差がある。
 1 しょみん　　2 しゅうみん　3 じょみん　　4 しょうみん

10 私は生涯、教師として生きていくつもりだ。
 1 せいがい　　2 しょうがい　3 せいけい　　4 しょうけい

정답 1 2　2 1　3 1　4 1　5 2　6 1　7 3　8 3　9 1　10 2

연습 문제 5회

問題1 ＿＿＿の言葉の読み方として最もよいものを、1・2・3・4から一つ選びなさい。

1. 私の失態で、上司の面目を潰してしまった。
   1 おももく　　　2 めんめ　　　3 めんぼく　　　4 おもめ

2. 飢餓で苦しむ人を救うための新しいサービスを生み出した。
   1 ぎが　　　2 こか　　　3 こが　　　4 きが

3. 動物が好きなので、酪農の仕事がしたいと思っている。
   1 かくのう　　　2 しゅのう　　　3 らくのう　　　4 きょうのう

4. 上司の前で無礼極まりない態度をとる。
   1 ぶんれい　　　2 むれい　　　3 ふれい　　　4 ぶれい

5. 既婚者の方は、こちらに配偶者の名前を書いてください。
   1 ぎこん　　　2 がいこん　　　3 げこん　　　4 きこん

6. 事故の経緯を当事者に事細かく聞いて回る。
   1 けいろ　　　2 きょうい　　　3 けいい　　　4 けい

7. 荷物の積み込み作業のため、船舶が港に停泊している。
   1 せんはく　　　2 はんぷく　　　3 せんぱく　　　4 せんせん

8. 便宜を図る見返りに大金を受け取る。
   1 びんぎ　　　2 べんぎ　　　3 べんかつ　　　4 びんかつ

9. 2000年前の陶器が、きれいな状態で発見された。
   1 とうき　　　2 すいき　　　3 とおき　　　4 かんき

10. 妊娠中の無理な運動は禁物だ。
    1 きんもん　　　2 きんもの　　　3 きんもつ　　　4 きもつ

정답　1 3　2 4　3 3　4 4　5 4　6 3　7 3　8 2　9 1　10 3

연습 문제 6회

問題1 ＿＿＿の言葉の読み方として最もよいものを、1・2・3・4から一つ選びなさい。

1. 冬になって、雪の結晶を見ることができた。
   1 けっしょう　　2 けっせい　　3 けっぴ　　4 けっぱく

2. 彼は事件の詳細を述べず、ずっと無言のままだ。
   1 むげん　　2 むごん　　3 むゆう　　4 むこと

3. 彼はいつも話を誇張する悪癖がある。
   1 あくひ　　2 おくせ　　3 わるくせ　　4 あくへき

4. 宇宙の神秘に迫るため、世界中で研究が行われている。
   1 しんぴ　　2 かみひ　　3 しんひ　　4 かんぴ

5. 私の上司は、あまり融通が利かない人だ。
   1 ゆうつう　　2 ゆうとう　　3 ゆうずう　　4 ゆつう

6. 一概に部下の意見を非難することはできない。
   1 ひとがい　　2 いっき　　3 いちがい　　4 いちき

7. 突如、目の前で交通事故が起きた。
   1 とつじょ　　2 とつぜん　　3 とつにょ　　4 とっちょ

8. 契約書を書くときは必ず印鑑が必要だ。
   1 いんけん　　2 いんかん　　3 いんきん　　4 いんきょう

9. 「拝啓」とは、手紙のはじめに書く挨拶の言葉である。
   1 はいけい　　2 はいきゅう　　3 はいしゃく　　4 はんけい

10. キャベツには、たくさんの食物繊維が含まれている。
    1 そうい　　2 しい　　3 ぜんい　　4 せんい

정답 1) 1　2) 2　3) 4　4) 1　5) 3　6) 3　7) 1　8) 2　9) 1　10) 4

연습 문제 7회

問題1 ＿＿＿の言葉の読み方として最もよいものを、1・2・3・4から一つ選びなさい。

1 このブランドの服は、どれも斬新なデザインだ。
　　1　さっしん　　　2　さんしん　　　3　せっしん　　　4　ざんしん

2 世界中が不幸になるような陰謀をたくらんでいる。
　　1　かげばい　　　2　いんばい　　　3　かげぼう　　　4　いんぼう

3 プロジェクトの趣旨をリーダーが説明する。
　　1　しゅひ　　　　2　しゅし　　　　3　しゅじ　　　　4　じゅし

4 娘は怪獣のぬいぐるみを見て、泣き叫んでいる。
　　1　けいじゅう　　2　けいけん　　　3　かいじゅう　　4　けいちょう

5 裁判官に賄賂を渡そうとしたが、受け取ってもらえなかった。
　　1　ゆうろ　　　　2　ゆうらく　　　3　うらく　　　　4　わいろ

6 この二つは同じようなシャツだが、微妙に素材が違う。
　　1　びみょう　　　2　びにょう　　　3　ちょうみょう　4　びんみょう

7 ベトナム出張の実費を会社に請求する。
　　1　じっひ　　　　2　じっぴ　　　　3　じつひ　　　　4　みっぴ

8 この車は、世界に一台しかない貴重な車だ。
　　1　きちょう　　　2　きちょ　　　　3　きじゅう　　　4　きじょう

9 記者会見の冒頭で社長が頭を下げた。
　　1　もくとう　　　2　こうとう　　　3　ぼんとう　　　4　ぼうとう

10 この病院は夜中に幽霊が出ると言われている。
　　1　ぼうれい　　　2　げんれい　　　3　ゆうれい　　　4　しんれい

정답　1 4　2 4　3 2　4 3　5 4　6 1　7 2　8 1　9 4　10 3

연습 문제 8회

問題1 ＿＿＿の言葉の読み方として最もよいものを、1・2・3・4から一つ選びなさい。

1 日本人には本音と<u>建前</u>があると言われている。
　　1　けんぜん　　　2　たてまえ　　　3　けんまえ　　　4　たてぜん

2 明日から新人の先生が来るなんて、<u>初耳</u>だ。
　　1　はつみみ　　　2　しょみみ　　　3　しょじ　　　　4　はつじ

3 放課後になると、いつもピアノの<u>音色</u>が聞こえてくる。
　　1　おとしき　　　2　おといろ　　　3　ねしき　　　　4　ねいろ

4 彼はいつも<u>口先</u>だけの約束ばかりしている。
　　1　こうせん　　　2　くちせん　　　3　くちさき　　　4　こうさき

5 彼はハンサムで、学校でも<u>一際</u>目立つ存在だった。
　　1　いっさい　　　2　ひときわ　　　3　いちきわ　　　4　ひとさい

6 やることをいちいち<u>指図</u>されることが大嫌いだ。
　　1　しと　　　　　2　しず　　　　　3　さしと　　　　4　さしず

7 賃貸契約の多くは、契約時に<u>敷金</u>の支払いが必要だ。
　　1　しきかね　　　2　しきん　　　　3　しききん　　　4　しくきん

8 <u>老舗</u>というだけあって味もサービスも素晴らしい。
　　1　しみせ　　　　2　ろうぼ　　　　3　ろうぽ　　　　4　しにせ

9 冬山を登るときは、<u>雪崩</u>に気を付けなければならない。
　　1　なだれ　　　　2　ゆきくずれ　　3　ゆきかい　　　4　せっかい

10 天気のいい午後に、<u>日向</u>で猫が昼寝をしている。
　　1　ひこう　　　　2　にっこう　　　3　ひなた　　　　4　にちむかい

정답　1 ② 　2 ① 　3 ④ 　4 ③ 　5 ② 　6 ④ 　7 ③ 　8 ④ 　9 ① 　10 ③

연습 문제 **9회**

問題1 ＿＿＿の言葉の読み方として最もよいものを、1・2・3・4から一つ選びなさい。

1. 彼女が台所で<u>手際</u>よくお味噌汁を作っている。
   1　てぎわ　　　　2　てさい　　　　3　しゅっさい　　　4　しゅさい

2. 今日の給食の<u>献立</u>は、カレーライスだ。
   1　こんりつ　　　2　けんりつ　　　3　こんだて　　　　4　けんだて

3. 彼は刑務所が<u>手薄</u>になった時間に脱獄した。
   1　しゅはく　　　2　てうす　　　　3　しゅばく　　　　4　てばく

4. 犯人が<u>人質</u>をとっているので、むやみに行動できない。
   1　じんしち　　　2　ひとしち　　　3　じんしつ　　　　4　ひとじち

5. <u>図星</u>を突かれて、何も言えなくなってしまった。
   1　とせい　　　　2　ずせい　　　　3　とぼし　　　　　4　ずぼし

6. <u>獲物</u>を見つけたハイエナの目は恐ろしい。
   1　ほもの　　　　2　かくもの　　　3　えもの　　　　　4　しゅもの

7. <u>問屋</u>が休みで、商品の仕入れができない。
   1　とうや　　　　2　とんや　　　　3　もんや　　　　　4　とや

8. 砂浜には、たくさんの<u>貝殻</u>が落ちている。
   1　かいかく　　　2　がいかく　　　3　かいがら　　　　4　かいけい

9. 仕事の<u>合間</u>に隠れてゲームをしている。
   1　ごうかん　　　2　あいま　　　　3　あうま　　　　　4　がっかん

10. <u>小銭</u>がないので、一万円札を出した。
    1　しょうぜん　　2　こせん　　　　3　しょうせん　　　4　こぜに

정답　1　1　2　3　3　2　4　4　5　4　6　3　7　2　8　3　9　2　10　4

연습 문제 10회

問題1 ＿＿＿の言葉の読み方として最もよいものを、1・2・3・4から一つ選びなさい。

1　悪循環を断つために、今日からお酒をやめます。
　　1　あくじゅんかん　　2　おもくかん　　3　あくじょうかん　　4　おじゅんかん

2　日本は3歳から幼稚園に通うことができる。
　　1　ようじえん　　2　ようちえん　　3　ようきえん　　4　よういえん

3　この事故による死傷者は100人を超えると報道された。
　　1　ししゅうしゃ　　2　しじょうしゃ　　3　ししょうしゃ　　4　しようしゃ

4　取締役の仕事は誰にでもできるものではない。
　　1　しゅしやく　　2　とりしまりやく　　3　しゅていやく　　4　とりていやく

5　都心以外の地域では過疎化が進んでいる。
　　1　かそくか　　2　かそか　　3　かしょうか　　4　かきか

6　古い屋敷の時計が、不気味な音を立てて鳴った。
　　1　ぶきあじ　　2　ふきみ　　3　ふきあじ　　4　ぶきみ

7　尊敬する上司の意見には無条件で賛成してしまう。
　　1　ぶじょうけん　　2　むしょうけん　　3　むじょうけん　　4　ぶしょうけん

8　彼女が入社してから、会社の雰囲気が明るくなった。
　　1　ふいんき　　2　ふんいき　　3　ふいいんき　　4　ぶんいき

9　インド料理には多種多様な香辛料が使われている。
　　1　こうしんりょう　　2　かしんりょう　　3　こうこうりょう　　4　かこうりょう

10　机の上にある資料は無秩序に並べられている。
　　1　ぶちつじょ　　2　むしつじょ　　3　むちつじょ　　4　ぶしつじょ

정답　1 1　2 2　3 3　4 2　5 2　6 4　7 3　8 2　9 1　10 3

연습 문제 11회

問題1 ＿＿＿の言葉の読み方として最もよいものを、1・2・3・4から一つ選びなさい。

[1] 愛犬は<u>老衰</u>により死んでしまった。
　　1　ろうすい　　　2　ろうあい　　　3　ろうきょう　　　4　ろうしょう

[2] 賞味期限が過ぎた食品は<u>廃棄</u>しなければならない。
　　1　はいか　　　　2　はっき　　　　3　はき　　　　　　4　はいき

[3] 彼はまだ、自分の置かれた状況を<u>把握</u>できていない。
　　1　しょうあく　　2　ひあく　　　　3　はあく　　　　　4　ふあく

[4] 街の図書館に足を運び、本を<u>閲覧</u>する。
　　1　えつらん　　　2　えっけん　　　3　かんらん　　　　4　えつけん

[5] この地域に住むと、高額な住民税を<u>徴収</u>される。
　　1　ちょうしゅ　　2　ちょうしゅう　3　てっしゅ　　　　4　てっしゅう

[6] 僧侶になるために過酷な<u>修行</u>を乗り越える必要がある。
　　1　しゅごう　　　2　しゅきょう　　3　しゅうぎょう　　4　しゅぎょう

[7] インターネットで他人を<u>中傷</u>してはならない。
　　1　ちゅうしょう　2　ちゅうけい　　3　じゅうしょう　　4　じゅうけい

[8] 日本語教育を通して世界に<u>貢献</u>していきたいと思っています。
　　1　こうごん　　　2　こうなん　　　3　こうけん　　　　4　こうげん

[9] 毎年秋には家族総出で米の<u>収穫</u>を行う。
　　1　しゅうしゅう　2　しゅうせき　　3　しゅうかく　　　4　しゅかく

[10] 高ぶる感情を<u>抑制</u>し、冷静に対処する。
　　1　げいせい　　　2　よくせい　　　3　やくせい　　　　4　ぎょうせい

정답　[1] 1　[2] 4　[3] 3　[4] 1　[5] 2　[6] 4　[7] 1　[8] 3　[9] 3　[10] 2

연습 문제 12회

問題1 ＿＿＿＿の言葉の読み方として最もよいものを、1・2・3・4から一つ選びなさい。

1. 結婚相手を決めるときは、簡単に<u>妥協</u>してはいけない。
   1 じょきょう　　2 だきょう　　3 もうきょう　　4 だっきょう

2. あのリンゴは<u>腐敗</u>していて食べることができない。
   1 ふばい　　2 ぷはい　　3 ふはい　　4 ぶはい

3. けがのため、競技を途中で<u>棄権</u>する。
   1 きけん　　2 きっけん　　3 きごん　　4 きこん

4. 彼の話は、どこか<u>矛盾</u>していて信じられない。
   1 ふじゅん　　2 むたく　　3 むじゅん　　4 じゅうじゅん

5. 前大統領は、国民の経済格差の<u>是正</u>に取り組んでいた。
   1 かせい　　2 ぜせい　　3 ぜしょう　　4 しょうせい

6. 地元の商店街の<u>振興</u>に力を入れる。
   1 しんきょう　　2 しんこう　　3 しんぎょう　　4 しんごう

7. これから、憲法改正案の<u>審議</u>を行います。
   1 じんぎ　　2 はんぎ　　3 しんぎ　　4 ばんぎ

8. 私は幼い頃から、仏教を<u>信仰</u>しています。
   1 しんげい　　2 しんきょう　　3 しんこう　　4 しんぎょう

9. キャプテンは部員を<u>統率</u>する力がなければ務まらない。
   1 とうりつ　　2 とうそつ　　3 とおりつ　　4 とっそつ

10. 私の書いた記事が、雑誌に<u>掲載</u>された。
    1 けいしゃ　　2 けいさい　　3 かっさい　　4 きさい

정답 1 2　2 3　3 1　4 3　5 2　6 2　7 3　8 3　9 2　10 2

연습 문제 **13회**

問題1 ＿＿＿の言葉の読み方として最もよいものを、1・2・3・4から一つ選びなさい。

1. 連日の残業で、疲労が体に蓄積する。
   1 かんせき   2 ちくさい   3 せきさい   4 ちくせき

2. 包丁に自分の名前を彫刻する。
   1 しゅうこく   2 しゅうごく   3 ちょうこく   4 ちょうごく

3. 借金の連帯保証人になる話は勘弁してもらった。
   1 かんぺん   2 かんべん   3 ひつべん   4 かんじょう

4. 生活に苦しむ人々を救済する方法を考える。
   1 きゅうさん   2 きゅうざい   3 きゅうさい   4 きゅうせい

5. 被災地の復興に全力を注ぐ。
   1 ふこう   2 ふっきょう   3 ふっこう   4 ふっこく

6. オーケストラの演奏が19時から始まる予定です。
   1 えんしょう   2 えんきょう   3 えんそう   4 えんこう

7. もう私の交友関係に干渉しないでください。
   1 かんしょう   2 かんほ   3 ひしょう   4 ひほ

8. 被災地は食料品や飲料水が欠乏している。
   1 けつぼう   2 けつじょ   3 けつにょ   4 けってい

9. 勉強のために自由な時間を束縛されてしまった。
   1 そくばく   2 そくてい   3 そっけい   4 そっせん

10. 世界は時代の流れにつれて変遷する。
    1 へんかん   2 へんせん   3 へんぺん   4 へんきょう

정답 1 4   2 3   3 2   4 3   5 3   6 3   7 1   8 1   9 1   10 2

연습 문제 **14회**

問題1 ＿＿＿の言葉の読み方として最もよいものを、1・2・3・4から一つ選びなさい。

1　定年を迎えたので、田舎でゆっくりと隠居生活を送る。
　　1　いんきょ　　　2　いんきょう　　　3　いんぎょう　　　4　りんぎょう

2　会社の理念に共鳴して入社を決めた。
　　1　きょうきょう　2　きょうめい　　　3　きょうちょう　　4　きょうきゅう

3　警察はその事件について引き続き捜査を行うようだ。
　　1　しゅうさ　　　2　そうさ　　　　　3　しゅさ　　　　　4　そうさく

4　過去の事例から、今回の事件を類推する。
　　1　るいすい　　　2　るいし　　　　　3　るいじ　　　　　4　るいしん

5　取引先との大きな交渉が成立した。
　　1　こうほ　　　　2　こうじょう　　　3　こうほう　　　　4　こうしょう

6　交通事故にあって下半身が麻痺してしまった。
　　1　まぴ　　　　　2　まひ　　　　　　3　まび　　　　　　4　まっぴ

7　週刊誌に掲載されるコラムを執筆している。
　　1　しひつ　　　　2　しつひつ　　　　3　しっぴつ　　　　4　しっひつ

8　治療が困難だと言われていた病を克服した。
　　1　こくふく　　　2　かっぷく　　　　3　こっぷく　　　　4　かくふく

9　相手の事情を考慮する必要があります。
　　1　こうりょう　　2　こうりょ　　　　3　しりょ　　　　　4　こうし

10　販売を促進するために、新しい広告を打つことにした。
　　1　こくしん　　　2　ていしん　　　　3　ぞくしん　　　　4　そくしん

정답　1 1　2 2　3 2　4 1　5 4　6 2　7 3　8 1　9 2　10 4

연습 문제 15회

問題1 ＿＿＿の言葉の読み方として最もよいものを、1・2・3・4から一つ選びなさい。

1 彼は、もう24時間も沈黙を続けている。
　　1　しんもく　　2　ちんぼつ　　3　ちんもく　　4　しんばく

2 社会に奉仕することは素晴らしい。
　　1　ほうじ　　2　ほうし　　3　そうし　　4　そうじ

3 買い物をする時は、よく吟味して買うことにしている。
　　1　ぎんみ　　2　きんみ　　3　しょうみ　　4　こんみ

4 数学のテスト問題を電卓を使わずに暗算する。
　　1　あさん　　2　あんさん　　3　あざん　　4　あんざん

5 彼はアパレル業界の第一線で活躍している人物だ。
　　1　かつよく　　2　かつよう　　3　かつやく　　4　かっそく

6 このクラスは連帯感が欠如しているように感じる。
　　1　けっこう　　2　けつにょ　　3　けっちょ　　4　けつじょ

7 あのラーメン屋はとても繁盛している。
　　1　びんせい　　2　はんじょう　　3　はんせい　　4　びんじょう

8 医師は、運動とバランスの取れた食事を奨励している。
　　1　しょうりき　　2　しょうりょく　　3　しょうれい　　4　しょうまん

9 交通事故の知らせを聞いて激しく動揺する。
　　1　どうよう　　2　どうしん　　3　どうやく　　4　どうさん

10 日本語には名詞を修飾する言葉がたくさんある。
　　1　しょしょく　　2　そうしょく　　3　しゅうさい　　4　しゅうしょく

정답　1 3　2 2　3 1　4 4　5 3　6 4　7 2　8 3　9 1　10 4

연습 문제 16회

問題1 ＿＿＿の言葉の読み方として最もよいものを、1・2・3・4から一つ選びなさい。

1. 動画の編集作業を他の会社に委託した。
   1 きにん　　　2 いたく　　　3 きたく　　　4 いにん

2. 会社の規則に違反した社員を処罰する。
   1 しょけい　　2 しょぶん　　3 しょばつ　　4 しょうばつ

3. 上司から耐え難い侮辱を受ける。
   1 ふじょく　　2 ぶじょく　　3 ふしん　　　4 ぶしん

4. 一万円札を大量に偽造した。
   1 きそう　　　2 ぎそう　　　3 いぞう　　　4 ぎぞう

5. 効率の良い勉強方法を模索してみよう。
   1 もさく　　　2 ぼさく　　　3 かさく　　　4 たんさく

6. たくさん嘘をついたせいで教室で孤立してしまった。
   1 しりつ　　　2 そりつ　　　3 こだち　　　4 こりつ

7. 一つの事に執着して、他の事が手につかなくなる性格だ。
   1 しっちゃく　2 しゅうちゃく　3 しゅちゃく　4 しつちゃく

8. 日本の生活に順応できず、一か月で帰国した。
   1 じゅうの　　2 じゅんお　　3 じゅんのう　4 じゅうおう

9. お金持ちになるためには忍耐が必要なのかもしれない。
   1 しんてい　　2 にんたい　　3 にんてい　　4 しんたい

10. 戦争で奪った領土を全て返還する。
    1 へんきゃく　2 へんぺい　　3 へんせん　　4 へんかん

정답 1 2　2 3　3 2　4 4　5 1　6 4　7 2　8 3　9 2　10 4

연습 문제 17회

問題1 ＿＿＿の言葉の読み方として最もよいものを、1・2・3・4から一つ選びなさい。

1 部長は、会社を辞める事を示唆するような発言をした。
1　しさん　　　　2　しす　　　　　3　しさ　　　　　4　しすい

2 自分のことを卑下せず、自信を持ちなさい。
1　ひか　　　　　2　びげ　　　　　3　びか　　　　　4　ひげ

3 タバコをポイ捨てする人を、激しく軽蔑してしまう。
1　けいそつ　　　2　けいけい　　　3　けいべつ　　　4　けいきん

4 小学校のとき、理科の授業でカエルの解剖をした。
1　かいばい　　　2　かいぼう　　　3　げばい　　　　4　げぼう

5 飛行機が墜落して多くの死者が出た。
1　ちくらく　　　2　たいらく　　　3　いつらく　　　4　ついらく

6 いつも周りの人に配慮する山田（やまだ）さんは、とても素敵だ。
1　はいきょ　　　2　はいりょう　　3　はいりょ　　　4　はいきょう

7 山登りをする時は、遭難に注意してください。
1　そんなん　　　2　こんなん　　　3　そうなん　　　4　あいなん

8 部長の机は、いつも整頓されていてきれいだ。
1　せいとく　　　2　せいたく　　　3　せいたん　　　4　せいとん

9 デング熱は、蚊が媒介することで伝染する病気である。
1　ぼうかい　　　2　ばいがい　　　3　ばいかい　　　4　ぼうがい

10 友人と言い合いになり、興奮して思わず殴ってしまった。
1　こうふん　　　2　きょうふん　　3　こうしん　　　4　きょうしん

정답 | 1 3 | 2 4 | 3 3 | 4 2 | 5 4 | 6 3 | 7 3 | 8 4 | 9 3 | 10 1 |

연습 문제 **18회**

問題1 _____の言葉の読み方として最もよいものを、1・2・3・4から一つ選びなさい。

1 会社の飲み会で、マジックを披露した。
　1　ひろう　　　　2　ひろお　　　　3　ぴろ　　　　　4　ひろ

2 意見の食い違いで父との間に摩擦が生じた。
　1　しょうさつ　　2　ますり　　　　3　しゅさつ　　　4　まさつ

3 ライバル会社に対して訴訟を起こす。
　1　そこう　　　　2　そしょう　　　3　きこう　　　　4　きしょう

4 工場から流れた水が、川の水を汚染する。
　1　よせん　　　　2　おしん　　　　3　おせん　　　　4　おぞめ

5 来年、新しい条例が施行される予定です。
　1　しこう　　　　2　せっこう　　　3　そこう　　　　4　しっこう

6 会社の無駄な予算を削減した。
　1　しょうげん　　2　さくげん　　　3　さくめつ　　　4　さくぼつ

7 蒸留はウイスキーを作る上で大切な工程の一つである。
　1　しょうりゅう　2　じょうる　　　3　じょうりゅう　4　しょうる

8 酸化した油を使うのはあまり体に良くない。
　1　さんか　　　　2　すか　　　　　3　すけ　　　　　4　さんげ

9 食糧が届かず、餓死する寸前まで追い詰められた。
　1　しょくし　　　2　かし　　　　　3　ひんし　　　　4　がし

10 収入と支出の均衡を保った生活を送る。
　1　きんごう　　　2　ぎんこう　　　3　きんこう　　　4　きんしょう

정답　1 1　2 4　3 2　4 3　5 1　6 2　7 3　8 1　9 4　10 3

연습 문제 19회

問題1 _____ の言葉の読み方として最もよいものを、1・2・3・4から一つ選びなさい。

[1] 大学を卒業してから、現在に至るまでの経緯を話す。
　　1　いたる　　　　2　たどる　　　　3　かたる　　　　4　ちる

[2] 新型ウイルスが流行し、人々の不安は募る一方だ。
　　1　つかる　　　　2　つける　　　　3　つぼる　　　　4　つのる

[3] 葬儀は亡くなった人を葬るための儀式だ。
　　1　ほこる　　　　2　ほうむる　　　3　さがる　　　　4　こうむる

[4] 海に潜って魚を捕まえるのは、人生で初めてだ。
　　1　さぐって　　　2　かえって　　　3　たどって　　　4　もぐって

[5] 夏休みの終わりが迫っているが全く宿題に手をつけていない。
　　1　さこって　　　2　せまって　　　3　きまって　　　4　はくって

[6] 前方を走る大きな車が行く手を遮る。
　　1　さえぎる　　　2　ささえる　　　3　さまたげる　　4　はける

[7] 今年のワインは例年と比べ、味も香りも劣っている。
　　1　たどって　　　2　はかって　　　3　おちいって　　4　おとって

[8] 日本の人口は、東京や大阪などの大都市に偏っている。
　　1　へだたって　　2　かたよって　　3　さまよって　　4　からまって

[9] 私の夢は、リュック一つで世界中を巡ることである。
　　1　めくる　　　　2　めぐる　　　　3　さぐる　　　　4　はまる

[10] 表情や行動を見て、気持ちを悟ることができる。
　　1　かたる　　　　2　さとる　　　　3　はかる　　　　4　しとる

정답　[1] 1　[2] 4　[3] 2　[4] 4　[5] 2　[6] 1　[7] 4　[8] 2　[9] 2　[10] 2

연습 문제 20회

問題1 _____の言葉の読み方として最もよいものを、1・2・3・4から一つ選びなさい。

1 私は10年間日本語教育に携わっています。
    1 たずさわって   2 こだわって   3 かかわって   4 そなわって

2 ほほに赤みを帯びた女性はとても色っぽい。
    1 ほびた   2 おびた   3 さびた   4 あびた

3 友達に昨日発売したばかりの化粧品を勧める。
    1 すすめる   2 たかめる   3 しかめる   4 つとめる

4 窓から夕焼けを眺めるのが一番の楽しみだ。
    1 いどめる   2 ながめる   3 めざめる   4 ねがめる

5 この化粧水は、保湿と美白の効果を兼ねている。
    1 けねて   2 はねて   3 こねて   4 かねて

6 この家は部屋を隔てる壁がないので広く感じる。
    1 くわだてる   2 へだてる   3 かくてる   4 あてる

7 失敗を繰り返さないために、自分の行動を省みる。
    1 しょうみる   2 かんがみる   3 かえりみる   4 こころみる

8 仕事が忙しくて、周りの人を顧みることができない。
    1 かんがみる   2 かえりみる   3 かへりみる   4 はかりみる

9 税金を納めることは、国民の義務である。
    1 おさめる   2 のめる   3 からめる   4 こめる

10 彼はゴールした瞬間、力が尽きて倒れてしまった。
    1 わきて   2 おきて   3 ずきて   4 つきて

정답 1 1 2 2 3 1 4 2 5 4 6 2 7 3 8 2 9 1 10 4

연습 문제 **21회**

問題1 _____の言葉の読み方として最もよいものを、1・2・3・4から一つ選びなさい。

[1] いい化粧水を使うと、肌が潤うのを感じる。
　　1　うるおう　　　2　ととのう　　　3　まかなう　　　4　うきおう

[2] カフェに入ると、コーヒーとケーキの香りが漂ってきた。
　　1　よみがえって　2　ひろがって　　3　ただよって　　4　におって

[3] 幼い頃から手をかけてくれた彼を、実の兄のように慕う。
　　1　そう　　　　　2　しまう　　　　3　こう　　　　　4　したう

[4] 私が犯した罪は、謝罪しても償うことはできません。
　　1　つぎなう　　　2　つげなう　　　3　つぐなう　　　4　つがなう

[5] アルバイトをして、生活費を賄う必要がある。
　　1　まかなう　　　2　あらがう　　　3　こう　　　　　4　たまう

[6] はさみがなかったので、手で紙を二つに裂いた。
　　1　むいた　　　　2　といた　　　　3　さいた　　　　4　きいた

[7] あまりにも早すぎる親友の死を、心から嘆く。
　　1　なげく　　　　2　おどろく　　　3　まねく　　　　4　くじく

[8] この川の水は、底が見えるほど透明で澄んでいる。
　　1　はんで　　　　2　とんで　　　　3　しんで　　　　4　すんで

[9] 日本代表としての責任を感じながら、試合に臨む。
　　1　はげむ　　　　2　いどむ　　　　3　ひそむ　　　　4　のぞむ

[10] 大切なお客様に対して失礼がないように、言葉を慎む。
　　1　おがむ　　　　2　たくらむ　　　3　はらむ　　　　4　つつしむ

정답　[1] 1　[2] 3　[3] 4　[4] 3　[5] 1　[6] 3　[7] 1　[8] 4　[9] 4　[10] 4

연습 문제 22회

問題1 ＿＿＿の言葉の読み方として最もよいものを、1・2・3・4から一つ選びなさい。

1. 可愛いものを見ると心が癒される。
   1 さとされる　　2 いやされる　　3 はなされる　　4 みたされる

2. 黄色い線の内側に立つよう注意を促す。
   1 たがやす　　2 うながす　　3 ほどこす　　4 たす

3. 年々増える税金の支払いが家計を脅かす。
   1 おびやかす　　2 おどろかす　　3 およびかす　　4 おののかす

4. 少子高齢化に対して、政府が新たな策を施す。
   1 ほどす　　2 ほかす　　3 ほどかす　　4 ほどこす

5. 毎週金曜日に、日本語の勉強会を催す予定です。
   1 うながす　　2 さとす　　3 もよおす　　4 ほのめかす

6. ここのお店のスタッフは、どんな要望にも快く対応してくれる。
   1 こころよく　　2 すがすがしく　　3 いさぎよく　　4 ここちよく

7. 家と会社の往復で、変化に乏しい日々にうんざりする。
   1 とましい　　2 ひとしい　　3 いとしい　　4 とぼしい

8. 「田中(たなか)さん」がクラスに10人もいるので、本当に紛らわしい。
   1 まじらわしい　　2 まだらわしい　　3 まぎらわしい　　4 まどらわしい

9. 有名人のような華々しい人生に憧れている。
   1 はなばなしい　　2 かかしい　　3 はなはなしい　　4 はればれしい

10. 漢字を2000個も覚えるのは本当に煩わしい。
    1 まぎらわしい　　2 わずらわしい　　3 わざわざしい　　4 けがらわしい

정답 1 2　2 2　3 1　4 4　5 3　6 1　7 4　8 3　9 1　10 2

2 문맥 구성

● 問題2（例）

問題2 （　　）に入れるのに最もよいものを、1・2・3・4から一つ
　　　選びなさい。

1　改めて仕事の（　　　）とやり方を考え直す。
　　1　味方　　　　2　方面　　　　3　方角　　　　4　方針

정답 ｜ 1 4

문제2에서는 (　) 안에 들어갈 알맞은 단어를 고르는 문제가 7개 출제됩니다. 4개의 선택지에는 뜻이 비슷한 단어나 같은 한자를 사용한 단어(예제에서는 味方(자기 편, 아군), 方面(방면), 方角(방향, 각도), 方針(방침)이라는 단어)가 나오는 경우가 많습니다. 단어 하나하나의 뜻을 정확히 익혀 두세요.

연습 문제 1회

問題2 (　　) に入れるのに最もよいものを、1・2・3・4から一つ選びなさい。

1. アルコールを (　　) に摂取するのは体に良くない。
   1　過剰　　　　　2　過敏　　　　　3　過密　　　　　4　過激

2. 年末の忘年会で (　　) をすることになっている。
   1　征服　　　　　2　余興　　　　　3　言動　　　　　4　克服

3. 台風の影響で、インターネットの (　　) が遮断された。
   1　下線　　　　　2　沿線　　　　　3　回線　　　　　4　内線

4. 決勝戦の相手は、負け知らずと言われる (　　) だ。
   1　強引　　　　　2　猛烈　　　　　3　強豪　　　　　4　強烈

5. この街の家賃の (　　) は、一か月7万円程度だ。
   1　相場　　　　　2　相性　　　　　3　評価　　　　　4　定価

6. 私が住んでいる寮の (　　) は、夜の10時だ。
   1　期限　　　　　2　門限　　　　　3　限界　　　　　4　権限

7. いろんな考えが浮かんで、頭の中が (　　) とする。
   1　根拠　　　　　2　歴然　　　　　3　混沌　　　　　4　堂々

8. 提出した書類に (　　) があったため返却されてしまった。
   1　予備　　　　　2　不備　　　　　3　予選　　　　　4　備蓄

9. 少子高齢化問題が (　　) として取り上げられた。
   1　議会　　　　　2　議論　　　　　3　議題　　　　　4　議決

정답　1 1　2 2　3 3　4 3　5 1　6 2　7 3　8 2　9 3

연습 문제 2회

問題2　（　　）に入れるのに最もよいものを、1・2・3・4から一つ選びなさい。

1. 今回の地震で、多数の死者と多額の（　　）が出た。
   1　損害　　　　2　危害　　　　3　弊害　　　　4　障害

2. この紅茶の（　　）は、世界で一番だと思う。
   1　味覚　　　　2　色調　　　　3　口調　　　　4　風味

3. 彼はとても（　　）なので、私の好意に全く気付かない。
   1　鈍感　　　　2　臆病　　　　3　敏感　　　　4　頑固

4. この会社には、（　　）10名のスタッフがいます。
   1　総額　　　　2　総勢　　　　3　総括　　　　4　総合

5. 未成年なのに（　　）と酒を飲んで、退学になった。
   1　公然　　　　2　漠然　　　　3　歴然　　　　4　呆然

6. パスポートには、必ず（　　）が記載されている。
   1　書籍　　　　2　証拠　　　　3　根拠　　　　4　本籍

7. 彼が犯人ではないかという（　　）が証拠により確信に変わった。
   1　疑惑　　　　2　義理　　　　3　誘惑　　　　4　理性

8. だいたい同じだが、（　　）に言えば多少異なる。
   1　厳粛　　　　2　厳重　　　　3　厳密　　　　4　頻繁

9. この細い（　　）には、野良猫がたくさん住んでいる。
   1　路面　　　　2　路地　　　　3　跡地　　　　4　路線

정답　1) 1　2) 4　3) 1　4) 2　5) 1　6) 4　7) 1　8) 3　9) 2

연습 문제 3회

問題2 （　　）に入れるのに最もよいものを、1・2・3・4から一つ選びなさい。

1. 警察署から逃げ出した犯人の（　　）は、今も不明だ。
   1　配属　　　　2　所有　　　　3　所在　　　　4　気配

2. 仕事のミスは、まず（　　）の上司に相談するべきだ。
   1　直前　　　　2　直接　　　　3　直通　　　　4　直属

3. クラスで一人だけ満点をとり、（　　）を感じている。
   1　親近感　　　2　一体感　　　3　優越感　　　4　正義感

4. 会社のルールを（　　）することは、社会人として当然だ。
   1　厳守　　　　2　護衛　　　　3　守備　　　　4　装備

5. 我が社は複数の事業を展開しており、中でも（　　）となっているのが飲食業です。
   1　中核　　　　2　心中　　　　3　本場　　　　4　郷土

6. 彼と私の考え方は、（　　）から違っている。
   1　手本　　　　2　見本　　　　3　原本　　　　4　根本

7. 体力の（　　）まで走り続ける。
   1　極限　　　　2　先頭　　　　3　両極　　　　4　先端

8. この万年筆は、亡くなった父の（　　）だ。
   1　形式　　　　2　形勢　　　　3　形状　　　　4　形見

9. 日本の会社では、残業するのが当たり前という（　　）がある。
   1　風潮　　　　2　配慮　　　　3　風習　　　　4　構想

정답　1 3　2 4　3 3　4 1　5 1　6 4　7 1　8 4　9 1

연습 문제 4회

問題2　(　　)に入れるのに最もよいものを、1・2・3・4から一つ選びなさい。

1. 他の書類と、(　　)を合わせてください。
   1 形見　　　2 清書　　　3 書式　　　4 体制

2. 病気の時は、家で(　　)にしなければならない。
   1 慎重　　　2 安易　　　3 無効　　　4 安静

3. 地震の影響で大きな(　　)の停電が起こる恐れがある。
   1 規格　　　2 規範　　　3 規模　　　4 規約

4. (　　)は、親戚が全員祖母の家に集まる。
   1 地元　　　2 年頃　　　3 元旦　　　4 身元

5. 会社に働き手が少ないので従業員を(　　)する。
   1 急募　　　2 急変　　　3 応募　　　4 採集

6. このアニメは海外で大きな(　　)がある。
   1 反乱　　　2 判決　　　3 判断　　　4 反響

7. 働く女性の増加に(　　)して、新しい商品が作られた。
   1 着手　　　2 着地　　　3 着眼　　　4 執着

8. 彼の発明は、旅行の(　　)を覆すものだった。
   1 概念　　　2 概略　　　3 概要　　　4 気概

9. 社長室には(　　)で立ち入ってはいけない。
   1 無休　　　2 無償　　　3 不断　　　4 無断

정답　1 3　2 4　3 3　4 3　5 1　6 4　7 3　8 1　9 4

연습 문제 5회

問題2　（　　）に入れるのに最もよいものを、1・2・3・4から一つ選びなさい。

① 彼女は（　　）があってとても美しい女性だ。
　1　気品　　　　2　気質　　　　3　情緒　　　　4　性質

② 妻を喜ばせるために、プレゼントを買ったことは（　　）にしている。
　1　密接　　　　2　内緒　　　　3　厳密　　　　4　丁重

③ （　　）な人は、何事もよく考えてから行動をするので失敗が少ない。
　1　適当　　　　2　軽薄　　　　3　厄介　　　　4　慎重

④ ビル建設で重要なことは、強固な（　　）をつくる事だ。
　1　土台　　　　2　土手　　　　3　土俵　　　　4　土砂

⑤ あの居酒屋の主人はいつも（　　）がいい。
　1　気前　　　　2　気象　　　　3　気味　　　　4　気配

⑥ 会社の（　　）で銀行口座を開設する。
　1　名残　　　　2　名産　　　　3　名誉　　　　4　名義

⑦ ペットの世話を怠り餓死させるという（　　）な事件が増えている。
　1　貪欲　　　　2　残酷　　　　3　弱気　　　　4　冷静

⑧ あの新入社員は（　　）が悪いので、とにかく仕事が遅い。
　1　要点　　　　2　要領　　　　3　儀式　　　　4　行儀

⑨ 先生の机の上は、いつも（　　）されていてすっきりしている。
　1　整頓　　　　2　規制　　　　3　設置　　　　4　分別

정답　①1　②2　③4　④1　⑤1　⑥4　⑦2　⑧2　⑨1

연습 문제 **6회**

問題2 （　　　）に入れるのに最もよいものを、1・2・3・4から一つえらびなさい。

1 サービス業はお客様の（　　　）に立つことが大切である。
　　1　視覚　　　　2　観点　　　　3　視点　　　　4　目先

2 病院へ行って、医者に体の（　　　）を訴える。
　　1　不信　　　　2　不況　　　　3　不動　　　　4　不調

3 今月号の雑誌の（　　　）は、可愛いポーチだった。
　　1　付録　　　　2　目次　　　　3　付属　　　　4　目録

4 彼は面倒な事を先延ばしにする（　　　）がある。
　　1　傾斜　　　　2　傾向　　　　3　負担　　　　4　動向

5 人がたくさん来ることを（　　　）に置いて準備する。
　　1　先頭　　　　2　中腹　　　　3　念頭　　　　4　上腕

6 彼女には（　　　）が備わっている。
　　1　品格　　　　2　人格　　　　3　骨格　　　　4　体格

7 大学を（　　　）して、アメリカへ留学する予定だ。
　　1　引退　　　　2　後退　　　　3　中継　　　　4　中退

8 彼の発想はいつも（　　　）で他の人にはないアイデアを持っている。
　　1　独創的　　　2　肯定的　　　3　画一的　　　4　精力的

9 彼は自分と（　　　）だと思っていたが、違ったようだ。
　　1　合同　　　　2　平常　　　　3　同類　　　　4　平行

정답　1 3　2 4　3 1　4 2　5 3　6 1　7 4　8 1　9 3

연습 문제 **7회**

問題2（　　）に入れるのに最もよいものを、1・2・3・4から一つ選びなさい。

1 息子が夜中に高熱を出し、（　　）に対応する病院に行った。
　　1　玄人　　　　2　急患　　　　3　顧客　　　　4　災害

2 好きなことをしながらお金が稼げるこの仕事は私にとって（　　）だ。
　　1　天職　　　　2　役職　　　　3　就職　　　　4　職務

3 彼と話をして、自分の考えが（　　）から覆された。
　　1　背後　　　　2　根底　　　　3　軌道　　　　4　窮地

4 次の試験に合格できるかどうか（　　）だ。
　　1　微妙　　　　2　微量　　　　3　巧妙　　　　4　奇妙

5 彼は子どもの時から、スター選手になる（　　）があった。
　　1　素材　　　　2　理性　　　　3　元素　　　　4　素質

6 この会社の（　　）に共感し、志望いたしました。
　　1　理性　　　　2　理念　　　　3　物理　　　　4　心理

7 私が浮気していたことを、妻に（　　）した。
　　1　申請　　　　2　白状　　　　3　忠告　　　　4　告発

8 彼が部長に選ばれるのは（　　）だと思う。
　　1　仕業　　　　2　手間　　　　3　人質　　　　4　妥当

9 事故から5年の（　　）が流れ、娘は高校に入学した。
　　1　歳月　　　　2　季節　　　　3　時代　　　　4　映像

정답　1 2　2 1　3 2　4 1　5 4　6 2　7 2　8 4　9 1

연습 문제 **8회**

問題2　（　　　）に入れるのに最もよいものを、1・2・3・4から一つ選びなさい。

1. 一年ぶりに会った友達に、（　　　）をたずねた。
   1　好況　　　　2　不況　　　　3　近郊　　　　4　近況

2. 犯行現場に犯人の（　　　）が残されていた。
   1　指紋　　　　2　根拠　　　　3　指図　　　　4　証明

3. （　　　）、大きな地震が起こった。
   1　急遽　　　　2　極力　　　　3　当分　　　　4　突如

4. 人口が減る一方だった地方に工場を（　　　）し、地域の活性化を試みる。
   1　誘惑　　　　2　弁償　　　　3　持参　　　　4　誘致

5. 使い方を（　　　）で説明いたしますので、メモを取ってください。
   1　口先　　　　2　口頭　　　　3　一目　　　　4　口論

6. 日本語の森の社長とは（　　　）がある。
   1　面識　　　　2　認識　　　　3　面影　　　　4　良識

7. 特定の地域にのみ（　　　）している生き物を探す。
   1　発育　　　　2　生息　　　　3　生産　　　　4　生育

8. 友達と目的地が同じだったので、タクシーに（　　　）させてもらった。
   1　搭乗　　　　2　転送　　　　3　輸送　　　　4　便乗

9. 他の会社に（　　　）して、自社製品の値段をさらに安くした。
   1　対抗　　　　2　反抗　　　　3　抵抗　　　　4　抗議

정답　1　4　　2　1　　3　4　　4　4　　5　2　　6　1　　7　2　　8　4　　9　1

연습 문제 **9회**

問題2 （　　）に入れるのに最もよいものを、1・2・3・4から一つ選びなさい。

1 両親が事故にあったと聞いて、激しく（　　）した。
　1　予言　　　　　2　起動　　　　　3　動揺　　　　　4　暴動

2 六千万年以上前に恐竜は（　　）したと言われている。
　1　絶賛　　　　　2　絶滅　　　　　3　拒絶　　　　　4　断絶

3 大事なのは、与えられた業務の重要性を（　　）して働くことだ。
　1　弁解　　　　　2　和解　　　　　3　緩和　　　　　4　認識

4 その資料は不要なので（　　）してください。
　1　棄権　　　　　2　破棄　　　　　3　放棄　　　　　4　投棄

5 小学生の時に交通事故で（　　）して以来、生活が大きく変わった。
　1　失明　　　　　2　紛失　　　　　3　失言　　　　　4　喪失

6 チームメイトが、けがから（　　）した。
　1　復帰　　　　　2　修復　　　　　3　復旧　　　　　4　帰省

7 長年（　　）していたかばんが壊れてしまった。
　1　用心　　　　　2　嗜好　　　　　3　割愛　　　　　4　愛用

8 この学校に（　　）している生徒は100名を超える。
　1　在住　　　　　2　在職　　　　　3　在籍　　　　　4　在留

9 年末の大掃除で、不要なものを全て（　　）する。
　1　処分　　　　　2　処刑　　　　　3　処罰　　　　　4　処置

정답　1 3　2 2　3 4　4 2　5 1　6 1　7 4　8 3　9 1

연습 문제 10회

問題2 (　　) に入れるのに最もよいものを、1・2・3・4から一つ選びなさい。

1. 強くなるためにも、人生で一度は (　　) する経験を味わった方が良い。
   1. 挫折　　2. 絶滅　　3. 滅亡　　4. 屈折

2. 身長と体重は、必ずしも (　　) するわけではない。
   1. 並列　　2. 比例　　3. 比較　　4. 対比

3. ごみを (　　) する日は、月曜日と水曜日です。
   1. 編集　　2. 募集　　3. 収穫　　4. 収集

4. 妻との口喧嘩は、いつも私が先に (　　) する。
   1. 参照　　2. 降参　　3. 参上　　4. 持参

5. 大型ごみが不法に (　　) されることについて市は対策を練っている。
   1. 投稿　　2. 投入　　3. 投棄　　4. 投資

6. あの二人の性格はとても (　　) だ。
   1. 対抗的　　2. 対照的　　3. 相対的　　4. 科学的

7. がんが転移し、胃を (　　) することになった。
   1. 摘出　　2. 摘発　　3. 指摘　　4. 脱出

8. 私の運勢を (　　) するような出来事があった。
   1. 掲示　　2. 暗示　　3. 暗記　　4. 暗算

9. このパーティーは日本大使館が (　　) している。
   1. 主演　　2. 指導　　3. 主張　　4. 主催

정답 1. 1　2. 2　3. 4　4. 2　5. 3　6. 2　7. 1　8. 2　9. 4

연습 문제 **11회**

問題2 （　　）に入れるのに最もよいものを、1・2・3・4から一つ選びなさい。

1　お客様の意見を（　　）して商品を作る。
　　1　加減　　　　2　加味　　　　3　加工　　　　4　添加

2　自分の失敗を認めず、（　　）し続ける。
　　1　弁解　　　　2　弁償　　　　3　代行　　　　4　代弁

3　新しい条例が（　　）されるのは、来年以降である。
　　1　進行　　　　2　運行　　　　3　連行　　　　4　施行

4　事件に関与したと思われる人物に事情を（　　）する。
　　1　伝来　　　　2　搾取　　　　3　聴講　　　　4　聴取

5　太陽の光が鏡に（　　）して、とてもまぶしい。
　　1　反射　　　　2　反省　　　　3　反響　　　　4　反発

6　営業部へ（　　）することになった。
　　1　変動　　　　2　起動　　　　3　異動　　　　4　作動

7　新しいスマホの代金を（　　）して支払う。
　　1　分配　　　　2　分裂　　　　3　分別　　　　4　分割

8　尊敬する恩師の言葉に（　　）を受けた。
　　1　指摘　　　　2　感銘　　　　3　依頼　　　　4　承認

9　彼はオリンピックで世界新記録を（　　）した。
　　1　自立　　　　2　設立　　　　3　樹立　　　　4　成立

정답　1 2　2 1　3 4　4 4　5 1　6 3　7 4　8 2　9 3

연습 문제 12회

問題2　(　　) に入れるのに最もよいものを、1・2・3・4から一つ選びなさい。

1. 定員より応募が多かった場合、チケットは (　　) で販売いたします。
   1　抽選　　　　2　特選　　　　3　確率　　　　4　決勝

2. 嘘をついた息子に厳しく (　　) する。
   1　布教　　　　2　宣教　　　　3　説教　　　　4　警戒

3. 新しいプロジェクトについて社内で (　　) することになった。
   1　検査　　　　2　検討　　　　3　検定　　　　4　検索

4. 大阪は東京に (　　) するほど大きな都市である。
   1　敵視　　　　2　適応　　　　3　適用　　　　4　匹敵

5. 大学合格を (　　) するために神社へ行く。
   1　祈願　　　　2　志願　　　　3　拝見　　　　4　待望

6. 反則という判定に対して、審判に (　　) する。
   1　決議　　　　2　審議　　　　3　協議　　　　4　抗議

7. 卒業論文の中で、指摘された部分を (　　) する。
   1　是正　　　　2　訂正　　　　3　改正　　　　4　不正

8. 当社が定めた条件に (　　) する方のみ、サービスを利用できます。
   1　配当　　　　2　当惑　　　　3　該当　　　　4　信仰

9. 災害に備え、一週間分の水と食料を (　　) する。
   1　確保　　　　2　保守　　　　3　確信　　　　4　確立

정답　1 1　2 3　3 2　4 4　5 1　6 4　7 2　8 3　9 1

연습 문제 13회

問題2　(　　　)に入れるのに最もよいものを、1・2・3・4から一つ選びなさい。

① 対戦相手の体格に（　　　）されてしまった。
　　1　圧迫　　　　　2　圧勝　　　　　3　圧倒　　　　　4　鎮圧

② 全ての教室にクーラーを（　　　）する予定だ。
　　1　結成　　　　　2　完結　　　　　3　守備　　　　　4　完備

③ イベント開催に伴い、会場を（　　　）する。
　　1　支配　　　　　2　手配　　　　　3　配布　　　　　4　配属

④ 新入社員の意見を（　　　）して、新商品を作る。
　　1　採取　　　　　2　採用　　　　　3　雇用　　　　　4　起用

⑤ 彼と（　　　）を始めたが、価値観が合わないので別れることになった。
　　1　同情　　　　　2　同伴　　　　　3　同行　　　　　4　同棲

⑥ 万引きを目撃したので、警察に（　　　）した。
　　1　通用　　　　　2　通報　　　　　3　通訳　　　　　4　通達

⑦ 不作により、野菜の価格が（　　　）している。
　　1　暴騰　　　　　2　乱暴　　　　　3　爆撃　　　　　4　爆破

⑧ 韓国の会社と（　　　）して、新しい事業を展開する。
　　1　提出　　　　　2　提供　　　　　3　提示　　　　　4　提携

⑨ 弊社では、リモートワークを（　　　）しています。
　　1　進行　　　　　2　推進　　　　　3　昇進　　　　　4　行進

정답　①3　②4　③2　④2　⑤4　⑥2　⑦1　⑧4　⑨2

연습 문제 **14회**

問題2 （　　）に入れるのに最もよいものを、1・2・3・4から一つ選びなさい。

1. 彼は周囲の（　　）に負けず、自分を信じて行動し続けた。
   1　審判　　　　2　批判　　　　3　判決　　　　4　判別

2. 各国が（　　）し、ワクチンの研究開発に取り組む。
   1　混同　　　　2　連行　　　　3　同伴　　　　4　連携

3. 有名な絵画を一億円で（　　）した。
   1　落胆　　　　2　落札　　　　3　暴落　　　　4　脱落

4. 先生にスマホを（　　）されてしまった。
   1　吸収　　　　2　収穫　　　　3　没収　　　　4　撤収

5. 母親は脳の病気になり、（　　）なしでは生活できなくなってしまった。
   1　介護　　　　2　介入　　　　3　弁護　　　　4　警護

6. 彼は自分の意見ばかり主張する（　　）が欠けた人だ。
   1　一貫性　　　2　協調性　　　3　多様性　　　4　独創性

7. けがやトラブルがないように、会場内を（　　）する。
   1　閲覧　　　　2　監視　　　　3　観覧　　　　4　乱用

8. 家族が増えたので、家を（　　）して二階建てにした。
   1　増進　　　　2　増加　　　　3　増強　　　　4　増築

9. 取引先の意向を（　　）しながら、商品の値段を調整する。
   1　考案　　　　2　考慮　　　　3　発明　　　　4　選考

정답　1 2　　2 4　　3 2　　4 3　　5 1　　6 2　　7 2　　8 4　　9 2

연습 문제 15회

問題2　（　　）に入れるのに最もよいものを、1・2・3・4から一つ選びなさい。

1. 自分の感情を（　　）することができない。
   1　規制　　　　2　強制　　　　3　制覇　　　　4　抑制

2. 彼は上司の（　　）を全く聞かない。
   1　忠告　　　　2　告発　　　　3　告白　　　　4　申告

3. 知事が県民に外出を控えるように（　　）した。
   1　要約　　　　2　要請　　　　3　祈願　　　　4　追求

4. 仕事が忙しいからといって、睡眠を（　　）してはいけない。
   1　軽蔑　　　　2　軽視　　　　3　重宝　　　　4　重複

5. 景気の悪化により取引先との商談が（　　）する。
   1　決裂　　　　2　決行　　　　3　決意　　　　4　決断

6. 大統領が国を（　　）している。
   1　率先　　　　2　解決　　　　3　引率　　　　4　統治

7. 僕は真面目で熱心な彼を生徒会長に（　　）した。
   1　推薦　　　　2　勧告　　　　3　催促　　　　4　促進

8. 私の祖父は山で熊と（　　）し、熊を倒したことがあるらしい。
   1　紛争　　　　2　争奪　　　　3　格闘　　　　4　興奮

9. 公園で、美しい桜の花を（　　）する。
   1　参観　　　　2　観賞　　　　3　受賞　　　　4　閲覧

정답　1 4　2 1　3 2　4 2　5 1　6 4　7 1　8 3　9 2

연습 문제 **16회**

問題2 （　　）に入れるのに最もよいものを、1・2・3・4から一つ選びなさい。

1. 信号が（　　）したあと、すぐに赤色になった。
   1 減点　　　2 点滅　　　3 点検　　　4 幻滅

2. そんなに（　　）しないで、たくさん食べてください。
   1 遠慮　　　2 遠征　　　3 軽視　　　4 軽蔑

3. 地震で壊れてしまった橋を（　　）するため工事を行う。
   1 重複　　　2 複合　　　3 復旧　　　4 復縁

4. 長時間パソコンを使うと肩が（　　）。
   1 滞る　　　2 劣る　　　3 凝る　　　4 潜る

5. 彼に危険が（　　）いることに誰も気が付かなかった。
   1 図って　　2 迫って　　3 携わって　　4 遮って

6. 若者の行動を見ていると、目に（　　）ものがある。
   1 至る　　　2 去る　　　3 誤る　　　4 余る

7. 納期が迫り、気持ちが（　　）。
   1 焦る　　　2 反る　　　3 釣る　　　4 粘る

8. 年を取るごとに、頭の回転が（　　）いるのを感じる。
   1 悟って　　2 鈍って　　3 損なって　　4 勝って

9. 無罪から有罪に判決が（　　）。
   1 はかどった　2 ふけった　3 さからった　4 くつがえった

정답　1 2　2 1　3 3　4 3　5 2　6 4　7 1　8 2　9 4

연습 문제 **17회**

問題2 （　　）に入れるのに最もよいものを、1・2・3・4から一つ選びなさい。

① 試合に勝つために、戦略を（　　）。
　　1　配る　　　　2　練る　　　　3　操る　　　　4　測る

② 仕事を辞めたら世界中の観光名所を（　　）つもりだ。
　　1　巡る　　　　2　陥る　　　　3　浸る　　　　4　誇る

③ 学校に存在する、理不尽な規則に（　　）。
　　1　憤る　　　　2　滞る　　　　3　遮る　　　　4　潤う

④ 前方で渋滞が起こっているので、車の速度を（　　）。
　　1　込める　　　2　納める　　　3　沈める　　　4　緩める

⑤ 友人の健康のために、禁煙を（　　）。
　　1　辞める　　　2　勧める　　　3　固める　　　4　努める

⑥ 環境破壊問題は、解決に困難を（　　）。
　　1　定める　　　2　治まる　　　3　絡まる　　　4　極める

⑦ かばんに（　　）大きさのパソコンが欲しい。
　　1　収まる　　　2　定まる　　　3　溜まる　　　4　染まる

⑧ 先生の話を聞いて、より理解が（　　）。
　　1　静まった　　2　深まった　　3　薄まった　　4　強まった

⑨ 前方を走るランナーとの差が徐々に（　　）。
　　1　深まる　　　2　締まる　　　3　治まる　　　4　縮まる

정답　① 2　② 1　③ 1　④ 4　⑤ 2　⑥ 4　⑦ 1　⑧ 2　⑨ 4

연습 문제 18회

問題2 （　　）に入れるのに最もよいものを、1・2・3・4から一つ選びなさい。

① 必死に勉強して、なんとか不合格を（　　）。
　1　崩れた　　　　2　敗れた　　　　3　廃れた　　　　4　免れた

② ストレスを感じる時は、犬と遊ぶと気が（　　）。
　1　紛れる　　　　2　膨れる　　　　3　こじれる　　　4　暴れる

③ 自分の才能に（　　）はいけない。
　1　はばかって　　2　うぬぼれて　　3　とぼけて　　　4　ののしって

④ 上司の期待に（　　）のが、部下の役目だ。
　1　構える　　　　2　応える　　　　3　揃える　　　　4　与える

⑤ 息子は、節分の日にやってくる鬼に（　　）いる。
　1　怯えて　　　　2　冴えて　　　　3　衰えて　　　　4　控えて

⑥ 田舎にたくさんの若い人が移住し、町が（　　）。
　1　耐える　　　　2　そびえる　　　3　鍛える　　　　4　栄える

⑦ 年齢を重ねる度に、顔が（　　）いると思う。
　1　老けて　　　　2　設けて　　　　3　授けて　　　　4　とぼけて

⑧ 長年、愛用していた鞄が（　　）。
　1　ぼけた　　　　2　やぶけた　　　3　ぼやけた　　　4　ほどけた

⑨ 友人のつまらない話で、場が（　　）。
　1　空ける　　　　2　白ける　　　　3　背ける　　　　4　透ける

정답　① 4　② 1　③ 2　④ 2　⑤ 1　⑥ 4　⑦ 1　⑧ 2　⑨ 2

연습 문제 19회

問題2 （　　　）に入れるのに最もよいものを、1・2・3・4から一つ選びなさい。

1　彼らの勇気ある行動は、称賛に（　　　）。
　　1　発する　　　　2　徹する　　　　3　恋する　　　　4　値する

2　集合時間に遅刻しないよう、渋滞を（　　　）。
　　1　裂ける　　　　2　避ける　　　　3　控える　　　　4　留める

3　他人の気分を（　　）行動は慎むべきだ。
　　1　称する　　　　2　害する　　　　3　制する　　　　4　決する

4　知らない人に突然声をかけられ、（　　　）。
　　1　狙った　　　　2　負った　　　　3　戸惑った　　　4　損なった

5　彼女は最後まで犯人を（　　　）ような発言を繰り返した。
　　1　かばう　　　　2　さらう　　　　3　うかがう　　　4　したう

6　家族を（　　）ために、毎日一生懸命働く。
　　1　拭う　　　　　2　養う　　　　　3　賄う　　　　　4　囲う

7　信頼できる友人に、自分の秘密を（　　　）。
　　1　明かす　　　　2　果たす　　　　3　脅かす　　　　4　交わす

8　のんびりと出発の準備をしている子どもを（　　　）。
　　1　速める　　　　2　凝らす　　　　3　仰ぐ　　　　　4　急かす

9　新型ウイルスは、世界各国に大きな影響を（　　　）。
　　1　済ました　　　2　及ぼした　　　3　滅した　　　　4　催した

정답　1　4　　2　2　　3　2　　4　3　　5　1　　6　2　　7　1　　8　4　　9　2

연습 문제 20회

問題2 （　　）に入れるのに最もよいものを、1・2・3・4から一つ選びなさい。

1. 退屈を（　　）ために、近くの公園まで散歩をする。
   1 逸らす　　　2 紛らす　　　3 もてなす　　　4 けなす

2. 空いている時間は、全て日本語の勉強に（　　）。
   1 凝らす　　　2 促す　　　3 荒らす　　　4 費やす

3. 恋人と別れ、傷心している友人を（　　）。
   1 冷ます　　　2 励ます　　　3 浸す　　　4 尽くす

4. 趣味が同じ人と話すと、話が（　　）。
   1 滅ぶ　　　2 及ぶ　　　3 弾む　　　4 歪む

5. 目上の人の前では、軽はずみな言動を（　　）べきだ。
   1 歩む　　　2 慎む　　　3 励む　　　4 妬む

6. 自分より強い相手に戦いを（　　）。
   1 励む　　　2 挑む　　　3 拝む　　　4 組む

7. このアイスクリームは大自然の中で（　　）牛からしぼった牛乳で作りました。
   1 育まれた　　　2 踏まえられた　　　3 発せられた　　　4 営まれた

8. このペンはよく手に（　　）使いやすい。
   1 目論んで　　　2 馴染んで　　　3 好んで　　　4 危ぶんで

9. 彼がいるだけで、なんとなく場が（　　）。
   1 富む　　　2 病む　　　3 拒む　　　4 和む

정답　1 2　2 4　3 2　4 3　5 2　6 2　7 1　8 2　9 4

> 연습 문제 **21회**

問題2 (　　) に入れるのに最もよいものを、1・2・3・4から一つ選びなさい。

1. 今後の対策を（　　）必要がある。
   1. 動じる　　　2. 講じる　　　3. 軽んじる　　　4. 重んじる

2. 大好きな俳優が、ドラマで主役を（　　）。
   1. 演じる　　　2. 応じる　　　3. 案じる　　　4. 生じる

3. 日本の株価暴落について、ニュースで（　　）。
   1. 投じる　　　2. 興じる　　　3. 転じる　　　4. 報じる

4. その場の雰囲気を（　　）、彼は部屋を出て行った。
   1. 発して　　　2. 察して　　　3. 及ぼして　　　4. 抜かして

5. 大通りに（　　）場所に、行きつけの居酒屋がある。
   1. 面する　　　2. 題する　　　3. 有する　　　4. 要する

6. 地震による日本経済への影響は、想像を（　　）ものだった。
   1. 絶する　　　2. 得する　　　3. 発する　　　4. 揺さぶる

7. 日本の伝統文化を（　　）、守り続けていきたい。
   1. 持ち越し　　2. 待ち望み　　3. 受け継ぎ　　4. 言い渡し

8. 開店時間と同時に、お店に人が（　　）。
   1. 割り込んだ　2. 押し寄せた　3. 立ち向かった　4. 込み入った

9. 彼とは、成績の順位を（　　）良きライバルだ。
   1. 競い合う　　2. 取り巻く　　3. 抱え込む　　4. 押し切る

정답 1. 2　2. 1　3. 4　4. 2　5. 1　6. 1　7. 3　8. 2　9. 1

연습 문제 22회

問題2 (　　) に入れるのに最もよいものを、1・2・3・4から一つ選びなさい。

1. 彼女は、証拠があるにも関わらず自分は無実だと（　　）いる。
   1. 立て替えて　　2. 付け加えて　　3. 言い合って　　4. 言い張って

2. 野良猫が私の足元に（　　）来た。
   1. 似通って　　2. 着飾って　　3. 近寄って　　4. 見守って

3. 当店では毎朝、漁港から新鮮な魚を（　　）います。
   1. 取り寄せて　　2. 引き寄せて　　3. 差し引いて　　4. 取り仕切って

4. A社は5月から、電話料金を（　　）予定だ。
   1. 引き取る　　2. 取り押さえる　　3. 引き下げる　　4. 引き落とす

5. 仕事帰りにスーパーに（　　）、夜ご飯の材料を買った。
   1. 立ち寄って　　2. 立ち向かって　　3. 立て直して　　4. 押し寄せて

6. 裁判官は、冷静に判決を（　　）。
   1. 言いふらした　　2. 言い張った　　3. 張り切った　　4. 言い渡した

7. ラーメン屋さんの列に並んでいたら、マナーの悪い客が列に（　　）きた。
   1. 割り当てて　　2. 割り込んで　　3. 食い込んで　　4. 打ち込んで

8. 感染症の拡大を（　　）ことに成功した。
   1. 引き止める　　2. 食い止める　　3. 取りとめる　　4. 突き止める

9. 長年の試行錯誤の末、やっと満足のいく味に（　　）。
   1. 取り付いた　　2. 持ち越した　　3. たどり着いた　　4. 繰り上げた

정답 1. 4　2. 3　3. 1　4. 3　5. 1　6. 4　7. 2　8. 2　9. 3

연습 문제 23회

問題2（　　）に入れるのに最もよいものを、1・2・3・4から一つ選びなさい。

1. 長年付き合ってきた恋人に別れ話を（　　）のは勇気のいることだ。
   1 切り出す　　　2 投げ出す　　　3 差し出す　　　4 見出す

2. 新しいマンション建設の計画は、お金の問題で（　　）。
   1 仕切られた　　2 打ち明けられた　3 打ち切られた　4 打ち込まれた

3. この映画は、困難に（　　）勇気を与えてくれた。
   1 張り裂ける　　2 思い上がる　　3 押し寄せる　　4 立ち向かう

4. 彼女に恋人がいることを知って（　　）身を引いた。
   1 潔く　　　　　2 あくどく　　　3 しぶとく　　　4 安っぽく

5. はっきりとした色よりも（　　）色のほうが好きだ。
   1 ゆるい　　　　2 もろい　　　　3 あわい　　　　4 つたない

6. 彼女はいつでも（　　）仕事を引き受けてくれる。
   1 快く　　　　　2 だるく　　　　3 もろく　　　　4 尊く

7. 旅館のスタッフの（　　）もてなしで、長旅の疲れが癒された。
   1 手厚い　　　　2 手ぬるい　　　3 心強い　　　　4 分厚い

8. 試合が（　　）終わってしまって、なんだかつまらない。
   1 そっけなく　　2 あっけなく　　3 大人げなく　　4 たまらなく

9. 服装が（　　）と第一印象が悪くなる。
   1 せつない　　　2 なさけない　　3 頼りない　　　4 だらしない

정답　1 1　2 3　3 4　4 1　5 3　6 1　7 1　8 2　9 4

연습 문제 24회

問題2　（　　　）に入れるのに最もよいものを、1・2・3・4から一つ選びなさい。

1 　本人がいないところで悪口を言うなんて（　　　）人だ。
　　1　ややこしい　　2　なれなれしい　　3　いやらしい　　4　おびただしい

2 　自分の能力に（　　　）給料をもらっている。
　　1　はなはだしい　　2　ふさわしい　　3　わずらわしい　　4　やましい

3 　クラスに佐藤(さとう)という名前の人がたくさんいて（　　　）。
　　1　著しい　　2　忙しい　　3　望ましい　　4　紛らわしい

4 　だんだん伸びてきた前髪が（　　　）なってきた。
　　1　待ち遠しく　　2　うっとうしく　　3　疑わしく　　4　はなばなしく

5 　小さかった息子が、（　　　）成長する。
　　1　しぶとく　　2　もどかしく　　3　はかなく　　4　たくましく

6 　彼の運転は（　　　）て見ていられない。
　　1　あぶなっかしく　　2　みすぼらしく　　3　ほほえましく　　4　けがらわしく

7 　息子は遊びに夢中で、勉強が（　　　）になっている。
　　1　なごやか　　2　おろそか　　3　なめらか　　4　ささやか

8 　今月行われる忘年会の予算を（　　　）計算する。
　　1　おおまかに　　2　きざに　　3　いかに　　4　とっくに

9 　（　　　）体を作るために、毎日ストレッチをしている。
　　1　おおらかな　　2　こまやかな　　3　のどかな　　4　しなやかな

정답　①3　②2　③4　④2　⑤4　⑥1　⑦2　⑧1　⑨4

연습 문제 25회

問題2 (　　) に入れるのに最もよいものを、1・2・3・4から一つ選びなさい。

1. 情報の (　　) な管理が、今回のトラブルを引き起こした。
   1 たくみ　　　2 ずさん　　　3 かすか　　　4 ひそか

2. 彼女はいつも (　　) 笑顔で、周囲の人を元気にする。
   1 速やかな　　2 朗らかな　　3 厳かな　　　4 緩やかな

3. 娘の婚約相手は、見たところ (　　) 男性だ。
   1 まともな　　2 ささやかな　3 つぶらな　　4 うつろな

4. この事件に (　　) 関与していないと証言する。
   1 一見　　　　2 一躍　　　　3 一切　　　　4 若干

5. 赤いスカートのほうが (　　) 似合っていると思う。
   1 依然　　　　2 断然　　　　3 終始　　　　4 到底

6. 重い病気にかかったので、(　　) 学校に行けないだろう。
   1 当分　　　　2 極力　　　　3 先日　　　　4 突如

7. 風が吹いて、桜の花びらが (　　) と空を舞っている。
   1 ひらひら　　2 ふらふら　　3 びくびく　　4 ひそひそ

8. 先生に見つからないように、(　　) と教室を出た。
   1 だらだら　　2 こそこそ　　3 さらさら　　4 そこそこ

9. 彼は先生が現れると、突然 (　　) し始めた。
   1 まるまる　　2 すくすく　　3 そわそわ　　4 ちやほや

정답 1 2　2 2　3 1　4 3　5 2　6 1　7 1　8 2　9 3

연습 문제 26회

問題2 (　　) に入れるのに最もよいものを、1・2・3・4から一つ選びなさい。

1. 他人の目が気になり、(　　) と辺りを見回した。
   1 うとうと　　2 きょろきょろ　　3 ぐらぐら　　4 じゃんじゃん

2. 田舎に住めば、子どもは (　　) と育つだろう。
   1 のそのそ　　2 めきめき　　3 もたもた　　4 のびのび

3. 日本語が (　　) 書けるようになった。
   1 はらはら　　2 ひらひら　　3 すらすら　　4 ぺらぺら

4. 大きなライオンがこちらを (　　) にらんでいる。
   1 じろりと　　2 ほっと　　3 にこりと　　4 ちらりと

5. 4月になって、生活環境が (　　) 変わった。
   1 からっと　　2 がらりと　　3 ちらりと　　4 じっと

6. 恋人の腕を (　　) 引き寄せ、抱きしめる。
   1 ひょっと　　2 ほっと　　3 ぐっと　　4 ざっと

7. 突然飛び出してきた車に、(　　) ひかれるところだった。
   1 いち早く　　2 危うく　　3 気兼ねなく　　4 いつわりなく

8. 親しい関係ではないのに、(　　) 話しかけないでほしい。
   1 気安く　　2 なんとなく　　3 同じく　　4 ことごとく

9. 店長は厳しいので、新人の田中くんにも (　　) 怒る。
   1 はかなく　　2 満遍なく　　3 もれなく　　4 容赦なく

정답 1 2　2 4　3 3　4 1　5 2　6 3　7 2　8 1　9 4

연습 문제 27회

問題2 （　　）に入れるのに最もよいものを、1・2・3・4から一つ選びなさい。

1. 時間に（　　）で遅刻ばかりする人は嫌われる。
   1 ルーズ　　　2 スリム　　　3 シビア　　　4 シェア

2. 考えようによっては、（　　）はチャンスになる。
   1 シェア　　　2 カット　　　3 フィット　　　4 ピンチ

3. 朝から夜まで働きっぱなしで、（　　）一日だった。
   1 ルーズな　　　2 ハードな　　　3 デリケートな　　　4 ストレートな

4. 仕事が滞ってしまうのは、作業の（　　）に問題があるからだ。
   1 プロセス　　　2 フロント　　　3 マスコミ　　　4 アクセス

5. 部下の前で叱られて、（　　）が傷ついた。
   1 カテゴリー　　　2 プライド　　　3 ストック　　　4 ハンガー

6. 私の人生の（　　）には、結婚をする予定はない。
   1 ジンクス　　　2 スケール　　　3 トリック　　　4 シナリオ

7. この商品の（　　）について話し合いましょう。
   1 アプローチ　　　2 コンセプト　　　3 リクエスト　　　4 コンプレックス

8. 赤ちゃんの肌は（　　）なので、注意する必要がある。
   1 ネガティブ　　　2 スムーズ　　　3 ストレート　　　4 デリケート

9. 5年間の交際を経て、二人はめでたく（　　）した。
   1 セット　　　2 ゴールイン　　　3 インプット　　　4 アピール

정답　1 1　2 4　3 2　4 1　5 2　6 4　7 2　8 4　9 2

3 유의 표현

● 問題3(例)

問題3 ＿＿＿の言葉に意味が最も近いものを、1・2・3・4から一つ選びなさい。

① 毎日のようにラーメンを食べているので飽きてしまった。

1 嫌になって　　　　　2 好きになって
3 はまって　　　　　　4 いらだって

정답 | ① 1

문제3에서는 밑줄 친 부분의 표현과 뜻이 가장 가까운 표현을 고르는 문제가 6개 출제됩니다. 즉, 일본어로 표현 및 어휘의 뜻을 설명하는 문제입니다.

연습 문제 1회

問題3 ＿＿＿の言葉に意味が最も近いものを、1・2・3・4から一つえらびなさい。

1 メディアはいつも人々の不安をあおるニュースを流す。
　　1 否定する　　　2 刺激する　　　3 同感する　　　4 主張する

2 政府に不満を抱く国民が、首相の暗殺をくわだてた。
　　1 開始した　　　2 計画した　　　3 実行した　　　4 提案した

3 簡単に合格できると思ってあなどってはいけない。
　　1 喜んで　　　　2 安心して　　　3 軽くみて　　　4 期待して

4 午後より午前の方が、仕事がはかどる。
　　1 順調に進む　　2 時間がかかる　3 忙しい　　　　4 やりやすい

5 その事件は、政治家が手を回して闇にほうむった。
　　1 暴露した　　　2 広げた　　　　3 引き戻した　　4 捨て去った

6 かつてドイツは東西がへだたっていた。
　　1 分離して　　　2 分解して　　　3 分布して　　　4 分別して

7 風邪がこじれて肺炎になってしまった。
　　1 改善して　　　2 飛び散って　　3 長引いて　　　4 悪化して

8 彼女は10か国語をあやつる素晴らしい才能の持ち主だ。
　　1 知っている　　2 うまく使う　　3 発言する　　　4 命令する

9 取引先の失敗により、不利益をこうむった。
　　1 受けた　　　　2 与えた　　　　3 出した　　　　4 生んだ

10 大きいデパートができて以来、この街はさかえてきた。
　　1 見慣れて　　　2 静かになって　3 崩れて　　　　4 発展して

정답　1 2　2 2　3 3　4 1　5 4　6 1　7 4　8 2　9 1　10 4

> 연습 문제 2회

問題3 ＿＿＿の言葉に意味が最も近いものを、1・2・3・4から一つえらびなさい。

1. 今日の会議は、みんなで意見を<u>かわす</u>時間にしましょう。
   1. 交換する　　　2. 一方的に聞く　　　3. 避ける　　　4. 確認する

2. 冬の季節は、マスク着用を<u>うながす</u>べきだ。
   1. やめさせる　　　2. 呼びかける　　　3. 義務付ける　　　4. 心がける

3. 急遽、会議を<u>もよおす</u>ことになった。
   1. 要する　　　2. 仕切る　　　3. 行う　　　4. 促す

4. 彼は、自分は頭がいいと<u>うぬぼれて</u>いる。
   1. 自信をなくして　　　2. 演技をして　　　3. 思い込んで　　　4. 説得して

5. 今回の研究結果は、歴史を<u>くつがえす</u>ような発見だ。
   1. 巻き込む　　　2. 肯定する　　　3. 繰り返す　　　4. ひっくり返す

6. 転校生は、初日からすっかりクラスに<u>なじんで</u>いる。
   1. 関わって　　　2. 溶け込んで　　　3. 呼び込んで　　　4. 嫌われて

7. 従業員が半数も休むと、業務が<u>とどこおって</u>しまう。
   1. 停滞して　　　2. 不明になって　　　3. 進行して　　　4. 負担になって

8. ネット上で人の悪口を言う人は、他人を<u>ねたん</u>でいるのだろう。
   1. 恨んで　　　2. 憎んで　　　3. 嫉妬して　　　4. 嫌って

9. 彼は、<u>ゆがんだ</u>性格をしている。
   1. きつい　　　2. まっすぐな　　　3. 荒い　　　4. 曲がった

10. 社長は海外市場への進出を<u>もくろんで</u>いる。
    1. 計画して　　　2. 目指して　　　3. 夢見て　　　4. 思いついて

정답　1. 1　2. 2　3. 3　4. 3　5. 4　6. 2　7. 1　8. 3　9. 4　10. 1

연습 문제 3회

問題3 _____の言葉に意味が最も近いものを、1・2・3・4から一つえらびなさい。

1 うちで飼っている犬は、母親になついている。
   1 逆らって   2 従って   3 憧れて   4 親しんで

2 将来は、温かい家庭をきずきたい。
   1 作りたい   2 開きたい   3 始めたい   4 広げたい

3 彼は、30歳で現役をしりぞくこととなった。
   1 活躍する   2 引退する   3 征服する   4 決心する

4 先生が学校を辞めると聞いて、全校生徒がざわめいた。
   1 落ち込んだ   2 叫んだ   3 心配した   4 騒がしくなった

5 シャワーを浴びている時に、いいアイデアがひらめいた。
   1 光った   2 ちょっと見えた   3 浮かんだ   4 なくなった

6 この化石は、かつて恐竜が存在していたという事実を示唆している。
   1 暗示   2 警告   3 指示   4 報告

7 料理の腕前は母よりも上だと自負している。
   1 自慢して   2 うぬぼれて   3 自信をもって   4 負けを認めて

8 逃走中の殺人犯は、自首したそうだ。
   1 罪を告白した   2 見つかった   3 謝った   4 助けを求めた

9 今年は全国的に作物が育たないのではないかと懸念されている。
   1 想定   2 心配   3 予想   4 計画

10 ドイツ語や英語は、ラテン語から派生してできた言語だ。
   1 媒介   2 通過   3 統一   4 由来

정답 1 4   2 1   3 2   4 4   5 3   6 1   7 3   8 1   9 2   10 4

연습 문제 **4회**

問題3　＿＿＿の言葉に意味が最も近いものを、1・2・3・4から一つえらびなさい。

1　インターネットの情報は事実を誇張したものが多い。
　　1　大げさにした　　2　隠した　　3　作り上げた　　4　予想した

2　君の仕事への熱意には本当に脱帽するよ。
　　1　動揺　　2　感心　　3　安心　　4　落胆

3　時間の都合上、一部説明を割愛させていただきます。
　　1　調節　　2　追加　　3　省略　　4　分割

4　友達の車に便乗して、買い物に行った。
　　1　待ち合わせて　　2　一緒に乗って　　3　無理に乗って　　4　付いて行って

5　もう少しの辛抱だから、一緒に頑張ろう。
　　1　厳しさ　　2　道　　3　努力　　4　我慢

6　会社に入ったばかりの頃は、相当気負っていた。
　　1　威張って　　2　落ち込んで　　3　意気込んで　　4　自信をなくして

7　彼女が嬉しそうにパンをほおばっている。
　　1　選んで　　2　食べて　　3　買って　　4　眺めて

8　不況により、多くの会社が相次いで倒産した。
　　1　連続して　　2　負けて　　3　仲間同士で　　4　気の毒にも

9　クラスの中でも、彼女の肌の白さは際立っていた。
　　1　間違って　　2　透明になって　　3　目立って　　4　奇妙に見えて

10　若い頃は、上司にたて突くことがたくさんあった。
　　1　命令する　　2　反抗する　　3　賛成する　　4　提案する

정답　1 1　2 2　3 3　4 2　5 4　6 3　7 2　8 1　9 3　10 2

연습 문제 5회

問題3 _____の言葉に意味が最も近いものを、1・2・3・4から一つえらびなさい。

1 新商品の発売を<u>見合わせる</u>ことになった。
   1 急ぐ   2 発表する   3 保留する   4 取りやめる

2 この辺りは、<u>似通った</u>家が立ち並んでいる。
   1 高級な   2 同じような   3 一般的な   4 全く違った

3 一年二組は、委員長がクラスを<u>牛耳って</u>いるらしい。
   1 支配して   2 乱して   3 引っ張って   4 盛り上げて

4 明日、いつものカフェで<u>落ち合い</u>ましょう。
   1 食事し   2 打ち合わせし   3 語り合い   4 待ち合わせし

5 営業を再開できないのは、<u>込み入った</u>事情があるようだ。
   1 複雑な   2 やむを得ない   3 世間的な   4 たくさんの

6 チームメイト同士で意見が<u>食い違う</u>こともある。
   1 一致しない   2 喧嘩になる   3 間違う   4 譲り合わない

7 親友が結婚すると聞いて、<u>面食らって</u>しまった。
   1 にらんで   2 驚いて   3 落ち込んで   4 叫んで

8 クールな彼女の、可愛い一面を<u>垣間見た</u>。
   1 暴いた   2 隠した   3 露出した   4 少し見た

9 君がこんなミスをするとは、<u>見損なった</u>よ。
   1 驚いた   2 期待はずれだ   3 見落とした   4 知らなかった

10 倒産しかけた会社がなんとか<u>持ち直した</u>。
   1 支えられた   2 売り出された   3 回復した   4 落ち込んだ

정답 1 3   2 2   3 1   4 4   5 1   6 1   7 2   8 4   9 2   10 3

연습 문제 6회

問題3 _____の言葉に意味が最も近いものを、1・2・3・4から一つえらびなさい。

1. 今やっているトレーニングの趣旨をよく理解する。
   1 方法　　　2 用途　　　3 意図　　　4 方針

2. 友人と好きな異性の仕草について、朝まで語り合った。
   1 性格　　　2 声　　　3 顔　　　4 動作

3. 大勢の前で自分の意見を主張するには、度胸が必要だ。
   1 勇気　　　2 信頼　　　3 忍耐　　　4 地位

4. 美しい景色が脳裏に焼き付いている。
   1 歴史　　　2 記憶　　　3 映像　　　4 写真

5. SNS上では、匿名で様々な意見が書き込まれている。
   1 本名　　　2 命令　　　3 指名　　　4 偽名

6. くいが残らないように、最後まで全力で戦いましょう。
   1 失敗　　　2 後悔　　　3 痛み　　　4 下心

7. 彼の言うことは、あまりあてにならない。
   1 頼り　　　2 正解　　　3 間違い　　　4 予想通り

8. 彼は一言わびを言って、その場を去った。
   1 挨拶　　　2 言い訳　　　3 謝罪　　　4 お礼

9. 午後から突然天気が変わり、ふぶきになった。
   1 大雨になった　　　2 激しい雪が降った
   3 強い風が吹いた　　　4 青空になった

10. 日本語能力試験に合格できたのは、ただのまぐれだ。
    1 必然　　　2 実力　　　3 夢物語　　　4 偶然

정답 1 3　2 4　3 1　4 2　5 4　6 2　7 1　8 3　9 2　10 4

연습 문제 7회

問題3 ＿＿＿の言葉に意味が最も近いものを、1・2・3・4から一つえらびなさい。

1 ウニを毎日食べられるなんて、ぜいたくのきわみである。
　1 奇跡　　　　2 超過　　　　3 幻　　　　4 究極

2 後半にねばりを見せ、逆転勝利をおさめた。
　1 根気　　　　2 やる気　　　3 正気　　　4 熱気

3 敵のねらいは、こちらの情報をつかむことだ。
　1 作戦　　　　2 目的　　　　3 戦略　　　4 姿勢

4 申込書のひかえは、大切に保管してください。
　1 用紙　　　　2 原本　　　　3 証明　　　4 写し

5 どうぞ、気がねなく話しかけてください。
　1 元気に　　　2 遠慮せず　　3 いつでも　4 出来るだけ

6 不景気だったが、回復のきざしが見えてきた。
　1 宿命　　　　2 企画　　　　3 概要　　　4 兆候

7 彼はアニメの話になると、急に顔つきが変わる。
　1 表情　　　　2 顔面　　　　3 声色　　　4 雰囲気

8 このクラスの学生は、飲み込みが早い。
　1 反応　　　　2 理解　　　　3 出席率　　4 連帯感

9 温泉旅行に行って、つかのまの休暇を楽しんだ。
　1 非日常　　　2 仕事の合間　3 短い時間　4 長い時間

10 昨日クラスで、何かいざこざがあったらしい。
　1 クレーム　　2 サプライズ　3 イベント　4 トラブル

정답　1 4　2 1　3 2　4 4　5 2　6 4　7 1　8 2　9 3　10 4

연습 문제 8회

問題3 _____ の言葉に意味が最も近いものを、1・2・3・4から一つえらびなさい。

1. 技術の進歩により、人々の生活はいちじるしく変化した。
   1. 徐々に　　2. 非常に　　3. 多少　　4. 恐らく

2. 風邪を引いてしまったのか、なんとなく体がだるい。
   1. 重い　　2. 熱い　　3. 寒い　　4. 軽い

3. 並んでいるところに横から入ってくるなんて、ずうずうしい人だ。
   1. 注意深い　　2. 情け深い　　3. ぎこちない　　4. 厚かましい

4. みんなは彼をいやしい人だと言うが、私はそう思わない。
   1. 下品な　　2. 謙虚な　　3. 内気な　　4. なれなれしい

5. 仕事をたくさんこなすことは、とてもしんどい。
   1. 気持ちがいい　　2. 疲れる　　3. 嬉しい　　4. 忙しい

6. 彼は私に対して、いつもよそよそしい態度をとる。
   1. 慌ただしい　　2. 親しくない　　3. いらだった　　4. 嫌そうな

7. 自分の気持ちをうまく説明できないと、もどかしい。
   1. いらいらする　　2. こそこそする　　3. どきどきする　　4. はらはらする

8. 家族4人で、つつましい生活を送っている。
   1. 幸せな　　2. 貧しい　　3. 大変な　　4. 控えめな

9. 彼女は、テニスの世界大会でめざましい成績をおさめた。
   1. 素晴らしい　　2. 散々な　　3. 予想外の　　4. 満足できる

10. ややこしい話は後にして、とりあえず飲みましょう。
    1. 高度な　　2. 面倒な　　3. 真面目な　　4. 気分が悪い

정답 1. 2　2. 1　3. 4　4. 1　5. 2　6. 2　7. 1　8. 4　9. 1　10. 2

연습 문제 **9회**

問題3 _____の言葉に意味が最も近いものを、1・2・3・4から一つえらびなさい。

1. 戦争なんて愚かなことは無くすべきだ。
   1 見苦しい　　2 ばかな　　3 悲しい　　4 異常な

2. 今、かすかに人の声が聞こえた。
   1 はっきり　　2 かすれた　　3 大きく　　4 わずかに

3. 都会から少し車を走らせると、のどかな風景が広がってきた。
   1 何もない　　2 広々とした　　3 のんびりした　　4 懐かしい

4. ひそかに誕生日プレゼントを用意してきた。
   1 秘密で　　2 大量に　　3 すてきな　　4 仕方なく

5. この国では、タクシー代を騙し取られることはざらだ。
   1 珍しい　　2 よくある　　3 ありえない　　4 犯罪だ

6. 私は、日本で生活したいと切実に願っています。
   1 本心から　　2 うわべだけ　　3 ひそかに　　4 なんとなく

7. 大学の卒業式が、おごそかに行われた。
   1 厳粛に　　2 豪華に　　3 盛大に　　4 厳密に

8. 彼女の体は、とてもしなやかだ。
   1 柔軟　　2 奇妙　　3 快調　　4 活発

9. 子どもが生まれたら、すこやかに育ってほしい。
   1 堅実に　　2 素直に　　3 温厚に　　4 健康に

10. 彼がいるだけで、なごやかな雰囲気になる。
    1 華やかな　　2 楽しい　　3 穏やかな　　4 にぎやかな

정답　1 2　2 4　3 3　4 1　5 2　6 1　7 1　8 1　9 4　10 3

연습 문제 **10회**

問題3 _____の言葉に意味が最も近いものを、1・2・3・4から一つえらびなさい。

1 ささやかな気遣いができる人は素敵だ。
　1　大人びた　　　2　目立たない　　　3　優しい　　　　4　誠実な

2 勉強をおろそかにすると、将来苦労しますよ。
　1　曖昧にする　　2　なまける　　　　3　真剣にする　　4　時間をかける

3 このペンを買えば合格できるというのは、いんちきだ。
　1　うわさだ　　　2　本当だ　　　　　3　当たり前だ　　4　大うそだ

4 将来への不安は、学生にありがちな悩みだ。
　1　必ずある　　　2　よくある　　　　3　不可欠な　　　4　珍しい

5 何度質問をしても、彼はいいかげんな返事ばかりする。
　1　まとまりのない　2　適切な　　　　3　無責任な　　　4　微妙な

6 彼女はいつも、肝心なことを話してくれない。
　1　小さな　　　　2　本当の　　　　　3　内緒の　　　　4　大切な

7 彼の行動は、いつでも大胆だ。
　1　適当だ　　　　2　勇敢だ　　　　　3　大げさだ　　　4　無責任だ

8 私は幼い頃から、とても臆病な人間だ。
　1　気が弱い　　　2　病気がちな　　　3　鈍感な　　　　4　頭が悪い

9 痩せるために、極端な食生活をしている。
　1　整った　　　　2　偏った　　　　　3　特別な　　　　4　量を減らした

10 もうこれ以上、不毛な話し合いはしたくない。
　1　激しい　　　　2　意味のない　　　3　つまらない　　4　永遠に続く

정답　1 2　2 2　3 4　4 2　5 3　6 4　7 2　8 1　9 2　10 2

연습 문제 **11회**

問題3 _____の言葉に意味が最も近いものを、1・2・3・4から一つえらびなさい。

1 一人になると、じわじわと寂しさが込み上げてくる。
   1 なんとなく   2 すぐに   3 一気に   4 少しずつ

2 大学生の頃は、だらだらした生活を送っていた。
   1 だらしない   2 目立たない   3 規則正しい   4 余裕のある

3 妹は毎日ピアノを練習し、めきめきと腕を上げている。
   1 次々と   2 目に見えて   3 簡単に   4 一瞬で

4 明日の面接に備え、質問に対する答えをあらかじめ準備しておく。
   1 実際に   2 事前に   3 真面目に   4 熱心に

5 話し方から、彼の人柄の良さがひしひしと伝わってくる。
   1 だんだんと   2 目に見えて   3 切実に   4 なんとなく

6 彼女は社会人になってから、みるみる美しくなっていった。
   1 自分の力で   2 他と差をつけて 3 以前に比べて 4 すごい速さで

7 目に見えないウイルスにびくびくしながら暮らしている。
   1 注意し   2 怯え   3 驚き   4 戦い

8 今回の試験は、さんざんな結果に終わった。
   1 素晴らしい   2 ひどい   3 まあまあな   4 少し悪い

9 彼女はてきぱきと仕事をこなし、家に帰っていった。
   1 熱心に   2 手際よく   3 まじめに   4 適当に

10 彼はしょっちゅうこの居酒屋に来る。
   1 ときどき   2 気が向いたら 3 いつも   4 めったに

정답 1 4 2 1 3 2 4 2 5 3 6 4 7 2 8 2 9 2 10 3

연습 문제 12회

問題3 ＿＿＿＿の言葉に意味が最も近いものを、1・2・3・4から一つえらびなさい。

1　彼女に思い切って告白したが、あっさり断られてしまった。
　　1　何度も　　　　2　しつこく　　　　3　丁寧に　　　　4　簡単に

2　てっきり知り合いだと思って話しかけたら、人違いだった。
　　1　やっぱり　　　2　間違いなく　　　3　以前から　　　4　思った通り

3　行きたくないなら、きっぱり断るべきだと思う。
　　1　丁寧に　　　　2　やんわりと　　　3　明確に　　　　4　直接

4　フレンチトーストは、弱火でじっくり焼くと美味しい。
　　1　念入りに　　　2　弱めに　　　　　3　少しだけ　　　4　短い時間

5　日本に留学したいと言ったら、両親はすんなり許してくれた。
　　1　スローに　　　2　スムーズに　　　3　フリーに　　　4　オープンに

6　彼の案が実現するとは、到底考えられない。
　　1　なんとなく　　2　どうしても　　　3　おそらく　　　4　さすがに

7　土砂崩れのため、この道路は当分閉鎖されるだろう。
　　1　そのうち　　　2　ずっと　　　　　3　やがて　　　　4　しばらく

8　世代によって、仕事に対する考え方に若干違いがある。
　　1　少々　　　　　2　かなり　　　　　3　大きく　　　　4　まったく

9　卒業後の進路について、漠然と考えている。
　　1　具体的に　　　2　はっきりと　　　3　のんびり　　　4　ぼんやりと

10　不要不急の外出は、極力控えてください。
　　1　絶対に　　　　2　できるだけ　　　3　何が何でも　　4　少しだけ

정답　1 4　2 2　3 3　4 1　5 2　6 2　7 4　8 1　9 4　10 2

연습 문제 13회

問題3 ＿＿＿の言葉に意味が最も近いものを、1・2・3・4から一つえらびなさい。

1 あの先生は学生を見る目がとても<u>シビア</u>だ。
　1 適当だ　　　2 厳しい　　　3 細かい　　　4 優しい

2 社員を全員集めて、<u>コスト</u>削減について話し合った。
　1 廃棄物　　　2 無駄　　　3 資源　　　4 費用

3 今回の仕事は、今までとは<u>スケール</u>が違う。
　1 やり方　　　2 規模　　　3 目標　　　4 期待

4 彼は人一倍、お金に<u>ルーズ</u>な人だ。
　1 けちな　　　2 だらしない　　　3 慎重な　　　4 執着しない

5 彼の一言で、私の怒りは<u>ピーク</u>に達した。
　1 最低　　　2 地面　　　3 頭　　　4 頂点

6 取引先の担当者に<u>アポイント</u>を取る。
　1 謝罪　　　2 予約　　　3 連絡　　　4 許可

7 新商品の情報を、全て頭に<u>インプット</u>しておく。
　1 重複　　　2 消去　　　3 共有　　　4 記憶

8 この部屋の温度は、自動で<u>コントロール</u>されている。
　1 調節　　　2 検査　　　3 記録　　　4 把握

9 彼女の顔を見ると、なぜか<u>リラックスする</u>。
　1 いらいらする　　　2 どんよりする　　　3 落ち着く　　　4 緊張する

10 彼女は<u>ストレート</u>に感情をぶつける。
　1 強めに　　　2 正直に　　　3 即座に　　　4 自己中心的に

정답　1 2　2 4　3 2　4 2　5 4　6 2　7 4　8 1　9 3　10 2

4 용법

問題4 (例)

問題4 次の言葉の使い方として最もよいものを、1・2・3・4から一つ選びなさい。

1 誤差

1 誤差のない平和な社会を目指すべきだ。
2 ハノイと東京は二時間の誤差がある。
3 計算していた数と実際の数に誤差が出てしまった。
4 ここの道路は、十字に誤差している。

정답 | 1 3 (1 格差 2 時差 4 交差)

문제4에서는 제시된 단어가 올바르게 사용된 문장을 고르는 문제가 6개 출제됩니다. 4개의 선택지는 모두 문제에서 제시한 어휘(예제에서는 '오차'라는 어휘)를 포함한 문장으로 되어 있습니다.

연습 문제 1회

問題4　次の言葉の使い方として最もよいものを、1・2・3・4から一つ選びなさい。

1　由来
1　「サボる」という言葉は、フランス語に<u>由来</u>している。
2　人類の<u>由来</u>は、三十万年前にまでさかのぼる。
3　日本では、年の初めに見る夢に富士山（ふじさん）が出てくると<u>由来</u>が良いとされている。
4　この人物が今回の事件に<u>由来</u>している可能性は低そうだ。

2　矛盾
1　太陽の光が窓に<u>矛盾</u>してまぶしい。
2　山田（やまだ）君が昇進したことにより、上司と部下の立場が<u>矛盾</u>した。
3　彼の言っていることは、前に言っていたことと<u>矛盾</u>している。
4　インターネット上で、<u>矛盾</u>を書き込んだ人に謝罪を求めた。

3　一貫
1　彼は、高級車を<u>一貫</u>払いで購入したそうだ。
2　昨日の台風とは<u>一貫</u>、今日は雲一つない晴天になった。
3　子どもが生まれて以来、<u>一貫</u>たばこを吸っていない。
4　彼は会議の間、<u>一貫</u>して反対意見を変えなかった。

4　反発
1　中学生の頃は、親によく<u>反発</u>していた。
2　窓に光が<u>反発</u>して、写真がうまく撮れない。
3　新商品に対するお客様の<u>反発</u>は、予想より良かった。
4　彼の身勝手な発言に、<u>反発</u>を抱いている。

5　克服
1　隣の国を<u>克服</u>しようと、もくろんでいる。
2　一番苦手だった数学を、何とか<u>克服</u>できた。
3　一か月で3キロ痩せるという目標を<u>克服</u>した。
4　地震の被害があった街を<u>克服</u>するために寄付を募る。

6 免除
1 会社の金を盗んだ疑いで、会社を免除になった。
2 試験中の不正行為が発覚し、教室から免除された。
3 彼は成績優秀だったため、学費が免除された。
4 交通規則を守らなかった場合、免除停止になる可能性がある。

7 発散
1 一万円相当のお宝を発散するイベントに参加した。
2 勉強のストレスを発散するには、飲み会が一番だ。
3 日本語教育については、彼女が一番発散している。
4 日本から全世界に事業を発散する予定だ。

8 発足
1 人気漫画の新刊が発足されるのは来月の予定だ。
2 留学生をサポートする団体を発足することに決めた。
3 東京行きの電車は一番乗り場から発足します。
4 お風呂場にはカビが発足しやすいので、こまめに換気しましょう。

9 調達
1 20歳の時に、運転免許を調達した。
2 一か月以内に税金を納めるように役所から調達が来た。
3 二日間かけて山を登り、ようやく山頂に調達した。
4 会社をおこすために資金を調達しなければならない。

정답
1 1 (2 起源　3 縁起　4 関与)
2 3 (1 反射　2 逆転　4 中傷)
3 4 (1 一括　2 一転　3 一切)
4 1 (2 反射　3 反応　4 反感)
5 2 (1 征服　3 達成　4 復興)
6 3 (1 解雇　2 追い出　4 免許)
7 2 (1 発掘　3 理解　4 拡大)
8 2 (1 発売　3 発車　4 発生)
9 4 (1 取得　2 通達　3 到達)

연습 문제 2회

問題4 次の言葉の使い方として最もよいものを、1・2・3・4から一つ選びなさい。

1 指図
 1 先生は、彼の間違いを指図した。
 2 彼に指図される筋合いはない。
 3 彼は地図の上を指図しながら道を説明してくれた。
 4 子どもの頃、よく砂の上に指図して遊んでいたものだ。

2 執着
 1 お金に執着しすぎると、幸せになれないですよ。
 2 この電車は、3番線に執着いたします。
 3 このかばんは使いやすいので、8年間も執着しています。
 4 肌に薬品が執着した場合はすぐに水で洗い流してください。

3 両立
 1 忘れ物をして、会社と家を両立した。
 2 駅の前に二つのコンビニが両立している。
 3 二人の希望をなんとか両立してあげたい。
 4 家事と育児の両立は、想像以上に大変だ。

4 欠如
 1 この火災は、注意力の欠如が原因で起こった。
 2 授業を欠如する際は、学校に連絡してください。
 3 最近夜遅くまでドラマを見ていて、睡眠が欠如している。
 4 机の上に置いてあった本が欠如してしまった。

5 満喫
 1 友達と海水浴に行って、夏休みを満喫しました。
 2 この条件を満喫した人に限り、キャンペーンに応募できます。
 3 この動物園は見どころ満喫ですので、是非遊びに来てください。
 4 大好きな食べ物を、満喫いくまでたくさん食べたい。

6 昇進
1 3年ぶりに地元へ帰ると、街が随分昇進していて驚いた。
2 今回の部長昇進の話はなかったことにします。
3 只今撮影中のドラマは、3月から全国で昇進されます。
4 地球の平均気温は、年々昇進していく一方だ。

7 見失う
1 あまりの美しさに、仕事を忘れてしばらく見失ってしまった。
2 教師として、学生の不正は見失うことができない。
3 なんとかして、彼女の秘密を見失うつもりだ。
4 試験中止の知らせを聞いて、目標を見失った。

8 見守る
1 能力に見守った給料をもらえないなら、転職するしかない。
2 この国では、法律を見守らなければならない。
3 私たちには、ことの成り行きを見守ることしかできなかった。
4 完成度が低いため、新商品の発売は見守ることになった。

9 見出す
1 自分で書いた小説に題名を見出した。
2 3時間にわたる会議の末、ついに解決策を見出した。
3 お菓子工場の中を見出すツアーに参加する。
4 新型ウイルスに関する研究結果が見出された。

정답

1 2 (1 指摘 3 指差し 4 指で書いて)
2 1 (2 到着 3 愛用 4 付いた)
3 4 (1 往復 2 建って 3 両方叶えて)
4 1 (2 欠席 3 不足 4 紛失)
5 1 (2 満たした 3 満載 4 満足)
6 2 (1 発展 3 配信 4 上昇)
7 4 (1 見とれて 2 見逃す 3 見破る)
8 3 (1 見合った 2 守ら 4 見送る)
9 2 (1 つけた 3 見学する 4 発表された)

연습 문제 **3회**

問題4　次の言葉の使い方として最もよいものを、1・2・3・4から一つ選びなさい。

1　取り持つ
　1　取引先との交渉が成立し、契約を取り持つ。
　2　雨が降ってきたので、急いで洗濯物を取り持った。
　3　大型家電を取り持つ店は、市内に一店舗しかない。
　4　先生が、私と彼の仲を取り持ってくれた。

2　投げ出す
　1　彼は全ての仕事を投げ出して、家でのんびり過ごしているらしい。
　2　月曜日にごみを投げ出しておいてください。
　3　入社一年目の社員が、画期的なアイデアを投げ出した。
　4　事件に関する重要な情報を投げ出すことができた。

3　持ち越す
　1　先週、新しい家に持ち越した。
　2　弟の身長は、もう少しで兄の身長を持ち越しそうだ。
　3　東京オリンピックは来年に持ち越されることとなった。
　4　100万人を持ち越す人たちがキャンペーンに応募した。

4　恐れ入る
　1　高いところが恐れ入るので、観覧車が苦手です。
　2　彼はいつも恐れ入っているが、実は世界的に有名なピアニストらしい。
　3　津波が来る恐れ入りますので、避難してください。
　4　恐れ入りますが、私が書いた作文を見ていただけないでしょうか。

5　抱え込む
　1　好きな人に抱え込んで告白した。
　2　この金額は、消費税も抱え込んでいます。
　3　一人で抱え込まないで、悩み事があれば相談してくださいね。
　4　てっきり、ゆか先生は大阪出身だと抱え込んでいた。

6 打ち込む
1 彼は毎日、日本語の勉強に打ち込んでいる。
2 テストの結果が悪くて、ひどく打ち込んだ。
3 プライベートまでかなり打ち込んだ話をした。
4 リュックに必要なものだけ打ち込んで旅に出た。

7 言いふらす
1 言葉で言いふらすことができないほど、美しい景色でした。
2 田中(たなか)さんに秘密を話したら、すぐに言いふらしてしまうだろう。
3 先生の言いふらすことを守れば、合格できるでしょう。
4 裁判官が、判決を言いふらした。

8 こみ上げる
1 残り5分というところで、相手チームがこみ上げてきた。
2 景気が良くなるにつれて、物価がだんだんこみ上げてきた。
3 道路がこみ上げている時間を避けて出勤する。
4 大学合格の知らせを聞いて、嬉しい気持ちがこみ上げてきた。

9 引き締める
1 電話料金は毎月10日に指定の口座から引き締められます。
2 ネクタイを引き締めて、会社へ向かう。
3 試合まであと3日なので、気を引き締めて練習に励んだ。
4 警察がスピード違反を引き締まっている。

정답

| 1 | 4（1 交わす 2 取り込んだ 3 取り扱う）
| 2 | 1（2 捨てて 3 出した 4 聞き出す）
| 3 | 3（1 引っ越した 2 追い越し 4 上回る）
| 4 | 4（1 恐い 2 謙遜して 3 恐れがある）
| 5 | 3（1 思い切って 2 含んで 4 思い込んで）
| 6 | 1（2 落ち込んだ 3 踏み込んだ 4 詰め込んで）
| 7 | 2（1 言い表す 3 言う 4 言い渡した）
| 8 | 4（1 追い込んで 2 上がって 3 混んで）
| 9 | 3（1 引き落とされ 2 締めて 4 取り締まって）

연습 문제 4회

問題4　次の言葉の使い方として最もよいものを、1・2・3・4から一つ選びなさい。

⑴　おごる
　1　新しいパソコンを、会社の経費でおごってもらった。
　2　クッキーを作ったので、会社の人たちにおごりました。
　3　彼女の誕生日にネックレスをおごった。
　4　昨日の飲み会は先輩がおごってくれました。

⑵　しのぐ
　1　寒さをしのぐために、雪に穴を掘って中に入った。
　2　この峠をしのいだら、目的地はもうすぐです。
　3　長年の努力の末、夢をしのぐことができました。
　4　陸路から国境をしのぐには、この橋を渡ります。

⑶　こなす
　1　仕事をこなすときは、常に会社の制服を着なければならない。
　2　寒くなってきたので、夏服を全てこなした。
　3　彼女は、てきぱきと仕事をこなした。
　4　自分の長所をこなした仕事に就きたい。

⑷　うろつく
　1　お酒を飲み過ぎて、足がうろつく。
　2　雪がうろついていたが午後にはすぐに溶けた。
　3　AランチとBランチ、どちらもご飯とお味噌汁がうろつきます。
　4　怪しい人が外をうろついている。

⑸　いらつく
　1　脂っこいものを食べ過ぎて、胸がいらつく。
　2　車がいらついてきたので、そろそろ買い替えようと思う。
　3　何をしても続かない自分にいらつく。
　4　プラスチックごみは環境にいらつくものです。

6 ぐらつく
1 休みが取れたら、温泉でぐらつきたい。
2 虫歯のせいで、歯がぐらついている。
3 初めてのオンライン授業にぐらつく。
4 息子は、夫に怒られて部屋にこもってぐらついている。

7 つぶやく
1 文句があるのか、彼は何かぶつぶつとつぶやいている。
2 仲間とつぶやき合って楽しくお酒を飲む。
3 田んぼから虫がつぶやいている声が聞こえる。
4 名前を呼ばれたら、大きな声でつぶやいてください。

8 ののしる
1 学生の間違いを優しくののしった。
2 親が子どもをののしるのは、子どもを思ってのことです。
3 先生は、私のレポートをののしってくれた。
4 汚い言葉でののしり合う姿は、見るにたえない。

9 すっぽかす
1 彼女との約束をすっぽかしてしまった。
2 私の家族は、私をすっぽかして5人です。
3 勉強したことをもう全部すっぽかしてしまった。
4 高速道路で前の車をすっぽかす。

정답

1 4（1 買って 2 あげ 3 プレゼントした）
2 1（2 越えたら 3 叶える 4 越える）
3 3（1 する 2 片付けた 4 活かした）
4 4（1 ふらつく 2 ちらついて 3 つきます）
5 3（1 むかつく 2 古くなって 4 悪い）
6 2（1 くつろぎ 3 戸惑う 4 いじけて）
7 1（2 笑い 3 鳴いて 4 返事をして）
8 4（1 注意した 2 叱る 3 ほめて）
9 1（2 抜いて 3 忘れて 4 抜かす）

연습 문제 5회

問題4　次の言葉の使い方として最もよいものを、1・2・3・4から一つ選びなさい。

1　異議
1　消費税の値上げに対して、異議するデモが行われた。
2　部長の意見に対して、異議を唱えた者はいなかった。
3　私は両親の異議を押し切って、留学することを決めた。
4　地球温暖化について、専門家たちが会議で異議している。

2　便宜
1　24時間営業の店は、夜中に働く人にとって便宜だ。
2　彼女にプロポーズする便宜を見計らっている。
3　忘年会の日にちを決めようと思いますので、便宜のいい日を教えてください。
4　利用者の便宜を図り、バスの路線を増やすことになった。

3　軌道
1　この漫画の最新刊は、来年の3月に発売される軌道だ。
2　日本の結婚式は、決められた軌道で進められるのが一般的だ。
3　3年前に始めた会社が、やっと軌道に乗ってきた。
4　祖父の家まで、軌道に乗ったら車で約一時間半くらいかかる。

4　気配
1　電車の中では、他の人に気配してスマホでの通話は控えましょう。
2　一人暮らしを始めてから、母は気配になってよく電話をくれる。
3　勝手に自分の日記を見られて、気配になった。
4　誰もいないはずだが、後ろに人の気配がする。

5　手際
1　彼は手際よく大量の洗濯物を干していった。
2　犯人はどの事件も同じ手際で鍵を開けて侵入している。
3　家賃や光熱費などを支払ったら、手際に残るお金は一万円くらいだ。
4　母が手際をかけて作ってくれたご飯は美味しいものだ。

6 忠実
1 勉強は自分のペースで忠実に力をつけることが大事だ。
2 この映画は、元となった漫画のストーリーを忠実に再現している。
3 今年こそは痩せたいと忠実に願っている。
4 彼は忠実に嬉しい時しか笑わない。

7 目先
1 自動車ショーでは、技術の目先を行く製品が数多く展示されていた。
2 目先の利益ばかりにとらわれて、将来のことを全く考えない。
3 リーダーが目先に立って、チーム全体を引っ張っていくべきだ。
4 彼は試合を目先に控えているので、少しピリピリしている。

8 仕業
1 田中(たなか)さんの料理の仕業は、料理人並みだ。
2 彼の仕業がたたえられて、社内で賞が与えられた。
3 大学生時代、アルバイトで接客の仕業を学んだ。
4 うちの畑をこんなに荒らしたのは、きつねの仕業に違いない。

9 禁物
1 練習試合で勝った相手といっても、油断は禁物だ。
2 この薬品はとても禁物ですので、取り扱いに十分ご注意ください。
3 学生寮では、夜11時以降の外出は禁物されている。
4 会場内に、ペットボトルを禁物してスタッフに注意された。

정답

1 2 (1 抗議 3 反対 4 討論)
2 4 (1 便利 2 タイミング 3 都合)
3 3 (1 予定 2 順序 4 高速道路)
4 4 (1 配慮 2 心配 3 いやな気分)
5 1 (2 手口 3 手元 4 手間)
6 2 (1 着実 3 切実 4 本当)
7 2 (1 先端 3 先頭 4 目前)
8 4 (1 技術 2 功績 3 仕方・仕事)
9 1 (2 危険なもの 3 禁止 4 持ち込んで)

연습 문제 6회

問題4　次の言葉の使い方として最もよいものを、1・2・3・4から一つ選びなさい。

1. 終日
   1　次の終日には、温泉に行ってゆっくりしたい。
   2　終日の授業は、一、二時間目はお休みです。
   3　その日は、終日予定が埋まっております。
   4　レポートの終日は明後日なのに、全く手をつけていない。

2. 予断
   1　台風はおさまったが、未だ予断を許さない状況が続いている。
   2　この商業ビルは、来年の二月に完成する予断だ。
   3　今日はなんだかいいことが起こりそうな予断がする。
   4　予断な一言を言ったせいで、彼女と喧嘩になってしまった。

3. 下心
   1　母が下心込めてお弁当を作ってくれた。
   2　苦労を下心で、職人になるため身一つでイタリアに渡った。
   3　迷っていたが、やっと留学に行く下心がついた。
   4　あの人が親切にしてくれるなんて、何か下心があるに違いない。

4. 脇役
   1　薬の脇役で、だんだん眠くなってきた。
   2　校則違反をして、二週間学校を脇役になった。
   3　脇役ながらも、このドラマの重要な役割を果たしている。
   4　部屋の掃除を、週3回脇役に頼んでいる。

5. 面影
   1　日差しが強いので、ビルの面影に入って休んだ。
   2　誰かが部屋にいるような面影がする。
   3　鏡で今日の自分の面影を確認する。
   4　小さい頃の面影がまだ残っている。

6 本音
1 やっぱり、本音の演奏を聴くと感動せざるを得ない。
2 彼は、どんなことでも本音で話せる親友だ。
3 遠くからピアノの本音が聞こえてくる。
4 聞こえないので、もう少し本音で話してください。

7 地道
1 地道に努力を続けた結果、試験に合格した。
2 田舎の地道を通って、実家に帰った。
3 知らない人が病院までの地道を教えてくれた。
4 私の彼氏は地道に連絡をくれる。

8 素手
1 この料理は素手がかかるが、息子の好物なのでよく作っている。
2 沸騰した鍋のふたを素手で触って火傷した。
3 彼は全くの素手なのに、プロ並みに料理がうまい。
4 素手は中学校だった場所を、幼稚園として使っている。

9 悪気
1 風邪を引いたのか、朝からなんだか悪気がする。
2 排気ガスや工場からの悪気が大気汚染の原因となっている。
3 悪気があって言ったわけではないと思うが、とても傷ついた。
4 楽しい飲み会のはずが、彼の一言で悪気になってしまった。

정답
1 3（1 休日　2 明日　4 締め切り）
2 1（2 予定　3 予感　4 余計）
3 4（1 真心　2 覚悟　3 決心）
4 3（1 副作用　2 停学　4 家事代行）
5 4（1 陰　2 気配　3 姿）
6 2（1 生の　3 音色　4 大きな声）
7 1（2 道路　3 道順　4 まめ）
8 2（1 手間　3 素人　4 もともと）
9 3（1 悪寒　2 汚い空気　4 悪い雰囲気）

연습 문제 7회

問題4　次の言葉の使い方として最もよいものを、1・2・3・4から一つ選びなさい。

1　前触れ
1　国によっては同じ前触れでも、意味が異なる場合がある。
2　すみません、ちょっと体調が悪いので前触れします。
3　お風呂の温度を前触れして確かめてみる。
4　彼女はなんの前触れもなく、家を出て行った。

2　人並み
1　勉強や運動は人並みにできる方だと思う。
2　人気のコーヒーを飲むために、長時間人並みする。
3　山を下りていくと、人並みが見えてきた。
4　お昼は人並みしているので、長時間待たされる可能性がある。

3　肩書き
1　この肩書きを始めてから、もう4年が経った。
2　授業中、大切なことをノートに肩書きする。
3　肩書きばかり気にして、中身がない人は尊敬できない。
4　「ペンキ塗りたて」と肩書きがされている。

4　心ない
1　SNS上の心ないコメントで、傷つく人が絶えない。
2　別れた彼女のことを思うと、今でも心なくなる。
3　彼からの心ない優しさが嬉しい。
4　最近心ない生活をしていたから、太ってしまった。

5　心細い
1　私は暗いところが心細いので、お化け屋敷が苦手だ。
2　割れ物ですので、心細い注意を払って持ち運んでください。
3　彼は心細いところまで気にするタイプだ。
4　一人暮らしは自由だが、たまに心細くなることがある。

6 心苦しい
1 心苦しい人たちが落としたごみを、ボランティアで拾っている。
2 夏は夜でも気温が高く、心苦しい夜が続く。
3 彼女の苦労を思うと、私まで心苦しくなる。
4 ちょっと階段を登っただけで、すぐに心苦しくなる。

7 望ましい
1 頂上から見る景色は、とても望ましかった。
2 子どものときは、ケーキ屋さんに望ましかった。
3 台風12号は、このまま東京を直撃すると望ましい。
4 明日の補講は強制ではないが、受講するのが望ましい。

8 そっけない
1 彼女はいつも、僕に対してそっけない態度をとる。
2 まだまだ勉強不足な自分がそっけない。
3 上司に対してそんな口をきくなんて失礼そっけない。
4 決勝でそっけなく敗れてしまい、選手達は落ち込んでいる。

9 回りくどい
1 このラーメンは味が回りくどく、食べられない。
2 壊れてしまったのか、いつもよりドアノブが回りくどい。
3 疲れているから、今日はお酒が回りくどい。
4 回りくどい言い方をしないで、簡潔に話してください。

정답

1 4 (1 サイン・合図　2 早退　3 触れて)
2 1 (2 並ぶ　3 街並み　4 混雑)
3 3 (1 仕事　2 メモ　4 注意書き)
4 1 (2 切なく　3 なにげない　4 だらしない)
5 4 (1 怖い　2 細心の　3 細かい)
6 3 (1 心ない　2 寝苦しい　4 息苦しく)
7 4 (1 美しかった　2 なりたかった　3 予想される)
8 1 (2 情けない　3 極まりない　4 あっけなく)
9 4 (1 くどく　2 回りにくい　3 回りやすい)

연습 문제 8회

問題4　次の言葉の使い方として最もよいものを、1・2・3・4から一つ選びなさい。

1. すみやか
   1. 救助隊のすみやかな対応で、犠牲者は一人も出なかった。
   2. 母はすみやかだから、いつも15分前に行動している。
   3. 隣の部屋から、すみやかに人の声が聞こえる。
   4. このプリンは、すみやかな舌触りが特徴です。

2. ひややか
   1. 山の奥にはひややかな木が並んでいる。
   2. 緊急事態のときこそ、ひややかに行動しましょう。
   3. 運動後のひややかなジュースは最高だ。
   4. 周囲の人からひややかな目で見られた。

3. にこやか
   1. 結婚式くらい、にこやかなドレスを着てみたい。
   2. 子どもたちはにこやかに成長している。
   3. 校長先生はいつもにこやかに挨拶を返してくれる。
   4. 春の風がにこやかに吹いている。

4. 単調
   1. こんなに単調な問題なら、30秒で解くことができる。
   2. 私の単調な毎日に、突然転機が訪れた。
   3. 当店の商品は、全て単調の値段でご用意しております。
   4. 単調で登山するのはとても危険だ。

5. 濃厚
   1. 通常のメニューの他に、濃厚なメニューがあります。
   2. このスーパーは、生鮮食品が濃厚だ。
   3. 子どものときは記憶力に濃厚だった。
   4. 牧場で濃厚な味のソフトクリームが食べたい。

6 質素
1 彼はお金持ちなのに、質素な生活をしている。
2 あの俳優は歌も演技もうまいが、絵だけ質素だ。
3 天然の質素を使用したTシャツを買った。
4 もうこれ以上、質素な思いをしたくない。

7 きっちり
1 私と弟の顔はきっちりだとよく言われる。
2 似ているので、きっちり兄弟かと思っていました。
3 彼は熱がありきっちりしているので、会社に行くことができなかった。
4 彼は時間をきっちりと守る真面目な人だ。

8 くっきり
1 このカメラは人の顔をくっきりと撮ることができます。
2 隠していたことをみんなの前で言われて、くっきりした。
3 瓶のふたをくっきり閉めてください。
4 そうめんのような、くっきりしたものが食べたい。

9 どんより
1 次の休暇は南の島に行って、海辺でどんより過ごしたい。
2 彼の美しいピアノの演奏に、観客全員がどんよりと聴き入ってしまった。
3 今日の天気はなんだかどんよりしている。
4 温泉にどんよりとつかりたい。

정답
1 1 (2 せっかち 3 かすか 4 なめらか)
2 4 (1 きれい 2 冷静 3 冷たい)
3 3 (1 はなやか 2 すこやか 4 さわやか)
4 2 (1 簡単 3 同一 4 単独)
5 4 (1 限定の 2 充実している 3 優れていた)
6 1 (2 才能がない 3 素材 4 みじめ)
7 4 (1 そっくり 2 てっきり 3 ぐったり)
8 1 (2 どっきり 3 きっちり 4 さっぱり)
9 3 (1 のんびり 2 うっとり 4 ゆったり)

연습 문제 9회

問題4　次の言葉の使い方として最もよいものを、1・2・3・4から一つ選びなさい。

1 ろくに
　1　自家製の野菜をろくに使ったコースとなっております。
　2　平仮名もろくに書けないのに、君に漢字の勉強はまだ早いよ。
　3　健康のことを考えて、お酒はろくにしようと思う。
　4　志望校に合格できるようにと、ろくに願っている。

2 やけに
　1　台風の影響をやけに受け、停電や洪水が今も続いている。
　2　10時以降はやけに出歩かないほうが安全です。
　3　バスが急に揺れて、やけに手すりをつかんでしまった。
　4　昨日たくさん寝たはずなのに、今日はやけに眠い。

3 まめに
　1　豆乳は昔から嫌いだったが、飲んでみるとまめに美味しかった。
　2　仕事が終わらなくて、夜12時まで残業するなんてまめにある話だ。
　3　カップラーメンは、まめに食べると美味しい。
　4　離れて暮らしていても、母はまめに連絡をくれる。

4 つくづく
　1　不況で、会社がつくづく倒産していった。
　2　顔が良くて勉強もできる彼は、女子からつくづくされている。
　3　人の顔をつくづく見るのは失礼だ。
　4　いい友達を持ったなと、つくづく感じる。

5 わざわざ
　1　わざわざ家まで手作りクッキーを届けてくれた。
　2　彼女は朝からわざわざしている。
　3　生きていることの喜びをわざわざ感じる出来事があった。
　4　旅行先で歩いていたら、わざわざ友人と会い驚いた。

6 ちょくちょく
1 彼はちょくちょくこの居酒屋に飲みに来るそうだ。
2 失敗してもちょくちょくせずに、目的を達成することだけ考えれば良い。
3 カラスがごみ捨て場をちょくちょくしている。
4 初めて注射するときは、誰でもちょくちょくするものだ。

7 おどおど
1 楽しみにしていた旅行の日が近付いてきて、おどおどしている。
2 おどおどしていたらバスに乗り遅れるよ。
3 地震でビルがおどおどと揺れている。
4 人前で話すときは、いつもおどおどしてしまう。

8 ぺこぺこ
1 上司にぺこぺこするのは、なんだかかっこ悪い。
2 お腹がぺこぺこするのでラーメンを食べよう。
3 彼女は私の秘密をぺこぺこと他人に話してしまった。
4 電波が悪くて、電話の声がぺこぺこに聞こえる。

9 うとうと
1 変な人が家の周りをうとうとしている。
2 外に出た途端、雨がうとうとと降ってきた。
3 授業中にうとうとしてしまった。
4 桜の花びらがうとうとと散っている。

정답

1 2（1 ふんだんに　3 ほどほどに　4 切に）
2 4（1 もろに　2 むやみに　3 とっさに）
3 4（1 意外に　2 ざらに　3 たまに）
4 4（1 つぎつぎ　2 ちやほや　3 じろじろ）
5 1（2 そわそわ　3 つくづく　4 たまたま）
6 1（2 くよくよ　3 散らかして　4 びくびく）
7 4（1 うきうき　2 ぐずぐず　3 ぐらぐら）
8 1（2 ぺこぺこなので　3 ぺらぺら　4 とぎれとぎれ）
9 3（1 うろうろ　2 ぽつぽつ　4 ひらひら）

제2장

언어 지식 (문법)

01 풀이 방법 설명

문제 형식은 모두 세 종류입니다. (문제 수는 변동될 가능성이 있습니다.)

문제 5	문장의 문법 1 (문법 형식 판단)	10문제
문제 6	문장의 문법 2 (문장 만들기)	5문제
문제 7	글의 문법	5문제

1 문장의 문법 1 (문법 형식 판단)

● 問題5(例)

問題5 次の文の（　　）に入れるのに最もよいものを、1・2・3・4から一つ選びなさい。

1 彼女は、長期休養（　　）ようやく仕事に復帰することができた。
　1　を踏まえて　　2　を経て　　3　をかねて　　4　をはじめ

정답 | 1 2

문제5에서는 (　　) 안에 들어갈 알맞은 문법을 고르는 문제가 10개 출제됩니다.

2 문장의 문법 2 (문장 만들기)

● 問題6 (例)

問題6 次の文の ___★___ に入る最もよいものを、1・2・3・4から一つ選びなさい。

1 あそこで _____ _____ _★_ _____ は村本さんです。

　　1　ラーメン　　2　食べている　　3　を　　　4　人

문제 풀이 방법

1. 올바른 선택지의 순서는 이렇습니다.

あそこで _____ _____ _★_ _____ は村本さんです。

1　ラーメン　　3　を　　2　食べている　　4　人

2. _★_ 에 들어갈 선택지 번호를 답안지에 마킹합니다.

| 1 | ① | ● | ③ | ④ |

정답 | 1 | 2

문제6에서는 선택지를 순서에 맞게 배열하여 올바른 문장을 만든 후 ★ 위치에 오는 알맞은 답을 선택지에서 고르는 문제가 5개 출제됩니다. 문법의 의미를 이해하는 것도 물론 중요하지만, 문법이 어떤 품사와 접속하는지를 이해하는 것도 중요합니다.

3 글의 문법

● 問題7（例）

問題7 次の文章を読んで、文章全体の内容を考えて、 1 から 2 の中に入る最もよいものを、1・2・3・4から一つ選びなさい。

　言葉には大きな力がある。誰しも一度は、人から受けた言葉に良くも悪くも影響された経験があるのではないだろうか。言葉一つに影響力がある 1 、多くの人々を救うこともできれば、相手を傷つけ命までも奪うことができてしまう。
　近年は、ネット上での言葉の暴力が目立っている。たった一言だ 2 、受けた人によってはひどく悩み落ち込んでしまうだろう。無責任な言葉を容易に発することができてしまう時代であるからこそ、改めて一人一人が言葉の重要性について考え直していかなければならないと思う。

1　1　からには　　　　　2　がゆえに
　　3　わりに　　　　　　4　として

2　1　としたら　　　　　2　というより
　　3　と思いきや　　　　4　とはいえ

정답 ｜ 1　2　　2　4

문제7에서는 글 속의 ☐에 알맞은 문법이나 단어를 고르는 문제가 5개 출제됩니다. 전체 문장은 700~900자 정도인데 그 중에서 다섯 군데가 ☐로 되어 있습니다.

02 N1 문법 130

'제2장 문법'에서는 시험에서 자주 출제되는 문법 130개의 의미·접속·예문을 공부합니다. 여기에서는 비슷한 뜻으로 쓰이는 문법들끼리 정리돼 있습니다. 모두 16개의 테마로 되어 있으며 각 테마에서 학습한 문법의 연습 문제가 있습니다.

● 품사와 활용형의 기호

기호	품사와 활용형	예
N	명사	学校・にんじん・シャツ
イA	い형용사	可愛い・美しい・暑い
イAくて	い형용사의 て형	可愛くて・美しくて・暑くて
ナA	な형용사	元気・有名
Vる	동사 사전형	食べる・来る・飲む
Vます	동사 ます형	食べます・来ます・飲みます
Vない	동사 ない형	食べない・来ない・飲まない
Vて	동사 て형	食べて・来て・飲んで
Vた	동사 た형	食べた・来た・飲んだ
Vよう	동사 의지형	食べよう・来よう・飲もう
Vば	동사 조건형	食べれば・来れば・飲めば
Vれる	동사 가능형	食べられる・来られる・飲める
Vれない	동사 가능형의 부정	食べられない・来られない・飲めない

● **보통형과 정중형**

활용형	품사	예
보통형	동사	食(た)べる・食(た)べない・食(た)べた・食(た)べなかった
	い형용사	暑(あつ)い・暑(あつ)くない・暑(あつ)かった・暑(あつ)くなかった
	な형용사	元気(げんき)だ・元気(げんき) {では / で / じゃ} ない・元気(げんき)だった 元気(げんき) {では / で / じゃ} なかった
	명사	雪(ゆき)だ・雪(ゆき) {では / で / じゃ} ない・雪(ゆき)だった 雪(ゆき) {では / で / じゃ} なかった
정중형	동사	食(た)べます・食(た)べません・食(た)べました・食(た)べませんでした
	い형용사	暑(あつ)いです・暑(あつ)くないです・暑(あつ)かったです・暑(あつ)くなかったです
	な형용사	元気(げんき)です・元気(げんき) {では / じゃ} ありません・元気(げんき)でした 元気(げんき) {では / じゃ} ありませんでした
	명사	雪(ゆき)です・雪(ゆき) {では / じゃ} ありません・雪(ゆき)でした 雪(ゆき) {では / じゃ} ありませんでした

● 접속을 나타내는 방법의 예

표시	예
Vて＋ください	来て＋ください → 来てください
Vます＋たい	食べます＋たい → 食べたい
Vない＋ずじまい	会えない＋ずじまい → 会えずじまい
보통형（ナAだ/Nだ）＋ならまだしも	元気だ＋ならまだしも → 元気ならまだしも 小学生だ＋ならまだしも → 小学生ならまだしも
보통형（ナAだ → な）＋ものを	きれいだ → な＋ものを → きれいなものを

★ 표시는 특별한 사용법을 가리킵니다.

1 역접

01 ～ようが

의미 ～해도, ～하든

접속 Vよう+が / と

> 言（い）われようが 말을 듣든(누가 뭐라 하든) / 断（ことわ）られようが 거절당하든 /
> 好（す）きになろうと 좋아하게 되든

1 どんなに派手（はで）な髪型（かみがた）や服装（ふくそう）をしようが、彼女（かのじょ）の自由（じゆう）だ。
아무리 화려한 머리 모양이나 복장을 해도 그녀의 자유다.

2 周（まわ）りから止（と）められようが、私（わたし）は絶対（ぜったい）に海外（かいがい）で就職（しゅうしょく）しようと思（おも）っている。
주변에서 말려도 나는 무조건 해외에서 취직하려고 생각하고 있다.

3 部下（ぶか）に嫌（きら）われようと、上司（じょうし）であるからには厳（きび）しく指導（しどう）しなければならない。
부하 직원에게 미움을 사더라도 상사이기 때문에 엄격하게 지도해야 한다.

02 ～ようが～まいが

의미 ～하든 ～하지 않든, ～하든 말든 (어느 쪽이든 상관없다)

접속 Vようが+Vる / Vます+まいが
Vようと+Vる / Vます+まいと

> 行こうが行くまいが 가든 안 가든 / 売れようが売れまいが 팔리든 안 팔리든 /
> 勉強しようとしまいと 공부하든 말든

1. 今更、発言を撤回し**ようがしまいが**、ニュースで取り上げられてしまってからでは遅い。
   이제 와서 발언을 철회하든 말든 뉴스에서 거론되어 버리고 나면 이미 늦는다.

2. 健康に気を付け**ようが**気を付け**まいが**、誰だって病気をするものだ。
   건강에 신경을 쓰든 신경을 쓰지 않든 누구나 병에 걸리기 마련이다.

3. 今日は、雨が降**ろうと**降る**まいと**外出をする予定だ。
   오늘은 비가 오든 안 오든 외출할 예정이다.

03 ～とはいえ

의미 ～이라고는 해도 (～에서 예상되는 것과는 다르다)

접속 N / 보통형+とはいえ

> 親友とはいえ 가장 친한 친구라고 해도 / 好きだとはいえ 좋아한다고 해도 /
> 日本語が話せるとはいえ 일본어를 할 줄 안다고 해도

1. 愛する家族のため**とはいえ**、倒れてしまうほど働くのは良くないことだ。
   사랑하는 가족을 위해서라고는 하지만 쓰러질 정도로 일하는 것은 좋지 않은 일이다.

2. 練習試合**とはいえ**、絶対に負けることは許されない。
   연습 시합이라고는 해도 절대로 지는 것은 허용되지 않는다.

3. 3年前からバイオリンを習っている**とはいえ**、まだコンクールに出場した経験がない。
   3년 전부터 바이올린을 배우고 있다고는 해도 아직 콩쿠르에 출전한 경험이 없다.

04 〜ようにも〜ない

의미 〜하려고 해도 〜할 수 없다 (뭔가 사정이나 이유가 있다)

접속 Vよう+にも+Vれない

> 出かけようにも出かけられない 외출하고 싶어도 외출할 수 없다 /
> 動こうにも動けない 움직이려 해도 움직일 수 없다 /
> 勉強しようにも勉強できない 공부하려고 해도 공부할 수 없다

1 家に財布を忘れてしまい、スーパーで買い物しようにもできなかった。
집에 지갑을 두고 와서 슈퍼에서 장을 보려고 해도 할 수 없었다.

2 空港に着いたものの、台風が近付いていて日本に帰ろうにも帰れなくなってしまった。
공항에 도착했지만, 태풍이 오고 있어서 일본으로 돌아가려고 해도 돌아갈 수 없게 되어 버렸다.

3 このパンは、消費期限が切れていて食べようにも食べられない。
이 빵은 소비 기한이 지났기 때문에 먹으려 해도 먹을 수 없다.

05 〜かと思いきや

의미 〜이라고 생각했는데 (사실은 〜이 아니었다)

접속 보통형+(の)かと思いきや

> 合格したかと思いきや 합격한 줄 알았는데 /
> 落ち込んでいるのかと思いきや 우울해하는 줄 알았는데 /
> 喜ぶかと思いきや 기뻐하는 줄 알았는데

1 ここのレストランは人気店なので混んでいるかと思いきや、今日は思っていたより空いていた。
이 레스토랑은 인기 있는 곳이라서 붐빌 줄 알았는데 오늘은 생각보다 한산했다.

2 このチョコレートはすごく甘いのかと思いきや、甘さ控えめで食べやすかった。
이 초콜릿은 엄청 달 줄 알았는데 너무 달지 않아 먹기 편했다.

3 風邪が治ったかと思いきや、また熱が出てしまった。
감기가 낫는가 싶더니 또 열이 나고 말았다.

06 ～といえども

의미 ～이라고 해도, ～이지만 (～에서 예상할 수 있는 것과는 다르다)

접속 N+といえども

> 日本語教師といえども 일본어 교사라고 해도 /
> 天才といえども 천재라고 해도 /
> プロの選手といえども 프로 선수라고 해도

1. プロのミュージシャン**といえども**、音を外してしまうこともある。
   프로 뮤지션이라고 해도 음을 놓쳐 버리는 경우도 있다.

2. 健康に良い食品**といえども**、食べ過ぎは体に良くない。
   건강에 좋은 식품이라고 해도 과식은 몸에 좋지 않다.

3. いくら親しい仲**といえども**、互いに礼儀を忘れてはならない。
   아무리 친한 사이라고 해도 서로 예의를 잊어서는 안 된다.

07 ～たところで

의미 ～한들, ～해 봤자 (가령 ～해도 좋은 결과가 나오지 않다)

접속 Vた+ところで

> 謝ったところで 미안하다고 한들 /
> 急いだところで 서둘러 봤자 /
> 頑張ったところで 열심히 한들

1. 今からタクシーに乗って向かっ**たところで**、約束の時間には間に合わない。
   지금부터 택시를 타고 가 봤자 약속 시간에는 늦는다.

2. 前日になってテスト勉強をし**たところで**、良い点数を取ることはできない。
   전날이 돼서 시험공부해 봤자 좋은 점수를 받을 수는 없다.

3. お洒落をし**たところで**、この嵐の中外に出れば台無しだ。
   멋을 부려 봤자 이 폭풍우 속에서 밖으로 나가면 다 허사다.

연습 문제 1회

問題5 次の文の（　　）に入れるのに最もよいものを、1・2・3・4から一つ選びなさい。

1　ブランド品はどれも高価なものばかりなので、お店に入っ（　　）購入することはできないだろう。
　　1　たあげく　　　2　たきり　　　3　たところで　　　4　たどころか

2　好きなサッカー選手が移籍しようがし（　　）、彼をこれからも応援していくことに変わりはない。
　　1　たかと思いきや　2　ようにも　　3　たところで　　　4　まいが

3　両親にいくら止められ（　　）、私は海外に移住すると心に決めている。
　　1　たところで　　2　た手前　　　3　ようが　　　　4　ないまでも

4　夜更かしをしてしまったので、今から寝（　　）寝まいが、授業中に寝てしまうことに変わりはないだろう。
　　1　ようにも　　　2　ようが　　　3　ようで　　　　4　ようなら

5　まだ新人（　　）、仕事に対して無責任な言動をとることは許されない。
　　1　かと思いきや　2　だとはいえ　3　というもの　　4　ではあるまいし

6　部長「伊藤くん、昨日会社のみんなで行った山登りはどうだったんだい。」
　　伊藤「とても楽しかったです。普段運動をしていなかったので、今朝は筋肉痛で起き上が（　　）起き上がれませんでしたよ。」
　　1　ろうにも　　　　　　　　　　2　るまいが
　　3　ったところで　　　　　　　　4　りようが

7　彼女は、いつもテレビを見ている時、泣いている（　　）突如笑い始め、驚くほど感情移入が激しい。
　　1　とはいえ　　　　　　　　　　2　にしては
　　3　のかと思いきや　　　　　　　4　どころか

8 山田「最近流行ってる感染症って怖いよね。」
　　鈴木「うん。どんなに対策をして気を付け（　　　）避けられないのが怖いよね。」
　　1　ようが　　　　　　　　　　　2　つつ
　　3　たかと思いきや　　　　　　　4　たところを

9 この飲み物はフルーツジュース（　　　）、果汁が３％しか入っていない。
　　1　だとはいえ　　　　　　　　　2　ともなると
　　3　だとあって　　　　　　　　　4　というより

10 いくら頑丈な鞄（　　　）、重いものを入れるとちぎれてしまいそうで不安になる。
　　1　にひきかえ　　　　　　　　　2　とあって
　　3　もさることながら　　　　　　4　といえども

정답　1 3　2 4　3 3　4 2　5 2　6 1　7 3　8 1　9 1　10 4

問題6 次の文の＿★＿に入る最もよいものを、1・2・3・4から一つ選びなさい。

11　今日は娘の誕生日だが、新しい ＿＿＿ ＿＿＿ ★ ＿＿＿。
　　1　プロジェクトの　　　　　　2　にも帰れない
　　3　早く帰ろう　　　　　　　　4　仕事が忙しくて

12　休日は、メイクをし ★ ＿＿＿ ＿＿＿ ＿＿＿ からいい。
　　1　外出しなければ　　　　　　2　誰に
　　3　会うこともない　　　　　　4　ようがしまいが

13　彼が ＿＿＿ ★ ＿＿＿ ＿＿＿ ホラー映画だった。
　　1　かと思いきや　　　　　　　2　一緒に観ようと
　　3　言ってくれた映画は　　　　4　SF映画

14　相手は負けを知らない強豪チーム ＿＿＿ ★ ＿＿＿ ＿＿＿ だろう。
　　1　とはいえ　　　　　　　　　2　ではない
　　3　勝てない相手　　　　　　　4　今の私達なら

15　失敗をして ＿＿＿ ＿＿＿ ★ ＿＿＿ ことに意味があるということを忘れないでください。
　　1　笑われようが　　　　　　　2　何事も
　　3　挑戦し続ける　　　　　　　4　どんなに

정답　11 3(1432)　12 4(4123)　13 3(2341)　14 4(1432)　15 2(4123)

2 순접

08 ~とあって

의미 ~이라서, ~이라는 특별한 상황이라서

접속 N / 보통형(ナAだ)+とあって

> 日曜日（にちようび）とあって 일요일이라서 /
> お客（きゃく）さんが来（く）るとあって 손님이 와서 /
> 世界的（せかいてき）に有名（ゆうめい）とあって 세계적으로 유명해서

1 昨日（きのう）、テレビで紹介（しょうかい）されたとあって、お店（みせ）の前（まえ）には行列（ぎょうれつ）ができていた。

어제 텔레비전에 소개돼서 그런지 가게 앞에는 줄이 길게 늘어서 있었다.

2 4年（ねん）に一度（いちど）のお祭（まつ）りとあって、街全体（まちぜんたい）が多（おお）くの人（ひと）で賑（にぎ）わっている。

4년에 한 번 열리는 축제라서 그런지 도시 전체가 많은 사람들로 붐볐다.

3 世界的（せかいてき）な人気歌手（にんきかしゅ）のコンサートとあって、チケットが販売開始（はんばいかいし）から3分（ぷん）で完売（かんばい）した。

세계적인 인기 가수의 콘서트라서 그런지 티켓이 판매 시작 3분 만에 매진되었다.

09 ～ばこそ

의미　～하기 때문에 (다른 이유나 원인이 아니라는 것을 강조한다)

접속　Vば＋こそ

> 思えばこそ 생각하기 때문에 / 健康であればこそ 건강하기 때문에 /
> 勉強すればこそ 공부하기 때문에

1. 情熱があれ**ばこそ**、困難なことも乗り越えることができる。
   열정이 있기에 어려운 일도 극복할 수 있다.

2. 仲間を信じれ**ばこそ**、チームワークが生まれ試合にも勝つことができるというものだ。
   동료를 믿어야 팀워크가 생기고 경기에서도 이길 수 있는 것이다.

3. 私が彼に仕事で細かい指摘をするのも、彼のことを思え**ばこそ**だ。
   내가 그에게 업무적으로 세세한 지적을 하는 것도 그를 생각하기 때문에 하는 거다.

10 ～ゆえ

의미　～이기 때문에

접속　N＋ゆえに / ゆえの
　　　　보통형(ナAだ → である / Nだ → である)＋(が)ゆえに / (が)ゆえの

> 愛するがゆえに 사랑하기 때문에 / 貧しいがゆえの 가난하기 때문에 /
> 美人であるゆえに 미인이기 때문에

1. 彼はプライドが高いが**ゆえ**に、人から間違いを指摘されても耳を傾けようともしない。
   그는 자존심이 강하기 때문에 남들이 잘못을 지적해도 귀를 기울이려 하지 않는다.

2. 彼女は、人気女優であるが**ゆえ**の悩みをテレビで告白した。
   그녀는 인기 여배우이기에 겪는 고충을 텔레비전에서 고백했다.

3. 貧しさ**ゆえ**に、父は人一倍働いて家族を守ってくれた。
   가난 때문에 아버지는 남들보다 더 많이 일해서 가족을 지켜 주셨다.

11 ～こととて

의미 ～이므로, ～이라서 (뒤에는 사죄하는 문장이 오는 경우가 많다)

접속 보통형(ナAだ → な / Nだ → の)+こととて

> 初めてのこととて 처음이라서 /
> 子どものやったこととて 아이가 한 일이라서 /
> 慣れないこととて 익숙하지 않아서

1 この本の内容は、祖母が生きていた時代よりはるか昔の**こととて**、真実かどうかは不明だ。

이 책의 내용은 할머니가 살았던 시대보다 훨씬 전의 일이라 사실 여부는 불분명하다.

2 幼い息子がやった**こととて**、どうか今回のことはお許しください。

어린 아들이 한 일이므로 부디 이번 일은 용서해 주세요.

3 知らない**こととて**、役に立つことができず申し訳ございませんでした。

모르는 것이라 도움을 드리지 못해 죄송했습니다.

12 ～手前

의미 ～한 이상, ～이니까, ～ 앞이라서 (입장이나 주위 평가를 생각해서)

접속 N+の手前
Vる / Vた / Vている+手前

> 恋人の手前 애인 앞이라서 / 言った手前 말했으니까 /
> 振った手前 (연인을) 차 버린 이상

1 周りの人たちが残業をしている**手前**、自分だけ定時に帰ることはできない。

주변 사람들이 야근하고 있으니까 나만 정시에 퇴근할 수는 없다.

2 プレゼントを貰った**手前**、お返しをしないわけにはいかない。

선물을 받았으니까 보답하지 않을 수 없다.

3 絶対に勝つと言ってしまった**手前**、諦めるわけにはいかない。

반드시 이기고 말겠다고 말해 버린 이상 포기할 수는 없다.

연습 문제 2회

問題5 次の文の（　　）に入れるのに最もよいものを、1・2・3・4から一つ選びなさい。

1. （店先で）
   店主が療養中（　　）、皆様にはご迷惑をお掛けいたしますが、しばらくお休みさせていただきます。
   1　に加えて　　　2　のところ　　　3　につけ　　　4　のこととて

2. 初めての海外旅行（　　）、念入りに行きたい場所の下調べをした。
   1　の手前　　　2　はおろか　　　3　とあって　　　4　にわたって

3. 社員全員が一丸に（　　）、これからもより良い会社にしていけるのです。
   1　なりながらも　　　　　　　2　なることだから
   3　なったところで　　　　　　4　なればこそ

4. 中本「なんだか最近物事がうまくいかない気がするんです。」
   先輩「そんな風に見えないけどな。中本さんはきっと真面目である（　　）そう感じちゃうんだね。」
   1　こととて　　　2　がゆえに　　　3　手前　　　4　ことだから

5. 好きな子を試合に呼んでしまった（　　）、かっこ悪い姿を見せるわけにはいかないとひたすら厳しい練習を重ねてきた。
   1　手前　　　2　のなんのって　　　3　までのことで　　　4　一方で

6. 村上「ここのカフェは平日も混雑してるんだね。」
   佐藤「うん。新しくできたお洒落なお店（　　）、SNSでも今すごく話題になってるらしいよ。」
   1　ともなれば　　　2　とあって　　　3　というと　　　4　の手前

7. 長雨の季節（　　）、洗濯物が全然乾かなくて困っている。
   1　ゆえに　　　2　のもとで　　　3　の手前　　　4　さえ

8 1000年前に書かれた文章（　　　）、意味が全くわかりません。
　　1　の手前　　　　2　のこととて　　　3　のなんのって　　4　のことから

9 世界平和を（　　　）、国々の対立やデモのニュースを見る度に心が痛む。
　　1　願うどころか　2　願えばこそ　　　3　願うとあって　　4　願うにあたって

10 「次こそは同期との飲み会に参加する」と言ってしまった（　　　）、今回の誘いを断ることはできない。
　　1　とともに　　　2　すえ　　　　　　3　手前　　　　　　4　わりに

정답 1 4   2 3   3 4   4 2   5 1   6 2   7 1   8 2   9 2   10 3

問題6　次の文の＿★＿に入る最もよいものを、1・2・3・4から一つ選びなさい。

11　友人は、＿＿＿　＿＿＿　★　＿＿＿の被害にあわないか心配だ。
　1　であるがゆえに　　　　　　2　優しく素直で
　3　詐欺　　　　　　　　　　　4　人を信じやすい性格

12　日当たりの＿＿＿　★　＿＿＿　＿＿＿いつも一苦労である。
　1　洗濯物を外に出しても　　　2　悪い部屋の
　3　こととて　　　　　　　　　4　乾きにくく

13　上司にはいつも＿＿＿　＿＿＿　★　＿＿＿かけることはできません。
　1　いただいている　　　　　　2　これ以上迷惑を
　3　助けて　　　　　　　　　　4　手前

14　有名な＿＿＿　★　＿＿＿　＿＿＿その人の全てがお見通しだそうだ。
　1　占い師　　　　　　　　　　2　手相を
　3　とあって　　　　　　　　　4　見るだけで

15　私が疲弊しきっていると、それを見た祖父が、＿＿＿　＿＿＿　＿＿＿　★　も感じることができるんだと教えてくれた。
　1　あればこそ　　　　　　　　2　喜び
　3　命が　　　　　　　　　　　4　悲しみも

| 정답 | 11 1(2413) | 12 3(2314) | 13 4(3142) | 14 3(1324) | 15 2(3142) |

3 조금 · 유일

13 ～たりとも

의미 ～이라도, ～이라는 적은 수라도 ('절대 ～하지 않는다'는 강한 마음을 나타낸다)

접속 1+조수사+たりとも

> 一円たりとも 1엔이라도 / 一秒たりとも 1초도 / 一匹たりとも 한 마리도

1. 彼のことは、一度たりとも忘れたことはなかった。
   그를 한 번도 잊은 적이 없었다.

2. 好きなアイドルのライブ配信は、一瞬たりとも見逃したくない。
   좋아하는 아이돌의 라이브 방송은 한순간도 놓치고 싶지 않다.

3. 苦手な食べ物は、一口たりとも食べたくない。
   싫어하는 음식은 한입도 먹고 싶지 않다.

14 ～はおろか

의미 ～은커녕, ～은 물론 (～보다 정도가 낮은 것에도 사용할 수 있다)

접속 N+はおろか

> パソコンはおろか 컴퓨터는커녕 / 教科書はおろか 교과서는커녕 /
> 走ることはおろか 달리기는커녕

1. 彼女は人見知りなので、初めて会う人と話すことはおろか、挨拶をすることもできない。
   그녀는 낯가림이 심해서 처음 보는 사람과 대화는커녕 인사조차 할 수 없다.

2. 祖母の家には、冷蔵庫はおろか食べ物もない。
   할머니 집에는 냉장고는커녕 먹을 것도 없다.

3. 娘はもうすぐ中学生になるが、海外旅行はおろか国内旅行にも行ったことがない。
   딸은 이제 곧 중학생이 되지만 해외여행은커녕 국내 여행도 가 본 적이 없다.

15 ～もさることながら

의미 ～은 물론이고, ～뿐만 아니라 ～도

접속 N+もさることながら

> 実力もさることながら 실력은 물론이고 /
> デザインもさることながら 디자인은 물론이고 /
> ストーリーもさることながら 스토리는 물론이고

1 ここの旅館は、美味しい料理もさることながら、部屋から見える景色の美しさは最高だ。

이 여관은 맛있는 요리는 물론이고, 방에서 보이는 풍경이 최고로 아름답다.

2 この歌手は歌声もさることながら、作詞や作曲のセンスも良い。

이 가수는 노랫소리는 물론이고 작사와 작곡 센스도 좋다.

3 彼女は語学が堪能で、英語もさることながらフランス語も話すことができる。

그녀는 어학에 능통해 영어는 물론이고 프랑스어도 할 줄 안다.

16 ただ～のみ

의미 그저 ～할 뿐 ('정말 그것뿐'이라고 강하게 말하고 싶을 때 사용한다)

접속 ただ+Vる+のみ

> ただ待つのみ 그저 기다릴 뿐 / ただ祈るのみ 그저 기도할 뿐 /
> ただ行動あるのみ 그저 행동할 뿐

1 試験は無事終えたので、あとはただ結果が出るのを待つのみだ。

시험은 무사히 마쳤으니 이제 결과가 나오기만을 기다릴 뿐이다.

2 何事も結果を得るためには、ただ努力あるのみだ。

어떤 일이든 결과를 얻기 위해서는 오직 노력할 따름이다.

3 明日の天気が怪しいが、もうツアーに申し込んでしまったので今はただ晴れることを祈るのみだ。

내일 날씨가 불안하지만, 이미 투어를 신청해 버렸기 때문에 지금은 그저 맑아지기를 기도할 뿐이다.

17 ～だに

의미　～조차, ～하는 것만으로도

접속　N / Vる + だに

> 想像(する)だに 상상조차 / 予想(する)だに 예상조차 /
> 微動だに 미동조차 / ★夢にだに 꿈에서조차

1 恐ろしい新型感染症が世界中に広まるなんて、想像だにしなかった。
　무서운 신종 감염병이 전 세계로 퍼질 줄은 상상도 하지 못했다.

2 今日までに片付けなければいけない仕事が山積みで、考えるだに気が遠くなる。
　오늘까지 정리해야 할 일들이 산더미처럼 쌓여 있어 생각만 해도 막막하다.

3 彼からプロポーズをされるなんて、夢にだに思わなかった。
　그에게 프러포즈를 받을 줄은 꿈에도 몰랐다.

18 ～までのことだ

의미　～할 따름이다, ～할 뿐이다 (달리 방법이 없다면 ～하면 된다)

접속　Vる + までのことだ

> 辞めるまでのことだ 그만둘 뿐이다 / 行くまでのことだ 갈 뿐이다 /
> 働くまでのことだ 일하면 그만이다

1 彼女が忙しくて会いに来られないというのなら、会いに行くまでのことだ。
　그녀가 바빠서 만나러 올 수 없다면, 만나러 가면 그만이다.

2 どうしても仕事が嫌だったら、辞めるまでのことだ。
　일이 너무 싫으면 그만두면 된다.

3 これ以上家賃を滞納するなら、追い出すまでのことだ。
　더 이상 월세가 밀리면 내쫓으면 그만이다.(내쫓을 수밖에 없다.)

19 ～すら

의미 ～조차, ～도 (좋지 않은 것에 사용하는 경우가 많다)

접속 N+(に/で)すら

> 先生ですら 선생님조차 / 専門家にすら 전문가도 /
> 歩くことすら 걷는 것조차

1 日本語の敬語は難しい。日本人ですら正しく使っていないことがよくある。
일본어의 경어는 어렵다. 일본인조차도 제대로 사용하지 못하는 경우가 많다.

2 先生にすら解けなかった問題を、彼はいとも簡単に解いてしまった。
선생님도 풀지 못한 문제를 그는 아주 쉽게 풀어 버렸다.

3 元オリンピック選手の彼は、けがで歩くことすら困難になってしまった。
전직 올림픽 선수였던 그는 부상으로 걷는 것조차 힘들어지고 말았다.

20 ～をおいて他にはない

의미 ～ 이외에 없다, ～뿐이다

접속 N+をおいて他に(は)～ない

> 彼をおいて他にはいない 그외에는 없다 /
> 日本語をおいて他にはない 일본어뿐이다 /
> 趣味の時間をおいて他にない 취미 시간을 제외하고는 없다

1 この難病を治すことができる医者は、彼をおいて他にはいないだろう。
이 난치병을 치료할 수 있는 의사는 그를 제외하고는 아무도 없을 것이다.

2 こんなにも人の心をつかむことができる映画は、この作品をおいて他にはありません。
이토록 사람의 마음을 사로잡을 수 있는 영화는 이 작품 말고는 없습니다.

3 彼女に告白するチャンスは、もう卒業式をおいて他にない。
그녀에게 고백할 수 있는 기회는 이제 졸업식 말고는 없다.

21 ～ならではの

의미　～만의, ～밖에 없는 특별한

접속　N1+ならではの+N2

> 日本語ならではの特徴 일본어만의 특징 /
> 旅ならではの楽しみ 여행만의 즐거움 /
> 天才ならではの発想 천재만이 가능한 발상

1 この画期的な商品は、家事をする主婦ならではの発想で作られている。

이 획기적인 상품은 집안일을 하는 주부 특유의 발상으로 만들어졌다.

2 金閣寺や清水寺は、京都ならではの観光地だ。

금각사와 기요미즈데라는 교토에서만 볼 수 있는 관광지다.

3 12月にもなると、クリスマスの時期ならではの雰囲気を味わうことができる。

12월이 되면 크리스마스 시즌 특유의 분위기를 느낄 수 있다.

연습 문제 3회

問題5 次の文の（　　）に入れるのに最もよいものを、1・2・3・4から一つ選びなさい。

1　新人の田中さんは、敬語を使うこと（　　）挨拶をすることさえできない。
　1　はおろか　　　2　を皮切りに　　　3　を抜きにして　　　4　だに

2　後輩「先輩、先週から上映されている今話題のアニメ映画観ました？」
　先輩「観たよ！声優（　　）、ストーリーが本当に良くて感動したよ。」
　1　をはじめ　　　　　　　　　　2　はおろか
　3　もさることながら　　　　　　4　をかねて

3　新しい感染症が世界で拡大していっているなんて、（　　）恐ろしい話だ。
　1　考えもさることながら　　　　2　考えるだに
　3　考えはおろか　　　　　　　　4　考えるなり

4　鈴木「今日の試合相手、相当手強いみたいだね。」
　高橋「スポーツで有名な強豪校だしね。一瞬（　　）気を抜くことはできないね。」
　1　もさることながら　　　　　　2　だに
　3　たりとも　　　　　　　　　　4　はおろか

5　昔から虫が大の苦手だったが、大人になった今でもアリに触れること（　　）できない。
　1　すら　　　2　なり　　　3　とて　　　4　やら

6　この趣ある雰囲気と懐かしい味わいは、代々引き継がれてきた老舗（　　）魅力だ。
　1　にたえない　　　　　　　　　2　ならではの
　3　もさることながらの　　　　　4　にかたくない

7　これだけの観衆の大歓声を浴びることができる舞台俳優は、恐らく彼（　　）だろう。
　1　もさることながら　　　　　　2　までのこと
　3　にすぎない　　　　　　　　　4　をおいて他にはいない

8 今日の演奏コンクールで優勝するために、時間を惜しまず練習をしてきた。あとはただ無事に終えられることを（　　　）。
1　祈るものだ　　2　祈ったきりだ　　3　祈ったためだ　　4　祈るのみだ

9 カナダで就職先が見つからなければ、諦めて日本へ帰る（　　　）。
1　において他にはない　　　　　2　までもない
3　までのことだ　　　　　　　　4　どころではない

10 明日の会議は社長も参加するような重要な会議のため、一秒（　　　）遅刻は許されない。
1　はおろか　　　　　　　　　　2　もさることながら
3　だに　　　　　　　　　　　　4　たりとも

정답　1　1　2　3　3　2　4　3　5　1　6　2　7　4　8　4　9　3　10　4

問題6 次の文の ★ に入る最もよいものを、1・2・3・4から一つ選びなさい。

11　受験は嫌だが、目標の大学に通っている自分の姿を想像して ＿＿＿ ＿＿＿ ＿＿＿ ＿＿★＿ だ。
　　1　勉強する　　　　　　　　2　ひたすら
　　3　ただ　　　　　　　　　　4　のみ

12　普段家事をしない父は ＿＿＿ ＿＿＿ ＿＿＿ ＿＿★＿ できない。
　　1　料理は　　　　　　　　　2　洗濯
　　3　すら　　　　　　　　　　4　おろか

13　誰一人私達の ＿＿＿ ＿＿★＿ ＿＿＿ ＿＿＿ していなかっただろう。
　　1　決勝戦まで　　　　　　　2　予想だに
　　3　進むことができるとは　　4　チームが

14　アスリートになるためには、＿＿★＿ ＿＿＿ ＿＿＿ ＿＿＿ 。
　　1　もさることながら　　　　2　努力
　　3　なければならない　　　　4　才能も

15　弟は、いつもご飯を ＿＿＿ ＿＿＿ ＿＿＿ ＿＿★＿ に食べる。
　　1　たりとも　　　　　　　　2　一粒
　　3　綺麗　　　　　　　　　　4　残さず

정답　11　4(3214)　12　3(1423)　13　1(4132)　14　2(2143)　15　3(2143)

4 범위

22 〜からというもの

의미 〜하고부터는 (〜을 계기로 그다음에 쭉 계속되고 있다)

접속 Vて+からというもの

> 今年に入ってからというもの 올해 들어 /
> 彼女に出会ってからというもの 그녀를 만나고부터는 /
> ★それからというもの 그 후로는

1. ベッドを買い替えてからというもの、以前より睡眠の質が上がり体調が良くなった。
   침대를 바꾸고 나서부터 이전보다 수면의 질이 좋아지고 컨디션이 좋아졌다.

2. 転職をしてからというもの、海外に出張をする機会が増えた。
   이직하고 나서 해외로 출장을 갈 기회가 늘었다.

3. 兄は、彼女が出来てからというもの、身なりに気を使うようになった。
   오빠는 여자 친구가 생긴 뒤로 옷차림에 신경을 쓰게 되었다.

23 ～を皮切りに

의미 ～을 시작으로 (계속해서 이어지다)

접속 N+を皮切りに(して)

出店を皮切りに 출점을 시작으로 / 発売を皮切りに 발매를 시작으로 /
公演を皮切りにして 공연을 시작으로

① 彼女は、初出演のドラマを皮切りに一躍有名になり、様々な役を演じるようになった。
그녀는 첫 드라마 출연을 시작으로 일약 유명세를 타면서 다양한 역할을 맡게 되었다.

② 案内ロボットの開発を皮切りに、IT技術を使った様々なロボットが次々と誕生した。
안내 로봇 개발을 시작으로 IT기술을 활용한 다양한 로봇이 속속 탄생했다.

③ この店の和菓子はアメリカのメディアで取り上げられたことを皮切りにして、外国でも人気になった。
이 가게의 화과자는 미국 언론에 소개된 것을 시작으로 외국에서도 인기를 끌었다.

24 ～をもって①

의미 ～으로 (뭔가가 끝나거나 바뀌는 시점을 나타낸다)

접속 N+をもって

本日をもって 금일부로 / 4月1日をもって 4월 1일부로 /
この授業をもって 이 수업으로

① 課長は、10月1日をもって沖縄支店に異動することになった。
과장님은 10월 1일부로 오키나와 지점으로 이동하게 되었다.

② 街の人々から親しまれてきたこの老舗は、本日をもって閉店してしまう。
동네 사람들의 사랑을 받아 온 이 노포는 오늘부로 문을 닫게 된다.

③ 鈴木選手は、今回の大会をもって引退することを発表した。
스즈키 선수는 이번 대회를 끝으로 은퇴할 것을 발표했다.

25 ～ばそれまで

의미 만약 ～하면 그걸로 끝 (지금까지의 일이 모두 소용없게 되다)

접속 Vば＋それまで

> 諦めればそれまで 포기하면 그걸로 끝 /
> 言ってしまえばそれまで 말해 버리면 끝 /
> 死んでしまえばそれまで 죽어 버리면 끝

1 どんなに人気がある俳優でも、警察に捕まるようなことをしてしまえばそれまでだ。
아무리 인기 있는 배우라도 경찰에게 잡힐 짓을 해 버리면 끝이다.

2 どんなに貯金しても死んでしまえばそれまでなんだから、使いたい時に使ったほうがいいだろう。
아무리 돈을 모아도 죽어 버리면 끝이니 쓰고 싶을 때 쓰는 게 좋을 것이다.

3 親が子どもにお金をかけても、子どものやる気がなければそれまでだ。
부모가 자식에게 돈을 써도 자식이 의욕이 없으면 그만이다.

26 ～たが最後

의미 ～했다 하면 (뒤에는 부정적인 내용의 문장이 나온다)

접속 Vた＋が最後

> 失ったが最後 잃어버렸다가는 / 始めたが最後 시작했다가는 /
> 口にしたが最後 먹었다 하면
> ※「～たら最後」라고 말하기도 함

1 彼女に秘密を教えたが最後、クラス中の人に広まってしまう。
그녀에게 비밀을 알려 줬다 하면 반 전체 사람들에게 퍼지고 만다.

2 課長はお酒を口にしたが最後、部長のぐちが止まらなくなってしまう。
과장님은 술을 입에 댔다가는 부장님에 대한 푸념을 멈출 줄 모른다.

3 彼に漫画を貸したら最後、返ってくることはないだろう。
그에게 만화를 빌려주면 결국 돌려받지 못할 것이다.

27 ～を限りに

의미　～을 끝으로 (어떤 일을 그만두다)

접속　N+を限りに

> 今日を限りに 오늘을 끝으로 / この試合を限りに 이 시합을 끝으로 /
> その日を限りに 그날을 끝으로

1. 彼とは卒業式を限りに、連絡を一切取らなくなった。
   그와는 졸업식을 끝으로 일절 연락을 하지 않았다.

2. この一本を限りに、禁煙すると家族に宣言した。
   이 한 개피를 끝으로 금연하겠다고 가족들에게 선언했다.

3. 今日を限りに、長年働いてきたこの会社ともお別れだ。
   오늘을 끝으로 오랫동안 일했던 이 회사와도 작별이다.

28 ～に至るまで

의미　～에 이르기까지, ～까지도 (범위가 넓은 것을 말하고 싶을 때 사용한다)

접속　N+に至るまで

> お年寄りに至るまで 어르신까지도 / 雑貨に至るまで 잡화까지도 /
> デザートに至るまで 디저트까지

1. この歌はお年寄りから子どもに至るまで、あらゆる世代に愛されている。
   이 노래는 노인부터 어린이까지 전 세대에 걸쳐 사랑받고 있다.

2. 彼は最近のニュースだけでなく、歴史や話題のカフェに至るまで本当に知識が豊富だ。
   그는 최근 뉴스뿐만 아니라 역사와 화제가 된 카페에 이르기까지 정말 지식이 풍부하다.

3. 昨日行ったレストランは、ドリンクからデザートに至るまでどれも美味しくて驚いた。
   어제 갔던 레스토랑은 음료부터 디저트까지 모두 맛있어서 놀랐다.

29 ～といったところ

의미　대략 ~ 정도다 (충분하거나 대수롭지 않다는 느낌을 나타낸다)

접속　N / Vる + といったところ

> 一時間といったところ 한 시간 정도 / 半年といったところ 반년 정도 /
> 簡単な会話ができるといったところ 간단한 대화가 가능한 정도 /
> ★まあまあといったところだ 그저 그런 정도다

1 彼がデートの誘いを断ったとしても、行きたくないわけではない。きっと見たいアニメでもある**といったところ**だろう。
그가 데이트 신청을 거절했다고 해서 가고 싶지 않은 것은 아니다. 분명 보고 싶은 애니메이션이 있을 것이다.

2 ここから山頂まで、あと3時間**といったところ**だ。
여기서 산 정상까지는 약 3시간 정도 남았다.

3 あいつがご飯をおごってくれると言ったが、せいぜい牛丼**といったところ**だろう。
그가 밥을 사 준다고 했지만, 기껏해야 소고기덮밥 정도일 것이다.

30 ～にとどまらず

의미　~에 그치지 않고, ~뿐만 아니라 더더욱

접속　N / Vる + (だけ)にとどまらず

> 学校内にとどまらず 학교 안뿐만 아니라 /
> 教えるにとどまらず 가르치는 것에 그치지 않고 /
> かばんだけにとどまらず 가방뿐만 아니라

1 頭の中で考えるだけ**にとどまらず**、行動に移すことが大切だ。
머릿속으로만 생각하지 말고 행동으로 옮기는 것이 중요하다.

2 今や豆腐はアジア**にとどまらず**、世界中で健康に良い食材として食べられている。
이제 두부는 아시아를 넘어 전 세계에서 건강에 좋은 식재료로 사랑받고 있다.

3 彼は俳優業だけ**にとどまらず**、作家やミュージシャンとしても活躍している。
그는 배우 활동에 그치지 않고 작가와 뮤지션으로도 활약하고 있다.

연습 문제 4회

問題5 次の文の（　　）に入れるのに最もよいものを、1・2・3・4から一つ選びなさい。

1　彼女の絵画は国内（　　）、海外でも高い評価を受けているそうだ。
　1　に至るまで　　　　　　　　　　2　にとどまらず
　3　ならいざしらず　　　　　　　　4　にもかかわらず

2　彼と大喧嘩（　　）、一言も口を利いてくれなくなった。
　1　をしてからというもの　　　　　2　に至るまで
　3　をもって　　　　　　　　　　　4　ではあるまいし

3　渡辺「来週は試験だね。勉強の調子はどう？」
　　田中「そうだなあ。たまに難しくて投げ出したくなるけど、まあまあ（　　）かな。」
　1　といったところ　2　といったらない　3　といっても　4　といえども

4　（電話）
　　利用者「あの、スポーツジムの退会手続きをしたいのですが。」
　　担当者「承知しました。本日退会手続きをされますと今月分までお支払いいただくことになり、ジムは今月末（　　）ご利用いただけなくなりますが宜しいでしょうか。」
　1　を皮切りに　　2　をはじめ　　3　をかねて　　4　をもって

5　どんなに幼い頃から描いていた夢でも、諦め（　　）。
　1　ずにはおかない　　　　　　　　2　るほどではない
　3　てしまえばそれまでだ　　　　　4　てはいられない

6　今年のオリンピック出場（　　）、現役を引退することを決意した。
　1　を押して　　2　を込めて　　3　を限りに　　4　を皮切りに

7　今日本で流行っているこのアニメは、小さな子どもからお年寄り（　　）人気がある。
　1　にとどまらず　2　にかけては　　3　にかこつけて　　4　に至るまで

8 今回仕事で海外に赴任（　　　）、5年は日本に帰って来られないだろう。
1　をもって
2　したが最後
3　を皮切りに
4　を限りに

9 （アナウンサー）
「来月フランス（　　　）、日本を含む世界10か国で順次にピカソの展覧会を開催することが発表されました。」
1　をもって
2　を限りに
3　を皮切りに
4　をめぐって

10 体重が増え（　　　）、いつも履いていたズボンのチャックが閉まらなくなってしまった。
1　たからには
2　たものの
3　たものなら
4　てからというもの

정답　1 2　2 1　3 1　4 4　5 3　6 3　7 4　8 2　9 3　10 4

問題6 次の文の＿★＿に入る最もよいものを、1・2・3・4から一つ選びなさい。

11 私が10年以上応援してきた ＿＿＿ ★ ＿＿＿ ＿＿＿ 休止してしまうそうだ。
1　もって　　　　　　　　　2　活動を
3　アイドルグループは　　　　4　今年を

12 学生の時は早起きが苦手だったが、＿＿＿ ★ ＿＿＿ ＿＿＿ ようになった。
1　からというもの　　　　　　2　起きることができる
3　自然と朝早く　　　　　　　4　社会人になって

13 一生懸命に ＿＿＿ ＿＿＿ ★ ＿＿＿ だ。
1　企画した　　　　　　　　　2　さればそれまで
3　プロジェクトも　　　　　　4　部長に却下

14 この新商品は ＿＿＿ ★ ＿＿＿ ＿＿＿ が決定した。
1　発売を皮切りに　　　　　　2　都内の店舗での
3　販売されること　　　　　　4　全国でも

15 友人はお酒を ＿＿＿ ＿＿＿ ＿＿＿ ★ できなくなる。
1　酔ったら最後　　　　　　　2　飲んで
3　誰も止めることが　　　　　4　怒ったり泣いたりして

정답　11 4(3412)　12 1(4132)　13 4(1342)　14 1(2143)　15 3(2143)

5 불평·욕

31 ～に至(いた)っては

의미 ～의 경우는 (나쁜 것에 사용한다)

접속 N+に至っては

> 彼(かれ)に至(いた)っては 그 사람 같은 경우는 /
> ラーメンに至(いた)っては 라면은 /
> 今回(こんかい)のテストに至(いた)っては 이번 테스트는

1. 私(わたし)の家族(かぞく)はみんな病弱(びょうじゃく)で、妹(いもうと)に至(いた)っては一週間(いっしゅうかん)に一度(いちど)は風邪(かぜ)を引(ひ)いている。
   우리 가족은 모두 몸이 약해서 여동생 같은 경우는 일주일에 한 번은 감기에 걸린다.

2. 彼(かれ)はよく会社(かいしゃ)に遅刻(ちこく)するが、今日(きょう)に至(いた)っては一時間(いちじかん)も遅(おく)れてきたのでみんな呆(あき)れていた。
   그는 회사에 자주 지각하는데, 오늘 같은 경우는 1시간이나 늦게 와서 다들 어이가 없었다.

3. 彼女(かのじょ)は好(す)き嫌(きら)いが多(おお)く、野菜(やさい)に至(いた)ってはほとんど食(た)べない。
   그녀는 편식이 심해 채소는 거의 먹지 않는다.

32 ～ものを

의미 ～할 텐데 (자신에 대한 후회나 상대방을 비난하는 마음을 나타낸다)

접속 보통형(ナAだ → な)+ものを

> 言えばいいものを 말했으면 좋았을 텐데 / 治るものを 나았을 텐데 /
> 行けばよかったものを 갔으면 좋았을 텐데

1. 早く相談してくれればよかった**ものを**、会社を辞めることまで考えているなんて知らなかったよ。
   빨리 상의해 줬으면 좋았을 텐데 회사를 그만둘 생각까지 하는 줄은 몰랐어.

2. 歩きやすい靴で来ればよかった**ものを**、なんでヒールのある靴を履いてきたの。
   걷기 편한 신발을 신고 왔으면 좋았을 텐데 왜 굽이 있는 신발을 신고 왔어?

3. 買いたい物が決まっているならネットで済む**ものを**、どうしてわざわざお店に買いに行ったの。
   사고 싶은 물건이 정해져 있다면 인터넷으로 사면 될 텐데 왜 굳이 가게에 사러 갔어?

33 ～ではあるまいし

의미 ～도 아닌데, ～이라면 어쩔 수가 없지만

접속 N+ではあるまいし / じゃあるまいし

> 小学生ではあるまいし 초등학생도 아닌데 /
> 新人ではあるまいし 신참도 아닌데 / 田舎じゃあるまいし 시골도 아닌데

1. 初心者**ではあるまいし**、こんな基礎的なことができないなんて、まだまだ練習が足りませんね。
   초보자도 아닌데 이런 기초적인 것을 못 하다니 아직 연습이 부족하네요.

2. 子ども**ではあるまいし**、なんでも自分の思い通りにいくと思っていたらだめだよ。
   어린애도 아닌데 모든 것이 내 뜻대로 될 거라고 생각하면 안 돼.

3. 芸能人**じゃあるまいし**、帽子とマスクとサングラスまでしてどうしたの。
   연예인도 아닌데 모자, 마스크, 선글라스까지 쓰고 왜 그래?

34 ～きらいがある

의미 ～하는 경향이 있다, ～하는 경우가 많다 (～이라는 나쁜 경향이나 성질이 있다)

접속 Vる / Vない ＋ きらいがある

> 悪く考えるきらいがある 나쁘게 생각하는 경향이 있다 /
> 言うことを聞かないきらいがある 말을 안 듣는 경향이 있다 /
> 謝らないきらいがある 사과하지 않는 경향이 있다

1 完璧主義の彼は、必要以上に自分自身を追い込むきらいがある。
완벽주의자인 그는 필요 이상으로 자신을 몰아붙이는 경향이 있다.

2 弟は、自分が悪いとわかっていても、意地を張って謝らないきらいがある。
남동생은 자기가 잘못한 것을 알면서도 고집스럽게 사과하지 않는 경향이 있다.

3 彼女は控え目な性格で自己主張をしないので、いつも人に振り回されてしまうきらいがある。
그녀는 성격이 소극적이고 자기주장을 하지 않기 때문에 항상 남에게 휘둘리는 경향이 있다.

35 ～始末

의미 ～이라는 결과다 (나쁜 것이 계속되어 마지막으로 최악의 결과가 되다)

접속 Vる+始末

> 忘れる始末 잊어버릴 지경 / 怒られる始末 혼이 날 지경 /
> 不合格になる始末 불합격하게 되는 꼴 / ★この始末だ 이 모양이다

1. 彼女は、酔っぱらうと怒ったり泣いたりするだけではなく、大暴れして最後には壁を壊す始末だ。

   그녀는 술에 취하면 화를 내거나 울기만 하는 것이 아니라 난동을 부리고 끝에는 벽을 부수기까지 한다.

2. 彼は、大会で賞を取ることができなかった上に、競技中に転んでしまい全治3か月のけがを負う始末だった。

   그는 대회에서 상을 받지 못한 데다 경기 도중에 넘어져서 전치 3개월의 부상까지 입었다.

3. 現地で体調を崩し財布まで盗まれてしまった。楽しい海外旅行のはずがこの始末だ。

   현지에서 몸살을 앓고 지갑까지 도난당했다. 즐거운 해외여행이 될 줄 알았는데 이 모양이다.

36 ～ごとき

의미 ～ 따위 ('그런 사소한 일로 ～'라고 대상을 낮추어 보고 말하다)

접속 N+ごとき

> お前ごとき 너 따위 / 遊びごとき 놀이 따위 / 私ごとき 저 같은 거 따위

1. ゲームの勝敗ごときで、そんなに不機嫌にならないでよ。

   게임 승패 같은 걸로 그렇게 기분 나빠 하지 마.

2. 遊びごときに、大金を費やすなんてやめなよ。

   놀이 따위에 거금을 쓰는 건 좀 그만해라.

3. こんなにも名誉ある賞を、私ごときがいただいて良いのでしょうか。

   이렇게 명예로운 상을 저 같은 사람이 받아도 되는 건가요?

37 ～ときたら

의미 ～은 정말 안 돼, ～은 글렀다 (사람이나 사물을 나쁘게 말할 때 사용한다)

접속 N+ときたら

> 息子ときたら 아들 녀석은 진짜 /
> 最近の若者ときたら 요즘 젊은 것들은 /
> 部長ときたら 부장님은 참

1 うちの猫ときたら、いつも留守にしている間に部屋中を荒らしてしまう。
우리 집 고양이는 항상 내가 집을 비운 사이에 온 방을 엉망으로 만들어 버린다.

2 息子ときたら、宿題をやってから遊びなさいといくら言っても聞きやしない。
아들 녀석은 숙제를 하고 나서 놀라고 아무리 말해도 듣지 않는다.

3 最近のニュースときたら、物騒なことばかりだ。
요즘 뉴스는 온통 무서운 일들뿐이다.

38 ～ならまだしも

의미 ～이라면 몰라도, ～이었다면 이해할 수 있지만

접속 보통형(ナAだ / Nだ)+ならまだしも

> 小学生ならまだしも 초등학생이라면 몰라도 /
> 5分ならまだしも 5분이라면 몰라도 /
> 聞いて理解できないならまだしも 듣고 이해하지 못하면 몰라도

① 一度だけならまだしも、毎回待ち合わせの時間に遅刻するなんて許せない。
한 번은 그렇다 치더라도 매번 약속 시간에 늦는 것은 용서할 수 없다.

② 直接言うならまだしも、陰で人の悪口を言うなんて良くないよ。
직접 말한다면 몰라도 뒤에서 남의 험담을 하는 건 좋지 않아.

③ 昼間ならまだしも、夜中に隣の部屋から騒音が聞こえてくるのは不快だ。
낮이면 몰라도 밤중에 옆방에서 시끄러운 소리가 들려오는 것은 불쾌하다.

연습 문제 5회

問題5 次の文の（　　）に入れるのに最もよいものを、1・2・3・4から一つ選びなさい。

1　子ども（　　）、大人になっても同じことで何度も注意されることを恥ずかしいと思いなさい。
　　1　に至っては　　2　に限って　　3　ならまだしも　　4　に先駆け

2　重い荷物を運ぶなら言ってくれれば（　　）、一人で運んだなんて大変だったでしょう。
　　1　手伝うと思いきや　　　　2　手伝ったといえども
　　3　手伝ったものを　　　　　4　手伝うものとして

3　私が住んでいる新潟県は冬になると雪が降り積もって大変だが、青森県（　　）世界の中でも一位を誇るほど降雪量が多いそうだ。
　　1　といえども　　2　とあっては　　3　にあたっては　　4　に至っては

4　部下「資料の準備が終わらず会議に遅刻をしてしまい、申し訳ございませんでした。」
　　上司「会議は前々から決まっていたんだから、前もって準備しておけば（　　）。忙しいのは分かるけど、次は気を付けてね。」
　　1　よかったとしても　　　　2　よかったとは
　　3　よかったものだ　　　　　4　よかったものを

5　父は、野球の話になるといつも熱く語る（　　）。
　　1　ものがある　　2　きらいがある　　3　にもほどがある　　4　かいがある

6　中本「私のことを、イケメン二人が取り合って喧嘩とかしないかなあ。」
　　佐藤「何言ってるの。ドラマ（　　）、そんなことあるわけないでしょ。」
　　1　じゃあるまいし　　　　　2　じゃ済まないし
　　3　であることだし　　　　　4　というものだし

7　最近のSNS（　　）、人のことを悪く言うことが普通になっている。
　　1　を経て　　2　ならまだしも　　3　といえども　　4　ときたら

8 この苦悩が、あいつ（　　）分かるはずがないだろう。
1　ごときに　　　2　ときたら　　　3　にひきかえ　　　4　に至っては

9 彼は、自分の嘘を認めず更に嘘をつく（　　）。
1　にたえない　　2　までもない　　3　までだ　　　4　始末だ

10 今回の日本語能力試験N1の読解は30点だった。聴解と言語知識（　　）20点以下だった。
1　に即して　　　2　に至っては　　　3　とあれば　　　4　ときたら

정답　1 3　2 3　3 4　4 4　5 2　6 1　7 4　8 1　9 4　10 2

問題6　次の文の　★　に入る最もよいものを、1・2・3・4から一つ選びなさい。

11　私は、好きなことは率先してやるが＿＿＿＿　＿＿＿＿　＿＿＿＿　★　。
　　1　きらいがある　　　　　　　　　2　勉強は
　　3　後回しに　　　　　　　　　　　4　する

12　半年前から勉強を　★　＿＿＿＿　＿＿＿＿　＿＿＿＿不合格になってしまった。
　　1　試験に合格　　　　　　　　　　2　始めていれば
　　3　勉強を怠けて　　　　　　　　　4　したものを

13　世界の終わりが＿＿＿＿　★　＿＿＿＿　＿＿＿＿分かるはずがない。
　　1　ではあるまいし　　　　　　　　2　神様
　　3　なんて　　　　　　　　　　　　4　いつ来るか

14　（会社の会議で）
　　近年業績が徐々に落ちています。今年度　★　＿＿＿＿　＿＿＿＿　＿＿＿＿となっており、このままでは倒産の危機に陥ります。
　　1　業績の中で　　　　　　　　　　2　に至っては
　　3　一番悪い結果　　　　　　　　　4　今までの

15　受験勉強に追われ、　★　＿＿＿＿　＿＿＿＿　＿＿＿＿だ。
　　1　夢の中　　　　　　　　　　　　2　始末
　　3　勉強をする　　　　　　　　　　4　でも

정답　11 1(2341)　12 2(2143)　13 3(4321)　14 2(2413)　15 1(1432)

問題7 次の文章を読んで、文章全体の趣旨を踏まえて、16 から 20 の中に入る最もよいものを、1・2・3・4から一つ選びなさい。

動物と人間の関係

　動物と共に過ごすことは、人間の心を豊かにしてくれる。今まで動物と触れ合った経験や動物を飼ったことがある人、あるいは現在飼っている人も少なくないだろう。そのような人々の目には動物という存在がどのように映っているだろうか。

　私は学生の時に犬を 16 、ペットがいない生活は考えられない程、その存在の大きさを痛感している。なぜなら、動物を飼うことで、多くのことを感じ、学ぶことができるからだ。中でも私が一番感じているのは、ペットの存在による癒し効果である。朝になると私を起こしに来てくれ、仕事から帰ると真っ先に迎えに来て誰よりも歓迎してくれるのだ。この姿がたまらなく愛おしく、日常の疲労や悩みを忘れられる瞬間でもある。また、ペットは癒しの存在であること 17 、家族関係を良好にしてくれるような存在でもある。家族で喧嘩をしたり、両親の雷（かみなり）が落ちた（注）時にふと目に入る愛らしい存在によって、怒っていた者は落ち着き、落ち込んでいた者は元気になりその場が和むのだ。

　こうしてペットは人々の心に癒しと幸福感をもたらす 18 、人間の生活になくてはならない存在となっている。なくてはならない存在 19 、ペットたちにとって人間がなくてはならない存在であるとは限らない。ペットは一緒に過ごす人を選ぶこともできなければ、人間を幸せにするために存在しているわけでもないからだ。

　近年では、飼ったはいいものの仕事が忙しくて家に動物をずっと放置している飼い主もいる。虐待したり遺棄したりする人 20 動物を飼う資格すらない。動物も人間と同じく幸福感を得る権利があるからだ。そして、虐待をしていなくても動物たちにとって幸福でなければ、人と動物が共生することはただの人間の身勝手な欲望に過ぎないのだ。

　このようなことから、私たち人間は動物との関係を改めて考え直さなければならないと思う。その上で、動物と寄り添い合いながら生活をすることは実に素晴らしいことであり、人々にとって動物は欠かせない存在であるということを多くの人に身をもって知って欲しい。

（注）雷（かみなり）が落ちた：どなられた

16
1 飼ったが最後   2 飼うに至るまで
3 飼ってからというもの 4 飼う限りは

17
1 はおろか   2 もさることながら
3 はともかく   4 をめぐって

18
1 がゆえに   2 手前
3 にあたって   4 だに

19
1 かと思いきや   2 かと思うと
3 というより   4 だとはいえ

20
1 ときたら   2 にあっては
3 に至っては   4 とあって

정답 16 3   17 2   18 1   19 4   20 3

6 목적 · 금지 · 수단 · 대비 · 강제

39 ～んがため ▼ 목적

의미 ～하기 위해

접속 Vない+んがため

> 合格<ruby>せ</ruby>んがため 합격을 위해 /
> 夢を叶<ruby>え</ruby>んがため 꿈을 이루기 위해 /
> 生<ruby>き</ruby>んがため 생계를 위해
>
> ※しない → せんがため

1 強豪校に勝たんがため、今までにない特別な作戦を立てた。
강호 학교를 이기기 위해 지금껏 없었던 특별한 작전을 세웠다.

2 息子は一流大学に受からんがため、有名な教師のいる塾へ通っている。
아들은 일류 대학에 합격하기 위해 유명한 선생님이 있는 학원에 다니고 있다.

3 今月の売上目標を達成せんがため、友達に自社の商品を売りつけた。
이번 달 매출 목표를 달성하기 위해 친구들에게 자사 제품을 팔았다.

40 ～べく

의미 ～하기 위해 (강한 의지가 있다)

접속 Vる+べく

> 守(まも)るべく 지키기 위해 / 合格(ごうかく)するべく 합격하기 위해 /
> 相手(あいて)を倒(たお)すべく 상대를 쓰러뜨리기 위해
> ※ する → するべく・すべく

1. 子育(こそだ)てを優先(ゆうせん)するべく、今(いま)まで働(はたら)いていた会社(かいしゃ)を辞(や)めた。
   육아를 우선시하기 위해 지금까지 일했던 회사를 그만두었다.

2. 世界中(せかいじゅう)の人々(ひとびと)に日本(にほん)の文化(ぶんか)を発信(はっしん)すべく、本(ほん)を書(か)いている。
   전 세계 사람들에게 일본 문화를 알리기 위해 책을 쓰고 있다.

3. 自分(じぶん)のレストランを開(ひら)くという夢(ゆめ)を叶(かな)えるべく、調理師専門学校(ちょうりしせんもんがっこう)に進学(しんがく)した。
   자신의 레스토랑을 열겠다는 꿈을 이루기 위해 조리사 전문 학교에 진학했다.

41 ～べくして

의미 ～은 당연한 결과다

접속 Vる+べくして+Vた

> 勝(か)つべくして勝(か)った 당연히 이겼다 /
> 失敗(しっぱい)するべくして失敗(しっぱい)した 당연히 실패했다 /
> なるべくしてなった 당연히 됐다

1. あの商品(しょうひん)は発売前(はつばいまえ)に十分(じゅうぶん)に点検(てんけん)をしなかったので、問題(もんだい)は起(お)こるべくして起(お)こったと思(おも)う。
   그 제품은 발매 전에 충분히 점검을 하지 않았기 때문에 문제가 생길 수밖에 없었다고 생각한다.

2. 一年間一日(いちねんかんいちにち)も休(やす)まずに勉強(べんきょう)した彼女(かのじょ)は、合格(ごうかく)するべくして合格(ごうかく)した人(ひと)と言(い)えるだろう。
   1년 동안 하루도 쉬지 않고 공부한 그녀는 합격할 수밖에 없는 사람이라고 할 수 있다.

3. 才能(さいのう)があるだけでなく努力(どりょく)も怠(おこた)らない彼(かれ)は、売(う)れるべくして売(う)れた歌手(かしゅ)だ。
   재능이 있을 뿐 아니라 노력도 게을리하지 않는 그는 잘 팔릴 수밖에 없는 가수다.

42 ～べくもない

의미 당연히 ～할 수 없다

접속 Vる+べくもない

> 疑うべくもない 의심할 수 없다 / 望むべくもない 바랄 수 없다 /
> 想像するべくもない 상상할 수 없다

1 彼なしでプロジェクトを成功させるなんて、望むべくもない。
그 없이 프로젝트를 성공시킨다는 것은 꿈도 꾸지 못할 일이다.

2 両親がプロスポーツ選手で子どもの頃から練習を積んできた彼には、敵うべくもない。
부모님이 프로 운동선수라서 어릴 때부터 연습을 쌓아 온 그에게는 적수가 없다.

3 いくら歌が得意だといっても、プロの彼女とは比べるべくもない。
아무리 노래를 잘한다고 해도 프로인 그녀와는 비교할 수 없다.

43 ～べからず ▼ 금지

의미 ～해서는 안 된다 (강한 금지)

접속 Vる+べからず

> 駐車するべからず 주차 금지 / 落書きするべからず 낙서 금지 /
> 触るべからず 만져서는 안 된다

1 公共の場では大声で話すべからず。
공공장소에서는 큰 소리로 말하면 안 된다.

2 野生動物による被害多発につき、この先進入するべからず。
야생 동물에 의한 피해가 빈번하게 발생하므로 이 길로 진입하지 말아야 한다.

3 初心忘れるべからず。
초심을 잊어서는 안 된다.

44 ～あるまじき

의미 ～으로서는 있을 수 없는, ～이라는 입장에서는 절대로 허용되지 않는

접속 N+として / に+あるまじき

> 上司としてあるまじき 상사로서 있을 수 없는 /
> 人としてあるまじき 인간으로서 있을 수 없는 /
> 警察官にあるまじき 경찰관에게 있을 수 없는

1 取り締まる立場の彼が飲酒運転をするなんて、警察官としてあるまじきことだ。
단속해야 할 입장에 있는 그가 음주 운전을 하다니 경찰관으로서 있을 수 없는 일이다.

2 自分のミスで怒られたにも関わらず、不機嫌な態度をとるのは社会人にあるまじきことだ。
자신의 실수로 혼이 났음에도 불구하고 불쾌한 태도를 보이는 것은 사회인으로서 있을 수 없는 일이다.

3 立場の弱い者をいじめるのは人としてあるまじき行為だ。
약자를 괴롭히는 것은 사람으로서 있을 수 없는 행위.

45 ～をもって② ▼ 수단

의미 ～으로 (수단이나 방법을 나타낸다)

접속 N+をもって

> 面接をもって 면접으로 / 賛成をもって 찬성으로 / 会議をもって 회의로

1 10年間育ててきた愛犬を亡くして、命の大切さを身をもって知った。
10년 동안 키운 반려견을 잃고 생명의 소중함을 몸소 깨달았다.

2 社員全員の協力をもってすれば、この量の業務も一日で終わらせられるだろう。
전 직원이 협력한다면 이 정도의 업무량도 하루 만에 끝낼 수 있을 것이다.

3 旅館宿泊券プレゼント企画の当選者の発表は、商品の発送をもってかえさせていただきます。
여관 숙박권 증정 이벤트 당첨자 발표는 상품 발송으로 대신하겠습니다.

46 ～にひきかえ

▼ 대비

의미 ～과는 반대로

접속 N+にひきかえ

보통형(ナAだ → な / Nだ → である)+のにひきかえ

> 去年にひきかえ 작년과 달리 /
> 美人であるのにひきかえ 미인인데 반면으로 /
> 仕事ができるのにひきかえ 일을 잘하는데 반면으로 /
> きれいなのにひきかえ 깨끗한 것과는 반대로 /
> ★それにひきかえ 그와 반대로

1. ひどい赤字だった去年にひきかえ、今年は新製品が好評で利益が出ている。
   적자가 심했던 작년에 비해 올해는 신제품이 호평 받으며 이익이 나고 있다.

2. 娘は真面目なのにひきかえ、息子はだらしない性格だ。
   딸은 성실한데 반면 아들은 칠칠치 못한 성격이다.

3. 大企業の社長になった幼馴染の彼にひきかえ、僕は今もバイトをして暮らしている。
   대기업의 사장이 소꿉친구인 그와는 달리 나는 지금도 아르바이트하며 살고 있다.

47 ～を余儀なくされる   ▼ 강제

의미 싫어도 ～해야 하다, 어쩔 수 없이 ～하게 되다

접속 N+を余儀なくされる

> 中止を余儀なくされる 어쩔 수 없이 중지되다 /
> 延期を余儀なくされる 어쩔 수 없이 연기되다 /
> 苦しい生活を余儀なくされる 어쩔 수 없이 힘든 생활을 하다

1 急な転勤命令により、海外への引っ越しを余儀なくされた。

갑작스러운 전근 명령으로 해외로 이사할 수밖에 없었다.

2 脳の病気で長期入院をすることになり、退職を余儀なくされた。

뇌 질환으로 장기 입원을 하게 되면서 퇴직할 수밖에 없었다.

3 感染症の拡大により、今年の卒業式は中止を余儀なくされた。

감염병 확산으로 올해 졸업식은 중지될 수밖에 없었다.

48 ～を押して

의미 ～을 무릅쓰고, ～이라는 상황이지만 (어렵지만 억지로 뭔가를 하다)

접속 N+を押して

> 病気を押して 병을 무릅쓰고 / 反対を押して 반대를 무릅쓰고 /
> けがを押して 부상을 무릅쓰고 / 無理を押して 무리해서라도

1 病気を押して試験を受けたが、思うように実力を発揮できなかった。

병을 무릅쓰고 시험을 치렀지만, 생각만큼 실력을 발휘하지 못했다.

2 家族の反対を押して留学することに決めたので、英語が上手に話せるようになるまでは帰れない。

가족의 반대를 무릅쓰고 유학을 결정했기 때문에 영어를 잘 할 수 있을 때까지는 돌아갈 수 없다.

3 昨日の練習で足を痛めてしまったが、明日は最終試合なので無理を押して出場するつもりだ。

어제 연습하다 다리를 다쳤지만, 내일이 마지막 시합이라 무리해서라도 출전할 생각이다.

연습 문제 6회

問題5 次の文の（　　）に入れるのに最もよいものを、1・2・3・4から一つ選びなさい。

1 新規顧客を獲得する（　　）、新商品を開発した。
　1　べからず　　　2　べき　　　　3　べく　　　　4　べくして

2 いくら価格を抑えてもあの店の人気には（　　）。
　1　及ぶべくもない　　　　　　　2　及ぶまじき
　3　及ぶだけのことはある　　　　4　及ぶだけましだ

3 佐藤「森くん、看護師の国家試験に受かったらしいね。」
　中本「彼、人一倍努力してたもんね。（　　）合格したんだね。」
　1　合格してこそ　　　　　　　　2　合格したとたんに
　3　合格するだけあって　　　　　4　合格するべくして

4 暴言を吐くなんて、大臣としてある（　　）ことだ。
　1　べき　　　2　べくもない　　　3　までもない　　　4　まじき

5 感染症拡大のため社員旅行は中止（　　）。
　1　を余儀なくされた　　　　　　2　を禁じえない
　3　にとどまらない　　　　　　　4　にすぎない

6 住民の反対意見（　　）、道路工事が行われることになった。
　1　をおいて　　　2　を押して　　　3　を余儀なくされ　　　4　をめぐって

7 本日の面接の結果は、後日書面（　　）ご連絡させていただきます。
　1　をもって　　　2　を押して　　　3　にひきかえ　　　4　にわたって

8 中本「佐藤さん家の子、東京大学に合格したらしいじゃない。」
　加藤「すごいわね。それ（　　）うちの息子は毎日遊び歩いてるわよ。」
　1　をもって　　　2　にあたって　　　3　にかかわらず　　　4　にひきかえ

9 外部に漏れてはいけない書類が大量に保管されているので、部屋の扉に「関係者以外、（　　）」と書いてある。
　1　入るべからず　　　　　　　　　　2　入るべくもない
　3　入るわけがない　　　　　　　　　4　入るべきだ

10 志望する大学に（　　）、寝る時間も惜しんで勉強した。
　1　受からんがため　　　　　　　　　2　受かるべくして
　3　受かるべからず　　　　　　　　　4　受からずとも

정답　1 3　2 1　3 4　4 4　5 1　6 2　7 1　8 4　9 1　10 1

問題6 次の文の　★　に入る最もよいものを、1・2・3・4から一つ選びなさい。

11　父が亡くなり、家計を助けるために、僕は＿＿＿＿　＿＿＿＿　★　＿＿＿＿。
　　1　余儀なくされた　　　　　　　　2　通っている
　　3　大学の　　　　　　　　　　　　4　退学を

12　いかなる場合でも、＿＿＿＿　＿＿＿＿　＿＿＿＿　★　だ。
　　1　個人的な感情を　　　　　　　　2　あるまじきこと
　　3　持ち出すのは　　　　　　　　　4　裁判官に

13　父が　★　＿＿＿＿　＿＿＿＿　＿＿＿＿　は気性が荒い。
　　1　穏やか　　　　　　　　　　　　2　にひきかえ
　　3　なの　　　　　　　　　　　　　4　母

14　去年の津波で海の＿＿＿＿　★　＿＿＿＿　＿＿＿＿。
　　1　恐ろしさを　　　　　　　　　　2　身を
　　3　知った　　　　　　　　　　　　4　もって

15　長い間市民は自由を奪われていた。独立を求める＿＿＿＿　★　＿＿＿＿　＿＿＿＿のだ。
　　1　べくして　　　　　　　　　　　2　運動は
　　3　起こる　　　　　　　　　　　　4　起こった

정답　11 4(2341)　12 2(1342)　13 1(1324)　14 2(1243)　15 3(2314)

7 강조

49 ～といったらない

의미 매우 ~하다 ('말로 할 수 없을 정도'라고 강하게 말하고 싶을 때 사용한다)

접속 イA / N+といったらない

> 嬉しさといったらない 기쁨은 이루 말할 수 없다 /
> 悔しいといったらない 너무 분하다 / 暑いといったらない 덥다고는 할 수 없다

① 人手が減ったからか次から次へと仕事を任されて、忙しい<u>といったらない</u>。
일손이 부족해서인지 계속해서 일을 맡아 너무 바쁘다.

② 初めて彼の料理を食べたときの衝撃<u>といったらなかった</u>。
처음 그의 요리를 먹었을 때의 충격은 이루 말할 수 없었다.

③ 買ってから数日しか経っていない時計を落としたときのショック<u>といったらなかった</u>。
산 지 며칠밖에 안 된 시계를 떨어뜨렸을 때의 충격은 말할 것도 없다.

50 ～極まりない

의미 너무 ~하다, ~하기 짝이 없다

접속 ナA+極まりない

> 失礼極まりない 너무 실례다 / 非常識極まりない 너무 비상식적이다 /
> 危険極まりない 위험하기 짝이 없다

① 彼は何かにつけて文句を言ってきて、不愉快<u>極まりない</u>。
그는 툭하면 불평을 늘어놓아 불쾌하기 짝이 없다.

② あんなに小さい子どもを一人で遊ばせるなんて、危険<u>極まりない</u>。
그렇게 어린아이를 혼자서 놀게 하다니 위험하기 짝이 없다.

③ 失礼<u>極まりない</u>言動をとったとして、有名人が非難されることがある。
무례하기 짝이 없는 언동을 했다고 해서 유명인이 비난 받는 경우가 있다.

51 ～てやまない

의미　계속 ~하다, 진심으로 ~하다

접속　Vて + やまない

> 願ってやまない 바라 마지않다 / 祈ってやまない 빌어 마지않다 /
> 期待してやまない 기대해 마지않다

① 尊敬してやまない上司と一緒に仕事をすることができて光栄だ。
　진심으로 존경하는 상사와 함께 일할 수 있어서 영광이다.

② 彼は大人になった今でもサンタクロースは実在すると信じてやまない。
　그는 어른이 된 지금도 산타클로스가 실존한다고 믿어 의심치 않는다.

③ 今回の地震で被災した地域が一日も早く復興することを願ってやまない。
　이번 지진으로 피해를 입은 지역이 하루빨리 복구되기를 진심으로 바란다.

52 ～を禁じ得ない

의미　~을 금할 수 없다 (감정을 억누를 수 없을 정도로 강하게 느끼다)

접속　N + を禁じ得ない

> 怒りを禁じ得ない 분노를 금할 수 없다 /
> 悲しみを禁じ得ない 슬픔을 금치 못하다 /
> 驚きを禁じ得ない 놀라움을 금치 못하다

① 大事に育ててきた畑を何者かに荒らされて、怒りを禁じ得ない。
　소중히 가꿔 온 밭을 누군가가 망가뜨려서 분노를 금할 수 없다.

② 好きだったアイドルに恋人がいたと知って、驚きを禁じ得ない。
　좋아하던 아이돌에게 연인이 있다는 사실에 놀라움을 금할 수 없다.

③ 自分の生徒が試験に合格したと聞いて、喜びを禁じ得なかった。
　내가 가르치는 학생이 시험에 합격했다는 소식을 듣고 기쁨을 금치 못했다.

53 ～とは

의미 ～이라니 (의외의 것에 놀랄 때 사용한다)

접속 보통형+とは

> 芸能人になるとは 연예인이라니 / 犯人だったとは 범인이었다니 /
> 結婚するとは 결혼한다니

1. あの真面目で頭のいい彼女が試験に落ちた**とは**信じられない。
   그 성실하고 똑똑한 그녀가 시험에 떨어졌다는 게 믿기지 않는다.

2. 予約が取れないと言われているあのレストランで食事ができる**とは**。
   예약이 안 된다던 그 레스토랑에서 식사할 수 있을 줄이야.

3. 長い間好意を寄せていた彼が既婚者だった**とは**。
   오랫동안 호감을 가졌던 그가 유부남이었다니.

54 ～にもまして

의미 ～ 이상으로, ～보다 더

접속 N+にもまして

> 昨年にもまして 작년보다 더 / 以前にもまして 이전보다 더 /
> ★いつにもまして 어느 때보다 더

1. 例年**にもまして**暑い日が続いていて、熱中症になりそうだ。
   예년보다 더운 날이 계속되고 있어 열사병에 걸릴 것 같다.

2. もともと体力に自信はないが、以前**にもまして**疲れやすくなって体の老化を感じる。
   원래 체력에 자신은 없지만 예전보다 더 쉽게 지쳐서 몸의 노화를 느낀다.

3. 今日はパーティーがあるので、彼女は**いつにもまして**お洒落をしている。
   오늘은 파티가 있어 그녀는 평소보다 더 멋을 냈다.

55 ～でなくてなんだろう

의미 정말로 ～이다, ～이 아니고 무엇이겠는가

접속 N+でなくてなんだろう

> 奇跡でなくてなんだろう 기적이 아니고 무엇이겠는가 /
> 愛でなくてなんだろう 사랑이 아니고 무엇이겠는가 /
> 運命でなくてなんだろう 운명이 아니고 무엇이겠는가

1. 大好きな彼と３年間同じクラスになるなんて、これが運命でなくてなんだろう。
   정말 좋아하는 그와 3년 동안 같은 반이 될 줄이야, 이게 운명이 아니고 무엇이겠는가.

2. 家族みんなが健康で何の不自由もなく暮らしている今が幸せでなくてなんだろう。
   가족 모두가 건강하고 불편함 없이 살고 있는 지금이 행복이 아니고 무엇이겠는가.

3. 夜遅くに隣の家に聞こえるほどの大声で騒ぐことが、迷惑でなくてなんだろう。
   밤 늦게 옆집에 들릴 정도로 큰 소리로 떠드는 것이 민폐가 아니고 무엇이겠는가.

56 ～にもほどがある

의미 너무 ～하다, ～에도 정도가 있다 (좋지 않은 상황을 강조한다)

접속 보통형(ナAだ / Nだ)+にもほどがある

> 非常識にもほどがある 몰상식에도 정도가 있다 /
> 失礼にもほどがある 실례에도 정도가 있다 /
> できないにもほどがある 안 되는 것도 정도가 있다
>
> ※ 현재형만 쓸 수 있음

1. 何の連絡もせずに会社を休むなんて、非常識にもほどがある。
   아무런 연락도 없이 회사를 쉬다니, 비상식에도 정도가 있다.

2. 入社したばかりの新人であるとはいえ、ミスが多いにもほどがある。
   입사한 지 얼마 안 된 신입 사원이라 해도 실수가 너무 많다.

3. 休日だからといって一日中ベッドから動かないなんて、怠けるにもほどがある。
   휴일이라고 해서 하루 종일 침대에서 꼼짝도 하지 않다니 게으른 것도 유분수지.

57 ～にたえない①

의미 매우 ～하다

접속 N+にたえない

> 感謝にたえない 정말 감사하다 / 喜びにたえない 너무나 기쁘다 /
> 感激にたえない 매우 감격스럽다 / 後悔にたえない 너무 후회되다

1. 難しい要望であるにも関わらず受け入れていただき、感謝にたえません。
   어려운 요청인데 불구하고 수락해 주셔서 감사할 따름입니다.

2. 学生の時、難しいからといって英語の勉強を辞めてしまい、今頃になって後悔にたえない。
   학생 때 어렵다고 영어 공부를 그만두었는데, 이제 와서 너무 후회된다.

3. 今回の震災で多くの人がけがを負ったと聞いて、悲しみにたえない。
   이번 지진으로 많은 사람들이 다쳤다는 소식을 듣고 슬픔을 금할 수 없다.

58 ～の至り

의미 너무 ～하다, ～의 극치

접속 N+の至り

> 感激の至り 감격의 극치 /
> 赤面の至り 부끄럽기 짝이 없음 /
> 若気の至り 젊은 객기

1. 大学生の頃は若気の至りで、派手な色に髪を染めていた。
   대학생 시절에는 젊은 혈기로 화려한 색으로 머리를 염색했다.

2. 間違った知識を堂々と話してしまい、赤面の至りだ。
   잘못된 지식을 당당하게 이야기한 것이 얼굴이 빨개질 지경이다.

3. この度は、このような素晴らしいパーティーにお招きいただき光栄の至りです。
   이번에 이렇게 멋진 파티에 초대해 주셔서 정말 영광입니다.

연습 문제 7회

問題5 次の文の（　　）に入れるのに最もよいものを、1・2・3・4から一つ選びなさい。

1 あんなに元気な部長が入院してしまった。一日も早い復帰を（　　）。
　1　願ってやまない　　　　　　　2　願ってみせる
　3　願ったつもりはない　　　　　4　願ったことにする

2 恋人に送るメールを取引先の相手に送ってしまって、恥ずかしい（　　）。
　1　といったところだ　　　　　　2　とは限らない
　3　というものでもない　　　　　4　といったらない

3 まさかクラスで最も優しいと言われている彼が犯人だった（　　）思ってもみなかった。
　1　とはいえ　　2　ものの　　3　とは　　4　とも

4 彼女がダイエット中であることを知りながら、ケーキを勧めるなんて性格が悪い（　　）。
　1　にもほどがある　2　にたえない　3　にすぎない　4　に至る

5 人の家に土足で上がるなんて、（　　）人だ。
　1　失礼でも差し支えない　　　　2　失礼とは限らない
　3　失礼を禁じ得ない　　　　　　4　失礼極まりない

6 キム「いつ（　　）人が多いけど、何かあるのかな。」
　山田「今日近くの海辺で花火大会があるらしいよ。」
　1　にひきかえ　2　にもまして　3　にかかわらず　4　に至って

7 絶対に勝てないと思っていた相手に勝った。これが奇跡（　　）。
　1　にもほどがある　　　　　　　2　にたえない
　3　に至る　　　　　　　　　　　4　でなくてなんだろう

8 温和な人柄で知られている彼があんな怒り方をするなんて、驚き（　　　）。
　1　を余儀なくされる　　　　　　2　を禁じ得ない
　3　に及ばない　　　　　　　　　4　に関わる

9 部長「他の部署に異動することになったんだってね。」
　田中（たなか）「はい、部長には一から仕事を教えていただき、感謝（　　　）。」
　1　にとどまりません　　　　　　2　にほかなりません
　3　にたえません　　　　　　　　4　にもほどがあります

10 若気（　　　）とはいえ、あんな服装で出歩くなんてどうかしていた。
　1　の至り　　2　のかたわら　　3　にもほどがある　　4　にたえない

정답　1 1　2 4　3 3　4 1　5 4　6 2　7 4　8 2　9 3　10 1

問題6 次の文の＿★＿に入る最もよいものを、1・2・3・4から一つ選びなさい。

11　初対面の人に ＿＿＿ ＿＿＿ ＿★＿ ＿＿＿。
　1　不愉快　　　　　　　　2　なんて
　3　極まりない　　　　　　4　馬鹿にされる

12　母からもらった ＿＿＿ ＿＿＿ ＿★＿ ＿＿＿。
　1　といったらない　　　　2　悪く言われて
　3　腹が立つ　　　　　　　4　大切なものを

13　＿＿＿ ＿★＿ ＿＿＿ ＿＿＿ しまい、寝ようにも寝られない日々が続いている。
　1　息子が　　　　　　　　2　愛して
　3　病気になって　　　　　4　やまない

14　長い間お腹で大事に育ててきた子どもが ＿＿＿ ＿＿＿ ＿★＿ ＿＿＿。
　1　禁じ得なかった　　　　2　喜びを
　3　ときは　　　　　　　　4　生まれてきた

15　一流デザイナーが手掛けた ＿＿＿ ＿＿＿ ＿＿＿ ＿★＿。
　1　とは　　　　　　　　　2　この価格で
　3　商品を　　　　　　　　4　買える

정답　11 1(4213)　12 3(4231)　13 4(2413)　14 2(4321)　15 1(3241)

8 직후·동시

59 ～や否(いな)や　　　　　　　　　　　　▼ ～한 다음 바로

의미　～한 다음 바로, ～하자마자

접속　Vる＋や否(いな)や

食(た)べるや否(いな)や 먹자마자 / 帰(かえ)るや否(いな)や 돌아가자마자 / 見(み)るや否(いな)や 보자마자

1. 外(そと)に出(で)る**や否(いな)や**強(つよ)い雨(あめ)が降(ふ)ってきたので、慌(あわ)てて家(いえ)へ戻(もど)った。
   밖에 나가자마자 강한 비가 쏟아져 서둘러 집으로 돌아왔다.

2. 自社(じしゃ)の商品(しょうひん)がテレビで紹介(しょうかい)される**や否(いな)や**、問(と)い合(あ)わせが殺到(さっとう)した。
   자사 제품이 텔레비전에 소개되자마자 문의가 쇄도했다.

3. ３年間国(ねんかんくに)へ帰(かえ)っていなかったので、空港(くうこう)で家族(かぞく)の顔(かお)を見(み)る**や否(いな)や**涙(なみだ)が溢(あふ)れ出(だ)した。
   3년 동안 귀국하지 않았기 때문에 공항에서 가족들의 얼굴을 보자마자 눈물이 쏟아졌다.

60 ～そばから

의미　～한 다음 바로, ～하는 족족

접속　Vる / Vた＋そばから

作(つく)るそばから 만드는 족족 / 注意(ちゅうい)したそばから 주의하라고 말하자마자 / 買(か)ったそばから 사자마자

1. 彼女(かのじょ)はよくご飯(はん)を食(た)べ終(お)えた**そばから**、お腹(なか)が空(す)いたと言(い)う。
   그녀는 밥을 다 먹자마자 배가 고프다고 한다.

2. 授業(じゅぎょう)で勉強(べんきょう)する**そばから**新(あたら)しい文法(ぶんぽう)を忘(わす)れてしまう。
   수업 시간에 공부하자마자 새로운 문법을 까먹는다.

3. あの新入社員(しんにゅうしゃいん)は注意(ちゅうい)した**そばから**ミスをするが、私(わたし)の指示(しじ)を聞(き)いているのだろうか。
   그 신입 사원은 내가 주의하라고 말하자마자 실수하는데, 내 지시를 듣고 있는 걸까.

61 ～が早いか

의미 ～한 다음 바로

접속 Vる / Vた+が早いか

> 家に帰るが早いか 집에 가자마자 /
> 食べ終わったが早いか 다 먹자마자 /
> 目を閉じたが早いか 눈을 감자마자

1. 先生が教室を出たが早いか学生は大声で騒ぎ出した。
   선생님이 교실을 나가자마자 학생들이 시끄럽게 떠들기 시작했다.

2. 彼は乗っていた電車のドアが開くが早いか、勢いよく駆け出した。
   그는 타고 있던 전철 문이 열리자마자 힘차게 뛰기 시작했다.

3. コンサートのチケットを買うため、彼女は販売時間になるが早いかサイトにアクセスした。
   콘서트 티켓을 사기 위해 그녀는 판매 시간이 되자마자 사이트에 접속했다.

62 ～なり

의미 ～한 다음 바로

접속 Vる+なり

> 食べ終わるなり 다 먹자마자 / 言うなり 말하자마자 /
> 帰ってくるなり 돌아오자마자

1. 彼は夜遅くまで遊んでいたので、家へ帰るなり母親に叱られた。
   그는 밤늦게까지 놀다가 집에 돌아오자마자 어머니에게 혼이 났다.

2. 彼女は会社から採用のメールを受け取るなり、嬉しくて泣き出した。
   그녀는 회사로부터 채용 메일을 받자마자 기뻐서 울음을 터뜨렸다.

3. よほどお腹が空いていたのか、彼はレストランへ入るなりメニューも見ずに注文した。
   얼마나 배가 고팠던지 그는 식당에 들어가자마자 메뉴판도 보지 않고 주문했다.

63 ～ながら　　　▼ 부대 상황

의미　～인 상태 그대로

접속　N / Vます + ながらに
　　　　N / Vます + ながらの + N

> 涙ながらに 눈물을 흘리면서 / 生まれながらに 태어날 때부터 /
> 昔ながらの味 옛날 그대로의 맛

1 この店は創業時から50年もの間、昔ながらの味を守り続けている。
이 식당은 창업 이래 50년 동안 옛날 그대로의 맛을 지켜 오고 있다.

2 葬式で、母は父への感謝の気持ちを涙ながらに語った。
장례식에서 어머니는 눈물을 흘리며 아버지에 대한 고마움을 말했다.

3 彼は生まれながらに音楽の才能を持っていた。
그는 타고난 음악적 재능을 가지고 있었다.

64 ～ところ

의미　～이라는 상황인데 (뒤에는 사죄·감사·의뢰 등의 문장이 온다)

접속　イA + ところ(を) / N + のところ(を)

> お忙しいところ 바쁘신 중에 / お急ぎのところ 바쁘신데 /
> お休みのところを 쉬시는 중에

1 先日はお忙しいところお越しいただいたのに、対応できず申し訳ありませんでした。
지난번에는 바쁘신 와중에도 찾아주셨는데 응대하지 못해 죄송했습니다.

2 お休みのところ恐れ入りますが、取引先からメールが届きましたので転送いたします。
쉬시는 중에 죄송합니다만, 거래처에서 메일이 와서 전송합니다.

3 お急ぎのところを大変恐縮ですが、課長はまもなく戻りますのでこちらでお待ちください。
바쁘신데 정말 죄송합니다만, 과장님은 곧 돌아오실 테니 이쪽에서 기다려 주세요.

65 ～かたわら ▼ 병렬 동작

의미 ～하면서 (본업이 있고 다른 것도 하고 있다)

접속 N+のかたわら
　　　 Vる+かたわら

> 仕事のかたわら 일을 하면서 / 育児のかたわら 육아를 하면서 /
> 学校に通うかたわら 학교에 다니면서

1. 彼は大学に通うかたわら、ゲームアプリを開発している。
   그는 대학에 다니면서 게임 앱을 개발하고 있다.

2. 子育てのかたわら、日本語教師になるために専門学校に通っている。
   육아를 하면서 일본어 교사가 되기 위해 전문학교에 다니고 있다.

3. 仕事のかたわら趣味で作ったアクセサリーを売ったら、注文が殺到した。
   일을 하면서 취미로 만든 액세서리를 팔았더니 주문이 쇄도했다.

66 ～かたがた

의미 ～하는 김에 (～을 할 목적이 있지만 다른 것도 하다)

접속 N+かたがた

> 挨拶かたがた 인사 겸 / お礼かたがた 감사 인사를 드릴 겸 /
> お見舞いかたがた 문병 차

1. お世話になった先生のところへ、就職のご報告かたがた会いに行ってきた。
   신세를 진 선생님께 취직 소식을 알릴 겸 뵈러 다녀왔다.

2. 出張かたがた大阪を観光していたら、高校時代の同級生に会った。
   출장차 오사카를 관광하다가 고등학교 동창을 만났다.

3. 近くで用事があったので、挨拶かたがたお宅へ寄らせていただきました。
   근처에 볼일이 있어서 인사 드릴 겸 댁에 들렀습니다.

67 ～がてら

의미 ～ 겸해서 (어떤 기회를 이용해 뭔가를 하다)

접속 N / Vます + がてら

> 散歩がてら 산책 겸 / お見舞いがてら 병문안 겸 /
> 送りがてら 데려다주는 김에

1 ドライブがてら近くの海まで行ったら、海沿いに素敵なカフェができていた。
드라이브 겸 근처 바다까지 갔더니 바닷가에 멋진 카페가 생겼다.

2 最近運動不足だったので、散歩がてら近くのコンビニまで歩いてきた。
최근 운동이 부족해서 산책 겸 근처 편의점까지 걸어왔다.

3 祖母を駅へ送りがてら、近くのスーパーで晩御飯の材料を買った。
할머니를 역까지 모셔다드릴 겸 근처 슈퍼에서 저녁으로 먹을 식재료를 샀다.

연습 문제 8회

問題5 次の文の（　　）に入れるのに最もよいものを、1・2・3・4から一つ選びなさい。

1. 学校で友達と喧嘩でもしたのだろうか。娘は帰ってくる（　　）母親に抱きついた。
   1　につけ　　　　2　なり　　　　3　ことなしに　　4　ともなると

2. 日本人はクリスマスが（　　）正月の飾りに取り替える。
   1　終わる手前　　2　終わるや否や　3　終わったが最後　4　終わるかたわら

3. 私が電車に乗り込む（　　）ドアが閉まった。
   1　とみると　　　2　かたわら　　　3　が早いか　　　4　に先立ち

4. 本日はお忙しい（　　）、わざわざ足を運んでいただきありがとうございます。
   1　にしろ　　　　2　とあって　　　3　とすると　　　4　ところ

5. 彼は帰宅する（　　）トイレへ駆け込んだ。
   1　かたわら　　　2　に先立ち　　　3　ともなく　　　4　や否や

6. 加藤「君の弟、10歳で大学レベルの問題が理解できるらしいね。」
   山田「ああ、あいつは俺と違って（　　）天才だよ。」
   1　生まれながらの　　　　　　　2　生まれないまでも
   3　生まれたそばから　　　　　　4　生まれるや否や

7. 友人が出産したと聞いて、お祝い（　　）赤ちゃんに会いに行ってきた。
   1　にひきかえ　　2　をよそに　　　3　とあって　　　4　かたがた

8. 専業主婦として家で家事をする（　　）、インターネットを利用して副業する人が増えている。
   1　そばから　　　2　かたわら　　　3　や否や　　　　4　上で

9 息子は「危ないから触らないで」と（　　　）同じことをするから困ったものだ。
   1　注意されるかたわら　　　　　2　注意されるともなく
   3　注意されたそばから　　　　　4　注意されるどころか

10 妻「お母さん最近調子が悪いみたい。心配だなあ。」
   夫「え、そうなの？来週仕事で君の故郷へ行くことになったから、出張（　　　）様子見に行くよ。」
   1　に至っては　　2　がてら　　3　の手前　　4　をよそに

問題6 次の文の＿★＿に入る最もよいものを、1・2・3・4から一つ選びなさい。

11 新人は上司から ＿＿＿ ＿＿＿ ＿★＿ ＿＿＿ 。
　1 そばから　　　　　　　　2 忘れてしまう
　3 受けた　　　　　　　　　4 指示を

12 彼はエビを ＿★＿ ＿＿＿ ＿＿＿ ＿＿＿ 。
　1 失った　　　　　　　　　2 食べる
　3 意識を　　　　　　　　　4 や否や

13 彼は ＿＿＿ ＿＿＿ ＿★＿ ＿＿＿ 、涙を流した。
　1 母から　　　　　　　　　2 の贈り物
　3 なり　　　　　　　　　　4 を受け取る

14 開店時間 ＿★＿ ＿＿＿ ＿＿＿ ＿＿＿ 。
　1 になるが　　　　　　　　2 早いか
　3 入ってきた　　　　　　　4 並んでいた客が

15 うちの店はもう創業から70年も経つけど、＿＿＿ ＿＿＿ ＿＿＿ ＿★＿ を守り続けているんだ。
　1 昔　　　　　　　　　　　2 ずっと
　3 ながらの　　　　　　　　4 味

정답　11 1(4312)　12 2(2431)　13 4(1243)　14 1(1243)　15 4(2134)

9 가정

68 〜なくして

의미 〜 없이는, 〜이 없으면 할 수 없다

접속 N+なくして(は)

> 涙なくして 눈물 없이는 / 許可なくして 허가 없이는 /
> 思いやることなくしては 배려가 없으면

1 正しい知識なくして、ダイエットの成功はありえない。
올바른 지식 없이 다이어트의 성공은 불가능하다.

2 直接会って話すことなくして、本当に信用できる人か判断することはできない。
직접 만나서 이야기해 보지 않고는 정말 믿을 수 있는 사람인지 판단할 수 없다.

3 親の同意なくしては結婚することはできない、と彼女に断られてしまった。
부모의 동의 없이는 결혼할 수 없다고 그녀에게 거절당했다.

69 〜ことなしに

의미 〜하지 않고

접속 Vる+ことなしに(は)

> 働くことなしに 일하지 않고 / 勉強することなしに 공부하지 않고 /
> 聞くことなしには 듣지 않고는

1 勉強することなしに日本語能力試験に合格することはできない。
공부하지 않고서는 일본어능력시험에 합격할 수 없다.

2 病院で治療することなしに、このけがを治すことはできないだろう。
병원에서 치료하지 않고서는 이 부상을 고칠 수 없을 것이다.

3 休むことなしには、健康を保つことはできない。
쉬지 않고서는 건강을 유지할 수 없다.

70 〜とあれば

의미 〜이라면 (특별한 이유나 사정이라면 〜한다)

접속 N ＋とあれば

보통형＋とあれば

> 彼女のためとあれば 그녀를 위해서라면 /
> 先生の頼みとあれば 선생님의 부탁이라면 /
> お客さんが来るとあれば 손님이 오면

1 愛する家族のため**とあれば**、どんなに辛い仕事でも耐えられる。
사랑하는 가족을 위해서라면 아무리 힘든 일도 견딜 수 있다.

2 夫の帰宅が遅い**とあれば**、料理を作らずに買って済ませることもある。
남편이 늦게 귀가하면 요리를 하지 않고 사다 먹기도 한다.

3 お客さんが家に来る**とあれば**、お菓子やジュースを用意しておいたほうがいいだろう。
손님이 집에 오면 과자나 주스를 준비해 놓는 편이 좋을 것이다.

71 ～とあっては

의미 ～이라면 (～이라는 상황에서는 ～해야 한다)

접속 N +とあっては
보통형+とあっては

> お願いとあっては 부탁이라면 /
> 言われたとあっては 들었다면 /
> 会議で決まったこととあっては 회의에서 결정된 것이라면

1. 飲み会は苦手だが、部長が参加する**とあっては**行くしかない。
   술자리는 자신 없지만 부장님이 참석하시면 갈 수밖에 없다.

2. お世話になっている先輩の頼み**とあっては**、どんな用件でも断るわけにはいかない。
   신세를 지고 있는 선배의 부탁이라면 어떤 용건이든 거절할 수 없다.

3. けが人が出た**とあっては**、このイベントを中止にせざるを得ない。
   부상자가 발생하면 이 행사를 중지할 수밖에 없다.

72 ～ならいざしらず

의미 ～이라면 몰라도 (～은 아니기 때문에)

접속 보통형(ナAだ / Nだ)+ならいざしらず

> 小学生ならいざしらず 초등학생이라면 몰라도/
> 知らなかったならいざしらず 몰랐다면 모를까 /
> 難しいならいざしらず 어렵다면 몰라도

1. 子ども**ならいざしらず**、大人になっても自分で部屋を片付けられないのは問題だ。
   아이라면 모를까, 어른이 되어서도 스스로 방을 치우지 못하는 것은 문제다.

2. 付き合いが長い**ならいざしらず**、年上の人に敬語を使わないのは失礼だ。
   오래 알고 지낸 사이라면 몰라도 나이 많은 사람에게 존댓말을 쓰지 않는 것은 실례다.

3. 知らなかった**ならいざしらず**、悪いことだと知っていて罪を犯すことは許されない。
   몰랐다면 몰라도 나쁜 짓인 줄 알고도 죄를 짓는 것은 용서받을 수 없다.

73 〜ようものなら

의미 만약 〜하면 (나쁜 결과가 된다)

접속 Vよう+ものなら

> 食(た)べようものなら 먹었다가는 /
> 文句(もんく)を言(い)おうものなら 불평을 하면 /
> 休(やす)もうものなら 쉬었다가는

1. 先生(せんせい)は厳(きび)しいので、授業中(じゅぎょうちゅう)少(すこ)しでも話(はな)そうものならすぐに注意(ちゅうい)されてしまう。
   선생님은 엄격해서 수업 시간에 조금이라도 말을 하면 바로 주의를 받는다.

2. 結婚記念日(けっこんきねんび)を忘(わす)れようものなら、妻(つま)はしばらくの間夕飯(あいだゆうはん)を作(つく)ってくれないだろう。
   결혼기념일을 잊어버리면 아내는 한동안 저녁을 해 주지 않을 것이다.

3. 私(わたし)が近付(ちかづ)こうものなら、あの赤(あか)ちゃんは大(おお)きい声(こえ)で泣(な)き叫(さけ)ぶ。
   내가 가까이 다가가려고 하면 그 아기는 큰 소리로 울부짖는다.

74 〜あっての

의미 〜이 있기 때문에 〜이 있다

접속 N1+あっての+N2

> みんなの協力(きょうりょく)あっての成功(せいこう) 모두의 협력이 있었기에 성공 /
> あなたあっての幸(しあわ)せ 당신이 있기에 행복 /
> お客様(きゃくさま)あっての商売(しょうばい) 손님이 있기 때문에 장사

1. お客様(きゃくさま)あっての商売(しょうばい)だから、顧客(こきゃく)の意見(いけん)は積極的(せっきょくてき)に取(と)り入(い)れるべきだ。
   손님이 있기에 장사하는 거니까 고객들의 의견은 적극적으로 반영해야 한다.

2. 先生(せんせい)のご指導(しどう)あっての合格(ごうかく)ですから、先生(せんせい)にはとても感謝(かんしゃ)しています。
   선생님의 지도가 있었기에 합격할 수 있었기 때문에 선생님께는 정말 감사합니다.

3. 皆様(みなさま)のご協力(きょうりょく)あっての成功(せいこう)です。本当(ほんとう)にありがとうございました。
   여러분들의 협조가 있었기에 성공할 수 있었습니다. 정말 감사했습니다.

> 연습 문제 **9회**

問題5 次の文の（　　）に入れるのに最もよいものを、1・2・3・4から一つ選びなさい。

1　地道に勉強する（　　）日本人のように日本語が話せるようになるなんてありえない話だ。
　1　ことなしに　　2　こととて　　3　と相まって　　4　ならいざしらず

2　中本「昨日急用があって、授業に出席できなかったんだけど。後でノート写させてくれないかな。」
　佐藤「うーん。いつも写させてもらってるし、君の頼み（　　）無視できないなあ。」
　1　とあっては　　2　ならまだしも　　3　でもあるまいし　　4　に至るまで

3　彼は友人に信頼されているので、彼の頼み（　　）お金を貸す人もいるだろう。
　1　とあれば　　2　とはいえ　　3　ともすると　　4　といえども

4　先生は几帳面な性格なので、生徒が勝手なことを（　　）すぐに叱る。
　1　した末に　　　　　　　　2　しようものなら
　3　したかと思いきや　　　　4　したからといって

5　社長は一人でこの会社を育てたと勘違いしているようだが、従業員（　　）成長だということを忘れてはならない。
　1　に対する　　2　に先立つ　　3　ならではの　　4　あっての

6　新入社員（　　）、課長がこんな簡単なミスをするのは許されない。
　1　ならいざしらず　　　　　　2　にせよ
　3　だけあって　　　　　　　　4　のいかんにかかわらず

7　部長「素晴らしいシステムを開発したそうじゃないか。」
　上田「ありがとうございます！部長のご指導（　　）新システムの開発はできませんでした。」
　1　をもって　　2　なくして　　3　であれ　　4　をよそに

8 愛する娘のため（　　　）、火の中へでも飛び込めるだろう。
　　1　にともなって　　2　にとどまらず　　3　ならいざしらず　　4　とあれば

9 努力する（　　　）相手に好きになってもらうことは不可能だ。
　　1　ともなく　　　2　かたわら　　　　3　とあれば　　　　　4　ことなしに

10 法律（　　　）この国の安全を守ることはできない。
　　1　なくして　　　2　とあれば　　　　3　をめぐって　　　　4　ならまだしも

問題6 次の文の ★ に入る最もよいものを、1・2・3・4から一つ選びなさい。

11 彼 ___ ★ ___ ___ ___ 。
1 はない 　　　　　　　　　　2 なくして
3 このプロジェクトの成功 　　　4 だろう

12 ___ ★ ___ ___ も諦めるほかない。
1 親の 　　　　　　　　　　　2 歌手になる夢
3 反対 　　　　　　　　　　　4 とあれば

13 ★ ___ ___ ___ すぐ潰れるに違いない。
1 安いレストラン 　　　　　　2 このサービスじゃ
3 この値段で 　　　　　　　　4 ならいざしらず

14 ___ ___ ★ ___ いられない。
1 あの世界的スターが 　　　　2 見に行かずには
3 とあっては 　　　　　　　　4 来日する

15 ★ ___ ___ ___ のだが、妻は他人の考えを受け入れられないのだ。
1 できたらいい 　　　　　　　2 争う
3 ことなしに 　　　　　　　　4 解決

정답　11 2(2314)　12 3(1342)　13 1(1432)　14 3(1432)　15 2(2341)

10 관계

75 ～いかんでは

의미 ～에 따라서는 (～에 따라 어떻게 할지 정해지다)

접속 N+(の)いかんでは

> 結果いかんでは 결과에 따라서는 / 状況いかんでは 상황에 따라서는 /
> 天候のいかんでは 날씨에 따라서는
> ※ ～(の)いかんに関わらず・～(の)いかんを問わず ~에 상관없이

1. 明日開催予定の花火大会ですが、天候いかんでは、延期とさせていただきます。
   내일 개최 예정이었던 불꽃놀이가 날씨에 따라서 연기하도록 하겠습니다.

2. 理由のいかんに関わらず、遅刻した場合は試験を受けることができません。
   이유 여하를 막론하고 지각한 경우는 시험을 볼 수 없습니다.

3. 医師によると、検査の結果いかんでは、入院もありえるとのことだ。
   의사에 의하면 검사 결과에 따라서 입원도 있을 수 있다고 한다.

76 ～に即して

의미 ～에 맞춰, ～에 따라 (상황에 맞춰 행동하다)

접속 N+に即して
N1+に即した+N2

> 規則に即して 규칙에 따라 / 事実に即して 사실에 입각해서 /
> 状況に即した対応 상황에 맞는 대응

1. 非常事態発生時には状況に即した対応をすることが求められる。
   비상 상황 발생 시에는 상황에 맞는 대응이 요구된다.

2. 教師は個人の基準ではなく、学校の規則に即した指導をしなければならない。
   교사는 개인의 기준이 아닌 학교 규칙에 따라 지도해야 한다.

3. 不正行為をした部長は、会社の規定に即して罰せられた。
   부정행위를 한 부장님은 회사 규정에 따라 처벌을 받았다.

77 ～ようによっては

의미 ～하는 방법에 따라서 (～에 따라 바뀌다)

접속 Vます+ようによって(は)

> やりようによって 하는 방법에 따라 / 考えようによっては 생각하기에 따라 /
> 気の持ちようによっては 마음먹기에 따라서는

1. 携帯電話は便利だが、使いようによって人の健康を損なう可能性がある。
   휴대전화는 편리하지만, 사용하기에 따라 사람의 건강을 해칠 가능성이 있다.

2. 寂しいと思われがちな独身生活も、考えようによっては自由な生活と言えるだろう。
   외롭다고 생각하기 쉬운 독신 생활도 생각하기에 따라서는 자유로운 삶이라고 할 수 있다.

3. この写真の中の人、見ようによっては男の人にも女の人にも見えるね。
   이 사진 속에 있는 사람, 보기에 따라서는 남자로도 보이고 여자로도 보이네.

78 ～をよそに

의미 ～을 신경 쓰지 않고

접속 N+をよそに

> 心配をよそに 걱정을 아랑곳하지 않고 / 反対をよそに 반대를 신경 쓰지 않고 /
> 期待をよそに 기대에도 아랑곳하지 않고

1. ダイエットをしている私をよそに夫は隣でお菓子を食べている。
   다이어트를 하는 나를 개의치도 않고 남편은 옆에서 과자를 먹고 있다.

2. 私の心配をよそに息子は一人で海外で生活すると言って旅立った。
   내 걱정을 아랑곳하지 않고 아들은 혼자 해외에서 생활하겠다며 떠났다.

3. 周囲の反対をよそに、彼は学校を辞めてミュージシャンを目指した。
   주변의 반대를 개의치 않고 그는 학교를 그만두고 뮤지션을 목표로 삼았다.

79 ～をものともせず

의미　～에도 아랑곳하지 않고

접속　N+をものともせず(に)

> 疲れをものともせず　피곤함에도 아랑곳하지 않고 /
> 強敵をものともせず　강적을 아랑곳하지 않고 /
> 困難をものともせずに　곤란에도 아랑곳하지 않고

1. 彼は危険をものともせずにスピードを出して運転したので、事故を起こしてしまった。

   그는 위험에도 아랑곳하지 않고 과속 운전을 했기 때문에 사고를 내고 말았다.

2. 彼女は体の不調をものともせずに走り切り、自己ベストタイムを更新した。

   그녀는 몸이 좋지 않은데도 아랑곳하지 않고 끝까지 달려서 자신의 최고 기록을 경신했다.

3. 社長は周囲の反対をものともせず、海外展開へ踏み切った。

   사장은 주변의 반대에도 아랑곳하지 않고 해외 진출을 단행했다.

80 ～てはばからない

의미　주저 없이 ～하다

접속　Vて+はばからない

> 公言してはばからない　공언하기를 주저하지 않다 /
> 自慢してはばからない　주저 없이 자랑하다 /
> 態度をとってはばからない　주저 없이 태도를 취하다

1. 部長は今月こそ売上目標を達成すると言ってはばからないが、僕は達成できると思えない。

   부장님은 이번 달에 매출 목표를 달성할 수 있을 거라고 주저 없이 말했지만, 나는 달성할 수 있을 것 같지 않다.

2. 彼はいつも、今回こそは資格試験に合格すると断言してはばからない。

   그는 항상 이번만큼은 자격 시험에 합격할 거라고 단언하기를 주저하지 않는다.

3. 彼女は婚約者が社長だと自慢してはばからないので、友達に嫌われている。

   그녀는 약혼자가 사장이라고 자랑을 늘어놓는 바람에 친구들에게 미움을 받고 있다.

연습 문제 10회

問題5 次の文の（　　）に入れるのに最もよいものを、1・2・3・4から一つ選びなさい。

1　理由（　　）、お支払い後の払い戻しはできませんのでご注意ください。
　　1　いかんに関わらず　　　　　　2　の至りに関わらず
　　3　抜きに関わらず　　　　　　　4　がてらに関わらず

2　周りの騒音（　　）、彼は集中して勉強し続けている。
　　1　ならいざしらず　2　をもとに　　3　を重ねて　　4　をものともせず

3　後輩「先輩、お客様から苦情のお電話がきたのですが。」
　　先輩「では、このお客様対応マニュアル（　　）受け答えしてください。」
　　1　をものともせず　2　なくして　　3　にもまして　　4　に即して

4　どんなに時間を費やしても、勉強のし（　　）無駄になってしまう。
　　1　ようによっては　2　ようものなら　3　ようが　　4　ようにも

5　所有している土地を一億円で譲ってくれと依頼された。金額は十分だが、土地の使用目的（　　）断らなければならないだろう。
　　1　をよそに　　　　2　がゆえに　　3　ならでは　　4　いかんでは

6　外国人の友人に誘われたことをきっかけに、親の反対（　　）海外へ移住することを決意した。
　　1　を踏まえて　　　2　をよそに　　3　を得て　　　4　をめぐって

7　古い教育方法に執着せず、オンライン学習などの時代（　　）新しい教育方法を取り入れる必要がある。
　　1　にひきかえ　　　2　に即した　　3　にとどまらず　4　の手前

8 中村「来月から海外に赴任することになってさ。気軽に日本に帰れないし、嫌だなあ。」
小林「確かに会えなくなるのは寂しいけど、考え（　　　）自分を成長させるいい機会とも捉えられるよね。」
　　1　に即して　　　　2　をよそに　　　　3　ようによっては　4　をものともせず

9 子どもは10代に差し掛かると親の心配（　　　）夜遅くに出歩きたがるようになる。
　　1　をよそに　　　　2　に即して　　　　3　に限って　　　　4　を機に

10 彼は法に反していると知りつつ、薬物を使用していると公言して（　　　）。
　　1　はばからない　　2　はかなわない　　3　しかるべきだ　　4　当然だ

정답　1 1　2 4　3 4　4 1　5 4　6 2　7 2　8 3　9 1　10 1

問題6　次の文の＿★＿に入る最もよいものを、1・2・3・4から一つ選びなさい。

11　このアニメは事実＿★＿　＿＿＿　＿＿＿　＿＿＿作品です。
　　1　に即して　　　　　　　　　　2　ドキュメンタリー
　　3　感動の　　　　　　　　　　　4　描かれた

12　高い＿＿＿　＿＿＿　＿＿＿　＿★＿息子は塾の講義で寝てばかりいる。
　　1　月謝を払う　　　　　　　　　2　期待
　　3　親の　　　　　　　　　　　　4　をよそに

13　このツアーの内容は＿＿＿　＿＿＿　＿★＿　＿＿＿になる可能性があります。
　　1　変更　　　　　　　　　　　　2　当日の天候
　　3　大幅に　　　　　　　　　　　4　いかんで

14　部長からのお叱りの言葉も＿＿＿　＿＿＿　＿★＿　＿＿＿だと感じる。
　　1　激励の言葉　　　　　　　　　2　私のためを思った
　　3　ようによっては　　　　　　　4　受け取り

15　体操の大会の最終日、彼は＿＿＿　＿＿＿　＿★＿　＿＿＿を披露した。
　　1　をものともせず　　　　　　　2　これまでの
　　3　素晴らしい演技　　　　　　　4　疲労

| 정답 | 11 1(1432) | 12 4(1324) | 13 3(2431) | 14 2(4321) | 15 1(2413) |

問題7 次の文章を読んで、文章全体の趣旨を踏まえて、16 から 20 の中に入る最もよいものを、1・2・3・4から一つ選びなさい。

日本に蔓延する母親病

　子育てを一人でこなすことは骨の折れることだ。誰もが分かりきったことを今更なぜ言うのだ、と思うかもしれない。 16 、このことを理解できている日本人のなんと少ないことか。

　現在、多くの母親は他の人の助けを借りずに子どもを 17 。国の支援が不十分であることなど、考え得る要因は様々あるが、根本的な原因は子育ての責任の所在が母親にあるという誤った考えや、子育ては仕事とは呼べない楽なことだという風潮が広がっていることだろう。

　毎日母親は子どもの 18 家事をこなす。世間ではそれが当たり前、それどころか外で働くより楽なことだと考えられているが、実際は子どもの命をたった一人で守るというのは、常に緊張感を持って生活しなければならなかったり、思うままに行動できなかったりするなど、仕事より大変だといっても過言ではないだろう。

　私も出産後、この問題に悩まされていた。私の夫は家へ帰ってくるや否や、子どもや私の事情を顧みず食事を要求し、子どもが生まれる前と変わらず自分中心の生活を送り続けていた。それだけにとどまらず、私の 19 、夫は「これも仕事の一環だ」と夜遅くまで飲みに行ってしまうのだ。そんな夫 20 私は夜中も泣き喚く子どもに起こされ、睡眠もままならない状況だった。そんな日々が続くと、当然肉体にも精神にも限界が訪れる。私は「産後鬱」という精神疾患にかかってしまったのだ。夫の振る舞いに対して、嫌悪感を抱きながらも、自分自身も子育ては母親がするものだという風潮に踊らされていたのだ。気付いたときには精神の落ち込みが日常生活に支障をきたす取り返しのつかないレベルに至っていた。

　昔は血縁関係の有る無しに関わらず、地域社会で助け合って生きていたというのに。人と人との繋がりが希薄な社会に変容していってしまったことは残念だ。昔のような社会に戻れるとは思わない。せめて各人が子育ての大変さを真の意味で理解しようとしてくれたらと思う。

（注）骨の折れること：大変な苦労をすること

16
1 確かに　　　　　　　　　　　2 ともあれ
3 もしくは　　　　　　　　　　4 ところが

17
1 育てることを余儀なくされている　2 育てるべくもない
3 育ててやまない　　　　　　　　4 育ててはばからない

18
1 世話をしようものなら　　　　2 世話をするが早いか
3 世話をせんがため　　　　　　4 世話をするかたわら

19
1 苦労にもまして　　　　　　　2 苦労とあれば
3 苦労をよそに　　　　　　　　4 苦労いかんでは

20
1 に即して　　　　　　　　　　2 をものともせず
3 ならいざしらず　　　　　　　4 にひきかえ

정답　16 4　17 1　18 4　19 3　20 4

11 부정①

81 ~にかたくない

의미 쉽게 ~할 수 있다, ~하기 어렵지 않다

접속 N / Vる + にかたくない

> 想像(する)にかたくない 쉽게 상상할 수 있다 /
> 推測(する)にかたくない 추측하기 어렵지 않다 /
> 察するにかたくない 쉽게 짐작할 수 있다

1 部長は仕事が忙しくて不規則な生活をしているから、体を壊すのも予想にかたくない。
부장님은 일이 바쁘고 불규칙한 생활을 하다 보니 몸이 망가지는 것도 쉽게 예상할 수 있다.

2 彼が人一倍努力していたことを知っているから、合格した時の彼の気持ちは察するにかたくない。
그가 남들보다 더 노력한 것을 알기에 합격했을 때 그의 심정은 짐작하기 어렵지 않다.

3 このまま少子化が続くと、財政が厳しくなるのは推測にかたくない。
이대로 저출생이 계속되면 재정이 어려워질 것은 쉽게 추측할 수 있다.

82 ～に越したことはない

의미 가능하면 ~하는 편이 좋다

접속 ナA / N+に越したことはない
보통형(ナAだ → である / Nだ → である)+に越したことはない

> 元気に越したことはない 건강한 게 최고다 /
> 勉強するに越したことはない 공부하는 게 최고다 /
> 食べないに越したことはない 먹지 않는 편이 좋다 /
> 軽いに越したことはない 가벼운 것보다 좋은 것은 없다

1 やりたいことが見つからないのなら、今はお金を稼いでおくに越したことはない。
하고 싶은 일을 찾지 못했다면 지금은 돈을 벌어 두는 것이 좋다.

2 やるべきことは先延ばしにせずに今やるに越したことはない。
해야 할 일은 미루지 말고 지금 하는 것이 좋다.

3 スポーツ選手は、背が高いに越したことはないが、背が低くてもメリットはある。
운동선수는 가능하면 키가 큰 편이 좋지만, 키가 작아도 장점은 있다.

83 ～までもない

의미 ~할 필요가 없다 (알고 있는 것이고, 별것 아니다)

접속 Vる+までもない / までもなく

> 言うまでもない 말할 필요도 없다 / 見るまでもない 볼 것도 없다 /
> 考えるまでもなく 생각할 필요가 없다

1 アボカドは栄養が豊富で、言うまでもなく体にいい食品である。
아보카도는 영양이 풍부하고 말할 것도 없이 몸에 좋은 식품이다.

2 こんな簡単な問題、先生に聞くまでもない。
이런 간단한 문제는 선생님에게 물어볼 필요도 없다.

3 その程度の仕事なら、部長がやるまでもないだろう。
그 정도 일이라면 부장님이 할 것까지는 없을 것이다.

84 ～てかなわない

의미 ～이라는 상황은 참을 수 없다

접속 Vて / イAくて+(は)かなわない
ナA / N+で(は)かなわない

> させられてはかなわない 억지로 하게 돼서 참을 수 없다 /
> 汚されてはかなわない 더러워져서 못 참겠다 /
> 残業ではかなわない 잔업은 참을 수 없다 /
> 暑くてかなわない 더워서 못 참겠다 /
> 不便でかなわない 불편해서 못 참겠다

1. こんな忙しい日に、３人同時に休まれてはかなわない。
   이렇게 바쁜 날에 세 사람이 동시에 쉬는 것은 참을 수 없다.

2. 昨日は徹夜でアニメを観ていたので、今日は眠くてかなわない。
   어제는 밤새도록 애니메이션을 봤기 때문에 오늘은 졸려서 견딜 수가 없다.

3. いくら好きだとはいえ、晩ご飯が毎日カレーライスではかなわないよ。
   아무리 좋아해도 매일 저녁 카레라이스를 먹는 건 견딜 수가 없어.

85 ～にたえない②

의미 (차마) ～할 수 없다

접속 Vる+にたえない

> 見るにたえない 차마 볼 수가 없다 / 聞くにたえない 차마 들을 수 없다 /
> 読むにたえない 차마 읽을 수 없다

1. この映画はつまらなくて、最後まで観るにたえない。
   이 영화는 너무 지루해서 끝까지 보기 힘들다.

2. 最近は暗いニュースばかりで、本当に聞くにたえない。
   요즘은 어두운 뉴스뿐이라 정말 들을 수가 없다.

3. 友達から手紙をもらったが、あまりにも字が汚くて読むにたえない。
   친구가 편지를 보냈는데 글씨가 너무 지저분해서 읽을 수가 없다.

86 ～にあたらない

의미 ～할 필요 없다, ～할 만한 일이 아니다

접속 N / Vる + に(は)あたらない

> 犯罪にはあたらない 범죄에 해당하지 않는다 /
> 驚くにはあたらない 놀랄 필요는 없다 /
> 悲しむにあたらない 슬퍼할 필요 없다

1 彼の実力はこんなもんじゃないから、まだ驚く**にあたらない**よ。
그의 실력은 이렇지 않으니까 아직 놀랄 만큼은 아니야.

2 まだ逆転できるチャンスがあるんだから、悲しむ**にはあたらない**よ。
아직 역전할 수 있는 기회가 있으니까 슬퍼할 필요는 없어.

3 初めはみんな初心者なんだから、焦る**にはあたらない**よ。
처음엔 모두 초보자니까 조급해 할 필요는 없어.

연습 문제 11회

問題5 次の文の（　　）に入れるのに最もよいものを、1・2・3・4から一つ選びなさい。

1. まだ逆転できる見込みはあるんだし、悲観（　　）よ。
   1　したまでのことだ　　　　　　2　するにはあたらない
   3　にかたくない　　　　　　　　4　にほかならない

2. 大の大人がささいなことで延々と口論しているのは本当に（　　）。
   1　聞くにたえない　　　　　　　2　聞くにすぎない
   3　聞いてはかなわない　　　　　4　聞くに越したことはない

3. 今回のプロジェクトが成功できたのは、言う（　　）主任のご指導のおかげです。
   1　までもなく　　　　　　　　　2　に越したことはなく
   3　のみならず　　　　　　　　　4　のなんのって

4. 彼がどれほど努力をしていたか知っているから、優勝した時の彼の気持ちは想像（　　）。
   1　に越したことはない　　　　　2　にかたくない
   3　しがたい　　　　　　　　　　4　に限る

5. いつ何が起こるかわからないから、保険に入っておく（　　）ですよ。
   1　わけがない　　　　　　　　　2　にたえない
   3　に限らない　　　　　　　　　4　に越したことはない

6. いくら地元の環境が好きだとはいえ、こんなに生活が不便（　　）。
   1　に越したことはない　　　　　2　でなくて何だろう
   3　にほかならない　　　　　　　4　ではかなわない

7. 人気が出れば出るほど、批判的な意見が出ることは推測（　　）。
   1　にあたらない　　　　　　　　2　どころじゃない
   3　にかたくない　　　　　　　　4　してはいられない

8 応募者「すみません、料理はほとんどしないのですが、キッチンのアルバイトに応募
　　　　できるでしょうか。」
　店主　「料理経験がある（　　　）ですが、一から指導いたしますので、大丈夫です
　　　　よ。」
　1　わけにはいかない　　　　　　　2　に越したことはない
　3　にたえない　　　　　　　　　　4　までもない

9 今回の大震災で、多額な損害が出たことは、説明（　　　）だろう。
　1　しないでもない　　　　　　　　2　してはばからない
　3　しかねない　　　　　　　　　　4　するまでもない

10 ただでさえ暑いのに、停電でクーラーが使えなく（　　　）。
　1　なるにたえない　　　　　　　　2　なるまでもない
　3　なってはかなわない　　　　　　4　なるに越したことはない

정답　1 2　2 1　3 1　4 2　5 4　6 4　7 3　8 2　9 4　10 3

問題6 次の文の___★___に入る最もよいものを、1・2・3・4から一つ選びなさい。

11 山はいつ天気が変わるかわかりませんから、_____ _____ _____ ★ ことはありません。
 1 越した   2 持って
 3 行くに   4 雨具を

12 いくら忙しいからといって、_____ _____ ★ _____ 。
 1 まで   2 休日
 3 かなわない   4 働かされては

13 今回のミスは彼が悪いわけではないし、_____ _____ ★ _____ よ。
 1 にはあたらない   2 非難する
 3 許容範囲   4 だから

14 かけがえのない仲間を解雇せざるを得なかった時の ★ _____ _____ _____ 。
 1 心境は   2 社長の
 3 にかたくない   4 察する

15 今のご時世、観光名所の写真はインターネットにあるから、わざわざ _____ _____ _____ ★ と思ってしまう。
 1 足を運んで   2 現地に
 3 までもない   4 写真を撮る

정답 11 1(4231) 12 4(2143) 13 2(3421) 14 2(2143) 15 3(2143)

12 부정②

87 ～ないまでも

의미 ～까지는 아니더라도

접속 Vない+までも

> 言わないまでも 말하지 않아도 / 嫌わないまでも 싫어하는 것까지는 아니라도 /
> 大声を出さないまでも 큰소리를 내지 않더라도

❶ 嫌いとは言わ**ないまでも**、お肉は好んで食べない。
싫어한다고 말할 것까지는 아니더라도, 고기를 즐겨 먹지 않는다.

❷ 倒産し**ないまでも**、不景気で会社の経営はかなり傾いている。
부도까지는 아니더라도 불경기로 회사 경영이 많이 기울어졌다.

❸ 本場の味とはいか**ないまでも**、この店のイタリア料理はなかなか美味しい。
본고장의 맛까지는 안 되더라도 이 가게의 이탈리아 요리는 꽤 맛있다.

88 ～ないでもない

의미 ～하지 않는 것은 아니다 (확실하게 말하고 싶지 않은 마음을 나타낸다)

접속 Vない+でもない

> わからないでもない 모르는 게 아니다 /
> できないでもない 안 되는 것은 아니다 /
> 飲まないでもない 안 마시는 것은 아니다

❶ 今の待遇が続くのなら、転職を考え**ないでもない**。
지금과 같은 대우가 계속된다면 이직을 고려하지 않을 수 없다.

❷ 料理はでき**ないでもない**が、毎日料理するのは結構面倒くさい。
요리를 못 하는 것은 아니지만 매일 요리하는 것은 상당히 귀찮다.

❸ 今の収入なら高級車を買え**ないでもない**が、今後のために貯蓄したい。
지금 수입으로 고급 차를 살 수 없는 것은 아니지만, 미래를 위해 저축을 하고 싶다.

89 〜ずじまい

의미　〜하지 못한 채로 끝나다

접속　Vない＋ずじまい

> 言えずじまい 말하지 못하고 끝나다 / 行かずじまい 가지 못하고 끝나다 /
> やらずじまい 하지 못하고 끝나다
> ※しない → せずじまい

1. 高校3年間、彼氏ができ**ずじまい**だった。
   고등학교 3년 동안 남자 친구를 사귀지 못했다.

2. 今年こそお花見をしようと思っていたが、結局やら**ずじまい**だった。
   올해야말로 꽃구경을 하려고 했는데 결국 하지 못했다.

3. 事件の犯人は分から**ずじまい**で時効となってしまった。
   사건의 범인을 찾지 못한 채 시효가 지나 버렸다.

90 〜ないでは（ずには）おかない

의미　〜하지 않을 수 없다 (자연히 〜하게 되다, 반드시 〜하고야 말겠다)

접속　Vない＋ではおかない
　　　　Vない＋ずにはおかない

> 感動させないではおかない 감동을 주지 않을 수 없다 /
> 言わないではおかない 말하지 않을 수 없다 /
> 怒らずにはおかない 화를 내지 않고는 못 배기다
> ※しない → せずにはおかない

1. 最優秀選手に選ばれた学生が入学してきたのだから、コーチは彼をチームに勧誘**せずにはおかない**だろう。
   최우수 선수로 뽑힌 학생이 입학했으니, 코치는 그를 팀에 영입하지 않을 수 없을 것이다.

2. 彼の音楽は、人々を笑顔にさ**せずにはおかない**。
   그의 음악은 사람들을 미소 짓게 한다.

3. 彼のまっすぐな性格と飾らない雰囲気は、人を魅了し**ないではおかない**。
   그의 곧은 성격과 꾸밈없는 분위기는 사람들을 매료시킨다.

91 〜ないでは（ずには）すまない

의미 반드시 〜해야 한다 (그 자리의 상황이나 주위의 평가를 생각하면 〜)

접속 Vない＋ではすまない
Vない＋ずにはすまない

> 謝らないではすまない 사과하지 않으면 안 된다 /
> 怒られないではすまない 혼이 나야 한다 /
> 責任をとらずにはすまない 책임지지 않으면 안 된다
> ※しない → せずにはすまない

1. 周囲の期待を背負ってしまっては最後まで責任を持ってやら**ないではすまない**。
   주위의 기대를 짊어지고 끝까지 책임지지 않으면 안 된다.

2. 子どもが悪いことをしたのなら、母親である私は怒ら**ずにはすまない**。
   아이가 잘못을 저질렀을 때 엄마인 내가 화를 내지 않을 수 없다.

3. これだけ大きな損失を出してしまったのなら、社長は辞任**せずにはすまない**だろう。
   이렇게 큰 손실을 냈다면 사장은 사임하지 않을 수 없을 것이다.

92 〜ないものか

의미 어렵겠지만 〜하고 싶다 (뭔가를 강하게 바라다)

접속 Vない＋ものか

> できないものか 안 되는 걸까 / 覚えられないものか 익힐 수 있을까 /
> 上手にならないものか 잘할 수 있지 않을까(잘할 수 없는 건가)

1. ぐちばかりの飲み会に行くくらいなら、もっと有意義な時間を過ごせ**ないものか**。
   푸념만 하는 술자리에 갈 정도라면, 좀 더 의미 있는 시간을 보낼 수 있지 않을까?

2. 人前に出ると緊張して話せなくなってしまう癖を直せ**ないものか**。
   남들 앞에만 나가면 긴장해서 말을 잘 못하는 버릇을 고칠 수 없을까?

3. 仕事が忙しくて、休みが取れない。ゆっくり休める日が来**ないものか**。
   일이 바빠서 쉴 수가 없다. 여유롭게 쉴 수 있는 날은 오지 않는 걸까?

연습 문제 12회

問題5 次の文の（　　）に入れるのに最もよいものを、1・2・3・4から一つ選びなさい。

1　毎日とは言わ（　　）、週に２、３回は運動をしている。
　　1　ずじまいで　　2　ないまでも　　3　なくして　　4　ずにはおかなく

2　環境問題を目の当たりにして、地球の未来を心配（　　）。
　　1　してかなわない　　　　2　せずにはおかない
　　3　せずじまいだ　　　　　4　しても差し支えない

3　プロの技術とは（　　）、彼の写真の腕前は大したものだ。
　　1　言うがはやいか　　　　2　言わずじまいで
　　3　言わないまでも　　　　4　言うまでもなく

4　今回の試合相手は確かに強豪だが、勝て（　　）相手だ。
　　1　ないでもない　　　　　2　ないかぎりの
　　3　ずじまいの　　　　　　4　ないではおかない

5　部長はいつも文句ばかりだ。もっと部下のモチベーションを上げることを（　　）。
　　1　言えないものか　　　　2　言えずじまいだ
　　3　言わずにはすまない　　4　言う始末だ

6　彼は見た目もいいがそれ以上に人をひきつけ（　　）魅力がある。
　　1　ないではおかない　　　2　ないでもない
　　3　なくして　　　　　　　4　ないなりの

7　試験まで一か月しかないが、寝る間も惜しんで勉強すれば、合格でき（　　）。
　　1　ずにはおかない　　　　2　ずにすむ
　　3　ないではおかない　　　4　ないでもない

8 日本にいる間に一度京都を訪れてみたいと思っていたが、結局行か（　　）だった。
　　1　んがため　　　2　ずじまい　　　3　ないかぎり　　　4　なくして

9 汚職が発覚したからには、総理大臣の座を退か（　　）だろう。
　　1　ないまで　　　2　ずじまい　　　3　ずにはすまない　　4　ないでおく

10 伊藤「ガンが発見されたら、手術を（　　）のでしょうか。」
　　医者「いいえ、放射線治療という手もありますから、手術しない場合もありますよ。」
　　1　せんがためな　　　　　　　　　2　しないでもない
　　3　しないではすまない　　　　　　4　せずにはいられない

정답　1　2　2　2　3　3　4　1　5　1　6　1　7　4　8　2　9　3　10　3

問題6 次の文の＿＿★＿＿に入る最もよいものを、1・2・3・4から一つ選びなさい。

11　ルームメイトと家賃を折半すれば＿★＿　＿＿＿　＿＿＿　＿＿＿難しいものがある。
　　1　でもないが　　　　　　　2　に住むのは
　　3　都心　　　　　　　　　　4　住めない

12　今年中に、古くなった服や本を処分しようと思っていたが＿＿＿　＿★＿　＿＿＿　＿＿＿。
　　1　年始になって　　　　　　2　じまいで
　　3　やらず　　　　　　　　　4　しまった

13　＿＿＿　＿★＿　＿＿＿　＿＿＿還暦のお祝いに温泉旅行くらいは連れて行ってあげたい。
　　1　とはいかない　　　　　　2　母の
　　3　ぜいたく　　　　　　　　4　までも

14　感染症のせいで、二国間の往来が難しくなってしまった。一刻も早く、＿＿＿　＿★＿　＿＿＿　＿＿＿。
　　1　ものか　　　　　　　　　2　されない
　　3　緩和　　　　　　　　　　4　規制が

15　賄賂を受け取り受験者の不正を容認していたことが発覚した＿＿＿　＿＿＿　＿★＿　＿＿＿だろう。
　　1　学校側は責任を　　　　　2　からには
　　3　すまない　　　　　　　　4　とらずには

정답　11　4(4132)　12　2(3214)　13　1(3142)　14　3(4321)　15　4(2143)

13 입장·상황·모습

93 ～んばかり

의미 금방이라도 ～할 듯하다 (실제로는 그렇지 않지만 그것에 가까운 상태가 되다)

접속 Vない+んばかり+に/の/だ
　　※「발화문」+と言わんばかり+に/の/だ
　　　=「발화문」+とばかり+に/の/だ

> 殴りかからんばかりに 때리려고 달려들 듯이 /
> 泣き出さんばかりの 울음을 터뜨릴 듯한 /
> 割れんばかりだ 깨질 듯하다

1 グラスに溢れ**んばかり**にビールを注いだ。
　잔에 넘치도록 맥주를 따랐다.

2 先生は「黙れ」**とばかり**にこちらをじっと見ている。
　선생님은 '입 다물어'라는 듯이 이쪽을 빤히 보고 있다.

3 4歳の甥は、今にも泣き出さ**んばかり**の顔で「転んでも泣かないもん」と言った。
　4살짜리 조카는 금방이라도 울 것 같은 얼굴로 '넘어져도 안 울어'라고 말했다.

94 ～なりに

의미 ～ 나름대로 (～의 입장이나 수준에 맞다)

접속 보통형(ナAだ / Nだ)+なりに
보통형(ナAだ / Nだ)+なりの+N

> 彼女(かのじょ)なりに 그녀 나름대로 /
> できないなりに 할 수 없는 대로 /
> 私(わたし)なりのやり方(かた) 내 나름의 방식 /
> ★それなりに 그 나름대로

1 優勝(ゆうしょう)はできなかったが、自分(じぶん)なりに全力(ぜんりょく)を尽(つ)くしたから後悔(こうかい)はない。
우승은 못했지만 나름대로 최선을 다했기 때문에 후회는 없다.

2 どんなことも初(はじ)めはうまくできないものです。できないなりに工夫(くふう)して臨(のぞ)むことが大切(たいせつ)です。
어떤 일이든 처음엔 잘 안되는 법입니다. 못하는 만큼 잘 생각하고 임하는 것이 중요합니다.

3 スポーツをする上(うえ)で、背(せ)が低(ひく)くても低(ひく)いなりのメリットはある。
스포츠를 하는 데 있어서 키가 작아도 작은 나름의 장점은 있다.

4 それなりに頑張(がんば)ったつもりだったけれど、試験(しけん)に落(お)ちてしまった。
나름대로 열심히 했다고 생각했는데 시험에 떨어지고 말았다.

95 ～にあって

의미 ～이라는 상황에서

접속 N+にあって

> 少子化にあって 저출생이라는 상황에서 /
> 不況にあって 불황에서 /
> 国際化社会にあって 국제화 사회에 있어서

1. IT社会にあって、リモートワークを導入する会社が増えてきている。
   IT 사회가 되면서 원격 근무를 도입하는 회사가 늘어나고 있다.

2. 消防士はどんな非常事態にあっても、冷静でいなければいけない。
   소방관은 어떤 비상 상황에서도 침착해야 한다.

3. 母が学生だったときは景気の良い時代にあって、毎日のように飲み歩いていたそうだ。
   어머니가 학생이었을 때는 경기가 좋은 시절이라 매일 같이 술을 마시고 다녔다고 한다.

96 ～にして

의미 ～에 (상황·모습을 확실히 말하고 싶을 때 사용한다)

접속 N+にして

> 一瞬にして 순식간에 / 3度目にして 3번째에 / 一晩にして 하룻밤 사이에

1. 初雪が降って、一晩にして町が真っ白になった。
   첫눈이 내려 하룻밤 사이에 마을이 온통 새하얗게 변했다.

2. 日本で生まれ育ったが、22歳にして初めて新幹線に乗った。
   일본에서 태어나고 자랐지만 22살 때 처음으로 신칸센을 탔다.

3. 初めてのスキーにして一度も転ばなかったのは、すごいことですよ。
   처음 스키를 타면서 한 번도 넘어지지 않았다는 것은 대단한 일이에요.

97 〜のごとく

의미　〜처럼

접속　N+のごとく

> 風のごとく　바람처럼 / 山のごとく　산처럼 / 石のごとく　돌처럼

1 留学していた時は、毎日が嵐のごとく忙しい日々だった。
유학할 때는 하루하루가 폭풍처럼 바쁜 나날이었다.

2 約束の時間に彼はいつものごとく遅れてきた。
약속 시간에 그는 여느 때처럼 늦게 왔다.

3 彼は5時になるとすぐに、風のごとく帰って行った。
그는 5시가 되자마자 바람같이 돌아갔다.

98 〜てしかるべき

의미　〜하는 것이 당연하다

접속　Vて / イAくて+しかるべき

　　　しかるべき+N

> 怒られてしかるべき　혼나야 마땅하다 /
> 説明があってしかるべき　설명이 있어야 한다 /
> 可愛くてしかるべき　귀여운 것이 당연하다 /
> しかるべき対応　합당한 대응

1 有休を取ることは社員の権利なのだから、自由に取ってしかるべきだ。
유급 휴가는 직원의 권리이기 때문에 자유롭게 사용해야 한다.

2 お金を払っているのだから、良いサービスを受けてしかるべきだ。
돈을 내고 있으니 좋은 서비스를 받아야 한다.

3 今回の事件に関しては、しかるべき対応を取らせていただきます。
이번 사건에 관해서는 합당한 대응을 하도록 하겠습니다.

99 ～たる

의미 ～이라는 직업·입장의, ～인 (사람은) ('～해야 한다'고 말하고 싶을 때 사용한다)

접속 N1+たる+N2

> 教師たるもの 교사된 자 / 父親たるもの 부모된 자 /
> リーダーたる能力 리더로서의 능력

1 大学生たるもの、バイトやデートに明け暮れないでしっかり勉強するものだ。
대학생이라면 아르바이트나 데이트에 몰두하지 말고 공부에 전념해야 한다.

2 アナウンサーたるもの、清潔感のある身だしなみに気を配るべきだ。
아나운서인 이상 청결해 보이는 차림새에 신경을 써야 한다.

3 会社の代表たるメンバーに選ばれたのですから、自覚をもって働いてください。
회사를 대표하는 일원으로 뽑힌 만큼 자각을 갖고 일해 주시길 바랍니다.

100 ～にしたところで

의미 ～의 입장·상황에서도 (뒤에는 부정적인 문장이 온다)

접속 N+にしたところで / にしたって

> 社長にしたところで 사장이라 한들 /
> 先生にしたって 선생님이라 하더라도 / 彼にしたって 그라 하더라도

1 今の政治については不満があるが、私にしたところでどうしたらもっと良くなるのかわからない。
지금의 정치에 대해서는 불만이 있지만, 나라고 한들 어떻게 하면 더 나아질지 모르겠다.

2 犯人を捕まえたいのはやまやまですが、警察にしたって証拠が何もないならどうしようもない。
범인을 잡고 싶은 마음은 굴뚝같지만, 경찰이라고 한들 증거가 없으면 어쩔 수 없다.

3 社長が決断を迷っていては、部下にしたってどうしたらいいのかわからなくなってしまう。
사장이 결단을 망설이고 있으면 부하 직원이라 하더라도 어떻게 해야 할지 알 수 없게 되고 만다.

101 ～ともなると

의미　～하는 입장·상황이라면 (당연히 이렇게 되다)

접속　N+ともなると

> 社会人ともなると 사회인이라도 되면 / 全国大会ともなると 전국 대회라도 되면 /
> 試験前日ともなると 시험 전날쯤 되면

1. 全国大会ともなると、会場の熱気は今までと比べ物にならない。

   전국 대회가 되면 경기장의 열기는 이전과 비교할 수 없을 정도로 뜨거워진다.

2. 成績が学年一位の彼ともなると、この程度の問題はたやすいだろう。

   성적이 학년에서 1등인 그쯤 되면 이 정도의 문제는 손쉬울 것이다.

3. 海外留学ともなると、日本で生活する以上にお金がかかる。

   해외 유학 정도 되면 일본에서 생활하는 것 이상으로 돈이 든다.

102 ～のをいいことに

의미　～인 상황을 이용하여 (본인에게 유리하게 이용해서 나쁜 짓을 하다)

접속　보통형(ナAだ→な・である / Nだ→な・である)+のをいいことに

> 見ていないのをいいことに 보고 있지 않는 것을 이용해서 /
> 黙っているのをいいことに 입을 다물고 있는 것을 이용해서 /
> わからないのをいいことに 모르는 것을 이용해서

1. コーチが見ていないのをいいことに、部員は筋トレをさぼっておしゃべりしている。

   코치가 보고 있지 않은 것을 이용해 부원들은 근력 운동을 빼먹고 수다를 떨고 있다.

2. 地震で住人が避難したのをいいことに、盗みを働く人がいるそうだ。

   지진으로 주민이 대피한 것을 이용해서 도둑질하는 사람이 있다고 한다.

3. 金持ちなのをいいことに、不正をお金でごまかそうとするのは許されない。

   부자인 것을 이용해서 돈으로 비리를 감추려고 하는 것은 용서받을 수 없다.

연습 문제 13회

問題5 次の文の（　　）に入れるのに最もよいものを、1・2・3・4から一つ選びなさい。

1　うちは貧乏だったが、貧しい（　　）家族みんなで幸せに暮らしていた。
　1　なりに　　　2　ばかりに　　　3　たりとも　　　4　そばから

2　彼は風（　　）日本の音楽界に現れ、多くのヒット曲を生み出した。
　1　もさることながら　　　2　のごとく
　3　をよそに　　　　　　　4　はおろか

3　学生全員の責任を背負っている教師（　　）、授業を休まないように体調管理に気を付けるべきだ。
　1　ごときに　　　2　こととて　　　3　であろうと　　　4　たるもの

4　緊急事態（　　）、あなたはどうしてのんきに外出できるのですか。
　1　のごとく　　　2　なりに　　　3　にあって　　　4　のかたわら

5　家事は女性が全てやって（　　）という考えは改めるべきだ。
　1　やまない　　　　　　　2　てからというもの
　3　るのをいいことに　　　4　しかるべきだ

6　先生は窓が（　　）気迫にあふれた声で、生徒を激励した。
　1　割れずにおく　　　2　割れないものの
　3　割れんばかりの　　4　割るべく

7　日本に留学して1年目は買い物するのも苦労したが、3年目（　　）居酒屋でアルバイトをするのも余裕だ。
　1　にひきかえ　　　2　にしたところで
　3　ともなると　　　4　にもまして

8 中本「初めて受けた日本語の試験、75点しかとれなかったよ。」
村上「そんなに落ち込むことないよ。一回目（　　）その点数なら、良くできた方だと思うよ。」
　　1　にして　　　2　のごとく　　　3　にあって　　　4　に即して

9 こんなに交通ルールを守らない人が多いのでは、警察（　　）取り締まりようがないのだろう。
　　1　とばかりに　　2　にしたところで　3　ならまだしも　4　と相まって

10 断らないの（　　）、無理な要望を言ってくるお客さんが増えた気がする。
　　1　をいいことに　2　に相まって　　3　にもまして　　4　ともなく

정답　1 1　2 2　3 4　4 3　5 4　6 3　7 3　8 1　9 2　10 1

問題6 次の文の ★ に入る最もよいものを、1・2・3・4から一つ選びなさい。

11 彼はもともと体格がよかったが、ボクシングを始めてから、_____ _____ ★ _____ のある体つきになった。

1　力士　　　　　　　　　　　2　迫力
3　まるで　　　　　　　　　　4　のごとく

12 母は料理が苦手だが、_____ _____ _____ ★ を作ってくれた。

1　なりに　　　　　　　　　　2　母
3　特製の　　　　　　　　　　4　ご馳走

13 新製品のこちらの冷凍庫は、一瞬 ★ _____ _____ _____ 搭載しています。

1　生ものなどを　　　　　　　2　にして
3　機能を　　　　　　　　　　4　冷却できる

14 彼は人に迷惑をかけておいて、まるで ★ _____ _____ _____ だ。

1　言わんばかり　　　　　　　2　同情しろと
3　自分に　　　　　　　　　　4　の態度

15 学生がいくら質問しても、知識_____ _____ _____ ★ ことができない。

1　答える　　　　　　　　　　2　がなければ
3　先生に　　　　　　　　　　4　したところで

정답　11 4(3142)　12 4(2134)　13 2(2143)　14 3(3214)　15 1(2341)

14 명사를 수식하는 문법·동사의 문법

103 ~にたる

▼ 명사를 수식하는 문법

의미 ~할 수 있다, ~할 만하다

접속 N / Vる + にたる

> 信頼にたる 신뢰할 수 있다 / 満足にたる 만족할 만하다 / 尊敬するにたる 존경할 만하다

1 今回のテストは満足にたる点数をとれなかったので、次こそは高得点をとってみせる。
이번 테스트는 만족할 만한 점수를 받지 못했기 때문에 다음에는 꼭 높은 점수를 받겠다.

2 この化粧水は少し高めだが、お金をかけるにたる効果が得られるのだろうか。
이 스킨은 가격이 조금 비싼데, 돈을 들일 만한 효과를 볼 수 있을까?

3 彼は信頼にたる人物だから、安心して仕事を任せられるだろう。
그는 신뢰할 만한 사람이니 안심하고 일을 맡길 수 있을 것이다.

104 ~ずくめ

의미 ~뿐, 대부분 ~

접속 N + ずくめ

> 黒ずくめ 검은색뿐 / いいことずくめ 좋은 일뿐 / ぜいたくずくめ 온통 사치

1 高校3年間は、志望大学に入るために勉強ずくめだった。
고등학교 3년 동안은 원하는 대학에 들어가기 위해 공부만 했다.

2 会長の妻は全身ブランドずくめだ。
회장 부인은 온몸에 명품을 두르고 있다.

3 久しぶりに北海道の実家に帰ると、カニやらイクラやらご馳走ずくめだった。
오랜만에 홋카이도 본가에 가니 게와 연어알 등 진수성찬이 차려져 있었다.

105 ～まみれ

의미 ～투성이, ～이 많이 붙어 있음 (싫은 것, 더러운 것)

접속 N+まみれ

> ほこりまみれ 먼지투성이 / 汗まみれ 땀범벅 / 泥まみれ 진흙투성이 /
> 油まみれ 기름투성이 / 血まみれ 피투성이 / 借金まみれ 빚투성이

1. 雨の日に自転車通勤して、会社に着くころには泥まみれになってしまった。
   비 오는 날 자전거로 출근해서 회사에 도착할 즈음에는 진흙투성이가 되어 버렸다.

2. 今日は今年一番の暑さとあって、ちょっとコンビニに行くだけで汗まみれになってしまった。
   오늘은 올해 들어 가장 더운 날씨여서 편의점에 잠깐 다녀오는 것만으로도 땀범벅이 되어 버렸다.

3. 冷蔵庫の下から、ほこりまみれの指輪が出てきた。
   냉장고 밑에서 먼지투성이가 된 반지가 나왔다.

106 ～めく

의미 ～한 듯한 느낌이 들다

접속 N+めいて / めいた

> 謎めいた 수수께끼 같은 / 夏めいて 여름다워져 / 冗談めいた 농담 같은

1. 暖かくなってくると桜が咲いて、ようやく春めいてきたなと感じる。
   날씨가 따뜻해지면 벚꽃이 피고 드디어 봄기운이 완연해졌다고 느낀다.

2. あの時は冗談めいた言い方で告白してしまったけど、本気です。
   그때는 농담조로 고백하고 말았지만, 진심입니다.

3. 誘拐事件の真相は10年経ってもわからず、未だ謎めいている。
   납치 사건의 진상은 10년이 지나도 밝혀지지 않았고, 여전히 미궁에 빠져 있다.

107 ～からある・～からいる・～からする

의미 ～이상의 수・양

접속 수+からある / からいる / からする

> 100個からある 100개나 되는 /
> 1000人からいる 1,000명이나 되는 /
> 一万円からする 만 엔이나 하는

1 高校生の時は、10キロからある通学路を自転車で通っていた。
고등학생 때는 10km나 되는 통학로를 자전거로 다녔다.

2 日本の65歳以上の高齢者人口は、約3600万人からいる。
일본의 65세 이상 고령자 인구는 약 3,600만 명이나 된다.

3 ここに展示されている作品は、一番安いものでも10万円からする。
이곳에 전시된 작품들은 가장 싼 것이라도 10만 엔이나 된다.

108 ～と相まって ▼ 동사의 문법

의미 ～과 더불어, ～과 어우러져 (여럿이 하나가 되어 정도가 높아지다)

접속 N1+と+N2+が相まって
N+と / が相まって

> 空気と水が相まって 공기와 물이 더불어 /
> 技術と熱意が相まって 기술과 열의가 맞물려 /
> 美しいドレスと相まって 아름다운 드레스와 더불어

1 この映画は、ストーリーはもちろん俳優陣の見事な演技が相まって、ヒット作品となった。
이 영화는 스토리는 물론 배우진의 멋진 연기가 어우러져 히트작이 됐다.

2 彼の気難しい性格は、幼いころの経験と相まって形成されたのだろう。
그의 까다로운 성격은 어린 시절의 경험과 맞물려 형성됐을 것이다.

3 とれたての食材とシェフの技術が相まって、最高の逸品が完成いたしました。
갓 채취한 식재료와 셰프의 기술이 어우러져 최고의 일품이 완성됐습니다.

109 ～を踏まえて

의미 ～을 바탕으로, ～을 토대로, ～을 고려해서

접속 N+を踏まえて

> 結果を踏まえて 결과를 바탕으로 / 意見を踏まえて 의견을 고려하여 /
> 状況を踏まえて 상황을 고려하여

1 今回の失敗を踏まえて、問題点を改善していこうと思います。
이번 실패를 바탕으로 문제점을 개선해 나가려고 합니다.

2 コーチからもらったアドバイスを踏まえて、新しい作戦を考えた。
코치에게 받은 조언을 바탕으로 새로운 작전을 생각했다.

3 刑事は目撃者の証言を踏まえて、いくつか犯人の候補を挙げた。
형사는 목격자의 증언을 토대로 몇 가지 범인 후보를 꼽았다.

110 ～を経て

의미 ～을 거쳐, ～을 통해 (시간이 경과하다, 장소를 지나가다, 경험하다)

접속 N+を経て

> 10年の時を経て 10년의 시간을 거쳐 / 苦しい時期を経て 힘든 시기를 거쳐 /
> 出会いを経て 만남을 통해

1 中学生の時から10年の交際期間を経て、彼らは結婚した。
중학생 때부터 10년간의 교제 기간을 거쳐 그들은 결혼했다.

2 就職活動では、何十社もの面接を経て、一つの会社から合格通知が届くということも少なくない。
취업 준비를 하다 보면 수십 군데 면접을 거쳐 한 회사에서 합격 통보를 받는 경우도 적지 않다.

3 北海道からの直行便は値段が高いので、成田空港を経て沖縄まで行く飛行機のチケットを購入した。
홋카이도에서 출발하는 직항편은 가격이 비싸서 나리타 공항을 거쳐 오키나와까지 가는 비행기 표를 구입했다.

111 ～にかこつけて

의미 ～을 이용해서, ～을 이유로 해서

접속 N+にかこつけて

> 仕事にかこつけて 일을 핑계로 /
> 出張にかこつけて 출장을 빙자해서 /
> 災害にかこつけて 재해를 핑계 삼아

1. 出張にかこつけて、経費で遊園地に行くなんて許されない。
   출장을 핑계 삼아 경비로 놀이공원에 가다니 용서 받을 수 없다.

2. 毎年この地域では、成人式にかこつけて若者が大騒ぎすることが問題になっている。
   매년 이 지역에서는 성인식을 핑계로 젊은이들이 소란을 피우는 것이 문제가 되고 있다.

3. 誕生日にかこつけて、彼氏に高いバッグを買ってもらった。
   생일을 핑계로 남자 친구에게 비싼 가방을 선물 받았다.

연습 문제 14회

問題5 次の文の（　　　）に入れるのに最もよいものを、1・2・3・4から一つ選びなさい。

1. 直行便がないから、関西空港（　　　）九州まで行くことにした。
   1　を通して　　2　を踏まえて　　3　を経て　　4　をめぐって

2. 満足（　　　）結果は得られなかったが、やれるだけのことはやったと思う。
   1　につき　　2　にたえない　　3　にたえる　　4　にたる

3. 彼は専門家（　　　）ことをいつも言うが、何か根拠を持って言っているのだろうか。
   1　めいた　　2　がちの　　3　ぎみの　　4　ばかりの

4. おばあちゃんの家の物置から、ほこり（　　　）のパソコンが出てきた。
   1　まみれ　　2　ずくめ　　3　かぎり　　4　がち

5. 当店では、30万円（　　　）質の良い高級家具を取り揃えております。
   1　かぎりの　　2　からする　　2　かけては　　4　からには

6. お客様アンケートの結果（　　　）、サービス向上に努めて参ります。
   1　をかぎりに　　2　をこめて　　3　をめぐって　　4　を踏まえて

7. キムさんはどんな時でも、上から下まで全身ブランド（　　　）だ。
   1　ながら　　2　まみれ　　3　ずくめ　　4　しだい

8. 10年間の下積み時代（　　　）、彼はお笑い芸人としてテレビに出るようになった。
   1　と相まって　　　　　　2　をはじめとして
   3　をめぐって　　　　　　4　を経て

9 海を取り囲むような地形が、レトロな雰囲気（　　　）、熱海の花火はより美しく見えるわけだ。
　　1　と相まって　　　2　とあって　　　3　というより　　　4　どころか

10 クリスマス（　　　）、ずっと欲しかった時計を彼氏に買ってもらった。
　　1　にかこつけて　　2　を踏まえて　　3　と相まって　　　4　をもとに

問題6 次の文の ___★___ に入る最もよいものを、1・2・3・4から一つ選びなさい。

11 今の仕事は天職だと思っているから、_____ _____ _____ __★__ 充実している。
1 ずくめの　　　　　　　　　　2 でも
3 毎日　　　　　　　　　　　　4 仕事

12 せっかく洗車したのに、予期せぬ _____ _____ _____ __★__ になってしまった。
1 で車が　　　　　　　　　　　2 泥
3 暴風雨　　　　　　　　　　　4 まみれ

13 毎週、_____ __★__ _____ _____ 、定期的に会議が行われるのはどうかと思う。
1 にたる　　　　　　　　　　　2 もないのに
3 議題　　　　　　　　　　　　4 会議する

14 彼は仕事をサボっては _____ __★__ _____ _____ 、まったく協調性がないな。
1 言い訳　　　　　　　　　　　2 めいた
3 子ども　　　　　　　　　　　4 ばかりして

15 新しく駅前にできた高層マンションは大人気で、完成 _____ __★__ _____ _____ 部屋が完売したそうだ。
1 100世帯　　　　　　　　　　2 一週間
3 で　　　　　　　　　　　　　4 からある

정답 11 2(4132)　12 4(3124)　13 1(4132)　14 2(3214)　15 3(2314)

15 열거·반복

112 ～であれ～であれ

의미 ～이든 ～이든 (어떤 것이든 똑같이)

접속 N1+であれ+N2+であれ

> 大人であれ子どもであれ 어른이든 어린아이든 /
> 金持ちであれ貧乏であれ 부자든 가난한 사람이든 /
> 食べ物であれ飲み物であれ 먹을 것이든 마실 것이든

1 正社員であれアルバイトであれ、社員食堂で好きなメニューを無料で食べることができます。

정규직이든 아르바이트생이든 사원 식당에서 원하는 메뉴를 무료로 먹을 수 있습니다.

2 仕事であれ私生活であれ、なるべく時間やお金の無駄は減らしたいものだ。

일이든 사생활이든 가능한 한 시간이나 돈의 낭비는 줄이고 싶다.

3 にんじんであれピーマンであれ、野菜ならなんでも好きです。

당근이든 피망이든 채소라면 뭐든지 좋아합니다.

113 ～ともなく

의미 무심코 ～하다 (확실한 목적 없이 ～하다)

접속 Vる+ともなく

> 見るともなく 우연히 보다 /
> 聞くともなく 무심코 듣다 /
> 考えるともなく 별생각 없이

1 聴くともなくラジオを聴いていたら、懐かしい曲が流れてきた。
들을 생각도 없이 라디오를 듣고 있는데 그리운 노래가 흘러나왔다.

2 考えるともなく考えていたらいいアイデアが浮かんできたりする。
별생각 없이 생각하다 보면 좋은 아이디어가 떠오르기도 한다.

3 電車の窓から景色を見るともなく見ていたら遠くに富士山が見えた。
전철 창밖의 풍경을 무심코 보다 보니 멀리 후지산이 보였다.

114 ～といい～といい

의미 ～도 ～도 ('전체적으로 ～하다'라고 말하고 싶을 때 사용한다)

접속 N1+といい+N2+といい

> 見た目といい性格といい 외모도 좋고 성격도 좋고 /
> デザインといい機能といい 디자인도 좋고 기능도 좋고 /
> 値段といい味といい 가격도 좋고 맛도 좋고

1 父といい母といい、私の話は聞く気もないようだ。
아버지도 어머니도 내 얘기는 들으려고도 하지 않는 것 같다.

2 場所といい家賃といい、今の私にぴったりの新居を見つけた。
장소도 집세도 지금의 나에게 딱 맞는 새집을 찾았다.

3 味といいサービスといい、駅前にできた新しいレストランは大変評判がいい。
맛도 서비스도 역 앞에 새로 생긴 레스토랑은 매우 평판이 좋다.

115 ～なり～なり

의미 ～하든 ～하든 (생각나는 것을 말할 때 사용한다)

접속 N1 / V1る + なり + N2 / V2る + なり

> 水なりお茶なり 물이든 차든 /
> 音楽を聴くなり本を読むなり 음악을 듣든 책을 읽든

① 今の生活を変えたくて、早起きする**なり**運動する**なり**いろいろやってみたが結局続かなかった。
지금의 생활을 바꾸고 싶어서 일찍 일어나든 운동을 하든 이것저것 해 봤지만 결국 오래가지 못했다.

② 産地直送の新鮮なカキです。蒸す**なり**焼く**なり**お好きな調理方法でお召し上がりください。
산지에서 직송한 신선한 굴입니다. 쪄서 먹거나 구워 먹거나 원하는 조리 방법으로 드세요.

③ 引っ越しても、電話**なり**メール**なり**連絡してね。
이사하더라도, 전화든 메일이든 연락해.

116 ～つ～つ

의미 ～하기도 하고 ～하기도 하고 (동작을 반복하다)

접속 V1ます + つ + V2ます + つ

> 行きつ戻りつ 왔다 갔다 /
> 抜きつ抜かれつ 앞서거니 뒤서거니 /
> 持ちつ持たれつ 서로 도움을 주고받으며

① 夫婦は、持ち**つ**持たれ**つ**助け合っていくべきだ。
부부는 서로 도우며 살아가야 한다.

② うまくできなくても焦らずに、行き**つ**戻り**つ**前に進んでいくことが大切です。
잘 안돼도 조급해 하지 말고 왔다 갔다 하며 앞으로 나아가는 것이 중요합니다.

③ 川で洗濯をしていると、大きな桃が浮き**つ**沈み**つ**流れてきた。
강에서 빨래하고 있는데 커다란 복숭아가 뜨다가 가라앉다가 하며 떠내려왔다.

117 ～ては～ては

의미　～하고 ～하다 (동작을 반복하다)

접속　V1て＋は＋V2ます(V1て＋は＋V2ます)

※ V1て＋は＋V2ます(V2て＋は＋V1ます)라고도 함

> 食べては寝　먹고는 자고 /
> 買っては壊し　사고는 부수고 /
> 覚えては忘れ　외우고는 잊고 /
> 書いては消し、消しては書き　쓰고는 지우고, 지우고는 쓰고

1 好きな人に手紙を送りたかったが、書いては消し、書いては消し、結局何も送らなかった。

좋아하는 사람에게 편지를 보내고 싶었지만 썼다가 지우고 썼다가 지우고 결국 아무것도 보내지 못했다.

2 梅雨の時期は、雨が降っては止み、降っては止みの繰り返しだ。

장마철에는 비가 내렸다가 그치고 또 내렸다가 그치기를 반복한다.

3 3年ぶりに孫が来ると聞いて、夫は家から出ては入って、入っては出て、そわそわしている。

3년 만에 손자가 온다는 소식에 남편은 집 밖으로 나갔다 들어왔다, 들어왔다 나갔다 하면서 안절부절못하고 있다.

118 ～といおうか～といおうか

의미 ～이라고 해야 하나 ～이라고 해야 하나 (딱 맞는 표현이 떠오르지 않다)

접속 보통형1(ナAだ / Nだ)＋といおうか＋보통형2(ナAだ / Nだ)＋といおうか

> 個性的といおうか天才的といおうか 개성적이라고 해야 하나 천재적이라고 해야 하나 /
> 運が良かったといおうか悪かったといおうか 운이 좋았다고 할지 나빴다고 할지

1 このお菓子は、甘いといおうか、辛いといおうか変わった味がする。
이 과자는 달콤하다고 할지 맵다고 할지 특이한 맛이 난다.

2 全校生徒の前で告白されて、嬉しいといおうか恥ずかしいといおうか複雑な気持ちだった。
전교생이 보는 앞에서 고백을 듣고 기쁘다고 할지 부끄럽다고 할지 복잡한 심정이었다.

3 彼は馬鹿といおうか天才といおうか、よくわからないときがある。
그는 바보인지 천재인지 잘 모를 때가 있다.

119 ～といわず～といわず

의미 ～이든 ～이든 (모두)

접속 N1＋といわず＋N2＋といわず

> 昼といわず夜といわず 낮이든 밤이든 /
> 服といわず靴といわず 옷이고 신발이고 다 /
> 年上といわず年下といわず 연상이든 연하든 모두

1 消防士は深夜といわず早朝といわず、要請があったら出動しなければならない。
소방관은 심야든 새벽이든 요청이 있으면 출동해야 한다.

2 彼らは子どもといわず大人といわず人気のあるアイドルグループだ。
그들은 어린아이며 어른이며 할 것 없이 인기 있는 아이돌 그룹이다.

3 自宅といわず電車といわず、スマホがあればどこでも勉強できる。
집이든 전철이든 할 것 없이 스마트폰만 있으면 어디서나 공부할 수 있다.

120 ～なら～で

의미 ～하면 ～한 대로 (어떤 상황에 대한 마음을 나타낸다)

접속 보통형(ナAだ / Nだ)+なら+보통형(ナAだ / Nだ)+で
Vた+たら+Vた+たで

> 忙しいなら忙しいで 바쁘면 바쁜 대로 /
> 暇なら暇で 한가하면 한가한 대로 /
> 行かなかったら行かなかったで 가지 않았다면 가지 않은 대로

1 行きたくないなら行きたくないで最初から言ってくれればよかったのに。
가기 싫으면 가기 싫다고 처음부터 말해 줬으면 좋았을 텐데.

2 背が高いなら高いで、大変なこともあるんだよ。
키가 크면 큰 대로 힘든 일도 있는 거야.

3 友達にドタキャンされたが、一人で行ったら一人で行ったで気楽に映画を楽しむことができた。
친구에게 갑자기 약속을 취소 당했지만, 혼자 가면 혼자 간 대로 마음 편히 영화를 즐길 수 있었다.

연습 문제 15회

問題5 次の文の（　　）に入れるのに最もよいものを、1・2・3・4から一つ選びなさい。

1　連続ドラマを見る（　　）見ていたら、気付いた頃には朝になっていた。
　　1　ともなく　　　2　ならまだしも　　3　ことなしに　　4　ものとして

2　雲の後ろに（　　）している満月を、海の音を聞きながら眺めていたい。
　　1　見えるだの見えないだの　　　　2　見えようか隠れまいか
　　3　見えるなり隠れるなり　　　　　4　見えつ隠れつ

3　休憩中（　　）、社長は社員を呼び出して仕事の話を始める。
　　1　といおうか休日といおうか　　　2　にたえず休日も
　　3　といわず休日といわず　　　　　4　ならいざしらず休日も

4　ずっと家で暇してるなら、掃除（　　）何か手伝ってくれてもいいんじゃないの。
　　1　するというか洗濯するというか　2　するなり洗濯するなり
　　3　と洗濯を兼ねて　　　　　　　　4　はおろか洗濯さえ

5　中田「もう少しでこの前のオーディションの合格発表だね！」
　　小林「まぁ、合格したら嬉しいけど、（　　）縁がなかったと思って他の道を考えるよ。」
　　1　落ちるか落ちないかのうちに　　2　落ちようが落ちまいが
　　3　落ちたが最後　　　　　　　　　4　落ちたら落ちたで

6　納得のいくまで、（　　）、やっと卒業論文を書き上げた。
　　1　書くなり捨て、書くなり捨て　　2　書きつ捨て、書きつ捨て
　　3　書くやら捨て、書くやら捨て　　4　書いては捨て、書いては捨て

7　キムさん（　　）、今日はみんな着飾ってどうしたんだろうか。
　　1　なりタオさんなり　　　　　　　2　であれタオさんであれ
　　3　といいタオさんといい　　　　　4　といおうかタオさんといおうか

8 自分がこんな失態を犯すなんて、情けない（　　　）、とにかくもう二度とこんな失敗をしないと決めた。
　1　といおうか惨めといおうか　　　2　のにひきかえ惨めで
　3　だの惨めだの　　　　　　　　4　かろうが惨めだろうが

9 休日（　　　）、夜10時までに寝るべきだ。
　1　やら平日やら　　　　　　　　2　というか平日というか
　3　であれ平日であれ　　　　　　4　なら平日で

10 はじめての息子が生まれるのを目前にして、夫は（　　　）落ち着かない。
　1　立つやら座り、座るやら立って　　2　立っては座り、座っては立って
　3　立つなり座り、座るなり立って　　4　立ちつ座り、座りつ立って

정답　1 1　2 4　3 3　4 2　5 4　6 4　7 3　8 1　9 3　10 2

問題6　次の文の＿★＿に入る最もよいものを、1・2・3・4から一つ選びなさい。

11　毎日テレビで流れる ＿＿＿ ★ ＿＿＿ ＿＿＿。
1　ともなく　　　　　　　　2　覚える
3　全部覚えてしまった　　　4　曲を聴いていたら

12　昨日の試合は、互いに ＿＿＿ ★ ＿＿＿ ＿＿＿ だったね。
1　試合　　　　　　　　　　2　抜きつ
3　白熱した　　　　　　　　4　抜かれつで

13　＿＿＿ ＿＿＿ ＿＿＿ ★ であれ、自分の意志ははっきり伝えるべきだ。
1　相手が年上　　　　　　　2　たとえ
3　であれ　　　　　　　　　4　上司

14　コンビニ弁当ばかり食べないで、自分で ＿＿＿ ＿＿＿ ★ ＿＿＿ は気を付けなさいね。
1　魚焼く　　　　　　　　　2　なりして
3　健康に　　　　　　　　　4　ご飯炊くなり

15　顔 ★ ＿＿＿ ＿＿＿ ＿＿＿ は本当に似ているとよく言われる。
1　といい　　　　　　　　　2　私と
3　弟　　　　　　　　　　　4　しゃべり方といい

| 정답 | 11 2(4213) | 12 4(2431) | 13 4(2134) | 14 2(4123) | 15 1(1423) |

16 경어

121 ～させていただく

의미　～하겠습니다 (상대방에게 감사·사죄의 마음을 나타낸다)

접속　Vない+(さ)せていただく

> 帰らせていただく　돌아가다 /
> 聞かせていただく　듣다 /
> お邪魔させていただく　실례하다
> ※しない → させていただく

1 すみません、事件の状況を聞かせていただけませんか。
　죄송합니다, 사건의 상황을 말씀해 주시겠습니까?

2 山田さんの送別会には私も参加させていただきます。
　야마다 씨의 송별회에는 저도 참가하도록 하겠습니다.

3 北海道にお越しになった際には私が案内させていただきます。
　홋카이도에 오시면 제가 안내해 드리겠습니다.

122 〜ていただく

의미 〜하시다 (상대방의 행동을 공손하게 말하는 방식)

접속 Vて+いただく

> 説明を聞いていただく　설명을 들으시다 /
> 文章を読んでいただく　문장을 읽으시다 /
> サインをしていただく　사인을 하시다

① これ以上騒ぎ続けるのでしたら、今すぐ退去し**ていただきます**。
이 이상 계속 소란을 피우시면 지금 당장 퇴거해 주셔야 합니다.

② 入社後は、東京本社での10日間の研修に参加し**ていただきます**。
입사 후에는 도쿄 본사에서 10일간 연수에 참가하게 됩니다.

③ こちらの資料を見**ていただく**とわかるように、売り上げが前年度より10%アップしています。
이 자료를 보시면 알 수 있듯이 매출이 전년도 대비 10% 증가했습니다.

123 お / ご〜願う

의미 〜해 주세요

접속 お / ご+N / Vます+願う

> お確かめ願う　확인해 주세요 /
> お引き受け願う　맡아 주세요 /
> ご変更願う　변경해 주세요

① 敷地内での喫煙は**ご遠慮願います**。
부지 내에서 흡연은 삼가 주시기 바랍니다.

② 質問等ございましたら、お気軽に**お電話願います**。
질문 등이 있으시면, 부담 없이 전화 주시기 바랍니다.

③ ご自宅に請求書をお送りいたしましたので、**お確かめ願います**。
댁으로 청구서를 보내 드렸으니 확인 부탁드립니다.

124 お / ご〜くださる

의미 〜해 주시다 (상대방이 해 준 것에 감사하다)

접속 お / ご+N / Vます+くださる

> お伝えくださる 알려 주시다 /
> お許しくださる 용서해 주시다 /
> ご利用くださる 이용해 주시다

1 本日はご来店くださり、誠にありがとうございます。
오늘 저희 매장을 방문해 주셔서 대단히 감사합니다.

2 遠いところわざわざお越しくださり、ありがとうございました。
먼 곳까지 일부러 와 주셔서 감사합니다.

3 最後までお読みくださり、誠に感謝いたします。
끝까지 읽어 주셔서 대단히 감사드립니다.

125 お / ご〜いただく

의미 〜해 주시다

접속 お / ご+N / Vます+いただく

> ご来店いただく (가게에) 방문해 주시다 /
> お集まりいただく 모여 주시다 /
> ご紹介いただく 소개해 주시다

1 本日は、お忙しい中お集まりいただき誠にありがとうございます。
오늘 바쁘신 와중에 모여 주셔서 대단히 감사합니다.

2 当館では、大自然の中でゆっくり温泉をお楽しみいただけます。
저희 여관은 대자연 속에서 여유롭게 온천을 즐기실 수 있습니다.

3 数には限りがございますので、ご理解いただきたく存じます。
수량이 한정되어 있으니 이해해 주셨으면 합니다

126 ～あがる

의미 가다 (겸양어)

예
お迎えにあがる = 迎えに行く 모시러 가다 /
お届けにあがる = 届けに行く 배달하러 가다

1 では、明日午前10時にお迎えにあがります。
그럼, 내일 오전 10시에 모시러 가겠습니다

2 ご注文いただきましたら、ご自宅までお届けにあがります。
주문해 주시면 댁까지 배달해 드리겠습니다.

127 ～召す

예
召し上がる = 食べる・飲む 드시다 /
お年を召す = 年をとる 나이를 드시다 /
お召し物 = 着ている服 복장 /
お気に召す = 気に入る 마음에 드시다

1 入口でお召し物をお預かりいたします。
입구에서 옷을 보관해 드립니다.

2 会長はお年を召しても経営に携わっておられました。
회장님은 연세가 드셔도 경영에 참여하셨습니다.

3 今後もお客様にお気に召していただけるようなサービスを提供してまいります。
앞으로도 고객님들이 만족하실 수 있는 서비스를 제공하겠습니다.

128 ～てございます

의미 ～되어 있습니다

접속 Vて＋ございます

> 準備してございます 준비되어 있습니다 /
> 用意してございます 마련되어 있습니다

1. あちらに冷たい飲み物を準備し**てございます**ので、お風呂上がりにぜひお召し上がりください。
   저쪽에 시원한 음료가 준비되어 있으니, 목욕 후에 꼭 드시길 바랍니다.

2. 会員カードは同意書と一緒に同封し**てございます**ので、ご確認ください。
   회원 카드는 동의서와 함께 동봉되어 있으니 확인 부탁드립니다.

3. 二階にお席を用意し**てございます**ので、こちらの階段をご利用ください。
   2층에 좌석이 준비되어 있으니 이쪽 계단을 이용해 주세요.

129 お越しになる

의미 오시다, 이사 오시다

1. 明日の午後、取引先の佐藤様が弊社へ**お越しになる**予定です。
   내일 오후에 거래처의 사토 씨가 저희 회사에 오실 예정입니다.

2. また京都へ**お越しになる**機会がございましたら、ぜひ当店にお立ち寄りください。
   교토에 또 오실 기회가 있으시면 꼭 저희 가게에 들러 주세요.

3. 先程お会いした村上さんは昨日、隣の家へ**お越しになった**そうです。
   조금 전에 만난 무라카미 씨는 어제 옆집으로 이사 오셨다고 합니다.

130 その節は

의미   그때는 (미래의 일에는 사용할 수 없고, 뒤에는 감사나 사죄를 나타내는 문장이 온다)

1 その節は大変お世話になりました。
그때는 정말로 신세를 많이 졌습니다.

2 その節はうちの息子がご迷惑をおかけし、申し訳ありませんでした。
그때는 우리 아들이 폐를 끼쳐서 죄송했습니다.

3 その節は急に伺ったにも関わらず丁寧に対応していただき、ありがとうございました。
그때는 갑자기 찾아뵀는데도 불구하고 친절히 응대해 주셔서 감사했습니다.

연습 문제 **16회**

問題5 次の文の（　　）に入れるのに最もよいものを、1・2・3・4から一つ選びなさい。

1. 本日弊社へ（　　）予定のお客様ですが、先ほど電話があり明日以降に日時を変更してほしいそうです。
   1 ちょうだいする　　　　　2 承る
   3 お越しになる　　　　　　4 お召しになる

2. 加藤「中野さん！車にはねられたんだって？連絡なしに会社を休むから心配してたんだよ。」
   中野「（　　）ご心配をおかけしました。先週無事に退院し、今日からまたお世話になります。」
   1 あいにく　　2 この際　　3 その度に　　4 その節は

3. 先程メールで送った資料に誤りがありましたので、再度資料を（　　）。
   1 お越しになります　　　　2 お見えになります
   3 送っていただきます　　　4 送らせていただきます

4. （役所で）
   提出書類に不備があると受理できませんので、不備がないようご準備（　　）。
   1 にあがります　　2 願います　　3 くださります　　4 申し上げます

5. 明日は午前9時から品川駅第一ホールで講演会の予定ですので、朝7時にご自宅に（　　）。
   1 迎えていただきます　　　2 お迎えにあがります
   3 お迎え願います　　　　　4 お迎え申し上げます

6. 今日から営業部に配属になった森です。営業の業務は未経験なので、（　　）幸いです。
   1 ご指導あがれば　　　　　2 ご指導願えば
   3 ご指導させていただければ　4 ご指導いただければ

[7] 講演会の衣装はご自身で手配（　　　）ことになっていますので、ご注意ください。
1　してくださる　　　　　　　　2　してさしあげる
3　させていただく　　　　　　　4　していただく

[8] 村田「確認したいことがあるんだけど、いい？電話したんだけど出ないから、席まで確認しに来たんだ。」
中本「（　　　）。すみません、気が付きませんでした。」
1　ご連絡くださったんですね　　　2　ご連絡あがっていたんですね
3　ご連絡してございます　　　　　4　ご連絡させていただいたんですね

[9] メールに会議資料を添付（　　　）ので、会議の前に必ずご覧ください。
1　してございます　　　　　　　2　して存じます
3　して願います　　　　　　　　4　して上がります

[10] こちらは北海道の特産品のメロンを使ったお菓子です。よろしければ、ご家族で（　　　）。
1　いただいてください　　　　　2　食べていただきます
3　召し上がってください　　　　4　お召しになってください

정답　[1] 3　[2] 4　[3] 4　[4] 2　[5] 2　[6] 4　[7] 4　[8] 1　[9] 1　[10] 3

問題6　次の文の＿★＿に入る最もよいものを、1・2・3・4から一つ選びなさい。

11　明日は食堂の従業員がいないため、昼食は＿＿＿　＿＿＿　＿＿＿　★＿＿　なります。
　　1　各自で　　　　　　　　　　　　2　用意
　　3　ことに　　　　　　　　　　　　4　していただく

12　恐れ入りますが、ご提案　★＿＿　＿＿＿　＿＿＿　＿＿＿。
　　1　となっております　　　　　　　2　定休日
　　3　くださった　　　　　　　　　　4　日時は

13　オンライン決済サービスにお申し込み＿＿＿　＿＿＿　＿＿＿　★＿＿　願います。
　　1　ご確認　　　　　　　　　　　　2　前に
　　3　いただく　　　　　　　　　　　4　利用規約を

14　本日はあいにくの＿＿＿　＿＿＿　＿＿＿　★＿＿、ありがとうございます。
　　1　お集まり　　　　　　　　　　　2　いただき
　　3　私達の結婚披露パーティーに　　4　雨の中

15　感染症拡大に伴い、来月に＿＿＿　★＿＿　＿＿＿　＿＿＿　になりました。
　　1　予定していた　　　　　　　　　2　延期させていただく
　　3　こと　　　　　　　　　　　　　4　イベントを

정답　11　3(1243)　12　3(3421)　13　1(3241)　14　2(4312)　15　4(1423)

問題7 次の文章を読んで、文章全体の趣旨を踏まえて、16 から 20 の中に入る最もよいものを、1・2・3・4から一つ選びなさい。

天気がいいから、散歩しましょう

　秋が過ぎ、冬が深まってくると、なんだかもの悲しい気分になる、ということはありませんか。毎朝、6時ごろに起きてもまだ外は夜のように暗く、16、なんだか憂鬱な気分になってしまいます。

　「冬季うつ」という言葉を知っていますか。冬季の日照時間が短縮するにつれて、気分が落ち込み、うつ病とは 17、うつのような状態になる人が少なくないそうです。

　実は、精神状態と日照時間は、深い関わりがあると言われています。というのも、私たち人間の気分を左右するのはセロトニンという脳内伝達物質です。セロトニンは、ストレスに対して効能があり、気持ちをポジティブにし、精神安定剤のような働きをすることから、「幸せホルモン」と呼ばれています。日光を浴びると、目から入った光が、セロトニンを分泌させます。うつ病は脳内のセロトニンが欠乏することが一因だと考えられています。

　日照時間が短くなると、日光を浴びる時間も 18 減少し、このセロトニンの分泌も少なくなるわけです。セロトニンが不足すると、憂鬱な気分になったり、慢性的なストレスや疲労感が増したりするのです。毎年冬になると憂鬱になるのはこのせいです。

　日照時間が短くて憂鬱な気分になってしまう人は、光を浴びれば改善します。「天気がいいから、散歩しましょう」というのは理にかなっているのです。(注1)

　しかし、日照時間が短い冬に、陽の光を十分に浴びられない時はどうしたらよいのでしょうか。外を散歩しても天気が良くない…と、絶望する 19。

　セロトニンの分泌を促すには、日光浴だけでなく、他の方法もあります。その一つに、リズミカルな運動によってセロトニンが活性化されるというものがあります。リズミカルな運動といっても、激しい運動をする必要はなく、最も基本的なリズム運動としては歩く、食べるときの咀嚼(注2)、意識的な呼吸などがあります。

　「幸せホルモン」を分泌させるには 20、陽の光を浴びる、食べる、歩く、息を吸うなど、生きている中で本当に基本的なことが大切だったんですね。

(注1) 理にかなう：理屈・道理に合う
(注2) 咀嚼：食べ物を歯でかむこと

16
1 寂しくては、悲しくては
2 寂しいといい、悲しいといい
3 寂しいであれ、悲しいであれ
4 寂しいといおうか、悲しいといおうか

17
1 いかないでもなく
2 いかずにはおけなく
3 いかないまでも
4 ないものか

18
1 当然のごとく　　2 当然めいて　　3 当然なりに　　4 当然ともなく

19
1 にたえません
2 にはあたりません
3 に越したことはありません
4 にかたくありません

20
1 言わないでもない
2 言うにしたところで
3 言わんばかりに
4 言うまでもなく

정답　16　4　　17　3　　18　1　　19　2　　20　4

제3장

독해

01 독해 풀이 요령

문제 형식은 모두 여섯 종류입니다. (문제 수는 변동될 가능성이 있습니다.)

문제 8	내용 이해 (단문)	4문제
문제 9	내용 이해 (중문)	9문제
문제 10	내용 이해 (장문)	4문제
문제 11	통합 이해 (AB 문제)	2문제
문제 12	주장 이해 (장문)	4문제
문제 13	정보 검색	2문제

1 문제를 읽는다

우선 문제가 무엇인지를 확인합니다. 문제의 종류는 세 가지가 있습니다.

1. 필자의 주장과 알맞은 것을 묻는 문제
2. 원인이나 이유를 묻는 문제 (~은 왜인가?)
3. 내용을 묻는 문제 (~이란 무엇인가?, ~이란 어떠한 것인가?)

2 본문을 읽고 흐름을 이해한다

문장은 다음 세 가지 '관계'로 되어 있습니다.

1. 동일 관계   A = B   A와 B가 동일
2. 반대 관계   A ↔ B   A와 B가 반대
3. 이유·결과 관계   A → B   A니까 B

1 동일 관계 A = B

> **예** 私が勉強している言語(A)は日本語(B)です。

私が勉強している言語(A)　=　日本語(B)

이 문장에서 '내가 공부하고 있는 언어'와 '일본어'는 동일한 관계입니다.

2 반대 관계 A ↔ B

> **예** 日本語を勉強していました。(A)
> でも今は、日本語を勉強していません。(B)

日本語を勉強していました。(A)　↔　日本語を勉強していません。(B)

두 문장 '일본어를 공부했습니다'와 '일본어를 공부하고 있지 않습니다'는 반대 관계입니다.

3 이유·결과 관계 A → B

> **예** 私は日本語を毎日勉強しています。(A)
> だから、日本語が得意です。(B)

私は日本語を毎日勉強しています。(A) 　이유

↓

日本語が得意です。(B) 　결과

두 문장 '나는 일본어를 매일 공부하고 있습니다'와 '일본어를 잘합니다'는 이유와 결과 관계입니다.

동일 관계, 반대 관계, 이유·결과 관계에 기초하여 문장과 문장, 단락과 단락의 관계를 이해하는 것이 가장 중요합니다.

그럼, 실제 독해 문제와 같은 형식을 살펴보겠습니다. 이 세 가지 관계는 '단어', '문장', '단락'에서도 적용할 수 있습니다.

동일 관계

● **단어를 찾는다 A = B**

スマホ(A)の普及により、人々の生活はとても便利になりました。この便利な四角い箱(B)の登場によって、遠く離れた友人の声を聞き、新しい情報を手に入れることは、とても簡単になりました。

● **문장을 찾는다 A = B**

スマホの普及により生活が便利になっただけでなく、私たちはもうスマホがないと生活ができない(A)ようになりました。仕事の連絡、語学の勉強、歯医者の予約、生活の全てをスマホに頼っています(B)。

● **단락을 찾는다 A = B**

スマホの普及により、人々の生活はとても便利になりました。どこにいても友達と連絡をとることができるし、わからないことはいつでも調べることができるようになりました。(A)
この便利な四角い箱の登場によって、遠く離れた友達の声を聞き、新しい情報を手に入れることは、決して難しいことではなくなったのです。(B)

※ A와 B가 동일 관계가 되는 이유

1) 어디에 있든 친구와 연락할 수 있다. = 멀리 떨어져 있는 친구의 목소리를 들음
2) 모르는 것은 언제든지 알아볼 수 있다.
   = 새로운 정보를 입수하는 것은 결코 어렵지 않게 됐다.

반대 관계

● 단어를 찾는다 A ↔ B

> スマホ(A)の普及により、人々の生活はとても便利になりました。**その一方で**、いつでもメールを送ることができるため、手紙(B)はどんどん必要なくなってきています。

● 문장을 찾는다 A ↔ B

> スマホの普及により生活が便利になっただけでなく、私たちはもうスマホがないと生活ができないようになりました(A)。**しかし**、家族そろって楽しく食事をする時間には、スマホは全く必要のないものです(B)。

● 단락을 찾는다 A ↔ B

> スマホの普及により、人々の生活はとても便利になりました。どこにいても友達と連絡をとることができるし、わからないことはいつでも調べることができるようになりました。(A)
> しかし、今までよく使われていたものが世の中からなくなりました。街中から電話ボックスが消え、紙の辞書を使って勉強する学生もほとんどいなくなってしまったのです。(B)

이유·결과 관계

● 단어를 찾는다 A → B

※ '이유·결과 관계'는 단어에서는 해당되지 않습니다.

● 문장을 찾는다 A → B

> 2010年頃から、スマホの普及と共にアプリの開発も急速に進みました(A)。そのため友達と連絡を取り合うこと、おもしろい映画を観ること、コンビニでお金を払うこと、いろんなことがスマホ一つでできるようになりました(B)。

● 단락을 찾는다 A → B

> 1990年頃からインターネットが急速に普及しました。同時に、パソコンやスマホなどのデバイスも数多く開発されてきました。(A)
> それによって、在宅勤務という新しい働き方が生まれました。ネット上で資料を共有し、ビデオ通話で会議をするという働き方が、当たり前になりつつあります。(B)

3 잘못된 선택지 3개를 찾는다

문제에 대한 올바른 선택지를 찾는 것이 아니라 잘못된 선택지 3개를 본문의 내용과 비교하면서 찾는 것이 중요합니다. 잘못된 선택지에는 이러한 것이 있습니다.

1 본문에서 말하지 않은 것

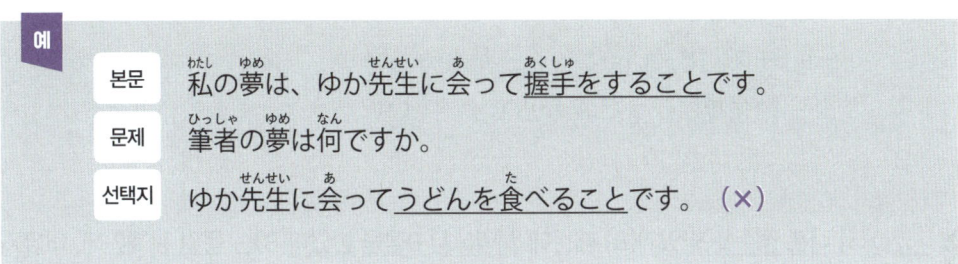

※ 본문에서 우동을 먹는 것이라고는 하지 않았습니다.

2 본문에서 말한 것이 선택지에서 빠져 있다

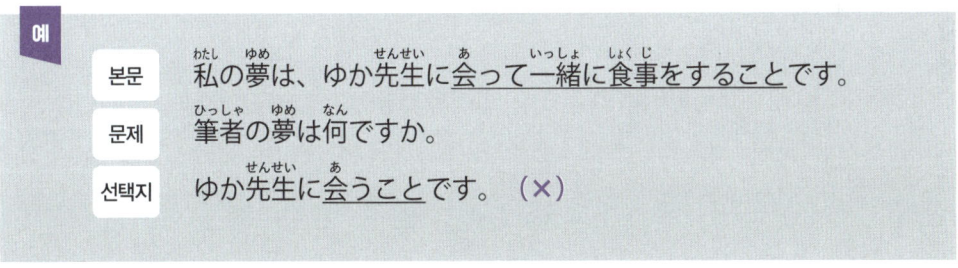

※ 본문에서는 같이 식사하는 것이 중요한 내용입니다.

3 잘못된 것이 반복되는 것

'A이기 때문에 B'인데 'B이기 때문에 B'와 같이 잘못된 것을 찾아야 합니다.

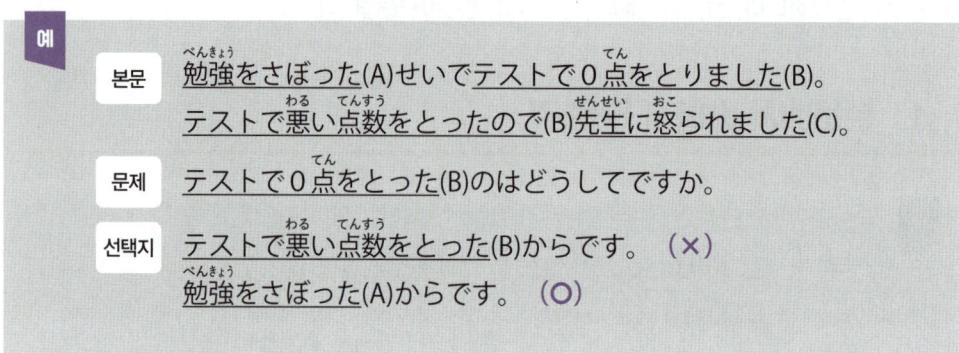

※ 시험에서 나쁜 점수를 받았기(B) 때문에 시험에서 0점을 받았다(B)는 동일 관계인데, 이유처럼 말하고 있습니다. 따라서 이것은 잘못된 것입니다.

4 풀이 방법의 예

예1

　スマホの普及により人々の生活はとても便利になりました。どこにいても、誰とでも連絡を取り合うことができるようになり、わからないことをいつでも調べ、情報を発信することも簡単にできるようになりました。遠く離れた友人の声を聞いたり、新しい情報を手に入れ、自分の考えを発信することは、決して難しいことではなくなったのです。

筆者はスマホについてどのように述べているか。
1　スマホの普及により、人々の生活は不便になった。
2　スマホの普及により人々の生活は便利になり、生産性も向上した。
3　スマホの普及により、人々の生活は便利になった。
4　スマホの普及により、新しい情報を手に入れることは難しくなくなった。

예1 풀이 방법

① 문제를 읽는다

이 문제에서 무엇을 묻는지 머릿속으로 파악합니다.

예1에서는 '필자는 스마트폰에 대해 어떻게 말하고 있는가?'를 묻고 있습니다.

② 본문을 읽고 흐름을 이해한다

> スマホの普及により人々の生活はとても便利になりました。どこにいて
> 〔스마트폰에 의해 생활은 편리해졌다〕
> も、誰とでも連絡を取り合うことができるようになり、わからないことをい
> 〔스마트폰에 의해 생활은 편리해졌다 : 동일 관계〕
> つでも調べ、情報を発信することも簡単にできるようになりました。遠く離
> 〔스마트폰에 의해 생활은 편리해졌다 : 동일 관계〕
> れた友人の声を聞いたり、新しい情報を手に入れ、自分の考えを発信するこ
> 〔스마트폰에 의해 생활은 편리해졌다 : 동일 관계〕
> とは、決して難しいことではなくなったのです。

본문을 정리하면 '스마트폰이 보급되면서 사람들의 생활은 매우 편리해졌습니다'입니다.

③ 잘못된 선택지 3개를 찾는다

筆者はスマホについてどのように述べているか。

1　スマホの普及により、人々の生活は不便になった。（✗）
　　〔'불편해졌다'고는 하지 않았다.〕

2　スマホの普及により人々の生活は便利になり、生産性も向上した。（✗）
　　〔'생산성도 향상되었다'고는 하지 않았다.〕

3　スマホの普及により、人々の生活は便利になった。（○）

4　スマホの普及により、新しい情報を手に入れることは難しくなくなった。（✗）
　　〔'자기 생각을 전하는 것도 어렵지 않게 되었다'는 것이 빠졌다.〕

예2

1990年頃からインターネットが急速に普及しました。同時に、パソコンやスマホなどのデバイスも数多く開発されてきました。それによって、在宅勤務という新しい働き方が生まれました。ネット上で資料を共有し、ビデオ通話で会議をするという働き方が、当たり前になりつつあります。

本文の内容として正しいものはどれか。
1 新しい働き方が生まれたことによって、インターネットが急速に普及した。
2 インターネットや新しいデバイスの普及によって、人々の生活は便利になった。
3 インターネットや新しいデバイスの普及によって、新しい働き方が生まれた。
4 ビデオ会議の流行により、在宅勤務という新しい働き方が生まれた。

예2 풀이 방법

① 문제를 읽는다

이 문제에서 무엇을 묻는지 머릿속으로 파악합니다.

예2에서는 '본문의 내용으로 올바른 것은 어느 것인가?'를 묻고 있습니다.

② 본문을 읽고 흐름을 이해한다

> <u>1990年頃からインターネットが急速に普及しました</u>。同時に、パソコンや
> 〔이유〕
> スマホなどのデバイスも数多く開発されてきました。
> 〔이유〕
> それによって、在宅勤務という<u>新しい働き方が生まれました</u>。ネット上で
> 〔결과〕
> <u>資料を共有し、ビデオ通話で会議をするという働き方</u>が、当たり前になりつ
> 〔새로운 업무 방식이 생겨났습니다 : 동일 관계〕
> つあります。

본문을 정리하면 '인터넷의 보급'과 '디바이스의 개발'로 인해 '새로운 업무 방식이 생겨났습니다.'입니다.

③ 잘못된 선택지 3개를 찾는다

本文の内容として正しいものはどれか。

1 <u>新しい働き方が生まれたことによって、インターネットが急速に普及した</u>。(✗)
   〔이유와 결과가 반대〕

2 インターネットや新しいデバイスの普及によって、人々の<u>生活は便利になった</u>。(✗)
   〔'생활은 편리해졌다'고는 하지 않았다.〕

3 インターネットや新しいデバイスの普及によって、新しい働き方が生まれた。(〇)

4 <u>ビデオ会議の流行</u>により、在宅勤務という新しい働き方が生まれた。(✗)
   〔이유로서 '화상 회의의 유행'이라고는 하지 않았다.〕

例3

民主主義とは何かを考えよう。
全ての国民が自分たちの意見を政治に反映し、それに基づいて国の運営を決めることであるが、実際人口の壁があることにより、直接自分の意見を反映することができない。
国民は直接自分の意見を反映させることができないため、選挙で国会議員を選び、その議員に自分たちの意見を伝える。その後、国会議員は国民の意見に基づいて、案件を決め、実行する。
その実行ぶりや結果を見て、国民たちは自分たちの意見が反映されていることがわかり、民主主義が守られていると実感する。

民主主義が守られていると実感すると書いてあるが、それはなぜか。
1 国民は直接自分の意見を反映させることができないから
2 人口という現実の壁があるから
3 民主主義が成り立っていると感じているから
4 国会議員が国民の意見にそって政治を行うから

예3 풀이 방법

① 문제를 읽는다

이 문제에서 무엇을 묻는지 머릿속으로 파악합니다.

예3에서는 '민주주의가 지켜지고 있음을 실감한다고 하는데 그것은 왜인가?'를 묻고 있습니다.

② 본문을 읽고 흐름을 이해한다

民主主義とは何かを考えよう。
　全ての国民が自分たちの意見を政治に反映し、それに基づいて国の運営を決めることであるが、実際人口の壁があることにより、直接自分の意見を反映することができない。
　国民は直接自分の意見を反映させることができないため、選挙で国会議員を選び、その議員に自分たちの意見を伝える。その後、国会議員は国民の意見に基づいて、案件を決め、実行する。
　その実行ぶりや結果を見て、国民たちは自分たちの意見が反映されていることがわかり、民主主義が守られていると実感する。

본문을 정리하면 '직접 자기 의견을 반영할 수 없기 때문에 선거로 국회 의원을 뽑는다. 국회 의원이 국민의 의견을 바탕으로 안건을 결정하고 실행하므로 민주주의가 지켜지고 있음을 실감한다.'입니다.

③ 잘못된 선택지 3개를 찾는다

民主主義が守られていると実感すると書いてあるが、それはなぜか。

1　国民は直接自分の意見を反映させることができないから（✗）
　　　　　　　　　　　　　　　　　'민주주의가 지켜지고 있음을 실감한다'의 이유는 아니다.

2　人口という現実の壁があるから（✗）
　　'민주주의가 지켜지고 있음을 실감한다'의 이유는 아니다.

3　民主主義が成り立っていると感じているから（✗）
　　잘못된 것이 반복되고 있다.

4　国会議員が国民の意見にそって政治を行うから（〇）

02 연습 문제

8 내용 이해 (단문)

문제8에서는 단문(200자 정도)의 지문을 읽습니다. 그리고 그 내용 또는 필자의 주장에 대한 문제가 출제됩니다. 내용 이해(단문)는 총 4개의 지문에 문제가 각 1개씩 나옵니다.

問題8 次の（1）から（4）の文章を読んで、後の問いに答えとして最もよいものを、1・2・3・4から一つ選びなさい。

（1）
　ビジネスの世界では、インターネット上で自社の商品を宣伝し販売することが、もはや常識となっている。インターネットを利用すれば売り上げが向上する、というレベルの話ではない。使いこなせなければ、市場からの撤退を余儀なくされるということだ。今の時代、新商品の企画会議をする暇があったら、インターネットを使った販売促進について考えるべきだろう。

1　ビジネスの世界について、筆者はどう考えているか。
　1　企業の販売促進によって、商品の価値が向上する。
　2　企業の販売促進は、インターネットなくして成立することはない。
　3　新商品の企画会議は、商品の価値を向上させるために不可欠だ。
　4　新商品の企画によって、インターネット販売を促進しなければならない。

해설

1 ビジネスの世界について、筆者はどう考えているか。

1 企業の販売促進によって、商品の価値が向上する。
　　'상품의 가치가 향상된다'고는 하지 않았다.

2 企業の販売促進は、インターネットなくして成立することはない。

3 新商品の企画会議は、商品の価値を向上させるために不可欠だ。
　　'상품의 가치를 향상시키기 위해 필수적이다'라고는 하지 않았다.

4 新商品の企画によって、インターネット販売を促進しなければならない。
　　'신상품 기획에 따라'라고는 하지 않았다.

정답　1 2

(2)
　茶道の作法で重要なことは、心にゆとりを持ち、相手を敬うことだ。お茶会の主人は季節に合わせて茶碗や美しい花を用意し、濃く苦いお茶を飲む前の食事やお菓子を提供し、丁寧にお茶を点てる(注)。その一連の動作の一つ一つは相手を敬う気持ちを表しており、お茶会に集まる人々が心を通わせ、繋がりを深化させ、なごやかに結びつくのに役立っているのである。

（注）お茶を点てる：お茶を用意する

1　筆者は、茶道の作法の意義は何だと述べているか。
　1　茶道の作法にしたがうことで、お茶の味を楽しむこと
　2　季節ごとにお茶会を開くことで、なごやかな関係が生まれること
　3　丁寧に作ったお茶やお花を提供することで、相手を敬う気持ちを持てること
　4　相手に敬意をもった行動をすることで、心が通じ合った状態になること

해설

1　筆者は、茶道の作法の意義は何だと述べているか。

1　茶道の作法にしたがうことで、お茶の味を楽しむこと

2　季節ごとにお茶会を開くことで、なごやかな関係が生まれること

3　丁寧に作ったお茶やお花を提供することで、相手を敬う気持ちを持てること

4　相手に敬意をもった行動をすることで、心が通じ合った状態になること

※ "그 일련의 동작 하나하나는 상대방을 공경하는 마음을 나타내고 있으며, 다도회에 모이는 사람들의 마음이 서로 통하게 하고 관계를 심화시켜 화목하게 인연을 맺는 데 도움이 되는 것이다." 라고 했으므로 4번이 정답이다.

정답　1　4

(3)

　「やりがい」は、時に危険な言葉になります。働く目的は人によって様々ですが、労働に対する対価が妥当なものかを私たちは常に考える必要があります。特に若いうちは「成長のため」と言って、力の限りがむしゃらに働き続けてしまう人もいます。本当にそう思っているなら構わないのですが、会社という組織にそう思わされている場合も多いのではないでしょうか。自分の大切な「やりがい」を組織に搾取されないためにも、給料や待遇についてシビアな目線を持つことは大切だと思います。

（注1）やりがい：それをする価値
（注2）がむしゃらに：他のことを考えないで一つのことに集中して

1　この文章で筆者が言いたいことは何か。
　1　「やりがい」のために働くことは、若いうちにしかできない特別なことだ。
　2　組織に「やりがい」を搾取されないために、成長を続けなければならない。
　3　自分の働きに見合った給料をもらえているか、厳しく考えることが大切だ。
　4　妥当な給料をもらうために、若いうちは力の限りがむしゃらに働き続けるべきだ。

해설

1 この文章で筆者が言いたいことは何か。

1 「やりがい」のために働くことは、若いうちにしかできない特別なことだ。
2 組織に「やりがい」を搾取されないために、成長を続けなければならない。
3 自分の働きに見合った給料をもらえているか、厳しく考えることが大切だ。
4 妥当な給料をもらうために、若いうちは力の限りがむしゃらに働き続けるべきだ。

※ "보수나 대우에 대해 엄격한 시선을 가지는 것이 중요하다고 생각합니다."라고 했으므로 3번이 정답이다.

정답 1 3

(4)

　異常気象や過労死、食品ロスなど、現在の日本が抱えている問題は複数存在しているが、その中でも早急に対応が必要なのは少子高齢化問題である。女性の社会進出や晩婚化が少子高齢化の原因であるという説もあるが、実際のところ原因を一つに絞ることは困難で、複数の原因が重なって起こる現象なのだ。いずれにせよ、現状のままでは若者の社会保障の負担が重くなり、子育てどころではなくなり、少子化に拍車がかかるだろう。この局面を乗り越えるためには、早急に何か手を打たなければならない。

(注1) 過労死：働きすぎや仕事のストレスによって死亡すること

(注2) 晩婚化：平均初婚年齢が高くなること

(注3) 拍車がかかる：物事の変化がさらに早くなる

(注4) 手を打つ：対策を実行する

1　筆者は、日本が抱える少子高齢化問題についてどのように考えているか。

　1　何か対策を立てなければ、子育てをすることが一段と難しくなり問題も深刻化する。

　2　問題を解決するためには、複数存在する問題の原因をすべて把握する必要がある。

　3　社会保障の負担が増えることで、若者はより積極的に子育てをすることができる。

　4　社会で活躍する女性の増加と若者の未婚率の高まりが主な原因となっている。

해설

1 筆者は、日本が抱える少子高齢化問題についてどのように考えているか。

1 何か対策を立てなければ、子育てをすることが一段と難しくなり問題も深刻化する。
2 問題を解決するためには、複数存在する問題の原因をすべて把握する必要がある。
　　'모두 파악할 필요가 있다'고는 하지 않았다.
3 社会保障の負担が増えることで、若者はより積極的に子育てをすることができる。
　　'젊은이는 더 적극적으로 육아를 할 수 있다'고는 하지 않았다.
4 社会で活躍する女性の増加と若者の未婚率の高まりが主な原因となっている。
　　'주된 원인이 되고 있다'고는 하지 않았다.

정답　1 1

9　내용 이해 (중문)

문제9에서는 중문(500자 정도)의 지문을 읽습니다. 그리고 그 내용, 필자의 주장, 원인이나 이유에 대한 문제가 출제됩니다. 내용 이해(중문)는 총 3개의 지문에 문제가 각 3개씩 나옵니다.

問題9　次の（1）から（3）の文章を読んで、後の問いに対する答えとして最もよいものを、1・2・3・4から一つ選びなさい。

（1）

　近年のわが国では、育児の際に、危険と思われるあらゆるものは避けられ、安全性の高い物や行動が求められる傾向がある。外に出れば、「危ないからやめなさい」と叫ぶ親の声を聞くことも少なくないだろう。子どもの安全を守ることは確かに重要なことである。育児本でおすすめの遊び方として紹介されるものは、必ずけがなどの心配がない安全性に配慮したものだ。さらに、最近は口にしても大丈夫な天然素材で作られたおもちゃなど、安全性の高い製品も増えている。幼児期の遊びは脳を育てる役目も担っているが、その安全さは実のところ、<u>自身に及ぶ危険を察知する能力が身に付くのを妨げる恐れがある。</u>

　安全なものとそうでないものがあれば、親は当然安全な方を選びたくなるだろう。しかし、結果的に成功であれ失敗であれ、経験したことは、そのままその子の指標になるのだ。このくらいの力を使うとこのくらいのけがになる、これはできるけどあれはできない、というようなことは自分で経験して初めてわかるのである。

　しかし、身体が大きくなればその分リスクもともなう。だからこそ幼い子どもに真に必要な教育とは、自身の痛みを知り、今後そのようなことが自身や周りの人へ及ばないよう、注意できるような能力をつけさせることである。そして、そのような教育を受けた子どもたちには、様々な物事に挑戦したり、工夫して物事に取り組んだりするなどの特徴も見受けられるという。

[1] 近年のわが国の育児について、筆者はどのように述べているか。
　1　室内だけで安全に遊ばせることが求められている。
　2　口にしても問題ないおもちゃの利用が強いられている。
　3　親は大声をあげて叱ることを控えている。
　4　安全性に問題がないことが重要視されている。

[2] 自身に及ぶ危険を察知する能力が身に付くのを妨げる恐れがある。とあるが、なぜか。
　1　身をもって体感しなければ、自分の力は測れないから
　2　安全性の低いものを区別しようとしなくなるから
　3　子どもの指標だけで安全性を測ることはできないから
　4　安全性の高いものは選ばれやすいが、リスクがないとは言い切れないから

[3] 筆者が言いたいことは何か。
　1　安全性の低い物も、子どもに与えなければならない。
　2　自身の幼児期の経験を踏まえ、自力で身を守れるようになることが重要だ。
　3　子どもへの危険を知ることが、本当の教育につながる。
　4　子どもの身を守るために、より安全性の高い物を選択する必要がある。

해설

1 近年のわが国の育児について、筆者はどのように述べているか。

1 室内だけで安全に遊ばせることが求められている。
  '실내에서만'이라고는 하지 않았다.

2 口にしても問題ないおもちゃの利用が強いられている。
  '강요되고 있다'고는 하지 않았다.

3 親は大声をあげて叱ることを控えている。
  언급하지 않은 내용이다.

4 安全性に問題がないことが重要視されている。

2 自身に及ぶ危険を察知する能力が身に付くのを妨げる恐れがある。とあるが、なぜか。

1 身をもって体感しなければ、自分の力は測れないから
2 安全性の低いものを区別しようとしなくなるから
3 子どもの指標だけで安全性を測ることはできないから
4 安全性の高いものは選ばれやすいが、リスクがないとは言い切れないから

※ "'이 정도의 힘을 사용하면 이 정도의 상처를 입는다, 이것은 할 수 있지만 저것은 할 수 없다'라고 하는 것은 스스로 경험해야 비로소 알 수 있는 것이다."가 이유이므로 1번이 정답이다.

3 筆者が言いたいことは何か。

1 安全性の低い物も、子どもに与えなければならない。
　　'아이에게 줘야 한다'고는 하지 않았다.

2 自身の幼児期の経験を踏まえ、自力で身を守れるようになることが重要だ。

3 子どもへの危険を知ることが、本当の教育につながる。
　　'아이에 대한 위험을 아는 것이'라고는 하지 않았다.

4 子どもの身を守るために、より安全性の高い物を選択する必要がある。
　　'보다 안정성이 높은 물건을 선택할 필요가 있다'고는 하지 않았다.

정답　1 4　2 1　3 2

(2)

　これは、これから論文を書く人に向けて書かれた文章である。

　論文は他の文書とは異なる、特有の性質を持っている。それは、全ての論文は研究によって得た新たな知見(注1)を公に発表することを目的として書かれているということであり、論文を書く者はまずその論文特有の性質を理解した上で書き始めなければならない。

　人々に研究の成果やそれに至るプロセス、用いられた手法を明確に伝えるために論文は構成が定まっており、それに準じて研究を進めることで、研究活動自体もスムーズに行うことができる。

　実際に研究を始めるにあたり、研究する分野において未知の事象があれば自分なりの仮説を立てる。あるいは、既にある定説(注2)に対し疑問を呈し、自分なりの答えを提示する。いずれにしても、このような問題提起を行うことがわれわれの研究の出発点となるのだ。

　そうしたプロセスを経ることによって、研究の道筋が明らかになる。つまり、研究手段や研究プロセスを定めるのが容易になるということだ。そのような前提があってはじめてわれわれは研究活動を行うことができ、それによって得た知見を論文という形で残すことができるのである。その結果物である論文は不特定多数の人に向けて書かれる文書であるが、書面にある情報だけで読み手に正確に内容を伝えなければならない。だからこそ、読み手が誰であるかに左右されず、読み手が常に同じ結論に達するように書かれるべきなのだ。そして、その導き出された結論は誰もが納得できる内容である必要があるのだ。論文が他の文書とは異なり、前提から結論まで客観的な根拠を示しながら順序立てて書かれているのはこのような意味があるからなのである。

（注1）知見：知識のこと
（注2）定説：正しいと認められている考え

1 筆者によると、これから論文を書く人はまずどうすべきか。
　1　論文の意図は研究の成果を公にすることだと把握しておく必要がある。
　2　論文ならではの性質について文書に明確に記述しなければならない。
　3　有益な情報を発表するために書かれていることを理解しなければならない。
　4　論文を書くことで他とは異なる知見が得られることを知っておく必要がある。

2 そうしたプロセスを経るとはどうすることか。
　1　論文の構成に沿って円滑に研究活動を行う。
　2　課題とされていることに対し解決策を提示する。
　3　研究の手段や過程を定め、効率よく成果を得る。
　4　課題を見つけ、自分なりに答えを設定する。

3 論文について、筆者の考えに合うのはどれか。
　1　研究活動では伝えられない客観的な根拠を書面に残すためにある。
　2　書面に書かれている正確な情報を順序立ててまとめなおしたものだ。
　3　読み手次第で様々な解釈ができるところが他の文書と異なる点だ。
　4　読み手が誰であろうと解釈が一致する文書でなければならない。

해설

1 筆者によると、これから論文を書く人はまずどうすべきか。

1 論文の意図は研究の成果を公にすることだと把握しておく必要がある。
2 論文ならではの性質について文書に明確に記述しなければならない。
3 有益な情報を発表するために書かれていることを理解しなければならない。
4 論文を書くことで他とは異なる知見が得られることを知っておく必要がある。

※ "모든 논문은 연구를 통해 얻은 새로운 식견을 공개적으로 발표하는 것을 목적으로 쓰여 있는 것이며, 논문을 쓰는 사람은 우선 그 논문 특유의 성질을 이해한 후에 쓰기 시작해야 한다."라고 했으므로 1번이 정답이다.

2 そうしたプロセスを経るとはどうすることか。

1 論文の構成に沿って円滑に研究活動を行う。
2 課題とされていることに対し解決策を提示する。
3 研究の手段や過程を定め、効率よく成果を得る。
4 課題を見つけ、自分なりに答えを設定する。

※ "실제로 연구를 시작할 때 연구하는 분야에서 미지의 사실이나 현상이 있으면 자기 나름대로 가설을 세운다. 혹은 이미 존재하는 정설에 대해 의문을 제기하고 자기 나름의 답을 제시한다."라고 했으므로 4번이 정답이다.

③ 論文について、筆者の考えに合うのはどれか。

1 研究活動では伝えられない客観的な根拠を書面に残すためにある。
   '연구 활동에서는 전달할 수 없는'이라고는 하지 않았다.

2 書面に書かれている正確な情報を順序立ててまとめなおしたものだ。
   '정확한 정보'라고는 하지 않았다.

3 読み手次第で様々な解釈ができるところが他の文書と異なる点だ。
   '읽는 사람에 따라 다양한 해석을 할 수 있는'이라고는 하지 않았다.

4 読み手が誰であろうと解釈が一致する文書でなければならない。

정답 1 1   2 4   3 4

(3)

　限られた範囲の中で、気持ちを込め丁寧に文字を連ねる。何の前触れもなく届くメッセージに心が温まり、相手がいつ手紙を受け取ったかさえすぐに知ることができないもどかしさも含め、手紙の良さなんだと今なら理解できる。さて、最後に手紙を書いたのはいつだろう。最近では手紙を出す人の数がぐっと減ってしまったのではないだろうか。①私の子供時代は「年賀状」という文化がまだ盛んだった。新年の挨拶をするという名目(注)で、とにかくたくさんの人にはがきを送るというものだ。年賀状を書くのはかなり面倒な作業であったが、同時に正月を彩る重要な行為でもあった。

　インターネットが発達し②コミュニケーションのオンライン化が進んだことにより、年賀状の文化は一気に衰退していった。正月に100枚以上の年賀状を出していた人も、今ではメールで「おめでとう」と乾いた挨拶をするだけの世の中になってしまったようだ。

　昔は、「あの人、最近どうしているかな」という空白を埋める役割を年賀状が担っていた。しかし今の時代はそんな疑問を感じる前に、いつでもメッセージを送って近況報告ができる。さらにSNSの投稿によってうるさいほど互いの近況を知らせ、知らされる。インターネットの登場は「空白」を人々から奪う結果となった。

　一方で、子供時代を振り返ると意味のない手紙を送り合っていたことを思い出す。「今日一緒に帰ろう」「授業が眠かった」など、情報としての価値がほとんどない内容を、今目の前にいる友達に手渡ししていた。これは先ほどの私の主張とは矛盾している。子供時代、私たちの間には「空白」はなかった。にもかかわらず「手紙」のやりとりが盛んに行われていたのだ。手紙はただのコミュニケーションツールにとどまらず、ギフトのような側面も持ち合わせているのかもしれない。

（注）名目：表面上の理由

1 ①私の子供時代とあるが、この時代の年賀状とはどのようなものだったか。
1 多くの人が送らなくなってしまった、時代遅れのもの
2 新年の挨拶として、毎年必ず送り合わなければならないもの
3 とてもわずらわしいが、正月を祝うためにはとても大切なもの
4 あまり親しくない相手にも、連絡するきっかけを与えてくれるもの

2 ②コミュニケーションのオンライン化によって、どのような変化が起きたか。
1 新年の挨拶のために、100枚の年賀状を簡単に早く届けることができるようになった。
2 空いている時間に、少しずつ相手のことを知ることができるようになった。
3 相手の近況を知ることが難しく、挨拶すらままならなくなった。
4 会わない間にどう過ごしているかと、相手のことを想像する必要がなくなった。

3 手紙について、筆者はどのように述べているか。
1 手紙はコミュニケーションツールではなく、ギフトとして贈られるものだった。
2 手紙の役割は単なる交流や連絡のためではなかった可能性がある。
3 手紙は空白のない時代の主なコミュニケーションツールとして役立っていた。
4 手紙は情報の交換のためのものではなく、簡単に手渡せる特別なギフトだ。

해설

1 ①私の子供時代とあるが、この時代の年賀状とはどのようなものだったか。

1 多くの人が送らなくなってしまった、時代遅れのもの
2 新年の挨拶として、毎年必ず送り合わなければならないもの
3 とてもわずらわしいが、正月を祝うためにはとても大切なもの
4 あまり親しくない相手にも、連絡するきっかけを与えてくれるもの

※ "연하장을 쓰는 것은 꽤 번거로운 작업이었지만 동시에 설날을 장식하는 중요한 행위이기도 했다."라고 했으므로 3번이 정답이다.

2 ②コミュニケーションのオンライン化によって、どのような変化が起きたか。

1 新年の挨拶のために、100枚の年賀状を簡単に早く届けることができるようになった。
2 空いている時間に、少しずつ相手のことを知ることができるようになった。
3 相手の近況を知ることが難しく、挨拶すらままならなくなった。
4 会わない間にどう過ごしているかと、相手のことを想像する必要がなくなった。

※ "인터넷의 등장은 '공백'을 사람들에게서 빼앗는 결과를 낳았다."라고 했으므로 4번이 정답이다.

3 手紙について、筆者はどのように述べているか。

1 手紙はコミュニケーションツールではなく、ギフトとして贈られるものだった。
　　'커뮤니케이션 도구가 아니다'라고는 하지 않았다.

2 手紙の役割は単なる交流や連絡のためではなかった可能性がある。

3 手紙は空白のない時代の主なコミュニケーションツールとして役立っていた。
　　'주된 커뮤니케이션 도구'라고는 하지 않았다.

4 手紙は情報の交換のためのものではなく、簡単に手渡せる特別なギフトだ。
　　언급하지 않은 내용이다.

정답　1 3　　2 4　　3 2

10 내용 이해 (장문)

문제10에서는 장문(1,000자 정도)의 지문을 읽습니다. 그리고 그 내용, 필자의 주장, 원인이나 이유에 대한 문제가 출제됩니다. 내용 이해(장문)는 총 1개의 지문에 문제가 4개 나옵니다.

問題10　次の文章を読んで、後の問いに対する答えとして最もよいものを、1・2・3・4から一つ選びなさい。

　90年代末、M社から革新的な機能を持つOSが発売されたことを機に、パソコンの普及率は爆発的に上がり、インターネットが急速に普及した。それまでの文字とコマンドで操作をするコンピューターと異なり、画面上に配置された画像をクリック(注1)することで命令を伝える機能を持ったこのOSは操作性が良く、コンピューターに初めて触れる人でも直感的に扱うことができた。また、従来のコンピューターは通信機能を持たず、別途通信用のソフトウェアを組み込む必要があったが、このOSは標準機能としてインターネットに接続する機能が搭載されていた。このOSさえあれば、専用の機器を持たなくてもインターネットにアクセスすることができるのだ。あらゆるメーカーのパソコン上で動くように設計されていたことも、インターネット利用の敷居を下げる要因となった。(注2)

　（中略）

　インターネット技術の革命はおよそ10年ごとに起きており、現代はその歴史の中で四回目の革命を迎えていると言える。この革命は第四次産業革命とも呼ばれ、クラウドコンピューティングの技術が開発され、実用化が始まったことが契機となった。クラウドとは、それまでローカルデバイスに保管されていたデータをネットワーク上に保存するシステムのことをいい、手元にはないソフトウェアやシステムを遠隔で利用することができる。

　これによってデバイス同士の情報の交換が容易になり、あらゆる家電がスマートフォンやパソコンと接続された。それまでは独立してそれぞれの役割を果たしていたテレビ・エアコン・冷蔵庫などの家電がほかのデバイスと連携し、ユーザーが自在に家電を操れるようになったのだ。また、データの保管場所がネットワーク上に

移ったことで、そこには膨大な情報が蓄積された。これは「ビッグデータ」と呼ばれている。ビッグデータをもとに作成した統計データを学習、解析させ、開発されたのがAI技術だ。AIは、翻訳、医療、製造、セキュリティなど、幅広い分野で活用されている。

　現在、急成長期にあるAI技術により、私達は大きな問題に直面することとなった。AIは複雑な情報の処理や精密な計算を、人間が手作業で行うよりもはるかに高速かつ正確に行うことができる。業務効率が大幅に改善し、コスト削減にもつながるため、AIを搭載したソフトウェアを業務に導入する企業が増加した。今回の革命が産業革命と呼ばれる所以(注3)である。それに伴い職を失う人も急増したのだ。つまり、私たちは仕事に対する意識を変えなければならない時代にいるということだ。これからの時代は、常に新しい技術を学び、独自性を持つこと。AIにはなし得ない技術を身につけること。それが、AIと共存し、これからの時代を生き残っていくためのカギとなるだろう。

（注1）コマンド：パソコンに命令を伝えるための記号や言葉
（注2）敷居を下げる：物事を始めやすくする
（注3）所以(ゆえん)：理由。根拠。

1　M社から発売された革新的なOSは、どのようなものであったか。
　1　操作が簡単な上、OSを買えばインターネットにアクセスできるように設計されていた。
　2　操作性が良く、特定のメーカーのパソコン上では最初からインターネットが使えるようになっていた。
　3　操作が簡単な上、通信用のソフトウェアを組み込めば、どんなパソコンの上でも動いた。
　4　画面上の画像を使って操作をすることができ、機械に不慣れな人向けに設計されていた。

2 クラウドの実用化によって、大きく変化したことはどのような点か。
   1 大量の情報を持つ家電の需要が高まり、それぞれの家電が独自の機能を持つようになった。
   2 大量に蓄えられたデータが生活のさまざまな場面で利用されるようになった。
   3 クラウド上に膨大な情報が蓄積され、その情報を利用して新たなデータが生まれた。
   4 クラウドによってデバイス同士が接続され、すべての家電やデバイスが情報を共有した。

3 第四次産業革命とは、どのようなものか。
   1 業務を効率化するためのクラウドやAIを導入するのにコスト削減が必要となり、失業者が急増した。
   2 クラウドやAIの導入により遠隔地でも効率的に仕事ができるようになり、働き方が変化した。
   3 クラウドやAIを導入するための新たなシステムが必要となり、急速に社会のあり方が変化した。
   4 クラウドやAIの実用化により業務の自動化、労働にかかる費用の削減が進み、労働環境が変化した。

4 AI技術の急成長により起きた問題について、筆者はどのように考えているか。
   1 AIは情報の処理や計算を高速に行うことができるので、業務に導入するべきだ。
   2 AIと共存するために新しいスキルを学び、より効率的で高速な機械を開発すればよい。
   3 AIに対抗するのではなく、AIにはないスキルを身につけなければならない。
   4 AI技術により失業者が増加するから、AIには情報の処理や計算を任せることだ。

해설

1 M社から発売された革新的なOSは、どのようなものであったか。

1 操作が簡単な上、OSを買えばインターネットにアクセスできるように設計されていた。
2 操作性が良く、特定のメーカーのパソコン上では最初からインターネットが使えるようになっていた。
3 操作が簡単な上、通信用のソフトウェアを組み込めば、どんなパソコンの上でも動いた。
4 画面上の画像を使って操作をすることができ、機械に不慣れな人向けに設計されていた。

※ "컴퓨터를 처음 접하는 사람도 직관적으로 다룰 수 있었다", "이 OS는 표준 기능으로 인터넷에 접속하는 기능이 탑재되어 있었다."라고 했으므로 1번이 정답이다.

2 クラウドの実用化によって、大きく変化したことはどのような点か。

1 大量の情報を持つ家電の需要が高まり、それぞれの家電が独自の機能を持つようになった。
   언급하지 않은 내용이다.
2 大量に蓄えられたデータが生活のさまざまな場面で利用されるようになった。
3 クラウド上に膨大な情報が蓄積され、その情報を利用して新たなデータが生まれた。
   '그 정보를 이용하여 새로운 데이터가 생겨났다'고는 하지 않았다.
4 クラウドによってデバイス同士が接続され、すべての家電やデバイスが情報を共有した。
   '모든 가전제품과 디바이스가 정보를 공유했다'고는 하지 않았다.

3 第四次産業革命とは、どのようなものか。

1 業務を効率化するためのクラウドやAIを導入するのにコスト削減が必要となり、失業者が急増した。

2 クラウドやAIの導入により遠隔地でも効率的に仕事ができるようになり、働き方が変化した。

3 クラウドやAIを導入するための新たなシステムが必要となり、急速に社会のあり方が変化した。

4 クラウドやAIの実用化により業務の自動化、労働にかかる費用の削減が進み、労働環境が変化した。

※ "복잡한 정보 처리나 정밀한 계산을 인간이 수작업으로 하는 것보다 훨씬 빠르고 정확하게 할 수 있다. 업무 효율이 크게 개선되고 비용 절감에도 도움이 되기 때문에, AI를 탑재한 소프트웨어를 업무에 도입하는 기업이 증가했다."라고 했으므로 4번이 정답이다.

4 AI技術の急成長により起きた問題について、筆者はどのように考えているか。

1 AIは情報の処理や計算を高速に行うことができるので、業務に導入するべきだ。
 '업무에 도입해야 한다'고는 하지 않았다.

2 AIと共存するために新しいスキルを学び、より効率的で高速な機械を開発すればよい。
 '더 효율적이고 빠른 기계를 개발하면 된다'고는 하지 않았다.

3 AIに対抗するのではなく、AIにはないスキルを身につけなければならない。

4 AI技術により失業者が増加するから、AIには情報の処理や計算を任せることだ。
 'AI에게는 정보 처리와 계산을 맡겨야 한다'고는 하지 않았다.

정답 1 1 2 2 3 4 4 3

11 통합 이해 (AB 문제)

문제11에서는 2개(각 300자 정도)의 지문을 읽습니다. 그리고 그 내용을 비교하는 문제가 출제됩니다. 통합 이해(AB 문제)는 1개의 지문에 문제가 2개 나옵니다. 출제되는 문제는 '① ~에 대하여 A와 B는 어떻게 말하고 있는가?', '② ~에 대하여 A와 B가 공통되는 것은 무엇인가?' 등입니다.

問題11　次のＡとＢの文章を読んで、後の問いに対する答えとして最もよいものを、1・2・3・4から一つ選びなさい。

A

　近年、人事採用において最も重視されている能力はコミュニケーション能力です。仕事の多くは他者と関わり合いながら進められるため、コミュニケーションがスムーズであるということは仕事をする上で重要なことなのです。
　コミュニケーション能力が高い人とは、相手が理解できるように話を的確にまとめ、簡潔に伝えられる人のことを言います。おしゃべりな人は会話力があると思われがちですが、話の要点が伝わってこないような話し方をする人は会話力があるとは言えません。また、難しい言葉を使いたがる人や独特な言い回し(注)をする人も同じです。では、コミュニケーション能力を向上させるにはどうすれば良いのでしょうか。お互いの意思が通じ合うのがコミュニケーションです。そのため、話す側はどのような話し方をすれば相手に伝わるかというように、相手のことを考えて話さなければならないのです。

（注）言い回し：言葉での表現

B

　インターネットの登場により簡単にコミュニケーションがとれるようになった。しかし、対面で話すことが少なくなったことで、いざ人を目の前にすると上手に話せないという人が増えた。スマホから送るメッセージは、よく考え、自分のタイミングで送ることができるのに対し、対面でのやり取りは考えることと声に出すことをほぼ同時に行わなければならないからだ。それで、上手な話し方についての本が出版されたりもしているが、実のところコミュニケーションの本質は聞くことにあるのだ。

　しかし、それはただ聞けばいいというわけではない。人というのは、思い通りに話せたときに気持ちよく会話できたと感じるものだ。だから、相手の話をよく聞いたうえで、相手が気持ちよく話せるよう話を広げ、自然にサポートできる人がコミュニケーション能力が高い人だと言える。そのため、普段から様々なことに関心を持ち、どんな話題にも対応できるようにしておく必要がある。

1 コミュニケーション能力が高い人について、AとBはどのように述べているか。
1 AもBも、どんな話にも対応し、話を広げることができると述べている。
2 AもBも、話の内容を簡潔にまとめることができると述べている。
3 Aは色々な表現方法を持っていると述べ、Bは自分のタイミングで話すことができると述べている。
4 Aは人に伝わるように話すことができると述べ、Bは人が気持ちよく話す手助けができると述べている。

2 コミュニケーション能力が高い人になるために必要なことについて、AとBの認識で共通していることは何か。
1 相手を不快にさせない話し方をすることが大切だ。
2 相手のことを第一に考え、コミュニケーションをとるべきだ。
3 自分ばかり話しすぎず、相手の話にも耳を傾けるべきだ。
4 コミュニケーションに必要な知識を身に付ける必要がある。

해설

1 コミュニケーション能力が高い人について、AとBはどのように述べているか。

1 AもBも、どんな話にも対応し、話を広げることができると述べている。
A× B○

2 AもBも、話の内容を簡潔にまとめることができると述べている。
A○ B×

3 Aは色々な表現方法を持っていると述べ、Bは自分のタイミングで話すことが
A×　　　　　　　　　　　　　　　　　　B×

できると述べている。

4 Aは人に伝わるように話すことができると述べ、Bは人が気持ちよく話す手助けが
できると述べている。

2 コミュニケーション能力が高い人になるために必要なことについて、AとBの認識で共通していることは何か。

1 相手を不快にさせない話し方をすることが大切だ。　A× B×
2 相手のことを第一に考え、コミュニケーションをとるべきだ。
3 自分ばかり話しすぎず、相手の話にも耳を傾けるべきだ。　A× B○
4 コミュニケーションに必要な知識を身に付ける必要がある。　A× B○

정답　1 4　　2 2

12 주장 이해 (장문)

문제12에서는 장문(1,000자 정도)의 지문을 읽습니다. 그리고 그 내용, 필자의 주장, 원인이나 이유에 대해 답하는 문제가 출제됩니다. 주장 이해(장문)는 1개의 지문에 문제가 4개 나옵니다.

問題12　次の文章を読んで、後の問いに対する答えとして最もよいものを、1・2・3・4から一つ選びなさい。

　人間は欲深い動物です。地球上に生存する多くの動物が生命を存続させること、自身の遺伝子を残すことを目的に生きているのにひきかえ、人間は「自己実現」の欲求を持っています。「自己実現」と言うと少し難しいかもしれませんが、これは「なりたい自分になりたい」という欲求で、人間特有のものなのです。みなさんも「良い人になりたい」「優しい自分でありたい」など、なりたい自分の姿があるかと思います。その感情こそが「自己実現」の欲求なのです。

　この「自己実現」の欲求を、全ての人が持っているというわけではありません。人間として生きていくための基本的なこと、例えば食事や睡眠、健全な体、安心できる住まい、自分に与えられた役割、信頼できるコミュニティ、これらのものが全て揃(そろ)っていなければ、この欲望を持つことはできません。人間として生きるために必要な条件が揃ってはじめて湧いてくる、贅沢な欲求なのです。
　　　　　　　　　　　　　　　　　　　　　　　　　①

　一方でこの欲求は、うまく扱うことができなければ危険なものにもなり得ます。例えば、強い自己実現の欲求を持ちながら、自分の理想とする姿にたどり着けなかった場合、現実と理想の狭間で苦しむことになります。「本当の自分はこんなはずではない」「もっと上手くできるはずだ」と、何の根拠もない自分の幻に想いを馳せ、現実と対比し、あまりの違いに絶望することもあるかもしれません。自己実現の欲求は、我々を飛躍的な成長に導いてくれる反面、絶望の淵(ふち)に追いやる危険な側面も持ち合わせていると言うことができます。
　　　　　　　　　　　　　　　　　　　　　　　　(注1)

　しかし、この欲求があるからこそ人間は成長を続けるのです。もっと良く、もっと上手くと理想の自分の姿を求めるからこそ、人は変化し続けるのです。右肩上がりに変化するということの方が珍しいでしょう。変化に合わせて気分の浮き沈みが
　　　　　　　　　　　　　　　　　　　　　　(注2)

生じることは、人としてごく自然な反応だと思うのです。
　自己実現の欲求が良い、悪いという判断をしたいのではありません。人間に備わった特別な欲求を、うまく扱って、より良い人生を生きて欲しいと思うだけです。現実と理想との乖離(注3)に絶望する日があっても思い詰めることはありません。そんな時は、「人間もただの動物である」ということを思い出してください。動物の本来の生きる目的は、食べて寝て、子孫を残すことです。生きていくための基本的なことに集中し、それ以上のことを考える必要は、実は全くないのかもしれません。

（注1）絶望の淵に追いやる：苦しい状況に追い込む
（注2）右肩上がり：段々と状態が良くなること
（注3）乖離：離れていること

1 筆者は①贅沢な欲求はどのようにして湧いてくると言っているか。
1 食べ物などの、生きていくために必要なものを全てもつことによって
2 人間が生きていくために必要な条件を一つでも満たすことによって
3 人という動物として子孫を残したいという意識や価値観によって
4 生きるために必要なものを信頼できる仲間から与えられることによって

2 筆者は、自己実現の欲求は、なぜ危険な側面を持っていると考えているのか。
1 理想の姿を思い描くことができず、目指すものがわからなくなるから
2 理想の自分についてばかり考えていると、周りが見えなくなってしまうから
3 自分が理想とする人間になろうとしても、周りの人に邪魔されるから
4 自分がなりたい姿と今の自分を比べて落ち込むことがあるから

3 ②人としてごく自然な反応とあるが、筆者は何が自然だと言っているのか。
1 自己実現の欲求によって、人が成長を続けること
2 上手くいかないときに、気分が落ち込んでしまうこと
3 成長する過程で、気持ちが上がったり下がったりすること
4 人間が「もっと上手くなりたい」という欲望をもってしまうこと

4 筆者は、自己実現の欲求と人間について何と言っているか。
1 人間は他の動物よりも優れているからこそ、自己実現の欲求が備わっている。
2 理想と現実の違いに苦しむときは、動物としての生きる目的を思い出せばいい。
3 人間にしかない贅沢な欲求をどれだけ抑えることができるかが、人生において重要なことである。
4 自己実現の欲求は人間にとって悪いものであるが、良い面もあるということを認識して欲しい。

해설

[1] 筆者は①贅沢な欲求はどのようにして湧いてくると言っているか。

1 食べ物などの、生きていくために必要なものを全てもつことによって
2 人間が生きていくために必要な条件を一つでも満たすことによって
3 人という動物として子孫を残したいという意識や価値観によって
4 生きるために必要なものを信頼できる仲間から与えられることによって

※ "인간으로서 살아가기 위한 기본적인 것, 예를 들면 식사나 수면, 건전한 몸, 안심할 수 있는 주거, 자신에게 주어진 역할, 신뢰할 수 있는 공동체, 이러한 것들이 모두 갖추어져 있지 않으면 이 욕망을 가질 수 없습니다."라고 했으므로 1번이 정답이다.

[2] 筆者は、自己実現の欲求は、なぜ危険な側面を持っていると考えているのか。

1 理想の姿を思い描くことができず、目指すものがわからなくなるから
2 理想の自分についてばかり考えていると、周りが見えなくなってしまうから
3 自分が理想とする人間になろうとしても、周りの人に邪魔されるから
4 自分がなりたい姿と今の自分を比べて落ち込むことがあるから

※ "강한 자아실현의 욕구를 갖고 있으면서도 자신이 이상적으로 여기는 모습에 도달하지 못한 경우 현실과 이상 사이에서 괴로워하게 됩니다."가 이유이므로 4번이 정답이다.

3 ②人としてごく自然な反応とあるが、筆者は何が自然だと言っているのか。

1 自己実現の欲求によって、人が成長を続けること
2 上手くいかないときに、気分が落ち込んでしまうこと
3 成長する過程で、気持ちが上がったり下がったりすること
4 人間が「もっと上手くなりたい」という欲望をもってしまうこと

※ '변화에 따라 기분의 기복이 생기는 것'이라고 했으므로 3번이 정답이다.

4 筆者は、自己実現の欲求と人間について何と言っているか。

1 人間は他の動物よりも優れているからこそ、自己実現の欲求が備わっている。
   '인간은 다른 동물보다 뛰어나다'고는 하지 않았다.

2 理想と現実の違いに苦しむときは、動物としての生きる目的を思い出せばいい。

3 人間にしかない贅沢な欲求をどれだけ抑えることができるかが、人生において
   '얼마나 억제할 수 있는지'라고는 하지 않았다.
   重要なことである。

4 自己実現の欲求は人間にとって悪いものであるが、良い面もあるということを
   '나쁜 것이다'라고는 하지 않았다.
   認識して欲しい。

정답 1 1   2 4   3 3   4 2

13 정보 검색

문제13에서는 공지 사항 종이, 광고, 팸플릿, 전단지 등(700자 정도)의 지문을 읽습니다. 그리고 그 내용에 대해 답하는 문제가 출제됩니다. 정보 검색은 1개의 지문에 문제가 2개 나옵니다.

問題13　右のページは、ある海岸掃除ボランティア募集の案内である。下の問いに対する答えとして最もよいものを、1・2・3・4から一つ選びなさい。

[1] 永野(ながの)さんは、毎年このボランティア活動に参加している。参加するためにはどうすればよいか。

1　説明会の3日前までにEメールで申し込み、7月10日に愛濱海岸事務所に行く。
2　説明会の3日前までに電話で申し込み、7月12日に愛濱海岸事務所に行く。
3　ボランティアの3日前までにFAXで申し込み、7月11日に愛濱海岸に行く。
4　ボランティアの3日前までにEメールで申し込み、7月13日愛濱海岸に行く。

[2] 加藤(かとう)さんは友達とボランティアに参加しようと考えている。説明会には加藤さんが7月10日、友達が7月13日に参加することになった。それぞれ交流会にも参加する予定だが、参加時間と費用はどうすればよいか。

1　加藤さんは17時に行き500円支払い、友達は12時に行き1,200円支払う。
2　加藤さんと友達は、11時に行き1,200円支払う。
3　加藤さんは16時に行き1,200円支払い、友達は11時に行き500円支払う。
4　加藤さんは16時に行き500円支払い、友達は11時に行き1,200円支払う。

愛濱(あいはま)海岸の2021年度ビーチクリーンボランティア募集

愛濱海岸では、毎年海岸の清掃活動をしており、今年度も活動を手伝ってくださるボランティアを募集しています。

```
日　時：2021年7月17日（土）9：00～16：00
　　　　2021年7月18日（日）9：00～16：00
　　　　2021年7月19日（月）9：00～16：30
　　　　※ 一日単位から参加できます。遅刻早退はできません。
場　所：愛濱海岸
対　象：ボランティア活動や環境問題に関心がある方。海が好きな方、初めての方大歓迎。
参加費：無料
定　員：30名
```

<活動内容>
二つのグループに分かれ、海岸のごみ拾いや資源の分別、呼びかけを行います。
グループ１：海岸のごみを拾いながら分別をします。
グループ２：会場内に設置してあるごみ箱にごみを捨てに来る人へ、ごみ・資源の分別を
　　　　　　呼びかけます。また、一杯になったごみ袋の交換をし、収集所へ運びます。

<ボランティア説明・交流会>（愛濱海岸事務所　一階広場）
ボランティア説明会を下記日程で開催します。必ずいずれかの日時にご参加ください。
※ 交流会は自由参加になっております。イベントも用意しておりますので、ぜひご参加ください。
　参加費は日によって違いますのでご留意ください。

① 2021年7月10日（土）、12日（月）　説明会　　　　16：00～17：00
　　　　　　　　　　　　　　　　　　交流会　　　　17：00～19：00
　　　　　　　　　　　　　　　　　　交流会費用　　500円（お茶・お菓子のみ）
② 2021年7月11日（日）、13日（火）　説明会　　　　11：00～12：00
　　　　　　　　　　　　　　　　　　交流会　　　　12：00～15：00
　　　　　　　　　　　　　　　　　　交流会費用　　1,200円（お昼ご飯込み）

<申し込み方法>
申し込みの際は、下記内容を記入しEメール・FAXのいずれかでお申し込みください。
①氏名　②年齢　③住所　④電話番号　⑤説明会参加希望日　⑥ボランティア参加希望日
※ 複数人で参加される場合は、一人ずつ明記をお願いします。

　　申し込み締切：参加される説明会の3日前まで。

　　　　　　　　　　　　　　　　　　環境ボランティア団体　愛濱海岸ビーチクリーン係
　　　　　　　　　　　　　　　　　　　〒011-75768　鶴今市あいはま　1177

해설

1 永野さんは、毎年このボランティア活動に参加している。参加するためにはどうすればよいか。

1 説明会の3日前までにEメールで申し込み、7月10日に愛濱海岸事務所に行く。
2 説明会の3日前までに電話で申し込み、7月12日に愛濱海岸事務所に行く。
　　　　　　　　　　　　_{이메일 또는 FAX로 신청한다.}
3 ボランティアの3日前までにFAXで申し込み、7月11日に愛濱海岸に行く。
　　_{설명회 3일 전이다.}
4 ボランティアの3日前までにEメールで申し込み、7月13日愛濱海岸に行く。
　　_{설명회 3일 전이다.}

2 加藤さんは友達とボランティアに参加しようと考えている。説明会には加藤さんが7月10日、友達が7月13日に参加することになった。それぞれ交流会にも参加する予定だが、参加時間と費用はどうすればよいか。

1 加藤さんは17時に行き500円支払い、友達は12時に行き1,200円支払う。
　　　　　　　　_{시간이 틀렸다.}
2 加藤さんと友達は、11時に行き1,200円支払う。
　　　　　　　　　　　　_{금액이 틀렸다.}
3 加藤さんは16時に行き1,200円支払い、友達は11時に行き500円支払う。
　　　　　　　　　_{금액이 틀렸다.}　　　　　　　　_{금액이 틀렸다.}
4 加藤さんは16時に行き500円支払い、友達は11時に行き1,200円支払う。

정답　1 1　2 4

제4장

청해

청해 음원 듣기

01 풀이 방법 설명과 연습 문제

문제 형식은 모두 다섯 종류입니다. (문제 수는 변동될 가능성이 있습니다.)

문제 1	과제 이해	6문제
문제 2	포인트 이해	6문제
문제 3	개요 이해	6문제
문제 4	즉시 응답	14문제
문제 5	통합 이해	4문제

1 과제 이해

● 問題1 (例)

問題1では、まず質問を聞いてください。それから話を聞いて、問題用紙の1から4の中から、最もよいものを一つ選んでください。

1番

1　デザイン案を見せる
2　文字の色を変える
3　発売日を書く
4　打ち合わせの日を決める

정답 | 3

1 상황 설명·문제가 나온다

상황과 대화하고 있는 사람들의 관계를 이야기한 후에 문제가 나옵니다. 대부분의 문제는 '~은 이 다음에 무엇을 합니까?' 등과 같이 해야 할 일을 묻습니다.

> 음성
> 女の人が飲料の広告について男の人と話しています。女の人はこのあと何をしなければなりませんか。

2 본문·문제가 나온다

본문은 남자와 여자의 대화입니다. <u>과제를 해결하기 위해 누가 무엇을 하는지</u> 주의 깊게 들어 보세요. 본문이 끝난 다음에 한 번 더 문제를 들려 줍니다.

> 음성
> 女：部長、飲料の広告のデザイン案、確認していただけたでしょうか。
> 男：うん、とてもいいアイデアだと思うよ。
> 女：ありがとうございます！ただ、ここの文字が少し見にくいかなと思うのですが。
> 男：うーん、確かに。まあ、この部分は全体のバランスを見てから色を調整するとして…。いつから販売するのか書いてないね。
> 女：あ！すみません！
> 男：じゃあ、その部分を書き加えて。それと依頼人にデザイン案をチェックしてもらいたいんだけど。
> 女：あ、来週打ち合わせをすることになっているので、そのときに確認します。
>
> 女の人はこのあと何をしなければなりませんか。

3 선택지에서 답을 고른다

선택지에서 답을 고르는 시간은 약 12초입니다. 선택지는 문제지에 인쇄되어 있습니다.

もんだい
問題1

問題1では、まず質問を聞いてください。それから話を聞いて、問題用紙の1から4の中から、最もよいものを一つ選んでください。

1番
1 面接応募者にメッセージを送る
2 グルメ番組の打ち合わせに参加する
3 ラーメンのスープを温める
4 持ち帰り用の新商品を開発する

① ② ③ ④

음성

ラーメン屋で店長と男の店員が話しています。男の店員はまず何をしますか。

女：今から、グルメ番組のプロデューサーと打ち合わせがあるんだよ。
男：そうなんですか。今も、大忙しなのにこれ以上お客様が増えたら、大変ですよ！
女：まあ、これからは持ち帰りの商品を増やすしかないよ。それより、今日のスープはちゃんと用意できてる？温度と時間を二度確認してね。今から始めといて。
男：はい。下準備は終わっていて、後は寸胴鍋に入れて加熱するだけです。
女：分量、温度、時間は忘れずタブレットに記入しといて。
男：はい。かしこまりました。そういえば、今朝、履歴書が届いたんですが…、どうしましょう。
女：キッチンはどう？人手は？
男：ホールの方は足りてるんですが、キッチンはいつも大変ですね。
女：そうか、面接だと堅苦しいから、その方に一緒に焼肉でもどうですかとメッセージ送っといて。スープの後でいいから。

男の店員はまず何をしますか。

1 面接応募者にメッセージを送る
2 グルメ番組の打ち合わせに参加する
3 ラーメンのスープを温める
4 持ち帰り用の新商品を開発する

정답 3

2番

1 保険に申し込む
2 道具をレンタルする
3 家にある道具を確認する
4 健康診断書を持ってくる

① ② ③ ④

ダイビングの講習所で受付の人と男の人が話しています。男の人はこのあとまず何をしますか。

男：すみません、ダイビングの資格を取得したいんですけど。
女：そうですか。体験ダイバー資格ですか。それとも認定ダイバー資格ですか。
男：補助なしで海に潜れるようになりたいので、認定ダイバー資格を考えてるんですが。
女：認定資格ですね。では、講習は4日間にわたって行われます。講習を受けるにあたって、実際に海に潜ることになるので、保険への加入をおすすめしております。
男：はい、それはもう加入済みです。
女：そうですか。道具はお持ちですか。もしお持ちでなかったら、こちらで貸し出すこともできます。
男：確か、うちにダイビングスーツがまだあるはずなんですけど…、ちょっと帰って確認してみないと。
女：では、スーツはご自身のを使用されるとして…その他の道具、酸素ボンベなどはレンタルなさいますか。
男：えっと、ちょっと、使える道具がどれくらいうちにあるのか確認してからまた申し込みにきます。
女：はい、では後日申し込みですね。
男：はい。そうします。あ、健康診断書は必要ですか。
女：あ、それは講習当日に必要になります。
男：はい、分かりました。

男の人は、このあとまず何をしますか。

1 保険に申し込む
2 道具をレンタルする
3 家にある道具を確認する
4 健康診断書を持ってくる

정답 3

3番
^{ばん}

1 学習者の対象年齢の追記
2 学習頻度及び学習期間の変更
3 学習漢字の数の変更
4 学習方法の見直し

① ② ③ ④

日本語学校で男の人と主任が授業のマニュアルについて話しています。
男の人はこのあとまず何をしなければなりませんか。

女：平さん、初級クラスの授業マニュアル進んでる？

男：はい。先日教えていただいた内容を軸にして作っています。

女：ちょっと、どんな感じか見せてくれる？

男：はい。

女：どれどれ、初級学習者と書いてあるけど、対象年齢をもう少し明確にしてほしいな。あと、それによって学習頻度や期間、一回当たりの効果的な学習時間も変わると思うよ。

男：そうですね。今は、20代を考えています。20代の学生は勉強以外にアルバイトとかもありますから、それも考慮します。

女：学習期間3か月か。この期間内に常用漢字600文字は相当ハードルが高いんじゃない？初級者には漢字の数より、興味を持ってもらうことが肝心なんだよ。

男：漢字で挫折する学生が多いですから、何とか助けてあげたいと思って。

女：その気持ちは立派だね！学習目標にする漢字の数は最後に直してもいいよ。

男：はい。承知しました。では、今のアドバイスをもとに再度調整します。

男の人はこのあとまず何をしなければなりませんか。

1 学習者の対象年齢の追記
2 学習頻度及び学習期間の変更
3 学習漢字の数の変更
4 学習方法の見直し

정답 1

2 포인트 이해

● 問題2 (例)

問題2では、まず質問を聞いてください。そのあと、問題用紙のせんたくしを読んでください。読む時間があります。それから話を聞いて、問題用紙の1から4の中から、最もよいものを一つ選んでください。

1番

1 プレゼントをあげなかったから
2 仕事が忙しかったから
3 長時間外で待たせていたから
4 連絡しなかったから

정답 | 4

1 상황 설명·문제가 나온다

상황과 대화하고 있는 사람들의 관계를 이야기한 후에 문제가 나옵니다.

 喫茶店で男の人と女の人が話しています。この男の人は恋人がどうして怒ったと言っていますか。

2 선택지를 읽는다

선택지를 읽는 시간은 약 20초입니다. <u>무엇을 들어야 하는지 포인트를 잡으면서 본문을 들어야</u> 합니다.

3 본문·문제가 나온다

본문은 남자와 여자의 대화나 인터뷰, 한 사람이 길게 이야기하는 스피치 등입니다. 본문이 끝난 다음에 한 번 더 문제를 들려 줍니다.

> 음성
>
> 男：あーあ。また彼女を怒らせちゃったよ。
> 女：また？何があったの？
> 男：昨日、彼女の誕生日だったんだけど、いろいろあって何もしてあげられなくて。
> 女：誕生日なのに何もあげなかったの？
> 男：うん、まあ、それは気にしてないみたいなんだけど、仕事があって、帰るのが遅くなっちゃって。疲れてたから、帰ってそのまま寝ちゃったんだよね。
> 女：え、じゃあずっと寒い中、外で待たせてたの？
> 男：いや、彼女のうちに会いに行く約束をしたから大丈夫だったんだけど、メッセージぐらい送れないのって言われちゃって。
> 女：それは怒られても仕方ないね。
>
> この男の人は恋人がどうして怒ったと言っていますか。

4 선택지에서 답을 고른다

선택지에서 답을 고르는 시간은 약 12초입니다. 선택지는 문제지에 인쇄되어 있습니다.

もんだい
問題2

問題2では、まず質問を聞いてください。そのあと、問題用紙のせんたくしを読んでください。読む時間があります。それから話を聞いて、問題用紙の1から4の中から、最もよいものを一つ選んでください。

1番
1 見た目が美しいから
2 緑茶に合うから
3 紅茶に合うから
4 値段が安いから

① ② ③ ④

テレビでレポーターが和菓子の職人にインタビューをしています。職人はこの店で作られる和菓子が特に人気なのはどうしてだと言っていますか。

女：今日は、和菓子を作っている職人の佐藤さんにお話を伺います。和菓子は味覚だけでなく視覚でも楽しめる、日本が誇る伝統的なお菓子として知られていますが、この店の和菓子は特に人気があるようで。

男：おかげさまで。和菓子は、お年寄りの食べ物だというイメージを持っている人も多いと思います。もともと和菓子は緑茶に合わせることを想定して作られているので、乳製品などを使用せず素朴な味わいに仕上げているのですが、様々な素材を吟味して紅茶にも合う和菓子を作り出すことに成功したんです。

女：なるほど。

男：うちでしか買えないので、遠いところから買いに来てくださるお客様もいます。洋菓子の人気には及びませんが。やっぱりみんな誕生日にはケーキが食べたいですよね。

女：まあ、そうですよね。

男：もっと和菓子に親しんでいただくため、今後はもっと全国の人に手頃な値段で楽しんでいただけるようコンビニで販売することなどを提案していこうと思っています。

職人はこの店で作られる和菓子が特に人気なのはどうしてだと言っていますか。

1 見た目が美しいから
2 緑茶に合うから
3 紅茶に合うから
4 値段が安いから

정답 3

2番

1　GPS機能の改善
2　自動運転のソフトウェア
3　自動運転車のセキュリティー
4　自動運転車に関する制度

① ② ③ ④

음성

男の人と女の人が自動運転車について話しています。男の人はこれからの自動運転車において何が一番大事だと言っていますか。

男：自動運転車の時代か。映画の世界みたいだね。

女：ああ、私もニュースで見たことある。あと、テレビでも自動運転車のコマーシャルやってたな！

男：あれは、レベル3の自動運転車。100%自動で運転してくれる自動運転車がレベル5だから、あれはまだ完全な自動運転車とは言えないんだよ。

女：へえ。詳しいんだね。ニュースで見たら、自動運転車の方が事故が少ないんだってね。とっさの時、人間より状況判断能力が高いから。あと、最近話題の「あおり運転」もなくなりそうだよね。

男：確かに、一般道路でレベル5の自動運転車の走行が実現されたら、車でスマートフォンを見ながら移動するようにもなるだろうね。ドライバー同士のトラブルも減りそうだし。

女：でも、ソフトウェアに命を任せるって少し怖いね。もし、ハッキングでもされたらどうしよう。

男：セキュリティーの問題以外にGPSの不完全性や運転で生計を立てる方々の失業問題もあるけど。やっぱり、完璧なソフトウェアって存在しないから、行政の制度確立が最優先課題だね。不完全なソフトウェアを補える制度が絶対欠かせないと思う。

男の人はこれからの自動運転車において何が一番大事だと言っていますか。

1 GPS機能の改善
2 自動運転のソフトウェア
3 自動運転車のセキュリティー
4 自動運転車に関する制度

정답 4

3番

1 喫煙のリスクを知ること
2 ウイルス感染を予防すること
3 加工食品を食べないようにすること
4 食べすぎないようにすること

① ② ③ ④

음성

ラジオで医者が癌について話しています。医者は癌の予防で、どんなことが最も重要だと言っていますか。

男：今年も日本人の死亡原因一位は癌でした。癌の発病要因で最も多いのは喫煙です。これは様々なメディアを通し喫煙のリスクを訴え続けているので、皆さんもご存知だと思います。次いで、ウイルス感染による発病が多いですが、ほとんどの方は幼少期にワクチンの接種が済んでいるはずです。次は食生活の乱れです。まず食事の内容について。皆さんがよく口にしている加工食品の中にも癌の原因になる物質が微量ながら含まれていることを知っておいてください。そして、食事の内容以上に量に気を付けて生活するようにしましょう。肥満が深刻化し糖尿病になると、癌のリスクが高まるんですよ。

医者は癌の予防で、どんなことが最も重要だと言っていますか。

1 喫煙のリスクを知ること
2 ウイルス感染を予防すること
3 加工食品を食べないようにすること
4 食べすぎないようにすること

정답 4

3 개요 이해

● 問題3 (例)

問題3では、問題用紙に何も印刷されていません。この問題は、全体としてどんな内容かを聞く問題です。話の前に質問はありません。まず話を聞いてください。それから、質問とせんたくしを聞いて、1から4の中から、最もよいものを一つ選んでください。

ーメモー

1 상황 설명이 나온다

어디에서 누가 무엇을 이야기하고 있는지 등이 나옵니다. 이때 문제는 나오지 않으니 주의하세요.

> 음성
> 女の学生が男の学生に旅行の感想を聞いています。

2 본문이 나온다

본문은 한 사람이 텔레비전이나 라디오에서 이야기하는 상황이나 인터뷰 등의 경우가 많습니다.

> 음성
> 女：夏休み、イタリアへ旅行に行ったらしいね。どうだった？
> 男：大満足だよ。景色や世界遺産の美しさに感動させられたよ。それに本場で食べられるイタリア料理は日本で食べられるものとは比べられないくらい美味しいんだ。ただ、距離がね。飛行機の移動だけで一日かかっちゃうから、社会人になったら行くのは難しそう。イタリアは在学中に行くことをおすすめするよ。

3 문제가 나온다

문제가 나옵니다. 무엇에 대해 이야기하고 있는지, 이야기하고 있는 사람이 어떻게 생각하고 있는지를 묻는 질문이 많습니다.

男の学生はイタリア旅行についてどう思っていますか。

4 선택지 1~4가 나온다

1　景色がきれいで、距離も近い
2　景色はきれいだが、距離は遠い
3　景色も悪いし、距離も遠い
4　景色は悪いが、距離は近い

정답 | 2

5 선택지에서 답을 고른다

선택지에서 정답을 고르는 시간은 약 7초입니다. 선택지는 문제지에 인쇄되어 있지 않습니다.

もんだい
問題3

問題3では、問題用紙に何も印刷されていません。この問題は、全体としてどんな内容かを聞く問題です。話の前に質問はありません。まず話を聞いてください。それから、質問とせんたくしを聞いて、1から4の中から、最もよいものを一つ選んでください。

ーメモー

1	① ② ③ ④
2	① ② ③ ④
3	① ② ③ ④

1番

음성

ビジネスの専門学校の授業で先生が話しています。

女：皆さんは外食をするとき、どうやってお店を選びますか。メニューの豊富さ、価格だけではなく、場所や雰囲気などに目を向ける人も少なくはないでしょう。最近では、写真映えするかしないかでお店を選ぶ人も増えています。こういった流行に乗るお店は増えており、SNSで話題になることは一見利益があることのように思われますが、そこには落とし穴があります。店の雰囲気や商品が写真映えしても、味がよくなければリピーターは増えません。以前ブームとなったタピオカは至る所にお店ができましたが、継続して人気のところもあれば潰れるお店も出ています。生き残るには、ただ世の中の流れに乗るだけでなく、しっかりとお客様の心を掴める味を生み出さなければいけません。

先生の話のテーマは何ですか。
1 良いお店の選び方
2 ブームに乗ることの盲点
3 タピオカで勝負することの難しさ
4 流行を知ることの重要性

정답 2

2番

음성

テレビでレポーターが話しています。

女：只今、みかんが名産として知られている愛媛県伊方町に来ています。休日には、この瑞々しく甘いみかんを現地で食べようと各地から多くの人々が訪れます。また、愛媛のみかんは太陽をたっぷり浴びることに美味しさの秘訣があるそうなんです。農園は全て海に面しており、直射日光、石垣と海の反射光から「3つの太陽がある」と言われています。また、畑を段々にすることで光が全体に行き渡り水捌けもいいんだそうです。ここの農園では、根元に白いシートを敷くことで更に光を反射させ水分の調整や雑草を防止する方法を取り入れています。こうして、地域の環境をうまく活用することでみかんを美味しく育てることができるんですね。

レポーターは何について伝えていますか。
1 みかんが名産になった理由
2 栽培の難しさ
3 農園の生産工夫
4 太陽の光を反射させる方法

정답 3

3番

음성

テレビでアニメーション制作会社の人が話しています。

男:今回アニメの映画を制作するにあたり、特に力を入れたのは、アニメとは思えない程のリアルな動きです。我が社は設立して60年になりますが、白黒アニメから始まり繊細なタッチで数々のヒット作品を生み出してきました。今まで培ってきた技術を活かしつつ、新たな演出をするために様々な物の動きを研究しました。風向きや強さによって変わる木の葉の動きや葉の予測不可能な散り方、物の動きから連動して見える木漏れ日の変化など。これまでにない世界観を味わえる、一味違ったアニメになったんじゃないかと思います。

アニメーション制作会社の人は何について話していますか。
1 白黒アニメの歴史
2 ヒット作品の作り方
3 新しい描写を取り入れた作品
4 アニメ演出の難しさ

정답 3

4 즉시 응답

問題4 (例)

問題4では、問題用紙に何も印刷されていません。まず文を聞いてください。それから、それに対する返事を聞いて、1から3の中から、最もよいものを一つ選んでください。

―メモ―

1 짧은 회화문이 나온다

最後の試合じゃないんだから、そんなに気を落とさないでよ。

2 선택지 1~3이 나온다

선택지는 짧은 회화문에 대한 대답입니다.

1 次こそは点を取ってみせます。
2 うまくいかなかったんですね。
3 はい、注意しておきます。

정답 | 1

3 선택지에서 답을 고른다

선택지에서 답을 고르는 시간은 약 8초입니다. 선택지는 문제지에 인쇄되어 있지 않습니다.

> **포인트**
>
> 이 문제는 푸는 시간이 짧기 때문에 시간을 들여 메모하지 않는 것이 중요합니다. 선택지를 듣고 간단하게 O X △ 등의 메모를 하면서 듣는 것도 좋을 것입니다.
>
> 정답이라고 생각하는 것 O   확실히 틀리다고 생각하는 것 X   정답이 될 것 같은 것 △

もんだい
問題4

問題4では、問題用紙に何も印刷されていません。まず文を聞いてください。それから、それに対する返事を聞いて、1から3の中から、最もよいものを一つ選んでください。

―メモ―

1	① ② ③
2	① ② ③
3	① ② ③
4	① ② ③
5	① ② ③
6	① ② ③

1番

음성

女: 財務部の部長である手前、どんな時でも数字のミスは許されないんだよね。

男: 1　前に出ると緊張しますよね。
　　 2　やっぱり、部長ともなると大変ですね。
　　 3　あとちょっとで部長ですもんね。

2番

음성

男: 佐藤さん、佐藤さんの報告書の結果のところ、もう少しぎゅっと短くすることはできないかい。

女: 1　はい。これは短くしやすいですね。
　　 2　そうですね。長いだけのことはありますね。
　　 3　今日中に手直しして提出します。

3番

음성

男: 新入社員の中本君が、一人でセールスに回ったって？彼は堅実で素晴らしいね。

女: 1　はい。厳しく言っておきます。
　　 2　一年目にしてはきちんとしていますよね。
　　 3　心配ばかりしていても始まらないですね。

정답　1번 2　　2번 3　　3번 2

4番

음성

男：試験が目前に迫ってきてるけど、調子はどう？

女：1　近すぎて見えにくかったよ。
　　2　試験ならうまくいったよ。
　　3　いい感じ。ずっと前から準備をしてきたからね。

5番

음성

女：資料見たよ。前も言ったけど、中島君のアイデアってやっぱりユニークでおもしろいよね。

男：1　改めて言われるとちょっと恥ずかしいな。
　　2　え？どこか変だった？
　　3　僕のアイデアそんなに普通だった？

6番

음성

女：初めての試合なんだから失敗したら失敗したで、次があるから大丈夫だよ。

男：1　失敗するとは限らないよ。
　　2　そうだよ。反省することがたくさんあったよ。
　　3　ありがとう。頑張るね。

| 정답 | 4번 3 | 5번 1 | 6번 3 |

5 통합 이해

● 問題5 (1番の例)

問題5では、長めの話を聞きます。この問題には練習はありません。
問題用紙にメモをとってもかまいません。

1番、2番
問題用紙に何も印刷されていません。まず話を聞いてください。
それから、質問とせんたくしを聞いて、1から4の中から、最もよい
ものを一つ選んでください。

—メモ—

1 상황 설명이 나온다

상황과 대화하고 있는 사람들의 관계가 나옵니다. 이때 문제는 나오지 않으니 주의하세요.

不動産屋の人と女の人が話しています。

2 본문이 나온다

본문은 남자와 여자의 대화입니다. 두 사람은 주제에 따라 대화하고 있습니다. 대화 속에 주제에 따른 4개의 후보가 나오는데, 그것이 선택지가 됩니다. 후보 4개를 메모하세요. 그리고 그 후보의 장점이나 단점 등에 대해서도 이야기하기 때문에 그것도 메모를 하면 좋습니다.

음성

男：こんにちは。本日はいかがされましたか。

女：今住んでるアパートが二年契約でもうすぐ更新をしないといけないのですが、今のところは古くて何かと不便なので、これを機に引っ越そうと思いまして。

男：そうなんですね。最近のアパートやマンションは住む人のことをよく考えて作られているので、とても住みやすいと思います。お客様はどのような家をお探しでしょうか。

女：そうですね。まだ漠然としか考えてないんですが、できれば安くて森駅からも近い方がいいです。あとは、女性が安心して住めるようなところがいいですかね。

男：承知しました。駅からの距離は大事ですよね。女性に人気の物件がいくつかございますので紹介させていただきますね。

女：はい。お願いします。

男：1つ目は、森駅から徒歩8分の場所にある「エステート」というアパートです。ここは、インターホンにカメラがついているので部屋の中から相手を確認することができます。アパートだとなかなかカメラ付きのインターホンは設置されてないので女性からはとても好評です。家賃は一か月6万円です。

女：へえ。今住んでるところの家賃と変わらなくていいかも。

男：2つ目は、森駅から徒歩7分の「プライム」というマンションです。マンションの入り口にもオートロックの鍵がついているので普段は住人以外入れないようになっています。また、部屋には既に新しい家電が設置されているので引っ越しの際はとても楽です。家賃は一か月10万円です。

女：なるほど。一人暮らしにしてはちょっと高いかなあ。

男：そうしましたら、「アクシス」というマンションはいかがですか。森駅から徒歩12分かかりますが、マンションの入り口にオートロックの鍵もついていて安心ですし宅配ボックスもあるので、わざわざ家から出なくても荷物を受け取ることができます。不在で直接受け取れない時にも便利ですよ。家賃は一か月7万円です。

女：へえ。

男：最後は森駅から徒歩5分の「オークス」というアパートです。ここは夜の12時まで入り口に管理人さんがいます。女性専用のアパートなので、普段男性は入れないようになっています。家賃は駅から近いということもあり一か月8万円です。

女：管理人さんが遅い時間までいて、女性しか住んでないのはすごく魅力的ですね。んー。最初は駅から近い方がいいと思ってたけど、よく郵便物が届くし、荷物を受け取る設備がある家にしようかな。

3 문제가 나온다

문제가 나옵니다. 4개의 후보 중에서 대화 속에서 결정된 것을 묻습니다.

女性は、どの家に住むことにしましたか。

4　선택지 1~4가 나온다

음성
1　エステート
2　プライム
3　アクシス
4　オークス

정답 | 3

5　선택지에서 답을 고른다

선택지에서 답을 고르는 시간은 약 7초입니다. 선택지는 문제지에 인쇄되어 있지 않습니다. 선택지 1~4는 대화 속에 나온 후보입니다.

포인트

본문에 나온 후보 4개와 후보의 특징을 잘 메모합니다.

もんだい
問題5

問題5では、長めの話を聞きます。この問題には練習はありません。
問題用紙にメモをとってもかまいません。

1番

問題用紙に何も印刷されていません。まず話を聞いてください。それから、質問とせんたくしを聞いて、1から4の中から、最もよいものを一つ選んでください。

ーメモー

① ② ③ ④

1番

会社で男の人と女の人が話しています。

男：上村さん、この前新しいタブレット買ったって話してたよね。動画を見たりする時、スマホだと画面が小さいし、かといってパソコンは気軽に持ち歩くには重いし大きすぎるから、タブレットを買おうと思っているんだ。どこでもインターネットが使えて、かつ画質がいいタブレット、知らない？

女：あ、そうですか。私がこの前買ったタブレットは、「マーズセブン」っていうのなんですけど、動画を見る分には問題なくサクサク動きますよ。画質もすごくきれいとまではいかないんですが、問題ないですよ。ただ、シムカードを入れることができないので、外出先でどこでもインターネットを使えるわけではないんです。

男：そうか、まあ、できればシムカードを入れられたらいいな。

女：でしたら、「ジュピター」はどうですか。シムカードが入れられますし、付属品のキーボードを購入すればノートパソコンとしても使えます。ちょっと重たくて画面が大きいのが難点ですね。でも、値段も良心的ですし、外出先で趣味や仕事に使える便利なタブレットですよ。

男：うーん、ノートパソコンは持ってるからなあ。

女：あ、そうだ、「マーズセブン」と同じ会社から出てる「ユラヌスエイト」もありますよ。私、これと迷ったんですよね。シムカードは入れられないんですが、何より軽量で薄いです。画面の大きさは二種類の中から選べますよ。若干値は張りますが、画質はこれが一番いいです。デザインもシンプルでかっこいいですし。

男：お、いいねえ。まあシムカードを入れられなくても今はWi-Fiがどこにでもあるし、何より持ち運びやすそうだね。

女：はい、あ、このモデルの新型が来月発売されるらしいですよ。「ユラヌスエイトプラス」っていう。デザインは変わらないみたいですが、機能が増えて、音楽を聴いたり映画を観たりする時低音がよく響くとか。

男：へぇ、やっぱり今すぐ買いたいな。まあ、値段が張っても長く使えるものがいいしね。デザインがシンプルなところもいいな。

男の人はどのタブレットを買うことにしましたか。

1　マーズセブン
2　ジュピター
3　ユラヌスエイト
4　ユラヌスエイトプラス

정답　3

● 問題5 (2番の例)

> 問題5では、長めの話を聞きます。この問題には練習はありません。
> 問題用紙にメモをとってもかまいません。
>
> # 1番、2番
> 問題用紙に何も印刷されていません。まず話を聞いてください。それから、質問とせんたくしを聞いて、1から4の中から、最もよいものを一つ選んでください。
>
> ーメモー

1 상황 설명이 나온다

상황과 대화하고 있는 사람들의 관계가 나옵니다. 이때 문제는 나오지 않으니 주의하세요.

>
> カフェのオーナーと、スタッフ二人が話しています。

2 본문이 나온다

본문은 <u>남녀 3명</u>의 대화입니다. 문제를 해결하기 위해 의견을 냅니다. 그 의견은 모두 4개입니다. 이 4개의 의견을 메모하세요.

>
> 男1：最近、売り上げが停滞しているから、なんとかしたいんだ。何かいい案はないかな。
> 女：そうですね。オープンしたての時は、うちの看板メニューの「ヨーグルトコーヒー」がかなり話題になって、大忙しでしたよね。新メニューを作ってみるというのはどうでしょう。

男1：そうだね。また話題になったらSNSでも広まって、うちのことをもっと知ってもらえるかもしれないな。

男2：でも、新メニューを作るには時間とコストがかかりますよ。それに、人気が出るとも限らないし。

男1：それも、そうなんだよな。

女　：では、ポイントカードを作るっていうのはどうでしょうか。コーヒーを10杯買ったら1杯無料でもらえるようにするんです。常連のお客さんを増やすことに繋がる可能性もあります。新メニューを作ることに比べたら、明日からでも始められますし、時間もかからないですよ。

男1：なるほど、いいかもしれないな。

男2：僕はそれより、店内のインテリアを変えるべきだと思います。今は木の椅子だけでお客様がゆっくりできないので、ソファ席を作って綺麗な植物を置いたりしたら、学生や女性会社員のお客様がそこで写真を撮ってSNSにアップしてくれるかもしれません。

女　：うちの近所は大学やオフィスもないし、住宅街だから子連れのお客様が多いわよ。

男1：確かにそうだな。

男2：じゃ、子連れのお客様でもゆっくりできる、カーペットと低いテーブルの席を作るのはどうですか。子ども用のおもちゃを置いて、食器なども子ども用のものを用意するんです。

男1：地域の方に親しんでもらえる店にしたいけど、インテリアを変えるのは費用がかかるから今すぐにはできないな。よし、まずはすぐに始められて、リピーターが増えそうな方法を試してみよう。

3 문제가 나온다

문제가 나옵니다. 최종적으로 어느 해결책을 시도하기로 했는지 묻습니다.

> 음성
> 売り上げを上げるために、何をすることにしましたか。

4 선택지 1~4가 나온다

> 음성
> 1 新メニューを作る
> 2 ポイントカードを作る
> 3 ソファ席を作って、綺麗な植物を置く
> 4 カーペットと低いテーブルの席を作る

정답 | 2

5 선택지에서 답을 고른다

선택지에서 답을 고르는 시간은 약 7초입니다. 선택지는 문제지에 인쇄되어 있지 않습니다. 선택지 1~4는 대화 속에 나온 의견입니다.

포인트

본문에 나온 의견 4개를 잘 메모합시다. 최종적으로 상사가 어떻게 하기로 했는지 결정하므로 상사의 말에 주의하며 듣습니다.

2番

問題用紙に何も印刷されていません。まず話を聞いてください。それから、質問とせんたくしを聞いて、1から4の中から、最もよいものを一つ選んでください。

ーメモー

① ② ③ ④

2番

음성

旅行会社で上司と社員二人が話しています。

男1： 最近、海外旅行のツアーの売り上げが停滞しているんだ。前は飛行機と宿泊施設がセットになっていて、観光するところも全て決まっているのが人気だったんだけど、最近はニーズが変わってきているみたいだね。もっとうちを使ってもらえるように、何かいい案はないかな。

女： そうですねえ。ツアーって、料金を抑えて旅行に行けることが魅力的ですよね。学生向けのツアーを企画するのはどうでしょう。

男1： 学生向けツアーの売り上げは好調なんだ。ご年配の方向けのツアーの売り上げが落ちていてね。

男2： でしたら、鉄道会社と連携して、寝台列車のツアーを組むのはどうでしょう。新幹線や飛行機が発達した現代に、鉄道で長距離移動を楽しむことを提案するんです。列車の中には高級レストランやバーがあって、本格的な食事やお酒を楽しめます。ちょっとしたホテルのような部屋も用意されていて、車窓から見える景色は格別です。

男1： いいねえ。そんなツアーがあったら行きたいなあ。でも、それは国内旅行しかできないね。

男2： では、現地集合・現地解散のツアーなんてどうですか。それなら、顧客の自由度がぐっとアップしますし、旅行中に短時間でちょっとツアーに参加したい人にぴったりだと思います。

女: でも、海外旅行ですよ。飛行機と宿泊場所の手配は言語が通じないとなかなか大変なので、会社に任せたいという人が多いのではないでしょうか。それより、うちのツアーでしかできない魅力的なアクティビティや、限定のお土産を選べるというのはどうですか。特別感があっていいと思います。

男1: そうだなあ。最近はアプリを使って、言葉がわからなくても簡単に手配できるからな。よし、顧客には自力で集合場所まで来てもらうツアーを企画しようか。

売り上げを伸ばすために、何をすることにしましたか。
1 学生向けのツアーを企画する
2 長距離の移動を楽しむツアーを企画する
3 現地集合・現地解散のツアーを企画する
4 そのツアー限定のオプションをつける

정답 3

● 問題5 (3番の例)

問題5では、長めの話を聞きます。この問題には練習はありません。
問題用紙にメモをとってもかまいません。

3番
まず話を聞いてください。それから、二つの質問を聞いて、それぞれ問題用紙の1から4の中から、最もよいものを一つ選んでください。

質問1

1 みなとみらい
2 江ノ島
3 六本木
4 草津温泉

質問2

1 みなとみらい
2 江ノ島
3 六本木
4 草津温泉

정답 | 질문1 2 질문2 3

1 상황 설명이 나온다

어디에서 누가 무엇을 이야기하고 있는지 등이 나옵니다. 이때 문제는 나오지 않으니 주의하세요.

> **음성**
> テレビでアナウンサーが冬のデートスポットについて話しています。

2 본문이 나온다

처음에 뉴스나 라디오 등에서 이야기하고 있는 내용을 듣습니다. 그 문장 속에 하나의 주제에 따른 4개의 후보가 나오며, 그 다음에 남녀 두 사람의 대화를 듣습니다. 두 사람은 그 전에 이야기가 나온 뉴스나 라디오 중에서 나온 후보에 대해 이야기합니다. 남자와 여자가 의견을 서로 말하기 때문에 후보 4개에 따른 각자의 의견을 구분해서 메모하세요.

> **음성**
> 女1：今年の冬注目の、関東にあるデートスポットを紹介していきたいと思います。冬といえば、なんと言ってもクリスマスのイベントが楽しみですよね。大切な人と素敵な思い出を作りたい方にお勧めするスポットの1つ目は、神奈川県にある「みなとみらい」です。夜8時になるとイルミネーションの綺麗な風景を背景に花火が上がります。遊園地もあれば、クリスマスのイベントとして屋台が並んでいたり、外でスケートを楽しむこともできます。一日中遊ぶことができそうですね。2つ目は、神奈川県にある「江ノ島」です。ここは海に囲まれた小さな島で、中に入っていくとそこはまるで宝石のように光るイルミネーションが広がっています。展望台もあり、光り輝く景色を一気に見下ろすことができちゃいます。また3つ目は、東京都内にある「六本木」です。ここでは、イルミネーションはもちろんの

こと、建物に入ると一転、まるで本場のドイツにいるような空間を楽しむことができます。伝統的なドイツのクリスマスマーケットが再現されており、グルメだけでなく雑貨なども売っているんだとか。最後は、群馬県にある「草津温泉」です。現地では和の雰囲気と共にイルミネーションを楽しむことができます。温泉に浸かり疲れを癒したり、日帰りではなくゆっくりと一泊するのも良いですね。

女2：わあ〜。どこも綺麗だね。クリスマスの時期はやっぱり外に出かけたくなるなあ。

男：そうだね。今週末、一緒にどこか行こうか。お酒も飲みたいし電車で行けるところがいいな。

女2：そうね。そしたら神奈川県が一番近いし良いかもね。私は、高いところからイルミネーションの景色を見てみたいなあ。

男：うーん。俺は、少し遠いけど海外のクリスマスの雰囲気を楽しめるところも気になるな。食べ物も美味しそうだし。

女2：もー、あなたっていつも食べ物のことしか頭にないんだから。

3 문제가 나온다

질문1의 음성이 나옵니다. <u>남녀 어느 한쪽의 의견을 묻는 경우가 많습니다.</u>

質問1　女の人は今週末どこに行きたいと言っていますか。

4 선택지에서 답을 고른다

선택지에서 답을 고르는 시간은 약 10초입니다. 선택지는 문제지에 인쇄되어 있습니다.
선택지 1~4는 본문 속에 나온 후보입니다.

5 문제가 나온다

질문2의 음성이 나옵니다. 남녀 어느 한쪽의 의견을 묻는 경우가 많습니다.

 質問2　男の人は今週末どこに行きたいと言っていますか。

6 선택지에서 답을 고른다

선택지에서 답을 고르는 시간은 약 10초입니다. 선택지는 문제지에 인쇄되어 있습니다.
선택지 1~4는 본문 속에 나온 후보입니다.

포인트

푸는 시간은 짧지만 선택지가 인쇄되어 있으므로 본문을 들으면서 어느 정도 추측을 해 두는 것이 좋습니다. 남녀 각각의 의견을 잘 듣고 메모합시다.

3番

まず話を聞いてください。それから、二つの質問を聞いて、それぞれ問題用紙の1から4の中から、最もよいものを一つ選んでください。

質問1

1 チャーシュー横丁
2 ばれいしょ共和国
3 海の幸せ広場
4 ビリケン通り

質問2

1 チャーシュー横丁
2 ばれいしょ共和国
3 海の幸せ広場
4 ビリケン通り

1	① ② ③ ④
2	① ② ③ ④

3番

음성

ラジオでアナウンサーが秋の全国グルメ祭りについて話しています。

女1：今日は、現在開催されている「秋の全国グルメ祭り」の4つのエリアについてご紹介します。1つ目は、「チャーシュー横丁」。全国津々浦々から集められたご当地ラーメンが勢ぞろい。1,000円のチケットを買えば、お好きな3杯のラーメンを食べ比べることができます。そして「ばれいしょ共和国」というエリア。アツアツでサクサクのコロッケや、じゃが芋本来の味を味わえるじゃがバターなどじゃが芋料理だけを集めたエリアがこちら。ベジタリアンメニューも豊富となっております。「海の幸せ広場」では、とれたてのカキやホタテをその場で炭火で調理します。もちろん海の幸を使った刺身や寿司も堪能できます。そして最後に、「ビリケン通り」です。関西と言えばたこ焼き・お好み焼きですよね！なんと調理してくださるのは関西の方々です。ソースの匂いが立ち込める関西ならではの料理が堪能できるエリアとなっております。

女2：うわあ、林君、今週末このお祭りに行かない？
男：大賛成。全部食べたいところだけど、全部のエリアを回るのは難しそうだね。僕はやっぱり、故郷の料理が食べたいなあ。
女2：林君、関西出身だよね。本場の人が作ってくれるなんて、美味しいに決まってるね。でも、今の時期はウニが旬だよ。この時期のウニは本当に美味しいから食べたいな。海鮮のエリアにあるはず。

男：僕、魚介類はアレルギーがあるんだ。そのエリアだけは楽しめないな…、ごめんね。

女2：あ、そうなんだ、残念。私、たこ焼き大好きだから関西のエリアに行こうか。あっ、でも、ラーメン食べ比べも捨てがたいなあ。

男：そうだ、ラーメンにしよう！二人で一枚ずつチケットを買ったら、6種類を食べ比べできるし！関西エリアは、来週外国人の友達が来るからそのとき行くことにするよ。

女2：そうだね！じゃあ、そこに決まり。じゃが芋はあまり魅力的とは言えないな。自分で作れそうだし。

男：じゃが芋をなめちゃいけないよ。きっと手間をかけて調理したり、品種にこだわったじゃが芋を使っているんだよ。お腹に余裕があったら行ってみようか。

女2：満腹で行けないと思うけどね。

質問1 男の人は来週どのエリアに行きますか。

1 チャーシュー横丁
2 ばれいしょ共和国
3 海の幸せ広場
4 ビリケン通り

質問2 二人は今週末、どのエリアに一緒に行きますか。

1 チャーシュー横丁
2 ばれいしょ共和国
3 海の幸せ広場
4 ビリケン通り

정답 질문1 4   질문2 1

모의 시험

제1회
제2회

맨 마지막 페이지에 정답을 마킹할 수 있는 답안지가 2회분 포함되어 있습니다.

모의 시험
제1회

JLPT N1

Language Knowledge (Vocabulary/Grammar) • Reading

問題用紙

N1

言語知識（文字・語彙・文法）・読解
(110分)

注　意
Notes

1. 試験が始まるまで、この問題用紙を開けないでください。
   Do not open this question booklet until the test begins.

2. この問題用紙を持って帰ることはできません。
   Do not take this question booklet with you after the test.

3. 受験番号と名前を下の欄に、受験票と同じように書いてください。
   Write your examinee registration number and name clearly in each box below as written on your test voucher.

4. この問題用紙は、全部で32ページあります。
   This question booklet has 32 pages.

5. 問題には解答番号の 1 、 2 、 3 … が付いています。
   解答は、解答用紙にある同じ番号のところにマークしてください。
   One of the row numbers 1 , 2 , 3 … is given for each question. Mark your answer in the same row of the answer sheet.

受験番号 Examinee Registration Number

名前 Name

問題1 ＿＿＿の言葉の読み方として最もよいものを、1・2・3・4から一つ選びなさい。

1 随分と前のことなので記憶が曖昧だ。
　1　あいまい　　　2　あいみ　　　　3　あまい　　　　4　あいばい

2 試験結果に納得いかないのか、彼は不服そうな顔をしている。
　1　ずふく　　　　2　ぶふく　　　　3　ふふく　　　　4　ふぶく

3 私は、世界の平和と繁栄を願っている。
　1　ぜいえい　　　2　ばんえい　　　3　せいえい　　　4　はんえい

4 最新の機器は精度の違いが歴然としている。
　1　とうぜん　　　2　れきねん　　　3　れきぜん　　　4　とうねん

5 このレストランは、料理が美味しい上に粋な雰囲気で人気がある。
　1　ずいな　　　　2　いきな　　　　3　いぎな　　　　4　すいな

6 風邪薬の種類によっては、眠気を催す可能性がある。
　1　さます　　　　2　もよおす　　　3　うながす　　　4　とばす

問題2 （　　　）に入れるのに最もよいものを、1・2・3・4から一つ選びなさい。

7 注文した弁当の中にプラスチックが混入していたので、電話で（　　　）を入れた。
　　1　クレーム　　　　2　ダメージ　　　　3　リベンジ　　　　4　スチーム

8 大臣は、手続きを（　　　）にするために、印鑑を廃止することを決定した。
　　1　素直　　　　　　2　質素　　　　　　3　素朴　　　　　　4　簡素

9 日本全国から集められた名産品が（　　　）並べられていた。
　　1　すらっと　　　　2　ずらっと　　　　3　さらっと　　　　4　がらっと

10 困難な出来事があっても、将来と（　　　）貴重な経験になるかもしれない。
　　1　結び付く　　　　2　受け付く　　　　3　備え付く　　　　4　取り付く

11 彼は同僚と挨拶を（　　　）、席に着いた。
　　1　配って　　　　　2　添えて　　　　　3　交わして　　　　4　絡めて

12 私たちの会社は買収され、大企業に（　　　）することとなった。
　　1　配属　　　　　　2　所属　　　　　　3　従事　　　　　　4　従属

13 私は人見知りなので、初対面の人と話すときは（　　　）してしまう。
　　1　おどおど　　　　2　こそこそ　　　　3　ぐずぐず　　　　4　ひそひそ

問題3 ＿＿＿の言葉に意味が最も近いものを、1・2・3・4から一つ選びなさい。

14 彼は、入学してからずっと学年で一位の成績を<u>キープ</u>している。
　　1　念願と　　　　2　目標と　　　　3　維持　　　　4　競争

15 今日の職場は<u>不穏な</u>空気が漂っている。
　　1　良いことが起きそうな　　　　2　悪いことが起きそうな
　　3　綺麗な　　　　　　　　　　　4　不潔な

16 軍隊の訓練では、何をするにも<u>即時に</u>判断して行動しなければならない。
　　1　素早く　　　　2　うまく　　　　3　冷静に　　　　4　正確に

17 今回のプロジェクトの方針について、社長と副社長の意見が<u>食い違っている</u>。
　　1　一致していない　　　　　　　2　誤っている
　　3　対決している　　　　　　　　4　似通っている

18 今でも、田舎の親戚の家に<u>ちょくちょく</u>遊びに行っている。
　　1　何度も　　　　2　まじめに　　　　3　まれに　　　　4　常に

19 悲惨な現状を<u>打開する</u>ために、何度も会議を行った。
　　1　理解する　　　　2　破壊する　　　　3　解明する　　　　4　解決する

問題4　次の言葉の使い方として最もよいものを、1・2・3・4から一つ選びなさい。

20 目先

1　目先の人に手紙を書くときは、言葉遣いに気を付けなければならない。
2　彼女は目先が器用なので、店で買った物ではなく自分で編んだセーターを着ている。
3　目先の利益にとらわれず、長く愛される商品を作ることが会社の発展に繋がる。
4　締切が目先に迫っているというのに、レポートを書く手が進まない。

21 有様

1　久しぶりに恋人の部屋へ行ったら、何か月も掃除していないようでひどい有様だった。
2　愛犬の有様がいつもと違ったので、病院に連れて行ったら骨折と診断された。
3　彼は事故にあって意識を失ってしまったので、当時の有様は後で確認する。
4　自宅で療養していたが、今月に入り有様が悪化したので入院することになった。

22 簡易

1　今回のテストは問題が簡易だったので、余裕で満点がとれた。
2　この品質を保ちながら限界まで価格を下げるのは簡易なことではなかった。
3　タレントはたった一回簡易な発言をしただけで、仕事を失うことがある。
4　狭い部屋でも空間を有効に活用できる、簡易な折りたたみテーブルが人気だ。

23 すがすがしい

1　私の祖母は70歳なのに肌がモチモチしていてすがすがしい。
2　今学期の試験も終わり、明日から夏休みだと思うとすがすがしい気分だ。
3　勝手に私の部屋に入って当然のようにお茶を飲むなんてすがすがしいにも程がある。
4　味が濃いものを食べた後は、果物などのすがすがしいものが食べたくなるよね。

24 解除

1 ストレスを解除するには、適度な運動が最も効果的だ。
2 契約期間内に携帯電話を解除する場合は、手数料をいただいております。
3 大規模な災害により出されていた非常事態宣言が解除された。
4 人手不足を解除するべく、時給制で大学生を雇うことにした。

25 治まる

1 勉強しろと何度も言われると、やる気が治まってしまう。
2 彼のおもしろくない話に、教室中が治まった。
3 薬を飲んでも痛みが治まらない場合は、薬の服用を止め医師の診断を受けましょう。
4 秋が治まってきて、一段と葉が赤く色づいてきた。

問題5 次の文の（　　　）に入れるのに最もよいものを、1・2・3・4から一つ選びなさい。

[26] 片思いの相手に話し掛けること（　　　）、目を合わすことさえできない。
　　1　にしても　　　2　にもまして　　　3　はおろか　　　4　はともかく

[27] 佐藤「昨日、初雪降ったよね。」
　　中本「うん。今季最強の寒気（　　　）、凍りそうなくらい体が冷え切ったよ。」
　　1　とあって　　　2　の手前　　　3　にわたって　　　4　というより

[28] 自分の過ちを謝罪しようがし（　　　）罪を犯してしまったことに変わりはない。
　　1　たところで　　　2　たが最後　　　3　ないものか　　　4　まいが

[29] ごみを燃やさずに再利用するというのは地球環境を守ら（　　　）新しい取り組みだ。
　　1　んがための　　　　　　　2　んばかりに
　　3　ないでは済まない　　　　4　ないための

[30] 先輩の不手際で仕事が遅れているのに、僕まで残業させられて腹が立つ（　　　）。
　　1　に及ばない　　　　　　　2　に越したことはない
　　3　といったらない　　　　　4　というものでもない

[31] 事情（　　　）試験途中に退室した者の再入室は認められません。
　　1　のみならず　　　　　　　2　のいかんを問わず
　　3　にとどまらず　　　　　　4　にもかかわらず

[32] 加藤「火山が噴火するかもしれないと言われているけど、まだ非常袋は用意しなくていいよね。」
　　中本「明日噴火するかもしれないから、今から非常用の食料だけでも用意しておく（　　　）。」
　　1　に越したことはないよ　　2　わけがないよ
　　3　にたえないよ　　　　　　4　にかぎらないよ

33 せっかくネットで腹筋ローラーを買ったのに、けがをしてしまい、（　　　）で友達にあげてしまった。
1　やらずにはおかない　　　　　　2　やらざるを得ない
3　やらずにはいられない　　　　　4　やらずじまい

34 IT社会（　　　）、今やプログラミングは小学校の必修科目だそうだ。
1　のごとく　　2　なりに　　3　にいたっても　　4　にあって

35 （電話で）
　客　「すみません、配達時間を夜の7時に変更したいのですが。」
配達員「かしこまりました。では、明日午後7時にお届けに（　　　）。」
1　存じます　　2　あがります　　3　いただきます　　4　お見えです

問題6　次の文の＿★＿に入る最もよいものを、1・2・3・4から一つ選びなさい。

(問題例)

あそこで ＿＿＿ ＿★＿ ＿＿＿ ＿＿＿ は村本（むらもと）さんです。

1　ラーメン　　2　食べている　　3　を　　4　人

(解答のしかた)

1. 正しい文はこうです。

あそこで ＿＿＿ ＿★＿ ＿＿＿ ＿＿＿ は村本（むらもと）さんです。

1　ラーメン　　3　を　　2　食べている　　4　人

2. ＿★＿に入る番号を解答用紙にマークします。

(解答用紙)　例　① ② ● ④

36　結婚を理由に、私は3月 ＿★＿ ＿＿＿ ＿＿＿ ＿＿＿ だ。

1　会社を　　2　予定　　3　退職する　　4　をもって

37　私と価値観がぴったり合う彼女は、＿＿＿ ＿＿＿ ＿★＿ ＿＿＿ だと思う。

1　出会う　　2　人　　3　べくして　　4　出会った

38　今まで上位をキープしてきた鈴木（すずき）選手が、今回の大会で最下位になって ＿＿＿ ＿＿＿ ＿★＿ ＿＿＿ 。

1　推測　　2　にかたくない　　3　心境は　　4　しまった

39 上京したいと思っているが、東京で＿＿＿ ＿＿＿ ★ ＿＿＿がたくさんある。

　　1　始めるなら　　　2　不安なこと　　　3　始めるで　　　4　一人暮らしを

40 本日は悪天候のため、＿＿＿ ＿＿＿ ＿＿＿ ★ いらしてください。

　　1　際は　　　　　　2　お越しになる　　3　気を付けて　　4　足元に

問題7 次の文章を読んで、文章全体の趣旨を踏まえて、41 から 45 の中に入る最もよいものを、1・2・3・4から一つ選びなさい。

電話

　私が生まれて初めて発した言葉は、「でんわ」だった。

　頭の引き出しの中に入っている一番古い記憶だ。発した言葉 41 、その時の情景や気持ちも、鮮明に覚えている。祖母と母がしきりに、受話器を指さして、私に「でんわ、でんわ」と言っている情景が今でも脳裏に浮かぶ（注1）。その時おそらく一歳ほどだった私は、一言も話したことがないのに、心の中では口が達者だった（注2）。

　「最近、私に何か話させようと必死だな。話すことなんて、朝飯前だ（注3）。何をそんなに頑張っているんだ？」こんなようなことを、確かに感じていた。「でんわ」と発する 42 、大人たちは天にも昇るような勢いで喜んだ。それを見て、自分も本当に嬉しかった。母の話によると、「電話」が初めて発した言葉だというのは本当らしい。

　しかし、過去の記憶というのは本当に曖昧なものだ。私が生まれて初めて発した言葉を覚えているといえども、もしかしたら、母から聞いた情報を元に勝手にエピソードを作り出して、自分は覚えているとただ思い込んでいるだけかもしれない。その時どう感じたか、それを覚えていると言っても、証拠はどこにもない。本当にそうだったかどうかは証明 43 、証明できないのだ。

　人の記憶には、必ず主観が入る。過ぎ去った過去の記憶というのは、結局は個人の中の主観的な創造物に過ぎないのではないだろうか。創造された記憶だったとしても、本当の記憶だと思い込んで 44 。それが本当に存在したかどうかは、証明する術がない。

　そうなると、私たちは記憶という錯覚と共に生きているということになる。そして、考えようによっては、こうも言える。私たちは過去の記憶を証明する術を持たない 45 、いくらでも記憶を創造することができるのだ。

（注1）脳裏に浮かぶ：映像のように光景が頭の中に思い浮かぶ
（注2）口が達者：よくしゃべること
（注3）朝飯前：非常に簡単なこと

41
1　はともかく　　　　　　　　2　といえども
3　にひきかえ　　　　　　　　4　もさることながら

42
1　が最後　　　2　手前　　　3　や否や　　　4　に先立ち

43
1　しまいが　　　　　　　　　2　しようが
3　しようものなら　　　　　　4　しようにも

44
1　しまえばそれまでだ　　　　2　しまってはいられない
3　しまうほどではない　　　　4　しまってはかなわない

45
1　につけ　　　2　とあっては　　　3　こととて　　　4　がゆえに

問題8 次の（1）から（4）の文章を読んで、後の問いに対する答えとして最もよいものを、1・2・3・4から一つ選びなさい。

（1）

　かつて映画は特別な娯楽だった。映画は、生活とは切り離された特別な空間をじっくり楽しむものだった。物語は登場人物の人生そのものであり、それを追体験(注1)することにより様々な教訓を得ることができた。

　昨今の映画は展開が早すぎる。短い尺の中に、物語の始まりから山場、結末までが細切れに詰め込まれているから、見ていて慌ただしい。人々の生活が忙しいから、それに合わせて映画の尺も短くなったのだろう。内容も、いくつかの定石(注2)があり、それに従うものが多くなったように思う。私は昔の映画が好きだ。

（注1）追体験：作品を通じて、他人の体験を体験すること
（注2）定石：物事を進めるときの、決まったやり方

[46] 筆者が観たい映画はどのような映画か。
1　定石に従い、展開がわかりやすくまとめられたもの
2　忙しい生活を忘れられるような特別な体験ができるもの
3　どっぷりと物語に入り込み、違う人生が体験できるもの
4　短い尺の中でも内容が簡潔にまとめられていて、教訓が得られるもの

（2）

　外国語の習得においてポイントとなるのは母国語である。人は既習の知識を使い、新しいことを学ぼうとする。新たな言語に触れた時、母国語と共通している部分を応用しながら言語を習得していくのである。つまり、言語の規則や発声方法に母国語との共通点があればあるほど習得までの道のりは短くなるということだ。しかし、母国語の干渉によって間違った話し方の癖が付いてしまうということも否定できない。また母国語の違いにより、話し方のパターンに傾向性が見られることもある。母国語は、言語学習に強い影響を与えるのだ。

47　筆者の考えに合うのはどれか。
　1　新しい言語を学ぶ時には、習得しようとする言語の癖が強い影響を与える。
　2　既習の知識は、新しい言語を習得する上で悪い影響を及ぼす場合が多い。
　3　母国語は、どのような言語を学習する際も必ず良い影響を与える。
　4　外国語を習得する際に、母国語の干渉による間違いが定着してしまうことがある。

(3)

　「将来やりたいことがわからない」という若者が増えているそうです。それはごく当たり前のことだと感じています。日本の教育では「みんな同じ」を求められることが多く、学校が求める行いをしようと自分の気持ちに気づかないふりをするうちに、自身の感情に対して鈍感になってしまうことが少なくありません。

　感情に蓋(ふた)をしてばかりいると、いざという時に自分の本当の気持ちがわからなくなります。社会に出てから道に迷う若者が増えるのも当然だと思います。

[48] 筆者の考えに合うのはどれか。
1　自分の本当の望みを知りたいなら、感情に対して鈍感になってみることだ。
2　自分の感情に蓋(ふた)をしていると、他人に求められた行いだけをするようになる。
3　いつも周りに合わせて行動していたら、自分の感情に対して鈍感になる。
4　自分の気持ちに鈍感になっていると、周りに合わせることを求められるようになる。

(4)

　運と才能に恵まれ華々しく成功を収めているように見える人でも、壮絶な貧困を経験し乗り越えた過去があったり、日夜を問わず新しい知識や技術の習得に時間を割いていたりする。彼らは血のにじむような努力の全てを語らず、他人からは優雅に見える。その姿が、まるで水に浮かんでいるカモのように見えることから、「カモの水かき」とよく呼ばれている。

　成功は、水面下にある経験と努力によって構築されるものだ。目に見えないものにこそ成功の秘密があり、それが彼らにとって何よりの財産なのだ。

（注1）壮絶な：とても激しいようす
（注2）血のにじむような努力：大変な苦労や努力
（注3）カモ：川や湖に生息する鳥の名前
（注4）水かき：ここでは、水の中で足を動かして、泳ぐこと

49 「カモの水かき」とはどういうことか。
　1　成功している人は、他の人にはない壮絶な経験を持っている。
　2　成功している人は、眠らずに朝から夜まで勉強し続けている。
　3　成功している人は、人の何倍も努力や苦労をしている。
　4　成功している人は、たくさんの努力や苦労を人に見せない。

問題9　次の（1）から（3）の文章を読んで、後の問いに対する答えとして最もよいものを、1・2・3・4から一つ選びなさい。

（1）

　「奈良のシカ」は天然記念物に指定されている動物であるが、日本に一般的に生息している「ホンシュウジカ」と、生物学的に言って実は何の違いもない。それにも関わらず、奈良県の特定の地域に生息するシカは「奈良のシカ」と呼ばれ、国が保護すべき対象として指定している。「奈良のシカ」は人間の世界で生活を送り、人間と共存している。そして、その愛くるしい姿を一目見ようと、奈良には観光客が押し寄せる。彼らは保護されるべき動物であると同時に、奈良の重要な観光資源でもあるのだ。

　この共存生活を続けていきたいと望むのは人間のエゴ(注1)であり、実際は厳しい側面があるのではないだろうか。観光客は様々な食べ物を使ってシカの気を引こう(注2)とする。その結果、人間の食料を摂取し体調不良を起こすシカや、プラスチック袋などの異物誤飲(注3)によって窒息死するシカが後を絶たない(注4)のだ。公園内では、シカに与える用の「シカせんべい」なるものが販売され、観光客が購入し餌やりを楽しんでいるが、これは観光客を呼び寄せるために発明されたものである。その弊害として、シカせんべいの食べ過ぎによるシカの体調不良がたびたび問題視されている。

　しかし、最近になって健康被害を受けるシカが激減したと言われている。理由は近年起こった大規模なパンデミック(注5)である。日本国内では外出が厳しく規制されたため、奈良に来る観光客が激減し、それによってシカの体調が戻りつつあると言う。これは我々が再認識しなければならない事実だろう。奈良のシカを天然記念物として保護したいと本気で願うなら、観光資源としてシカを利用することによる弊害を、我々人間は無視し続けることができない。何か手を打つ(注6)なら、パンデミックが収束に向かいつつある今が最後のチャンスかもしれない。

（注1）エゴ：エゴイズム。自分の利益のためだけに行動すること、またそのような考え
（注2）気を引く：関心を向けさせる
（注3）異物誤飲：飲み込んではいけない物を飲み込むこと
（注4）後を絶たない：いつまでもなくならない
（注5）パンデミック：病気が広範囲に広がること
（注6）手を打つ：対策を実行する

50 厳しい側面があるとあるが、なぜか。
1 シカと人間の共存生活によるメリットが少ないから
2 シカと人間の共存生活による弊害がかなり大きいから
3 シカと人間の共存生活を辞めるべきだと人間が理解しているから
4 シカと人間の共存生活を続けたいと願っているのは人間だけだから

51 筆者によると、健康被害を受けるシカが激減したのはなぜか。
1 パンデミックによって外出規制が強化され、奈良を訪れる人間の数が半減したから
2 パンデミックによって観光客が減り、シカが悪いものを口にする機会が減ったから
3 パンデミックによって、窒息死の原因となるプラスチックゴミが激減したから
4 パンデミックによって人間と触れ合う時間が減り、シカのストレスが軽減されたから

52 筆者の考えに合うのはどれか。
1 人間は今すぐパンデミック収束を目指すことで、シカを大切にするべきだ。
2 人間が外出を自粛し続けることができれば、シカの健康被害は激減する。
3 人間がシカに与えている健康被害に対して、今すぐ何かしらの策を講じるべきだ。
4 人間とシカの共存による弊害を解決するのは、パンデミックが終わる時期が最も良い。

(2)

　どんな旅であっても、旅を全うしたのであれば、何かしら旅による内面へのアプローチ(注1)を感じ取ることができるだろう。目的地へ向かう過程で、自分がどんな人に出会うのか、どんな出来事が起こるのか。そして、それによってどのように心が動くのか。決まり切ったことが何もないからこそ旅というものはおもしろく、意味があるのである。旅において一番大事なのは、型にはまった考えにとらわれず、旅の偶然性を楽しむことだと私は考えている。

　どうなるかわからないというような不確実性を楽しむ――それは、年を取れば取るほど難しくなる①だろう。大人になってしまった私たちは、これまでの経験から結果を予測し、リスクがあることは避けるようになってしまったし、知らず知らずのうちに凝り固まった考えもするようになってしまった。

　だからこそ、私は旅に出るときに「旅に身をまかせる」ということに留意するようにしている。身をまかせるとはつまり、自ら行動を選択するのではなく、旅で起こる事象をそのまま受け入れるということだ。アクシデント(注2)に見舞われたり、トラブルに巻き込まれたりしたとしても、それさえも旅の醍醐味(注3)として受け入れられるかどうか。旅先での出会いは一期一会(注4)であるのだから、自分にとって有意義な旅にできるかどうかのカギは、これ以外②ないのではないだろうか。

（注1）アプローチ：ここでは、影響のこと
（注2）アクシデント：予想していなかった出来事
（注3）醍醐味（だいごみ）：物事の本当のおもしろさ
（注4）一期一会（いちごいちえ）：一生に一度しかない

53 筆者によると、「旅」において大事なことは何か。
1 旅をすることでしか感じることができない感情を抱くこと
2 目的地で何を楽しむかあらかじめ計画しておくこと
3 目的地でしかできない特別な体験を楽しむこと
4 目的地へ向かう途中で起こる思いがけない出来事を楽しむこと

54 ①難しくなるとあるが、なぜか。
1 他の人の意見を無視するようになってしまうから
2 結果を予測することはリスクを伴うことであるから
3 自身の固定観念にとらわれてしまうようになるから
4 予測より自身で経験したことを信じるようになるから

55 ②これとは何か。
1 旅でどんな出来事に遭遇しても、それを面白いと感じられるかどうか。
2 旅で出会う感情が、一生に一度しか感じられないものであるかどうか。
3 旅で起きた出来事に対し、自ら行動を選択できるかどうか。
4 旅でトラブルにあったときに、即座に対処することができるかどうか。

(3)

　「出会い系サイト」という言葉を、今の若者は知っているのだろうか。インターネット上で見知らぬ人と出会うためのネットサービスの総称であるが、ほんの10年ほど前までは、これらは危険でいかがわしい(注1)ものだという風潮があった。当時の教育現場では子供たちが危険にさらされぬよう、これらの利用を禁止し厳しく指導していた。それが、今では違っている。

　私の周りでは、このサービスを利用し人生のパートナーを見つけ幸せに暮らしているという友人が珍しくない。名称は「マッチングアプリ」に変化し、より安全性や透明性(注2)が高いものに進化している。サービスに対する偏見がなくなりつつあり、今や幸せを掴むための主要なツールとして世の中に浸透している。時代の変化は、人々の考えをも大きく変えるのだ。

（中略）

　一方で、サービス利用時の問題が全くないのかと問われれば、そうとは言えない。見知らぬ人と簡単に出会う機会があるということは、気の合う相手や、普段の生活では縁のない新しい相手と出会う可能性も、他人を利用しようという悪意のある相手や、犯罪者に出会う可能性も、同程度存在するということだ。つまり「出会い系サイト」の時代から懸念されていた問題が、今もなお残っているのだ。ネット世界に生きる人が倍増した現代で、身を守るにはどうするべきなのか。

　このようなサービスを利用しないというのも一つの手だが、あまり現実的ではない。我々の住む世界はオンライン上に移り始めている。現段階ではまだ、このサービスを利用するか否かの判断は我々に委ねられているが、近い将来、私たちに選択権はなくなるだろう。リアルな世界を生きる上で、私たちは社会のルールを学び、先人たちの失敗から学びを得て、危険を回避しようとする。それをオンラインの世界でも同様に当てはめ実行しなければ、この世界を生き延びることは、まず不可能だろう。

（注1）いかがわしい：信用できない
（注2）透明性：誰でもわかるようになっていること

56 人々の考えをも大きく変えるのだとあるが、どのように変わったのか。
1 昔は出会い系サイトは危険なものだと認識されていたが、今は安全なものだと認識されている。
2 昔は知らない人と出会うことは一般的だと思われていたが、今は危険だと思われている。
3 昔は出会い系サイトは悪いものだと考えられていたが、そのような考え方はなくなりつつある。
4 昔は出会い系サイトを信用できないと考えていたが、今は信用すべきだと考えている。

57 マッチングアプリには、どのような問題があるか。
1 さまざまな良い出会いがあるネット世界から抜け出せなくなる。
2 良い人と出会うよりも、悪意のある人と出会う確率のほうが高い。
3 自分が望んでいる人と出会うことができない可能性がある。
4 見知らぬ人との出会いが利用者を危険にさらす恐れがある。

58 この文章で筆者が最も言いたいことは何か。
1 オンライン上で危険が起きる前に、サービスの利用を止めるべきだ。
2 オンラインの世界では、過去の失敗事例を学ばなければ安全に生きていけない。
3 オンラインの世界では、危険を回避し生き延びることは不可能に近いことだ。
4 オンライン上で生活するために、サービスを利用するか否かを決めなければならない。

問題10 次の文章を読んで、後の問いに対する答えとして最もよいものを、1・2・3・4から一つ選びなさい。

　2019年11月に新型コロナウイルス感染症が確認されてから、一年も経たずにウイルスは世界中に広がり、パンデミック(注1)を引き起こした。このウイルスは、感染してから症状が現れるまでの期間が長い、感染しても症状が見られないことがある、などの他のウイルスとは異なる特性を持っており、それらの特性によりみるみるうちに感染は拡大した。また他のウイルスに比べ、重症化のリスクや死亡率が高いことがわかったため、私たちは経済活動をストップし、自粛生活をすることを余儀なくされてしまった。近年、インフルエンザなど様々な感染症の流行は確認されてきたが、私たちの生活様式までをも脅かすことはなかった。そのため、この新たなウイルスの存在は私たちを①危機的状況に直面させていると言えるだろう。

　だが、歴史を振り返ってみると、先人(注2)たちも大きな社会の混乱を乗り越えてきたことがわかる。とくに日本の社会を大きく変えた出来事が1945年にあった。第二次世界大戦の終結である。この戦争で、数多くの犠牲者を出し、経済は大打撃を受け、日本社会は混乱を極めた。しかし、終戦を契機に日本の民主化が進み、憲法の改正、教育の改革などがなされ、日本は大きな変革を遂げた。これらの変革は今の日本の土台にもなっていて、この大混乱の時代がなければ今日の日本の姿はなかったと言っても過言ではないだろう。

　②このことから、私たち人間は困ったときこそ力を発揮する生き物であることがわかる。つまり、このまま状況が悪化し、新型感染症による社会の崩壊が現実になったとしても、人間はこの状況をどうにか打開しようと試行錯誤(注3)し、必ずその時代に即した新たな生き方を見つけるに違いない。そして、一つ変われば連鎖するように他も変化し、古くから伝わる生活様式や文化が形を変え、新しい社会の常識と呼ばれるものが生まれるのである。そして、私たちが終戦後の社会改革の恩恵を受けているように、未来を生きる誰かにとっては、この混乱の時代を生き抜き、新たな常識を生んだ私たちの恩恵を受けるものがいるのだろう。

　このように考えると、この混乱の時代が悪いものであるかというのは、混乱の渦中(注4)にいる現段階では評価できるものではなく、この混乱が収束し、新たな時代へと移り変わった頃に断言することができるものなのではないだろうか。

（注1）パンデミック：病気が広範囲に広がること
（注2）先人：昔の人
（注3）試行錯誤する：失敗を繰り返しながら解決法を見つけること
（注4）渦中：騒ぎの中

59 ①危機的状況とはどのような状況か。
1　過去に発見されたウイルスには見られなかった特徴が確認されたこと
2　ウイルスの登場により、今後パンデミックを引き起こす可能性が高まったこと
3　感染症の流行によって、経済活動が停滞し生活が変わってしまったこと
4　人々の生活様式の変化が新たな感染症を引き起こしたこと

60 ②このこととは何か。
1　昔の日本が混乱を極め、現在の日本とは異なる姿であったこと
2　日本の大きな変革が世界に悪い影響も良い影響も与えたこと
3　戦争により大打撃を受けたが、民主化により元の姿に戻ったこと
4　戦争という大きな混乱が損失と変革の両方をもたらしたこと

61 社会が崩壊した後の人間について、筆者はどのように考えているか。
1　時代に即した新しい常識を生み出す。
2　現状を打開することで新たな文化を見つける。
3　試行錯誤して生きていた人の生き方を顧みる。
4　昔の生活様式に戻すことで社会の安定を図る。

62 混乱の時代について、筆者の考えに合うのはどれか。
1　事が悪いものであるかどうかは現段階を生きる者にしかわからない。
2　事が起きている最中は、善悪について一概に断言できない。
3　混乱は時代が移り変わるとともに収束していくものだ。
4　混乱の時代について評価するために事態を収束させるべきだ。

問題11 次のAとBの文章を読んで、後の問いに対する答えとして最もよいものを、1・2・3・4から一つ選びなさい。

A

　結婚相手に求める条件は何だろう。日本では「３高」と言って、高身長・高学歴・高収入の３つがよく挙げられる。もちろん条件は人によって違いがあるし、時代によって少しずつ変化しているだろう。ただ、誰にとっても、どの時代においても大切な条件は、あなたと相性が合うかどうかだ。「３高」の条件は、どれも相手のスペック(注)を測る物差しでしかない。話が合う、趣味が同じ、好きな食べ物が似ている、こういうスペック以外の部分が、人と長く付き合う上では重要だ。

　そんな運命の人と出会うには、友達を使うのが一番の近道だ。「類は友を呼ぶ」とはよく言ったもので、仲の良い人同士は考え方や性格が似ている傾向がある。つまり友達の友達は、相性が良く深い関係になる可能性も高いのだ。

（注）スペック：ここでは、人の性質や能力のこと

B

　生涯を共にするパートナーを選ぶ際に重視することは、お金だと言う人が多い。どんなに見た目が良くて優しい人でも、収入が低いと候補になり得ないということだ。ただ、お金に惑わされてはいけない。本当に大切なのは、二人の相性だ。不思議なことに、相性が良い二人というのは金銭感覚が似ていることも多い。限られた収入の中で、何にどれくらいお金を使うのか、その感覚が似ているのだ。金銭感覚と相性は、相関関係がある場合が多いのだ。

　では、相性の良い相手といかにして出会うのか。自分の所属する組織や近くのコミュニティから探すのが効率的だろう。人間という生き物は、自分と似た人に好感を持ちやすく友達になる確率も高い。結婚した二人の親しい友人だけが参加する結婚式の二次会で、カップルが誕生し結婚するというのも納得できる話だろう。

63 結婚相手を選ぶ際に、AとBが共通して重要だと述べていることは何か。

1　高収入で金銭感覚が合う人かどうかを確認すること
2　見た目がよくて、性格が良い人を選ぶこと
3　できるだけ価値観が似ている相手を選ぶこと
4　それぞれが考える条件にぴったり合う人を慎重に探すこと

64 結婚相手と出会う方法について、AとBはどのように述べているか。

1　AもBも、自分に似ている人を探し続けるべきだと述べている。
2　AもBも、自分のいるコミュニティや周りの友達を使って出会うべきだと述べている。
3　Aは友達の友達と知り合うべきだと述べ、Bは結婚式にたくさん参加するべきだと述べている。
4　Aは相性の良い相手と深い関係になるべきだと述べ、Bは自分の所属するコミュニティを増やすべきだと述べている。

問題12 次の文章を読んで、後の問いに対する答えとして最もよいものを、1・2・3・4から一つ選びなさい。

　恋人に振られ、飼い猫が死んだ。仕事で失敗をして上司にひどく叱られた。今にも死にそうな顔をしているあなたに「どうしたの？何があったの？」と何度も声をかける人と、何も言わずにただコーヒーを差し出す人、あなたはどちらの人をありがたいと感じるだろうか。

　二人の大きな違いは「共感力」である。これは、他者が抱く喜怒哀楽の感情に寄り添うことができる力のことである。おそらく多くの人が、「何があったの」と何度も聞かれることを嫌がるのではないだろうか。表面的に見ると、辛そうにしている人に対して声をかけることは優しそうにも見える。当の本人も優しさのつもりで声をかけているのだろう。

　共感力というものは、主に三つの要素で成り立っていると言われている。「観察」「想像」「表現」である。「観察」は相手の様子を注意深く見ること、「想像」は相手の気持ちを考えること、「表現」は気持ちを適切な言葉や行動にすることである。この三つが全て揃ってはじめて「共感力」というものができあがるため、そのどれもが必要不可欠な要素なのである。「何があったの」と何度も声をかけてしまう人は、「想像」が足りていないのかもしれない。

　共感力は、全ての対人関係においてカギとなるものだ。家族、恋人、上司、部下、客に対してなど、あらゆる場面で必要不可欠な力である。周りの苦しんでいる人に、安易にアクションを起こしてはいけない。気の向くままにふるまったり、たやすく相手の感情を判断したりせず、相手の気持ちを探ることからこの共感力が生まれることを決して忘れてはいけない。相手の表情をよく観察し、相手の立場になって思考し、その行動が本当に正解かどうか、もっと慎重に選択する必要がある。

　ここで問題となるのが、感覚のズレである。先に挙げた例を読んだ人の中で、声をかけられた方が嬉しいと感じる人もいるだろう。これは「私」がしてもらって嬉しいことと「あなた」がしてもらって嬉しいことの間にズレがあることが原因である。この感覚のズレは人間関係に深刻な亀裂を生む可能性がある。必死に相手の事情を配慮した結果、「声を掛ける」という選択をしても「黙って見守る」という選択をしても、相手によって受け取り方が大きく異なる。相手はあなたが期待する感情を抱かないかもしれないし、それによってあなたに対する評価も不本意に下されてしまうかもしれない。あなたの優しさは闇に葬られてしまう。
(注)

生まれ育った環境や考え方が違う別の個体である他人の気持ちを理解することなど、実際にはほぼ不可能だろう。しかし、だからといって断念してはいけない。100％理解できなくても、理解したいと思うこと、理解しようとする姿勢こそがコミュニケーションの本質なのだ。相手の気持ちに寄り添いたいと思う強い気持ちが一番重要なのである。これこそが「真の思いやり」である。本当に相手のことを思っているのならば、不思議とそれが相手にも伝わるものだ。

（注）不本意に：自分の本当の望みとは違って

65 筆者によれば、「共感力」がある人はどのような人か。
1　どんな人に対しても、常に明るく元気に声を掛けることができる人
2　困った顔や暗い表情をしている人を、すぐに見つけることができる人
3　相手の表情を注意深く見て、何か悩み事があるのではないかと考えられる人
4　元気がない人を見て、何か困ったことがあるのではないかと思い声を掛けられる人

66 もっと慎重に選択するとはどのようなことか。
1　相手へのふるまいが適切かどうかを考えること
2　相手の感情を理解するため繰り返しコミュニケーションをとること
3　自分の態度が相手との関係性を良くするかどうか考えること
4　慎重に相手を観察し感情を理解すること

[67] 筆者は、なぜ人間関係に深刻な亀裂を生む可能性があると述べているのか。
1 いくら思いやりをもった行動をしたとしても、人の気持ちを変えることは難しいから
2 相手にとって良いと思った行いも、人によっては嫌だと感じるかもしれないから
3 一般的な感覚をもっていない人の感情を理解することは、ほぼ不可能だから
4 相手の立場に立って考え、思いやりをもって行動することができない人もいるから

[68] 「真の思いやり」について、筆者はどのように述べているのか。
1 相手の気持ちを本気で理解したいという姿勢が「真の思いやり」である。
2 相手のことを本当に思っていると伝えることが「真の思いやり」である。
3 相手の立場に立って、気持ちを正確に理解することが「真の思いやり」である。
4 相手の本心を知るのは難しいことだと理解しようとする姿勢が「真の思いやり」である。

問題13 右のページは、あるテニスコート施設の案内である。下の問いに対する答えとして最もよいものを、1・2・3・4から一つ選びなさい。

[69] 斎藤さんは、友達とテニスをするためにコートの予約をしていたが、キャンセルをする可能性が出てきた。キャンセルをする上で留意することは何か。

1 当日キャンセルしても料金が発生しないように、事前に現金支払いにしておくこと
2 当日キャンセルすると、利用費100%に加え、別途キャンセル料を支払わなければならないこと
3 3日前にキャンセルをすれば、キャンセル料が発生しないこと
4 前日にキャンセルをすれば、利用費の50%の支払いで済むこと

[70] 会員の鈴木さんは、大学のテニスサークルで森公園の施設を借りることにした。2月3日（日）16〜18時にコート一面とボールを30個施設で借り、当日は現金で支払いたいと思っている。施設を借りるにあたり、どのように申し込まなければならないか。また支払いはどうすればよいか。

1 当日窓口に行き、テニスコートの予約と支払いを済ませる。
2 電話で予約をし、6,000円を施設の窓口にて支払う。
3 インターネットで予約をし、5,700円を施設の窓口にて支払う。
4 FAXで予約し、6,700円を施設の窓口にて支払う。

森公園テニスコート施設のご案内

【利用料金表】

一面あたり	平日		休日・祝日	
	会員	一般	会員	一般
1時間	1,800円	2,000円	2,500円	2,800円
2時間	3,500円	3,900円	4,800円	5,500円

【夜間照明使用料表】

コート一面につき一時間あたり300円　※会員・一般関わらず下記時間より照明料が発生します。

年間スケジュール	点灯時間
11月21日～3月1日	17時～
3月2日～6月20日	18時～
6月21日～9月20日	19時～
9月21日～11月20日	18時～

～貸し出しについて～

ラケット　　1本　　　500円
ボール　　　10個　　　300円
ウェア　　　［上］　　300円
ウェア　　　［下］　　400円
シューズ　　　　　　　300円

※お申し込みの際に、ご予約ください。また、ウェアやシューズの貸し出しの際は、それぞれのサイズを明記ください。

～申し込み方法～

電話もしくはFAX・インターネットにてお申し込み頂けます。

～申し込み内容～

①代表者の氏名（団体名もあればご明記ください）②代表者の住所
③電話番号　④利用人数　⑤コート数　⑥ご利用時間　⑦貸し出しの有無
⑧会員資格の有無（会員の方は会員ナンバーをご明記ください）
※ご予約は前日まで承っております。（当日予約不可）

～お支払い方法～

ご来場時、窓口にて現金またはクレジットカードにてお支払い頂けます。
（インターネットでお申し込みの方はクレジットカードにてお支払い可能です。）

～注意事項～

キャンセルの際、キャンセル料が発生する可能性がございます。
前日や当日、無断キャンセルの場合、利用費100%のお支払い。
2日前の場合、利用費50%のお支払いが発生致しますのでご注意ください。
※3日前までのキャンセル料は無料です。

森公園スポーツセンター　施設係　テニスコート担当
電話：083-987-××××
FAX：083-987-××××
ホームページ：https//nihongonomori.com

Listening

問題用紙

N1

聴解

(60分)

注　意
Notes

1. 試験が始まるまで、この問題用紙を開けないでください。
   Do not open this question booklet until the test begins.

2. この問題用紙を持って帰ることはできません。
   Do not take this question booklet with you after the test.

3. 受験番号と名前を下の欄に、受験票と同じように書いてください。
   Write your examinee registration number and name clearly in each box below as written on your test voucher.

4. この問題用紙は、全部で12ページあります。
   This question booklet has 12 pages.

5. この問題用紙にメモをとってもかまいません。
   You may make notes in this question booklet.

受験番号 Examinee Registration Number

名前 Name

もんだい
問題1

問題1では、まず質問を聞いてください。それから話を聞いて、問題用紙の1から4の中から、最もよいものを一つ選んでください。

例

1 デザイン案を見せる
2 文字の色を変える
3 発売日を書く
4 打ち合わせの日を決める

1番

1 身分証明書を持ってくる
2 健康保険証を提示する
3 本カード発行料金を払う
4 仮カードのデータを取り消す

2番

1 撮影場所の相談を広告会社とする
2 広告会社にタレントの変更を依頼する
3 新商品の販売を延期する
4 出演者の人数を減らす

3番

1 鈴木さんと現地調査する
2 新人教育マニュアルを作成する
3 企画書を作成する
4 ツアーの流れについて話し合う

4番

1 扉を閉める
2 カーテンを変える
3 害虫駆除の業者に依頼する
4 店先の照明を変える

5番

1 進路別でクラスを分ける
2 勉強法について助言をもらう
3 大学の情報を集める
4 現在の授業に意見する

6番

1 参加者の人数を確定する
2 会場の予約をキャンセルする
3 新しい会場を予約する
4 余興に必要な設備を確認する

もんだい
問題2

問題2では、まず質問を聞いてください。そのあと、問題用紙のせんたくしを読んでください。読む時間があります。それから話を聞いて、問題用紙の1から4の中から、最もよいものを一つ選んでください。

例

1　プレゼントをあげなかったから
2　仕事が忙しかったから
3　長時間外で待たせていたから
4　連絡しなかったから

1番

1　現地でキャンプ用品を調達すること
2　自然の中で読書をすること
3　スーパーでその土地の食材を買うこと
4　普段の生活から離れて一人で星を見ること

2番

1　レコードは聴ける音楽の量が少ないから
2　曲名を忘れたときにすぐに検索できるから
3　カラオケに行ったときに本当に便利だから
4　いい曲に出会う機会が増えたから

3番

1 社内制度の改善をする
2 休憩室の設備を充実させる
3 社員食堂についてアンケートを行う
4 金曜日の残業を禁止する

4番

1 運動器具を使ったトレーニング
2 毎日継続して行う軽いトレーニング
3 身体面に効果があるトレーニング
4 ポジティブな気持ちを維持するトレーニング

5番

1 主人公が家族のために戦う物語
2 仲間と一緒に旅をする物語
3 正義の味方が地球を救う物語
4 謎の生命体が地球を侵略する物語

6番

1 支社にデータを共有する
2 インターネット上にデータを保管する
3 データ流出の対策をする
4 様々な視点からデータ管理について考える

問題3

問題3では、問題用紙に何も印刷されていません。この問題は、全体としてどんな内容かを聞く問題です。話の前に質問はありません。まず話を聞いてください。それから、質問とせんたくしを聞いて、1から4の中から、最もよいものを一つ選んでください。

ーメモー

問題4

問題4では、問題用紙に何も印刷されていません。まず文を聞いてください。それから、それに対する返事を聞いて、1から3の中から、最もよいものを一つ選んでください。

ーメモー

問題5

問題5では、長めの話を聞きます。この問題には練習はありません。
問題用紙にメモをとってもかまいません。

1番、2番

問題用紙に何も印刷されていません。まず話を聞いてください。それから、質問とせんたくしを聞いて、1から4の中から、最もよいものを一つ選んでください。

―メモ―

3番

まず話を聞いてください。それから、二つの質問を聞いて、それぞれ問題用紙の1から4の中から、最もよいものを一つ選んでください。

質問1

1 しょうゆ顔
2 ソース顔
3 砂糖顔
4 塩顔

質問2

1 しょうゆ顔
2 ソース顔
3 砂糖顔
4 塩顔

JLPT N1

모의 시험
제2회

JLPT N1

Language Knowledge (Vocabulary/Grammar) • Reading

問題用紙

N1

言語知識（文字・語彙・文法）・読解
（110分）

注　意
Notes

1. 試験が始まるまで、この問題用紙を開けないでください。
   Do not open this question booklet until the test begins.

2. この問題用紙を持って帰ることはできません。
   Do not take this question booklet with you after the test.

3. 受験番号と名前を下の欄に、受験票と同じように書いてください。
   Write your examinee registration number and name clearly in each box below as written on your test voucher.

4. この問題用紙は、全部で32ページあります。
   This question booklet has 32 pages.

5. 問題には解答番号の 1 、 2 、 3 … が付いています。
   解答は、解答用紙にある同じ番号のところにマークしてください。
   One of the row numbers 1 , 2 , 3 … is given for each question. Mark your answer in the same row of the answer sheet.

受験番号 Examinee Registration Number	
名前 Name	

問題1 ＿＿＿の言葉の読み方として最もよいものを、1・2・3・4から一つ選びなさい。

1 私は会社の不正を知り、我慢できず社外に暴露した。
 1 ばくろ   2 ぼうろ   3 ばくろう   4 ぼうろう

2 このアプリは、出会いを求めている男女に着目して作られたものだ。
 1 きもく   2 ちゅうもく   3 ちゃくめ   4 ちゃくもく

3 早朝から深夜まで仕事に追われ、激務により体調を崩した。
 1 ざんむ   2 せきむ   3 げきむ   4 きんむ

4 東京で起きた大地震により、日本の経済は停滞した。
 1 ていたい   2 えんたい   3 じゅうたい   4 ちんたい

5 パン屋から漂う美味しそうな匂いにつられて、お店に入ってしまった。
 1 うかがう   2 ただよう   3 さまよう   4 まかなう

6 日本で罪を犯した者は、誰でも日本の法律で裁かれるべきだ。
 1 あばかれる   2 さばかれる   3 しばかれる   4 たたかれる

問題2 （　　　）に入れるのに最もよいものを、1・2・3・4から一つ選びなさい。

7 部下のミスを部長が（　　　）してくれたおかげで、大損害は免れたのだった。
　　1　セーブ　　　　2　リード　　　　3　フォロー　　　　4　ケア

8 クローンを作ることは、科学的には可能だが（　　　）な観点で問題があるとされています。
　　1　直観的　　　　2　倫理的　　　　3　理想的　　　　4　物理的

9 彼は、時間を（　　　）守る人だ。
　　1　きっちり　　　2　ざっくり　　　3　きっぱり　　　4　てっきり

10 サミット開催期間中は、警察が交通違反の（　　　）を強化します。
　　1　取り出し　　　2　取り立て　　　3　取り締まり　　　4　取り組み

11 不正が発覚し、大学教授の座を（　　　）こととなった。
　　1　背く　　　　2　避ける　　　　3　退く　　　　4　逃れる

12 事件の真相を（　　　）するため、徹夜で調査した。
　　1　究明　　　　2　研究　　　　3　研修　　　　4　照明

13 数学にかけては、学年トップの彼に（　　　）者は一人もいないだろう。
　　1　かばう　　　2　担う　　　　3　養う　　　　4　敵う

問題3 _____の言葉に意味が最も近いものを、1・2・3・4から一つ選びなさい。

14 友人は、ためらわずストレートに物事を言う。
  1 感情的に　　　2 一方的に　　　3 簡単に　　　4 率直に

15 彼が手掛ける作品はどれも異色な作風だ。
  1 他と変わらない　2 他と違う　　　3 こだわりの　　4 とっておきの

16 人は失敗から多くを学ぶものだと、つくづく思う。
  1 しみじみ　　　2 ところどころ　3 ふと　　　　　4 とっくに

17 今日のドラマの撮影は打ち切ることにした。
  1 続ける　　　　2 終える　　　　3 一旦止める　　4 変更する

18 異業種交流会に参加することは、人脈を広げる良い機会だ。
  1 肩書き　　　　2 生きがい　　　3 思いやり　　　4 人との繋がり

19 参加者の都合を加味して、会議の日程を調整した。
  1 気にして　　　2 明らかにして　3 踏まえて　　　4 確かめて

問題4 次の言葉の使い方として最もよいものを、1・2・3・4から一つ選びなさい。

20 由緒

1 由緒ある神社で結婚式を挙げることが、小さい頃からの私の夢だ。
2 自分の名字の由緒を調べると、自分の先祖がどこに住んでいたかわかるらしい。
3 福沢諭吉(ふくざわゆきち)は日本人に牛肉を食べることを広めた由緒ある人物です。
4 彼女は僕が何か意見を言うとすぐ怒ったり泣いたり由緒不安定になってしまう。

21 欲望

1 三姉妹だった山田(やまだ)さんの家に欲望の男の子の赤ちゃんが生まれた。
2 何度大学受験に落ちても、最後まで欲望を捨てずに努力すべきだ。
3 欲望のままに食べては寝ての生活を繰り返していたら、太ってしまった。
4 警察官になるという子どもの頃からの欲望を叶え、感動で胸がいっぱいだ。

22 交互

1 夫婦というのは交互に足りない部分を補い合って生きていくものだ。
2 海水浴場の監視員は、一時間ごとに交互しているようだ。
3 右が治ったと思ったら左と、交互に鼻が詰まって困っている。
4 田舎と言われていたこの地域に交互におしゃれな店がオープンしている。

23 一途

1 イベントを成功させるために社員が一途になって取り組んでいます。
2 個人差があるので一途には言えないが、日本人は几帳面な人が多い傾向にある。
3 日本の学校では一途な服装をするように校則で定められている。
4 10年間という長い間、一途に彼女だけを愛し続けていたが、結ばれることはなかった。

24 施す

1 定年退職する上司に、感謝の気持ちを込めてプレゼントを施す。
2 事故現場で応急処置を施した後に、病院へ搬送する。
3 生徒に家で学習する習慣をつけさせるため、夏休みにたくさんの宿題を施す。
4 残業で帰りが遅くなるので、自動で犬にえさを施す機械を買った。

25 遮る

1 先生の話を遮って、学生が質問した。
2 吹雪の中、寒さを遮るために雪に穴を掘った。
3 あまりに衝撃的な映像だったので、思わず顔を遮ってしまった。
4 高校卒業から10年の時を遮って彼らは再会した。

問題5 次の文の（　　）に入れるのに最もよいものを、1・2・3・4から一つ選びなさい。

26 ネットで好評な海外の連続ドラマを見始め（　　）、寝不足の日々だ。
　1　たからには　　2　たあげく　　3　てはじめて　　4　てからというもの

27 村上「永野くん、今年度の業績評価はどうだった？いつも優秀だから評価良かったんじゃない？」
　永野「それがさ、昨年度もそんなによくなかったんだけど、今年度（　　）今までで一番悪い評価だったよ。」
　1　にかけては　　　　　　　　2　に至っては
　3　ならいざしらず　　　　　　4　ならまだしも

28 健康を維持し免疫力をアップさせるために、この3年間一日（　　）運動をしなかったことはない。
　1　だに　　2　はおろか　　3　たりとも　　4　のみ

29 皆は僕のことを天才だと言うけど、いくら才能があっても努力（　　）優勝はあり得なかっただろう。
　1　ならともかく　　　　　　2　なくして
　3　ならいざしらず　　　　　4　ならまだしも

30 あの食堂の料理を食べる（　　）お腹が痛くなったので、きっとあの食堂は衛生面の配慮が足りないのだろう。
　1　までもなく　　2　にあたって　　3　と思いきや　　4　や否や

31 第一志望の大学に合格する（　　）、毎日こつこつと勉強に励もうと思っている。
　1　とあれば　　2　とあって　　3　べく　　4　べくして

32 中本「花粉症がひどいですから、明日耳鼻科に行こうと思っているんです。」
　佐藤「病院に（　　）ですよ。私が花粉症によく効く薬をあげますから。」
　1　行くまでもない　　　　　　2　行くに越したことはない
　3　行ってしかるべき　　　　　4　行くにすぎない

33 母が作ってくれたココアは、真冬の寒さ（　　　）、とてもおいしく感じられた。
1　を踏まえて　　　　　　　　　2　と相まって
3　にかこつけて　　　　　　　　4　をいいことに

34 彼の作品は素晴らしいものだから、もっと世の中から評価（　　　）。
1　されてしかるべきだ　　　　　2　されてなによりだ
3　されてはかなわない　　　　　4　してばかりもいられない

35 （お知らせ）
ただいま復旧工事のため、断水しております。
皆様、一日も早い復旧のために、ご協力（　　　）。
1　申します　　　　　　　　　　2　くださります
3　させていただきます　　　　　4　願います

問題6 次の文の ★ に入る最もよいものを、1・2・3・4から一つ選びなさい。

(問題例)

私の ___ ★ ___ ___ なることです。

1 に　　2 夢　　3 有名な歌手　　4 は

(解答のしかた)

1. 正しい文はこうです。

| 私の ___ ★ ___ ___ なることです。 |
| 2 夢　4 は　3 有名な歌手　1 に |

2. ★ に入る番号を解答用紙にマークします。

(解答用紙)　例　① ② ③ ●

---

36 夜更けにリビングから物音が聞こえてきたので、___ ★ ___ ___ 妹の姿があった。

1 食べ物を探している　　2 泥棒が入ってきた
3 そこにはお腹を空かせて　　4 のかと思いきや

37 (レストランで)

他の客が並んでいるにも関わらず、あの男は ___ ___ ___ ★ 。

1 迷惑　　2 居座っていて
3 極まりない　　4 何時間も

38 ギャンブルにはまってから ＿＿＿ ＿＿＿ ★ ＿＿＿ 。

1　生活が　　　　2　続いている　　　3　借金　　　　　4　まみれの

39 北海道の冬は、＿＿＿ ＿＿＿ ★ ＿＿＿ といおうか寒くてもなんだかほっとするんだよ。

1　柔らかい　　　　　　　　　2　確かに寒い
3　優しいといおうか　　　　　4　んだけど

40 先着100名のお客様に日頃の感謝を ＿＿＿ ★ ＿＿＿ ＿＿＿ 。

1　いただきます　　　　　　　2　込めて
3　ギフト券を　　　　　　　　4　プレゼントさせて

問題7 次の文章を読んで、文章全体の趣旨を踏まえて、41 から 45 の中に入る最もよいものを、1・2・3・4から一つ選びなさい。

一般常識

　「一般常識」という言葉、日本ではよく耳にする言葉だ。時事問題（注1）やビジネスマナー、義務教育（注2）中に習う国語、算数、歴史などの基本的な知識のことを指す。日本ではこのような知識は社会人になるにあたり、必要な知識だと考えられていて、採用試験の際に「一般常識テスト」がある会社も珍しくない。

　私も就職活動時、志望する企業に 41 、自分なりに一生懸命「一般常識」を学んできた。その結果、一流企業と呼ばれる企業に就職することができ、これからの社会人生活が楽しみでたまらなかった。

　 42 、いざ社会に出ると、自分が学んできた「一般常識」がどれほど無意味だったかを痛感し 43 。私は電機メーカーで海外営業の仕事をしており、普段から外国人と関わる機会が多かったのだが、それを痛感したのは３年目、アメリカへ赴任した時のことである。そこでは、日本の形式的なビジネスマナーが全く通用しなかった。むしろ、長く定型的な挨拶などは話を迅速に進める上で不要だと考えられており、不快感 44 与えていた。私は彼らに指摘されて、初めてそのことに気付いた。愚かにも程がある。その後も赴任する先々で同じようなことを体験した。逆に相手の国の「一般常識」を受け、驚くこともあった。その経験は自分の凝り固まった考えを客観視し、考え直す良い機会となった。誤解してほしくないのだが、私は決して日本の「一般常識」が間違っていると言いたいのではない。ただ、必要以上に「一般常識」にとらわれていないか、と問いたいのである。

　日本人だけ 45 世界各国の人と繋がり、働いていくこれからの時代。いつまでも日本の「一般常識」にとらわれていると時代遅れと後ろ指を指されて（注3）しまうかもしれない。

（注1）時事問題：近年世の中で話題となった政治、社会、経済、国際社会の事柄
（注2）義務教育：国の法律で教育を受けることが定められている期間（小学生及び中学生の期間）
（注3）後ろ指を指される：非難される

| 41 | 1 受からないまでも | 2 受からんがため |
| | 3 受かるまでもなく | 4 受かるべからず |

| 42 | 1 すなわち | 2 それゆえ | 3 もはや | 4 しかしながら |

| 43 | 1 驚くにあたらない | 2 驚くにすぎなかった |
| | 3 驚きを余儀なくされた | 4 驚きを禁じ得なかった |

| 44 | 1 とか | 2 だに | 3 ながら | 4 すら |

| 45 | 1 ならいざ知らず | 2 にかかわらず |
| | 3 にとどまらず | 4 にあたらず |

問題8 次の（1）から（4）の文章を読んで、後の問いに対する答えとして最もよいものを、1・2・3・4から一つ選びなさい。

(1)

　初対面の人とは緊張して話ができない「人見知り」という人間が世の中に数多くいるが、これは生まれながらの性格によるものではない。そしてそれは、意識と習慣によって克服することが可能である。

　社交的な人の話を聞くと「昔は人見知りでした」と言う人が少なくない。彼らは努力して「社交的」という性格を手に入れたのだ。誰でも初めて会う人の前では緊張するし、自分から話しかけることは怖いと感じるだろう。しかし勇気を出して一歩踏み出す。そして意識して自分から積極的にコミュニケーションを取るという行為を繰り返し、習慣にすることが大切なのである。

[46] 人見知りを克服することについて、筆者はどのように考えているか。

1. 意識して人に話しかけるということを続けることが大切だ。
2. 意識して初対面の人と会う機会を増やそうとすることが大切だ。
3. 意識して社交的な人とコミュニケーションを取り続けなければならない。
4. 意識して人見知りにならない努力を続けると、社会への恐怖を感じなくなる。

(2)

以下は、コンサートの運営会社から送られてきたメールの内容である。

村上由佳様

　この度は、森コンサート運営事務局にてコンサートチケットの抽選にご参加いただき誠にありがとうございました。

抽選番号：B6110379

アーティスト名：「ジャパンフォレスト」

残念ながら、村上様は抽選にはずれてしまいました。ご希望に添えず、大変申し訳ありません。抽選お申し込みの際にお支払いいただいたチケットの代金を全額返金させていただきます。本日中に村上様の口座にお振込いたしますので、後ほどご確認をお願いいたします。

　お手数をおかけいたしますが、何卒よろしくお願い申し上げます。

　なお、今回の抽選結果についてのご質問やご意見は受け付けておりません。返金手続きについて、またメールの内容についてご不明な点がございましたら、下記のアドレスまでご連絡ください。

■森コンサート運営事務局■

担当：中本ひろこ

お問い合わせメールアドレス：moriconcert@XXXX.XXXX

47　このメールの用件は何か。

1　抽選にはずれたが、もう一度抽選に参加するためにお金を振り込んでほしい。
2　口座に振り込みができないことを承諾してほしい。
3　返金の確認ができたら、担当者のアドレスに連絡してほしい。
4　抽選にはずれてしまったので、支払われているお金を返したい。

(3)

　年齢に関わらず、新しい時代の流れを掴(つか)めなくなった人は「おじさん」という名の席に座らされる。口うるさい上司も、お隣に住む頑固なあの人も、昔は「若者」の席に座っていたのだろうし、彼らにとって「おじさん」と呼ぶべき対象となる人が存在したのだろう。若者の考えが理解できなくなると、かつての「若者」は強制的に「おじさん」席へと送られてしまうようだ。

48 筆者の考えに合うのはどれか。
1　年齢が高い人は「おじさん」と呼ばれ、時代の流れがわかる人は「若者」と呼ばれる。
2　新しい時代の流れによって、「若者」から「おじさん」へと思考が切り替わる。
3　世の中の流行や新しい世代の思考がわからないと「おじさん」と呼ばれる。
4　席が空くまでは、「若者」が「おじさん」の席へ送られることはありえない。

(4)

　広告に対する嫌悪感は万国共通のものだ。弾む気持ちでサービスを利用している最中に「あなたにぴったりの商品はこちら！」という文字が突如現れ、顔を歪めてしまう(注)という経験をした人は少なくないはずだ。実は、消費者は広告を不快に感じ、無意識のうちに視界から排除している場合が多い。

　これからの時代、企業はいかに「宣伝っぽくない」広告を企画するかが重要となってくる。もしくは「すみません、これから宣伝をします」と客に先に断っておくことも嫌悪感を軽減する一つの方法だろう。

（注）顔を歪める：不快な気持ちを表情に表す

49　筆者の考えに合うのはどれか。

1　企業側が販売の意図を感じさせない広告を制作することは難しい。

2　顧客を逃さないために、宣伝要素を隠した広告を企画する必要がある。

3　宣伝を目的としないコンテンツは、無意識に消費者の視界から消える。

4　宣伝内容を事前に伝えることで、広告への嫌悪感を軽減することができる。

問題9　次の（1）から（3）の文章を読んで、後の問いに対する答えとして最もよいものを、1・2・3・4から一つ選びなさい。

（1）
　アリの世界では「女王アリ」と呼ばれる雌のアリが、コロニー（注1）の中心的な存在となる。コロニーの中には「働きアリ」と呼ばれるアリが無数に存在しており、その集団をまとめているのが女王アリである。

　女王アリの生態は、まさに謎だらけである。女王アリの大きな仕事は卵を産むことであり、死ぬまで巣の中でアリを生み出し続ける。特徴的なのが、交尾の方法である。なんと女王アリは空中で交尾を行う。交尾後、雄のアリは死んでしまい、女王アリは巣作りを開始するのだが、この際飛行のために使った羽を自ら取ってしまうそうだ。つまり女王アリは、一生のうちで交尾をたったの一度しか行わない。そのため、①一度の交尾で一生分の精子を受け取る必要があるのだ。

　一生分の精子を受け取ると言っても、たった一度の交尾でどうやって卵を産み続けることができるのかと疑問に思っただろう。女王アリは「受精嚢（じゅせいのう）」という臓器を持ち、受け取った精子をいつでも使用可能な状態で体内に貯蔵することができる。また、実は、女王アリは受精せずに卵を産むこともできるのだ。無精卵（注2）からは雄のアリ、有精卵（注3）からは雌のアリが生まれるようになっており、季節やコロニーの規模など、必要な条件に応じてそれぞれの卵を産み分けている。女王アリは②コロニーの状態を調整するための役割も担っているというわけだ。

　コロニーの中では多数の雌の働きアリが生活している。雌の働きアリも卵を産む能力を持っているが、女王アリのフェロモン（注4）によって繁殖が抑制されていると言われている。これだけ強い権力を持っている女王アリだが、巣の中では「裏切り者」が現れ女王アリが殺されてしまうことも100％ないとは言い切れないという見方もあるそうだ。③それは、人間の世界でも同様に起こり得ることだ。

（注1）コロニー：一つの地域に住んでいる生き物の集団
（注2）無精卵：雌だけで産むことができる、受精していない卵
（注3）有精卵：雌だけで産むことができない、受精した卵
（注4）フェロモン：動物の体内にあり、体外に出すことで、同じ種類の動物に影響を与える物質

[50] ①一度の交尾で一生分の精子を受け取る必要があるとあるが、なぜか。

1　女王アリが巣作りのために羽をとってしまうと、卵が産めなくなるから
2　女王アリが精子を受け取ると同時に、交尾に必要な羽がなくなってしまうから
3　女王アリは交尾のために羽が必要だが、それは一生に一度しか生えないから
4　女王アリは交尾後に羽を取ってしまうため、一度しか交尾ができないから

[51] ②コロニーの状態を調整するための役割も担っているとあるが、なぜか。

1　女王アリは条件に応じて、産む卵の数を調整することができるから
2　女王アリは状況に合わせて、単独で卵を産むことができるから
3　女王アリは精子や卵を体内にため、いつでも産むことができるから
4　女王アリは、繁殖の季節に雄のアリを産むことができるから

[52] ③それとは何か。

1　裏切り者が殺されること
2　強い者が女王アリになること
3　強い権力を持つ者が現れること
4　権力を持つ者が裏切られること

(2)

　「自分の意見を主張する」という行為を習慣にしている人は、普段からあまりその行為を負担に感じない。反対に、そのこと①に慣れていない人は、どんな場面でも意見を主張することに対してストレスを感じてしまう。相手にどう思われているのか、自分のことばかり話して厚かましい人間だと思われていないかと案じることに疲れてしまうだろう。

　自分の意見を主張することは、大人になればなるほど難しくなる場合が多い。子供の頃はあまり上手に嘘をつけないし、その必要もない。しかし大人になると、人間関係を円滑にするため、また利害関係のバランスを取るために、自分の意見を共有できない、または共有しない方が良いと思われる場面に出くわす。このような場面で思い切って考えを主張したとしても、周りからの冷たい視線や非難の目に耐えきれず「もう二度と自分の意見を言うまい」と心に誓うだろう。このようなプロセス②を経て人は自己主張を忘れてゆくのだ。そうして、いわゆる『大人』というものへと成長する。

　ここで言う『大人』というものが、真に立派な大人であるかどうかは議論の余地がある。一般的に自己主張の激しい人は、子供っぽいとか個性的だと言われることが多い。しかし、特に仕事をする上では、自分の意見を主張できないと「ダメなやつ認定」されることが多い。必要に応じて自己主張を取り出したり隠したりできるようになる、それが立派な大人になるということなのだろう。

53 ①そのこととは何か。
　1　自分の意見を主張すること
　2　自分の意見を主張することを負担に感じること
　3　どんな場面でも意見を主張すること
　4　どんな場面でもストレスを感じてしまうこと

54 ②このようなプロセスとあるが、どのようなことか。
　1　意見を主張できない場面で嘘をつく。
　2　意見を主張できない人間関係について教えてもらう。
　3　周りの人から非難されても自分の意見を主張する。
　4　周りの人から非難されることで、発言を控えるようになる。

55 『大人』について、筆者はどのように述べているか。
　1　『大人』はどんな場面でも自己主張をする必要がある。
　2　『大人』は立派な大人になるために自己主張を続ける。
　3　『大人』は自己主張が激しいため、周りから避けられることが多い。
　4　『大人』は自己主張をコントロールすることで立派な大人になれる。

(3)

　<u>独立を支援する企業が増え始めている</u>。一昔前までは一つの会社に長く身を置くこと(注1)が良しとされてきたが、そのような考えによって傲慢に振る舞うベテラン社員が増え、結果として若い者が意見を出しにくい風通しの悪い会社が生まれてしまった。その対策として企業が打ち出したのが社員の独立支援制度であり、退職に対するマイナスイメージを払拭し、人材の流動性を高めることで風通しの良い会社をつくり、これまでにない(注2)斬新なアイデアにより企業を発展させることを期待した。

　独立支援制度を導入した企業は、起業を夢見る若くて優秀な人材の確保や既存社員の意識改革に効果があったと述べている。独立支援制度の一つである新事業提案制度がそれに大きく貢献しており、社員が新規事業を提案した後に、他の社員からそれに対するフィードバックをもらい、好評を博した事業を独立させるというシステムだ。
(注3)

　このシステムは起業を夢見る社員にとって、思案していた事業案についてフィードバックを基に内容について精査することができるので、起業失敗のリスクが抑えられると(注4)(注5)いうメリットがある。しかし、これまで企業を発展に導いてきた独自の戦略や手法が利用されてしまうリスクがあることを企業は忘れてはならない。長きに渡り企業を守り抜いてきた社員からは、それらのリスクを冒してまでこの制度を続ける意味はあるのかと疑問の声も上がっている。

　企業はそれらのリスクに対し対策を講じるべきであるが、独立する者も在籍する企業を独立をするための単なる踏み台として利用するのではなく、在籍する企業にできる限り貢献するべきだ。それが築いてきた関係を壊さないためにも、独立後自社を成長させていくためにも欠かせないことだ。

（注1）身を置く：組織に所属すること
（注2）流動性：留まらずに流れ動く性質
（注3）フィードバック：評価や意見のこと
（注4）思案する：よく考える
（注5）精査する：詳しく調べる

56 独立を支援する企業が増え始めているのはなぜか。
1 起業を夢見る若者に対し、サポートする体制があるから
2 斬新なアイデアによって、独立に対する認識が変わったから
3 企業を成長させるには、新しい発想が必要不可欠だと考えているから
4 ベテラン社員が退職することで、企業の悪いイメージが払拭されるから

57 筆者によると、独立支援制度を通して起業する利点は何か。
1 一人で起業する場合よりも金銭的に余裕を持つことができる。
2 有益なアドバイスをもらうことができるので、起業の成功率が高まる。
3 人と意見を交換することで、起業のリスクを事前に知ることができる。
4 考えていた事業案の良さを多くの人に認めてもらうことができる。

58 筆者によると独立を希望する社員に求められることは何か。
1 在籍する企業の発展に力を尽くすこと
2 起業で得たスキルを在籍する企業に活かすこと
3 企業の戦略が利用されないように対策をとること
4 在籍する企業を利用せず、自らの力で起業すること

問題10 次の文章を読んで、後の問いに対する答えとして最もよいものを、1・2・3・4から一つ選びなさい。

　社会に出るまでは「一生懸命」が何よりも素晴らしいことだと語られがちである。とにかく長い時間勉強したり、とにかくたくさん練習したりすることがしばしば称えられるが、私はこの考えに疑問を感じている。本来称えられるべきことは、他にあるのではないだろうか。「一生懸命」という行為自体を否定するつもりはない。ただ「一生懸命」が目的になってはいけないと忠告しておきたい。

　私は学生の頃、サッカー部に所属していた。監督が評価するのはいつも「努力の量」であった。つまり「一番たくさんシュートの練習をした人」が評価される世界だ。今考えればおかしな話である。いくらたくさんシュート練習をしたって、試合で得点を決められなければ意味がない。にも関わらず「あいつは一生懸命練習しているから」という理由だけで、技術のない選手が試合出場メンバーに選ばれるということがよくあった。①こうした悲劇は、私のサッカーチームだけで起こっていたことではないだろう。スポーツなら勝つこと、勉強なら合格すること、商売なら利益を出すことが目的のはずだ。そのための最善の方法を思考し、工夫し、行動し続けることが、結果的に「一生懸命」になり得るのだ。「一生懸命」は目的ではなく、目的を達成する道のりを外から見た状態なのである。

　こんなおかしな常識に浸っていても、ひとたび社会に出れば今までの生き方が通用しないとすぐに気がつく。「一生懸命」だけでは越えられない壁が何度も立ちはだかるからだ。若ければ若いほど、「一生懸命」が免罪符(注1)になる場面が多い。特に学生時代は、それが最も高く評価される時代だろう。しかし社会に出ると「一生懸命なのはいいんだけど…」と上司にため息をつかれるのがオチ(注2)だ。

　「今まではこれで評価されていたんです！」と上司に②歯向かって(注3)も意味がない。学生と社会人では、もはや人生のルールが違うのだ。そうとわかれば、マインド(注4)を切り替えるしかない。社会に出れば結果が全てで、あなたが一生懸命やったかどうかなどどうでもいいことだと理解しなければならない。

　これからの時代、子供や学生を評価する立場の人間は、少しでも過程から結果に目を移すべきだろう。結果を評価するようになれば、いかにして少ない時間、少ない力で良い結果を出せるかを一人一人が真剣に考えるようになるはずだからだ。結果に無関係な

努力のアピールをする必要もなく、無駄が減り、成功までのシンプルで正しい道筋ができるだろう。社会で活躍する人材を育てるためには、今後このような考え方が重要になってくるのではないだろうか。

（注1）免罪符：何かをすることを許してもらうためのもの
（注2）オチ：物語の結末
（注3）歯向かう：逆らう
（注4）マインド：気持ちや考え方のこと

59 学生時代の話で、筆者が述べていることは何か。
1 たくさん練習することが、結果を出すために一番大切なことだ。
2 結果よりも、どれだけ頑張ったかが常に評価の対象となる。
3 最も評価されるのは、熱心さではなく、どれだけ効率良く結果を出したかだ。
4 試合に勝てなければ、どれだけ練習を頑張っても「努力」と呼ぶことはできない。

60 ①こうした悲劇とはどのようなことか。
1 誰より努力しているにも関わらず、出場選手に選ばれない。
2 努力量に関係なく、とにかく結果を出す選手が試合に出場できる。
3 一番練習している選手が、試合で得点を決めることができない。
4 技術のない選手が、努力しているという理由だけで高く評価される。

[61] ②歯向かっても意味がないと筆者が考えるのはなぜか。

1　一生懸命にやっても成果がともなわなければ、社会では評価されないから
2　一生懸命を免罪符として使えるのは、仕事で成果を出した人だけだから
3　「結果」が出ていないのに一生懸命さを訴えると、相手からの評価が低くなるから
4　「過程」と「結果」のどちらを評価するかは、人によって異なるから

[62] 筆者によると、これからの時代に重要なことは何か。

1　評価する際に、「結果」ばかりでなく「過程」に重点をおくこと
2　評価する側の人間が「過程」ではなく「結果」に目を向けること
3　努力しているという「結果」を、評価者に対して強くアピールすること
4　シンプルで正しい方法を選択できているかを重視して「過程」を評価すること

問題11 次のAとBの文章を読んで、後の問いに対する答えとして最もよいものを、1・2・3・4から一つ選びなさい。

A

　週休三日制の導入は、会社にとって不利益だと言う人がいるが本当にそうだろうか。給料を変えず、休みの時間を増やすのは、企業の資本をむだ遣いする行為だという見方もあるかもしれないが、それはこの制度の本質を理解していない。仕事をしない時間をつくることは、価値あるものを生み出すためには間違いなく欠かせない要素なのだ。

　休みの時間は何をしてもいい。新たな知識を得るためにセミナーに参加するも良し、散歩をして過ごすのも良いだろう。とにかく、仕事をしている自分とは違う自分になる。そういった時間を十分に持つことで、新しいアイデアを出したり、得た知識や経験を仕事に生かしたりすることもできる。「休むのも仕事のうち」とよく言うが、仕事で自分の持つ能力を最大限に発揮できるかどうかは休日にかかっていると言っても過言ではない。

B

　週休三日制は労働時間を減らし、自由に使える時間を増やすことで、社員の生活の質の向上を図ろうという革新的な制度である。役職の有無や地位の高低に関わらず、その企業で働く社員は、皆等しく週に三日は休む権利を与えられるのだ。

　働かない時間が増えることで、彼らは心身の疲れを取る時間を確保することができる。そもそも五日間の労働に対し休息が二日しかないというのは、納得がいかない。何百年も前なら話は別だが、今は文明が発達し機械がほとんどの仕事を人間に取って代わるようになった。休めないはずがないのだ。企業は社会を豊かにするために存在しているはずである。まずは従業員の生活を豊かにするために、この制度を導入することが先決だろう。

63 週休三日制の良い点について、AとBはどのように述べているか。

1　Aは会社に利益をもたらすと述べ、Bは社員の心身が疲れなくなると述べている。
2　Aは会社の売上が上がると述べ、Bは社員の役職が上がると述べている。
3　Aは会社の資本を守ることができると述べ、Bは社員の能力が向上すると述べている。
4　Aは会社で良い仕事ができると述べ、Bは社員の疲労回復に有効だと述べている。

64 休むことについて、AとBはどのように述べているか。

1　AもBも、仕事で良い結果を出すために必要なものだと述べている。
2　AもBも、休みの間は仕事に役立つ勉強をするべきだと述べている。
3　Aは仕事で活躍するために必要だと述べ、Bは人生を豊かにするために必要だと述べている。
4　Aは仕事時間以外の自分になることが大切だと述べ、Bは社会を豊かにするために必要だと述べている。

問題12 次の文章を読んで、後の問いに対する答えとして最もよいものを、1・2・3・4から一つ選びなさい。

　多くの人を魅了(注1)するような芸術作品を生み出すことは難しい。もちろん作品の完成度の高さや目新しさ(注2)も人の心を惹きつける重要な要素の一つと言えるだろうが、「オリジナリティ(注3)」が最も大切な要素だと考える。作品は作者の心をうつす鏡のようなものだ。作者らしさが表れている作品だからこそ、見ている人の胸を打つ(注4)のである。

　しかし、オリジナリティがあることと斬新(注5)であることを取り違えている人が多いように思う。今までにないような作品をオリジナリティがある作品と呼ぶのではない。①<u>真にオリジナリティのある作品</u>というのは、斬新さを目的として作られていないのだ。また、人目を引くような奇抜なアイデアや手法を用いて作られたもののことでもない。

　オリジナリティという言葉は「独創性」という言葉に言い換えられるが、その字の通り「独自」に「創る」ことであり、他を中心として生み出されるものではない。しかしながら、古くから日本人は集団主義的な傾向があり、日本の子どもたちは他との調和を重視するように教育されてきた。そのような教育を受けた子どもたちがどのようにして「独創性」を伸ばしていけると言うのだろうか。私はこのような現状を「もったいない」と思う。なぜなら幼い彼らは自由に物事を考えられる柔らかい頭を持っていて、今こそ「独創性」と向き合うべきだからである。

　そんな②<u>もったいない現状</u>に対してどのような対策をとっていくべきだろうか。幼い彼らに「他を意識しないで」と言葉で伝えるのは効果的な方法とは言えないだろう。おそらく、自らの手でアイデアを形にし、それが評価される喜びを知る必要がある。そのためには、教育する側の変化が不可欠だ。上手にやることを目的とするのではなく、主体的に行動することを目的とし、大人が子どもたちに自由に考え行動する機会を与える必要があるだろう。もちろん、他からインスピレーションを受けることを否定しているわけではない。ただ待っていたら天から良いアイデアが降ってくるなんてあり得ない話であり、様々なものに触れ、それらから刺激を受けた結果、③<u>価値ある作品</u>が生まれるということだ。ただし、そのような人の心を動かす作品はただの模倣品とは異なり、外から受けた刺激を自分なりに解釈し自分の作品へと昇華(注6)したものであるということを理解しておくべきだろう。

今後ますます科学技術が発展し、ロボットが人間の仕事を奪っていくようになると言われている。それは、芸術の分野も例外ではないだろう。科学技術を活用することで、間違いなく表現できる作品の幅は広がっていくはずだ。そして、私たち人間にはそれぞれの「独創性」が試されるようになる。つまり、人間には人間にしかできないことが求められるということである。

（注1）魅了する：夢中にさせる
（注2）心を惹きつける：興味を持たせること
（注3）オリジナリティ：独創性
（注4）胸を打つ：感動させる
（注5）取り違える：間違って理解する
（注6）昇華する：より価値の高いものに変化させること

65 ①真にオリジナリティのある作品とはどのような作品か。
 1　注目を集めるような奇抜な作品
 2　今までにないような目新しい作品
 3　他の人が真似することができない作品
 4　作者の心が反映されている作品

66 ②もったいない現状とあるが、何がもったいないのか。
 1　柔らかい頭を必要としていないこと
 2　独創的な作品に触れてこなかったこと
 3　自ら考え行動する機会が少ないこと
 4　他を意識するなと教育されてきたこと

[67] ③価値ある作品について、筆者が述べていることに合うのはどれか。

1 影響を受けたものの数によって、作品に価値があるかどうかが決まる。
2 他のものを中心に考えることで、珍しい作品を生み出すことができる。
3 他のものから受けた影響を、自分なりのやり方で作品に反映すべきである。
4 他のものから影響を受けてしまうと、自分らしい作品を作ることができない。

[68] 筆者が言いたいことは何か。

1 ロボットには作れない繊細な技術を必要とする作品が増える。
2 オリジナリティのある作品を作ることが求められるようになる。
3 科学技術が発展し、ロボットがなければ芸術作品は作れなくなる。
4 科学技術を応用したオリジナリティのある作品を作らなければいけない。

問題13 右のページは、ある企業の仕事体験募集のお知らせである。下の問いに対する答えとして最もよいものを、1・2・3・4から一つ選びなさい。

[69] グエンさんは、東京にある工科大学のコンピューターサイエンス学部の2年生である。彼はこれ以上大学で学べる知識はないと思い、Mori Techへ就職すると心に決めた。グエンさんは、まず何をすればよいか。

1　「Mori Tech コンテスト」で優勝して、そのままMori Techへ入社する。
2　「ビジネス体感インターンシップ」で優勝して、そのままMori Techへ入社する。
3　Mori Techのホームページで履歴書を提出する。
4　Mori Techのホームページで会員登録をする。

[70] フォンさんは文学部卒業予定の大学4年生であり、現在北海道(ほっかいどう)に住んでいる。できるだけ多くのMori Techの仕事体験に参加したいと思っている。彼女が申し込みできる仕事体験の数と、全て参加できたときにもらえる報酬額はいくらか。

1　1つ申し込みでき、9,100円がもらえる。
2　2つ申し込みでき、18,200円がもらえる。
3　3つ申し込みでき、18,200円がもらえる。
4　3つ申し込みでき、63,700円がもらえる。

（株）Mori Techインターンシップのお知らせ（注）

A　ビジネス総合職 一日 仕事体験（全二回）
若手社員とともに新しい事業計画を立てます。5人が一つのチームになって、世の中に貢献できる事業を立ち上げてください！

◆定員 各回50名　◆東京本社開催　◆日時 11月14日（土）、11月15日（日）10：00～17：00
◆学部・学科不問　◆報酬 時給1,300円　◆選考なし
※一回のみ 参加可能

B　ITエンジニア職 一日 仕事体験（全二回）
中堅のエンジニアと一緒にゼロからMori Techのシステムを設計します。学生5人に1人のMori Techの社員が付き、システム設計のために必要なスキルを伝授します。

◆定員 各回50名　◆大阪支社開催　◆日時 11月14日（土）、11月15日（日）9：50～12：00
◆理系学科・理系学部対象　◆報酬 時給1,300円　◆選考なし
※一回のみ 参加可能

C　ビジネス体感インターンシップ WEB開催
4人が一つのチームになって、7日間行われる仕事体験です。6日間学んだ経験と知識をもとに最終日、Mori Techの会長に新しい事業を提案します。優勝した二つのチームはそのまま入社していただきます。

◆定員20名　◆WEB開催　◆日時 11月21日（土）～11月27日（金）
◆学部・学科不問　◆報酬なし　◆選考あり

D　大学1年生、2年生歓迎「Mori Tech コンテスト」
4人が一つのチームになり、Mori Techの経営課題を解決します。課題を発見してもらい、解決策まで発表してもらいます。優勝した二つのチームはそのまま入社していただき、発見した課題を解決してもらいます。

◆募集人数 各回 若干名　◆会場 東京本社及びWEB　◆日時 12月26日（土）10：00～17：00
◆報酬 時給1,300円　◆学年・学部・学科不問　◆選考あり

【申し込み方法】
弊社ホームページにて「履歴書提出」と「事前テスト」を行ってください。
「履歴書提出」と「事前テスト」を行うには、事前に弊社ホームページの会員登録をする必要があります。（ホームページ　http://mypage.nihongonomori.com）

【応募締め切り】
「履歴書提出」と「事前テスト」は11月8日（土）24：00までに行ってください。

【交通費・宿泊費】
A・B・D：交通費・宿泊費は参加してから一週間後にお支払い致します。

Mori Tech インターンシップ サポートデスク
TEL：03-3333-✕✕✕✕
E-mail：m-internship@recruit.nihongonomori.com

（注）インターンシップ：仕事体験

Listening

問題用紙

N1

聴解

(60分)

청해 음원 듣기

注　意
Notes

1. 試験が始まるまで、この問題用紙を開けないでください。
   Do not open this question booklet until the test begins.

2. この問題用紙を持って帰ることはできません。
   Do not take this question booklet with you after the test.

3. 受験番号と名前を下の欄に、受験票と同じように書いてください。
   Write your examinee registration number and name clearly in each box below as written on your test voucher.

4. この問題用紙は、全部で12ページあります。
   This question booklet has 12 pages.

5. この問題用紙にメモをとってもかまいません。
   You may make notes in this question booklet.

受験番号 Examinee Registration Number

名前 Name

もんだい
問題1

問題1では、まず質問を聞いてください。それから話を聞いて、問題用紙の1から4の中から、最もよいものを一つ選んでください。

例

1　デザイン案を見せる
2　文字の色を変える
3　発売日を書く
4　打ち合わせの日を決める

1番

1 植物に与える水の量を増やす
2 植物に与える水の量を減らす
3 植物を外にずっと置いておく
4 部屋の温度を上げる

2番

1 ITチームに電話する
2 もう一度、ログインする
3 女性にバックアップファイルを送る
4 共有フォルダーに新しい情報を保存する

3番

1 ゼミ生と先生とビデオ会議を始める
2 メールで進行役の台本を確認する
3 会計士資格試験の勉強にもどる
4 模擬授業の進行の練習をする

4番

1 タブレットでお客様の電話番号を探す
2 お客様に電話する
3 配送伝票を書き直す
4 お客様の家に直接配達する

5番

1 スマホで動画のリンクを確認する
2 エアコン洗浄業者に問い合わせる
3 旦那さんに電話する
4 ユーチューブを見ながらエアコンを掃除する

6番

1 チーム分けをする
2 ECサイトの本社に訪問する
3 ECサイトに入る
4 役割分担をする

もんだい
問題2

問題2では、まず質問を聞いてください。そのあと、問題用紙のせんたくしを読んでください。読む時間があります。それから話を聞いて、問題用紙の1から4の中から、最もよいものを一つ選んでください。

例

1 プレゼントをあげなかったから
2 仕事が忙しかったから
3 長時間外で待たせていたから
4 連絡しなかったから

1番

1 仕事のパフォーマンスが下がるから
2 仕事のセキュリティーが担保されないから
3 家でパートナーとずっと一緒にいるから
4 仕事以外の時間の活用が難しいから

2番

1 ゲーム内でキャラクターに着せる服を売る企画
2 ゲーム内のキャラクターが限定アイテムを販売できる企画
3 ゲーム内のキャラクターがプレゼントしたものが実際に家に届く企画
4 ゲーム内のキャラクターに着せる服をプレーヤーも実際に着られる企画

3番

1 妻が海外転勤に反対していること
2 妻を残して海外に行くこと
3 妻と両親の関係が良くないこと
4 妻がベトナムに住むこと

4番

1 自分で学費を稼ぐべきだった
2 もっと書いたり話したりする訓練をするべきだった
3 オンラインコースを受講するべきだった
4 単語や文型をもっと覚えるべきだった

5番

1　多様なデバイスで動画を楽しめるようにすること
2　会員の好みに合わせて動画を勧める機能をつくること
3　サービス価格を安くすること
4　自社のオリジナルのコンテンツをつくること

6番

1　無人レジ機械を設置すること
2　レジ袋を有料化すること
3　商品の自動発注システムを導入すること
4　インターネットで商品を販売すること

問題3

問題3では、問題用紙に何も印刷されていません。この問題は、全体としてどんな内容かを聞く問題です。話の前に質問はありません。まず話を聞いてください。それから、質問とせんたくしを聞いて、1から4の中から、最もよいものを一つ選んでください。

ーメモー

問題4

問題4では、問題用紙に何も印刷されていません。まず文を聞いてください。それから、それに対する返事を聞いて、1から3の中から、最もよいものを一つ選んでください。

―メモ―

問題5

問題5では、長めの話を聞きます。この問題には練習はありません。
問題用紙にメモをとってもかまいません。

1番、2番

問題用紙に何も印刷されていません。まず話を聞いてください。それから、質問とせんたくしを聞いて、1から4の中から、最もよいものを一つ選んでください。

―メモ―

3番

まず話を聞いてください。それから、二つの質問を聞いて、それぞれ問題用紙の1から4の中から、最もよいものを一つ選んでください。

質問1

1 沖縄
2 東京
3 韓国
4 ダナン

質問2

1 沖縄
2 東京
3 韓国
4 ダナン

N1 문법 130 색인

あ

~あがる 126	가다	442
~あっての 74	~이 있기 때문에 ~이 있다	388
~あるまじき 44	~으로서는 있을 수 없는, ~이라는 입장에서는 절대로 허용되지 않는	363

い

~いかんでは 75	~에 따라서는	392

お

お/ご~いただく 125	~해 주시다	441
お/ご~くださる 124	~해 주시다	441
お越しになる 129	오시다, 이사 오시다	443
お/ご~願う 123	~해 주세요	440

か/が

~かたがた 66	~하는 김에	380
~かたわら 65	~하면서	380
~かと思いきや 05	~이라고 생각했는데	322
~からある 107	~이상의 수·양	424
~からいる 107	~이상의 수·양	424
~からする 107	~이상의 수·양	424
~からというもの 22	~하고부터는	341
~がてら 67	~ 겸해서	381
~が早いか 61	~한 다음 바로	378

き

~きらいがある 34	~하는 경향이 있다, ~하는 경우가 많다	351
~極まりない 50	너무 ~하다, ~하기 짝이 없다	369

こ/ご

~こととて 11	~이므로, ~이라서	329
~ことなしに 69	~하지 않고	385
~ごとき 36	~ 따위	352

さ

~させていただく 121	~하겠습니다	439

し

~始末 35	~이라는 결과다	352

す/ず

~すら 19	~조차, ~도	336
~ずくめ 104	~뿐, 대부분 ~	422
~ずじまい 89	~하지 못한 채로 끝나다	408
~ずにはおかない 90	~하지 않을 수 없다	408
~ずにはすまない 91	반드시 ~해야 한다	409

そ

その節は 130	그때는	444
~そばから 60	~한 다음 바로, ~하는 족족	377

た/だ

~たが最後 26	~했다 하면	343
ただ~のみ 16	그저 ~할 뿐	334
~たところで 07	~한들, ~해 봤자	323
~たりとも 13	~이라도, ~이라는 적은 수라도	333
~たる 99	~이라는 직업·입장의, ~인 (사람은)	417
~だに 17	~조차, ~하는 것만으로도	335

つ

~つ~つ 116	~하기도 하고 ~하기도 하고	432

て/で

~ていただく 122	~하시다	440
~てかなわない 84	~이라는 상황은 참을 수 없다	402
~てございます 128	~되어 있습니다	443
~てしかるべき 98	~하는 것이 당연하다	416
~ては~ては 117	~하고 ~하다	433
~てはばからない 80	주저 없이 ~하다	394

~手前 12	~한 이상, ~이니까, ~ 앞이라서	329	~ならいざしらず 72	~이라면 몰라도	387
~てやまない 51	계속 ~하다, 진심으로 ~하다	370	~なら~で 120	~하면 ~한 대로	435
~であれ~であれ 112	~이든 ~이든	430	~ならではの 21	~만의, ~밖에 없는 특별한	337
~でなくてなんだろう 55	정말로 ~이다, ~이 아니고 무엇이겠는가	372	~ならまだしも 38	~이라면 몰라도, ~이었다면 이해할 수 있지만	354
~ではあるまいし 33	~도 아닌데, ~이라면 어쩔 수가 없지만	350	~なり 62	~한 다음 바로	378
と			~なり~なり 115	~하든 ~하든	432
~と相まって 108	~과 더불어, ~과 어우러져	424	~なりに 94	~ 나름대로	414
~とあって 08	~이라서, ~이라는 특별한 상황이라서	327	**に**		
~とあっては 71	~이라면	387	~にあたらない 86	~할 필요 없다, ~할 만한 일이 아니다	403
~とあれば 70	~이라면	386	~にあって 95	~이라는 상황에서	415
~といい~といい 114	~도 ~도	431	~に至っては 31	~의 경우는	349
~といえども 06	~이라고 해도, ~이지만	323	~に至るまで 28	~에 이르기까지, ~까지도	344
~といおうか~といおうか 118	~이라고 해야 하나 ~이라고 해야 하나	434	~にかこつけて 111	~을 이용해서, ~을 이유로 해서	426
~といったところ 29	대략 ~ 정도다	345	~にかたくない 81	쉽게 ~할 수 있다, ~하기 어렵지 않다	400
~といったらない 49	매우 ~하다	369	~に越したことはない 82	가능하면 ~하는 편이 좋다	401
~といわず~といわず 119	~이든 ~이든	434	~にしたところで 100	~의 입장・상황에서도	417
~ときたら 37	~은 정말 안 돼, ~은 글렀다	353	~にして 96	~에	415
~ところ 64	~이라는 상황인데	379	~に即して 76	~에 맞춰, ~에 따라	392
~とは 53	~이라니	371	~にたえない① 57	매우 ~하다	373
~とはいえ 03	~이라고는 해도	321	~にたえない② 85	(차마) ~할 수 없다	402
~ともなく 113	무심코 ~하다	431	~にたる 103	~할 수 있다, ~할 만하다	422
~ともなると 101	~하는 입장・상황이라면	418	~にとどまらず 30	~에 그치지 않고, ~뿐만 아니라 더더욱	345
な			~にひきかえ 46	~과는 반대로	364
~ないではおかない 90	~하지 않을 수 없다	408	~にもほどがある 56	너무 ~하다, ~에도 정도가 있다	372
~ないではすまない 91	반드시 ~해야 한다	409	~にもまして 54	~ 이상으로, ~보다 더	371
~ないでもない 88	~하지 않는 것은 아니다	407	**の**		
~ないまでも 87	~까지는 아니더라도	407	~の至り 58	너무 ~하다, ~의 극치	373
~ないものか 92	어렵겠지만 ~하고 싶다	409	~のごとく 97	~처럼	416
~ながら 63	~인 상태 그대로	379	~のをいいことに 102	~인 상황을 이용하여	418
~なくして 68	~ 없이는, ~이 없으면 할 수 없다	385			

は/ば

~はおろか [14]	~은커녕, ~은 물론	333
~ばこそ [09]	~하기 때문에	328
~ばそれまで [25]	만약 ~하면 그걸로 끝	343

べ

~べからず [43]	~해서는 안 된다	362
~べく [40]	~하기 위해	361
~べくして [41]	~은 당연한 결과다	361
~べくもない [42]	당연히 ~할 수 없다	362

ま

~までのことだ [18]	~할 따름이다, ~할 뿐이다	335
~までもない [83]	~할 필요가 없다	401
~まみれ [105]	~투성이, ~이 많이 붙어 있음	423

め

~めく [106]	~한 듯한 느낌이 들다	423
~召す [127]		442

も

~もさることながら [15]	~은 물론이고, ~뿐만 아니라 ~도	334
~ものを [32]	~할 텐데	350

や

~や否や [59]	~한 다음 바로, ~하자마자	377

ゆ

~ゆえ [10]	~이기 때문에	328

よ

~ようが [01]	~해도, ~하든	320
~ようが~まいが [02]	~하든 ~하지 않든, ~하든 말든	321
~ようにも~ない [04]	~하려고 해도 ~할 수 없다	322
~ようによっては [77]	~하는 방법에 따라서	393
~ようものなら [73]	만약 ~하면	388

を

~をおいて他にはない [20]	~ 이외에 없다, ~뿐이다	336
~を押して [48]	~을 무릅쓰고, ~이라는 상황이지만	365
~を限りに [27]	~을 끝으로	344
~を皮切りに [23]	~을 시작으로	342
~を禁じ得ない [52]	~을 금할 수 없다	370
~を踏まえて [109]	~을 바탕으로, ~을 토대로, ~을 고려해서	425
~を経て [110]	~을 거쳐, ~을 통해	425
~をもって① [24]	~으로	342
~をもって② [45]	~으로	363
~をものともせず [79]	~에도 아랑곳하지 않고	394
~を余儀なくされる [47]	싫어도 ~해야 하다, 어쩔 수 없이 ~하게 되다	365
~をよそに [78]	~을 신경 쓰지 않고	393

ん

~んがため [39]	~하기 위해	360
~んばかり [93]	금방이라도 ~할 듯하다	413

모의 시험 제1회 N1

言語知識（文字・語彙・文法）・読解

모의 시험 제1회 N1

聴解

모의 시험 제2회 N1

言語知識 (文字・語彙・文法) ・読解

모의 시험 제2회 N1

聴解

あなたの名前をローマ字のかつじたいで書いてください。
Please print in block letters

名前
Name

問題 1

例	①	②	③	●
1	①	②	③	④
2	①	②	③	④
3	①	②	③	④
4	①	②	③	④
5	①	②	③	④
6	①	②	③	④

問題 2

例	①	②	●	④
1	①	②	③	④
2	①	②	③	④
3	①	②	③	④
4	①	②	③	④
5	①	②	③	④
6	①	②	③	④

問題 3

例	①	②	●	④
1	①	②	③	④
2	①	②	③	④
3	①	②	③	④
4	①	②	③	④
5	①	②	③	④
6	①	②	③	④

問題 4

例	①	●	③
1	①	②	③
2	①	②	③
3	①	②	③
4	①	②	③
5	①	②	③
6	①	②	③
7	①	②	③
8	①	②	③
9	①	②	③
10	①	②	③
11	①	②	③
12	①	②	③
13	①	②	③

問題 5

1		①	②	③	④
2		①	②	③	④
3	(1)	①	②	③	④
	(2)	①	②	③	④

일본어능력시험 완벽 대비

JLPT N1 단기합격

일본어의숲 지음

정답 및 해석

넥서스 JAPANESE

일본어능력시험 완벽 대비

JLPT
N1
단기합격

일본어의숲 지음

정답 및 해석

목차

1. 언어 지식(문자·어휘), 언어 지식(문법), 독해, 청해
연습 문제 해석 ・4

2. 모의 시험 제1회
정답표 ・42
채점표 ・43
언어 지식(문자·어휘, 문법)·독해 해석 ・44
청해 스크립트·해석 ・52

3. 모의 시험 제2회
정답표 ・74
채점표 ・75
언어 지식(문자·어휘, 문법)·독해 해석 ・76
청해 스크립트·해석 ・84

언어 지식(문자·어휘)
언어 지식(문법)
독해
청해

연습 문제
해석

언어 지식(문자·어휘) 연습 문제

1. 한자 읽기

1회
본책 229쪽

문제1 _____의 단어의 읽는 법으로 가장 올바른 것을 1·2·3·4에서 하나 고르세요.

1. 자신의 실패를 겸허히 받아들이지 못한다.
2. 베르사유 궁전에 가보고 싶다고 생각한다.
3. 키가 커진 탓에 방이 갑갑하게 느껴진다.
4. 고객에게는 신속하고 정중한 대응을 하도록 유의하세요.
5. 이 회사의 새 제품은 결함투성이다.
6. 전자책의 보급으로 신문의 개념은 크게 바뀌었다.
7. 비유를 써서 설명하면 단번에 알기 쉬워진다.
8. 재판에서 허위 증언을 하는 것은 범죄다.
9. 그녀는 기호가 편향되어 있어서 함께 식사해도 즐겁지 않다.
10. 호적이란 국민의 신분 관계를 증명하는 것이다.

2회
본책 230쪽

문제1 _____의 단어의 읽는 법으로 가장 올바른 것을 1·2·3·4에서 하나 고르세요.

1. 서로 납득할 때까지 논의합시다.
2. 회의에서는 안이하게 결론을 내리지 말고 신중하게 검토해야 한다.
3. 내 피부는 너무 민감해서 금방 건조해진다.
4. 범인의 특징은 오른쪽 눈 밑에 있는 점이다.
5. 소음 문제에 대해 이웃 사람들과 이야기를 나누었다.
6. 무대용 의상을 만드는 일을 맡았다.
7. 숲에는 많은 수목이 자라고 있습니다.
8. 그녀에게는 사람을 끌어당기는 이상한 매력이 있다.
9. 오늘 오후에 총리가 회견을 연다고 한다.
10. 그는 감정의 기복이 심한 사람이다.

3회
본책 231쪽

문제1 _____의 단어의 읽는 법으로 가장 올바른 것을 1·2·3·4에서 하나 고르세요.

1. 작년에 시작한 일이 드디어 궤도에 올랐다.
2. 정원 화단에 무슨 꽃을 심을지 망설이고 있다.
3. 연예인의 불륜 의혹이 뉴스에 다루어지고 있다.
4. '로미오와 줄리엣'은 세계적으로 유명한 희곡이다.
5. 이탈리아에는 많은 유적이 존재한다.
6. 강도에게 은행 돈을 모두 도둑맞고 말았다.
7. 태풍의 영향으로 일본 각지에 맹렬한 폭우가 계속 쏟아지고 있다.
8. 혼자서 많은 적과 싸우다니 용감하다기보다 무모하다.
9. 군대에 있을 때 포로가 된 경험이 있다.
10. 그는 아직 20대지만 뭔가 관록이 있다.

4회
본책 232쪽

문제1 _____의 단어의 읽는 법으로 가장 올바른 것을 1·2·3·4에서 하나 고르세요.

1. 그 회사는 많은 부채를 안고 있다.
2. 아프리카에는 거대한 사하라 사막이 펼쳐져 있다.
3. 도쿄 근교의 여러 곳에 살았던 적이 있습니다.
4. 부하 직원 앞에서 실수를 해서 상사로서의 명예가 훼손됐다.
5. 빌 게이츠는 세계 제일의 대부호다.
6. 무엇이든 자를 수 있는 이 식칼은 만능이다.
7. 상대의 교묘한 작전에 속수무책이었다.
8. 회사가 도산해 방대한 빚을 떠안게 됐다.
9. 귀족과 서민의 생활에는 경제적으로 큰 차이가 있다.
10. 나는 평생 교사로 살아갈 생각이다.

5회
본책 233쪽

문제1 _____의 단어의 읽는 법으로 가장 올바른 것을 1·2·3·4에서 하나 고르세요.

1. 내 실수로 상사의 체면을 구기고 말았다.
2. 기아로 고통 받는 사람들을 구하기 위한 새로운 서비스를 만들어 냈다.
3. 동물을 좋아하기 때문에 낙농 일을 하고 싶다고 생각한다.
4. 상사 앞에서 무례하기 짝이 없는 태도를 취한다.
5. 기혼자인 분은 여기에 배우자의 이름을 적어 주세요.
6. 사고 경위를 당사자에게 자세히 물어보고 다닌다.
7. 짐을 싣는 작업 때문에 선박이 항구에 정박해 있다.
8. 편의를 봐주는 대가로 거금을 받는다.
9. 2000년 전의 도자기가 깨끗한 상태로 발견됐다.
10. 임신 중에 무리한 운동은 금물이다.

6회
본책 234쪽

문제1 _____의 단어의 읽는 법으로 가장 올바른 것을 1·2·3·4에서 하나 고르세요.

1. 겨울이 되어 눈 결정을 볼 수 있었다.
2. 그는 사건의 자세한 내용을 말하지 않고 계속 침묵을 지키고 있다.

3 그는 항상 이야기를 과장하는 나쁜 버릇이 있다.
4 우주의 신비에 다가가기 위해 전 세계에서 연구가 이루어지고 있다.
5 내 상사는 융통성이 별로 없는 사람이다.
6 무조건 부하 직원의 의견을 비난할 수는 없다.
7 갑자기 눈앞에서 교통사고가 일어났다.
8 계약서를 쓸 때는 반드시 인감이 필요하다.
9 '배계(拜啓)'는 편지 첫머리에 쓰는 인사말이다.
10 양배추에는 많은 식이섬유가 포함되어 있다.

2 오늘 급식 식단은 카레라이스다.
3 그는 교도소가 허술해진 시간에 탈옥했다.
4 범인이 인질을 잡고 있어서 함부로 행동할 수 없다.
5 정곡을 찔러서 아무 말도 할 수 없게 되었다.
6 사냥감을 찾은 하이에나의 눈은 무섭다.
7 도매상이 쉬어서 상품을 구입할 수 없다.
8 모래사장에는 많은 조개껍데기가 떨어져 있다.
9 일하는 틈에 숨어서 게임을 하고 있다.
10 잔돈이 없어서 만 엔짜리 지폐를 냈다.

7회
본책 235쪽

문제1 _____의 단어의 읽는 법으로 가장 올바른 것을 1·2·3·4에서 하나 고르세요.

1 이 브랜드의 옷은 모두 참신한 디자인이다.
2 전 세계가 불행해질 것 같은 음모를 꾸미고 있다.
3 프로젝트의 취지를 리더가 설명한다.
4 딸은 괴수 인형을 보고 울부짖고 있다.
5 재판관에게 뇌물을 주려고 했지만 받아 주지 않았다.
6 이 둘은 같은 셔츠지만 미묘하게 소재가 다르다.
7 베트남 출장의 실비를 회사에 청구한다.
8 이 차는 세상에 한 대밖에 없는 귀중한 차다.
9 기자 회견 서두에 사장이 고개를 숙였다.
10 이 병원은 한밤중에 유령이 나온다고 한다.

10회
본책 238쪽

문제1 _____의 단어의 읽는 법으로 가장 올바른 것을 1·2·3·4에서 하나 고르세요.

1 악순환을 끊기 위해 오늘부터 술을 끊겠습니다.
2 일본은 3세부터 유치원에 다닐 수 있다.
3 이 사고로 인한 사상자는 100명이 넘는 것으로 보도됐다.
4 이사의 일은 아무나 할 수 있는 것이 아니다.
5 도심 이외의 지역에서는 과소화가 진행되고 있다.
6 오래된 저택의 시계가 섬뜩한 소리를 내며 울렸다.
7 존경하는 상사의 의견에는 무조건 찬성하고 만다.
8 그녀가 입사하고 나서 회사 분위기가 밝아졌다.
9 인도 요리에는 다양한 향신료가 사용되고 있다.
10 책상 위에 있는 자료들은 무질서하게 늘어 놓여 있다.

8회
본책 236쪽

문제1 _____의 단어의 읽는 법으로 가장 올바른 것을 1·2·3·4에서 하나 고르세요.

1 일본인에게는 혼네(본심)와 다테마에(겉치레)가 있다고 한다.
2 내일부터 신참 선생님이 오다니 금시초문이다.
3 방과 후만 되면 언제나 피아노 음색이 들려온다.
4 그는 늘 입 발린 말뿐인 약속만 하고 있다.
5 그는 잘생겼고 학교에서도 유달리 눈에 띄는 존재였다.
6 하는 일을 하나 하나 지시 받는 것이 너무 싫다.
7 임대 계약의 대부분은 계약 시에 보증금 지불이 필요하다.
8 노포인 만큼 맛도 서비스도 훌륭하다.
9 겨울 산을 오를 때는 눈사태를 조심해야 한다.
10 화창한 오후에 양지에서 고양이가 낮잠을 자고 있다.

11회
본책 239쪽

문제1 _____의 단어의 읽는 법으로 가장 올바른 것을 1·2·3·4에서 하나 고르세요.

1 애견은 노쇠하여 죽고 말았다.
2 유통 기한이 지난 식품은 폐기해야 한다.
3 그는 아직 자신이 처한 상황을 파악하지 못하고 있다.
4 동네 도서관에 찾아가 책을 열람한다.
5 이 지역에 살면 고액의 주민세를 징수 받는다.
6 승려가 되기 위해 혹독한 수행을 이겨 낼 필요가 있다.
7 인터넷에서 다른 사람을 비방해서는 안 된다.
8 일본어 교육을 통해 세계에 공헌하고 싶습니다.
9 매년 가을에는 가족이 총출동하여 쌀을 수확한다.
10 고조되는 감정을 억제하고 냉정하게 대처한다.

9회
본책 237쪽

문제1 _____의 단어의 읽는 법으로 가장 올바른 것을 1·2·3·4에서 하나 고르세요.

1 그녀가 부엌에서 솜씨 좋게 된장국을 끓이고 있다.

12회
본책 240쪽

문제1 _____의 단어의 읽는 법으로 가장 올바른 것을 1·2·3·4에서 하나 고르세요.

1 결혼 상대를 결정할 때는 쉽게 타협해서는 안 된다.

2 저 사과는 <u>부패</u>해서 먹을 수가 없다.
3 부상으로 경기를 도중에 <u>기권</u>한다.
4 그의 이야기는 어딘가 <u>모순</u>되어 있어 믿을 수 없다.
5 전 대통령은 국민의 경제 격차를 <u>시정</u>하기 위해 매진했다.
6 지역 상점가의 <u>진흥</u>에 힘을 쏟는다.
7 지금부터 헌법 개정안 <u>심의</u>를 진행하겠습니다.
8 저는 어렸을 때부터 불교를 <u>신앙</u>하고 있습니다.
9 캡틴은 부원을 <u>통솔</u>할 힘이 없으면 맡을 수 없다.
10 내가 쓴 기사가 잡지에 <u>게재</u>됐다.

2 사회에 <u>봉사</u>하는 것은 훌륭하다.
3 쇼핑할 때는 <u>자세히 조사하</u>면서 사려고 하고 있다.
4 수학 시험 문제를 전자계산기를 사용하지 않고 <u>암산</u>한다.
5 그는 의류 업계 제일선에서 <u>활약</u>하고 있는 인물이다.
6 이 반은 연대감이 <u>결여</u>된 것처럼 느껴진다.
7 저 라면 가게는 매우 <u>번성</u>하고 있다.
8 의사는 운동과 균형 잡힌 식사를 <u>장려</u>하고 있다.
9 교통사고 소식을 듣고 몹시 <u>동요</u>한다.
10 일본어에는 명사를 <u>수식</u>하는 말이 많이 있다.

13회
본책 241쪽

문제1 _____의 단어의 읽는 법으로 가장 올바른 것을 1·2·3·4에서 하나 고르세요.

1 연일 야근으로 피로가 몸에 <u>축적</u>된다.
2 식칼에 내 이름을 <u>조각</u>한다.
3 빚의 연대 보증인이 되는 이야기는 (안 하는 것으로) <u>면</u>했다.
4 생활에 허덕이는 사람들을 <u>구제</u>하는 방법을 생각한다.
5 재해지의 <u>부흥</u>에 전력을 쏟는다.
6 오케스트라 <u>연주</u>가 19시부터 시작될 예정입니다.
7 이제 저의 교우 관계에 <u>간섭</u>하지 마세요.
8 재해지는 식료품이나 식수가 <u>결핍</u>되어 있다.
9 공부 때문에 자유로운 시간을 <u>속박</u> 당하고 말았다.
10 세계는 시대의 흐름에 따라 <u>변천</u>한다.

16회
본책 244쪽

문제1 _____의 단어의 읽는 법으로 가장 올바른 것을 1·2·3·4에서 하나 고르세요.

1 동영상 편집 작업을 다른 회사에 <u>위탁</u>했다.
2 회사의 규칙을 위반한 직원을 <u>처벌</u>한다.
3 상사로부터 참을 수 없는 <u>모욕</u>을 받는다.
4 만 엔짜리 지폐를 대량으로 <u>위조</u>했다.
5 효율적인 공부 방법을 <u>모색</u>해 보자.
6 거짓말을 많이 한 탓에 교실에서 <u>고립</u>돼 버렸다.
7 한 가지 일에 <u>집착</u>해서 다른 일이 손에 안 잡히는 성격이다.
8 일본 생활에 <u>순응</u>하지 못하고 한 달 만에 귀국했다.
9 부자가 되기 위해서는 <u>인내</u>가 필요할지도 모른다.
10 전쟁에서 빼앗은 영토를 모두 <u>반환</u>한다.

14회
본책 242쪽

문제1 _____의 단어의 읽는 법으로 가장 올바른 것을 1·2·3·4에서 하나 고르세요.

1 정년을 맞았기 때문에 시골에서 천천히 <u>은거</u> 생활을 보낸다.
2 회사의 이념에 <u>공감</u>하여 입사를 결정했다.
3 경찰은 그 사건에 대해 계속 <u>수사</u>를 할 것 같다.
4 과거의 사례에서 이번 사건을 <u>유추</u>하다.
5 거래처와의 큰 <u>교섭</u>이 성립됐다.
6 교통사고를 당해서 하반신이 <u>마비</u>돼 버렸다.
7 주간지에 게재되는 칼럼을 <u>집필</u>하고 있다.
8 치료가 어렵다던 병을 <u>극복</u>했다.
9 상대방의 사정을 <u>고려</u>할 필요가 있습니다.
10 판매를 <u>촉진</u>하기 위해 새로운 광고를 찍기로 했다.

17회
본책 245쪽

문제1 _____의 단어의 읽는 법으로 가장 올바른 것을 1·2·3·4에서 하나 고르세요.

1 부장님은 회사를 그만둘 것을 <u>시사</u>하는 듯한 발언을 했다.
2 자신을 <u>비하</u>하지 말고 자신감을 가지세요.
3 담배를 함부로 버리는 사람을 격하게 <u>경멸</u>하게 된다.
4 초등학교 때 과학 수업에서 개구리 <u>해부</u>를 했다.
5 비행기가 <u>추락</u>해서 많은 사망자가 나왔다.
6 항상 주위 사람들을 <u>배려</u>하는 야마다 씨는 정말 멋지다.
7 등산을 할 때는 <u>조난</u>에 주의하세요.
8 부장님 책상은 항상 <u>정돈</u>되어 있어 깨끗하다.
9 뎅기열은 모기가 <u>매개</u>하여 전염되는 질병이다.
10 친구와 말다툼하다가 <u>흥분</u>해서 나도 모르게 주먹을 휘두르고 말았다.

15회
본책 243쪽

문제1 _____의 단어의 읽는 법으로 가장 올바른 것을 1·2·3·4에서 하나 고르세요.

1 그는 벌써 24시간이나 <u>침묵</u>을 지키고 있다.

18회
본책 246쪽

문제1 _____의 단어의 읽는 법으로 가장 올바른 것을 1·2·3·4에서 하나 고르세요.

1　회사 회식에서 마술을 선보였다.
2　의견 차이로 아버지와의 사이에 마찰이 생겼다.
3　경쟁사에 소송을 제기한다.
4　공장에서 흘러나온 물이 강물을 오염시킨다.
5　내년에 새로운 조례가 시행될 예정입니다.
6　회사의 쓸데없는 예산을 삭감했다.
7　증류는 위스키를 만드는 데 중요한 공정 중 하나이다.
8　산화된 기름을 사용하는 것은 그다지 몸에 좋지 않다.
9　식량이 도착하지 않아 아사하기 직전까지 몰렸다.
10　수입과 지출의 균형을 유지한 생활을 한다.

19회
본책 247쪽

문제1 ＿＿＿＿의 단어의 읽는 법으로 가장 올바른 것을 1·2·3·4 에서 하나 고르세요.

1　대학을 졸업하고 나서 현재에 이르기까지의 경위를 이야기한다.
2　신종 바이러스가 유행하면서 사람들의 불안은 점점 심해지고 있다.
3　장례는 죽은 사람을 매장하기 위한 의식이다.
4　바다에 잠수해 물고기를 잡는 것은 인생에서 처음이다.
5　여름 방학의 끝이 다가왔지만 전혀 숙제에 손을 대지 않았다.
6　전방을 달리는 큰 차가 앞길을 가로막는다.
7　올해 와인은 예년과 비교해 맛도 향도 떨어진다.
8　일본 인구는 도쿄나 오사카 등 대도시에 치우쳐 있다.
9　내 꿈은 배낭 하나로 전 세계를 돌아다니는 것이다.
10　표정이나 행동을 보고 기분을 알아챌 수 있다.

20회
본책 248쪽

문제1 ＿＿＿＿의 단어의 읽는 법으로 가장 올바른 것을 1·2·3·4 에서 하나 고르세요.

1　저는 10년간 일본어 교육에 종사하고 있습니다.
2　볼에 홍조를 띤 여성은 매우 요염하다.
3　친구에게 어제 막 발매된 화장품을 추천한다.
4　창문에서 노을을 바라보는 것이 가장 큰 즐거움이다.
5　이 스킨은 보습과 미백 효과를 겸하고 있다.
6　이 집은 방을 가르는 벽이 없어서 넓게 느껴진다.
7　실패를 반복하지 않기 위해 내 행동을 돌이켜 본다.
8　일이 바빠서 주변 사람을 돌보지 못한다.
9　세금을 납부하는 것은 국민의 의무이다.
10　그는 골을 넣은 순간 힘이 다 빠져 쓰러지고 말았다.

21회
본책 249쪽

문제1 ＿＿＿＿의 단어의 읽는 법으로 가장 올바른 것을 1·2·3·4 에서 하나 고르세요.

1　좋은 스킨을 쓰면 피부가 촉촉해지는 것을 느낀다.
2　카페에 들어서자, 커피와 케이크 향기가 감돌았다.
3　어릴 때부터 보살펴 준 그를 친형처럼 따른다.
4　제가 저지른 죄는 사죄해도 속죄할 수 없습니다.
5　아르바이트를 해서 생활비를 마련할 필요가 있다.
6　가위가 없어서 손으로 종이를 둘로 찢었다.
7　너무나도 이른 친구의 죽음을 진심으로 슬퍼한다.
8　이 강물은 바닥이 보일 정도로 투명하고 맑다.
9　일본 대표로서 책임을 느끼며 시합에 임한다.
10　소중한 고객에 대해 실례가 되지 않도록 말을 조심한다.

22회
본책 250쪽

문제1 ＿＿＿＿의 단어의 읽는 법으로 가장 올바른 것을 1·2·3·4 에서 하나 고르세요.

1　귀여운 것을 보면 마음이 치유된다.
2　노란 선 안쪽에 서도록 주의를 촉구한다.
3　해마다 늘어나는 세금 납부가 가계를 위협한다.
4　저출생 고령화에 대해 정부가 새로운 대책을 마련한다.
5　매주 금요일에 일본어 공부 모임을 개최할 예정입니다.
6　이 가게의 스태프는 어떤 요청에도 흔쾌히 응해 준다.
7　집과 회사를 왕복하며 변화가 부족한 날들이 지겹다.
8　'다나카 씨'가 반에 10명이나 있어서 정말 헷갈린다.
9　유명인 같은 화려한 인생을 동경하고 있다.
10　한자를 2,000개나 외우는 것은 정말 성가시다.

2. 문맥 구성

1회
본책 252쪽

문제2 (　　　)에 들어갈 가장 올바른 것을 1·2·3·4에서 하나 고르세요.

1　알코올을 과다하게 섭취하는 것은 몸에 좋지 않다.
2　연말 송년회에서 여흥(장기 자랑)을 하기로 되어 있다.
3　태풍의 영향으로 인터넷 회선이 차단됐다.
4　결승전 상대는 지는 법이 없다는 강호다.
5　이 거리의 월세 시세는 한 달에 7만엔 정도다.
6　내가 사는 기숙사 통금 시간은 밤 10시다.
7　여러 가지 생각이 떠올라서 머릿속이 혼돈된다.
8　제출한 서류에 미비가 있었기 때문에 반환되고 말았다.
9　저출생 고령화 문제가 의제로 채택됐다.

2회
본책 253쪽

문제2 ( )에 들어갈 가장 올바른 것을 1·2·3·4에서 하나 고르세요.

1. 이번 지진으로 다수의 사망자와 거액의 <u>손해</u>가 발생했다.
2. 이 홍차의 <u>풍미</u>는 세계에서 제일인 것 같다.
3. 그는 너무 <u>둔감</u>해서 내 호의를 전혀 알아차리지 못한다.
4. 이 회사에는 <u>총원</u> 10명의 직원이 있습니다.
5. 미성년자인데도 <u>공공연</u>하게 술을 마셔서 퇴학당했다.
6. 여권에는 반드시 <u>본적</u>이 기재되어 있다.
7. 그가 범인이 아니냐는 <u>의혹</u>이 증거에 의해 확신으로 바뀌었다.
8. 대충 비슷하지만, <u>엄밀</u>히 말하면 좀 다르다.
9. 이 좁은 <u>골목</u>에는 길고양이가 많이 살고 있다.

3회
본책 254쪽

문제2 ( )에 들어갈 가장 올바른 것을 1·2·3·4에서 하나 고르세요.

1. 경찰서에서 달아난 범인의 <u>소재</u>는 지금도 불분명하다.
2. 일의 실수는 우선 <u>직속</u> 상사에게 상담해야 한다.
3. 반에서 혼자 만점을 받아 <u>우월감</u>을 느끼고 있다.
4. 회사의 규칙을 <u>엄수</u>하는 것은 사회인으로서 당연하다.
5. 우리 회사는 여러 사업을 전개하고 있으며, 그중에서도 <u>핵심</u>이 되는 것이 요식업입니다.
6. 그와 나의 사고방식은 <u>근본</u>부터 다르다.
7. 체력의 <u>극한</u>까지 계속 달린다.
8. 이 만년필은 돌아가신 아버지의 <u>유품</u>이다.
9. 일본 회사에서는 잔업을 하는 것이 당연하다는 <u>풍조</u>가 있다.

4회
본책 255쪽

문제2 ( )에 들어갈 가장 올바른 것을 1·2·3·4에서 하나 고르세요.

1. 기타 서류와 <u>서식</u>을 맞춰 주세요.
2. 아플 때는 집에서 <u>안정</u>을 취해야 한다.
3. 지진의 영향으로 큰 <u>규모</u>의 정전이 일어날 우려가 있다.
4. <u>새해 첫날</u>은 친척들이 모두 할머니 댁에 모인다.
5. 회사에 일손이 적어서 종업원을 <u>급구</u>한다.
6. 이 애니메이션은 해외에서 큰 <u>반향</u>이 있다.
7. 일하는 여성의 증가에 <u>착안</u>해 새로운 상품이 만들어졌다.
8. 그의 발명은 여행의 <u>개념</u>을 뒤엎는 것이었다.
9. 사장실에는 <u>무단</u>으로 들어가서는 안 된다.

5회
본책 256쪽

문제2 ( )에 들어갈 가장 올바른 것을 1·2·3·4에서 하나 고르세요.

1. 그녀는 <u>기품</u> 있고 매우 아름다운 여성이다.
2. 아내를 기쁘게 해 주기 위해 선물을 샀다는 것은 <u>비밀</u>로 하고 있다.
3. <u>신중</u>한 사람은 매사를 잘 생각하고 행동하므로 실패가 적다.
4. 빌딩 건설에서 중요한 것은 튼튼한 <u>토대</u>를 만드는 것이다.
5. 저 선술집 주인은 항상 <u>마음씨</u>가 좋다.
6. 회사 <u>명의</u>로 은행 계좌를 개설한다.
7. 반려동물을 돌보는 것을 게을리해서 굶어 죽게 하는 <u>잔혹</u>한 사건이 증가하고 있다.
8. 그 신입 사원은 <u>요령</u>이 없어서 여하튼 일하는 게 느리다.
9. 선생님의 책상 위는 항상 <u>정돈</u>돼 있어 깔끔하다.

6회
본책 257쪽

문제2 ( )에 들어갈 가장 올바른 것을 1·2·3·4에서 하나 고르세요.

1. 서비스업은 고객의 <u>시점</u>에 서는 것이 중요하다.
2. 병원에 가서 의사에게 몸 <u>상태가 나쁘</u>다고 호소한다.
3. 이번 달 잡지의 <u>부록</u>은 귀여운 파우치였다.
4. 그는 귀찮은 일을 미루는 <u>경향</u>이 있다.
5. 사람이 많이 올 것을 <u>염두</u>에 두고 준비한다.
6. 그녀에게는 <u>품격</u>이 갖추어져 있다.
7. 대학을 <u>중퇴</u>하고 미국으로 유학 갈 예정이다.
8. 그의 발상은 언제나 <u>독창적</u>이고 다른 사람에게는 없는 아이디어를 가지고 있다.
9. 그는 나와 <u>동류</u>라고 생각했는데 아니었던 것 같다.

7회
본책 258쪽

문제2 ( )에 들어갈 가장 올바른 것을 1·2·3·4에서 하나 고르세요.

1. 아들이 밤중에 고열이 나 <u>응급 환자</u>에 대응하는 병원에 갔다.
2. 좋아하는 일을 하면서 돈을 벌 수 있는 이 일은 나에게 있어 <u>천직</u>이다.
3. 그와 이야기를 나누면서 내 생각이 <u>근저</u>에서부터 뒤집혔다.
4. 다음 시험에 합격할 수 있을지 <u>미묘</u>하다.
5. 그는 어릴 때부터 스타 선수가 될 <u>소질</u>이 있었다.
6. 이 회사의 <u>이념</u>에 공감하여 지원하게 됐습니다.
7. 내가 바람피운 일을 아내에게 <u>고백</u>했다.
8. 그가 부장으로 선출되는 것은 <u>타당</u>하다고 생각한다.
9. 사고 후 5년이란 <u>세월</u>이 흘러 딸은 고등학교에 입학했다.

8회
본책 259쪽

문제2 ( )에 들어갈 가장 올바른 것을 1·2·3·4에서 하나 고르세요.

1 1년 만에 만난 친구에게 근황을 물었다.
2 범행 현장에 범인의 지문이 남아 있었다.
3 갑자기 큰 지진이 일어났다.
4 인구가 계속 줄기만 하던 지방에 공장을 유치해 지역 활성화를 시도한다.
5 사용법을 구두로 설명해 드리니 메모를 해 주세요.
6 일본어의숲 사장님과는 안면이 있다.
7 특정 지역에만 서식하고 있는 생물을 찾는다.
8 친구와 목적지가 같아서 택시를 같이 탔다.
9 다른 회사에 대항해서 자사 제품의 가격을 더 낮췄다.

9회
본책 260쪽

문제2 ( )에 들어갈 가장 올바른 것을 1·2·3·4에서 하나 고르세요.

1 부모님이 사고를 당했다는 소식을 듣고 크게 동요했다.
2 6천만 년 이상 전에 공룡은 멸종했다고 알려져 있다.
3 중요한 것은 주어진 업무의 중요성을 인식하고 일하는 것이다.
4 그 자료는 필요 없으니 파기해 주세요.
5 초등학생 때 교통사고로 실명한 이후 생활이 크게 달라졌다.
6 팀 동료가 부상에서 복귀했다.
7 오랫동안 애용하던 가방이 망가져 버렸다.
8 이 학교에 재적하고 있는 학생은 100명이 넘는다.
9 연말에 대청소하며 필요 없는 것을 모두 처분한다.

10회
본책 261쪽

문제2 ( )에 들어갈 가장 올바른 것을 1·2·3·4에서 하나 고르세요.

1 강해지기 위해서라도 인생에서 한 번쯤은 좌절하는 경험을 맛보는 것이 좋다.
2 키와 몸무게는 반드시 비례하는 것은 아니다.
3 쓰레기를 수거하는 날은 월요일과 수요일입니다.
4 아내와의 말다툼은 항상 내가 먼저 항복한다.
5 대형 쓰레기가 불법으로 투기되는 것에 대해 시는 대책을 세우고 있다.
6 저 두 사람의 성격은 매우 대조적이다.
7 암이 전이돼 위를 적출하게 됐다.
8 내 운세를 암시하는 듯한 사건이 있었다.
9 이 파티는 일본 대사관이 주최하고 있다.

11회
본책 262쪽

문제2 ( )에 들어갈 가장 올바른 것을 1·2·3·4에서 하나 고르세요.

1 고객의 의견을 가미해서 상품을 만든다.
2 자신의 실패를 인정하지 않고 계속 변명한다.
3 새로운 조례가 시행되는 것은 내년 이후이다.
4 사건에 관여했다고 생각되는 인물에게 사정을 청취한다.
5 햇빛이 거울에 반사되어 매우 눈부시다.
6 영업부로 이동하게 됐다.
7 새 스마트폰 대금을 분할해서 낸다.
8 존경하는 은사님 말씀에 감명 받았다.
9 그는 올림픽에서 세계 신기록을 수립했다.

12회
본책 263쪽

문제2 ( )에 들어갈 가장 올바른 것을 1·2·3·4에서 하나 고르세요.

1 정원보다 응모가 많은 경우에 티켓은 추첨을 통해 판매합니다.
2 거짓말을 한 아들에게 엄하게 설교한다.
3 새로운 프로젝트에 대해 사내에서 검토하게 됐다.
4 오사카는 도쿄에 필적할 정도로 큰 도시이다.
5 대학 합격을 기원하기 위해 신사에 간다.
6 반칙이라는 판정에 대해 심판에게 항의한다.
7 졸업 논문 중 지적 받은 부분을 정정한다.
8 당사가 정한 조건에 해당하는 분만 서비스를 이용할 수 있습니다.
9 재해에 대비해 일주일 치의 물과 식량을 확보한다.

13회
본책 264쪽

문제2 ( )에 들어갈 가장 올바른 것을 1·2·3·4에서 하나 고르세요.

1 대전 상대의 체격에 압도당하고 말았다.
2 모든 교실에 에어컨을 완비할 예정이다.
3 이벤트 개최에 따라 장소를 수배한다.
4 신입 사원의 의견을 채택해서 신상품을 만든다.
5 그와 동거를 시작했지만, 가치관이 맞지 않아 헤어지게 됐다.
6 도둑질을 목격해서 경찰에 통보했다.
7 흉작으로 인해 채소 가격이 폭등하고 있다.
8 한국 회사와 제휴해 새로운 사업을 전개한다.
9 저희 회사에서는 원격 근무를 추진하고 있습니다.

14회 본책 265쪽

문제2 ( )에 들어갈 가장 올바른 것을 1·2·3·4에서 하나 고르세요.

1. 그는 주위의 비판에도 굴하지 않고 스스로를 믿고 계속 행동해 나갔다.
2. 각국이 연대하여 백신의 연구 개발에 매진한다.
3. 유명한 회화를 1억 엔에 낙찰 받았다.
4. 선생님에게 스마트폰을 압수당하고 말았다.
5. 어머니는 뇌 질환으로 간호 없이는 생활할 수 없게 되고 말았다.
6. 그는 자기 의견만 주장하는 협조성이 결여된 사람이다.
7. 부상이나 문제가 없도록 행사장 내를 감시한다.
8. 가족이 늘어나서 집을 증축해 2층으로 지었다.
9. 거래처의 의향을 고려하면서 상품의 가격을 조정한다.

15회 본책 266쪽

문제2 ( )에 들어갈 가장 올바른 것을 1·2·3·4에서 하나 고르세요.

1. 자신의 감정을 억제할 수 없다.
2. 그는 상사의 충고를 전혀 듣지 않는다.
3. 지사가 현 주민들에게 외출을 삼가도록 요청했다.
4. 일이 바쁘다고 해서 수면을 경시해서는 안 된다.
5. 경기 악화로 거래처와의 상담이 결렬된다.
6. 대통령이 나라를 통치하고 있다.
7. 나는 성실하고 열성적인 그를 학생 회장으로 추천했다.
8. 우리 할아버지는 산에서 곰과 격투해 곰을 쓰러뜨린 적이 있다고 한다.
9. 공원에서 아름다운 벚꽃을 감상한다.

16회 본책 267쪽

문제2 ( )에 들어갈 가장 올바른 것을 1·2·3·4에서 하나 고르세요.

1. 신호가 점멸된 후에 바로 빨간색이 됐다.
2. 그렇게 사양하지 말고 많이 드세요.
3. 지진으로 무너진 다리를 복구하기 위해 공사를 한다.
4. 장시간 컴퓨터를 사용하면 어깨가 결린다.
5. 그에게 위험이 닥쳤다는 것을 아무도 눈치채지 못했다.
6. 젊은이의 행동을 보면 눈에 거슬리는 게 있다.
7. 납기일이 다가와 마음이 조급해진다.
8. 나이가 들수록 머리 회전이 둔해지는 것을 느낀다.
9. 무죄에서 유죄로 판결이 뒤집혔다.

17회 본책 268쪽

문제2 ( )에 들어갈 가장 올바른 것을 1·2·3·4에서 하나 고르세요.

1. 시합에서 이기기 위해 전략을 짠다.
2. 일을 그만두면 전 세계 관광 명소를 돌아볼 생각이다.
3. 학교에 존재하는 불합리한 규칙에 분노한다.
4. 앞에서 정체가 되고 있어서 차 속도를 늦춘다.
5. 친구의 건강을 위해서 금연을 권한다.
6. 환경 파괴 문제는 해결하기에 어려움을 겪는다.
7. 가방에 들어갈 만한 크기의 컴퓨터를 갖고 싶다.
8. 선생님의 말씀을 듣고 더욱 이해가 깊어졌다.
9. 앞을 달리는 러너와의 차이가 서서히 좁혀진다.

18회 본책 269쪽

문제2 ( )에 들어갈 가장 올바른 것을 1·2·3·4에서 하나 고르세요.

1. 필사적으로 공부해서 어떻게든 불합격을 면했다.
2. 스트레스를 받을 때는 개와 놀면 기분이 나아진다.
3. 자신의 재능에 자만해서는 안 된다.
4. 상사의 기대에 부응하는 것이 부하 직원의 역할이다.
5. 아들은 입춘 전날 때 찾아오는 귀신을 무서워하고 있다.
6. 시골에 많은 젊은 사람들이 이주하여 마을이 번창하다.
7. 나이가 들수록 얼굴이 늙어 가는 것 같다.
8. 몇 년 동안 애용하던 가방이 찢어졌다.
9. 친구의 시시한 이야기로 분위기가 어색해진다.

19회 본책 270쪽

문제2 ( )에 들어갈 가장 올바른 것을 1·2·3·4에서 하나 고르세요.

1. 그들의 용기 있는 행동은 칭찬 받을 만하다.
2. 집합 시간에 지각하지 않도록 교통 체증을 피한다.
3. 남의 기분을 상하게 하는 행동은 삼가야 한다.
4. 모르는 사람이 갑자기 말을 걸어와 당황했다.
5. 그녀는 끝까지 범인을 두둔하는 듯한 발언을 반복했다.
6. 가족을 부양하기 위해 매일 열심히 일한다.
7. 신뢰할 수 있는 친구에게 자신의 비밀을 털어놓는다.
8. 한가롭게 출발 준비를 하는 아이를 재촉한다.
9. 신종 바이러스는 세계 각국에 큰 영향을 끼쳤다.

20회 본책 271쪽

문제2 ( )에 들어갈 가장 올바른 것을 1·2·3·4에서 하나 고르세요.

1. 지루함을 <u>달래기</u> 위해 가까운 공원까지 산책한다.
2. 비어 있는 시간은 전부 일본어 공부에 <u>할애한다</u>.
3. 연인과 헤어져 상심한 친구를 <u>격려한다</u>.
4. 취미가 같은 사람과 이야기하면 이야기가 <u>활기를 띤다</u>.
5. 어른 앞에서는 경솔한 언행을 <u>삼가야</u> 한다.
6. 자기보다 강한 상대에게 싸움을 <u>건다</u>.
7. 이 아이스크림은 대자연 속에서 <u>자란</u> 소에서 짠 우유로 만들었습니다.
8. 이 펜은 손에 <u>잘 익어서</u> 사용하기 쉽다.
9. 그가 있는 것만으로 왠지 분위기가 <u>편안해진다</u>.

21회 본책 272쪽

문제2 ( )에 들어갈 가장 올바른 것을 1·2·3·4에서 하나 고르세요.

1. 향후 대책을 <u>강구할</u> 필요가 있다.
2. 가장 좋아하는 배우가 드라마에서 주연을 <u>맡는다</u>.
3. 일본의 주가 폭락에 대해 뉴스에서 <u>보도한다</u>.
4. 그 자리의 분위기를 <u>알아차리고</u> 그는 방을 나갔다.
5. 큰길에 <u>인접한</u> 곳에 단골 술집이 있다.
6. 지진으로 인한 일본 경제에 대한 영향은 상상을 <u>초월한</u> 것이었다.
7. 일본의 전통문화를 <u>계승하고</u> 지켜 나가고 싶다.
8. 개점 시간과 동시에 가게에 사람들이 <u>몰려들었다</u>.
9. 그와는 성적 순위를 <u>겨루는</u> 좋은 라이벌이다.

22회 본책 273쪽

문제2 ( )에 들어갈 가장 올바른 것을 1·2·3·4에서 하나 고르세요.

1. 그녀는 증거가 있는데도 불구하고 자신은 결백하다고 <u>우기고</u> 있다.
2. 길고양이가 내 발밑으로 <u>다가왔다</u>.
3. 저희 가게에서는 매일 아침 항구에서 신선한 생선을 <u>공수해 오고</u> 있습니다.
4. A사는 5월부터 전화 요금을 <u>인하할</u> 예정이다.
5. 퇴근길에 슈퍼마켓에 <u>들러서</u> 저녁거리를 샀다.
6. 재판관은 냉정하게 판결을 <u>내렸다</u>.
7. 라면 가게 앞에 줄을 서 있는데 매너가 나쁜 손님이 줄에 <u>끼어들었다</u>.
8. 감염병 확산을 <u>막는</u> 데 성공했다.
9. 오랜 시행착오 끝에 간신히 만족스러운 맛에 <u>도달했다</u>.

23회 본책 274쪽

문제2 ( )에 들어갈 가장 올바른 것을 1·2·3·4에서 하나 고르세요.

1. 오랫동안 사귀어 온 연인에게 헤어지자는 말을 <u>꺼내는</u> 것은 용기가 필요한 일이다.
2. 새 아파트 건설 계획은 돈 문제로 <u>중단됐다</u>.
3. 이 영화는 어려움에 <u>맞설</u> 용기를 주었다.
4. 그녀에게 애인이 있다는 것을 알고 <u>깨끗이</u> 물러났다.
5. 선명한 색보다 <u>연한</u> 색을 더 좋아한다.
6. 그녀는 언제나 <u>흔쾌히</u> 일을 맡아 준다.
7. 료칸 직원의 <u>극진한</u> 대접으로 긴 여행의 피로가 풀렸다.
8. 시합이 <u>싱겁게</u> 끝나 버려서 뭔가 시시하다.
9. 옷차림이 <u>단정하지 못하면</u> 첫인상이 나빠진다.

24회 본책 275쪽

문제2 ( )에 들어갈 가장 올바른 것을 1·2·3·4에서 하나 고르세요.

1. 본인이 없는 곳에서 험담하다니 <u>불쾌한</u> 사람이다.
2. 내 능력에 <u>걸맞은</u> 월급을 받고 있다.
3. 반에 사토라는 이름을 가진 사람이 많아서 <u>헷갈린다</u>.
4. 점점 자라는 앞머리가 <u>귀찮아</u>졌다.
5. 작았던 아들이 <u>늠름하게</u> 성장한다.
6. 그의 운전은 <u>위태위태해</u>서 보고 있을 수가 없다.
7. 아들은 노는 데 정신이 팔려 공부에 <u>소홀해</u>져 있다.
8. 이번 달에 열리는 송년회 예산을 <u>대충</u> 계산한다.
9. <u>유연한</u> 몸을 만들기 위해 매일 스트레칭을 하고 있다.

25회 본책 276쪽

문제2 ( )에 들어갈 가장 올바른 것을 1·2·3·4에서 하나 고르세요.

1. 정보의 <u>허술한</u> 관리가 이번 문제를 일으켰다.
2. 그녀는 언제나 <u>명랑한</u> 미소로 주위 사람들을 활기차게 한다.
3. 딸의 약혼자는 보아하니 <u>괜찮은</u> 남자다.
4. 이 사건에 <u>일절</u> 관여하지 않았다고 증언한다.
5. 빨간 치마가 <u>훨씬</u> 잘 어울리는 것 같다.
6. 중병에 걸려서 <u>당분간</u> 학교에 가지 못할 것이다.
7. 바람이 불어 벚꽃잎이 <u>하늘하늘</u> 날리고 있다.
8. 선생님에게 들키지 않도록 <u>살금살금</u> 교실을 나왔다.
9. 그는 선생님이 나타나자 갑자기 <u>안절부절못하기</u> 시작했다.

26회
본책 277쪽

문제2 ( )에 들어갈 가장 올바른 것을 1·2·3·4에서 하나 고르세요.

1. 다른 사람의 눈이 신경 쓰여 <u>두리번두리번</u> 주위를 둘러보았다.
2. 시골에 살면 아이는 <u>무럭무럭</u> 자랄 것이다.
3. 일본어를 <u>술술</u> 쓸 수 있게 되었다.
4. 큰 사자가 이쪽을 <u>힐끗</u> 노려보고 있다.
5. 4월이 되면서 생활 환경이 <u>확</u> 달라졌다.
6. 애인의 팔을 <u>꽉</u> 끌어당겨 껴안는다.
7. 갑자기 튀어나온 차에 <u>하마터면</u> 치일 뻔했다.
8. 친한 사이도 아닌데 <u>거리낌 없이</u> 말 걸지 말았으면 좋겠다.
9. 점장님은 엄격해서 신참인 다나카 군에게도 <u>가차 없이</u> 화를 낸다.

27회
본책 278쪽

문제2 ( )에 들어갈 가장 올바른 것을 1·2·3·4에서 하나 고르세요.

1. 시간 관념이 <u>허술</u>해 지각만 하는 사람은 미움받는다.
2. 생각하기에 따라서는 <u>위기</u>는 기회가 된다.
3. 아침부터 밤까지 계속 일하느라 <u>힘든</u> 하루였다.
4. 일이 지체되는 것은 작업 <u>과정</u>에 문제가 있기 때문이다.
5. 부하 직원들 앞에서 꾸중을 들어 <u>자존심</u>이 상했다.
6. 내 인생의 <u>시나리오</u>에는 결혼할 계획이 없다.
7. 이 제품의 <u>콘셉트</u>에 대해 이야기해 봅시다.
8. 아기 피부는 <u>민감하</u>므로 주의할 필요가 있다.
9. 5년간의 교제를 거쳐 두 사람은 순조롭게 결혼에 <u>골인</u>했다.

3. 유의 표현

1회
본책 280쪽

문제3 _____의 단어와 의미가 가장 가까운 것을 1·2·3·4에서 하나 고르세요.

1. 언론은 늘 사람들의 불안을 <u>부추기는</u> 뉴스를 내보낸다.
2. 정부에 불만을 품은 국민이 총리 암살을 <u>기도했다</u>.
3. 쉽게 합격할 수 있다고 <u>만만하게 봐서는</u> 안 된다.
4. 오후보다는 오전에 일이 <u>잘된다</u>.
5. 그 사건은 정치인이 손을 써서 어둠에 <u>묻어 버렸다</u>.
6. 일찍이 독일은 동서가 <u>분리되어</u> 있었다.
7. 감기가 <u>심해져서</u> 폐렴이 되어 버렸다.
8. 그녀는 10개 국어를 <u>구사하는</u> 뛰어난 재능을 가지고 있다.
9. 거래처의 실수로 불이익을 <u>받았다</u>.

10. 큰 백화점이 생긴 이후로 이 거리는 <u>번성해</u>졌다.

2회
본책 281쪽

문제3 _____의 단어와 의미가 가장 가까운 것을 1·2·3·4에서 하나 고르세요.

1. 오늘 회의는 다 같이 의견을 <u>나누는</u> 시간으로 합시다.
2. 겨울철에는 마스크 착용을 <u>권장해</u>야 한다.
3. 급하게 회의를 <u>소집하</u>게 되었다.
4. 그는 자신이 똑똑하다고 <u>자만하고</u> 있다.
5. 이번 연구 결과는 역사를 <u>뒤엎을</u> 만한 발견이다.
6. 전학생은 첫날부터 반에 완전히 <u>적응했다</u>.
7. 종업원이 절반이 쉬면 업무가 <u>밀리게</u> 된다.
8. 인터넷상에서 남의 험담을 하는 사람은 남을 <u>시기하는</u> 것일 것이다.
9. 그는 <u>비뚤어진</u> 성격을 갖고 있다.
10. 사장님은 해외 시장 진출을 <u>꾀하고</u> 있다.

3회
본책 282쪽

문제3 _____의 단어와 의미가 가장 가까운 것을 1·2·3·4에서 하나 고르세요.

1. 우리 집에서 키우는 개는 엄마를 <u>잘 따른</u>다.
2. 미래에는 따뜻한 가정을 <u>꾸리고 싶다</u>.
3. 그는 30세에 현역에서 <u>물러나</u>게 됐다.
4. 선생님이 학교를 그만둔다는 소식을 듣고 전교생이 <u>술렁거렸다</u>.
5. 샤워를 하고 있을 때 좋은 아이디어가 <u>번뜩였다</u>.
6. 이 화석은 일찍이 공룡이 존재했다는 사실을 <u>시사</u>하고 있다.
7. 요리 솜씨는 어머니보다 뛰어나다고 <u>자부하고</u> 있다.
8. 도주 중인 살인범은 <u>자수했다</u>고 한다.
9. 올해는 전국적으로 작물이 자라지 않을 것이라고 <u>염려</u>되고 있다.
10. 독일어나 영어는 라틴어에서 <u>파생</u>돼 생긴 언어이다.

4회
본책 283쪽

문제3 _____의 단어와 의미가 가장 가까운 것을 1·2·3·4에서 하나 고르세요.

1. 인터넷 정보는 사실을 <u>과장한</u> 것이 많다.
2. 일에 대한 자네의 열의는 정말 <u>탄복할</u> 따름이야.
3. 시간상 일부 설명을 <u>생략</u>하겠습니다.
4. 친구 차를 <u>같이 타고</u> 쇼핑하러 갔다.
5. 조금만 더 <u>참</u>으면 되니까 같이 힘내자.
6. 회사에 들어온 지 얼마 안 됐을 때는 상당히 <u>의욕적이</u>었다.
7. 그녀가 기쁜 듯이 빵을 <u>입에 가득 넣고</u> 있다.

8 　불황으로 많은 회사들이 줄지어 도산했다.
9 　반 안에서도 그녀의 하얀 피부색은 눈에 띄었다.
10 　젊었을 때는 상사에게 대드는 일이 많았다.

5회
본책 284쪽

문제3 _____의 단어와 의미가 가장 가까운 것을 1·2·3·4에서 하나 고르세요.

1 　신상품의 발매를 보류하게 되었다.
2 　이 근방에는 비슷비슷한 집들이 늘어서 있다.
3 　1학년 2반은 반장이 반을 좌지우지하는 모양이다.
4 　내일 항상 다니던 카페에서 만납시다.
5 　영업을 재개하지 못하는 데는 복잡한 사정이 있는 것 같다.
6 　팀 동료끼리 의견이 어긋나기도 한다.
7 　친한 친구가 결혼한다는 말을 듣고 당황했다.
8 　쿨한 그녀의 귀여운 일면을 엿보았다.
9 　네가 이런 실수를 하다니 내가 잘못 봤구나.
10 　도산하려던 회사가 그럭저럭 회복됐다.

6회
본책 285쪽

문제3 _____의 단어와 의미가 가장 가까운 것을 1·2·3·4에서 하나 고르세요.

1 　지금 하고 있는 트레이닝의 취지를 잘 이해한다.
2 　친구와 좋아하는 이성의 행동에 대해 아침까지 이야기했다.
3 　많은 사람 앞에서 자신의 의견을 주장하려면 배짱이 필요하다.
4 　아름다운 경치가 뇌리에 박혀 있다.
5 　SNS상에서는 익명으로 다양한 의견이 올라오고 있다.
6 　후회가 남지 않도록 끝까지 전력을 다해 싸웁시다.
7 　그가 하는 말은 별로 믿을 게 못 된다.
8 　그는 한마디 사과를 하고 그 자리를 떠났다.
9 　오후부터 갑자기 날씨가 바뀌더니 눈보라가 몰아쳤다.
10 　일본어능력시험에 합격할 수 있었던 것은 그저 우연이다.

7회
본책 286쪽

문제3 _____의 단어와 의미가 가장 가까운 것을 1·2·3·4에서 하나 고르세요.

1 　성게를 매일 먹을 수 있다니 사치의 극치이다.
2 　후반에 끈기를 보이며 역전승을 거뒀다.
3 　적의 목적은 이쪽 정보를 잡는 것이다.
4 　신청서 사본은 잘 보관해 주세요.
5 　아무쪼록 부담 없이 말씀해 주세요.
6 　불경기였지만 회복의 조짐이 보이기 시작했다.

7 　그는 애니메이션 이야기만 나오면 갑자기 표정이 바뀐다.
8 　이 반의 학생들은 이해가 빠르다.
9 　온천 여행을 가서 잠깐의 휴가를 즐겼다.
10 　어제 반에서 뭔가 다툼이 있었던 모양이다.

8회
본책 287쪽

문제3 _____의 단어와 의미가 가장 가까운 것을 1·2·3·4에서 하나 고르세요.

1 　기술의 진보로 사람들의 생활은 현저히 변화했다.
2 　감기에 걸렸는지 왠지 모르게 몸이 나른하다.
3 　줄 서 있는데 새치기하다니 뻔뻔한 사람이다.
4 　사람들은 그를 천박한 사람이라고 하지만 나는 그렇게 생각하지 않는다.
5 　일을 많이 하는 것은 매우 힘들다.
6 　그는 나에게 항상 서먹한 태도를 취한다.
7 　자신의 기분을 제대로 설명하지 못하면 답답하다.
8 　가족 넷이 검소한 생활을 보내고 있다.
9 　그녀는 테니스 세계 대회에서 눈부신 성적을 거뒀다.
10 　까다로운 이야기는 나중에 하고 일단 마십시다.

9회
본책 288쪽

문제3 _____의 단어와 의미가 가장 가까운 것을 1·2·3·4에서 하나 고르세요.

1 　전쟁 같은 어리석은 일은 없어야 한다.
2 　지금 희미하게 사람 목소리가 들렸다.
3 　도시에서 조금 차를 몰고 가자 한가로운 풍경이 펼쳐졌다.
4 　몰래 생일 선물을 준비해 왔다.
5 　이 나라에서는 택시비를 속이는 일이 비일비재하다.
6 　저는 일본에서 생활하고 싶다고 간절히 바라고 있습니다.
7 　대학 졸업식이 엄숙하게 치러졌다.
8 　그녀의 몸은 매우 유연하다.
9 　아이가 태어나면 건강하게 자랐으면 좋겠다.
10 　그가 있는 것만으로도 훈훈한 분위기가 된다.

10회
본책 289쪽

문제3 _____의 단어와 의미가 가장 가까운 것을 1·2·3·4에서 하나 고르세요.

1 　세심한 배려를 할 줄 아는 사람은 멋있다.
2 　공부를 소홀히 하면 미래에 고생할 거예요.
3 　이 펜을 사면 합격할 수 있다는 것은 속임수다.
4 　미래에 대한 불안은 학생들에게 흔한 고민이다.
5 　몇 번을 질문해도 그는 무책임한 대답만 한다.

6 그녀는 항상 중요한 것을 말해 주지 않는다.
7 그의 행동은 언제나 대담하다.
8 나는 어렸을 때부터 매우 소심한 사람이다.
9 살을 빼기 위해 극단적인 식생활을 하고 있다.
10 더 이상 무의미한 대화는 하고 싶지 않다.

11회
본책 290쪽

문제3 _____의 단어와 의미가 가장 가까운 것을 1·2·3·4에서 하나 고르세요.

1 혼자가 되자 서서히 외로움이 치밀어 오른다.
2 대학생 때는 절제 없는 생활을 보냈었다.
3 여동생은 매일 피아노를 연습하며 눈에 띄게 실력을 향상시키고 있다.
4 내일 면접에 대비해 질문에 대한 답을 미리 준비해 둔다.
5 말투에서 그의 좋은 인품이 절실히 전해져 온다.
6 그녀는 사회인이 되고 나서 순식간에 아름다워졌다.
7 눈에 보이지 않는 바이러스에 벌벌 떨면서 살고 있다.
8 이번 시험은 참담한 결과로 끝났다.
9 그녀는 일을 척척 해치우고 집으로 돌아갔다.
10 그는 자주 이 술집에 온다.

12회
본책 291쪽

문제3 _____의 단어와 의미가 가장 가까운 것을 1·2·3·4에서 하나 고르세요.

1 그녀에게 큰맘 먹고 고백했지만, 너무나도 쉽게 거절당하고 말았다.
2 틀림없이 아는 사람인 줄 알고 말을 걸었더니 다른 사람이었다.
3 가기 싫으면 딱 잘라 거절해야 한다고 생각한다.
4 프렌치토스트는 약한 불에 은근하게 구우면 맛있다.
5 일본에 유학하고 싶다고 했더니 부모님은 순순히 허락해 주셨다.
6 그의 안이 실현되리라고는 도저히 생각할 수 없다.
7 산사태 때문에 이 도로는 당분간 폐쇄될 것이다.
8 세대에 따라 일에 대한 사고방식이 약간 차이가 있다.
9 졸업 후 진로에 대해 막연하게 생각하고 있다.
10 불필요한 외출은 최대한 자제해 주시기 바랍니다.

13회
본책 292쪽

문제3 _____의 단어와 의미가 가장 가까운 것을 1·2·3·4에서 하나 고르세요.

1 저 선생님은 학생을 보는 눈이 매우 엄격하다.
2 직원들을 다 모아서 비용 절감에 대해 논의했다.
3 이번 일은 지금까지와는 스케일이 다르다.
4 그는 남달리 돈에 대한 개념이 허술한 사람이다.
5 그의 한마디에 나의 분노는 절정에 달했다.
6 거래처 담당자와 약속을 잡는다.
7 새로운 상품의 정보를 모두 머릿속에 입력해 둔다.
8 이 방의 온도는 자동으로 컨트롤되고 있다.
9 그녀의 얼굴을 보면 왠지 긴장이 풀린다.
10 그녀는 직설적으로 감정을 드러낸다.

4. 용법

1회
본책 294쪽

문제4 다음 단어의 사용법으로 가장 올바른 것을 1·2·3·4에서 하나 고르세요.

1 유래
 1 '땡땡이치다'라는 말은 프랑스어에서 유래했다.
2 모순
 3 그가 하는 말은 전에 했던 말과 모순된다.
3 일관
 4 그는 회의 내내 일관되게 반대 의견을 바꾸지 않았다.
4 반발
 1 중학생 시절에는 부모님에게 자주 반발했다.
5 극복
 2 제일 못했던 수학을 그럭저럭 극복할 수 있었다.
6 면제
 3 그는 성적이 우수했기 때문에 학비가 면제됐다.
7 발산
 2 공부 스트레스를 발산하려면 술자리가 최고다.
8 발족
 2 유학생을 지원하는 단체를 발족하기로 정했다.
9 조달
 4 회사를 세우기 위해 자금을 조달해야 한다.

2회
본책 296쪽

문제4 다음 단어의 사용법으로 가장 올바른 것을 1·2·3·4에서 하나 고르세요.

1 지시
 2 그에게 지시받을 이유는 없다.
2 집착
 1 돈에 너무 집착하면 행복해질 수 없어요.
3 양립
 4 집안일과 육아의 양립은 상상 이상으로 힘들다.

4 결여
  1 이 화재는 주의력 결여로 인해 일어났다.
5 만끽
  1 친구들과 해수욕을 가서 여름 방학을 만끽했습니다.
6 승진
  2 이번 부장 승진은 없었던 일로 하겠습니다.
7 놓치다, 잃다
  4 시험 중지 소식을 듣고 목표를 잃었다.
8 지켜보다
  3 우리는 일이 어떻게 진행되는지 지켜볼 수밖에 없었다.
9 찾아내다
  2 3시간에 걸친 회의 끝에 마침내 해결책을 찾아냈다.

3회
본책 298쪽

문제4 다음 단어의 사용법으로 가장 올바른 것을 1·2·3·4에서 하나 고르세요.

1 주선하다, 중재하다
  4 선생님이 나와 그의 사이를 중재해 주었다.
2 내던지다
  1 그는 모든 일을 내던지고 집에서 느긋하게 지내고 있는 것 같다.
3 미루다, 넘기다
  3 도쿄 올림픽은 내년으로 미뤄지게 되었다.
4 죄송하다
  4 죄송합니다만, 제가 쓴 작문을 봐 주시겠습니까?
5 끌어안다
  3 혼자 끌어안지 말고 고민이 있으면 상담해 주세요.
6 몰두하다
  1 그는 매일 일본어 공부에 몰두하고 있다.
7 퍼뜨리다, 선전하다
  2 다나카 씨에게 비밀을 말하면 바로 퍼뜨리고 말 것이다.
8 복받치다
  4 대학 합격 소식을 듣고 기쁜 마음이 복받쳐 올랐다.
9 (정신을) 다잡다
  3 시합까지 3일밖에 남지 않았기 때문에 마음을 다잡고 훈련에 임했다.

4회
본책 300쪽

문제4 다음 단어의 사용법으로 가장 올바른 것을 1·2·3·4에서 하나 고르세요.

1 한턱내다
  4 어제 술자리는 선배가 한턱내 주었습니다.

2 참고 견뎌 내다
  1 추위를 견뎌 내기 위해 눈 속에 구덩이를 파고 들어갔다.
3 다루다
  3 그녀는 능숙하게 일을 다뤘다.
4 헤매다, 서성거리다
  4 수상한 사람이 밖008 서성거리고 있다.
5 초조해지다, 짜증 나다
  3 무엇을 해도 지속하지 못하는 자신에게 짜증 난다.
6 흔들리다, 휘청거리다
  2 충치 때문에 이가 흔들리고 있다.
7 중얼거리다, 투덜대다
  1 불만이 있는지 그는 뭐가 툴툴 투덜대고 있다.
8 욕하다, 매도하다
  4 더러운 말로 서로 욕하는 모습은 차마 볼 수가 없다.
9 (약속을) 어기다
  1 그녀와의 약속을 어기고 말았다.

5회
본책 302쪽

문제4 다음 단어의 사용법으로 가장 올바른 것을 1·2·3·4에서 하나 고르세요.

1 이의
  2 부장님의 의견에 대해 이의를 제기한 사람은 없었다.
2 편의
  4 이용자의 편의를 도모해 버스 노선을 늘리게 됐다.
3 궤도
  3 3년 전에 시작한 회사가 드디어 궤도에 올랐다.
4 낌새, 분위기
  4 아무도 없을 텐데 뒤에서 인기척이 난다.
5 솜씨
  1 그는 많은 양의 빨래를 솜씨 좋게 널어 나갔다.
6 충실
  2 이 영화는 원작 만화의 스토리를 충실하게 재현하고 있다.
7 눈앞
  2 눈앞의 이익에만 사로잡혀 미래를 전혀 생각하지 않다.
8 소행, 짓
  4 우리 밭을 이렇게 망쳐 놓은 것은 여우가 한 짓이 틀림없다.
9 금물
  1 연습 경기에서 이긴 상대라고 해도 방심은 금물이다.

6회
본책 304쪽

문제4 다음 단어의 사용법으로 가장 올바른 것을 1·2·3·4에서 하나 고르세요.

1. 종일
   3 그날은 종일 일정이 꽉 찼습니다.
2. 예단, 예측
   1 태풍은 잠잠해졌지만, 여전히 예측을 불허하는 상황이 계속되고 있다.
3. 속마음, 속셈
   4 그 사람이 친절하게 대해 주다니 뭔가 속셈이 있는 게 틀림없다.
4. 조연
   3 조연이면서도 이 드라마의 중요한 역할을 다하고 있다.
5. 면모, 모습
   4 어릴 적의 모습이 아직 남아 있다.
6. 본심, 속마음
   2 그는 무엇이든 속마음을 말할 수 있는 절친한 친구다.
7. 착실함, 성실함
   1 착실히 계속 노력한 결과 시험에 합격했다.
8. 맨손, 빈손
   2 끓는 냄비 뚜껑을 맨손으로 만져서 화상을 입었다.
9. 악의
   3 악의가 있어서 말한 것은 아니라고 생각하지만, 매우 상처를 받았다.

7회
본책 306쪽

문제4 다음 단어의 사용법으로 가장 올바른 것을 1·2·3·4에서 하나 고르세요.

1. 예고, 전조
   4 그녀는 아무런 예고도 없이 집을 나갔다.
2. 보통 상태, 평범한 것
   1 공부나 운동은 평범하게 할 수 있는 편이라고 생각한다.
3. 직함, 직위
   3 직함만 신경 쓰고 알맹이가 없는 사람은 존경할 수 없다.
4. 생각이 없다, 매정하다
   1 SNS상의 매정한 댓글로 상처 받는 사람이 끊이지 않는다.
5. 불안하다
   4 혼자 사는 것은 자유롭지만 가끔 불안할 때가 있다.
6. 마음이 괴롭다
   3 그녀의 고생을 생각하면 나까지 마음이 괴로워진다.
7. 바람직하다
   4 내일 보강은 강제는 아니지만 수강하는 것이 바람직하다.

8. 냉담하다, 쌀쌀맞다
   1 그녀는 항상 나에게 쌀쌀맞은 태도를 취한다.
9. 빙 둘러서 하다, 에두르다
   4 빙 둘러서 말하지 말고 간결하게 말해 주세요.

8회
본책 308쪽

문제4 다음 단어의 사용법으로 가장 올바른 것을 1·2·3·4에서 하나 고르세요.

1. 신속함
   1 구조대의 신속한 대응으로 희생자는 한 명도 나오지 않았다.
2. 차가움, 냉정함
   4 주위 사람들이 차가운 시선으로 (나를) 보았다.
3. 상냥함, 생글생글함
   3 교장 선생님은 항상 상냥하게 인사를 받고 답해 주신다.
4. 단조로움
   2 나의 단조로운 하루하루에 갑자기 전환점이 찾아왔다.
5. 농후함
   4 목장에서 농후한 맛의 소프트아이스크림을 먹고 싶다.
6. 검소함
   1 그는 부자인데도 검소한 생활을 하고 있다.
7. 꼭, 딱
   4 그는 시간을 딱 잘 지키는 성실한 사람이다.
8. 또렷이, 선명히
   1 이 카메라는 사람의 얼굴을 선명하게 찍을 수 있습니다.
9. 어둠침침한 모양, 우중충한 모양
   3 오늘 날씨가 왠지 우중충하다.

9회
본책 310쪽

문제4 다음 단어의 사용법으로 가장 올바른 것을 1·2·3·4에서 하나 고르세요.

1. 제대로, 변변히
   2 히라가나도 제대로 못 쓰는데 너한테 한자 공부는 아직 일러.
2. 몹시, 유난히
   4 어제 많이 잤는데도 오늘은 몹시 졸려요.
3. 부지런히, 충실히
   4 떨어져 살아도 어머니는 부지런히 연락을 주신다.
4. 절실히, 지그시
   4 좋은 친구를 가졌구나 하고 절실히 느끼다.
5. 일부러, 고의로
   1 일부러 집까지 손수 만든 쿠키를 가져다줬다.

6 간간이

1 그는 간간이 이 술집에 술을 마시러 온다고 한다.

7 벌벌, 주뼛주뼛

4 사람들 앞에서 말할 때는 항상 주뼛주뼛하게 된다.

8 꼬르륵꼬르륵, 굽실굽실

1 상사에게 굽실거리는 것은 왠지 꼴사납다.

9 꾸벅꾸벅

3 수업 중에 꾸벅꾸벅 졸고 말았다.

12 휴일에는 화장하든 안 하든 외출을 하지 않으면 아무도 만날 일이 없으니 좋다.

13 그가 같이 보자고 한 영화는 SF 영화인 줄 알았는데 공포 영화였다.

14 상대는 패배를 모르는 강팀이라고 해도 지금의 우리라면 이길 수 없는 상대는 아닐 것이다.

15 실패를 해서 아무리 비웃음을 사더라도 모든 일은 계속 도전하는 것에 의미가 있다는 것을 잊지 마세요.

언어 지식(문법) 연습 문제

1회

본책 324쪽

문제5 다음 문장의 ( )에 들어갈 가장 올바른 것을 1·2·3·4에서 하나 고르세요.

1 명품은 모두 고가품이라 매장에 들어가 봤자 살 수 없을 것이다.

2 좋아하는 축구 선수가 이적하든 말든 그를 앞으로도 응원해 나가는 데는 변함이 없다.

3 부모님이 아무리 말려도 나는 해외로 이주하기로 마음먹었다.

4 밤을 새웠기 때문에, 지금부터 자든 안 자든 수업 중에 잠드는 것은 마찬가지일 것이다.

5 아직 신입이라고는 해도 일에 대해 무책임한 언행을 하는 것은 허용되지 않는다.

6 부장 "이토 군, 어제 회사 사람들과 함께 간 등산은 어땠어?"
이토 "너무 즐거웠어요. 평소에 운동을 안 해서 그런지 오늘 아침에는 근육통 때문에 일어나려고 해도 못 일어났어요."

7 그녀는 늘 TV를 볼 때 울고 있나 싶더니 갑자기 웃기 시작해서 놀라울 정도로 감정이입이 심하다.

8 야마다 "요즘 유행하는 감염병은 무서워."
스즈키 "응. 아무리 대책을 세우고 조심한들 피할 수 없다는 게 무서워."

9 이 음료는 과일 주스라고는 하지만 과즙이 3%밖에 들어있지 않다.

10 아무리 튼튼한 가방이라고 해도 무거운 물건을 넣으면 찢어질 것 같아서 불안하다.

문제6 다음 문장의 ★ 에 들어갈 가장 올바른 것을 1·2·3·4에서 하나 고르세요.

11 오늘은 딸의 생일인데, 새로운 프로젝트 일이 바빠서 일찍 돌아가려고 해도 못 간다.

2회

본책 330쪽

문제5 다음 문장의 ( )에 들어갈 가장 올바른 것을 1·2·3·4에서 하나 고르세요.

1 (가게 앞에서)
가게 주인이 요양 중이라 여러분께 불편을 끼쳐 죄송합니다만, 당분간 휴업합니다.

2 첫 해외여행이라서 가고 싶은 곳을 꼼꼼히 사전 조사했다.

3 직원 모두가 하나가 되어야 앞으로도 더 좋은 회사를 만들 수 있을 것입니다.

4 나카모토 "요즘 왠지 일이 잘 안 풀리는 것 같아요."
선배 "그렇게 안 보이는데, 나카모토 씨가 분명 성실해서 그렇게 느끼는 거겠지."

5 좋아하는 아이를 시합에 초대한 이상, 못난 모습을 보여서는 안 된다는 생각에 오로지 혹독한 연습을 거듭해 왔다.

6 무라카미 "이 카페는 평일에도 붐비는구나."
사토 "응. 새로 생긴 세련된 가게라서 SNS에서도 지금 굉장히 화제가 되고 있대."

7 장마철이라 빨래가 전혀 마르지 않아 애를 먹고 있다.

8 1000년 전에 쓰인 글이라서 무슨 뜻인지 전혀 모르겠습니다.

9 세계 평화를 바라기 때문에 국가 간 대립이나 시위 뉴스를 볼 때마다 가슴이 아프다.

10 '다음에는 동기들과의 술자리에 참석하겠다'고 말해 버린 이상 이번 초대를 거절하지 못하겠다.

문제6 다음 문장의 ★ 에 들어갈 가장 올바른 것을 1·2·3·4에서 하나 고르세요.

11 친구는 착하고 솔직하고 사람을 잘 믿는 성격이라 사기 피해를 보지 않을까 걱정이다.

12 햇볕이 잘 들지 않는 방이라 빨래를 밖에 널어도 잘 마르지 않아 항상 고생이다.

13 상사에게 항상 도움을 받는 상황에서 더 이상 폐를 끼칠 수 없습니다.

14 유명한 점쟁이라서 손금만 봐도 그 사람의 모든 것을 꿰뚫어 본다고 한다.

15 내가 너무 피폐해져 있자, 그것을 보신 할아버지가 목숨이 있어야 슬픔도 기쁨도 느낄 수 있다고 말씀해 주셨다.

3회

본책 338쪽

문제5 다음 문장의 (　　)에 들어갈 가장 올바른 것을 1·2·3·4 에서 하나 고르세요.

1　신참인 다나카 씨는 존댓말을 쓰기는커녕 인사조차 할 줄 모른다.

2　후배　"선배님, 지난주부터 상영 중인 화제의 애니메이션 영화 봤어요?"
　　선배　"봤어! 성우는 물론이거니와 스토리가 정말 좋아서 감동했어."

3　새로운 감염병이 전 세계적으로 확산되고 있다니, 생각하는 것만으로도 무서운 이야기다.

4　스즈키　"오늘 경기 상대가 상당히 강한 것 같네."
　　다카하시　"스포츠 강호로 유명한 학교니까. 한순간도 긴장을 늦출 수 없겠어."

5　옛날부터 벌레를 아주 싫어했는데, 어른이 된 지금도 개미를 만질 수조차 없다.

6　이 고풍스러운 분위기와 정겨운 맛은 대대로 이어져 내려온 노포만의 매력이다.

7　이만큼 관중의 큰 환호를 받을 수 있는 무대 배우는 아마 그를 제외하고는 없을 것이다.

8　오늘 연주 콩쿠르에서 우승하기 위해 시간을 아끼지 않고 연습을 해 왔다. 이제 남은 것은 그저 무사히 마칠 수 있기를 바랄 뿐이다.

9　캐나다에서 일자리를 찾지 못하면 포기하고 일본으로 돌아가면 그만이다.

10　내일 회의는 사장님도 참석하는 중요한 회의이기 때문에 단 1초의 지각도 용납되지 않는다.

문제6 다음 문장의 ＿★＿ 에 들어갈 가장 올바른 것을 1·2·3·4 에서 하나 고르세요.

11　입시는 싫지만, 목표 대학에 다니는 내 모습을 상상하며 그저 오로지 공부만 할 뿐이다.

12　평소 집안일을 하지 않는 아버지는 요리는커녕 빨래조차 못 한다.

13　그 누구도 우리 팀이 결승전까지 진출할 수 있을 거라고는 예상하지 못했을 것이다.

14　운동 선수가 되려면 노력은 물론이거니와 재능도 있어야 한다.

15　남동생은 항상 밥을 한 톨도 남기지 않고 깨끗하게 먹는다.

4회

본책 346쪽

문제5 다음 문장의 (　　)에 들어갈 가장 올바른 것을 1·2·3·4 에서 하나 고르세요.

1　그녀의 그림은 국내에서 그치지 않고 해외에서도 높은 평가를 받고 있다고 한다.

2　그와 크게 싸우고부터는 한마디도 말을 하지 않게 됐다.

3　와타나베　"다음 주는 시험이네. 공부는 좀 어때?"
　　다나카　"글쎄. 가끔 어려워서 포기하고 싶을 때도 있지만 그저 그런 정도야."

4　(전화)
　　이용자　"저기, 헬스장 회원 탈퇴를 하고 싶은데요."
　　담당자　"알겠습니다. 오늘 탈퇴를 하시면 이번 달 분까지 결제하셔야 하고, 헬스장은 이번 달 말부터 이용하실 수 없게 되는데 괜찮으시겠습니까?"

5　아무리 어릴 적부터 그리던 꿈이라도 포기하면 끝이다.

6　올해 올림픽 출전을 끝으로 현역에서 은퇴하기로 결심했다.

7　지금 일본에서 유행하고 있는 이 애니메이션은 어린아이부터 노인에 이르기까지 인기가 있다.

8　이번 일로 해외에 부임했다 하면, 5년은 일본에 돌아오지 못할 것이다.

9　(아나운서)
　　"다음 달 프랑스를 시작으로 일본을 포함한 세계 10개국에서 순차적으로 피카소 전시회를 개최한다고 발표했습니다."

10　체중이 늘고 난 뒤부터 늘 입던 바지의 지퍼가 잘 안 닫히게 되었다.

문제6 다음 문장의 ＿★＿ 에 들어갈 가장 올바른 것을 1·2·3·4 에서 하나 고르세요.

11　내가 10년 넘게 응원해 온 아이돌 그룹은 올해를 끝으로 활동을 중단한다고 한다.

12　학생 때는 일찍 일어나는 것이 서툴렀지만 사회인이 되고 나서는 자연스레 아침 일찍 일어날 수 있게 됐다.

13　열심히 기획한 프로젝트도 부장님에게 거절당하면 그만이다.

14　이 신상품은 도내 점포에서의 발매를 시작으로 전국에서도 판매가 결정했다.

15　친구는 술을 마시고 취하기만 하면 화를 내거나 울어서 아무도 말릴 수 없게 된다.

5회

본책 355쪽

문제5 다음 문장의 (　　)에 들어갈 가장 올바른 것을 1·2·3·4 에서 하나 고르세요.

1　아이라면 몰라도 어른이 돼서도 같은 일로 몇 번이나 주의를 받는 것을 부끄러운 줄 알아라.

2　무거운 짐을 옮길 거라면 말만 하면 도와줬을 텐데 혼자서 옮기느라 힘들었겠어요.

3　내가 살고 있는 니가타현은 겨울이면 눈이 내려 쌓여서 힘들지만, 아오모리현은 세계에서 1위를 자랑할 정도로 강설량이 많다고 한다.

4　부하 직원　"자료 준비가 끝나지 않아서 회의에 늦게 되어 죄송합니다."

상사 "회의는 진작부터 정해져 있었으니 미리 준비했으면 좋았을 텐데. 바쁜 건 알겠지만 다음부터는 조심해."

5 아버지는 야구 이야기만 나오면 항상 열변을 토하는 경향이 있다.

6 나카모토 "잘생긴 두 사람이 나를 두고 서로 싸우지 않을까?"
   사토 "무슨 소리야. 드라마도 아니고 그런 일이 있을 리가 없잖아."

7 요즘 SNS는 남의 험담을 하는 것이 일상이 됐다.

8 이 고뇌를 저 녀석 같은 놈이 알 리가 없을 것이다.

9 그는 자신의 거짓말을 인정하지 않고 더욱 거짓말을 하는 지경이다.

10 이번 일본어능력시험 N1의 독해는 30점이었다. 청해와 언어지식의 경우는 20점 이하였다.

문제6 다음 문장의 ★ 에 들어갈 가장 올바른 것을 1·2·3·4 에서 하나 고르세요.

11 나는 좋아하는 것은 솔선수범하지만 공부는 뒷전으로 미루는 경향이 있다.

12 반년 전부터 공부를 시작했다면 시험에 합격했을 텐데 공부를 게을리해서 불합격하고 말았다.

13 세상의 종말이 언제 올지는 신도 아니고 알 리가 없다.

14 (회사의 회의에서)
   최근 실적이 서서히 떨어지고 있습니다. 금년도에 이르러서는 지금까지의 실적 중에서 가장 나쁜 결과가 되어, 이대로는 도산의 위기에 처할 것 같습니다.

15 시험 공부에 쫓겨 꿈속에서도 공부하는 지경이다.

문제7 다음 문장을 읽고, 문장 전체의 취지에 근거해서 16 부터 20 안에 들어갈 가장 올바른 것을 1·2·3·4에서 하나 고르세요.

동물과 인간의 관계

동물과 함께 지내는 것은 인간의 마음을 풍요롭게 한다. 지금까지 동물과 접촉한 경험이나 동물을 키워 본 사람, 또는 현재 키우고 있는 사람도 적지 않을 것이다. 그런 사람들의 눈에는 동물이라는 존재가 어떻게 비치고 있을까.

나는 학생 때 개를 16 키우고 나서부터 반려동물이 없는 생활은 상상할 수 없을 정도로 그 존재의 크기를 절감하고 있다. 왜냐하면 동물을 키움으로써 많은 것을 느끼고 배울 수 있기 때문이다. 그중에서도 내가 가장 크게 느끼는 것은 반려동물의 존재로 인한 치유 효과이다. 아침이 되면 나를 깨우러 오고, 퇴근하면 제일 먼저 마중 나와 누구보다 환영해 준다. 이 모습이 참을 수 없이 사랑스럽고 일상의 피로와 고민을 잊을 수 있는 순간이기도 하다. 또, 반려동물은 힐링의 존재인 것 17 은 물론이거니와 가족 관계를 양호하게 해 주는 존재이기도 하다. 가족끼리 다투거나 부모님의 불벼락이 떨어졌을㈜ 때 문득 눈에 들어오는 사랑스러운 존재로 인해 화가 났던 사람은 진정되고, 우울했던 사람은 기운을 차리고 그 분위기가 편안해지는 것이다.

이렇게 반려동물은 사람들의 마음에 치유와 행복감을 가져다주 18 기 때문에 인간의 삶에 없어서는 안 될 존재가 되고 있다. 없어서는 안 될 존재 19 라고 해도 반려동물들에게 인간이 없어서는 안 될 존재는 아니다. 반려동물은 함께할 사람을 선택할 수도 없고, 인간을 행복하게 해 주기 위해 존재하는 것도 아니기 때문이다.

최근에는 반려동물을 키우는 것은 좋지만 일이 바쁘다는 이유로 동물을 집에 계속 방치하는 주인도 있다. 학대하거나 유기하는 사람 20 은 동물을 키울 자격조차 없다. 동물도 인간과 마찬가지로 행복감을 얻을 권리가 있기 때문이다. 그리고 학대를 하지 않았더라도 동물들에게 행복하지 않다면 사람과 동물이 공생하는 것은 그저 인간의 이기적인 욕망에 불과하다.

이런 점에서 우리 인간은 동물과의 관계를 다시 한번 생각해 봐야 한다고 생각한다. 그런 다음에 동물들과 함께 생활하는 것은 정말 멋진 일이며, 사람들에게 동물은 없어서는 안 될 존재라는 것을 많은 사람들이 몸소 깨달았으면 좋겠다.

㈜ 雷(かみなり)が落(お)ちた 불벼락이 떨어졌다 : 호통을 쳤다

6회

문제5 다음 문장의 ( )에 들어갈 가장 올바른 것을 1·2·3·4 에서 하나 고르세요.

1 신규 고객을 확보하기 위해 신상품을 개발했다.

2 아무리 가격을 낮춰도 그 가게의 인기에는 미치지 못한다.

3 사토 "모리 군, 간호사 국가 시험에 합격했대."
   나카모토 "그 사람, 남들보다 더 많이 노력했었지. 합격할 만해서 합격한 거네."

4 폭언을 하는 것은 장관으로서 있을 수 없는 일이다.

5 감염병 확산으로 인해 직원 여행은 중단될 수밖에 없었다.

6 주민들의 반대 의견을 무릅쓰고 도로 공사가 강행되게 되었다.

7 오늘 면접 결과는 추후 서면으로 연락드리겠습니다.

8 나카모토 "사토 씨네 아이, 도쿄대학에 합격했다며?"
   가토 "대단하네. 그와 반대로 우리 아들은 매일 놀러 다녀."

9 외부에 유출되면 안 되는 서류가 대량으로 보관돼 있어서, 방문에 '관계자 외 출입 금지'라고 적혀 있다.

10 지망하는 대학에 붙기 위해 잠자는 시간도 아끼며 공부했다.

문제6 다음 문장의 ★ 에 들어갈 가장 올바른 것을 1·2·3·4 에서 하나 고르세요.

11 아버지가 돌아가시고 가게를 돕기 위해 나는 다니던 대학을 <u>퇴학</u>할 수밖에 없었다.

12 어떤 경우든 개인적인 감정을 드러내는 것은 재판관에게 <u>있어서는 안 되는 일</u>이다.

13 아버지가 <u>차분하</u>신데 반해 어머니는 성격이 거칠다.

14 작년 쓰나미로 바다의 무서움을 <u>몸소</u> 알게 됐다.

15 오랫동안 시민들은 자유를 박탈 당했다. 독립을 요구하는 운동은 <u>일어날</u> 수밖에 없는 일이었다.

7회
본책 374쪽

문제5 다음 문장의 ( )에 들어갈 가장 올바른 것을 1·2·3·4 에서 하나 고르세요.

1 그토록 건강하시던 부장님이 입원하셨다. 하루라도 빨리 복귀하시기를 <u>바라 마지않는다</u>.

2 애인에게 보내는 메일을 거래처의 상대방에게 보내 버려서 부끄럽기 <u>짝이 없다</u>.

3 설마 반에서 가장 착하다고 알려진 그가 범인일 <u>줄</u>은 꿈에도 몰랐다.

4 그녀가 다이어트 중이라는 것을 알면서도 케이크를 권하다니 성격이 나쁜 <u>것도 정도가 있다</u>.

5 남의 집에 흙발로 들어가다니, <u>정말 무례하기 짝이 없는</u> 사람이다.

6 김 "여느 <u>때보다</u> 사람이 많은데, 무슨 일이 있나?"
야마다 "오늘 근처 바닷가에서 불꽃놀이가 있대."

7 절대 이길 수 없다고 생각했던 상대에게 이겼다. 이게 기적<u>이 아니고 무엇이겠는가</u>.

8 온화한 성품으로 알려진 그가 저렇게 화내다니, 놀라움을 <u>금치 못한다</u>.

9 부장 "다른 부서로 이동하게 됐다면서?"
다나카 "네, 부장님께서 하나부터 일을 가르쳐 주셔서 <u>정말로</u> 감사드립니다."

10 아무리 젊은 <u>혈기</u>라고 해도, 저런 복장으로 돌아다니다니 미쳤다.

문제6 다음 문장의 ★ 에 들어갈 가장 올바른 것을 1·2·3·4 에서 하나 고르세요.

11 처음 보는 사람에게 바보 취급을 당하다니 <u>불쾌하기</u> 짝이 없다.

12 어머니로부터 받은 소중한 것을 안 좋게 말해서 너무 <u>화가</u> 난다.

13 사랑해 <u>마지않는</u> 아들이 병에 걸려서 잠을 자려고 해도 잠을 잘 수 없는 날들이 계속되고 있다.

14 오랜 시간 뱃속에서 소중히 키워온 아이가 태어났을 때는 <u>기쁨</u>을 금할 수 없었다.

15 일류 디자이너가 만든 상품을 이 가격에 살 수 있<u>다니</u>.

8회
본책 382쪽

문제5 다음 문장의 ( )에 들어갈 가장 올바른 것을 1·2·3·4 에서 하나 고르세요.

1 학교에서 친구와 싸웠기라도 한 것일까? 딸은 집에 돌아오<u>자마자</u> 엄마를 껴안았다.

2 일본인들은 크리스마스가 끝나<u>자마자</u> 새해 장식으로 교체한다.

3 내가 전철에 올라타<u>자마자</u> 문이 닫혔다.

4 오늘은 바쁘<u>신 와중에</u> 일부러 발걸음해 주셔서 감사합니다.

5 그는 귀가하<u>자마자</u> 화장실로 달려갔다.

6 가토 "네 동생, 10살에 대학 수준의 문제를 이해할 수 있다더라?"
야마다 "아, 그 녀석은 나랑 달리 <u>타고난</u> 천재야."

7 친구가 출산했다는 소식을 듣고 축하할 <u>겸</u> 아기를 만나러 다녀왔다.

8 전업주부로 집에서 집안일을 <u>하면서</u> 인터넷을 이용해 부업하는 사람들이 늘고 있다.

9 아들은 '위험하니까 만지지 말라'고 <u>주의를 받는 족족</u> 똑같은 짓을 하니 난감하다.

10 아내 "엄마가 요즘 컨디션이 안 좋은 거 같아. 걱정되네."
남편 "어, 그래? 다음 주에 일 때문에 당신 고향에 가게 됐으니까 출장 <u>겸</u> 가서 좀 살펴볼게."

문제6 다음 문장의 ★ 에 들어갈 가장 올바른 것을 1·2·3·4 에서 하나 고르세요.

11 신입 사원은 상사의 지시를 받자<u>마자</u> 잊어버린다.

12 그는 새우를 <u>먹자</u>마자 의식을 잃었다.

13 그는 어머니의 선물을 <u>받자</u>마자 눈물을 흘렸다.

14 개점 시간<u>이 되자</u>마자 줄을 서 있던 손님이 들어왔다.

15 우리 가게는 창업한 지 70년이 지났지만, 옛날 그대로의 <u>맛</u>을 계속 지켜 오고 있어.

9회
본책 389쪽

문제5 다음 문장의 ( )에 들어갈 가장 올바른 것을 1·2·3·4 에서 하나 고르세요.

1 꾸준히 공부하<u>지 않고</u> 일본인처럼 일본어를 할 수 있게 된다는 것은 있을 수 없는 일이다.

2 나카모토 "어제 급한 일이 있어서 수업에 출석하지 못했는데. 나중에 노트 좀 베끼게 해 줄래?"
사토 "음. 항상 베끼게 해 주고 있고, 네 부탁<u>이라면</u> 무시할 수 없지."

3 그는 친구의 신뢰를 받고 있어서 그의 부탁이라면 돈을 빌려 주는 사람도 있을 것이다.

4 선생님은 꼼꼼한 성격이라 학생이 제멋대로 행동하면 바로 야단친다.

5 사장님은 혼자서 이 회사를 키웠다고 착각하는 것 같지만, 직원들이 있었기에 회사가 성장했다는 것을 잊지 말아야 한다.

6 신입 사원이라면 몰라도 과장이 이런 간단한 실수를 하는 것은 용납할 수 없다.

7 부장 "멋진 시스템을 개발했다면서?"
우에다 "감사합니다! 부장님의 지도가 없었다면 새로운 시스템 개발은 불가능했을 겁니다."

8 사랑하는 딸을 위해서라면 불속에도 뛰어들 수 있을 것이다.

9 노력하지 않고 상대방이 나를 좋아하게 하는 것은 불가능하다.

10 법 없이는 이 나라의 안전을 지킬 수 없다.

문제6 다음 문장의 ★ 에 들어갈 가장 올바른 것을 1·2·3·4에서 하나 고르세요.

11 그가 없었다면 이 프로젝트의 성공은 없었을 것이다.

12 부모님의 반대라면 가수의 꿈도 포기할 수밖에 없다.

13 저렴한 레스토랑이라면 몰라도 이 가격에 이 서비스로는 금방 망할 게 틀림없다.

14 그 세계적인 스타가 일본에 오면 보러 가지 않을 수 없다.

15 싸우지 않고 해결할 수 있으면 좋겠지만, 아내는 남의 생각을 받아들이지 못한다.

10회

본책 395쪽

문제5 다음 문장의 ( )에 들어갈 가장 올바른 것을 1·2·3·4에서 하나 고르세요.

1 이유 여하를 막론하고 결제 후 환불은 불가하오니 유의하시기 바랍니다.

2 주위의 소음에도 아랑곳하지 않고 그는 집중해서 공부를 계속하고 있다.

3 후배 "선배님, 고객으로부터 민원 전화가 왔는데요."
선배 "그럼 이 고객 응대 매뉴얼에 따라 응대해 주세요."

4 아무리 많은 시간을 투자해도 공부하는 방법에 따라서는 헛수고가 되고 만다.

5 소유하고 있는 땅을 1억 엔에 팔아 달라는 의뢰가 들어왔다. 금액은 충분하지만, 땅의 사용 목적 여하에 따라서는 거절해야 할 것 같다.

6 외국인 친구의 권유를 계기로 부모님의 반대를 무릅쓰고 해외로 이주하기로 결심했다.

7 낡은 교육 방식에 집착하지 말고 온라인 학습 등 시대에 맞는 새로운 교육 방식을 도입할 필요가 있다.

8 나카무라 "다음 달부터 해외에 부임하게 돼서 말이야. 쉽게 일본에 돌아갈 수도 없고, 싫어."
고바야시 "확실히 못 만나게 되는 것은 아쉽지만, 생각하기에 따라서는 자신을 성장시킬 좋은 기회라고도 생각할 수 있지"

9 아이는 10대에 접어들면 부모의 걱정을 개의치 않고 밤늦게까지 돌아다니고 싶어 한다.

10 그는 법에 어긋난다는 것을 알면서도 약물을 사용한다고 공언하기를 주저하지 않았다.

문제6 다음 문장의 ★ 에 들어갈 가장 올바른 것을 1·2·3·4에서 하나 고르세요.

11 이 애니메이션은 사실에 입각해 그려진 감동적인 다큐멘터리 작품입니다.

12 비싼 학원비를 내는 부모의 기대에 아랑곳하지 않고 아들은 학원 강의에서 잠만 잔다.

13 이 투어의 내용은 당일 날씨에 따라 대폭 변경될 가능성이 있습니다.

14 부장님의 꾸지람도 어떻게 받아들이느냐에 따라서는 나를 위하는 격려의 말이라고 느껴진다.

15 체조 대회 마지막 날, 그는 그동안의 피로에도 아랑곳하지 않고 멋진 연기를 선보였다.

문제7 다음 문장을 읽고, 문장 전체의 취지에 근거해서 16 부터 20 안에 들어갈 가장 올바른 것을 1·2·3·4에서 하나 고르세요.

일본에 만연하는 엄마병

혼자서 육아하는 것은 고된 일(주)이다. 누구나 다 아는 것을 왜 이제 와서 말하느냐고 생각할지도 모른다. 16 하지만 이를 이해하고 있는 일본인은 얼마나 적은가.

현재 엄마들 대부분은 다른 사람의 도움 없이 아이를 17 키울 수밖에 없다. 국가의 지원 부족 등 생각할 수 있는 요인은 여러 가지가 있겠지만, 근본적인 원인은 육아의 책임이 어머니에게 있다는 잘못된 생각과 육아는 일이라고 부를 수 없는 편한 일이라는 풍조가 퍼져 있기 때문일 것이다.

매일 엄마는 아이를 18 돌보는 동시에 집안일을 한다. 세상에서는 그것이 당연하고 오히려 밖에서 일하는 것보다 편한 일이라고 생각하지만, 사실 아이의 생명을 혼자서 지켜야 하는 것은 항상 긴장감을 가지고 생활해야 하고, 마음대로 행동하지 못하는 등 일보다 더 힘들다고 해도 과언이 아닐 것이다.

나도 출산 후 이 문제로 골머리를 앓았다. 남편은 집에 돌아오자마자 아이와 나의 사정은 고려하지 않고 밥을 요구하고, 아이가 태어나기 전과 다름없이 자기중심적인 생활을 계속했다. 그뿐만 아니라 남편은 나의 19 고충을 아랑곳하지 않고 '이것도 일의 일환이다'라며 밤늦게까지 술을 마시러 가

버리는 것이다. 그런 남편 20 과 달리 나는 한밤중에도 울어대는 아이 때문에 잠도 제대로 자지 못하는 상황이었다. 그런 날들이 계속되다 보니 당연히 육체적으로도 정신적으로도 한계가 찾아왔다. 나는 '산후 우울증'이라는 정신 질환에 걸린 것이다. 남편의 행동에 대해 혐오감을 느끼면서도 나 자신도 육아는 엄마가 하는 것이라는 풍조에 휘둘리고 있던 것이다. 깨닫게 되었을 때는 정신적인 우울감이 일상생활에 지장을 줄 정도로 돌이킬 수 없는 수준에 이르렀다.

예전에는 혈연 관계의 유무와 상관없이 지역 사회에서 서로 돕고 살았다고 하는데 말이다. 사람과 사람 사이의 연계가 약한 사회로 변질되어 버린 것이 안타깝다. 예전과 같은 사회로 돌아갈 수 있으리라고는 생각하지 않는다. 적어도 각자가 육아의 고충을 진정으로 이해하려고 노력해 주었으면 좋겠다.

(주) 骨の折れること 고된 일 : 힘든 고생을 하는 것

11회
본책 404쪽

문제5 다음 문장의 (　)에 들어갈 가장 올바른 것을 1·2·3·4 에서 하나 고르세요.

1 아직 역전할 가능성이 있으니까, 비관할 필요는 없어.
2 다 큰 어른들이 사소한 일로 끝없이 말다툼하는 것은 정말 듣기 싫다.
3 이번 프로젝트가 성공할 수 있었던 것은 두말할 필요도 없이 주임님의 지도 덕분이다.
4 그가 얼마나 노력했는지 알기에 우승했을 때 그의 기분은 상상하기 어렵지 않다.
5 언제 무슨 일이 일어날지 모르기 때문에 보험에 들어 두는 것이 좋아요.
6 아무리 시골 환경을 좋아한다고 해도 이렇게 생활이 불편해서는 견딜 수 없다.
7 인기가 많아질수록 비판적인 의견도 나올 거라는 것은 짐작하기 어렵지 않다.
8 지원자 "죄송합니다. 요리를 거의 하지 않는데 주방 아르바이트에 지원해도 될까요?"
  점주 "요리 경험이 있으면 좋겠지만, 처음부터 지도해 드릴 테니 괜찮습니다."
9 이번 대지진으로 거액의 피해가 발생한 것은 설명할 필요도 없을 것이다.
10 가뜩이나 더운데 정전으로 인해 냉방기를 사용할 수 없게 돼 참을 수가 없다.

문제6 다음 문장의 ★ 에 들어갈 가장 올바른 것을 1·2·3·4 에서 하나 고르세요.

11 산은 언제 날씨가 바뀔지 모르기 때문에 우비를 챙겨가는 것이 좋습니다.

12 아무리 바쁘다고 해도 휴일까지 일하게 돼서 견딜 수 없다.
13 이번 실수는 그의 잘못이 아니며, 허용 범위 내에서 일어난 일이라 비난할 필요는 없어.
14 둘도 없는 동료를 해고할 수밖에 없었을 때 사장의 심경은 짐작하기 어렵지 않다.
15 요즘 같은 세상에 관광 명소 사진은 인터넷에 다 있으니 굳이 현지에 가서 사진을 찍을 필요가 없다고 생각하게 된다.

12회
본책 410쪽

문제5 다음 문장의 (　)에 들어갈 가장 올바른 것을 1·2·3·4 에서 하나 고르세요.

1 매일은 아니더라도 일주일에 두세 번은 운동하고 있다.
2 환경 문제를 목격하면서 지구의 미래를 걱정하지 않을 수 없다.
3 전문적인 기술까지는 아니더라도 그의 사진 솜씨는 대단하다.
4 이번 경기 상대는 확실히 강팀이지만, 이길 수 있는 상대다.
5 부장님은 늘 불평만 늘어놓는다. 좀 더 부하들의 동기 부여를 해 주는 말을 해 줄 수는 없을까?
6 그는 외모도 좋지만, 그 이상으로 사람을 끌어당기는 매력이 있다.
7 시험까지 한 달밖에 남지 않았지만, 잠자는 시간도 아끼며 공부하면 합격 못할 것도 없다.
8 일본에 있는 동안 교토에 한번 가 보고 싶었지만 결국 가지 못했다.
9 비리가 발각된 이상 총리 자리에서 물러나지 않을 수 없을 것이다.
10 이토 "암이 발견되면 수술하지 않으면 안 되는 건가요?"
   의사 "아니요, 방사선 치료라는 방법도 있어서 수술하지 않는 경우도 있어요."

문제6 다음 문장의 ★ 에 들어갈 가장 올바른 것을 1·2·3·4 에서 하나 고르세요.

11 룸메이트와 월세를 반반씩 내면 살 수 없는 것은 아니지만, 도심에 사는 것은 어려운 일이다.
12 올해 안에 낡은 옷과 책을 처분하려고 했는데, 하지 못한 채 연초가 되어 버렸다.
13 사치스럽지는 않더라도 어머니의 환갑을 축하하기 위해 온천 여행이라도 모시고 가고 싶다.
14 감염병 때문에 양국 간 왕래가 어려워졌다. 하루 빨리 규제가 완화되지 않으려나.
15 뇌물을 받고 수험생의 부정행위를 용인한 사실이 밝혀진 이상 학교 측도 책임을 지지 않을 수는 없을 것이다.

13회
본책 419쪽

문제5 다음 문장의 ( )에 들어갈 가장 올바른 것을 1·2·3·4 에서 하나 고르세요.

1. 우리 집은 가난했지만, 가난한 나름대로 가족 모두가 행복하게 살았다.
2. 그는 바람처럼 일본 음악계에 나타나 많은 히트곡을 만들어냈다.
3. 학생들 모두를 책임지고 있는 교사라면 수업을 빠지지 않도록 건강 관리에 신경을 써야 한다.
4. 긴급한 상황에서 당신은 어떻게 태평하게 외출할 수 있습니까?
5. 집안일은 여자가 다 해야 한다는 생각은 고쳐야 한다.
6. 선생님은 창문이 깨질 듯한 기백이 넘치는 목소리로 학생들을 격려했다.
7. 일본에 유학한 지 1년째는 쇼핑하는 것도 힘들었지만, 3년째 정도 되자 선술집에서 아르바이트할 수 있을 만큼 여유가 생겼다.
8. 나카모토 "처음 치른 일본어 시험에서 75점밖에 못 받았어요."
무라카미 "그렇게 낙담할 필요 없어. 첫 시험에서 그 점수면 잘한 편이라고 생각해."
9. 이렇게 교통 법규를 지키지 않는 사람이 많으니, 경찰이라고 한들 단속할 방법이 없을 것이다.
10. 거절하지 않는 것을 이용해서 무리한 요구를 하는 손님이 늘어난 것 같다.

문제6 다음 문장의 ★ 에 들어갈 가장 올바른 것을 1·2·3·4 에서 하나 고르세요.

11. 그는 원래 체격이 좋았지만, 복싱을 시작한 후 마치 씨름 선수처럼 박력 있는 체격이 되었다.
12. 어머니는 요리를 잘 못하지만, 어머니 나름대로 특별한 진수성찬을 만들어 주셨다.
13. 신제품인 이 냉동고는 순식간에 날것 등을 냉각할 수 있는 기능이 탑재되어 있습니다.
14. 그는 남에게 폐를 끼쳐 놓고 마치 자신을 동정하라고 말하는 듯한 태도다.
15. 학생이 아무리 질문을 해도, 지식이 없으면 선생님이라고 한들 대답할 수 없다.

14회
본책 427쪽

문제5 다음 문장의 ( )에 들어갈 가장 올바른 것을 1·2·3·4 에서 하나 고르세요.

1. 직항 편이 없어서 간사이 공항을 거쳐 규슈까지 가기로 했다.
2. 만족할 만한 결과는 얻지 못했지만, 할 수 있는 만큼은 했다고 생각한다.
3. 그는 항상 전문가 같은 말을 하는데, 무슨 근거를 가지고 말하는 것일까?
4. 할머니의 집 창고에서 먼지투성이의 컴퓨터가 나왔다.
5. 저희 매장에는 30만 엔이나 하는 품질이 좋은 고급 가구를 구비하고 있습니다.
6. 고객 설문 조사 결과를 바탕으로 서비스 향상에 힘쓰고 있습니다.
7. 김 대표는 언제든 위에서 아래까지 온몸에 명품을 걸친다.
8. 10년 간의 밑바닥 시절을 거쳐 그는 개그맨으로 TV에 나오게 됐다.
9. 바다를 둘러싸고 있는 듯한 지형이 복고풍 분위기와 어우러져 아타미의 불꽃놀이가 더욱 아름다워 보이는 것이다.
10. 크리스마스를 핑계 삼아, 평소 갖고 싶었던 시계를 남자 친구에게 선물로 받았다.

문제6 다음 문장의 ★ 에 들어갈 가장 올바른 것을 1·2·3·4 에서 하나 고르세요.

11. 지금 하는 일이 천직이라고 생각하기 때문에 일로 가득 찬 매일이더라도 보람차다.
12. 모처럼 세차했는데 예상치 못한 폭풍우로 차가 진흙투성이가 되어 버렸다.
13. 매주 회의할 만한 의제도 없는데 정기적으로 회의가 열리는 것은 별로 좋지 않은 것 같다.
14. 그는 일을 빼먹고는 어린애 같은 변명만 대고 전혀 협조성이 없군.
15. 역 앞에 새로 생긴 고층 아파트는 인기가 많아, 완공 일주일 만에 100세대나 되는 방이 완판됐다고 한다.

15회
본책 436쪽

문제5 다음 문장의 ( )에 들어갈 가장 올바른 것을 1·2·3·4 에서 하나 고르세요.

1. 연속극을 무심코 보고 있다 보니 정신을 차렸을 때는 아침이 되어 있었다.
2. 구름 뒤에 보였다 안 보였다 하는 보름달을, 바닷소리를 들으며 바라보고 싶다.
3. 쉬는 시간이든 휴일이든 사장님은 직원들을 불러 업무 이야기를 시작한다.
4. 계속 집에서 한가하게 있으면 청소든 빨래든 뭐라도 도와줘도 좋잖아.
5. 나카타 "조금 있으면 얼마 전에 있었던 오디션 합격 발표구나!"
고바야시 "뭐, 합격하면 기쁘겠지만, 떨어지면 인연이 없었다고 생각하고 다른 길을 생각해 볼게."
6. 납득이 될 때까지 썼다가 버리고 썼다가 버리고 간신히 졸업 논문을 완성했다.

7 김 씨도 타오 씨도, 오늘 다들 차려입고 무슨 일이지?

8 내가 이런 실수를 저지르다니 한심하다고 해야 할지 비참하다고 해야 할지, 어쨌든 다시는 이런 실수를 하지 않기로 결심했다.

9 휴일이든 평일이든 밤 10시까지는 잠자리에 들어야 한다.

10 첫 아들이 태어나는 것을 눈앞에 두고 남편은 섰다가 앉고 앉았다가 서고 안절부절못한다.

문제6 다음 문장의 ★ 에 들어갈 가장 올바른 것을 1·2·3·4 에서 하나 고르세요.

11 매일 TV에서 흘러나오는 곡을 듣다 보니 외우려고 하지 않았는데 다 외워 버렸다.

12 어제 경기는 서로 앞서거니 뒤서거니 열띤 시합이었어.

13 설령 상대방이 나이가 많은 상사든 자신의 의지는 분명히 전달해야 한다.

14 편의점 도시락만 먹지 말고 직접 밥을 짓든 생선을 굽든 해서 건강에 유의해라.

15 얼굴도 말투도 나와 남동생은 정말 닮았다는 말을 자주 듣는다.

16회

본책 445쪽

문제5 다음 문장의 ( )에 들어갈 가장 올바른 것을 1·2·3·4 에서 하나 고르세요.

1 오늘 저희 회사에 오실 예정인 고객님이요, 조금 전에 전화가 와서 내일 이후로 날짜를 변경해 달라고 하십니다.

2 가토 "나카노 씨! 차에 치였다면서? 연락도 없이 회사를 쉬어서 걱정했어."
나카노 그때는 걱정을 끼쳐서 죄송했습니다. 지난주에 무사히 퇴원했고, 오늘부터 (일을 하니) 또 잘 부탁드립니다."

3 방금 메일로 보낸 자료에 오류가 있어서 다시 자료를 보내 드리겠습니다.

4 (관공서에서)
제출 서류에 미비한 부분이 있으면 접수할 수 없으니, 미비한 부분이 없도록 준비해 주시길 바랍니다.

5 내일은 오전 9시부터 시나가와역 제1홀에서 강연회가 예정되어 있으므로, 아침 7시에 자택으로 모시러 가겠습니다.

6 오늘부터 영업부에 배치된 모리입니다. 영업 업무는 경험이 없어서 지도해 주시면 감사하겠습니다.

7 강연회 의상은 직접 준비해 주시기로 되어 있으므로 주의해 주시길 바랍니다.

8 무라타 "확인하고 싶은 게 있는데 괜찮아? 전화했는데 받지 않아서 자리로 확인하러 왔어."
나카모토 "연락을 주셨군요. 죄송해요, 미처 몰랐습니다."

9 메일에 회의 자료를 첨부해 놓았으니, 회의 전에 꼭 보시기 바랍니다.

10 이것은 홋카이도의 특산품인 멜론을 사용한 과자입니다. 괜찮으시다면 가족과 함께 드세요.

문제6 다음 문장의 ★ 에 들어갈 가장 올바른 것을 1·2·3·4 에서 하나 고르세요.

11 내일은 식당 종업원이 없어서 점심은 각자 준비해 주셔야 합니다.

12 죄송하지만, 제안해 주신 날짜는 정기 휴일입니다.

13 온라인 결제 서비스를 신청하시기 전에 이용 약관을 확인하시길 바랍니다.

14 오늘은 공교롭게도 비가 오는 궂은 날씨에도 불구하고 저희 결혼 피로연에 참석해 주셔서 감사합니다.

15 감염병 확산에 따라 다음 달로 예정되어 있던 행사를 연기하게 됐습니다.

문제7 다음 문장을 읽고, 문장 전체의 취지에 근거해서 16 부터 20 안에 들어갈 가장 올바른 것을 1·2·3·4에서 하나 고르세요.

날씨가 좋으니까 산책합시다

가을이 지나고 겨울이 깊어지면 왠지 슬픈 기분이 든다거나 하지 않습니까? 매일 아침 6시쯤 일어나도 아직 밖은 밤처럼 어둡고, 16 외롭다고 할지 슬프다고 할지 왠지 우울한 기분이 들기도 합니다.

'동절기 우울증'이라는 말을 아세요? 겨울철 일조 시간이 짧아지면서 기분이 우울해지고 우울증까지는 17 아니더라도 우울증과 같은 상태가 되는 사람들이 적지 않다고 합니다.

사실 정신 상태와 일조 시간은 깊은 관련이 있다고 알려져 있습니다. 왜냐하면 우리 인간의 기분을 좌우하는 것은 세로토닌이라고 하는 뇌 내 전달 물질 때문입니다. 세로토닌은 스트레스에 대해 효능이 있고 기분을 긍정적으로 만들고 정신 안정제와 같은 작용을 하기에 '행복 호르몬'이라고 불립니다. 햇볕을 쬐면 눈을 통해 들어온 빛이 세로토닌을 분비하게 만듭니다. 우울증은 뇌 속 세로토닌의 결핍이 하나의 원인으로 여겨지고 있습니다.

일조 시간이 짧아지면 햇볕을 쬐는 시간도 18 당연히 감소하고 이 세로토닌의 분비도 적어지게 되는 것입니다. 세로토닌이 부족하면 우울한 기분이 들기도 하고 만성적인 스트레스와 피로감이 증가하기도 합니다. 매년 겨울이 되면 우울해지는 것은 이것 때문입니다.

일조 시간이 짧아서 우울한 기분이 드는 사람은 햇볕을 쬐면 개선됩니다. '날씨가 좋으니까 산책합시다'라고 하는 것은 이치에 맞는(주) 것입니다. 그러나 일조 시간이 짧은 겨울에 햇빛을 충분히 받지 못할 때는 어떻게 하면 좋을까요. 밖을 산책해도 날씨가 좋지 않다…고 절망할 19 필요는 없습니다. 세로토닌 분비를 촉진하기 위해서는 일광욕뿐만 아니라 다른 방법도 있습니다. 그중에 하나는 리드미컬한 운동을 통해 세로토닌이 활성화된다는 것입니다. 리드미컬한 운동이라고 해도 격렬한 운동을 할 필요는 없으며, 가장 기본적인 리듬 운동으로는 걷기, 먹을 때의 저작⁽ᵃ²⁾, 의식적인 호흡 등이 있습니다.

'행복 호르몬'을 분비하기 위해서는 [20] 말할 것도 없이 햇볕을 쬐고, 먹고, 걷고, 숨을 들이마시는 등 살아가는 데 있어서 정말 기본적인 것들이 중요했던 것이네요.

(주1) 理にかなう 이치에 맞다 : 이치, 도리에 맞다
(주2) 咀嚼 저작 : 음식물을 이로 씹는 것

독해 연습 문제

8. 내용 이해(단문) 본책 465쪽

문제8 다음 (1)부터 (4)의 문장을 읽고 나서 물음에 대한 답으로 가장 올바른 것을 1·2·3·4에서 하나 고르세요.

(1)

> 비즈니스 세계에서는 인터넷상에서 자사의 상품을 홍보하고 판매하는 것이 이제 상식이 되고 있다. 인터넷을 이용하면 매출이 향상된다는 수준의 이야기가 아니다. 제대로 사용하지 못하면 시장에서 철수할 수밖에 없게 된다는 것이다. 요즘 같은 시대에 신제품 기획 회의를 할 여유가 있다면 인터넷을 통한 판매 촉진에 대해 생각해야 할 것이다.

[1] 비즈니스 세계에 대해 필자는 어떻게 생각하고 있는가?
1 기업의 판매 촉진에 의해 상품의 가치가 향상된다.
2 **기업의 판매 촉진은 인터넷 없이는 성립하지 않는다.**
3 신상품 기획 회의는 상품의 가치를 향상시키기 위해 필수적이다.
4 신상품 기획에 따라 인터넷 판매를 촉진해야 한다.

(2)

> 다도의 예절에서 중요한 것은 마음에 여유를 가지고 상대방을 공경하는 것이다. 다도회의 주인은 계절에 맞게 찻잔과 아름다운 꽃을 준비하고, 진하고 쓴 차를 마시기 전에 식사와 과자를 제공하며 정성스럽게 차를 끓인다⁽ᵃ⁾. 그 일련의 동작 하나하나는 상대방을 공경하는 마음을 나타내고 있으며, 다도회에 모이는 사람들의 마음이 서로 통하게 하고 관계를 심화시켜 화목하게 인연을 맺는 데 도움이 되는 것이다.

(주) お茶を点てる 차를 끓이다 : 차를 준비하다

[1] 필자는 다도의 예절의 의의가 무엇이라고 말하고 있는가?
1 다도의 예절을 따르면서 차의 맛을 즐기는 것
2 계절마다 다도회를 가지면서 화목한 관계가 생기는 것
3 정성스럽게 만든 차와 꽃을 제공함으로써 상대방을 공경하는 마음을 가질 수 있는 것
4 **상대방에게 경의를 갖춘 행동을 함으로써 마음이 서로 통하는 상태가 되는 것**

(3)

　'보람(주1)'은 때로 위험한 말이 됩니다. 일하는 목적은 사람에 따라 다양하지만, 우리는 노동에 대한 대가가 타당한 것인지를 항상 생각할 필요가 있습니다. 특히 젊을 때는 '성장을 위해서'라며 있는 힘껏 악착같이(주2) 계속 일을 하는 사람도 있습니다. 정말 그렇게 생각한다면 상관없습니다만, 회사라는 조직에 의해 그렇게 생각이 주입된 경우도 많지 않을까요? 자신의 소중한 '보람'을 조직에 착취당하지 않기 위해서도 보수나 대우에 대해 엄격한 시선을 가지는 것이 중요하다고 생각합니다.

(주1) やりがい 보람 : 그것을 할 가치
(주2) がむしゃらに 악착같이 : 딴생각하지 않고 한 가지 일에 집중해서

[1] 이 문장에서 필자가 하고 싶은 말은 무엇인가?
1 '보람'을 위해 일하는 것은 젊은 시절에만 할 수 있는 특별한 일이다.
2 조직에 '보람'을 착취당하지 않기 위해 성장을 계속해야 한다.
3 <u>자신이 하는 일에 합당한 보수를 받고 있는지 엄격하게 생각하는 것이 중요하다.</u>
4 타당한 보수를 받기 위해 젊은 시절에는 있는 힘껏 악착같이 계속 일해야 한다.

(4)

　이상 기후나 과로사(주1), 식품 로스(loss) 등 현재의 일본이 안고 있는 문제는 여러 가지가 존재하고 있지만, 그중에서도 시급한 대응이 필요한 것은 저출산 고령화 문제이다. 여성의 사회 진출과 만혼화(주2)가 저출산 고령화의 원인이라는 설도 있지만, 실제로는 원인을 하나로 좁히기는 어렵고 여러 원인이 겹쳐서 일어나는 현상이다. 어쨌든 현재 상태를 그대로 두어서는 젊은이들의 사회 보장 부담이 커지고 육아는커녕 저출산에 박차가 가해질(주3) 것이다. 이 국면을 극복하기 위해서는 시급히 뭔가 손을 써야만(주4) 한다.

(주1) 過労死 과로사 : 과로나 일의 스트레스로 인해 사망하는 것
(주2) 晩婚化 만혼화 : 평균 초혼 연령이 높아지는 것
(주3) 拍車がかかる 박차가 가해지다 : 사물의 변화가 더욱 빨라지다
(주4) 手を打つ 손을 쓰다 : 대책을 실행하다

[1] 필자는 일본이 안고 있는 저출산 고령화 문제에 대해 어떻게 생각하고 있는가?
1 <u>뭔가 대책을 세우지 않으면 아이를 키우는 것이 한층 더 어려워지고 문제도 심각해진다.</u>
2 문제를 해결하기 위해서는 여러 가지로 존재하는 문제의 원인을 모두 파악할 필요가 있다.
3 사회 보장의 부담이 증가함으로써 젊은이는 더 적극적으로 육아를 할 수 있다.
4 사회에서 활약하는 여성의 증가와 젊은이의 미혼율 증가가 주된 원인이 되고 있다.

9. 내용 이해(중문)　　　　　　　　　　　　　　본책 474쪽

문제9 다음 (1)부터 (3)의 문장을 읽고 나서 물음에 대한 답으로 가장 올바른 것을 1·2·3·4에서 하나 고르세요.

(1)

　요즘 일본에서는 육아할 때 위험하다고 여겨지는 모든 것은 피하고 안전성이 높은 물건이나 행동을 요구하는 경향이 있다. 밖에 나가면 '위험하니까 하지 마'라고 외치는 부모의 목소리를 듣는 일도 적지 않을 것이다. 어린이의 안전을 지키는 것은 분명 중요한 일이다. 육아 서적에서 추천하는 놀이법으로 소개하는 것은 반드시 부상 등의 걱정이 없는 안전성을 고려한 것이다. 게다가 최근에는 입에 넣어도 괜찮은 천연 소재로 만든 장난감 등 안전성이 높은 제품도 늘고 있다. 유아기의 놀이는 뇌를 성장하게 하는 역할도 담당하고 있는데, 그 안전함이 사실, <u>자신에게 미치는 위험을 감지하는 능력을 몸에 익히는 것을 방해할 수 있다.</u>

　안전한 것과 그렇지 않은 것이 있다면 부모는 당연히 안전한 쪽을 선택하고 싶어할 것이다. 그러나 결과적으로 성공이든 실패든 경험한 것은 그대로 그 아이의 지표가 되는 것이다. 이 정도의 힘을 사용하면 이 정도의 상처를 입는다. 이것은 할 수 있지만 저것은 할 수 없다고 하는 것은 스스로 경험해야 비로소 알 수 있는 것이다.

　그러나 몸이 커지면 그만큼 위험도 따른다. 따라서 어린아이에게 진정으로 필요한 교육이란, 자신의 아픔을 알고, 앞으로 그런 것이 자신이나 주위 사람에게 미치지 않도록 주의할 수 있는 능력을 길러 주는 것이다. 그리고 그러한 교육을 받은 아이들에게는 여러 가지 일에 도전하거나 다양하게 고민하고 연구하며 일에 임하거나 하는 등의 특징도 볼 수 있다고 한다.

[1] 요즘 일본의 육아에 대해 필자는 어떻게 말하고 있는가?
1 실내에서만 안전하게 놀게 하는 것이 요구되고 있다.
2 입에 넣어도 문제가 없는 장난감의 이용이 강요되고 있다.
3 부모는 큰 소리로 꾸짖는 것을 삼가고 있다.
4 <u>안전성에 문제가 없다는 것이 중시되고 있다.</u>

[2] 자신에게 미치는 위험을 감지하는 능력을 몸에 익히는 것을 방해할 수 있다고 하는데 왜인가?
1 <u>몸으로 체감하지 않으면 자신의 힘은 측정할 수 없기 때문에</u>
2 안전성이 낮은 것을 구별하려고 하지 않게 되기 때문에
3 아이의 지표만으로 안전성을 측정할 수는 없기 때문에

4 안전성이 높은 것은 선택되기 쉽지만, 리스크가 없다고는 단언할 수 없기 때문에

[3] 필자가 하고 싶은 말은 무엇인가?
1 안전성이 낮은 물건도 아이에게 줘야 한다.
2 자신의 유아기 경험을 바탕으로 자기 힘으로 몸을 지킬 수 있게 되는 것이 중요하다.
3 아이에 대한 위험을 아는 것이 진정한 교육으로 이어진다.
4 아이의 몸을 보호하기 위해 보다 안전성이 높은 물건을 선택할 필요가 있다.

(2)

이 글은 앞으로 논문을 쓸 사람을 위해 쓰여진 글이다.

논문은 다른 문서와는 다른 특유의 성질을 가지고 있다. 즉, 모든 논문은 연구를 통해 얻은 새로운 식견^(주)을 공개적으로 발표하는 것을 목적으로 쓰여진다는 점에서, 논문을 쓰는 사람은 우선 그 논문 특유의 성질을 이해한 후에 쓰기 시작해야 한다.

사람들에게 연구 성과와 그에 이르는 과정, 사용된 방법을 명확하게 전달하기 위해 논문은 구성이 정해져 있으며, 그에 따라 연구를 진행하면 연구 활동 자체도 원활하게 이루어질 수 있다.

실제로 연구를 시작할 때 연구하고자 하는 분야에서 미지의 사실이나 현상이 있으면 자기 나름대로 가설을 세운다. 혹은 이미 존재하는 정설^(주2)에 대해 의문을 제기하고 자기 나름의 답을 제시한다. 어느 쪽이든 이러한 문제를 제기하는 것이 우리 연구의 출발점이 되는 것이다.

그러한 과정을 거치면서 연구의 방향이 명확해진다. 즉, 연구 수단과 연구 과정을 정하는 것이 쉬워진다는 것이다. 그러한 전제가 있어야만 우리는 연구 활동을 할 수 있고, 그로 인해 얻은 식견을 논문이라는 형태로 남길 수 있는 것이다. 그 결과물인 논문은 불특정 다수의 사람을 대상으로 작성되는 문서지만, 글에 담긴 정보만으로 읽는 사람에게 정확하게 내용을 전달해야 한다. 그렇기 때문에 읽는 사람이 누구인지에 상관없이 읽는 사람이 항상 같은 결론에 도달할 수 있도록 작성되어야 한다. 그리고 그 도출된 결론은 누구나 납득할 수 있는 내용이어야 한다. 논문이 다른 문서와 달리 전제부터 결론까지 객관적인 근거를 제시하면서 순서대로 쓰여 있는 것은 이런 의미가 있기 때문이다.

(주) 知見 식견 : 지식을 말함
(주2) 定説 정설 : 옳다고 인정받고 있는 생각

[1] 필자에 따르면 앞으로 논문을 쓰는 사람은 우선 어떻게 해야 하는가?
1 논문의 의도는 연구의 성과를 공개하는 것이라고 파악해 둘 필요가 있다.
2 논문 특유의 성질에 대해 문서에 명확하게 기술해야 한다.
3 유익한 정보를 발표하기 위해서 쓰여 있는 것을 이해해야 한다.
4 논문을 쓰는 것으로 다른 것과는 다른 식견을 얻을 수 있다는 것을 알아 둘 필요가 있다.

[2] 그러한 과정을 거친다란 어떻게 하는 것인가?
1 논문의 구성에 따라서 원활하게 연구 활동을 한다.
2 과제로 삼은 것에 대해 해결책을 제시한다.
3 연구의 수단이나 과정을 정해 효율적으로 성과를 얻는다.
4 과제를 찾아 자기 나름의 답을 설정한다.

[3] 논문에 대해서 필자의 생각과 일치하는 것은 어느 것인가?
1 연구 활동에서는 전달할 수 없는 객관적인 근거를 글로 남기기 위해서 있다.
2 글에 적혀 있는 정확한 정보를 순서대로 정리한 것이다.
3 읽는 사람에 따라 다양한 해석을 할 수 있는 점이 다른 문서와 다른 점이다.
4 읽는 사람이 누구든 해석이 일치하는 문서여야 한다.

(3)

한정된 범위 안에서 마음을 담아 정성껏 편지를 써 내려간다. 예고 없이 도착하는 메시지에 마음이 따뜻해지고, 상대방이 언제 편지를 받았는지조차 바로 알 수 없는 답답함도 편지의 묘미라는 것을 이제야 알 것 같다. 자, 마지막으로 편지를 써 본 게 언제였을까? 요즘은 편지를 보내는 사람이 많이 줄지 않았을까 싶다. ①내가 어렸을 때는 '연하장'이라는 문화가 아직 활성화되어 있었다. 새해 인사를 한다는 명목^(주)으로 어쨌든 많은 사람에게 엽서를 보내는 것이다. 연하장을 쓰는 것은 꽤 번거로운 작업이었지만, 동시에 설날을 장식하는 중요한 행위이기도 했다.

인터넷이 발달하고 ②커뮤니케이션의 온라인화가 진행되면서 연하장 문화는 급속도로 쇠퇴했다. 설날에 100장 이상의 연하장을 보내던 사람들도 이제는 이메일로 '새해 복 많이 받으세요'라는 건조한 인사만 주고받는 세상이 된 것 같다.

옛날에는 '그 사람 요즘 어떻게 지내고 있을까'라는 공백을 메워 주는 역할을 연하장이 담당했다. 하지만 지금은 그런 궁금증을 느끼기 전에 언제든지 메시지를 보내 근황을 보고할 수 있다. 게다가 SNS 포스팅을 통해 시끄러울 정도로 서로의 근황을 알리고 알려 주기도 한다. 인터넷의 등장은 '공백'을 사람들에게서 빼앗는 결과를 낳았다.

한편 어린 시절을 돌이켜보면 의미 없는 편지를 주고받았던 기억이 떠오른다. '오늘 집에 같이 가자', '수업이 졸렸다' 등 정보로서의 가치가 거의 없는 내용을 지금 눈앞에 있는 친구에게 건넷다. 이것은 조금 전의 나의 주장과는 모순된다. 어린 시절 우리 사이에는 '공백'은 없었다. 그런데도 '편지'가 활발

히 오갔던 것이다. 편지는 단순한 커뮤니케이션 도구에 그치지 않고, 선물 같은 측면도 함께 가지고 있는지도 모르겠다.

(주) 名目 명목 : 표면상의 이유

[1] ①내가 어렸을 때라고 했는데, 이 시절의 연하장은 어떤 것이었는가?

1 많은 사람이 보내지 않게 된, 시대에 뒤떨어진 것
2 새해 인사로 매년 꼭 보내야 하는 것
3 매우 번거롭지만, 설날을 축하하기 위해서는 매우 소중한 것
4 별로 친하지 않은 상대방에게도 연락할 계기를 주는 것

[2] ②커뮤니케이션의 온라인화에 의해 어떤 변화가 일어났는가?

1 새해 인사를 위해 100장의 연하장을 쉽고 빠르게 보낼 수 있게 되었다.
2 빈 시간에 조금씩 상대방을 알 수 있게 되었다.
3 상대방의 근황을 알기 어려워 인사조차 어려워졌다.
4 만나지 않는 동안에 어떻게 지내고 있는지 상대방에 대한 것을 상상할 필요가 없어졌다.

[3] 편지에 대해 필자는 어떻게 말하고 있는가?

1 편지는 커뮤니케이션 도구가 아니라 선물로 받는 것이었다.
2 편지의 역할은 단순한 교류나 연락을 위한 것이 아니었을 가능성이 있다.
3 편지는 공백이 없는 시대의 주된 커뮤니케이션 도구로서 도움이 되었다.
4 편지는 정보 교환을 위한 것이 아니라 손쉽게 전달할 수 있는 특별한 선물이다.

10. 내용 이해(장문) 본책 486쪽

문제10 다음 문장을 읽고 나서 다음 물음에 대한 답으로 가장 올바른 것을 1·2·3·4에서 하나 고르세요.

90년대 말 M사에서 혁신적인 기능을 가진 OS가 출시된 것을 계기로 PC 보급률이 폭발적으로 높아졌고 인터넷이 급속히 보급되었다. 기존의 문자와 명령어^(주1)로 조작하는 컴퓨터와 달리 화면상에 배치된 이미지를 클릭해 명령을 전달하는 기능을 가진 이 OS는 조작성이 좋아 컴퓨터를 처음 접하는 사람도 직관적으로 다룰 수 있었다. 또한 기존 컴퓨터는 통신 기능이 없어서 별도의 통신용 소프트웨어를 설치해야 했지만, 이 OS는 표준 기능으로 인터넷에 접속하는 기능이 탑재되어 있었다. 이 OS만 있으면 전용 기기 없이도 인터넷에 접속할

수 있는 것이다. 모든 제조사의 PC에서 작동되도록 설계된 것도 인터넷 이용의 문턱을 낮추는^(주2) 요인이 되었다.

(중략)

인터넷 기술 혁명은 대략 10년마다 한 번씩 일어나고 있으며, 현대는 그 역사 속에서 네 번째 혁명을 맞이하고 있다고 할 수 있다. 이 혁명은 4차 산업혁명이라고도 불리는데, 클라우드 컴퓨팅 기술이 개발되고 실용화가 시작된 것이 계기가 되었다. 클라우드란 기존에 로컬 디바이스에 저장되어 있던 데이터를 네트워크상에 저장하는 시스템을 말하며, 수중에 없는 소프트웨어나 시스템을 원격으로 이용할 수 있다.

이를 통해 디바이스 간 정보 교환이 쉬워지고 각종 가전제품이 스마트폰이나 PC와 연결되었다. 그전까지는 독립적으로 각각의 역할을 하던 TV·에어컨·냉장고 등의 가전제품이 다른 디바이스와 연동되어 사용자가 자유자재로 가전제품을 조작할 수 있게 된 것이다. 또한 데이터의 저장 장소가 네트워크상으로 옮겨지면서 거기에는 방대한 정보가 축적되었다. 이것을 '빅데이터'라고 부른다. 빅데이터를 기반으로 생성된 통계 데이터를 학습하고 해석하게 하여 개발된 것이 AI 기술이다. AI는 번역, 의료, 제조, 보안 등 폭넓은 분야에서 활용되고 있다.

현재 급성장기에 있는 AI 기술로 인해 우리는 큰 문제에 직면하게 되었다. AI는 복잡한 정보 처리나 정밀한 계산을 인간이 수작업으로 하는 것보다 훨씬 빠르고 정확하게 할 수 있다. 업무 효율이 크게 개선되고 비용 절감에도 도움이 되기 때문에, AI를 탑재한 소프트웨어를 업무에 도입하는 기업이 증가했다. 이 혁명을 산업혁명이라 부르는 이유^(주3)다. 이에 따라 일자리를 잃는 사람도 급증했다. 즉, 우리는 일에 대한 의식을 바꿔야 하는 시대에 살고 있는 것이다. 앞으로의 시대는 끊임없이 새로운 기술을 배우고 독자성을 갖는 것, AI가 할 수 없는 기술을 습득하는 것, 그것이 AI와 공존하며 앞으로의 시대에 살아남을 수 있는 열쇠가 될 것이다.

(주1) コマンド 명령어 : PC에 명령을 전달하기 위한 기호나 말
(주2) 敷居を下げる 문턱을 낮추다 : 일을 시작하기 쉽게 하다
(주3) 所以 이유 : 까닭, 근거

[1] M사에서 출시된 혁신적인 OS는 어떤 것이었나?

1 조작이 간단하고, OS를 구입하면 인터넷에 접속할 수 있도록 설계되어 있었다.
2 조작성이 좋고, 특정 제조사의 컴퓨터에서 처음부터 인터넷을 사용할 수 있도록 설계되어 있었다.
3 조작이 간단하고 통신용 소프트웨어만 설치하면 어떤 컴퓨터에서든 작동이 가능했다.
4 화면상의 이미지를 이용해 조작할 수 있어 기계에 익숙하지 않은 사람들도 쉽게 사용할 수 있도록 설계되었다.

2 클라우드의 실용화에 의해 크게 변화한 것은 어떠한 점인가?
1 대량의 정보를 가지는 가전제품의 수요가 높아져 각각의 가전제품이 독자적인 기능을 갖게 되었다.
2 <u>대량으로 축적된 데이터가 생활의 다양한 상황에서 이용되게 되었다.</u>
3 클라우드상에 방대한 정보가 축적되어 그 정보를 이용하여 새로운 데이터가 생겨났다.
4 클라우드에 의해 디바이스가 서로 연결되고 모든 가전제품과 디바이스가 정보를 공유했다.

3 제4차 산업혁명이란 어떤 것인가?
1 업무 효율화를 위한 클라우드와 AI를 도입하는 데 비용 절감이 필요해지면서 실업자가 급증했다.
2 클라우드와 AI의 도입으로 원격지에서도 효율적으로 일할 수 있게 되어 일하는 방식이 변화했다.
3 클라우드와 AI를 도입하기 위한 새로운 시스템이 필요해졌고, 사회의 모습은 빠르게 변화했다.
4 <u>클라우드와 AI의 실용화로 업무의 자동화, 노동에 드는 비용의 삭감이 진행되면서 노동 환경이 변화했다.</u>

4 AI 기술의 급성장으로 일어난 문제에 대해 필자는 어떻게 생각하고 있는가?
1 AI는 정보 처리와 계산을 빠르게 할 수 있기 때문에 업무에 도입해야 한다.
2 AI와 공존하기 위해 새로운 기술을 배우고 더 효율적이고 빠른 기계를 개발하면 된다.
3 <u>AI에 대항하는 것이 아니라 AI에는 없는 기술을 익혀야 한다.</u>
4 AI 기술로 인해 실업자가 증가할 것이므로 AI에게는 정보 처리와 계산을 맡겨야 한다.

11. 통합 이해(AB 문제)   본책 491쪽

문제11 다음 A와 B 문장을 읽고 나서 다음 물음에 대한 답으로 가장 올바른 것을 1·2·3·4에서 하나 고르세요.

A

　최근 인사 채용에 있어서 가장 중시되고 있는 능력은 커뮤니케이션 능력입니다. 업무의 대부분은 다른 사람들과 관계를 맺으며 진행되기 때문에 커뮤니케이션이 원활하다는 것은 일을 하는 데 있어 중요한 것입니다.
　커뮤니케이션 능력이 높은 사람은 상대방이 이해할 수 있도록 이야기를 정확하게 정리하고 간결하게 전달할 수 있는 사람을 말합니다. 수다스러운 사람은 대화력이 좋다고 생각하기 쉽지만, 이야기의 요점이 잘 전달되지 않는 듯한 말투를 쓰는 사람은 대화력이 좋다고는 할 수 없습니다. 또한 어려운 단어를 즐겨 쓰는 사람이나 독특한 표현^(주)을 사용하는 사람도 마찬가지입니다. 그렇다면 커뮤니케이션 능력을 향상시키기 위해서는 어떻게 해야 할까요? 서로의 의사가 통하는 것이 커뮤니케이션입니다. 그러므로 말하는 사람은 어떤 말을 하면 상대방에게 잘 전달될 수 있을지와 같이 상대방을 생각하며 말해야 합니다.

(주) 言い回し 표현, 어법 : 말로 하는 표현

B

　인터넷의 등장으로 인해 간편하게 커뮤니케이션을 할 수 있게 되었다. 하지만 대면해서 대화하는 것이 적어지면서 막상 사람을 눈앞에 두면 말을 잘 못하겠다는 사람이 많아졌다. 스마트폰으로 보내는 메시지는 잘 생각해서 원하는 타이밍에 보낼 수 있지만, 대면해서 주고받는 대화는 생각하는 것과 소리 내어 말하는 것을 거의 동시에 해야 하기 때문이다. 그래서 말을 잘하는 법에 대한 책이 출간되기도 하지만 사실 커뮤니케이션의 본질은 듣는 데 있다.
　그러나 그것은 그냥 듣기만 하면 되는 것은 아니다. 사람은 자신이 원하는 대로 말할 수 있을 때 기분 좋게 대화했다고 느끼는 법이다. 그래서 상대방의 이야기를 잘 들어주고 상대방이 기분 좋게 이야기할 수 있도록 이야기를 확장하고 자연스럽게 지지할 수 있는 사람이 커뮤니케이션 능력이 높은 사람이라고 할 수 있다. 따라서 평소에 다양한 것에 관심을 갖고 어떤 주제에도 대응할 수 있도록 준비해 둘 필요가 있다.

1 커뮤니케이션 능력이 높은 사람에 대해 A와 B는 어떻게 말하고 있는가?
1 A도 B도, 어떤 이야기에도 대응해 이야기를 확장할 수 있다고 말하고 있다.
2 A도 B도 이야기 내용을 간결하게 정리할 수 있다고 말하고 있다.
3 A는 여러 가지 표현 방법을 가지고 있다고 말하고, B는 원하는 타이밍에 이야기할 수 있다고 말하고 있다.
4 <u>A는 남에게 잘 전달되도록 말할 수 있다고 말하고, B는 다른 사람이 기분 좋게 말하도록 도울 수 있다고 말하고 있다.</u>

2 커뮤니케이션 능력이 높은 사람이 되기 위해 필요한 것에 대해 A와 B의 인식으로 공통적인 것은 무엇인가?
1 상대방을 불쾌하게 만들지 않는 말투가 중요하다.
2 <u>상대방을 먼저 생각해서 커뮤니케이션 해야 한다.</u>
3 자기 말만 하지 말고 상대방의 이야기에도 귀를 기울여야 한다.
4 커뮤니케이션에 필요한 지식을 습득할 필요가 있다.

12. 주장 이해(장문)

본책 495쪽

문제12 다음 문장을 읽고 나서 다음 물음에 대한 답으로 가장 올바른 것을 1·2·3·4에서 하나 고르세요.

　　인간은 욕심이 많은 동물입니다. 지구상에 생존하는 많은 동물이 생명을 존속시키는 것, 자기 유전자를 남기는 것을 목적으로 살아가는 데 반해 인간은 '자아실현'의 욕구를 가지고 있습니다. '자아실현'이라고 하면 조금 어려울 수 있지만, 이것은 '되고 싶은 내가 되고 싶다'는 욕구이며, 인간 특유의 것입니다. 여러분도 '좋은 사람이 되고 싶다', '착한 사람이 되고 싶다' 등 원하는 자신의 모습이 있을 것입니다. 그 감정이 바로 '자아실현'의 욕구인 것입니다.
　　이 '자아실현'의 욕구를 모든 사람이 가지고 있는 것은 아닙니다. 인간으로서 살아가기 위한 기본적인 것, 예를 들면 식사나 수면, 건전한 몸, 안심할 수 있는 주거, 자신에게 주어진 역할, 신뢰할 수 있는 공동체, 이러한 것들이 모두 갖추어져 있지 않으면 이 욕망을 가질 수 없습니다. 인간으로 살아가는 데 필요한 조건이 갖추어졌을 때 비로소 생기는 ①사치스러운 욕구인 것입니다.
　　한편으로 이 욕구는 잘 다루지 못하면 위험한 욕망이 될 수도 있습니다. 예를 들어 강한 자아실현의 욕구를 갖고 있으면서도 자신이 이상적으로 여기는 모습에 도달하지 못한 경우 현실과 이상 사이에서 괴로워하게 됩니다. '진정한 나는 이럴 리가 없다', '더 잘할 수 있을 텐데'라는 근거 없는 나만의 환상에 마음이 쏠린 나머지, 현실과 대비되어 너무나 다르기에 절망할 수도 있습니다. 자아실현의 욕구는 우리를 비약적인 성장으로 이끌어 주는 반면 절망의 늪에 빠뜨릴^(주1) 수 있는 위험한 측면도 가지고 있다고 할 수 있습니다.
　　하지만 이 욕구가 있기에 인간은 계속 성장하게 됩니다. 더 좋게 더 잘하는 식으로 이상적인 자기 모습을 추구하기 때문에 사람은 계속 변화하는 것입니다. 점점 더 향상^(주2)되면서 변화하는 것이 드문 일이겠지요. 변화에 따라 기분의 기복이 생기는 것은 ②인간으로서 지극히 자연스러운 반응이라고 생각합니다.
　　자아실현의 욕구가 좋다, 나쁘다를 판단하고 싶은 것이 아닙니다. 인간에게 주어진 특별한 욕구를 잘 다스려서 더 나은 삶을 살았으면 하는 바람일 뿐입니다. 현실과 이상과의 괴리^(주3)에 절망하는 날이 있더라도 좌절할 필요는 없습니다. 그럴 때는 '인간도 그저 동물일 뿐'이라는 것을 기억하세요. 본래 동물이 사는 목적은 먹고 자고 자손을 남기는 일입니다. 살아가기 위한 기본적인 것에 집중하고 그 이상의 것을 생각할 필요는 사실 전혀 없을지도 모릅니다.

(주1) 絶望の淵に追いやる 절망의 늪으로 몰아넣다 : 괴로운 상황으로 몰아넣다
(주2) 右肩上がり 우상향 : 점점 상태가 좋아지는 것
(주3) 乖離 괴리 : 동떨어져 있는 것

1 필자는 ①사치스러운 욕구는 어떻게 해서 생긴다고 말하고 있는가?

1 음식 등 살아가기 위해 필요한 것을 모두 가짐으로써.
2 인간이 살아가기 위해 필요한 조건을 하나라도 충족시킴으로써.
3 사람이라는 동물로서 자손을 남기고 싶다는 의식이나 가치관에 의해서.
4 살아가기 위해 필요한 것을 신뢰할 수 있는 동료로부터 받음으로써.

2 필자는 자아실현 욕구가 왜 위험한 측면을 가지고 있다고 생각하는가?

1 이상적인 모습을 상상할 수 없고 무엇을 목표로 삼아야 할지 모르기 때문에.
2 이상적인 자신에 대해서만 생각하다 보면 주변이 보이지 않기 때문에.
3 자신이 이상적인 사람이 되려고 해도 주변 사람들이 방해하기 때문에.
4 내가 되고 싶은 모습과 지금의 나를 비교해서 우울해질 경우가 있기 때문에.

3 ②인간으로서 지극히 자연스러운 반응이라고 하는데, 필자는 무엇이 자연스럽다는 것인가?

1 자아실현의 욕구에 의해 사람이 계속 성장하는 것
2 잘되지 않을 때 기분이 우울해지는 것
3 성장하는 과정에서 기분이 오르락내리락하는 것
4 인간이 '더 잘하고 싶다'는 욕망을 갖게 되는 것

4 필자는 자아실현 욕구와 인간에 대해서 뭐라고 말하고 있는가?

1 인간은 다른 동물보다 뛰어나기 때문에 자아실현의 욕구를 가지고 있다.
2 이상과 현실의 차이로 괴로울 때는 동물로서 살아가는 목적을 떠올리면 된다.
3 인간에게만 있는 사치스러운 욕구를 얼마나 억제할 수 있는지가 인생에서 중요한 것이다.
4 자아실현의 욕구는 인간에게 있어서 나쁜 것이지만, 좋은 면도 있다는 것을 인식하기 바란다.

13. 정보 검색

본책 500쪽

문제13 다음은 어느 해안 청소 봉사 활동 모집의 안내입니다. 다음 물음에 대한 답으로 가장 올바른 것을 1·2·3· 4에서 하나 고르세요.

1 나가노 씨는 매년 이 봉사 활동에 참가하고 있다. 참가하기 위해서는 어떻게 하면 되는가?

1 설명회 3일 전까지 이메일로 신청하고 7월 10일에 아이하마 해안 사무소에 간다.
2 설명회 3일 전까지 전화로 신청하고 7월 12일에 아이하마 해안 사무소에 간다.
3 자원봉사의 3일 전까지 FAX로 신청하고 7월 11일에 아이하마 해안에 간다.
4 자원봉사 3일 전까지 이메일로 신청하고 7월 13일에 아이하마 해안에 간다.

2 가토 씨는 친구와 자원봉사에 참가하려고 생각하고 있다. 설명회에는 가토 씨가 7월 10일, 친구가 7월 13일에 참가하게 되었다. 각각 교류회에도 참가할 예정인데, 참가 시간과 비용은 어떻게 하면 되는가?

1 가토 씨는 17시에 가서 500엔을 내고 친구는 12시에 가서 1,200엔을 낸다.
2 가토 씨와 친구는 11시에 가서 1,200엔을 낸다.
3 가토 씨는 16시에 가서 1,200엔을 내고 친구는 11시에 가서 500엔을 낸다.
4 가토 씨는 16시에 가서 500엔을 내고 친구는 11시에 가서 1,200엔을 낸다.

아이하마 해안의 2021년도 비치 클린 자원봉사 모집

아이하마 해안에서는 매년 해안 청소 활동을 하고 있으며 금년도 활동을 도와주실 자원봉사를 모집하고 있습니다.

일시	: 2021년 7월 17일(토) 9:00~16:00 2021년 7월 18일(일) 9:00~16:00 2021년 7월 19일(월) 9:00~16:30 ※ 1일 단위로 참가할 수 있습니다. 지각 조퇴는 안 됩니다.
대상	: 아이하마 해안
대상	: 봉사 활동이나 환경 문제에 관심이 있는 분. 바다를 좋아하는 분. 처음 오신 분들 대환영.
참가비	: 무료
정원	: 30명

〈활동 내용〉
두 그룹으로 나누어 해안의 쓰레기 줍기와 자원의 분리수거, 협조를 촉구합니다.
그룹1 : 해안의 쓰레기를 주우면서 분리수거합니다.
그룹2 : 회장 내에 설치되어 있는 쓰레기통에 쓰레기를 버리러 오는 사람들에게, 쓰레기·자원의 분리수거에 협조해 달라고 촉구합니다. 또한 가득 찬 쓰레기봉투를 교체하고 수집 장소로 옮깁니다.

〈자원봉사 설명·교류회〉 (아이하마 해안 사무소 1층 광장)
자원봉사 설명회를 아래 일정으로 개최합니다. 반드시 어느 한 날짜에 참가해 주시길 바랍니다.
※ 교류회는 자유 참가로 되어 있습니다. 이벤트도 준비되어 있으니 많은 참여 부탁드립니다. 참가비는 일별로 다르므로 유의해 주세요.

① 2021년 7월 10일(토), 12일(월)
   설명회 16:00~17:00
   교류회 17:00~19:00
   교류회 비용 500엔 (차·과자만)

② 2021년 7월 11일(일), 13일(화)
   설명회 11:00~12:00
   교류회 12:00~15:00
   교류회 비용 1,200엔 (점심식사 포함)

〈신청 방법〉
신청하실 때는 아래 내용을 기입하여 이메일·FAX 중 하나로 신청해 주세요.
①성명 ②연령 ③주소 ④전화번호 ⑤설명회 참가 희망일 ⑥자원봉사자 참가 희망일
※ 여러 명이 참가하시는 경우에는 1명씩 명기를 부탁드립니다.
신청 마감 : 참가하시는 설명회 3일 전까지.

환경 봉사 단체 아이하마 해안 비치 클린 담당
〒011-75768 쓰루이마시 아이하마 1177

청해 연습 문제

1. 과제 이해 본책 504쪽

문제1 문제1에서는 먼저 질문을 들으세요. 그리고 나서 이야기를 듣고 문제지의 1부터 4 중에서 가장 올바른 것을 하나 고르세요.

예

여자가 음료 광고에 대해 남자와 이야기하고 있습니다. 여자는 이 다음에 무엇을 해야 합니까?

여 : 부장님, 음료 광고 디자인안 확인해 보셨나요?
남 : 응, 아주 좋은 아이디어라고 생각해.
여 : 감사합니다! 다만, 여기 글자가 좀 보기 힘들지 않을까 싶은데요.
남 : 음, 그러네. 뭐, 이 부분은 전체 밸런스를 보고 난 다음에 색깔을 조정하는 걸로 하고…. 언제부터 판매하는지가 안 적혀 있네.
여 : 아! 죄송합니다!
남 : 그럼 그 부분을 추가해 줘. 그리고 의뢰인한테 디자인안을 체크해 달라고 해 줬으면 하는데.
여 : 아, 다음 주에 미팅을 하기로 되어 있으니까 그때 확인하겠습니다.

여자는 이 다음에 무엇을 해야 합니까?

1 디자인안을 보여 준다
2 글자 색을 바꾼다
3 발매일을 쓴다
4 미팅 날을 결정한다

1번

라면 가게에서 점장과 남자 점원이 이야기하고 있습니다. 남자 점원은 우선 무엇을 합니까?

여 : 지금부터 맛집 프로그램의 프로듀서하고 미팅이 있어.
남 : 그래요? 지금도 엄청 바쁜데 더 이상 손님이 늘면 큰일이 잖아요!
여 : 뭐, 앞으로는 포장 상품을 늘릴 수밖에 없어. 그보다 오늘 국물은 잘 준비됐어? 온도랑 시간을 두 번 확인해. 지금부터 시작하고.
남 : 네, 밑 준비는 끝났고 나머지는 큰솥에 넣고 끓이기만 하면 돼요.
여 : 분량, 온도, 시간은 잊지 말고 태블릿에 기록해 둬.
남 : 네, 알겠습니다. 그러고 보니 오늘 아침에 이력서가 도착했는데 어떻게 할까요?
여 : 주방은 어때? 일손은?
남 : 홀 쪽은 충분한데 주방이 항상 힘들어요.
여 : 그렇구나. 면접이라고 격식 차리면 거북하니까. 그 분한테 같이 고기라도 구워 먹자고 문자 보내 둬. 국물 다 만든 후에 해도 되니까.

남자 점원은 우선 무엇을 합니까?

1 면접 지원자에게 문자를 보낸다
2 미식 프로그램 미팅에 참석한다
3 라면 국물을 끓인다
4 포장용 신상품을 개발한다

2번

다이빙 강습소에서 접수를 받는 사람과 남자가 이야기를 하고 있습니다. 남자는 이 다음에 우선 무엇을 합니까?

남 : 저기요, 다이빙 자격증을 취득하고 싶은데요.
여 : 그러세요? 체험 다이버 자격증이요? 아니면 인증 다이버 자격증인가요?
남 : 보조 없이 바다에 잠수할 수 있게 되고 싶어서 인증 다이버 자격을 생각하고 있습니다.
여 : 인정 자격이군요. 그럼, 강습은 4일에 걸쳐 진행됩니다. 강습을 받을 때 실제로 바다에 잠수하게 돼서 보험에 가입하시는 것을 추천하고 있어요.
남 : 네, 그건 이미 가입했어요.
여 : 그러세요? 도구는 가지고 계세요? 만약 없으시면 여기서 대여하실 수도 있습니다.
남 : 아마 우리 집에 다이빙 슈트가 아직 있을 텐데요 … 집에 가서 좀 확인해 봐야겠어요.
여 : 그럼 슈트는 본인 것을 사용하시는 것으로 … 그 외의 도구, 산소통 등은 대여하시겠어요?
남 : 음, 잠깐. 사용할 수 있는 도구가 어느 정도 집에 있는지 확인하고 다시 신청하러 오겠습니다.
여 : 네, 그럼. 나중에 신청하시는 거네요.
남 : 네, 그렇게 하겠습니다. 아, 건강 진단서는 필요합니까?
여 : 아, 그건 강습 당일에 필요합니다.
남 : 네, 알겠습니다.

남자는 이 다음에 우선 무엇을 합니까?

1 보험을 신청한다
2 도구를 대여한다
3 <u>집에 있는 도구를 확인한다</u>
4 건강 진단서를 가져온다

3번

> 일본어 학교에서 남자와 주임이 수업 매뉴얼에 대해 이야기하고 있습니다. 남자는 이 다음에 우선 무엇을 해야 합니까?
>
> 여 : 다이라 씨, 초급반 수업 매뉴얼 잘 진행되고 있어?
> 남 : 네. 지난번에 알려 주신 내용을 중심으로 만들고 있습니다.
> 여 : 잠깐, 어떤 느낌인지 보여 줄래?
> 남 : 네.
> 여 : 어디 보자, 초급 학습자라고 적혀 있는데, 대상 연령을 좀 더 명확히 해 줬으면 좋겠어. 그리고 그에 따라서 학습 빈도나 기간, 회당 효과적인 학습 시간도 달라질 거야.
> 남 : 그렇군요. 지금은 20대를 생각하고 있습니다. 20대 학생은 공부 이외에 아르바이트 같은 것도 있어서 그것도 고려할 겁니다.
> 여 : 학습 기간이 3개월이구나. 이 기간 내에 상용한자 600자는 너무 난이도가 높지 않니? 초급자한테는 한자 수보다 흥미를 갖게 하는 게 중요해.
> 남 : 한자로 좌절하는 학생들이 많아서 어떻게든 도와주고 싶어요.
> 여 : 그 마음은 훌륭해 학습 목표로 삼는 한자 수는 마지막에 고쳐도 돼.
> 남 : 네, 알겠습니다. 그럼, 지금 해 주신 조언을 바탕으로 다시 조정해 보겠습니다.

남자는 이 다음에 우선 무엇을 해야 합니까?

1 <u>학습자 대상 연령 추가</u>
2 학습 빈도 및 학습 기간의 변경
3 학습 한자 수의 변경
4 공부하는 방법 재검토

2. 포인트 이해 본책 514쪽

문제2 문제2에서는 먼저 질문을 들으세요. 그 다음 문제지의 선택지를 읽으세요. 읽는 시간이 있습니다. 그러고 나서 이야기를 듣고 문제지의 1부터 4 중에서 가장 올바른 것을 하나 고르세요.

예

> 찻집에서 남자와 여자가 이야기하고 있습니다. 이 남자는 애인이 왜 화가 났다고 말하고 있습니까?
>
> 남 : 아아, 또 여자 친구를 화나게 했어.
> 여 : 또? 무슨 일이야?
> 남 : 어제 여자 친구 생일이었는데, 여러 가지 사정이 있어서 아무것도 못 해 줬어.
> 여 : 생일인데 아무것도 안 준 거야?
> 남 : 어, 뭐 그건 별로 신경 안 쓰는 것 같은데, 일이 있어서 집에 늦게 가서, 피곤해서 집에서 그대로 잠들어 버렸어.
> 여 : 어머, 그럼 계속 추운 날씨에 밖에서 기다리게 한 거야?
> 남 : 아니, 여자 친구 집으로 만나러 가기로 약속해서 괜찮았는데 메시지 정도도 못 보내냐고 하더라고.
> 여 : 그건 혼나도 어쩔 수 없어.

이 남자는 애인이 왜 화가 났다고 말하고 있습니까?

1 선물을 주지 않았기 때문에
2 일이 바빴기 때문에
3 장시간 밖에서 기다리게 했기 때문에
4 <u>연락하지 않았기 때문에</u>

1번

> 텔레비전에서 리포터가 화과자 장인을 인터뷰하고 있습니다. 장인은 이 가게에서 만들어지는 화과자가 특히 인기 있는 이유는 무엇이라고 말하고 있습니까?
>
> 여 : 오늘은 화과자를 만들고 있는 장인 사토 씨에게 이야기를 들어 보겠습니다. 화과자는 미각뿐만 아니라 시각으로도 즐길 수 있는 일본이 자랑하는 전통 과자로 알려져 있는데, 이 가게의 화과자가 특히 인기가 많은 것 같습니다.
> 남 : 덕분에요. 화과자는 노인들이 먹는 것이라는 이미지를 갖고 있는 사람도 많은 것 같습니다. 원래 화과자는 녹차와 잘 어울리도록 만들어져 있어서 유제품 등을 사용하지 않고 소박한 맛으로 완성했습니다만, 다양한 소재들을 잘 조사해서 홍차와도 어울리는 화과자를 만들어 내는 데 성공했습니다.
> 여 : 그렇군요.
> 남 : 저희 가게에서만 구입할 수 있어서 먼 곳에서 사러 오는 손님도 있습니다. 양과자의 인기에는 미치지 못하지만요. 역시 다들 생일에는 케이크를 먹고 싶어 하죠.
> 여 : 뭐, 그렇죠.
> 남 : 좀 더 화과자를 친숙하게 느끼실 수 있도록 앞으로는 더 더욱 전국에 있는 사람들이 저렴한 가격으로 즐길 수 있도록 편의점에서 판매하는 것 등을 제안하려고 합니다.

장인은 이 가게에서 만들어지는 일본 과자가 특히 인기 있는 이유는 무엇이라고 말하고 있습니까?

1 외형이 아름답기 때문에
2 녹차와 어울리기 때문에
3 홍차와 어울리기 때문에
4 가격이 저렴하기 때문에

2번

남자와 여자가 자율주행차에 대해 이야기하고 있습니다. 남자는 앞으로 자율주행차에 무엇이 가장 중요하다고 말하고 있습니까?

남 : 자율주행차 시대인가? 영화 속에서 나오는 세계 같아.
여 : 아, 나도 뉴스에서 본 적 있어. 그리고 텔레비전에서도 자율주행차 광고를 했었지!
남 : 저건 레벨 3의 자율주행차. 100% 자동으로 운전해 주는 자율주행차가 레벨 5니까 저건 아직 완전한 자율주행차라고는 할 수 없어.
여 : 와. 잘 아는구나. 뉴스에서 보니까 자율주행차가 사고가 덜 난대. 순간적으로 사람보다 상황 판단 능력이 높으니까. 그리고 요즘 화제인 '난폭 운전도 없어질 것 같지.
남 : 하긴. 일반 도로에서 레벨 5 자율주행차 주행이 이뤄지면 차에서 스마트폰을 보면서 이동할 수도 있겠지. 운전자들끼리 트러블도 줄어들 것 같고.
여 : 하지만 소프트웨어에 목숨을 맡긴다는 것은 조금 무섭다. 혹시 해킹이라도 당하면 어떡하지.
남 : 보안 문제 외에 GPS 불완전성이나 운전으로 생계를 이어가는 사람들의 실업 문제도 있지만. 역시, 완벽한 소프트웨어란 존재하지 않기 때문에 행정 제도의 확립이 최우선 과제야. 불완전한 소프트웨어를 보완할 수 있는 제도가 절대적으로 필요하다고 생각해.

남자는 앞으로 자율주행차에 무엇이 가장 중요하다고 말하고 있습니까?

1 GPS 기능 개선
2 자율주행 소프트웨어
3 자율주행차의 보안
4 자율주행차에 관한 제도

3번

라디오에서 의사가 암에 대해 이야기하고 있습니다. 의사는 암 예방에 어떤 것이 가장 중요하다고 말하고 있습니까?

남 : 올해도 일본인의 사망 원인 1위는 암이었습니다. 암 발병 요인 중 가장 많은 것은 흡연입니다. 이것은 다양한 매체를 통해서 흡연의 위험성을 계속 호소하고 있기에 여러분도 아시리라 생각합니다. 다음으로 바이러스 감염에 의한 발병이 많습니다만. 대부분은 유년기에 백신 접종이 끝났을 것입니다. 다음으로는 좋지 않은 식생활 문제입니다. 일단 식사 내용에 대해서. 여러분들이 흔히 자주 드시는 가공식품 중에도 암의 원인이 되는 물질이 미량이지만 포함되어 있다는 것을 알아 두시기 바랍니다. 그리고 식사 내용 이상으로 양을 조심해서 생활하도록 합시다. 비만이 심각해지고 당뇨병이 되면 암이 생길 위험성이 높아집니다.

의사는 암 예방에 어떤 것이 가장 중요하다고 말하고 있습니까?

1 흡연의 위험성을 아는 것
2 바이러스 감염을 예방하는 것
3 가공식품을 먹지 않도록 하는 것
4 과식하지 않도록 하는 것

3. 개요 이해   본책 524쪽

문제3 문제3에서는 문제지에 아무것도 인쇄되어 있지 않습니다. 이 문제는 전체적으로 어떤 내용인지를 묻는 문제입니다. 이야기 전에 질문은 없습니다. 먼저 이야기를 들으세요. 그러고 나서 질문과 선택지를 듣고 문제지의 1부터 4 중에서 가장 올바른 것을 하나 고르세요.

예

여학생이 남학생에게 여행 후기를 묻고 있습니다.

여 : 여름 휴가 때 이탈리아에 여행 갔다면서? 어땠어?
남 : 대만족이었지. 경치랑 세계 유산의 아름다움에 감동받았어. 게다가 본고장에서 먹는 이탈리아 요리는 일본에서 먹을 수 있는 것과는 비교할 수 없을 정도로 맛있어. 다만 거리가 멀어서 말이야. 비행기 이동에만 하루가 걸리니까 사회인이 되면 가기 힘들 것 같아. 이탈리아는 재학 중에 가는 것을 추천해.

남학생은 이탈리아 여행에 대해 어떻게 생각하고 있습니까?

1 경치가 아름답고 거리도 가깝다
2 경치는 아름답지만 거리는 멀다
3 경치도 나쁘고 거리도 멀다
4 경치는 나쁘지만 거리는 가깝다

1번

비즈니스 전문학교 수업에서 선생님이 이야기하고 있습니다.

여 : 여러분은 외식할 때 어떤 기준으로 가게를 선택하나요? 메뉴의 다양성, 가격뿐만 아니라 장소나 분위기 등을 고려하는 사람도 적지 않을 것입니다. 최근에는 사진이 멋있게 잘 찍히느냐 안 찍히느냐에 따라서 가게를 선택하는 사람도 늘고 있습니다. 이러한 유행에 편승하는 가게들이 늘어나고 있으며, SNS에서 화제가 되는 것은 언뜻 보면 이익이 될 것 같지만, 거기에는 함정이 있습니다. 가게의 분위기나 상품이 아무리 사진에 잘 나와도 맛이 좋지 않으면 재방문하는 손님들이 늘지 않습니다. 예전에 붐이 일었던 타피오카는 곳곳에 가게가 생겨났지만, 계속 인기가 있는 가게도 있지만 망하는 가게도 있습니다. 살아남기 위해서는 단순히 유행에 편승하는 것만이 아니라 고객의 마음을 사로잡을 수 있는 맛을 만들어 내야 합니다.

선생님의 이야기 주제는 무엇입니까?

1 좋은 가게를 고르는 방법
2 <u>붐에 편승하는 것의 맹점</u>
3 타피오카로 승부하는 것의 어려움
4 유행을 아는 것의 중요성

2번

텔레비전에서 리포터가 이야기하고 있습니다.

여 : 지금 귤의 유명한 산지로 알려진 에히메현 이카타쵸에 와 있습니다. 휴일에는 이 싱싱하고 달콤한 귤을 현지에서 먹기 위해 각지에서 많은 사람들이 방문합니다. 또한 에히메 귤은 햇볕을 많이 쬐는 것이 맛의 비결이라고 합니다. 농장은 모두 바다에 접해 있어서 직사광선, 돌담과 바다의 반사 광선으로 인해 '3개의 태양이 있다'고 불립니다. 그리고 밭을 계단식으로 만들어서 햇빛이 전체에 골고루 퍼지고 물이 빠지기에도 좋다고 합니다. 이곳 농장에서는 밭 바닥에 흰색 시트를 깔아서 빛을 더욱 반사시켜 수분을 조절하고 잡초를 방지하는 방법을 도입하고 있습니다. 이렇게 지역 환경을 잘 활용하면 귤을 맛있게 키울 수 있는 거네요.

리포터는 무엇에 대해 전하고 있습니까?

1 귤이 특산물이 된 이유
2 재배의 어려움
3 <u>농원의 생산 연구</u>
4 태양 빛을 반사시키는 방법

3번

텔레비전에서 애니메이션 제작사 사람이 이야기하고 있습니다.

남 : 이번에 애니메이션 영화를 제작하면서 특히 공을 들인 것은 애니메이션이라고는 생각되지 않을 정도의 리얼한 움직임입니다. 우리 회사는 설립한 지 60년이 되었지만, 흑백 애니메이션으로 시작해 섬세한 터치로 수많은 히트 작품을 만들어 냈습니다. 지금까지 쌓아 온 기술을 활용하면서 새로운 연출을 하기 위해 다양한 사물의 움직임을 연구했습니다. 바람의 방향과 세기에 따라 변하는 나뭇잎의 움직임과 나뭇잎의 예측 불가능하게 흩어지는 모습, 사물의 움직임과 연동해서 보이는 나뭇잎 사이로 비치는 햇빛의 변화 등. 지금까지 없었던 세계관을 맛볼 수 있는 색다른 애니메이션이 되지 않았을까 생각합니다.

애니메이션 제작사 사람은 무엇에 대해 이야기하고 있습니까?

1 흑백 애니메이션의 역사
2 히트 작품을 만드는 법
3 <u>새로운 묘사를 도입한 작품</u>
4 애니메이션 연출의 어려움

4. 즉시 응답 본책 530쪽

문제4 문제4에서는 문제지에 아무것도 인쇄되어 있지 않습니다. 먼저 문장을 들으세요. 그러고 나서 그것에 대한 대답을 듣고 1부터 3 중에서 가장 올바른 것을 하나 고르세요.

예

남 : 마지막 시합이 아니니까 그렇게 낙심하지 마.

여: 1 <u>다음에는 꼭 점수를 내겠습니다.</u>
2 잘 안됐군요.
3 네, 주의하겠습니다.

1번

여: 재무부장이라는 직책을 맡고 있는 이상, 어떤 경우에도 숫자에 대한 실수는 용납이 안 되지.

남 1 앞에 서면 긴장되지요.
2 <u>역시 부장님이시라 힘드시겠네요.</u>
3 조금 있으면 부장님이 되시니까요.

2번
남: 사토 씨, 사토 씨가 쓴 보고서 결과 부분을 조금 더 짧게 만들 수는 없을까?
여: 1 네, 이건 짧게 하기 쉽네요.
　　2 그러네요. 길게 쓴 보람이 있네요.
　　3 <u>오늘 중으로 수정해서 제출하겠습니다.</u>

3번
남: 신입 사원인 나카모토 군이 혼자서 영업하러 다녔다고? 그는 건실하고 훌륭하군.
여: 1 네, 따끔하게 충고해 두겠습니다.
　　2 <u>입사 1년 차 치고 제대로 하고 있네요.</u>
　　3 걱정만 해도 소용이 없네요.

4번
남: 시험이 코앞으로 다가왔는데, 컨디션은 어때?
여: 1 너무 가까워서 잘 안 보였어.
　　2 시험이라면 잘 봤어.
　　3 <u>느낌 좋아. 오래전부터 준비를 해왔으니까.</u>

5번
여: 자료 봤어. 전에도 말했지만, 나카지마 군 아이디어는 역시 독특하고 재미있어.
남: 1 <u>새삼 그런 말 들으니 좀 부끄럽네.</u>
　　2 어? 어디 이상했어?
　　3 내 아이디어가 그렇게 평범했어?

6번
여: 첫 시합이니까 실패하면 실패하는 거고 다음이 있으니까 괜찮아.
남: 1 실패한다고 장담 못 해.
　　2 맞아 반성할 게 많아어.
　　3 <u>고마워. 열심히 할게.</u>

5. 통합 이해
본책 535쪽

문제5(1번의 예) 문제5에서는 장문의 이야기를 듣습니다. 이 문제에는 연습은 없습니다. 문제지에 메모를 해도 괜찮습니다.

1번, 2번
문제지에 아무것도 인쇄되어 있지 않습니다. 먼저 이야기를 들으세요. 그러고 나서 질문과 선택지를 듣고 1부터 4 중에서 가장 올바른 것을 하나 고르세요.

예
부동산 사람과 여자가 이야기하고 있습니다.

남: 안녕하세요. 오늘은 무슨 일이세요?
여: 지금 살고 있는 아파트가 2년 계약이라 곧 갱신해야 하는데요. 지금 있는 곳이 낡아서 여러모로 불편해서 이번 기회에 이사하려고요.
남: 그러시군요. 요즘 아파트나 맨션은 사는 사람을 잘 고려해서 지어서 살기 아주 좋을 겁니다. 고객님은 어떤 집을 찾으시나요?
여: 글쎄요. 아직 확실하게 정해지지는 않았지만, 가능하면 저렴하고 모리역에서도 가까운 곳이 좋아요. 그리고 여성이 안심하고 살 수 있는 곳이 좋을 것 같기도 해요.
남: 알겠습니다. 역에서의 거리는 중요하죠. 여성에게 인기 있는 아파트가 몇 군데 있으니 소개해 드리겠습니다.
여: 네, 부탁합니다.
남: 첫 번째는 모리역에서 도보로 8분 거리에 있는 '에스테이트'라는 아파트입니다. 이곳은 현관에 카메라가 달려 있어서 방 안에서 상대방을 확인할 수가 있습니다. 현관에 카메라가 설치되어 있는 아파트가 좀처럼 없어서 여성들에게 아주 호평을 받고 있습니다. 월세는 한 달에 6만 엔입니다.
여: 오, 지금 사는 곳 집세랑 다르지 않아서 좋을 것 같아요.
남: 두 번째는 모리역에서 도보로 7분 거리에 있는 '프라임'이라는 맨션입니다. 맨션 입구에는 자동으로 잠기는 도어락이 달려 있어서 평소에는 살고 있는 사람 이외에는 들어갈 수 없게 되어 있습니다. 또한 방에는 이미 새로운 가전제품이 설치되어 있어서 이사할 때는 매우 편합니다. 집세는 한 달에 10만 엔입니다.
여: 그렇군요. 혼자 살기에는 좀 비싼 거 같아요.
남: 그렇다면 '액시스'라는 맨션은 어떠세요? 모리역에서 도보로 12분 걸리는데, 맨션 입구에 자동으로 잠기는 도어락이 달려 있어서 안심이 되고, 택배 박스도 있어서 굳이 집에서 나가지 않아도 짐을 받을 수 있습니다. 집을 비워서 직접 택배를 못 받을 때도 편리합니다. 월세는 한 달에 7만 엔입니다.
여: 와.
남: 마지막으로는 모리역에서 도보로 5분 거리에 있는 '오크스'라는 아파트입니다. 이곳은 밤12시까지 입구에 관리인이 있습니다. 여성 전용 아파트라서 평소에 남성은 들어갈 수 없게 되어 있습니다. 집세는 역에서 가깝기도 해서 한 달에 8만 엔입니다.
여: 관리인이 늦은 시간까지 있고 여자만 사는 건 굉장히 매력적이네요. 음, 처음에는 역에서 가까운 게 좋을 것 같았는데, 우편물이 자주 오고 짐을 받는 설비가 있는 집으로 할게요.

여자는 어느 집에 살기로 했습니까?

1 에스테이트
2 프라임
3 액시스
4 오크스

1번

회사에서 남자와 여자가 이야기하고 있습니다.

남 : 가미무라 씨, 얼마 전에 새 태블릿을 샀다고 이야기했지? 동영상을 보거나 할 때 스마트폰은 화면이 작고, 그렇다고 컴퓨터는 부담 없이 가지고 다니기에는 너무 무겁고 커서 태블릿을 사려고 하는데, 어디서든 인터넷을 사용할 수 있고 화질이 좋은 태블릿, 알아?

여 : 아, 그래요? 제가 얼마 전에 산 태블릿은 '마스 세븐'이라고 하는데, 동영상을 보는데 문제없이 잘 돼요. 화질도 아주 깨끗하다고는 할 수 없지만 문제는 없어요. 다만, 심카드를 넣을 수 없어서 이동 중에도 어디서나 인터넷을 사용할 수 있는 건 아니에요.

남 : 그래, 그래도 가능하면 심카드를 넣을 수 있으면 좋겠네.

여 : 그렇다면 '주피터'는 어때요? 심카드도 넣을 수 있고 부속품인 키보드를 구입하면 노트북으로도 쓸 수 있어요. 좀 무겁고 화면이 큰 게 흠이죠. 하지만 가격도 양심적이고 이동 중에도 취미 생활이나 업무용으로 쓸 수 있는 편리한 태블릿이에요.

남 : 음, 노트북은 가지고 있어서.

여 : 아, 맞다. '마스 세븐'과 같은 회사에서 나온 '유러너스 에이트'도 있어요. 저 이거랑 고민했었죠. 심카드는 넣을 수 없지만, 무엇보다 가볍고 얇아요. 화면 크기는 두 종류 중에서 선택할 수 있어요. 약간 비싸도 화질은 이게 제일 좋아요. 디자인도 심플하고 멋있어요.

남 : 오, 좋네. 뭐 심카드를 못 넣어도 지금은 와이파이가 어디에나 있으니까. 무엇보다 휴대가 간편할 것 같네.

여 : 네, 아, 이 모델의 신형이 다음 달에 발매된다고 하네요. '유러너스 에이트 플러스'라고 해요. 디자인은 안 바뀌는 것 같은데 기능이 많아지고 음악을 듣거나 영화를 볼 때 저음이 잘 울린다고 하더라고요.

남 : 그렇군. 역시 지금 당장 사고 싶네. 뭐, 가격이 나가도 오래 쓸 수 있는 게 좋으니까. 디자인이 심플한 점도 좋네.

남자는 어느 태블릿을 사기로 했습니까?

1 마스 세븐
2 주피터
3 유러너스 에이트
4 유러너스 에이트 플러스

문제5(2번의 예) 문제5에서는 장문의 이야기를 듣습니다. 이 문제에는 연습은 없습니다. 문제지에 메모를 해도 괜찮습니다.

1번, 2번

문제지에 아무것도 인쇄되어 있지 않습니다. 먼저 이야기를 들으세요. 그러고 나서 질문과 선택지를 듣고 1부터 4 중에서 가장 올바른 것을 하나 고르세요.

예

카페 사장님과 스태프, 2명이 이야기하고 있습니다.

남1 : 요즘 매출이 오르지 않아서 어떻게든 하고 싶은데. 좋은 아이디어가 없을까?

여 : 글쎄요, 막 오픈했을 때는 우리 가게의 간판 메뉴인 '요구르트 커피'가 꽤 화제가 돼서 무척 바빴죠. 새로운 메뉴를 만들어 보는 건 어떨까요?

남1 : 그래. 인터넷에 또 퍼져서 화제가 되면 우리 가게를 좀 더 알게 될지도 모르지.

남2 : 하지만 새로운 메뉴를 만드는 데는 시간과 비용이 들어요. 게다가 인기를 끈다는 보장도 없고요.

남1 : 그것도 그렇지.

여 : 그럼 포인트 카드를 만드는 건 어떨까요? 커피를 10잔 사면 1잔을 무료로 받을 수 있도록 하는 거죠. 늘 찾아오는 손님의 증가로 이어질 가능성도 있어요. 새로운 메뉴를 만드는 것에 비하면 내일부터라도 시작할 수 있고, 시간도 걸리지 않아요.

남1 : 그래. 괜찮을 거 같다.

남2 : 저는 그보다는 가게 안의 인테리어를 바꿔야 한다고 생각해요. 지금은 나무 의자만 있어서 손님이 여유롭게 쉴 수 없으니까 소파 자리를 만들어서 예쁜 식물을 놓거나 하면 학생이나 여성 직장인 손님들이 거기서 사진을 찍어 인터넷에 올릴지도 몰라요.

여 : 우리 동네는 대학교나 사무실도 없고, 주택가라서 아이들과 함께 오는 손님이 많아.

남1 : 확실히 그렇지.

남2 : 그럼 아이와 함께 오는 손님도 여유롭게 쉴 수 있는 카펫이랑 낮은 테이블 자리를 만들면 어떨까요? 아이들을 위한 장난감을 놓고 식기 등도 아이들을 위한 것을 준비하는 거죠.

남1 : 지역 사람들에게 친근하게 다가갈 수 있는 가게를 만들고 싶지만, 인테리어를 바꾸는 것은 비용이 많이 드니까 지금 당장은 할 수가 없네. 좋아, 우선은 바로 시작할 수 있고 손님이 여러 번 오고 싶어지는 방법을 시도해 보자.

매출을 올리기 위해 무엇을 하기로 했습니까?

1 신메뉴를 만든다
2 포인트 카드를 만든다
3 소파 자리를 만들고 예쁜 식물을 둔다
4 카펫과 낮은 테이블 자리를 만든다

2번

> 여행사에서 상사와 직원 2명이 이야기하고 있습니다.
>
> 남1: 최근 해외여행 투어 매출이 정체되고 있어. 예전에는 비행기랑 숙박 시설이 세트로 되어 있고 관광할 곳도 다 정해져 있는 상품이 인기가 많았는데, 요즘은 수요가 달라진 것 같아. 좀 더 우리 여행사를 이용할 수 있게 하는 뭔가 좋은 방안이 없을까?
> 여 : 글쎄요. 투어는 요금을 줄여서 여행할 수 있다는 점이 매력적이죠. 학생들을 위한 투어를 기획해 보는 건 어떨까요?
> 남1: 학생들을 대상으로 한 투어 매출은 좋아. 어르신들을 대상으로 한 투어 매출이 떨어지고 있거든.
> 남2: 그렇다면 철도 회사와 연계해서 침대 열차 투어를 기획하는 건 어떨까요? 신칸센과 비행기가 발달한 현대에 철도로 장거리 이동을 즐기는 것을 제안하는 거죠. 열차 안에는 고급 레스토랑과 바가 있어서 제대로 된 식사와 술을 즐길 수 있어요. 호텔 같은 객실도 마련되어 있고 차창 밖으로 보이는 경치도 특별해요.
> 남1: 좋네. 그런 투어가 있으면 가고 싶다. 근데 그건 국내 여행밖에 할 수 없겠네.
> 남2: 그럼 현지 집합, 현지 해산 투어는 어때요? 그러면 고객의 자유도가 훨씬 높아질 것이고, 여행 중에 단시간에 잠깐 투어에 참가하고 싶은 사람에게 딱 맞을 것 같아요.
> 여 : 하지만, 해외여행이잖아요. 비행기와 숙박 예약은 언어가 통하지 않으면 힘들기 때문에 회사에 맡기고 싶어 하는 사람이 많을 것 같아요. 그보다 우리 투어에서만 할 수 있는 매력적인 액티비티나 한정 기념품을 고를 수 있는 건 어떨까요? 특별한 느낌이 들어 좋을 것 같아요.
> 남1: 그렇지. 요즘은 앱을 사용해서 언어를 몰라도 쉽게 예약할 수 있으니까. 좋아, 고객이 스스로 집합 장소까지 찾아오는 투어를 기획해 볼까?

매출을 늘리기 위해 무엇을 하기로 했습니까?

1 학생을 대상으로 하는 투어를 기획한다
2 장거리 이동을 즐기는 투어를 기획한다
3 **현지 집합·현지 해산 투어를 기획한다**
4 그 투어에 한정된 옵션을 붙인다

문제5(3번의 예) 문제5에서는 장문의 이야기를 듣습니다. 이 문제에는 연습은 없습니다. 문제지에 메모를 해도 괜찮습니다.

3번

먼저 이야기를 들으세요. 그러고 나서 두 개의 질문을 듣고 각각 문제지의 1부터 4 중에서 가장 올바른 것을 하나 고르세요.

예

> 텔레비전에서 아나운서가 겨울 데이트 장소에 대해 이야기하고 있습니다.
>
> 여1: 올겨울 주목할 만한 간토에 있는 데이트 추천 장소를 소개하고 싶습니다. 겨울 하면 뭐니 뭐니 해도 크리스마스 이벤트가 기대되지요. 소중한 사람과 멋진 추억을 만들고 싶은 사람에게 추천하는 첫 번째 장소는 가나가와현에 있는 '미나토미라이'입니다. 밤 8시가 되면 불꽃놀이를 볼 수 있어요. 놀이공원도 있고 크리스마스 이벤트로 포장마차가 줄지어 있기도 하고 야외에서 스케이트를 즐길 수도 있습니다. 하루 종일 놀 수 있을 것 같네요. 두 번째는 가나가와현에 있는 '에노시마'입니다. 이 곳은 바다로 둘러싸인 작은 섬으로, 거리에 보석처럼 빛나는 조명이 장식되어 있습니다. 섬에서 가장 높은 곳에서 빛나는 경치를 단번에 내려다볼 수 있습니다. 또 세 번째는 도쿄 시내에 있는 '롯폰기'입니다. 여기서는 밤의 경치는 물론, 건물에 들어서면 마치 독일에 있는 것 같은 공간을 즐길 수 있습니다. 전통적인 독일의 크리스마스 마켓을 일본에서도 즐길 수가 있고, 음식뿐만 아니라 다양한 것을 팔고 있다고 합니다. 마지막은 군마현에 있는 '구사쓰'입니다. 현지에서는 일본식 분위기와 함께 온천을 즐길 수가 있습니다. 온천에 들어가 피로를 풀거나 당일치기가 아니라 여유롭게 하룻밤을 보내는 것도 좋겠습니다.
> 여2: 와. 다 예쁘다. 크리스마스 때는 역시 밖으로 나가고 싶어지네.
> 남 : 그렇지. 이번 주말에 같이 어디 갈까? 술도 마시고 싶고 전철로 갈 수 있는 곳이 좋겠다.
> 여2: 그래. 그렇다면 가나가와현이 가장 가깝고 좋을지도 모르겠다. 나는 높은 곳에서 도시의 경치가 보고 싶어.
> 남 : 음. 나는 조금 멀지만 해외의 크리스마스 분위기를 즐길 수 있는 곳도 궁금하네. 음식도 맛있을 것 같고.
> 여2: 정말, 당신은 항상 머릿속에 음식밖에 없다니까.

질문1 여자는 이번 주말에 어디에 가고 싶다고 말하고 있습니까?

1 미나토미라이
2 에노시마
3 롯폰기
4 구사쓰

질문2 남자는 이번 주말에 어디에 가고 싶다고 말하고 있습니까?
1 미나토미라이
2 에노시마
3 <u>롯폰기</u>
4 구사쓰

3번

라디오에서 아나운서가 가을 전국 미식 축제에 대해 이야기하고 있습니다.

여1 : 오늘은 현재 열리고 있는 '가을 전국 미식 축제'의 네 가지 구역을 소개하겠습니다. 첫 번째는 '차슈 골목'입니다. 전국 각지에서 모인 향토 라면이 총집합한 곳으로, 1,000엔짜리 티켓을 사면 원하는 세 종류의 라면을 맛볼 수 있습니다. 그리고 '감자 공화국'이라는 구역. 따끈따끈하고 바삭바삭한 크로켓과 감자 본연의 맛을 느낄 수 있는 감자 버터 등 감자 요리만을 모아 놓은 공간입니다. 채식주의자를 위한 메뉴도 풍부하게 준비되어 있습니다. '바다의 행복 광장'에서는 갓 잡은 굴과 가리비를 즉석에서 숯불에 조리합니다. 물론 해산물을 사용한 생선회나 초밥도 즐길 수 있습니다. 그리고 마지막으로 '빌리켄 거리'입니다. 관서 하면 다코야키·오코노미야키죠. 놀랍게도 요리해 주시는 분들이 관서 사람입니다. 소스 냄새가 물씬 풍기는 관서 특유의 요리를 즐길 수 있는 구역입니다.

여2 : 와~, 하야시 군, 이번 주말에 이 축제 가지 않을래?

남 : 적극 찬성이야. 다 먹고 싶은 마음이지만 모든 구역을 돌아다니기는 힘들 것 같아. 난 역시 고향 음식이 먹고 싶어.

여2 : 하야시 군, 관서 출신이지? 본고장 사람이 만들어 주니 당연히 맛있을 수밖에 없겠네. 하지만 지금이 성게가 제철이야. 이 시기에 성게가 정말 맛있으니까 먹고 싶어. 해산물 구역에 있을 거야.

남 : 난 해산물 알레르기가 있어. 그 구역만은 즐길 수가 없네… 미안해.

여2 : 아, 그렇구나, 아쉽다. 난 다코야키를 진짜 좋아하니까 관서 구역으로 갈까? 아, 근데 라면 먹어 보는 것도 포기하지 못하겠어.

남 : 그래, 라면으로 하자! 둘이 1장씩 티켓을 사면 여섯 종류를 먹어볼 수 있잖아! 관서 구역은 다음 주에 외국인 친구가 오니까 그때 가도록 할게.

여2 : 그래! 그럼, 거기로 결정. 감자는 별로 매력적이라고는 할 수 없네. 내가 직접 만들 수 있을 것 같고.

남 : 감자를 무시하면 안 돼. 분명 정성을 들여서 조리하거나 엄선한 좋은 품종의 감자를 썼을 거야. 배에 먹을 여유가 있으면 가 볼까?

여2 : 너무 배불러서 못 갈 것 같은데.

질문1 남자는 다음 주에 어느 지역에 갑니까?
1 차슈 골목
2 감자 공화국
3 바다의 행복 광장
4 <u>빌리켄 거리</u>

질문2 두 사람은 이번 주말에 어느 지역에 함께 갑니까?
1 <u>차슈 골목</u>
2 감자 공화국
3 바다의 행복 광장
4 빌리켄 거리

모의 시험

제1회
정답 및 해석

모의 시험 제1회 정답표

언어 지식(문자·어휘)

문제1	1 ①	2 ③	3 ④	4 ③	5 ②	6 ②	
문제2	7 ①	8 ④	9 ②	10 ①	11 ③	12 ④	13 ①
문제3	14 ③	15 ②	16 ①	17 ①	18 ①	19 ④	
문제4	20 ③	21 ①	22 ④	23 ②	24 ③	25 ③	

언어 지식(문법)

문제5	26 ③	27 ①	28 ④	29 ①	30 ③	
	31 ②	32 ①	33 ④	34 ④	35 ②	
문제6	36 ④(4132)		37 ④(1342)		38 ①(4312)	
	39 ③(4132)		40 ③(2143)			
문제7	41 ④	42 ②	43 ④	44 ①	45 ④	

독해

문제8	46 ③	47 ④	48 ③	49 ④		
문제9	50 ②	51 ②	52 ③	53 ④	54 ③	55 ①
	56 ③	57 ④	58 ②			
문제10	59 ③	60 ④	61 ①	62 ②		
문제11	63 ③	64 ②				
문제12	65 ④	66 ①	67 ②	68 ①		
문제13	69 ③	70 ②				

청해

문제1	예 ③	1번 ③	2번 ①	3번 ②	4번 ②	5번 ③	6번 ④
문제2	예 ④	1번 ④	2번 ①	3번 ②	4번 ②	5번 ①	6번 ④
문제3	예 ②	1번 ④	2번 ①	3번 ①	4번 ③	5번 ③	6번 ④
문제4	예 ①	1번 ②	2번 ③	3번 ①	4번 ①	5번 ①	6번 ②
	7번 ②	8번 ②	9번 ①	10번 ③	11번 ①	12번 ③	13번 ②
문제5	1번 ③	2번 ③	3번 (질문1) ④		3번 (질문2) ②		

모의 시험 제1회 채점표

실제 시험은 상대 평가이기 때문에 본 채점표의 점수와 다를 수 있습니다.

	문제	배점	만점	정답 개수	점수
언어 지식 (문자·어휘)	문제1	1점 x 6문항	6		
	문제2	1점 x 7문항	7		
	문제3	1점 x 6문항	6		
	문제4	1점 x 6문항	6		
언어 지식 (문법)	문제5	1점 x 10문항	10		
	문제6	1점 x 5문항	5		
	문제7	1점 x 5문항	5		
	합계		45		

예상 점수 계산 방법 : 언어 지식(문자·어휘, 문법) [　　　]점÷45×60=[　　　]점

	문제	배점	만점	정답 개수	점수
독해	문제8	1점 x 4문항	4		
	문제9	1점 x 9문항	9		
	문제10	1점 x 4문항	4		
	문제11	1점 x 2문항	2		
	문제12	1점 x 4문항	4		
	문제13	1점 x 2문항	2		
	합계		25		

예상 점수 계산 방법 : 독해 [　　　]점÷25×60=[　　　]점

	문제	배점	만점	정답 개수	점수
청해	문제1	1점 x 6문항	6		
	문제2	1점 x 6문항	6		
	문제3	1점 x 6문항	6		
	문제4	1점 x 13문항	13		
	문제5	1점 x 4문항	4		
	합계		35		

예상 점수 계산 방법 : 청해 [　　　]점÷35×60=[　　　]점

모의 시험 제1회 언어 지식(문자·어휘·문법)·독해

문제1 _____의 단어의 읽는 법으로 가장 올바른 것을 1·2·3·4에서 하나 고르세요.

1　오래전 일이라 기억이 애매하다.
2　시험 결과에 납득이 가지 않는지 그는 불복하는 듯한 표정을 짓고 있다.
3　나는 세계의 평화와 번영을 바란다.
4　최신 기기는 정밀도의 차이가 확연하다.
5　이 레스토랑은 음식이 맛있는 데다 세련된 분위기로 인기가 있다.
6　감기약의 종류에 따라 졸음을 유발할 수 있다.

문제2 (　　)에 들어갈 가장 올바른 것을 1·2·3·4에서 하나 고르세요.

7　주문한 도시락에 플라스틱이 섞여 있어서 전화로 클레임을 넣었다.
8　장관은 절차를 간소하게 하기 위해 인감을 폐지하기로 결정했다.
9　일본 전국에서 모여든 특산품들이 줄지어 진열되어 있었다.
10　어려운 일이 있어도 미래와 결부되는 귀중한 경험이 될지도 모른다.
11　그는 동료들과 인사를 주고받고 자리에 앉았다.
12　우리 회사는 인수되어 대기업에 종속되게 되었다.
13　나는 낯가림이 심해서 처음 보는 사람과 이야기할 때는 주뼛주뼛한다.

문제3 _____의 단어와 의미가 가장 가까운 것을 1·2·3·4에서 하나 고르세요.

14　그는 입학 후 줄곧 학년에서 1등의 성적을 유지하고 있다.
15　오늘 직장에는 불온한 공기가 감돌고 있다.
16　군대 훈련에서는 무엇을 하든 즉시 판단하고 행동해야 한다.
17　이번 프로젝트 방침에 대해 사장과 부사장의 의견이 어긋나고 있다.
18　지금도 시골 친척 집에 간간이 놀러 간다.
19　비참한 현 상황을 타개하기 위해 몇 번이나 회의를 거쳤다.

문제4 다음 단어의 사용법으로 가장 올바른 것을 1·2·3·4에서 하나 고르세요.

20　눈앞
　　3　눈앞의 이익에 얽매이지 않고 오랫동안 사랑받는 상품을 만드는 것이 회사의 발전으로 이어진다.

21　모양, 꼴
　　1　오랜만에 애인 집에 갔더니 몇 달이나 청소를 하지 않은 듯해 심한 꼴이었다.
22　간이
　　4　좁은 방에서도 공간을 유효하게 활용할 수 있는 간이 접이식 테이블이 인기다.
23　상쾌하다, 시원하다
　　2　이번 학기 시험도 끝나고 내일부터 여름 방학이라고 생각하니 상쾌한 기분이다.
24　해제
　　3　대규모 재해로 인해 발령됐던 비상사태 선언이 해제되었다.
25　안정되다, 가라앉다
　　3　약을 먹어도 통증이 가라앉지 않을 경우는 약 복용을 중지하고 의사의 진단을 받도록 하세요.

문제5 다음 문장의 (　　)에 들어갈 가장 올바른 것을 1·2·3·4에서 하나 고르세요.

26　짝사랑하는 상대에게 말을 거는 것은 고사하고 눈조차 마주칠 수 없다.
27　사토　　"어제 첫눈이 왔었지?"
　　나카모토　"어, 응. 올 시즌 최강 한파라서 얼어붙을 정도로 몸이 차가워졌어."
28　자기 잘못을 사과하든 말든 죄를 지었다는 사실에는 변함이 없다.
29　쓰레기를 태우지 않고 재활용한다는 것은 지구 환경을 지키기 위한 새로운 노력이다.
30　선배의 실수로 일이 늦어지고 있는데 나까지 잔업을 하게 되어 너무 화가 난다.
31　사정 여하를 불문하고 시험 보는 도중에 퇴실한 자는 재입실이 인정되지 않습니다.
32　가토　　"화산이 분화할지도 모른다는데 아직 비상 가방은 준비하지 않아도 되겠지?"
　　나카모토　"내일 분화할지도 모르니까 지금부터 비상용 식량만이라도 준비해 두는 게 좋을 거야."
33　모처럼 인터넷에서 복근 롤러를 샀는데 다치게 돼서 하지도 못하고 친구에게 주고 말았다.
34　IT 사회에서 프로그래밍은 이제 초등학교 필수 과목이라고 한다.
35　(전화에서)
　　손님　　"죄송한데요, 배달 시간을 저녁 7시로 변경하고 싶어서요."
　　배달원　"알겠습니다. 그럼, 내일 오후 7시에 배달 가겠습니다."

문제6 다음 문장의 ★ 에 들어갈 가장 올바른 것을 1·2·3·4에서 하나 고르세요.

[36] 결혼을 이유로 나는 3월부로 회사를 퇴직할 예정이다.

[37] 나와 가치관이 딱 맞는 그녀는 만날 운명이었기에 만난 사람이라고 생각한다.

[38] 지금까지 상위권을 유지해 온 스즈키 선수가 이번 대회에서 최하위가 되어 버린 심경은 추측하기 어렵지 않다.

[39] 상경하고 싶지만, 도쿄에서 혼자 살기 시작하면 시작한 대로 불안한 점이 많다.

[40] 오늘은 악천후라 오실 때는 발밑을 주의하며 오시길 바랍니다.

문제7 다음 문장을 읽고, 문장 전체의 취지에 근거해서 [41] 부터 [45] 안에 들어갈 가장 올바른 것을 1·2·3·4에서 하나 고르세요.

전화

내가 태어나서 처음으로 한 말은 '전화'였다. 머릿속 서랍에 들어 있는 가장 오래된 기억이다. 내뱉은 말 [41] 뿐만 아니라 그때의 정경과 기분도 생생히 기억하고 있다. 할머니와 어머니가 연신 수화기를 가리키며 나에게 '전화, 전화'라고 말하는 정경이 아직도 뇌리에 떠오른다(주1). 그때 아마 한 살 정도였던 나는 말을 한마디도 해 본 적이 없으나 마음속으로는 말을 잘했다(주2).

'요즘 내가 뭔가 말하게 만들려고 필사적이군. 말하는 것은 식은 죽 먹기다(주3). 뭘 그렇게 열심히 하는 거야?' 이런 것을 확실히 느끼고 있었다. '전화'라고 말 [42] 하자마자 어른들은 하늘에라도 오를 듯한 기세로 기뻐했다. 그걸 보고 나도 정말 기뻤다. 어머니의 말에 의하면 '전화'가 처음으로 한 말이라는 것은 사실인 모양이다.

하지만 과거의 기억이란 참 애매한 것이다. 내가 난생처음 한 말을 기억하고 있다고 해도, 어쩌면 어머니한테 들은 정보를 바탕으로 마음대로 에피소드를 만들어 내서, 스스로 기억하고 있다고 생각하고 있을 뿐일지도 모른다. 그때 어떻게 느꼈는지, 그걸 기억한다고 해도 증거는 어디에도 없다. 정말로 그랬는지는 증명 [43] 하려고 해도 증명할 수 없는 것이다.

사람의 기억에는 반드시 주관이 들어간다. 지난 과거의 기억이라는 것은 결국 개인 속의 주관적 창조물에 지나지 않는 것이 아닐까? 창조된 기억이었다고 해도 진짜 기억이라고 생각 [44] 하면 그만이다. 그것이 정말 존재했는지는 증명할 길이 없다.

그렇게 되면 우리는 기억이라는 착각과 함께 살고 있다는 얘기가 된다. 그리고 생각하기에 따라서는 이렇게도 말할 수 있다. 우리는 과거의 기억을 증명할 방법이 없 [45] 기 때문에 얼마든지 기억을 창조할 수 있다.

(주1) 悩裏に浮かぶ 뇌리에 떠오르다 : 영상처럼 광경이 머릿속에 떠오르다
(주2) 口が達者 말을 잘함 : 잘 말하는 것
(주3) 朝飯前 식은 죽 먹기 : 매우 간단한 것

문제8 다음 (1)부터 (4)의 문장을 읽고 나서 물음에 대한 답으로 가장 올바른 것을 1·2·3·4에서 하나 고르세요.

(1)

과거에 영화는 특별한 오락이었다. 영화는 생활과 분리된 특별한 공간을 차분히 즐기는 것이었다. 이야기는 등장인물의 삶 그 자체였고, 그것을 간접 체험(주1)함으로써 다양한 교훈을 얻을 수 있었다.

요즘 영화는 전개가 너무 빠르다. 짧은 분량 속에 이야기의 시작부터 고비, 결말까지 토막토막 담겨 있어서, 보느라 정신이 없다. 사람들의 생활이 바쁘니 그에 맞춰 영화의 분량도 짧아졌을 것이다. 내용도 몇 가지 정석(주2)이 있어 그에 따르는 것이 많아진 것 같다. 나는 옛날 영화가 좋다.

(주1) 追体験 간접 체험 : 작품을 통해 타인의 체험을 체험하는 것
(주2) 定石 정석 : 일을 진행할 때 정해진 방법

[46] 필자가 보고 싶은 영화는 어떤 영화인가?
1 정석에 따라 전개가 알기 쉽게 정리된 것
2 바쁜 생활을 잊을 수 있는 특별한 체험을 할 수 있는 것
3 이야기 속에 푹 빠져 들어 다른 인생을 체험할 수 있는 것
4 짧은 분량 안에서도 내용이 간결하게 정리되어 있어 교훈을 얻을 수 있는 것

(2)

외국어 습득에 있어서 포인트가 되는 것은 모국어이다. 사람은 이미 배운 지식을 사용해 새로운 것을 배우려고 한다. 새로운 언어를 접했을 때 모국어와 공통된 부분을 응용하면서 언어를 습득해 가는 것이다. 즉, 언어의 규칙이나 발성 방법에 모국어와의 공통점이 있으면 있을수록 습득까지 가는 길은 짧아진다는 말이다. 그러나 모국어의 간섭으로 인해 잘못된 말투가 생기는 것도 부정할 수 없다. 또 모국어의 차이에 의해 말하는 방식의 패턴에 경향성이 보이기도 한다. 모국어는 언어 학습에 강한 영향을 끼친다.

[47] 필자의 생각과 일치하는 것은 어떤 것인가?
1 새로운 언어를 배울 때에는 습득하려는 언어의 버릇이 강한 영향을 준다.
2 기존에 학습한 지식은 새로운 언어를 습득하는 데 나쁜 영향을 끼치는 경우가 많다.

3 모국어는 어떤 언어를 학습할 때든 반드시 좋은 영향을 준다.
4 외국어를 습득할 때 모국어의 간섭으로 인한 오류가 정착되어 버리는 일이 있다.

(3)

　'장래에 하고 싶은 것이 무엇인지 모르겠다'는 젊은이가 늘고 있다고 합니다. 이는 지극히 당연한 일이라고 생각합니다. 일본의 교육에서는 '모두 같음'을 요구받는 경우가 많고 학교가 추구하는 행동을 하느라 자신의 마음을 인식하지 못하는 척하는 동안 자신의 감정에 대해 둔감해지는 경우가 적지 않습니다.
　감정에 뚜껑을 덮고만 있으면 막상 필요할 때 자신의 진정한 마음을 알 수 없게 됩니다. 사회에 나오고 나서 길을 잃는 젊은이가 늘어나는 것도 당연하다고 생각합니다.

[48] 필자의 생각과 일치하는 것은 어느 것인가?

1 자신의 진정한 소망을 알고 싶다면 감정에 대해 둔감해져 보는 것이다.
2 자신의 감정에 뚜껑을 덮고 있으면 타인이 요구하는 행동만을 하게 된다.
3 항상 주위에 맞춰 행동하면 자신의 감정에 대해 둔감해진다.
4 자신의 마음에 둔감해지면 주위 사람들에게 맞출 것을 요구받게 된다.

(4)

　운과 재능이 뛰어나 화려하게 성공을 거두고 있는 것처럼 보이는 사람이라도 처절한(주1) 가난을 경험하고 이겨 낸 과거가 있거나 밤낮으로 새로운 지식과 기술을 습득하는 데 시간을 할애한 경우가 있다. 그들은 피나는 노력(주2)을 모두 말하지 않고 다른 사람들에게는 우아해 보인다. 그 모습이 마치 물에 떠 있는 오리(주3)처럼 보인다고 해서 '오리발(주4)'이라고 많이 불린다.
　성공은 물밑에 있는 경험과 노력을 통해 구축되는 것이다. 눈에 보이지 않는 것이야말로 성공의 비밀이 있고 그것이 그들에게 가장 큰 재산이다.

(주1) 壮絶な 처절한 : 매우 격렬한 모습
(주2) 血のにじむような努力 피나는 노력 : 엄청난 고생이나 노력
(주3) カモ 오리 : 강이나 호수에 서식하는 새의 이름
(주4) 水かき 물갈퀴 : 여기에서는 물속에서 발을 움직여 헤엄치는 것

[49] '오리발'이란 어떠한 것인가?

1 성공한 사람은 다른 사람에게는 없는 처절한 경험을 갖고 있다.
2 성공한 사람은 잠을 자지 않고 아침부터 밤까지 공부를 계속하고 있다.
3 성공한 사람은 남들보다 몇 배나 더 노력하고 고생하고 있다.
4 성공한 사람은 많은 노력과 고생을 남에게 보이지 않는다.

문제9 다음 (1)부터 (3)의 문장을 읽고 나서 물음에 대한 답으로 가장 올바른 것을 1·2·3·4에서 하나 고르세요.

(1)

　'나라(奈良)의 사슴'은 천연기념물로 지정되어 있는 동물이지만, 일본에서 일반적으로 서식하고 있는 '혼슈(本州) 사슴'과 생물학적으로 비교해도 사실 아무런 차이가 없다. 그런데도 나라현 특정 지역에 서식하는 사슴을 '나라(奈良) 사슴'이라 부르며 국가가 보호해야 할 대상으로 지정했다. '나라의 사슴'은 인간 세계에서 생활하며 인간과 공존하고 있다. 그리고 그 사랑스러운 모습을 한 번이라도 보려고 나라에는 관광객들이 몰려든다. 그들은 보호받아야 할 동물인 동시에 나라의 중요한 관광 자원이기도 하다.
　이 공존 생활을 계속해 나가고 싶은 것은 인간의 이기심(주1)이며 실제로는 어려운 측면이 있는 것은 아닐까? 관광객들은 다양한 음식을 이용해 사슴의 눈길을 끌려고(주2) 한다. 그 결과 인간의 먹이를 먹고 컨디션이 나빠지는 사슴이 있는가 하면 비닐봉지 등 이물질을 잘못 먹어(주3) 질식사하는 사슴이 끊이지 않는다(주4). 공원 내에서는 사슴에게 먹일 수 있는 '사슴 과자'라는 것을 판매해 관광객들이 사서 사슴에게 먹이를 주는 것을 즐기는데, 이는 관광객을 끌어들이기 위해 고안된 것이다. 그 폐해로 사슴들이 과자를 과식해 그로 인한 사슴의 건강 악화가 종종 문제시되고 있다.
　그런데 최근 들어 건강상의 피해를 입는 사슴이 급감했다고 한다. 그 이유는 몇 년 새 발생한 대규모 팬데믹(주5) 때문이다. 일본 국내에서 외출이 엄격하게 규제되는 바람에 나라로 오는 관광객이 급감했고 그로 인해 사슴의 건강이 회복되고 있다고 한다. 이는 우리가 재인식해야 할 사실일 것이다. 나라의 사슴을 천연기념물로 보호하기를 진심으로 바란다면, 관광 자원으로 사슴을 이용하는 데 따른 폐해를 우리 인간은 계속 무시할 수가 없다. 무언가 조치를 취한다면(주6) 팬데믹이 진정되고 있는 지금이 마지막 기회일지도 모른다.

(주1) エゴ 에고 : 에고이즘. 자신의 이익만을 위해서 행동하는 것이나 그러한 생각
(주2) 気を引く 눈길을 끌다 : 관심을 갖게 하다
(주3) 絶異物誤飲 이물질 오음 : 삼키면 안 되는 것을 삼키는 것
(주4) 後を絶たない 끊이지 않는다 : 언제까지나 없어지지 않다
(주5) パンデミック 팬데믹 : 질병이 광범위하게 확산되는 것
(주6) 手を打つ 손을 쓰다 : 대책을 실행하다

[50] 어려운 측면이 있다고 하는데 왜인가?

1 사슴과 인간의 공존 생활에 의한 장점이 적기 때문에
2 사슴과 인간의 공존 생활로 인한 폐해가 상당히 크기 때문에
3 사슴과 인간의 공존 생활을 그만두어야 한다는 것을 인간이 이해하고 있기 때문에

4 사슴과 인간의 공존 생활을 계속하고 싶어 하는 것은 인간뿐이기 때문에

51 필자에 따르면, 건강 피해를 입는 사슴이 급감한 이유는 무엇인가?
1 팬데믹에 의해 외출 규제가 강화되어 나라를 방문하는 사람의 수가 절반으로 줄었기 때문에
2 팬데믹으로 인해 관광객이 줄어 사슴이 나쁜 것을 먹을 기회가 줄어들었기 때문에
3 팬데믹에 의해 질식사의 원인이 되는 플라스틱 쓰레기가 급감했기 때문에
4 팬데믹으로 인해 인간과 접촉하는 시간이 줄어 사슴의 스트레스가 경감되었기 때문에

52 필자의 생각과 일치하는 것은 무엇인가?
1 인간은 지금 당장 팬데믹 수습을 목표로 함으로써 사슴을 소중히 여겨야 한다.
2 인간이 외출을 계속 자제할 수 있다면 사슴의 건강 피해는 급감한다.
3 인간이 사슴에게 끼치는 건강 피해에 대해 지금 당장 무언가 대책을 강구해야 한다.
4 인간과 사슴의 공존으로 인한 폐해를 해결하는 것은 팬데믹이 끝나는 시기가 가장 좋다.

(2)

어떤 여행이든 여행을 완수했다면 뭔가 여행을 통해 내면으로 향하는 어프로치(주1)를 느낄 수 있을 것이다. 목적지로 가는 과정에서 자신이 어떤 사람을 만날지 어떤 일이 벌어질지, 그리고 그로 인해 마음이 어떻게 움직일지, 정해진 것이 아무것도 없기에 더욱 여행이란 재미있고 의미가 있는 것이다. 여행에서 가장 중요한 것은 틀에 박힌 생각에 얽매이지 않고 여행의 우연성을 즐기는 것이라고 나는 생각한다.

어떻게 될지 모른다고 하는 불확실성을 즐기는 것, 그것은 나이가 들수록 더 ①어려워질 것이다. 어른이 되어 버린 우리는 지금까지의 경험을 통해 결과를 예측하고, 위험이 따르는 일은 피하게 되어 버렸으며, 나도 모르게 굳어진 생각도 하게 되었다.

그래서 나는 여행을 떠날 때 '여행에 몸을 맡긴다'는 것에 유의하려고 한다. 몸을 맡긴다는 것은 즉, 스스로 행동을 선택하는 것이 아니라 여행에서 일어나는 사건을 그대로 받아들이는 것을 의미한다. 우발 사고(주2)를 당하거나 곤경에 처하더라도 그마저도 여행의 묘미(주3)로 받아들일 수 있을지가 관건이다. 여행지에서의 만남은 일생에 한 번(주4)뿐이므로 본인에게 있어서 의미 있는 여행이 될 수 있을까 하는 열쇠는 ②이것 외에 있지 않을까?

(주1) アプローチ 어프로치 : 여기에서는 영향을 말함
(주2) アクシデント 우발 사고 : 예상치 못한 사고
(주3) 醍醐味 묘미 : 어떠한 것의 참다운 즐거움
(주4) 一期一会 일기일회 : 일생에 한 번밖에 없다

53 필자에 따르면 '여행'에서 중요한 것은 무엇인가?
1 여행을 통해서만 느낄 수 있는 감정을 품는 것
2 목적지에서 무엇을 즐길지 미리 계획해 두는 것
3 목적지에서만 할 수 있는 특별한 체험을 즐기는 것
4 목적지로 향하는 도중에 일어나는 뜻밖의 일들을 즐기는 것

54 ①어려워진다고 하는데, 왜인가?
1 다른 사람의 의견을 무시하게 되기 때문에
2 결과를 예측하는 것은 위험을 수반하기 때문에
3 자신의 고정 관념에 사로잡히게 되기 때문에
4 예측보다는 자신이 경험한 것을 믿게 되기 때문에

55 ②이것은 무엇인가?
1 여행에서 어떤 일을 겪더라도 그것을 재미있다고 느낄 수 있는지
2 여행에서 만나게 되는 감정이 일생에 한 번밖에 느낄 수 없는 것인지
3 여행에서 일어난 일에 대해 스스로 행동을 선택할 수 있는지
4 여행에서 문제가 생겼을 때 즉시 대처할 수 있는지

(3)

'데이팅 사이트'라는 말을 요즘 젊은이들은 알고 있을까? 인터넷상에서 낯선 사람을 만나기 위한 인터넷 서비스의 총칭이지만, 불과 10여 년 전만 해도 이런 사이트들은 위험하고 뭔가 수상쩍다(주1)는 인식이 팽배했다. 당시 교육 현장에서는 아이들이 위험에 노출되지 않도록 이러한 이용을 금지하고 엄격하게 지도하고 있었다. 그러던 것이 지금은 다르다.

내 주변에는 이 서비스를 이용해 인생의 동반자를 만나 행복하게 살고 있다는 친구들이 적지 않다. 명칭은 '매칭 앱'으로 바뀌었고, 보다 안전하고 투명(주2)하게 진화하고 있다. 서비스에 대한 편견이 점점 사라지면서 이제는 행복을 찾기 위한 주요 도구로 세상에 스며들고 있다. 시대의 변화는 사람들의 생각도 크게 바꿔 놓는다.

(중략)

한편으로 서비스 이용 시 문제가 전혀 없느냐고 묻는다면, 그렇다고는 말할 수 없다. 낯선 사람을 쉽게 만날 기회가 있다는 것은 마음이 맞는 상대나 평소 생활에서 인연이 없는 새로운 상대와 만날 가능성도 있지만, 타인을 이용하려는 악

의적인 사람이나 범죄자를 만날 가능성도 똑같이 존재한다는 것을 의미한다. 즉 '데이팅 사이트' 시절부터 우려됐던 문제가 여전히 남아 있는 것이다. 인터넷 세상에 사는 사람이 배로 증가한 지금, 자신을 지키려면 어떻게 해야 할까?

　이런 서비스를 이용하지 않는 것도 하나의 방법이지만, 별로 현실적이지 않다. 우리가 사는 세상은 온라인으로 옮겨 가고 있다. 현 단계에서는 아직은 이 서비스를 이용할 것인지 말지에 대한 판단이 우리에게 맡겨져 있지만, 머지않은 미래에는 우리에게 선택권이 없어질 것이다. 현실 세계를 살아가는 데 있어서 우리는 사회의 규칙을 배우고, 선조들의 실패로부터 교훈을 얻어 위험을 회피하려고 한다. 이를 온라인 세상에서도 똑같이 적용해서 실행하지 않으면 이 세상에서 살아남는 것은 우선 불가능할 것이다.

(주1) いかがわしい 수상쩍다 : 신용할 수 없다
(주2) 透明性 투명성 : 누구나 알 수 있게 되어 있는 것

56 사람들의 생각도 크게 바꿔 놓는다고 하는데 어떻게 변했는가?

1　예전에는 데이팅 사이트가 위험한 것이라고 인식했지만 지금은 안전한 것이라고 인식한다.
2　예전에는 모르는 사람과 만나는 것이 일반적이라고 생각했지만 지금은 위험하다고 생각한다.
3　예전에는 데이팅 사이트가 나쁜 것이라고 생각했지만 그런 생각은 없어지고 있다.
4　예전에는 데이팅 사이트를 믿을 수 없다고 생각했지만 지금은 믿어야 한다고 생각한다.

57 매칭 앱에는 어떤 문제가 있는가?

1　다양한 좋은 만남이 있는 인터넷 세상에서 벗어날 수 없게 된다.
2　좋은 사람을 만나는 것보다 악의적인 사람을 만날 확률이 더 높다.
3　자신이 원하는 사람과 만나지 못할 가능성이 있다.
4　낯선 사람과의 만남이 이용자를 위험에 빠뜨릴 우려가 있다.

58 이 글에서 필자가 가장 하고 싶은 말은 무엇인가?

1　온라인상에서 위험이 발생하기 전에 서비스 이용을 중단해야 한다.
2　온라인 세상에서는 과거의 실패 사례를 배워야 안전하게 살 수 있다.
3　온라인 세상에서는 위험을 회피하고 살아남는 것이 불가능에 가까운 일이다.
4　온라인상에서 생활하기 위해서 서비스를 이용할지 하는 여부를 결정해야 한다.

문제10 다음 문장을 읽고 나서 다음 물음에 대한 답으로 가장 올바른 것을 1·2·3·4에서 하나 고르세요.

　2019년 11월 신종 코로나바이러스 감염증이 확인된 지 1년도 채 지나지 않아 바이러스는 전 세계로 퍼져 나가 팬데믹(주1)을 일으켰다. 이 바이러스는 감염 후 증상이 나타나기까지의 기간이 길고, 감염돼도 증상을 보이지 않을 수 있는 등 다른 바이러스와는 다른 특성을 갖고 있으며, 그러한 특성으로 인해 감염이 순식간에 확대됐다. 또한 다른 바이러스에 비해 중증화의 위험과 사망률이 높다는 사실이 밝혀지면서 우리는 경제 활동을 중단하고 자가 격리 생활을 할 수밖에 없었다. 최근 몇 년 동안 독감 등 다양한 감염병의 유행이 확인되었지만, 우리 생활 양식까지 위협하는 일은 없었다. 그 때문에 이 신종 바이러스의 존재는 우리를 ①위기 상황에 직면하게 만들었다고 할 수 있다.

　하지만 역사를 돌이켜보면 선조(주2)들도 큰 사회적 혼란을 극복해 왔음을 알 수 있다. 특히 일본 사회를 크게 변화시킨 사건이 1945년에 있었다. 바로 제이차세계대전의 종결이다. 이 전쟁으로 수많은 희생자가 발생했고, 경제는 큰 타격을 입었으며 일본 사회는 혼란에 빠졌다. 그러나 종전을 계기로 일본의 민주화가 진행되고 헌법 개정, 교육 개혁 등이 이루어지면서 일본은 큰 변화를 이루었다. 이러한 변혁은 지금 일본의 토대가 되었으며, 이 대혼란의 시대가 없었다면 오늘날 일본의 모습은 없었다고 해도 과언이 아닐 것이다.

　②이러한 것을 통해 우리 인간은 어려울 때일수록 힘을 발휘하는 존재라는 것을 알 수 있다. 즉, 이대로 상황이 악화해 신종 감염병으로 인한 사회 붕괴가 현실이 되더라도, 인간은 어떻게든 이 상황을 타개하기 위해 시행착오(주3)를 겪으며 반드시 그 시대에 맞는 새로운 삶의 방식을 찾아낼 것이다. 그리고 하나가 바뀌면 연쇄적으로 다른 것들도 변화하고, 오래 전부터 이어져 내려온 생활 양식과 문화 형태를 바꾸어 새로운 사회의 상식이라는 것이 생겨날 것이다. 그리고 우리가 전후 사회 개혁의 혜택을 받은 것처럼, 미래를 살아갈 누군가에게는 이 혼란의 시대를 살아 내고 새로운 상식을 만들어 낸 우리의 혜택을 받는 사람이 있을 것이다. 이렇게 생각해 보면, 이 혼란의 시대가 나쁜 것인지 아닌지는 혼란의 와중(주4)에 있는 현 단계에서 평가할 수 있는 것이 아니라, 이 혼란이 수습되고 새로운 시대로 옮겨 갈 시점에 단언할 수 있는 것이 아닐까 싶다.

(주1) パンデミック 팬데믹 : 질병이 광범위하게 확산되는 것
(주2) 先人 선조 : 옛날 사람
(주3) 試行錯誤する 시행착오를 겪다 : 실패를 반복하면서 해결법을 찾는 것
(주4) 渦中 와중 : 소동 속

[59] ①위기 상황이란 어떤 상황인가?

1 과거에 발견된 바이러스에서는 볼 수 없었던 특징이 확인된 것
2 바이러스의 등장으로 향후 팬데믹을 일으킬 가능성이 높아진 것
3 감염증의 유행으로 인해 경제 활동이 정체되어 생활이 바뀌어 버린 것
4 사람들의 생활 양식의 변화가 새로운 감염증을 일으킨 것

[60] ②이러한 것이란 무엇인가?

1 과거 일본이 극심한 혼란으로 현재의 일본과는 다른 모습이었던 것
2 일본의 큰 변혁이 세계에 나쁜 영향도 좋은 영향도 끼친 것
3 전쟁으로 큰 타격을 입었지만, 민주화로 인해 원래의 모습으로 돌아온 것
4 전쟁이라는 큰 혼란이 손실과 변혁 모두를 초래한 것

[61] 사회가 붕괴된 이후의 인간에 대해 필자는 어떻게 생각하고 있는가?

1 시대에 맞는 새로운 상식을 만들어 낸다.
2 현상을 타개함으로써 새로운 문화를 찾는다.
3 시행착오를 겪으며 살아간 사람들의 삶의 방식을 되돌아본다.
4 예전 생활 양식으로 되돌려 사회의 안정을 꾀한다.

[62] 혼란의 시대에 대해 필자의 생각과 일치하는 것은 어느 것인가?

1 일이 나쁜 것인지 아닌지는 현 단계를 살아가는 사람만이 알 수 있다.
2 일이 일어나고 있는 동안에는 선악에 대해 일률적으로 단언할 수 없다.
3 혼란은 시대가 변화하면서 수습되어 가는 법이다.
4 혼란의 시대에 대해 평가하기 위해 사태를 수습해야 한다.

문제11 다음 A와 B 문장을 읽고 나서 다음 물음에 대한 답으로 가장 올바른 것을 1·2·3·4에서 하나 고르세요.

A

결혼 상대에게 요구하는 조건은 무엇일까? 일본에서는 '3고(高)'라고 해서 고신장·고학력·고소득 이 세 가지를 흔히 꼽는다. 물론 조건은 사람마다 차이가 있고, 시대에 따라 조금씩 변화하고 있을 것이다. 다만 누구에게나 어느 시대에나 중요한 조건은 당신과 잘 맞느냐 하는 것이다. '3고'의 조건은 모두 상대방의 스펙⁽주⁾을 가늠하는 잣대일 뿐이다. 대화가 잘 통하고 취미가 같고 좋아하는 음식이 비슷하고, 이런 스펙 이외의 부분이 사람과 오래 사귀는 데 중요하다.

그런 운명의 상대를 만나기 위해서는 친구를 이용하는 것이 가장 좋은 방법이다. '유유상종'이라는 말이 있듯이 친한 사람들끼리는 생각이나 성격이 비슷한 경향이 있다. 즉, 친구의 친구는 성격이 잘 맞고 깊은 관계가 될 가능성도 높다는 뜻이다.

(주) 스펙 스펙 : 여기서는 사람의 성질이나 능력을 말함

B

평생을 함께할 파트너를 선택할 때 가장 중요하게 생각하는 것은 돈이라고 말하는 사람들이 많다. 아무리 외모가 좋고 착한 사람이라도 수입이 적으면 후보자가 될 수 없다는 것이다. 하지만 돈에 현혹되어서는 안 된다. 정말 중요한 것은 두 사람의 궁합이다. 신기하게도 궁합이 잘 맞는 두 사람은 금전적 감각이 비슷한 경우가 많다. 한정된 수입 내에서 무엇에 얼마만큼의 돈을 쓰는지, 그 감각이 비슷한 것이다. 금전 감각과 궁합은 상관관계가 있는 경우가 많다.

그렇다면 궁합이 잘 맞는 상대를 어떻게 만날 수 있을까? 자신이 속한 조직이나 주변 커뮤니티에서 찾는 것이 효율적일 것이다. 인간이라는 생물은 자신과 비슷한 사람에게 호감을 느끼기 쉽고 친구가 될 확률도 높다. 결혼한 두 사람의 친한 친구들만 참석하는 결혼식 뒤풀이에서 커플이 탄생해 결혼한다는 것도 납득할 만한 이야기일 것이다.

[63] 결혼 상대를 고를 때 A와 B가 공통적으로 중요하다고 말하는 것은 무엇인가?

1 높은 수입에 금전적 감각이 맞는 사람인지를 확인하는 것
2 외모가 좋고 성격이 좋은 사람을 선택하는 것
3 가능한 한 가치관이 비슷한 상대를 선택하는 것
4 각자가 생각하는 조건에 딱 맞는 사람을 신중하게 찾는 것

[64] 결혼 상대와 만나는 방법에 대해 A와 B는 어떻게 말하고 있는가?

1 A도 B도 자신과 비슷한 사람을 계속 찾아야 한다고 말하고 있다.
2 A도 B도 자신이 속한 커뮤니티나 주변 친구들을 통해 만남을 가져야 한다고 말하고 있다.
3 A는 친구의 친구를 많이 만나야 한다고 말하고, B는 결혼식에 많이 참석해야 한다고 말하고 있다.
4 A는 궁합이 잘 맞는 상대와 깊은 관계를 맺어야 한다고 말하고, B는 자신이 속한 커뮤니티를 늘려야 한다고 말하고 있다.

문제12 다음 문장을 읽고 나서 다음 물음에 대한 답으로 가장 올바른 것을 1·2·3·4에서 하나 고르세요.

애인에게 차이고 키우던 고양이가 죽었다. 직장에서 실수를 저질러 상사에게 심한 꾸지람을 들었다. 금방이라도 죽을 것 같은 표정을 짓고 있는 당신에게 "왜 그래? 무슨 일 있었어?"라고 몇 번이고 물어보는 사람과 아무 말 없이 커피를 건네는 사람, 당신은 어느 쪽이 더 고맙게 느껴질까?

두 사람의 가장 큰 차이는 '공감 능력'이다. 이것은 타인이 느끼는 희로애락의 감정에 공감할 수 있는 힘을 말한다. 아마 대부분의 사람이 "무슨 일 있었어?"라는 질문을 몇 번이고 듣는 것을 싫어하지 않을까? 표면적으로 보면 힘들어하는 사람에게 말을 거는 것은 친절해 보이기도 한다. 본인도 친절하게 대하려는 마음으로 말을 건네는 것일 것이다.

공감 능력은 주로 세 가지 요소로 구성되어 있다고 한다. '관찰', '상상', '표현'. '관찰'은 상대방의 모습을 주의 깊게 관찰하는 것, '상상'은 상대방의 감정을 생각하는 것, '표현'은 감정을 적절한 말과 행동으로 표현하는 것이다. 이 세 가지가 모두 갖춰져야만 '공감 능력'이라는 것이 완성되기 때문에 이 세 가지가 모두 꼭 필요한 요소이다. "무슨 일 있었어?"라고 여러 번 말하는 사람은 '상상'이 부족한 것일 수 있다.

공감 능력은 모든 대인 관계에서 핵심적인 요소다. 가족, 연인, 상사, 부하 직원, 고객 등 모든 상황에서 꼭 필요한 힘이다. 주변에 고통받는 사람에게 쉽게 행동으로 옮겨서는 안 된다. 마음대로 행동하거나 상대의 감정을 쉽게 판단하지 않고, 상대의 마음을 살피는 것에서 이 공감 능력이 생긴다는 것을 결코 잊지 말아야 한다. 상대방의 표정을 잘 관찰하고, 상대방의 입장이 되어 생각하고, 그 행동이 정말 옳은 것인지 좀 더 신중하게 선택할 필요가 있다.

여기서 문제가 되는 것이 바로 감각의 차이이다. 앞서 언급한 예시를 읽은 사람 중 누군가는 말을 걸어 주는 것이 더 기쁘게 느껴질 수도 있다. 이는 '내'가 받아서 기뻐하는 것과 '너'가 받아서 기뻐하는 것 사이에 괴리가 있기 때문이다. 이 감각의 괴리는 인간관계에 심각한 균열을 일으킬 수 있다. 상대방의 사정을 애써 배려한 결과 '말을 건네는' 선택을 하든 '가만히 지켜보는' 선택을 하든 상대방에 따라 받아들이는 방식이 크게 달라진다. 상대방은 당신이 기대하는 감정을 느끼지 못할 수도 있고, 그로 인해 당신에 대한 평가도 본의 아니게(주) 내려질 수도 있다. 당신의 친절은 어둠 속에 묻혀 버릴 수도 있다.

태어나고 자란 환경과 사고방식이 서로 다른 또 다른 개체인 타인의 마음을 이해하는 것은 사실상 거의 불가능에 가깝다. 하지만 그렇다고 해서 포기해서는 안 된다. 100% 이해하지 못하더라도 이해하고자 하는 마음, 이해하려는 자세야말로 소통의 본질이다. 상대방의 마음을 헤아리고자 하는 강한 마음이 가장 중요하다. 이것이 바로 '진정한 배려'이다. 진정으로 상대를 생각한다면 신기하게도 상대방에게도 그것이 전해지기 마련이다.

(주) 不本意に 본의 아니게 : 자신이 진정으로 바라는 것과는 달리

65 필자에 따르면 '공감 능력'이 있는 사람은 어떤 사람인가?
1 어떤 사람에게도 항상 밝고 활기차게 말을 걸 수 있는 사람
2 곤란한 얼굴이나 어두운 표정을 한 사람을 바로 찾을 수 있는 사람
3 상대방의 표정을 주의 깊게 보고 뭔가 고민이 있는 것은 아닌지 생각할 수 있는 사람
4 기운이 없는 사람을 보고 뭔가 곤란한 일이 있는 것은 아닐까 싶어서 말을 걸 수 있는 사람

66 좀 더 신중하게 선택한다는 것은 어떤 것인가?
1 상대방에 대한 행동이 적절한지를 생각하는 것
2 상대방의 감정을 이해하기 위해 반복적으로 커뮤니케이션을 하는 것
3 자신의 태도가 상대방과의 관계성을 좋게 하는지를 생각하는 것
4 상대방을 신중하게 관찰하고 감정을 이해할 것

67 필자는 왜 인간관계에 심각한 균열을 낳을 수 있다고 말하고 있는가?
1 아무리 배려하는 행동을 해도 사람의 마음을 바꾸는 것은 어렵기 때문에.
2 상대방에게 좋다고 생각한 행동도 사람에 따라서는 싫다고 느낄 수 있기 때문에.
3 일반적인 감각을 가지고 있지 않은 사람의 감정을 이해하는 것은 거의 불가능하기 때문에.
4 상대방의 입장에 서서 생각하고 배려하는 마음을 가지고 행동할 수 없는 사람도 있기 때문에.

68 '진정한 배려'에 대해 필자는 어떻게 말하고 있는가?
1 상대방의 마음을 진심으로 이해하려는 자세가 '진정한 배려'이다.
2 상대방을 진심으로 생각하고 있다는 것을 전하는 것이 '진정한 배려'이다.
3 상대방의 입장에 서서 마음을 정확하게 이해하는 것이 '진정한 배려'이다.
4 상대의 속마음을 알기 어렵다는 것을 이해하려는 자세가 '진정한 배려'이다.

문제13 오른쪽 페이지는 어느 테니스 코트 시설 안내입니다. 다음 물음에 대한 답으로 가장 올바른 것을 1·2·3·4에서 하나 고르세요.

69 사이토 씨는 친구와 테니스를 치기 위해 코트 예약을 했는데 취소할 가능성이 생겼다. 취소할 때 유의할 점은 무엇인가?
1 당일 취소해도 요금이 발생하지 않도록 사전에 현금 결제를 해 두는 것

2 당일 취소하면 이용료 100%에 더해 취소 수수료를 별도로 지불해야 하는 것
3 3일 전에 취소하면 취소 수수료가 발생하지 않는 것
4 전날에 취소하면 이용료의 50%만 지불하면 되는 것

70 회원인 스즈키 씨는 대학 테니스 동아리에서 모리공원 시설을 빌리기로 했다. 2월 3일(일) 16~18시에 코트 한 면과 공을 30개 시설에서 빌리고, 당일에 현금으로 결제하고 싶다고 생각하고 있다. 시설을 빌리려면 어떻게 신청해야 하는가? 또 결제는 어떻게 해야 하는가?

1 당일에 창구에 가서 테니스코트 예약과 결제를 완료한다.
2 전화로 예약하고 6,000엔을 시설 창구에서 지불한다.
3 인터넷으로 예약하고 5,700엔을 시설 창구에서 지불한다.
4 FAX로 예약하고 6,700엔을 시설 창구에서 지불한다.

모리공원 테니스코트 시설 안내

【이용 요금표】

한 면 당	평일		휴일·국경일	
	회원	일반	회원	일반
1시간	1,800엔	2,000엔	2,500엔	2,800엔
2시간	3,500엔	3,900엔	4,800엔	5,500엔

【야간 조명 사용료 표】
코트 한 면 당 1시간 당 300엔
※회원·일반 상관없이 아래 시간부터 조명료가 발생합니다.

연간 스케줄	점등 시간
11월 21일~3월 1일	17시~
3월 2일~6월 20일	18시~
6월 21일~9월 20일	19시~
9월 21일~11월 20일	18시~

~대여에 대하여~
라켓   1채   500엔
볼   10개   300엔
테니스복   [상]   300엔
테니스복   [하]   400엔
신발   300엔

※신청하실 때 예약해 주시기 바랍니다. 또한 테니스복과 신발을 대여할 때는 각각 사이즈를 써 주세요.

~신청 방법~
전화 혹은 팩스, 인터넷으로 신청하실 수 있습니다.

~신청 내용~
①대표자 이름(단체명도 있으면 써 주세요.)
②대표자 주소 ③전화번호 ④이용 인원 ⑤코트 수
⑥이용 시간 ⑦대여 유무

⑧회원 자격 유무
(회원인 분들은 회원 번호를 써 주세요.)
※예약은 전날까지 가능합니다. (당일 예약 불가)

~결제 방법~
방문 시에 창구에서 현금 또는 신용카드로 결제가 가능합니다. (인터넷으로 신청하시는 분은 신용카드로 결제가 가능합니다.)

~주의 사항~
취소 시 취소 수수료가 발생할 수 있습니다.
전날이나 당일 무단 취소 시 이용료 100% 지불.
2일 전일 경우에 이용료 50% 지불이 발생하오니 유의하시길 바랍니다.
※ 3일 전까지 취소 수수료는 무료입니다.

모리공원 스포츠센터 시설계 테니스코트 담당
전화: 083-987-XXXX
FAX: 083-987-XXXX
홈페이지: https://nihongonomori.com

모의 시험 제1회 청해

문제1 문제1에서는 먼저 질문을 들으세요. 그러고 나서 이야기를 듣고 문제지의 1부터 4 중에서 가장 올바른 것을 하나 고르세요.

예

음성

女の人が飲料の広告について男の人と話しています。
女の人はこのあと何をしなければなりませんか。

女：部長、飲料の広告のデザイン案、確認していただけたでしょうか。
男：うん、とてもいいアイデアだと思うよ。
女：ありがとうございます！ただ、ここの文字が少し見にくいかなと思うのですが。
男：うーん、確かに。まあこの部分は全体のバランスを見てから色を調整するとして…。いつから販売するのか書いてないね。
女：あ！すみません！
男：じゃあ、その部分を書き加えて。それと依頼人にデザイン案をチェックしてもらいたいんだけど。
女：あ、来週打ち合わせをすることになっているので、そのときに確認します。

女の人はこのあと何をしなければなりませんか。

1 デザイン案を見せる
2 文字の色を変える
3 発売日を書く
4 打ち合わせの日を決める

여자가 음료 광고에 대해 남자와 이야기하고 있습니다. 여자는 이 다음에 무엇을 해야 합니까?

여: 부장님, 음료 광고 디자인안 확인해 보셨나요?
남: 응, 아주 좋은 아이디어라고 생각해.
여: 감사합니다! 다만, 여기 글자가 좀 보기 힘들지 않을까 싶은데요.
남: 음, 그러네. 뭐, 이 부분은 전체 밸런스를 보고 난 다음에 색깔을 조정하는 걸로 하고…. 언제부터 판매하는지가 안 적혀 있네.
여: 앗, 죄송합니다!
남: 그럼 그 부분을 추가해 줘. 그리고 의뢰인한테 디자인안을 체크해 달라고 해 줬으면 하는데.
여: 아, 다음 주에 미팅을 하기로 되어 있으니까 그때 확인하겠습니다.

여자는 이 다음에 무엇을 해야 합니까?

1 디자인안을 보여 준다
2 글자 색을 바꾼다
3 **발매일을 쓴다**
4 미팅 날을 결정한다

1번

음성

図書館のカウンターで男の人と図書館の職員が話しています。男の人はこのあとまずどうしなければなりませんか。

男：すみません。先日発行した会員カードなんですが、なくしてしまって。
女：ああ、そうですか。カードの中に個人情報が登録されているので、取り消しの手続きが必要です。身分証明書をお持ちしたら、すぐに処理できますが。
男：はい。健康保険証でいいですか。
女：すみませんが、顔写真付きのものでお願いしています。ちなみに、お作りになったのはいつ頃ですか。
男：一昨日ですが。
女：でしたら、お客さまはまだ仮カードのはずです。個人情報は未登録の状態ですので、プライベートな情報は漏れることはありません。ご心配なさらないでください。本カード発行手数料を先にお支払いいただければ、次にご来館の際、すぐ本カードへ移行ができるように手続きしておきますが。
男：じゃあ、お願いします。
女：一週間以内にご本人であることが確認できるものをお持ちの上、こちらにお越しください。
男：はい、ありがとうございました。

男の人はこのあとまずどうしなければなりませんか。

1 身分証明書を持ってくる
2 健康保険証を提示する
3 **本カード発行料金を払う**
4 仮カードのデータを取り消す

도서관 카운터에서 남자와 도서관 직원이 이야기하고 있습니다. 남자는 이 다음에 우선 어떻게 해야 합니까?

남 : 죄송합니다. 저번에 발급한 회원카드 말인데요, 잃어버려서요.

여 : 아, 그렇습니까? 카드 안에 개인 정보가 등록되어 있어서 취소 절차가 필요합니다. 신분증 가지고 계시면 바로 처리가 가능한데요.

남 : 네, 건강보험증이면 되나요?

여 : 죄송합니다만, 얼굴 사진이 첨부된 것으로 부탁드리고 있어요. 혹시 만드신 건 언제쯤인가요?

남 : 그저께인데요.

여 : 그럼, 손님은 아직 임시 카드일 겁니다. 개인 정보는 미등록 상태이므로 사적인 정보는 누출되지 않으니 걱정하지 마세요. 본 카드 발급 수수료를 먼저 지불해 주시면 다음에 방문 시 바로 본 카드로 이행할 수 있도록 절차를 밟아 두는데요.

남 : 그러면, 부탁드립니다.

여 : 일주일 이내에 본인임을 확인할 수 있는 것을 가지고 오셔서 이쪽으로 오세요.

남 : 네, 감사합니다.

남자는 이 다음에 우선 어떻게 해야 합니까?

1 신분증을 가져온다
2 건강보험증을 제시한다
3 **본 카드 발급 요금을 지불한다**
4 임시 카드의 데이터를 취소한다

2번

음성

会社で女の人と男の人が話しています。女の人はこのあと何をしますか。

女 : あのう、先輩、来月発売の新商品の件なんですけど。
男 : ああ、あの化粧品? 何か問題でもあった?
女 : はい、コマーシャルなんですが、5年ぶりの新商品ということで海外で撮ることになっていましたよね。
男 : うん。
女 : 人気若手アイドルグループに出演を依頼したんですが、かなり予算オーバーになってしまいまして。
男 : それは困ったな。別の人にお願いできない?
女 : それも考えたんですが、あの子達は今売れっ子ですし、スケジュールに余裕がない中引き受けてくれたので。
男 : 確かに。じゃあ、できることなら場所にもこだわりたかったけど、商品イメージに合ったタレントを使いたいし、広告会社と相談してなるべく費用がかからないところで撮るしかないか。
女 : はい、承知しました。

女の人はこのあと何をしますか。

1 **撮影場所の相談を広告会社とする**
2 広告会社にタレントの変更を依頼する
3 新商品の販売を延期する
4 出演者の人数を減らす

회사에서 여자와 남자가 이야기하고 있습니다. 여자는 이 다음에 무엇을 합니까?

여 : 저, 선배님, 다음 달에 출시하는 신상품 건 말인데요.
남 : 아, 그 화장품? 무슨 문제라도 있었어?
여 : 네, 광고요. 5년 만의 신상품이라고 해외에서 찍기로 되어 있었잖아요.
남 : 응.
여 : 인기 있는 젊은 아이돌 그룹에 출연을 의뢰했는데요, 예산을 너무 초과해 버려서요.
남 : 그거 곤란한데. 다른 사람에게 부탁 못 하나?
여 : 그것도 생각해 봤는데, 그 애들이 지금 한창 잘나가고 있고 스케줄에 여유가 없는데도 불구하고 수락해 줬던 거라서.
남 : 그랬지. 그럼, 가능하면 장소도 신경을 쓰고 싶었지만, 상품 이미지에 맞는 연예인을 쓰고 싶기도 하고, 광고 회사와 상의해서 최대한 비용이 적게 드는 곳에서 찍는 수밖에 없겠네.
여 : 네, 알겠습니다.

여자는 이 다음에 무엇을 합니까?

1 **촬영 장소의 상의를 광고 회사와 한다**
2 광고 회사에 연예인 변경을 의뢰한다
3 신상품 판매를 연기한다
4 출연자 인원수를 줄인다

3번

> **음성**
>
> 旅行会社で上司と女の人が話しています。女の人はまず何をしますか。
>
> 男：山田さん、来月から始まる女性向けのツアー、新入社員の鈴木さんもチームに入れようと思うんだけど。
>
> 女：え、彼女は先月入ったばかりの新人ですよ。
>
> 男：この企画は若者ならではの意見が大事なんだ。それに今までにない新入社員ならではの意見が出るんじゃないかと思ってね。君に鈴木さんの教育係を任せてもいいかな。
>
> 女：はい…。
>
> 男：鈴木さんが加わったら、若者の女性向けというのを前提に、二人で企画書の作成に取り掛かって。あ、マニュアルも作ってね。鈴木さんが加わるのは来週になるから、それまでにね。
>
> 女：承知しました。
>
> 男：最終的には、その企画書をもとに3人で流れの確認をしよう。その段階で鈴木さんと君で現地調査をしに行ってもらうのもいいね。実際に経験することがより良いサービスの提供に繋がるからね。
>
> 女：わかりました。いいツアーになるよう頑張ります。

女の人はまず何をしますか。

1 鈴木さんと現地調査する
2 新人教育マニュアルを作成する
3 企画書を作成する
4 ツアーの流れについて話し合う

> 여행사에서 상사와 여자가 이야기하고 있습니다. 여자는 우선 무엇을 합니까?
>
> 남 : 야마다 씨, 다음 달부터 시작되는 여성을 대상으로 하는 투어에 신입 사원인 스즈키 씨도 팀에 넣으려고 하는데.
>
> 여 : 어, 그녀는 지난달에 막 들어온 신입인데요.
>
> 남 : 이 기획은 젊은이 특유의 의견이 중요하거든. 게다가 이제까지는 없었던 신입 사원만의 의견이 나오지 않을까 싶어서. 자네한테 스즈키 씨의 교육 담당을 맡겨도 될까?
>
> 여 : 네….
>
> 남 : 스즈키 씨가 합류하면 젊은 여성들을 타깃으로 한다는 것을 전제로, 둘이 기획서 작성에 착수해. 아, 매뉴얼도 만들어 줘. 스즈키 씨가 합류되는 건 다음 주가 될 테니까, 그때까지.
>
> 여 : 알겠습니다.
>
> 남 : 최종적으로는 그 기획서를 바탕으로 셋이서 흐름을 확인하자. 그 단계에서 스즈키 씨와 자네가 현지 조사를 하러 가는 것도 좋겠네. 실제로 경험해 보는 게 더 나은 서비스 제공으로 이어지는 것일 테니까.
>
> 여 : 알겠습니다. 좋은 투어가 되도록 노력하겠습니다.

여자는 우선 무엇을 합니까?

1 스즈키 씨와 현지 조사를 한다
2 <u>신입 교육 매뉴얼을 작성한다</u>
3 기획서를 작성한다
4 투어의 흐름에 대해 이야기한다

4번

> **음성**
>
> レストランを経営する男の人が知り合いの女の人と話しています。この男の人はこのあと何をしますか。
>
> 男：うちのレストラン、最近夜になると外からすごい虫が入って来ちゃって。食べ物を扱ってるから、どうにかしたいんですけど。加藤さんが経営なさってるお店はどうですか。
>
> 女：私のところもです。音もうるさいし、店の雰囲気も損なうので困っていたところ、虫を駆除してくれる業者がいると聞いてお願いしたんです。半日もかかって大変だったけど、おかげさまでもう来なくなりました。
>
> 男：うちも飲食店じゃなければそうしたいんですけどね。夜は扉を閉めるようにしているんですが、それだけではなかなか。
>
> 女：うーん、入ってくる虫を退治するというより、虫が入って来ない環境を作ることが大事かもしれませんね。
>
> 男：なるほど…つまり虫が嫌う匂いで追い出すとか？
>
> 女：まあ方向性は間違っていないんですが。そういえば、この前業者の人が虫は光があるところを好むって。店先の照明に集まっちゃってるのかもしれませんね。

男：あ、私もネットでその情報見て、店先の看板をしまったんですが、いまいち効果がわからなくて。
女：もしかしたら店内の明かりが原因かも。今の薄いカーテンから光を遮れるものにしてみたらどうですか。
男：その考えは盲点だったなあ。

この男の人はこのあと何をしますか。

1 扉を閉める
2 カーテンを変える
3 害虫駆除の業者に依頼する
4 店先の照明を変える

레스토랑을 운영하는 남자가 아는 여자와 이야기하고 있습니다. 이 남자는 이 다음에 무엇을 합니까?

남 : 우리 레스토랑, 요즘 밤이 되면 밖에서 엄청 벌레가 들어와서요, 음식을 취급하는 곳이라 어떻게 좀 해결하고 싶은데요. 가토 씨가 운영하시는 가게는 어떤가요?
여 : 저희 가게도 그래요. 소리도 시끄럽고 가게 분위기도 해쳐서 곤란하던 차에, 벌레를 잡아 주는 업자가 있다는 말을 듣고 부탁했어요. 반나절이나 걸려서 힘들었지만, 덕분에 벌레가 더 이상 오지 않게 됐어요.
남 : 우리도 음식점만 아니면 그렇게 하고 싶어요. 밤에는 문을 닫고는 있는데 그것만 해서는 좀처럼 안 돼요.
여 : 그게, 들어오는 벌레를 퇴치한다기보다는 벌레가 들어오지 않는 환경을 만드는 것이 중요할지도 몰라요.
남 : 그렇겠네요…. 그러니까 벌레가 싫어하는 냄새로 쫓아낸다는 건가요?
여 : 뭐 방향성은 틀리지 않는데요. 그러고 보니 요전 업체 사람이 말하길, 벌레는 빛이 있는 곳을 좋아한다고 하더라고요. 가게 앞 조명에 모여드는 것일 수도 있어요.
남 : 아, 저도 인터넷에서 그 정보를 보고 가게 앞 간판을 닫았는데, 별로 효과를 모르겠어요.
여 : 어쩌면 가게 안의 불빛이 원인일지도요. 지금 있는 얇은 커튼 말고 빛을 차단할 수 있는 것으로 바꾸면 어떨까요?
남 : 그건 미처 생각하지 못했네.

이 남자는 이 다음에 무엇을 합니까?

1 문을 닫는다
2 커튼을 바꾼다
3 해충 퇴치 업자에게 의뢰한다
4 가게 앞의 조명을 바꾼다

5번

음성

語学学校の大学進学コースで教師が学生に話しています。学生は何をしなければなりませんか。

女：学生の皆さんにお知らせとお願いがあります。来年度から、クラス分けの方式を変更することになりました。今までは学力で区分していましたが、個人の進路に合わせて分けることになります。これは卒業生の意見を受け、取り入れることになった決定事項です。来月皆さんの卒業後の進路希望を伺いますので、今から大学について調べたり、パンフレットを取り寄せたりするなど準備をしてください。また、面談の際に卒業後の進路と現在の成績を比較して、勉強法についてのアドバイスもしたいと考えています。他に現在の授業に対する意見や進路相談も受け付けますので、面談の際にお気軽にお申し付けください。

学生は何をしなければなりませんか。

1 進路別でクラスを分ける
2 勉強法について助言をもらう
3 大学の情報を集める
4 現在の授業に意見する

어학원의 대학 진학 과정에서 교사가 학생에게 이야기하고 있습니다. 학생은 무엇을 해야 합니까?

여 : 학생 여러분께 공지 사항과 부탁이 있습니다. 내년도부터 반 배정 방식을 변경하게 되었습니다. 지금까지는 학력으로 구분했지만, 개인 진로에 맞춰 나누게 될 것입니다. 이는 졸업생의 의견을 수렴해 도입하게 된 결정 사항입니다. 다음 달에 여러분의 졸업 후 진로 희망을 들을 예정이니 지금부터 대학에 대해 알아보거나 팸플릿을 요청해서 받는 등 준비해 주세요. 또 면담할 때 졸업 후 진로와 현재 성적을 비교해서 공부법에 대한 조언도 해 주고 싶습니다. 이외에 현재 수업에 대한 의견이나 진로 상담도 접수하고 있으니 면담 시에 편하게 말씀해 주세요.

학생은 무엇을 해야 합니까?

1 진로별로 반을 나눈다
2 공부법에 대한 조언을 받는다
3 대학의 정보를 모은다
4 현재 수업에 대한 의견을 말한다

6번

音声

会社で男の人と女の人が忘年会の準備について話しています。男の人はこのあとまずどうしますか。

男：あのう、先輩。今年初めて忘年会の幹事をやることになったんですけど、どうしたらいいでしょうか。去年と同じ会場は予約しておいたんですが。

女：ええと、出席者の人数と余興をするグループが何組あるか確認しておかなきゃいけないから、連絡してくれる？あ、会社のグループメッセージでいいから。メールだとみんな見ないからさ。

男：はい、人数の確定は一週間前でいいでしょうか。あ、部長はグループに参加していませんでしたよね。

女：うん、一週間前くらいでいいね。部長にはこの後会うから、私が出席の確認しておくわ。そういえば去年の会場、料理は冷めてるし、店員の態度も悪いから今年は違うところにしてくれって言われてたんだった。

男：そうだったんですね。じゃあキャンセルしておきます。

女：うん、悪いけど頼むわ。新しい会場は部長の予定と希望を聞いたあとで、私の方でいくつか候補を挙げておくから。出席者の数が確定したら、連絡お願いできる？

男：はい。

女：あ、でももう一か月もないから空きがないかもしれないね。一応次が決まるまで今の会場は押さえたままにしといて。確かキャンセルは二週間前まで大丈夫だったはず。それと例年通りなら、楽器の演奏をする人もいるから、必要な設備を確認しておいてくれると助かるわ。

男：はい、わかりました。聞いておきます。

男の人はこのあとまずどうしますか。

1 参加者の人数を確定する
2 会場の予約をキャンセルする
3 新しい会場を予約する
4 余興に必要な設備を確認する

회사에서 남자와 여자가 송년회 준비에 대해 이야기하고 있습니다. 남자는 이 다음에 우선 어떻게 합니까?

남 : 저, 선배님. 올해 처음으로 송년회 간사를 하게 됐는데요. 어떻게 하면 좋을까요? 작년과 같은 연회장으로 예약은 해 뒀어요.

여 : 음, 참석자 인원수랑 장기 자랑을 하는 그룹이 몇 팀이 있는지 확인해야 하니까 연락해 줄래? 아, 회사 그룹 메시지로 보내도 돼. 메일로 보내면 다들 안 볼 테니까.

남 : 네, 인원 확정은 일주일 전까지 하면 될까요? 아, 부장님은 그룹에 참가하지 않으셨죠?

여 : 응, 일주일 전 정도면 돼. 부장님은 이따가 내가 만나니까 출석하시는지 확인해 둘게. 그러고 보니 작년에 했던 연회장, 요리는 다 식었고 점원들 태도도 나빠서 올해는 다른 곳으로 가자고 했었어.

남 : 그랬군요. 그럼 취소해 두겠습니다.

여 : 응, 미안하지만 부탁할게. 새로운 연회장은 부장님 일정이랑 희망 사항을 들은 후에 내가 몇 개 후보를 들어 둘 테니까. 참석자 수가 확정되면 연락 부탁해도 될까?

남 : 네.

여 : 아, 하지만 벌써 한 달도 안 남아서 빈 곳이 없을지도 모르겠네. 일단 다음이 결정될 때까지 지금 예약한 연회장은 그대로 둬. 아마 취소는 2주 전에만 하면 괜찮았던 것 같아. 그리고 예년처럼 악기를 연주하는 사람도 있을 테니 필요한 장비를 확인해 주면 좋을 것 같아.

남 : 네, 알겠습니다. 물어볼게요.

남자는 이 다음에 우선 어떻게 합니까?

1 참가자 인원수를 확정한다
2 연회장 예약을 취소한다
3 새로운 연회장을 예약한다
4 장기 자랑에 필요한 장비를 확인한다

문제2 문제2에서는 먼저 질문을 들으세요. 그 다음 문제지의 선택지를 읽으세요. 읽는 시간이 있습니다. 그러고 나서 이야기를 듣고 문제지의 1부터 4 중에서 가장 올바른 것을 하나 고르세요.

예

音声

喫茶店で男の人と女の人が話しています。この男の人は恋人がどうして怒ったと言っていますか。

男：あーあ。また彼女を怒らせちゃったよ。

女: また?何があったの?
男: 昨日、彼女の誕生日だったんだけど、いろいろあって何もしてあげられなくて。
女: 誕生日なのに何もあげなかったの?
男: うん、まあ、それは気にしてないみたいなんだけど、仕事があって、帰るのが遅くなっちゃって。疲れてたから、帰ってそのまま寝ちゃったんだよね。
女: え、じゃあずっと寒い中、外で待たせてたの?
男: いや、彼女のうちに会いに行く約束をしたから大丈夫だったんだけど、メッセージぐらい送れないのって言われちゃって。
女: それは怒られても仕方ないね。

この男の人は恋人がどうして怒ったと言っていますか。

1 プレゼントをあげなかったから
2 仕事が忙しかったから
3 長時間外で待たせていたから
4 連絡しなかったから

찻집에서 남자와 여자가 이야기하고 있습니다. 이 남자는 애인이 왜 화가 났다고 말하고 있습니까?

남: 아아, 또 여자 친구를 화나게 했어.
여: 또? 무슨 일이야?
남: 어제 여자 친구 생일이었는데, 여러 가지 사정이 있어서 아무것도 못 해 줬어.
여: 생일인데 아무것도 안 준 거야?
남: 어, 뭐 그건 별로 신경 안 쓰는 것 같은데, 일이 있어서 집에 늦게 가서. 피곤해서 집에서 그대로 잠들어 버렸어.
여: 어머, 그럼 계속 추운 날씨에 밖에서 기다리게 한 거야?
남: 아니, 여자 친구 집으로 만나러 가기로 약속해서 괜찮았는데 메시지 정도도 못 보내냐고 하더라고.
여: 그건 혼나도 어쩔 수 없어.

이 남자는 애인이 왜 화가 났다고 말하고 있습니까?

1 선물을 주지 않기 때문에
2 일이 바빴기 때문에
3 장시간 밖에서 기다리게 했기 때문에
4 연락하지 않기 때문에

1번

음성

男の人と女の人が一人で行くキャンプについて話しています。女の人はどんなことが楽しみだと言っていますか。

男: ね、工藤さん、よくソロキャンプに行っているよね。僕も今度挑戦してみようと思うんだけど、キャンプは小学生以来行ってないんだ。それに、キャンプ用品も何も持ってなくて…。
女: えっ、いつも家で本ばかり読んでいる村田君がキャンプに興味を持つなんて。ソロキャンプは道具をたくさん揃えなくても始められるのが魅力よ。車さえ持っていれば、寝袋とテントだけで、後は現地で調達できるものがほとんどよ。
男: えっ、そうなの?
女: うん、私はいつも、行きたい場所を決めたら、その近くのスーパーなんかで食材は買って、あとは落ち葉や薪を集めて焚き火をするの。夜になったら、そこはもう満天の星で、普段の生活を忘れて無人島にいるような気分になるんだよね。
男: そうなんだ。
女: 私はそれにはまっちゃって、月一くらいのペースで行っているんだけど、一度行ってみたら自分なりの楽しみ方も見つかっていいと思うよ。村田君だったら、星の綺麗な湖畔で、焚き火と月の光で読書するとかどう?最高じゃない?
男: わぁ、それは良さそうだなあ。とりあえず、行きたい場所を調べてみるよ。

女の人はどんなことが楽しみだと言っていますか。

1 現地でキャンプ用品を調達すること
2 自然の中で読書をすること
3 スーパーでその土地の食材を買うこと
4 普段の生活から離れて一人で星を見ること

남자와 여자가 혼자 가는 캠핑에 대해 이야기하고 있습니다. 여자는 어떤 것이 기대된다고 말하고 있습니까?

남: 있잖아, 구도 씨, 자주 나홀로 캠핑 가지? 나도 이번에 도전해 보려고 하는데, 캠핑은 초등학생 이후로 안 가 봤어. 게다가 캠핑 용품도 아무것도 없고….
여: 앗, 항상 집에서 책만 읽는 무라타 군이 캠프에 흥미를 갖다니. 나홀로 캠핑은 도구를 많이 갖추지 않아도 시작할

수 있다는 게 매력이야. 차만 있으면 침낭과 텐트만으로 나머지는 현지에서 조달할 수 있는 것이 대부분이야.

남 : 어, 그래?

여 : 응, 나는 항상 가고 싶은 장소를 정하면 그 근처 슈퍼마켓 같은 데서 식재료를 사고 그 다음은 낙엽이나 장작을 모아서 모닥불을 피워. 밤이 되면 그곳은 이미 하늘에 별이 가득해서 평소 생활을 잊고 무인도에 있는 것 같은 기분이 들거든.

남 : 그렇구나.

여 : 난 거기에 푹 빠져서 한 달에 한 번꼴로 가고 있는데, 한 번 가 보면 나름대로 즐기는 방법도 찾게 돼서 좋은 거 같아. 무라타 군이라면 별이 예쁜 호숫가에서 모닥불과 달빛으로 독서하는 거 어때? 최고겠지?

남 : 와, 그거 좋겠다. 일단 가고 싶은 곳을 알아볼게.

여자는 어떤 것이 기대된다고 말하고 있습니까?

1 현지에서 캠핑 용품을 조달할 것
2 자연 속에서 독서하는 것
3 슈퍼마켓에서 그 고장의 식재료를 사는 것
4 **일상생활에서 벗어나 혼자서 별을 보는 것**

2번

음성

女の人と男の人が音楽配信サービスについて話しています。男の人はどういう理由から音楽配信サービスを使い始めましたか。男の人です。

女 : ねえねえ、音楽配信サービス、使ってる？アプリをダウンロードして、毎月980円支払えばいろんな音楽が聴けるやつ。

男 : あ、僕使ってるよ。

女 : そのアプリ、どう？私は、レコードの音が好きで、音楽は家でゆっくりしながら聴くのがいいと思って使う気もなかったんだけど、やっぱりレコードだと聴ける曲が限られちゃうんだよね。一度、音楽配信サービスを使ってみるのもいいかなって、思っているところなんだ。

男 : なるほどね。昔ながらの機械で音楽を聴くのっていいよね。僕もレコードが好きで使ってなかったんだけど、それと同じ理由でそのアプリを使い始めたよ。使って初めて気付いたけど、配信される音楽の量が本当に多くて、いい曲に出会う機会が格段に増えたんだ。

女 : へえ。

男 : 歌詞が自動的に画面に出てくるっていうのも大きなメリットかな。レコードは聴きたい曲を探すのが結構大変なんだよね。アプリなら歌詞の一部を検索すれば一瞬だから、カラオケに行ったときなんかに本当に便利だよ。

女 : いいね。でもレコードの良さも捨てがたいよね。

男の人はどういう理由から音楽配信サービスを使い始めましたか。

1 <u>レコードは聴ける音楽の量が少ないから</u>
2 曲名を忘れたときにすぐに検索できるから
3 カラオケに行ったときに本当に便利だから
4 いい曲に出会う機会が増えたから

여자와 남자가 음악 스트리밍 서비스에 대해 이야기하고 있습니다. 남자는 어떤 이유에서 음악 스트리밍 서비스를 사용하기 시작했습니까? 남자입니다.

여 : 저기, 음악 스트리밍 서비스 사용하고 있어? 앱을 다운 받아서 매달 980엔 내면 다양한 음악 들을 수 있는 거 말이야.

남 : 아, 나 쓰고 있어.

여 : 그 앱, 어때? 나는 레코드판 소리를 좋아해서 음악은 집에서 여유 있게 듣는 게 좋을 것 같아서 쓸 생각도 없었는데, 레코드판으로는 역시 들을 수 있는 곡이 한정돼 있잖아. 한번 음악 스트리밍 서비스를 사용해 보는 것도 괜찮을 것 같아서 고민하는 중이야.

남 : 그렇구나. 옛날 기계로 음악을 듣는 것도 좋지. 나도 레코드판을 좋아해서 안 썼는데 그거랑 같은 이유로 그 앱을 쓰기 시작했어. 써 보고 나서야 알았는데 스트리밍되는 음악의 양이 정말 많아서 좋은 곡을 만날 기회가 엄청나게 늘었어.

여 : 오호.

남 : 가사가 자동으로 화면에 나온다는 것도 큰 장점이야. 레코드판은 듣고 싶은 곡을 찾기가 꽤 힘들잖아. 앱으로는 가사 일부를 검색하면 순식간에 나오니까 노래방에 갔을 때 정말 편리하잖아.

여 : 좋긴 한데, 레코드판의 장점도 버리긴 아쉬워.

남자는 어떤 이유에서 음악 스트리밍 서비스를 사용하기 시작했습니까?

1 **레코드판은 들을 수 있는 음악의 양이 적기 때문에**
2 곡 제목을 잊어버렸을 때 바로 검색할 수 있기 때문에

3 노래방에 갔을 때 정말 편리하기 때문에
4 좋은 곡을 만날 기회가 늘었기 때문에

3번

음성

社長が社内の改革について話しています。社長はまず何から取り組みたいと言っていますか。

男：これから全社員の働き方改革として、オフィスの設備を改善したいと思っております。これまで、フレックスタイム制度の導入や、金曜日はノー残業デーにするなど、様々な社内制度の改善を行ってきました。その結果、会社全体の仕事の効率や、社員の仕事に対するモチベーションの向上に繋がりました。えー、ついで設備に関して社内アンケートを行った際、社員食堂は大変好評でした。早急に取り組むべき課題は、休憩室の設備ですね。集中して作業するためには休憩の質を上げることが大切です。休憩室に仮眠専用の椅子やストレッチボールを置くことを検討しています。

社長はまず何から取り組みたいと言っていますか。

1 社内制度の改善をする
2 休憩室の設備を充実させる
3 社員食堂についてアンケートを行う
4 金曜日の残業を禁止する

사장님이 사내 개혁에 대해 이야기하고 있습니다. 사장님은 우선 무엇부터 시작하고 싶다고 말하고 있습니까?

남 : 앞으로 전 직원의 근무 방식을 개혁하고자 사무실 설비를 개선하려고 합니다. 지금까지 유연 근무제를 도입하고 금요일을 잔업 없는 날로 하는 등 다양한 사내 제도를 개선해 왔습니다. 그 결과 회사 전체의 업무 효율과 사원들의 일에 대한 동기부여가 향상되었습니다. 음, 그리고 설비에 관해 사내 설문 조사를 했을 때 직원 식당은 매우 호평이었습니다. 시급히 해결해야 할 과제는 휴게실 설비네요. 집중해서 작업하기 위해서는 휴식의 질을 높이는 것이 중요합니다. 휴게실에 수면 전용 의자나 스트레칭 볼을 두는 것을 검토하고 있습니다.

사장님은 우선 무엇부터 시작하고 싶다고 말하고 있습니까?

1 사내 제도를 개선한다
2 휴게실 설비를 충실하게 한다
3 직원 식당에 대해 설문 조사를 실시한다
4 금요일 잔업을 금지한다

4번

음성

テレビでアナウンサーが、トレーニングの専門家にインタビューしています。専門家は、どのようなトレーニングが大切だと言っていますか。

女：本日はスポーツトレーナーのひろさんにインタビューをしています。ひろさんは現代を生き抜く皆さんは、どのような運動習慣を心がけるべきだとお考えですか。
男：今までは、ジムに通って、本格的な運動器具を使うトレーニングが主流でした。でも、子育てで忙しい方や、初心者の方はなかなか続けられないことが多かったんです。そこで、自宅で運動器具を使わずに簡単にできるトレーニングをいくつかご提案したいと思います。自宅でのトレーニングは、自分の好きな時間にトレーニングができるし、待ち時間もなく人目を気にせずできるのでおすすめですよ。
女：ジムに行かなくても、自宅でできる運動で効果が期待できるんですか。
男：はい、運動は、身体面だけではなく精神面にも大いに効果を発揮します。ストレッチや軽い筋トレをした後は、ポジティブになったり、集中力が増したりすると言われています。
女：そうなんですね。
男：運動する習慣は身につけるべきですが、激しい運動を長期的に、というとなかなか大変ですよね。だから私は、誰でもできる軽い運動を毎日続けることが一番だと思っています。ずっと家の中にいてもポジティブな気持ちを維持する効果が期待できますしね。もちろん、自分で達成できると思う目標を決めて取り組むことで、長期的な体質改善も見込めます。

専門家は、どのようなトレーニングが大切だと言っていますか。

1 運動器具を使ったトレーニング
2 毎日継続して行う軽いトレーニング
3 身体面に効果があるトレーニング
4 ポジティブな気持ちを維持するトレーニング

텔레비전에서 아나운서가 헬스 전문가를 인터뷰하고 있습니다. 전문가는 어떤 운동이 중요하다고 말하고 있습니까?

여 : 오늘은 스포츠 트레이너 히로 씨와 인터뷰를 하고 있습니다. 히로 씨는 현대를 살아가는 사람들이 어떤 운동 습관을 가져야 한다고 생각하시나요?

남 : 지금까지는 헬스장에 가서 본격적인 운동 기구를 이용한 운동이 주류를 이루었습니다. 하지만 육아로 바쁜 분들이나 초보자들은 운동을 지속하기 어려운 경우가 많았어요. 그래서 집에서 운동 기구 없이도 쉽게 할 수 있는 운동법을 몇 가지 제안해 드리고자 합니다. 집에서 하는 운동은 내가 원하는 시간에 운동할 수 있고, 대기 시간 없이 남의 눈을 의식하지 않고 할 수 있다는 점에서 추천해 드립니다.

여 : 헬스장에 가지 않아도 집에서 할 수 있는 운동으로 효과를 기대할 수 있나요?

남 : 네, 운동은 신체적인 면뿐만 아니라 정신적인 면에서도 큰 효과를 볼 수 있습니다. 스트레칭이나 가벼운 근력 운동을 하고 나면 긍정적으로 되거나 집중력이 높아진다고 해요.

여 : 그렇군요.

남 : 운동하는 습관은 몸에 익혀야 하지만, 격렬한 운동을 장기적으로 하기는 쉽지 않죠. 그래서 저는 누구나 할 수 있는 가벼운 운동을 매일 꾸준히 하는 것이 가장 좋다고 생각해요. 집에만 있어도 긍정적인 마음을 유지하는 효과도 기대할 수 있고요. 물론 스스로 달성할 수 있는 목표를 정하고 실천하면 장기적인 체질 개선도 기대할 수 있습니다.

전문가는 어떤 운동이 중요하다고 말하고 있습니까?

1 운동 기구를 이용한 운동

2 매일 지속적으로 하는 가벼운 운동

3 신체면에 효과가 있는 운동

4 긍정적인 마음을 유지하는 운동

5번

음성

女の学生と男の学生が映画について話しています。男の学生は何についてレポートを書くと言っていますか。男の学生です。

女：夏休みの課題、映画のストーリーを分析して、レポートを書くってやつだったけど、もう何か作品観た？

男：いや、まだ何も観てないんだよ。少年向けのアニメを観ようと思っているんだけどね。ほら、最近主人公が世界を救うっていう話じゃなくて、家族を守るために不思議な力を使って戦う、みたいなストーリーが流行ってるじゃない。

女：ああ、家族愛の物語ね。自分は家族を守るために戦っているけど、主人公は心優しいから、結局は家族以外の困っている人たちも助けてしまうんだよね。

男：うん、あ、それもあるけど、主人公が宝を求めて仲間と旅をするっていう話もおもしろいかもしれないな。旅の途中で仲間が増えたり減ったりするんだけど、その仲間もそれぞれ目的は違うんだよ。

女：へえー！それぞれ違う目的があるけど、仲間として一緒に旅をするんだね。それ、すごく気になるなあ。私はその映画を観てレポートを書こうかな。

男：僕は何にしようかな。やっぱり家族愛をテーマにした物語に興味があるから、それについて書こうかな。あ、そうそう、昔の映画の続編も近々公開されるよね。地球に謎の生命体が侵略してくるんだけど、地球を救う力を持っているのは主人公だけなんだ。でも、主人公は戦いたくなくて、葛藤するって話。

女：あ、その映画も観に行かなきゃいけないね！

男の学生は何についてレポートを書くと言っていますか。

1 主人公が家族のために戦う物語
2 仲間と一緒に旅をする物語
3 正義の味方が地球を救う物語
4 謎の生命体が地球を侵略する物語

여학생과 남학생이 영화에 대해 이야기하고 있습니다. 남학생은 무엇에 대해 리포트를 쓴다고 말하고 있습니까? 남학생입니다.

여 : 여름 방학 과제, 영화 스토리를 분석해서 리포트 쓰는 거였는데, 벌써 뭔가 작품 봤어?

남 : 아니, 아직 아무것도 안 봤어. 청소년용 애니메이션을 보려고 하는데. 요즘은 주인공이 세상을 구하는 이야기가 아니라 가족을 지키기 위해 신비한 힘으로 싸우는 스토리 같은 게 유행이잖아.

여 : 아, 가족애 이야기 말이지. 자신은 가족을 지키기 위해 싸우지만, 주인공이 마음이 착해서 결국 가족 이외의 어려운 사람들도 도와주게 되는 거지.

남 : 응, 아, 그것도 있지만 주인공이 보물을 찾아 동료들과 함께 여행하는 이야기도 재미있을 것 같아. 여행 도중에

동료가 늘기도 하고 줄기도 하는데, 그 동료들도 각자 목적이 다르거든.

여 : 그렇구나! 각자 다른 목적을 가지고 있지만, 동료로서 함께 여행하는 거지. 그거 정말 궁금하네. 나는 그 영화를 보고 리포트를 써야겠다.

남 : 나는 뭘로 할까? 역시 가족애를 주제로 한 이야기에 관심이 있으니까 그것에 대해 써 볼까. 아, 그래. 옛날 영화의 속편도 곧 개봉하잖아. 지구에 정체불명의 생명체가 침공해 오는데, 지구를 구할 수 있는 힘을 가진 건 주인공뿐인 거야. 하지만 주인공은 싸우고 싶지 않아서 갈등한다는 이야기야.

여 : 아, 그 영화도 보러 가야겠다!

남학생은 무엇에 대해 리포트를 쓴다고 말하고 있습니까?

1 <u>주인공이 가족을 위해 싸우는 이야기</u>
2 동료와 함께 여행하는 이야기
3 정의의 편이 지구를 구하는 이야기
4 수수께끼 생명체가 지구를 침략하는 이야기

6번

음성

電子辞書を作っている会社の製品開発部で上司と部下が話しています。今後、この会社ではどうすることが必要だと言っていますか。

男：新製品の販売、予定通りにできることになって良かったよ。データが破損したって聞いたときはどうなることかと思ったけど。

女：本当にすみませんでした。たまたま大阪支社にもデータを共有していたおかげで、なんとか。

男：いや、いいんだ。わざとじゃないんだから。一つのところでデータを管理することの危険性もわかったんだし。

女：はい、最近はインターネット上でデータを保管するっていうやり方もあるみたいです。それなら天災などの不測の事態でデータを紛失したときにも対応できます。

男：そうか。ネット上に保管ってデータが流出する危険性はないのかな。今まで安心しきってたけど、いろいろな側面からデータ管理について考え直して、最善の方法を見つけよう。

女：はい。

今後、この会社ではどうすることが必要だと言っていますか。

1 支社にデータを共有する
2 インターネット上にデータを保管する
3 データ流出の対策をする
4 様々な視点からデータ管理について考える

전자사전을 만들고 있는 회사의 제품개발부에서 상사와 부하 직원이 이야기하고 있습니다. 앞으로 이 회사에서는 어떻게 하는 것이 필요하다고 말하고 있습니까?

남 : 신제품 예정대로 판매할 수 있게 돼서 다행이야. 데이터가 파손됐다는 말을 들었을 때는 어떻게 될까 싶었는데.

여 : 정말 죄송했어요. 마침 오사카 지사에도 데이터를 공유한 덕분에 어떻게든 됐어요.

남 : 아니, 괜찮아. 일부러 그런 게 아니니까. 한 곳에서 데이터를 관리하는 것이 얼마나 위험한 일인지 알게 됐으니까.

여 : 네, 요즘에는 인터넷상에서 데이터를 보관하는 방법도 있는 것 같아요. 그러면 천재지변 같은 예기치 못한 사태로 데이터를 분실했을 때도 대응할 수 있어요.

남 : 그렇구나. 인터넷상에 보관하는 건 데이터가 유출될 위험성은 없으려나? 지금까지는 안심하고 있었지만, 여러 측면에서 데이터 관리에 대해 다시 생각해 보고 최선의 방법을 찾아보자.

여 : 네.

앞으로 이 회사에서는 어떻게 하는 것이 필요하다고 말하고 있습니까?

1 지사에 데이터를 공유한다
2 인터넷상에 데이터를 보관한다
3 데이터 유출에 대한 대책을 세운다
4 <u>다양한 관점에서 데이터 관리에 대해 생각한다</u>

문제3 문제3에서는 문제지에 아무것도 인쇄되어 있지 않습니다. 이 문제는 전체적으로 어떤 내용인지를 묻는 문제입니다. 이야기 전에 질문은 없습니다. 먼저 이야기를 들으세요. 그러고 나서 질문과 선택지를 듣고 문제지의 1부터 4 중에서 가장 올바른 것을 하나 고르세요.

예

음성

女の学生が男の学生に旅行の感想を聞いています。

女：夏休み、イタリアへ旅行に行ったらしいね。どうだった？
男：大満足だよ。景色や世界遺産の美しさに感動させられたよ。それに本場で食べるイタリア料理は日本で食べられるものとは比べられないくらい美味しいんだ。ただ、距離がね。飛行機の移動だけで一日かかっちゃうから、社会人になったら行くのは難しそう。イタリアは在学中に行くことをおすすめするよ。

男の学生はイタリア旅行についてどう思っていますか。

1 景色がきれいで、距離も近い
2 景色はきれいだが、距離は遠い
3 景色も悪いし、距離も遠い
4 景色は悪いが、距離は近い

여학생이 남학생에게 여행 후기를 묻고 있습니다.

여 : 여름 휴가 때 이탈리아에 여행 갔다면서? 어땠어?
남 : 대만족이었지. 경치랑 세계 유산의 아름다움에 감동받았어. 게다가 본고장에서 먹는 이탈리아 요리는 일본에서 먹을 수 있는 것과는 비교할 수 없을 정도로 맛있어. 다만 거리가 멀어서 말이야. 비행기 이동에만 하루가 걸리니까 사회인이 되면 가기 힘들 것 같아. 이탈리아는 재학 중에 가는 것을 추천해.

남학생은 이탈리아 여행에 대해 어떻게 생각하고 있습니까?

1 경치가 아름답고 거리도 가깝다
2 <u>경치는 아름답지만 거리는 멀다</u>
3 경치도 나쁘고 거리도 멀다
4 경치는 나쁘지만 거리는 가깝다

1번

음성

テレビで女の人が話しています。

女：最近、田舎暮らしを始めようと考えている20代から30代が以前より増えているそうです。テレワークが広まりつつある現代、会社に行かなくても自宅で仕事ができることから、地方に拠点を置いて普段は家族や同僚とだけコミュニケーションを取るという人も少なくないようです。都会の喧騒から離れて、ゆっくり暮らしたいというのは分かりますが、面と向かってのコミュニケーションが少なくなるのは少しもったいない気がします。私は18の時に上京して以来、ずっと東京で暮らしてきました。出身も業種も違う、いろんな考えを持った人たちと出会い、交流することで、自分の考えを柔軟にすることができます。人との交流が、新しいアイデアを生み出すきっかけにもなり得ると思います。

女の人が伝えたいことはどのようなことですか。

1 地方の活性化を図るべきだ
2 身近な人との交流を大切にするべきだ
3 若いときの都会暮らしは大切だ
4 都会での人との出会いは大切だ

텔레비전에서 여자가 이야기하고 있습니다.

여 : 요즘 시골 생활을 시작하려는 20대에서 30대가 예전보다 늘고 있다고 합니다. 원격 근무가 확대되고 있는 현대에는 회사에 가지 않아도 집에서 일을 할 수 있어서 지방에 거점을 두고 평소에는 가족이나 동료하고만 소통을 하는 사람도 적지 않은 것 같습니다. 도시의 번잡함에서 벗어나 여유롭게 살고 싶은 마음은 이해하지만, 얼굴을 마주하고 소통하는 시간이 줄어드는 것은 조금 아쉬운 것 같습니다. 저는 18살에 상경한 이후로 줄곧 도쿄에서 살아왔습니다. 출신도 업종도 다른 다양한 생각을 지닌 사람들과 만나고 교류하면서 제 생각을 유연하게 할 수가 있습니다. 사람들과의 교류가 새로운 아이디어를 창출하는 계기가 될 수도 있다고 생각합니다.

여자가 전하고 싶은 것은 어떤 것입니까?

1 지방의 활성화를 도모해야 한다
2 가까운 사람과의 교류를 소중히 해야 한다
3 젊었을 때의 도시 생활은 중요하다
4 <u>도시에서 사람과 만나는 것은 중요하다</u>

2번

음성

学校で男の人と女の人が話しています。

男：僕、外国語の勉強で分からない単語が出てきたときは、今まではインターネットで調べてたんだけど、先生に紙の辞書を勧められて、この前分厚い辞書を買ってみたんだ。

女:へえ、今の時代、重い辞書を持ち歩く人なんているの?インターネットのほうが、知りたい単語の意味をすぐに調べられるし、効率的じゃない?

男:まあ、そういう見方もあると思うんだけど、ほら、紙の辞書を使ったら、そのページに書いてある他の単語が目に入るじゃない?同時に知らなかった単語も目に飛び込んでくるから、自然と新しい単語を覚えられたりして、かえって辞書のほうが効率的に勉強できると思ったんだよ。

女:確かに、紛らわしい単語も一緒に勉強できるもんね。

男:うん、それにインターネットだと、ネット環境がない時は調べられないんだよね。辞書だと周りの環境に左右されずに、どこでも調べられるっていうのもメリットかな。

男の人は何について話していますか。

1 <u>分厚い辞書を使うことにしたわけ</u>
2 インターネットで単語を調べる利点
3 効率的に勉強することの大切さ
4 おすすめの紙媒体の辞書

---

4 추천하는 종이로 된 사전

3번

음성

ラジオでアナウンサーが話しています。

女:冬はスキー場、夏は遊園地や野外プールなど、市民の行楽地として有名だったイエローランドが来月、閉園することが決まりました。当園は約50年前に開園し、野外フェスや冬の氷像まつりなど、四季折々のイベントを行ってきました。まさに季節のテーマパークでした。イエローランドは来月で幕を閉じますが、跡地は新たなリゾート地として生まれ変わる予定です。完成が楽しみですね。

何についてのニュースでしたか。

1 <u>有名なテーマパークの閉園</u>
2 有名なテーマパークの歴史
3 新しいテーマパークのイベント
4 新しいテーマパークの紹介

학교에서 남자와 여자가 이야기하고 있습니다.

남:나 외국어 공부하다 모르는 단어가 나왔을 때는 지금까지는 인터넷으로 알아봤는데 선생님이 종이 사전을 권해 주셔서 얼마 전에 두꺼운 사전을 사 봤어.

여:와, 요즘 세상에 무거운 사전을 들고 다니는 사람이 어디 있어? 인터넷 쪽이 알고 싶은 단어의 의미를 바로 찾을 수 있고 효율적이잖아?

남:뭐, 그런 견해도 있다고 생각하는데, 봐 봐, 종이 사전을 사용하면 그 페이지에 쓰여 있는 다른 단어들이 눈에 들어오잖아? 동시에 몰랐던 단어도 눈에 들어오니까 자연스럽게 새로운 단어를 외우기도 하고 오히려 사전이 더 효율적으로 공부할 수 있다고 생각했거든.

여:확실히 헷갈리는 단어도 함께 공부할 수 있겠네.

남:어, 게다가 인터넷은 인터넷 환경이 없을 때는 검색할 수가 없잖아. 사전은 주변 환경에 좌우되지 않고 어디서든 찾아볼 수 있다는 것도 장점이지.

남자는 무엇에 대해 이야기하고 있습니까?

1 <u>두꺼운 사전을 사용하기로 한 이유</u>
2 인터넷으로 단어를 검색하는 이점
3 효율적으로 공부하는 것의 중요성

라디오에서 아나운서가 이야기하고 있습니다.

여:겨울에는 스키장, 여름에는 놀이공원과 야외 수영장 등 시민들의 행락지로 유명했던 옐로랜드가 다음 달에 폐원하기로 결정됐습니다. 이 공원은 약 50년 전에 개원하여 야외 페스티벌과 겨울 얼음 조각상 축제 등 사계절마다 이벤트를 실시하는 테마파크였습니다. 옐로랜드는 다음 달로 막을 내립니다만, 부지는 새로운 휴양지로 거듭날 예정입니다. 완성이 기대되네요.

무엇에 대한 뉴스였습니까?

1 <u>유명한 테마파크의 폐원</u>
2 유명한 테마파크의 역사
3 새로운 테마파크 이벤트
4 새로운 테마파크 소개

4번

음성

テレビで、レポーターが学校の先生にインタビューをしています。

女：今年、全国の学校が休校になった中、教育にIT技術を導入している浦安市の加藤先生にお話を伺います。今年は3か月ぐらい休校が続きましたね。
男：はい。全国的にこのように長い休校が行われたのは初めてですね。
女：家にいる時間が長く学生の教育も遅れてしまったのではないでしょうか。
男：確かに、そうですが、新しい学習方法も見つかるなど成果もありました。まず、デバイスの普及率の調査と学生の自宅のインターネット環境の調査ができました。また、同時に校内のデジタル環境に何が足りないのか見えてきたんです。
女：ただし、それだけですと、遅れてしまった学習のフォローは難しいですよね。
男：はい。そうです。でも、IT技術を活用した教育を推進する前に学生各自の環境を調べない限り、均一な教育が担保されません。
女：そうなんですね。
男：学生へのIT環境調査以降、ライブ配信で授業を行ったり、パソコンとスマートフォンを使って宿題を提出してもらったりしました。長い休校で学生も先生も疲れてしまいましたが、将来的に学校に来れなくなっても十分授業に参加できることが分かりました。

男の人は何について話していますか。

1 長期間休校になった理由
2 日本でのIT教育の難しさ
3 長期休校時のIT技術活用教育の推進
4 学生のデジタルデバイス利用用途

텔레비전에서 리포터가 학교 선생님을 인터뷰하고 있습니다.

여 : 올해 전국의 학교가 휴교한 가운데, 교육에 IT 기술을 도입하고 있는 우라야스시의 가토 선생님과 이야기를 나눠 보겠습니다. 올해는 3개월 정도 휴교가 계속되었네요.
남 : 네. 전국적으로 이렇게 긴 휴교가 이뤄진 것은 처음이네요.
여 : 집에 있는 시간이 길어져 학생들의 교육도 뒤처지고 있는 것은 아닐까요?
남 : 분명 그렇지만, 새로운 학습 방법도 나오는 등 성과도 있었습니다. 먼저 디바이스 보급률 조사와 학생의 자택 내 인터넷 환경 조사를 할 수 있었습니다. 또한 동시에 교내 디지털 환경에 무엇이 부족한지 알게 되었습니다.
여 : 단지 그것만으로는 뒤떨어진 학습을 따라가기 어렵겠죠.
남 : 네. 그렇습니다. 하지만 IT 기술을 활용한 교육을 추진하기 전에 학생 각자의 환경을 살펴보지 않는 한 균일한 교육이 담보되지 않습니다.
여 : 그렇겠네요.
남 : 학생들을 대상으로 IT 환경을 조사한 이후에 라이브 방송으로 수업을 진행하거나 컴퓨터와 스마트폰으로 숙제를 제출 받기도 했습니다. 긴 휴교로 학생도 선생님도 지쳐 버렸지만, 앞으로 학교에 오지 못하게 되어도 충분히 수업에 참여할 수 있다는 것을 알게 되었습니다.

남자는 무엇에 대해 이야기하고 있습니까?

1 장기간 휴교한 이유
2 일본에서의 IT교육의 어려움
3 **장기 휴교 시 IT 기술 활용 교육의 추진**
4 학생들의 디지털 기기 이용 용도

5번

음성

ラジオで女の人が話しています。

女：皆さん。今、若者の間で使われている「草生える」ってどんな意味か知っていますか。これ、植物の草が生えるって意味ではなくて、笑っている様子を表しているんです。どうしてこうなったかというと、ネット上でやりとりするとき、語尾に「笑う」という漢字にかっこをつけて笑う様子を表しますよね。それが変化して、「笑う」の頭文字 W を書くことで笑う様子を表すようになったのはここ最近のことです。しかし、それだけにとどまらず、W が連なっている見た目が、草が生えているように見えることから、最近の若者の間では「草」とか「草生える」と言うようになったんですね。このように、「書き言葉」や「話し言葉」ならぬ「打ち言葉」がこれからの言語変化に影響を与えていくんでしょうね。

女の人が言いたいことは何ですか。

1 「草生える」をWと表すことになったこと
2 SNS上では常に新しい言葉が生まれていること
3 今後、「打つ」言葉が言語に影響を与えること
4 言葉を書いたり話したりすることが少なくなっていること

라디오에서 여자가 이야기하고 있습니다.

여: 여러분. 지금 젊은이들 사이에서 사용되는 '풀 자란다'는 것이 무슨 뜻인지 아십니까? 이것은 식물의 풀이 난다는 뜻이 아니라 웃고 있는 모습을 나타내는 겁니다. 왜 이렇게 되었냐면 인터넷상에서 주고받을 때 어미에 '웃는다(笑う・warau)'는 한자에 괄호를 붙여서 웃는 모습(笑)을 나타내잖아요. 그것이 변화해서 '웃는다(warau)'의 머리글자 W(더블유)를 쓰는 것으로 웃는 모습을 나타내게 된 것은 최근의 일입니다. 그러나 그것에 그치지 않고 W가 이어져 있는 모양(wwww)이 풀이 자라고 있는 것처럼 보이는 것 때문에 요즘 젊은이들 사이에서는 '풀'이라든가 '풀이 자란다'고 하게 된 것이죠. 이처럼 '문어'나 '구어'가 아닌 '입력어(인터넷어)'가 앞으로의 언어 변화에 영향을 미치게 될 것 같습니다.

여자가 하고 싶은 말은 무엇입니까?

1 '풀 자란다'를 W(더블유)라고 나타내게 된 것
2 SNS상에서는 항상 새로운 단어가 생겨나고 있는 것
3 앞으로 '입력하는' 말이 언어에 영향을 미치는 것
4 단어를 쓰거나 말하는 것이 적어지고 있는 것

6번

음성

ラジオでアナウンサーが話しています。

女: 少し肌寒くなってきたな、と感じる10月中ごろ、白いフワフワとした雪のようなものが漂い始めます。雪虫。寒い地方では、初雪の一週間前からこの虫が飛び始めると言われていることから、雪虫の登場が冬の訪れを告げる合図となっています。飛ぶ力はとても弱く、風が吹いたら簡単になびく様子が、なおさら雪を連想させます。この雪虫、小さい子どもが捕まえて遊んでいるのをよく見かけますが、熱に弱く人間の体温に触れただけで飛べなくなってしまうそうです。寿命は一週間ととても短く、オスの成虫は口を持っていないんだとか。聞けば聞く程、雪虫が飛んでいる風景が幻想的で儚く思えてきますね。

アナウンサーは何について話していますか。

1 初雪が降った時の美しさ
2 雪虫の名前の由来
3 雪虫が人間に及ぼす影響
4 冬の訪れを告げる虫の生態

라디오에서 아나운서가 이야기하고 있습니다.

여: 조금 쌀쌀해졌다고 느끼는 10월 중순쯤에 하얀 보송보송한 눈과 같은 것이 떠다니기 시작합니다. 눈벌레입니다. 추운 지방에서는 첫눈이 오기 일주일 전부터 이 벌레가 날아다니기 시작한다고 해서 눈벌레의 등장이 겨울이 왔음을 알리는 신호가 되고 있습니다. 날아가는 힘이 매우 약해서 바람이 불면 쉽게 휘날리는 모습이 눈을 더욱 연상시킵니다. 이 눈벌레를 어린아이가 잡아서 놀고 있는 것을 자주 볼 수 있는데, 열에 약해 인간의 체온에 닿기만 해도 못 날게 되어 버린다고 합니다. 수명은 일주일로 아주 짧고 수컷 성충은 입이 없다고 합니다. 들으면 들을수록 눈벌레가 날아다니는 풍경이 환상적이고 덧없게 느껴지네요.

아나운서는 무엇에 대해 이야기하고 있습니까?

1 첫눈이 내릴 때의 아름다움
2 눈벌레라 이름의 유래
3 눈벌레가 인간에게 끼치는 영향
4 겨울이 왔음을 알리는 벌레의 생태

문제4 문제4에서는 문제지에 아무것도 인쇄되어 있지 않습니다. 먼저 문장을 들으세요. 그리고 나서 그것에 대한 대답을 듣고 1부터 3 중에서 가장 올바른 것을 하나 고르세요.

예

음성

男: 最後の試合じゃないんだから、そんなに気を落とさないでよ。

女: 1 次こそは点を取ってみせます。
   2 うまくいかなかったんですね。
   3 はい、注意しておきます。

남: 마지막 시합이 아니니까 그렇게 낙심하지 마.

여: 1 다음에는 꼭 점수를 내겠습니다.
   2 잘 안됐군요.
   3 네, 주의하겠습니다.

1번

음성

女：この忘れ物の傘、処分しても差し支えないでしょうか。

男：1 あれ、この前差して使ったよ。
　　2 あ、もう少しそこに置いておいて。
　　3 うん、何かに使えそうだね。

여：이 분실물 우산, 처분해도 지장 없으실까요?

남：1 그거 저번에 썼어.
　　2 아, 좀 더 거기다 놔둬.
　　3 어, 뭔가에 쓸 만하겠다.

2번

음성

男：自分に与えられた役目を果たさないと、給料アップは見込めないよ。

女：1 店長のおかげです。ありがとうございます。
　　2 すみません、見入ってしまいました。
　　3 はい、責任もってやります。

남：자기한테 주어진 역할을 다하지 않으면 월급 인상은 기대할 수 없어.

여：1 점장님 덕분입니다. 감사합니다.
　　2 죄송합니다. 넋을 잃고 보고 말았습니다.
　　3 네, 책임지고 하겠습니다.

3번

음성

男：来年には事態が収束するだろうってにらんでたんだけど、あまりにも甘い考えだったね。

女：1 気長に待つしかないね。
　　2 にらんだってしょうがなかったね。
　　3 甘えるのは良くないね。

남：내년에는 사태가 수습될 것이라고 주시하고 있었는데, 너무 안이한 생각이었네.

여：**1 조급해 하지 말고 기다릴 수밖에 없겠네.**
　　2 주시해 봤자 소용없었네.
　　3 의지하는 건 좋지 않아.

4번

음성

男：生ものですので、解凍後3日以内にお召し上がりください。

女：1 はい、美味しくいただきました。
　　2 え、そんなに傷みやすいですか。
　　3 はい、もう手も足も出ません。

남：날것(생물)이므로 해동 후 3일 이내에 드세요.

여：1 네, 맛있게 먹었습니다.
　　2 어, 그렇게 잘 상해요?
　　3 네, 이제 어쩔 수가 없습니다.

5번

음성

男：すみません、厚かましいかもしれないですが少し見学してもいいですか。

女：1 はい、もちろんです、どうぞ。
　　2 そんなにそわそわしないでください。
　　3 暑かったら、窓を開けてください。

남：죄송합니다, 좀 염치없지만 잠깐 구경해도 되겠습니까?

여：**1 네, 물론이에요, 들어오세요.**
　　2 그렇게 안절부절못하지 마세요.
　　3 더우면 창문을 열어 주세요.

6번

음성

女：このパソコン、電源つけた途端にエラーになったんだけど。

男：1 え、電源をつけてみてよ。
　　2 それ、ウイルスに感染したかもしれないよ。
　　3 ああ、機能が充実してるんだね。

여：이 컴퓨터, 전원 켜자마자 에러가 났는데.

남：1 어, 전원을 켜 봐.
　　2 그거 바이러스에 감염됐을 수도 있어.
　　3 아, 기능이 잘돼 있구나.

7번

음성

女：さっきの部長の発言、一瞬にして社員の反感を買ったよね。

男：1　うん、ほんといい部長だよね。
　　2　うん、あの発言はまずいよね。
　　3　ううん、まだ買ってないよ。

여 : 아까 부장님 발언, 직원들의 반감을 한순간에 샀죠?
남 : 1　응, 정말 좋은 부장님이야.
　　2　응, 그 발언은 좀 안 좋아.
　　3　아니, 아직 안 샀어.

8번

음성

女：課長、会社のメールのアカウントが乗っ取られています。

男：1　それが、まだ取れてないんだよ。
　　2　えっ！それは大変だ！すぐに確認するよ。
　　3　よくやったな、ありがとう。

여 : 과장님, 회사 메일 계정이 해킹당했습니다.
남 : 1　그게 아직 안 됐어.
　　2　앗! 그거 큰일났네! 바로 확인할게.
　　3　잘했어, 고마워.

9번

음성

女：なんか、本田さん今日あたふたしてるね。

男：1　急ぎの仕事があるらしいよ。
　　2　うん、体調でも悪いのかな。
　　3　かばってあげたほうがいいかな。

여 : 왠지 혼다 씨 오늘 허둥대는 것 같네.
남 : **1　급한 일이 있는 것 같아.**
　　2　어, 몸 상태라도 안 좋나?
　　3　두둔해 주는 게 좋을까?

10번

음성

男：昨日僕も記念パーティーに行ったんだけど、行き違いになってたみたいだね。

女：1　はい、昨日はありがとうございました。
　　2　あ、場所を間違えたんですか。
　　3　お会いできなくて残念でした。

남 : 어제 나도 기념 파티에 갔었는데, 엇갈린 것 같네.
여 : 1　네, 어제는 감사했습니다.
　　2　아, 장소를 잘못 알았나요?
　　3　못 봬서 아쉬웠어요.

11번

음성

男：部屋の電気、つけっぱなしにしないでね。

女：1　うん、出るときちゃんと消すよ。
　　2　うん、ちゃんと持ってるよ。
　　3　分かった。つけたままにしておくね。

남 : 방에 불 켜 놓지 마.
여 : **1　응, 나갈 때 잘 끌게.**
　　2　응, 잘 갖고 있어.
　　3　알겠어. 켜 놓고 있을게.

12번

음성

女：最近発売された日本語学習サービス、売り上げがうなぎのぼりらしいよ。

男：1　まあ、最初はうまくいかないこともあるよね。
　　2　えっ、そんなに難易度が高いのか。
　　3　いやあ、そんなに人気がでているのか。

여 : 최근 발매된 일본어 학습 서비스, 매출이 승승장구하고 있대.
남 : 1　뭐, 처음에는 잘 안 될 수도 있지.
　　2　어, 그렇게 난이도가 높은가?
　　3　와, 그렇게 인기가 많구나.

13번

음성

男:今日の会議の資料、一通り目通してくれた?

女:1 はい、今お見せします。
　 2 はい、だいたい読んでおきました。
　 3 すみません、まだ許可もらってないです。

남: 오늘 회의 자료 대충 훑어 봤어?
여:1 네, 지금 보여드릴게요.
　 2 네, 대충 읽어 뒀습니다.
　 3 죄송해요, 아직 허가 못 받았어요.

문제5 문제5에서는 장문의 이야기를 듣습니다. 이 문제에는 연습은 없습니다. 문제지에 메모를 해도 괜찮습니다.

1번, 2번

문제지에 아무것도 인쇄되어 있지 않습니다. 먼저 이야기를 들으세요. 그러고 나서 질문과 선택지를 듣고 1부터 4 중에서 가장 올바른 것을 하나 고르세요.

1번

음성

男の人と女の人が中国語の書籍について話しています。

男:僕、来年の春からIT企業でエンジニアとして働くことになって。中国系の企業なんだけど、将来的には中国本社へ転勤なんて話もあり得ない話じゃないから、今から中国について学んでおきたくて。社内の公用語は英語で、中国語は必要ないんだけど、日常会話ぐらいできたほうが人間関係も円滑になるかなと思ってるんだ。山本さん、趣味で中国語勉強してるって言ってたよね。
女:うん。
男:何かおすすめの本があったら、紹介してもらえない?基礎の語彙や文法が学べて、難しい発音をCDの音声で確かめられるのがいいんだけど。それから中国特有の文化の紹介なんかもあったらいいね。初心者の僕でも読みやすくて、持ち運びやすいコンパクトなものがいいなあ。
女:ええとね。初心者向けのものっていえば、『見て学ぶ中国語』っていう本かなあ。基本の語彙や文法が早く覚えられるように挿絵や写真が入っていてわかりやすいし、よく使うフレーズだけが携帯サイズの本になっていて読みやすいよ。あっ、『中国語一冊まとめ』って本もおすすめ。基本の語彙や文法の説明がわかりやすくて、語彙や歌など音声ファイルが充実してるの。音声ファイルが多い分、ダウンロードするのに時間はかかるけど、まあしょうがないよね。
男:ええー、迷っちゃうなあ。
女:両方とも伝統文化は紹介されてたよ。ただ日本人が出版した本だから、中国人の視点で書かれてないかもしれないなあ。あっ、そうだ。『聞いて覚える中国語』っていうのもあった。基礎の語彙や文法を学べる本なんだけど、生まれも育ちも中国の人が書いているだけあって言葉選びが自然で、収録されている音声データも多くて、アプリで簡単にダウンロードできるんだ。でも、かなりの量だから、全部聞くのは時間がかかるかも。
男:いろいろあるんだね。
女:読みやすさで選ぶなら、『初級中国語』。基礎語彙の音声データは収録されてなかったような気がするけど。中国人教授が出版したんだって。今紹介した本は4つとも近くの書店で手に入るはず。
男:どれも良さそうだけど。発音が肝心って聞くから耳で確かめられるものっていうのは外せないな。それに著者が中国人っていうことも。

男の人は本屋でこれからどの本を買うことにしましたか。

1 見て学ぶ中国語
2 中国語一冊まとめ
3 聞いて覚える中国語
4 初級中国語

남자와 여자가 중국어 서적에 대해 이야기하고 있습니다.

남: 나 내년 봄부터 IT기업에서 엔지니어로 일하게 돼. 중국계 기업인데 장래적으로 중국 본사로 이동하는 것도 있을 수 없는 이야기는 아니라 지금부터 중국에 대해 배워 두고 싶어서. 사내 공용어는 영어라 중국어는 필요 없긴 한데 일상 회화 정도는 할 수 있는 편이 인간관계도 원활해질 것 같아. 야마모토 씨, 취미로 중국어 공부한다고 했지?
여: 응.
남: 혹시 추천할 만한 책이 있으면 소개해 줄 수 있어? 기초 어휘나 문법을 배울 수 있고 어려운 발음을 CD 음성으로

확인할 수 있는 것이 좋긴 한데. 그리고 중국 특유의 문화 소개 같은 것도 있었으면 좋겠어. 초보자인 나도 읽기 쉽고, 휴대하기 쉬운 컴팩트한 게 좋겠다.

여 : 음, 그러면. 초보자를 위한 것이면 『보고 배우는 중국어』라는 책이 있어. 기본 어휘나 문법을 빨리 외울 수 있도록 삽화나 사진이 들어가 있어서 알기 쉽고 자주 쓰는 문구만 휴대용 크기의 책으로 되어 있어서 읽기 편해. 아, 『중국어 한 권 정리』라는 책도 추천해. 기본 어휘랑 문법 설명이 알기 쉽고 어휘랑 노래 등 음성 파일이 잘 돼 있어. 음성 파일이 많은 만큼 다운로드하는데 시간은 걸리지만 어쩔 수 없지 뭐.

남 : 아, 고민되네.

여 : 둘 다 전통문화는 소개돼 있어. 다만 일본인이 출판한 책이니까 중국인의 시점에서 쓰여있지 않을 수도 있겠네. 아, 맞다. 『듣고 외우는 중국어』라는 것도 있었다. 기초 어휘랑 문법을 배울 수 있는 책인데, 중국에서 태어나고 자란 사람이 쓴 만큼 자연스러운 중국어를 골랐고, 수록되어 있는 음성 데이터도 많아서 앱에서 쉽게 다운로드할 수 있어. 근데 양이 너무 많아서 다 듣기에는 시간이 걸릴 수도 있어.

남 : 여러 가지가 있구나.

여 : 읽기 쉬운 걸로 선택한다면 『초급 중국어』. 기초 어휘의 음성 데이터는 수록되어 있지 않던 것 같은데. 중국인 교수가 출판했다. 지금 소개한 책은 넷 다 근처 서점에서 구할 수 있을 거야.

남 : 다 좋을 것 같은데. 발음이 중요하다고 하니까 귀로 확인할 수 있는 것은 빼놓을 수 없지. 그리고 저자가 중국인인 것도.

남자는 서점에서 앞으로 어느 책을 사기로 했습니까?

1 보고 배우는 중국어
2 중국어 한 권 정리
3 듣고 외우는 중국어
4 초급 중국어

2번

음성

ホテルの事務所で、広報部の上司と部下二人が話しています。

男1：今年は感染症の影響で旅行者がぐんと減って、赤字続きだよ。なんとか経営を立て直せるようないい案ないかな。

女：うーん。今回の件で経済全体が打撃を受けていますからね。うちみたいな高級ホテルは特に難しいですね。この際思い切って、今だけ特別料金にするっていうのはどうですか。

男1：確かに、感染症の影響で給与が減ったって話はよく聞くな。

女：それかホームページに当ホテルが取り組んでいる感染症対策を掲載して、安全に利用いただけるというのをアピールするっていうのはどうですか。

男2：確かにネットからの予約は近年増えていたけど、ここ最近はホームページへのアクセス自体減っているからなあ。

女：世間に広まれば必ずイメージアップにつながると思いますが。

男2：もっとお客様の注目を集める取り組みが必要だと思います。うちのホテルのレストランは美味しいって評判だから、最近流行っている料理の宅配サービスを始めるのはどうでしょう。配達限定メニューを作って。一流シェフの料理を格安で提供するって他にはできないサービスだし、それをきっかけにレストランや宿泊の新規顧客を獲得できるかもしれません。

女：でも、うちにバイクを運転できる人っていましたっけ。

男1：バイクもないしな。最近話題の宅配サービス会社と提携するっていう手もあるか。

男2：それが無理だとしたら、ホテル内だけで楽しめるような新しいプランを考えて、実施するのもいいかと。部屋でのマッサージをサービスするとか。うちのマッサージは評判もいいですし。あ、講師を呼んで伝統工芸品やクリスマスの飾り作りを体験してもらうのもいいかもしれませんね。

男1：うん。それは注目が集まってからやるのがいいかもね。逆に依頼料が高くついちゃうから。実際にうちのサービスを家で実感してもらえば、必ずまた利用したくなるはずだから、まずはさっきの案から取り組んでみよう。

ホテルの経営を立て直すために、まず、何をすることにしましたか。

1 感染症対策をホームページに掲載する
2 宿泊料金を下げる
3 料理の宅配サービスを行う
4 新しいプランを考案する

호텔 사무실에서 홍보부 상사와 부하 직원 두 명이 이야기하고 있습니다.

남1: 올해는 감염병 영향으로 여행자가 확 줄어서 적자가 계속되고 있어. 어떻게든 경영을 살릴 수 있는 좋은 방안이 없을까?

여: 음. 이번 건으로 경제 전체가 타격을 받고 있으니까요. 저희 같은 고급 호텔은 특히 어렵죠. 이참에 과감하게 지금만 특별 요금으로 하는 것은 어떨까요?

남1: 확실히 감염증 때문에 월급이 줄었다는 얘기가 많이 들려.

여: 아니면 홈페이지에 우리 호텔이 하는 감염병 대책을 게재해서 안전하게 이용하실 수 있다는 것을 어필하는 건 어떨까요?

남2: 확실히 인터넷을 통한 예약이 몇 년 간 증가했었는데 최근에는 홈페이지 접속 자체가 줄어들었으니까요.

여: 세상에 널리 알려지면 반드시 이미지가 향상되리라고 생각하는데요.

남2: 좀 더 고객의 관심을 끌기 위한 노력이 필요하다고 생각해요. 우리 호텔 레스토랑은 맛있다고 소문이 났으니까 요즘 유행하는 요리 배달 서비스를 시작하면 어떨까요? 배달 전용 메뉴를 만들어서, 일류 셰프의 요리를 저렴하게 제공하는 것은 다른 곳에서는 할 수 없는 서비스이고, 이를 계기로 레스토랑이나 숙박 고객을 새로 확보할 수 있을지도 모르죠.

여: 근데 우리 호텔에 오토바이를 운전할 수 있는 사람이 있었나요?

남: 오토바이도 없고, 최근 화제가 되고 있는 택배 서비스 회사와 제휴하는 방법도 있지 않을까?

남2: 그게 어렵다면, 호텔 내에서만 즐길 수 있는 새로운 플랜을 생각해서 시행하는 것도 좋을 것 같아요. 방에서 마사지를 서비스한다든지, 우리 호텔의 마사지는 평판도 좋고요. 아, 강사를 불러서 전통 공예품이나 크리스마스 장식 만들기 체험을 하는 것도 좋을 것 같네요.

남1: 그래. 그건 관심이 집중되고 나서 하는 게 좋을 것 같네. 반대로 의뢰료가 비싸질 수도 있으니까. 실제로 우리 서비스를 집에서 체험해 보면 반드시 다시 이용하고 싶어질 테니까, 우선은 아까 제안한 것부터 해 보자!

호텔 경영을 살리기 위해 우선 무엇을 하기로 했습니까?
1 감염증 대책을 홈페이지에 게재한다
2 숙박 요금을 낮춘다
3 <u>요리 택배 서비스를 제공한다</u>
4 새로운 플랜을 고안한다

3번

먼저 이야기를 들으세요. 그러고 나서 두 개의 질문을 듣고 각각 문제지의 1부터 4 중에서 가장 올바른 것을 하나 고르세요.

음성

ラジオでアナウンサーが男性の顔のタイプについて話しています。

女1: 今話題の顔タイプ診断って知っていますか。自分の顔のタイプを知ることで似合うファッションがわかるというものです。日本では顔のタイプが調味料に例えられています。しょうゆ顔は目が小さく優しい印象を持った顔のことを言い、派手な服が似合うと言われています。ソース顔はくっきりとした目で口や鼻も大きく、全体的に顔のパーツの主張が強い顔のことを言います。このようなタイプの顔はシンプルな服装がかっこよくきまると言われています。砂糖顔もくりっとした大きな目が特徴です。しかしソース顔とは違い、色が白くて女の子のような可愛い印象を持った人のことを言い、セーターなどの柔らかい素材の服が似合うそうです。最後に塩顔ですが、肌が白く、細長い目でクールな印象を持っています。シンプルな服を着ると物足りない印象になるので、帽子やメガネなどの小物を足すとより魅力が増すそうです。

男: へえ、こんなのがあるんだ。
女2: やっぱりシンプルな服が似合う人、私好きだなあ。
男: え、本当？僕、今日シンプルな服着てるけど似合う？
女2: うーん、でもあなたが着るとなんか似合わない気がする。
男: そっかあ。自分では似合ってるって思うんだけど、なぜかおしゃれに見えないって言われちゃうんだよね。
女2: あー、あなたって目が細長くて大人な雰囲気を持っているじゃない？だから、シンプルな服装だと寂しく見えちゃうのよ。
男: なるほどね。じゃあ、もっと派手な服を着たらいいってこと？
女2: うーん、服はそのままでアクセサリーをつけたらいいんじゃない？
男: なるほど、おしゃれ上級者は違うね！

質問1　男の人はどのタイプの顔ですか。

1　しょうゆ顔
2　ソース顔
3　砂糖顔
4　塩顔

質問2　女の人はどのタイプの顔の男の人が好きですか。

1　しょうゆ顔
2　ソース顔
3　砂糖顔
4　塩顔

질문1　남자는 어떤 타입의 얼굴입니까?

1　간장 얼굴
2　소스 얼굴
3　설탕 얼굴
4　**소금 얼굴**

질문2　여자는 어떤 타입 얼굴의 남자를 좋아합니까?

1　간장 얼굴
2　**소스 얼굴**
3　설탕 얼굴
4　소금 얼굴

라디오에서 아나운서가 남성의 얼굴 유형에 대해 이야기하고 있습니다.

여1 : 지금 화제인 얼굴 타입 진단이라는 것을 아시나요? 자기 얼굴 타입을 알면 어울리는 패션을 알 수 있다는 것입니다. 일본에서는 얼굴 타입을 조미료에 비유하곤 합니다. 간장 얼굴은 눈이 작고 부드러운 인상을 가진 얼굴을 말하며 화려한 옷이 어울린다고 합니다. 소스 얼굴은 또렷한 눈에 입이랑 코도 크고, 전체적으로 얼굴 이목구비가 강한 얼굴을 말합니다. 이런 타입의 얼굴은 심플한 복장이 멋스럽다고 합니다. 설탕 얼굴도 도톰하고 큰 눈이 특징입니다. 그러나 소스 얼굴과는 달리 색이 하얗고 여자아이 같은 귀여운 인상을 가진 사람을 말하며 스웨터 등 부드러운 소재의 옷이 어울린다고 합니다. 마지막으로 소금 얼굴인데요, 피부가 하얗고 가늘고 긴 눈으로 쿨한 인상을 띄고 있습니다. 심플한 옷만 입으면 부족한 느낌이 들기 때문에, 모자나 안경 등과 같은 소품을 더하면 더욱 매력이 증가한다고 합니다.

남 : 와, 이런 게 있구나.

여2 : 역시 심플한 옷이 어울리는 사람이 난 좋아.

남 : 어, 정말? 나 오늘 심플한 옷 입었는데 어울려?

여2 : 음, 하지만 네가 입으면 뭔가 안 어울리는 것 같아.

남 : 그렇구나. 난 잘 어울리는 것 같은데, 왠지 세련되어 보이지 않는다고 그러더라.

여2 : 아, 넌 눈이 가늘고 길어서 어른스러운 분위기잖아? 그러니까 심플한 복장을 하면 허전해 보여.

남 : 그렇구나. 그럼 좀 더 화려한 옷을 입으면 된다는 거야?

여2 : 음, 옷은 그대로 두고 액세서리를 하면 좋지 않을까?

남 : 역시, 멋쟁이 상급자는 다르군!

모의 시험 제2회 정답표

언어 지식(문자·어휘)

문제1	1 ①	2 ④	3 ③	4 ①	5 ②	6 ②	
문제2	7 ③	8 ②	9 ①	10 ③	11 ②	12 ①	13 ④
문제3	14 ④	15 ②	16 ①	17 ②	18 ④	19 ③	
문제4	20 ①	21 ③	22 ③	23 ④	24 ②	25 ①	

언어 지식(문법)

문제5	26 ④	27 ②	28 ③	29 ②	30 ④
	31 ③	32 ①	33 ②	34 ①	35 ④
문제6	36 ④(2431)		37 ③(4213)		38 ①(3412)
	39 ③(2431)		40 ③(2341)		
문제7	41 ②	42 ④	43 ④	44 ④	45 ③

독해

문제8	46 ①	47 ④	48 ③	49 ②		
문제9	50 ④	51 ②	52 ④	53 ①	54 ④	55 ④
	56 ③	57 ②	58 ①			
문제10	59 ②	60 ④	61 ①	62 ②		
문제11	63 ④	64 ③				
문제12	65 ④	66 ③	67 ③	68 ②		
문제13	69 ④	70 ③				

청해

문제1	예 ③	1번 ②	2번 ③	3번 ②	4번 ①	5번 ①	6번 ③
문제2	예 ④	1번 ③	2번 ③	3번 ④	4번 ②	5번 ④	6번 ①
문제3	예 ②	1번 ④	2번 ②	3번 ①	4번 ②	5번 ③	6번 ③
문제4	예 ①	1번 ②	2번 ①	3번 ①	4번 ②	5번 ③	6번 ①
	7번 ②	8번 ②	9번 ②	10번 ①	11번 ①	12번 ①	13번 ③
문제5	1번 ③	2번 ①	3번 (질문1) ②	3번 (질문2) ③			

모의 시험 제2회 채점표

실제 시험은 상대 평가이기 때문에 본 채점표의 점수와 다를 수 있습니다.

	문제	배점	만점	정답 개수	점수
언어 지식 (문자·어휘)	문제1	1점 x 6문항	6		
	문제2	1점 x 7문항	7		
	문제3	1점 x 6문항	6		
	문제4	1점 x 6문항	6		
언어 지식 (문법)	문제5	1점 x 10문항	10		
	문제6	1점 x 5문항	5		
	문제7	1점 x 5문항	5		
	합계		45		

예상 점수 계산 방법 : 언어 지식(문자·어휘, 문법) [　　　]점÷45×60=[　　　]점

	문제	배점	만점	정답 개수	점수
독해	문제8	1점 x 4문항	4		
	문제9	1점 x 9문항	9		
	문제10	1점 x 4문항	4		
	문제11	1점 x 2문항	2		
	문제12	1점 x 4문항	4		
	문제13	1점 x 2문항	2		
	합계		25		

예상 점수 계산 방법 : 독해 [　　　]점÷25×60=[　　　]점

	문제	배점	만점	정답 개수	점수
청해	문제1	1점 x 6문항	6		
	문제2	1점 x 6문항	6		
	문제3	1점 x 6문항	6		
	문제4	1점 x 13문항	13		
	문제5	1점 x 4문항	4		
	합계		35		

예상 점수 계산 방법 : 청해 [　　　]점÷35×60=[　　　]점

모의 시험 제2회 언어 지식(문자·어휘·문법)·독해

문제1 _____의 단어의 읽는 법으로 가장 올바른 것을 1·2·3·4에서 하나 고르세요.

1 나는 회사의 비리를 알고 참다못해 외부에 폭로했다.
2 이 앱은 만남을 원하는 남녀에게 착안해 만들어진 것이다.
3 이른 아침부터 심야까지 일에 쫓기고 격무로 인해 컨디션이 나빠졌다.
4 도쿄에서 일어난 대지진으로 일본 경제는 정체되었다.
5 빵집에서 감도는 맛있는 냄새에 이끌려 가게로 들어갔다.
6 일본에서 죄를 지은 사람은 누구든 일본의 법률로 재판 받아야 한다.

문제2 ( )에 들어갈 가장 올바른 것을 1·2·3·4에서 하나 고르세요.

7 부하의 실수를 부장님이 보조해 준 덕분에 큰 손해는 면한 것이었다.
8 클론을 만드는 것은 과학적으로는 가능하지만, 윤리적인 관점에서 문제가 있다고 합니다.
9 그는 시간을 꼭 지키는 사람이다.
10 정상 회담 개최 기간에는 경찰이 교통 법규 위반 단속을 강화할 것입니다.
11 비리가 발각되어 대학교수 자리에서 물러나게 되었다.
12 사건의 진상을 규명하기 위해 밤을 새워 조사했다.
13 수학에 있어서는 학년 1등인 그에 필적할 사람은 아무도 없을 것이다.

문제3 _____의 단어와 의미가 가장 가까운 것을 1·2·3·4에서 하나 고르세요.

14 친구는 거침없이 직설적으로 말을 한다.
15 그가 다루는 작품은 모두 이색적인 작품이다.
16 사람은 실패에서 많은 것을 배우는 법임을 절실히 느낀다.
17 오늘 드라마 촬영은 중단하기로 했다.
18 이업종 교류회에 참가하는 것은 인맥을 넓힐 수 있는 좋은 기회다.
19 참가자들의 편의를 가미해 회의 일정을 조정했다.

문제4 다음 단어의 사용법으로 가장 올바른 것을 1·2·3·4에서 하나 고르세요.

20 유서
　1 유서 깊은 신사에서 결혼식을 올리는 것이 어릴 적부터의 나의 꿈이다.

21 욕망
　3 욕망대로 먹고 자는 생활을 반복하다 보니 살이 쪘다.

22 교대로 함, 번갈아 함
　3 오른쪽이 나왔다고 생각했더니 왼쪽으로 번갈아 코가 막혀 고생하고 있다.

23 한결같음
　4 10년이라는 긴 시간 동안 한결같이 그녀만을 사랑했지만, 맺어지지는 못했다.

24 행하다
　2 사고 현장에서 응급 처치한 다음에 병원으로 이송하다.

25 막다, 가리다
　1 선생님의 말을 가로막고 학생이 질문했다.

문제5 다음 문장의 ( )에 들어갈 가장 올바른 것을 1·2·3·4에서 하나 고르세요.

26 인터넷에서 호평인 해외 연속극을 보기 시작한 뒤로 잠이 부족한 나날이다.
27 무라카미 "나가노 군, 올해 실적 평가는 어땠어? 항상 우수하니까 평가 좋았지?"
　　나가노 "그게 말이야, 작년에도 그렇게 좋지 않았는데, 올해에 이르러서는 지금까지 중에 가장 나쁜 평가였어."
28 건강을 유지하고 면역력을 높이기 위해 지난 3년간 하루도 운동하지 않은 적이 없다.
29 다들 나를 천재라고 하지만 아무리 재능이 있어도 노력 없이 우승은 있을 수 없었을 것이다.
30 그 식당의 음식을 먹자마자 배가 아팠으니 분명 그 식당은 위생 면에서 배려가 부족했을 것이다.
31 제1지망 대학에 합격하기 위해 매일 꾸준히 공부에 열중하려고 생각하고 있다.
32 나카모토 "꽃가루 알레르기가 심해서 내일 이비인후과에 가려고 해요."
　　사토 "병원에 갈 것까지는 없어요. 제가 꽃가루 알레르기에 잘 듣는 약을 줄 테니까."
33 어머니가 만들어 주신 코코아는 한겨울 추위와 맞물려 아주 맛있게 느껴졌다.
34 그의 작품은 훌륭한 것이라 더욱 세상으로부터 평가를 받아야 한다.
35 (공지 사항)
지금 복구 공사 때문에 단수가 되고 있습니다.
여러분, 하루라도 빠른 복구를 위해 협조 부탁드립니다.

문제6 다음 문장의 _★_에 들어갈 가장 올바른 것을 1·2·3·4에서 하나 고르세요.

36 한밤중에 거실에서 소리가 들려서 도둑이 들어왔나 했더니

거기에는 배가 고파 음식을 찾고 있는 여동생의 모습이 있었다.

37 (레스토랑에서)
다른 손님들이 줄을 서 있는데도 그 남자는 몇 시간이나 앉아 있어서 너무나 민폐이기 <u>짝이 없다</u>.

38 도박에 빠져서 빚더미에 올라앉은 <u>생활</u>이 계속되고 있다.

39 홋카이도의 겨울은 확실히 춥긴 하지만, <u>온화하다고 할지</u> 부드럽다고 할지 추위도 왠지 마음이 편안해.

40 선착순 100명의 고객님께 평소에 감사를 담아 <u>기프트권</u>을 선물로 드립니다.

문제7 다음 문장을 읽고, 문장 전체의 취지에 근거해서 41 부터 45 안에 들어갈 가장 올바른 것을 1·2·3·4에서 하나 고르세요.

일반 상식

'일반 상식'이라는 말은 일본에서는 자주 듣는 말이다.

시사 문제(주1)나 비즈니스 매너, 의무 교육(주2)에서 배우는 국어, 산수, 역사 등 기본적인 지식을 말한다. 일본에서는 이러한 지식은 사회인이 되는데 필요한 지식이라고 여기며 채용 시험 때 '일반 상식 테스트'를 하는 회사도 드물지 않다.

나도 취업 준비를 할 때 지원하는 기업에 41 <u>입사하기 위해</u> 나름대로 열심히 '일반 상식'을 공부했다. 그 결과 일류 기업이라 불리는 기업에 취직할 수 있었고 앞으로의 사회생활이 기대돼 견딜 수 없었다.

42 <u>그러나</u> 막상 사회에 나와 보니 내가 배워 온 '일반 상식'이 얼마나 무의미했는지를 통감하고 43 <u>놀라움을 금치 못했다</u>. 나는 전자 제품 제조 회사에서 해외 영업 일을 하고 있어서 평소에도 외국인과 교류할 기회가 많았는데, 그것을 통감한 것은 3년 차 미국에 부임했을 때였다.

그곳에서는 일본의 형식적인 비즈니스 매너가 전혀 통하지 않았다. 오히려 길고 정형적인 인사말 등은 대화를 신속하게 진행하는데 불필요하다고 여겨져 불쾌감 44 <u>마저</u> 주고 있었다. 나는 그들의 지적을 받고 나서야 그것을 깨달았다. 너무 어리석었다. 이후에도 부임하는 곳마다 비슷한 일을 겪었다. 반대로 상대 국가의 '일반 상식'을 접하고 놀라기도 했다. 그 경험은 나의 굳어진 생각을 객관적으로 바라보고 다시 생각해 볼 수 있는 좋은 기회가 됐다. 오해하지 않았으면 하는데, 나는 결코 일본의 '일반 상식'이 틀렸다고 말하는 것이 아니다. 다만 필요 이상으로 '일반 상식'에 얽매여 있는 것은 아닌가 묻고 싶을 뿐이다.

일본인뿐만 45 <u>아니라</u> 세계 각국의 사람들과 교류하며 일하는 앞으로의 시대. 언제까지나 일본의 '일반 상식'에 얽매여 있으면 시대에 뒤떨어진다고 손가락질을 당할(주3)지도 모른다.

(주1) 時事問題 시사 문제 : 요즘 세상에서 화제가 된 정치, 사회, 경제, 국제 사회의 사정 등
(주2) 義務教育 의무 교육 : 국가 법률로 교육을 받도록 규정되어 있는 기간(초등학생 및 중학생 기간)
(주3) 後ろ指を指される 손가락질을 당하다 : 비난을 받다

문제8 다음 (1)부터 (4)의 문장을 읽고 나서 물음에 대한 답으로 가장 올바른 것을 1·2·3·4에서 하나 고르세요.

(1)

처음 보는 사람과는 긴장해서 대화를 나누지 못하는 '낯가림'이 있는 사람들이 세상에 많이 있지만, 이는 타고난 성격 때문이 아니다. 그리고 그것은 의식과 습관에 의해 극복이 가능하다.

사교적인 사람의 이야기를 들어보면 '옛날에는 낯을 많이 가렸어요'라고 말하는 사람이 적지 않다. 그들은 노력해서 '사교적'이라는 성격을 얻은 것이다. 누구나 처음 보는 사람 앞에서는 긴장하고 자기가 먼저 말을 거는 것은 두렵다고 느낄 것이다. 그러나 용기를 내어 한 걸음 내디딘다. 그리고 의식적으로 자신이 먼저 적극적으로 소통하는 행위를 반복해 습관화하는 것이 중요한 것이다.

46 낯가림을 극복하는 것에 대해 필자는 어떻게 생각하고 있는가?

1 <u>의식적으로 사람들에게 말을 거는 것을 계속하는 것이 중요하다.</u>
2 의식적으로 처음 보는 사람과 만날 기회를 늘리려고 하는 것이 중요하다.
3 의식적으로 사교적인 사람과 커뮤니케이션을 계속해야 한다.
4 의식적으로 낯을 가리지 않는 노력을 계속하면 사회에 대한 두려움을 느끼지 않게 된다.

(2)
다음은 콘서트 운영 회사가 보낸 메일 내용이다.

무라카미 유카 님

이번에 모리 콘서트 운영 사무국에서 하는 콘서트 티켓 추첨에 참여해 주셔서 대단히 감사합니다.

추첨번호 : B6110379
아티스트명 : '재팬 포레스트'

아쉽게도 무라카미 님은 추첨에서 탈락하셨습니다. 희망에 부응해 드리지 못해 대단히 죄송합니다. 추첨 신청 시 지불하신 티켓 대금을 전액 환불해 드리겠습니다. 오늘 중으로 무라카미 님의 계좌로 송금해 드릴 예정이오니 추후 확인 부탁드립니다.

번거로우시겠지만, 아무쪼록 많은 양해 부탁드립니다.

아울러 이번 추첨 결과에 대한 질문이나 의견은 받지 않습니다. 환불 절차 및 메일 내용에 대해 궁금한 점이 있으시면 아래 주소로 연락해 주세요.

■모리 콘서트 운영 사무국■
담당: 나카모토 히로코
문의 메일 주소 : moriconcert@xxxx.xxxx

47 이 메일의 용건은 무엇인가?

1. 추첨에서 떨어졌지만 다시 한 번 추첨에 참여하기 위해 돈을 입금해 주기 바란다.
2. 계좌 이체가 안 되는 점을 양해 바란다.
3. 환불이 확인되면 담당자 주소로 연락 바란다.
4. 추첨에서 떨어졌기 때문에, 지불받은 돈을 돌려주고 싶다.

(3)

　　나이에 상관없이 새로운 시대의 흐름을 따라잡지 못하는 사람은 '아저씨'라는 이름의 자리에 앉게 된다. 잔소리쟁이 상사도, 옆집에 사는 고집 센 아저씨도 옛날에는 '젊은이'의 자리에 앉아 있었을 것이고, 그들에게도 '아저씨'라고 부를 대상이 존재했을 것이다. 젊은이들의 생각을 이해하지 못하게 되면 과거의 '젊은이'는 강제로 아저씨 자리로 보내지는 것 같다.

48 필자의 생각과 일치하는 것은 어느 것인가?

1. 나이가 많은 사람은 '아저씨'라고 불리고, 시대의 흐름을 아는 사람은 '젊은이'라고 불린다.
2. 새로운 시대의 흐름에 따라 '젊은이'에서 '아저씨'로 사고가 전환된다.
3. 세상의 유행이나 새로운 세대의 사고를 모르면 '아저씨'라고 불린다.
4. 자리가 비기 전까지는 '젊은이'가 '아저씨'의 자리로 보내지는 일은 있을 수 없다.

(4)

　　광고에 대한 혐오감은 만국 공통의 것이다. 설레는 마음으로 서비스를 한참 이용하던 중에 '당신에게 딱 맞는 제품은 여기'라는 문구가 갑자기 나타나 얼굴을 찌푸리게⁽주⁾ 되는 경험을 한 사람이 적지 않을 것이다. 사실 소비자들은 광고를 불편하게 여기고 무의식적으로 시야에서 배제하는 경우가 많다.

　　앞으로의 시대, 기업은 어떻게 '광고 같지 않은' 광고를 기획할 것인가가 중요해질 것이다. 또는 "죄송합니다. 지금부터 광고를 하겠습니다."하고 손님에게 미리 양해를 구하는 것도 혐오감을 줄이는 하나의 방법일 것이다.

(주) 顔を歪める 얼굴을 찌푸리다 : 불쾌한 기분을 표정에 나타내다

49 필자의 생각과 일치하는 것은 어느 것인가?

1. 기업 측이 판매하려는 의도를 느끼게 하지 않는 광고를 제작하기가 어렵다.
2. 고객을 놓치지 않기 위해 홍보 요소를 숨긴 광고를 기획할 필요가 있다.
3. 홍보를 목적으로 하지 않는 콘텐츠는 무의식적으로 소비자의 시야에서 사라진다.
4. 홍보 내용을 사전에 전달함으로써 광고에 대한 혐오감을 줄일 수 있다.

문제9 다음 (1)부터 (3)의 문장을 읽은 뒤에 다음 물음에 대한 답으로 가장 올바른 것을 1·2·3·4에서 하나 고르세요.

(1)

　　개미의 세계에서는 '여왕개미'라고 불리는 암컷 개미가 콜로니⁽주1⁾의 중심적인 존재가 된다. 콜로니 안에는 '일개미'라고 불리는 개미가 무수히 존재하며 그 집단을 통솔하는 것이 여왕개미이다.

　　여왕개미의 생태는 그야말로 수수께끼투성이다. 여왕개미의 큰 임무는 알을 낳는 것이며 죽을 때까지 둥지 안에서 개미를 계속 낳는다. 특징적인 것은 짝짓기 방법이다. 무려 여왕개미는 짝짓기를 공중에서 한다. 짝짓기를 한 후 수컷 개미는 죽고 여왕개미는 집 짓기를 시작하는데, 이때 비행을 위해 썼던 날개를 스스로 떼어 버린다고 한다. 즉 여왕개미는 평생 동안 짝짓기를 단 한 번밖에 하지 않는다. 그래서 ①한 번의 짝짓기에서 평생 치 정자를 받을 필요가 있는 것이다.

　　평생 치 정자를 받는다고 해도 단 한 번의 짝짓기로 어떻게 알을 계속 낳을 수 있을지 의문이 들었을 것이다. 여왕개미는 '수정낭'이라는 장기를 가지고 있어서, 받은 정자를 언제든지 사용할 수 있는 상태로 체내에 저장할 수 있다. 그리고 사실 여왕개미는 수정하지 않고 알을 낳을 수도 있다. 무정란⁽주2⁾에서는 수컷 개미, 유정란⁽주3⁾에서는 암컷 개미가 태어나며, 계절과 콜로니의 규모 등 필요한 조건에 따라 각각의 알을 나누어 낳고 있다. 여왕개미는 ②콜로니의 상태를 조절하기 위한 역할도 맡고 있는 셈이다.

　　콜로니 안에서는 다수의 암컷 일개미가 생활하고 있다. 암컷 일개미도 알을 낳는 능력을 갖고 있지만 여왕개미의 페로몬⁽주4⁾에 의해 번식이 억제되고 있다고 알려져 있다. 이만큼 막강한 권력을 가진 여왕개미지만, 개미집 안에서는 '배신자'가 나타나 여왕개미를 죽이는 일도 백 퍼센트 없다고 단언할 수 없다는 견해도 있다고 한다. ③그것은 인간 세상에서도 마찬가지로 일어날 수 있는 일이다.

(주1) コロニー 콜로니 : 한 지역에 살고 있는 생물 집단
(주2) 無精卵 무정란 : 암컷만으로 낳을 수 있는 수정되지 않은 알
(주3) 有精卵 유정란 : 암컷만으로 낳을 수 없는 수정된 알
(주4) フェロモン 페로몬 : 동물의 체내에서 몸 밖으로 내보냄으로써 같은 종류의 동물에게 영향을 주는 물질

50 ①한 번의 짝짓기에서 평생 치 정자를 받을 필요가 있다고 하는데 왜인가?

1. 여왕개미가 집짓기를 하기 위해 날개를 떼어 버리면 알을 낳을 수 없게 되기 때문에
2. 여왕개미가 정자를 받음과 동시에 짝짓기에 필요한 날개가 없어지기 때문에

3 여왕개미는 짝짓기를 위해 날개가 필요한데, 그것은 평생에 한 번밖에 나지 않기 때문에
4 **여왕개미는 교미 후에 날개를 떼어 버리기 때문에 한 번밖에 짝짓기할 수 없기 때문이다.**

51 ②콜로니의 상태를 조절하기 위한 역할도 맡고 있다고 하는데 왜인가?
1 여왕개미는 조건에 따라 알을 낳는 수를 조절할 수 있기 때문에
2 **여왕개미는 상황에 따라 단독으로 알을 낳을 수 있기 때문에**
3 여왕개미는 정자나 알을 체내에 저장하여 언제든지 낳을 수 있기 때문에
4 여왕개미는 번식기에 수컷 개미를 낳을 수 있기 때문에

52 ③그것은 무엇인가?
1 배신자가 죽임을 당하는 것
2 강한 자가 여왕개미가 되는 것
3 강력한 권력을 가진 자가 나타나는 것
4 **권력을 가진 자가 배신당하는 것**

2 자기 의견을 주장하는 것을 부담스러워 하는 것
3 어떤 상황에서도 의견을 주장하는 것
4 어떤 상황에서든 스트레스를 받는 것

54 ②이러한 과정이란 어떤 것인가?
1 의견을 주장할 수 없는 상황에서 거짓말을 한다.
2 의견을 주장할 수 없는 인간관계에 대해 배운다.
3 주변 사람들로부터 비난을 받더라도 자기 의견을 주장한다.
4 **주변 사람들로부터 비난을 받음으로써 발언을 자제하게 된다.**

55 '어른'에 대해서, 필자는 어떻게 말하고 있는가?
1 '어른'은 어떤 상황에서도 자기주장을 할 필요가 있다.
2 '어른'은 훌륭한 어른이 되기 위해 자기주장을 계속한다.
3 '어른'은 자기주장이 강하기 때문에 주변에서 피하는 경우가 많다.
4 **'어른'은 자기주장을 조절해야 훌륭한 어른이 될 수 있다.**

(3)

독립을 지원하는 기업이 늘어나고 있다. 예전에는 한 회사에 오래 몸담는(주1) 것이 좋다고 여겨졌지만, 그런 생각으로 인해 오만하게 행동하는 베테랑 직원들이 늘어났고 결과적으로 젊은 사람들이 의견을 내기 어려운 답답한 회사가 생겨나고 말았다. 이에 대한 대책으로 기업이 내놓은 것이 직원 독립 지원 제도이며, 퇴직에 대한 부정적인 이미지를 없애고 인재의 유동성(주2)을 높임으로써 순환이 잘되는 회사를 만들고, 기존에 없던 참신한 아이디어를 통해 기업을 발전시킬 것으로 기대했다.

독립 지원 제도를 도입한 기업들은 창업을 꿈꾸는 젊고 우수한 인재를 확보하거나 기존 직원들의 의식을 개혁하는 데 효과가 있었다고 밝혔다. 독립 지원 제도 중의 하나인 신사업 제안 제도가 여기에 크게 공헌하고 있으며, 직원이 신규 사업을 제안한 후에 다른 직원으로부터 그에 대한 피드백(주3)을 받아, 호평을 얻은 사업을 독립시키는 시스템이다.

이 시스템은 창업을 꿈꾸는 직원들이 이리저리 궁리하던(주4) 사업안에 대해 피드백을 바탕으로 내용을 면밀히 검토할(주5) 수 있어서 창업이 실패할 위험을 줄일 수 있다는 장점이 있다. 하지만 기업은 지금까지 기업을 발전시켜 온 고유의 전략과 방식이 이용당할 수 있는 위험이 있다는 점을 잊어서는 안 된다. 오랫동안 기업을 지켜온 직원들은 이러한 위험을 감수하면서까지 이 제도를 지속할 의미가 있는지 하는 의문의 목소리도 나오고 있다.

기업은 이러한 위험에 대한 대책을 마련해야 하지만, 독립하는 사람들도 재직 중인 기업을 단순히 독립을 위한 발판으로 삼을 것이 아니라 재직 중인 기업에 최대한 공헌해야 한다. 그것이 그동안 쌓아온 관계를 깨뜨리지 않기 위해서도, 독립

(2)

'자기 의견을 주장한다'는 행위를 습관화한 사람은 평소에도 그 행위를 크게 부담스러워하지 않는다. 반대로 ①그것에 익숙하지 않은 사람은 어떤 상황에서도 의견을 주장하는 것에 대해 스트레스를 받는다. 상대가 어떻게 생각할지, 내 얘기만 하는 거만한 사람이라고 생각하진 않을까 걱정하느라 지쳐 버릴 것이다.

자기 의견을 주장하는 것은 어른이 될수록 어려워지는 경우가 많다. 어렸을 때는 별로 거짓말을 잘 하지 않고 그럴 필요도 없다. 그러나 어른이 되면 인간관계를 원활하게 하기 위해 또 이해관계의 균형을 맞추기 위해 내 의견을 공유할 수 없거나 공유하지 않는 것이 좋다고 느껴지는 상황에 맞닥뜨린다. 이런 상황에서 과감히 생각을 주장한다 해도 주위의 따가운 시선과 비난을 견디지 못하고 '다시는 내 의견을 말하지 않겠다'고 다짐할 것이다. ②이러한 과정을 거치면서 사람은 자기주장을 잊어버리게 된다. 그렇게 해서 소위 '어른'이라는 존재로 성장하게 된다.

여기서 말하는 '어른'이라는 것이 진정으로 훌륭한 어른인지는 논란의 여지가 있다. 일반적으로 자기주장이 강한 사람은 어린애 같다거나 개성적이라는 말을 많이 듣는다. 그러나 특히 일을 할 때 자신의 의견을 주장하지 못하면 '못난이'인증'을 당하기 일쑤다. 필요에 따라 자기주장을 꺼내거나 숨길 줄 아는 것, 그것이 훌륭한 어른이 된다는 것일 것이다.

53 ①그것이란 무엇인가?
1 **자기 의견을 주장하는 것**

후 자사를 성장시켜 나가기 위해서도 빠뜨리면 안 되는 부분이다.

(주1) 身を置く 몸담다 : 조직에 소속되는 것
(주2) 流動性 유동성 : 머물지 않고 흘러 움직이는 성질
(주3) フィードバック 피드백 : 평가나 의견
(주4) 思案する 궁리하다 : 잘 생각하다
(주5) 精査する 검토하다 : 면밀히 조사하다

[56] 독립을 지원하는 기업이 늘어나기 시작한 것은 왜인가?
1 창업을 꿈꾸는 청년들을 지원하는 체제가 있기 때문에.
2 참신한 아이디어로 독립에 대한 인식이 바뀌었기 때문에.
3 기업을 성장시키기 위해서는 새로운 발상이 필수적이라고 생각하기 때문에.
4 베테랑 직원이 퇴직하면서 기업의 나쁜 이미지가 불식되기 때문에.

[57] 필자에 따르면 독립 지원 제도를 통해 창업하는 이점은 무엇인가?
1 혼자 창업하는 경우보다 금전적으로 여유를 가질 수 있다.
2 유익한 조언을 받을 수 있어 창업 성공률이 높아진다.
3 다른 사람과 의견을 교환하면서 창업 리스크를 미리 알 수가 있다.
4 생각했던 사업안의 장점을 많은 사람에게 인정받을 수 있다.

[58] 필자에 따르면 독립을 희망하는 직원에게 요구되는 것은 무엇인가?
1 재직 중인 기업의 발전에 힘쓰는 것
2 창업으로 얻은 스킬을 재직 중인 기업에 활용하는 것
3 기업의 전략이 이용당하지 않도록 대책을 취하는 것
4 재직 중인 기업을 이용하지 않고, 스스로의 힘으로 창업하는 것

문제10 다음 문장을 읽은 뒤에 다음 물음에 대한 답으로 가장 올바른 것을 1·2·3·4에서 하나 고르세요.

사회에 나가기 전까지는 '열심히 하는 것'이 무엇보다도 대단한 일이라고 이야기하기 쉽다. 어쨌든 오래 공부하고, 어쨌든 많이 연습하는 것이 칭송받는 경우가 많은데, 나는 이 생각에 의문을 느낀다. 본래 칭송받아야 할 것은 다른 것이 있지 않을까? '열심히'라는 행위 자체를 부정할 생각은 없다. 다만 '열심히'가 목적이 되어서는 안 된다고 충고하고 싶다.

나는 학생 때 축구부에 소속되어 있었다. 감독이 평가하는 것은 언제나 '노력의 양'이었다. 즉 '슛 연습을 가장 많이 한 사람'이 평가받는 세상이다. 지금 생각해 보면 웃기는 이야기다. 아무리 많은 슛 연습을 많이 해도 경기에서 득점을 하지 못하면 의미가 없다. 그런데도 '저 친구는 연습을 열심히 하니까'라는 이유만으로 기술이 없는 선수가 경기에 출전 멤버로 뽑히는 경우가 종종 있었다. ①이런 비극은 우리 축구팀의 일이 아닐 것이다. 스포츠에서는 이기는 것, 공부에서는 합격하는 것, 사업에서는 이익을 남기는 것이 목적일 것이다. 이를 위한 최선의 방법을 고민하고, 궁리하고, 계속 행동하는 것이 결과적으로 '열심히'가 될 수 있다. '열심히'는 목적이 아니라 목적을 달성하는 과정을 밖에서 본 상태인 것이다.

이런 이상한 상식에 젖어 있어도, 일단 사회에 나가면 지금까지의 삶의 방식이 통하지 않는다는 것을 금방 깨닫는다. '열심히'만으로는 넘을 수 없는 벽이 자꾸만 가로막기 때문이다. 젊을수록 '열심히'가 면죄부(주1)가 되는 경우가 많다. 특히 학창 시절은 그것이 가장 높이 평가받는 시기일 것이다. 그러나 사회에 나가면 "열심히 하는 건 좋지만 ~."이라며 상사가 한숨을 쉴 게 뻔하다(주2).

"지금까지는 이걸로 평가받았는데요!"라고 상사에게 ② 대들어도(주3) 의미가 없다. 학생과 사회인은 이제 인생의 규칙이 다른 것이다. 그것을 알게 되면 마인드(주4)를 전환할 수밖에 없다. 사회에 나가면 결과가 전부고, 당신이 열심히 했는지 안 했는지는 아무 상관이 없다는 걸 이해해야 한다.

앞으로의 시대에는 아이들과 학생들을 평가하는 입장에 있는 사람들은 조금이라도 과정에서 결과로 눈을 돌려야 할 것이다. 결과를 평가하게 되면 어떻게 하면 적은 시간과 적은 노력으로 좋은 결과를 낼 수 있는지를 한 사람 한 사람이 진지하게 생각하게 될 것이기 때문이다. 결과와 관계가 없는 노력을 어필할 필요도 없고, 낭비가 줄어 성공까지 간단하고 올바른 길이 생길 것이다. 사회에서 활약하는 인재를 키우기 위해서는 앞으로 이런 사고방식이 중요해지지 않을까?

(주1) 免罪符 면죄부 : 무언가를 하는 것을 허락받기 위한 것
(주2) オチ : 이야기의 결말(라쿠고(落語) 등)에서 익살 등으로 말을 마치는 부분)
(주3) 歯向かう 대들다 : 거역하다
(주4) マインド 마인드 : 기분. 사고방식

[59] 학창 시절의 이야기에서 필자가 말하고 있는 것은 무엇인가?
1 많은 연습을 하는 것이 결과를 내는 데 가장 중요한 것이다.
2 결과보다 얼마나 노력했는지가 항상 평가의 대상이 된다.
3 가장 좋은 평가를 받는 것은 열심을 다하는 것이 아니라 얼마나 효율적으로 결과를 냈는가이다.
4 경기에 이기지 못하면 아무리 연습을 해도 '노력'이라고 부를 수 없다.

[60] ①이런 비극이란 어떤 것인가?
1 누구보다 노력하고 있음에도 불구하고 출전 선수로 뽑히지 않는다.
2 노력한 양에 상관없이 어쨌든 결과를 내는 선수가 시합에 출전할 수 있다.
3 가장 많이 연습하는 선수가 경기에서 득점을 하지 못한다.
4 기술이 없는 선수가 노력한다는 이유만으로 높이 평가된다.

[61] ②대들어도 의미가 없다고 필자가 생각하는 것은 왜인가?
1 열심히 해도 성과가 따르지 않으면 사회에서는 좋은 평가를 받지 못하기 때문에.
2 열심히 하는 것을 면죄부로 쓸 수 있는 것은 일에서 성과를 낸 사람뿐이기 때문에.
3 '결과'가 나오지 않았는데도 열심히 하고 있음을 호소한들 상대가 하는 평가가 낮아지기 때문에.
4 '과정'과 '결과' 중에 어느 쪽을 평가하느냐는 사람마다 다르기 때문에.

[62] 필자에 따르면 앞으로의 시대에 중요한 것은 무엇인가?
1 평가할 때 '결과'뿐만 아니라 '과정'에 중점을 두는 것
2 평가하는 측 사람이 '과정'이 아닌 '결과'에 눈을 돌리는 것
3 노력하고 있다는 '결과'를 평가자에게 강하게 어필하는 것
4 간단하고 올바른 방법을 선택할 수 있는지를 중시하고 '과정'을 평가하는

문제11 다음 A와 B의 문장을 읽은 뒤에 다음 물음에 대한 답으로 가장 올바른 것을 1·2·3·4에서 하나 고르세요.

A

　　주4일 근무제 도입은 회사에 불이익이라고 말하는 사람이 있는데 정말 그럴까? 월급을 바꾸지 않고 쉬는 시간을 늘리는 것은 기업의 자본을 낭비하는 행위라는 시각도 있겠지만, 그것은 이 제도의 본질을 이해하지 못하고 있다. 일을 하지 않는 시간을 만드는 것은, 가치 있는 것을 만들어내기 위해서는 틀림없이 빼놓을 수 없는 요소다.
　　쉬는 시간에는 뭘 해도 좋다. 새로운 지식을 얻기 위해 세미나에 참석하는 것도 좋고, 산책하며 지내는 것도 좋다. 어쨌든 일을 하는 나와는 다른 자신이 된다. 그러한 시간을 충분히 가지면 새로운 아이디어가 떠오르기도 하고, 얻은 지식과 경험을 일에 활용할 수도 있다. '쉬는 것도 일의 일부'라고 흔히 말하지만, 일에서 자신이 가진 능력을 최대한 발휘할 수 있을지 없을지는 휴일에 달려 있다고 해도 과언이 아니다.

B

　　주4일 근무제는 근로 시간을 줄이고 자유롭게 사용할 수 있는 시간을 늘림으로써 직원들의 삶의 질 향상을 도모하자는 혁신적인 제도다. 직급 유무나 지위 고저에 상관없이 그 기업에서 일하는 직원은 모두 똑같이 일주일에 사흘은 쉴 권리를 부여받는 것이다.
　　일하지 않는 시간이 늘어남으로써 이들은 심신의 피로를 푸는 시간을 확보할 수 있다. 애초에 5일간의 노동에 대해 휴식이 이틀밖에 없다는 것은 납득이 안 간다. 수백 년 전이라면 이야기는 다르겠지만, 지금은 문명이 발달해 기계가 대부분의 일에서 인간을 대신하게 됐다. 쉬지 못할 이유가 없다. 기업은 사회를 풍요롭게 하기 위해 존재하는 것일 테다. 우선은 직원들의 삶을 풍요롭게 하기 위해 이 제도를 도입하는 것이 우선일 것이다.

[63] 주4일 근무제의 좋은 점에 대해 A와 B는 어떻게 말하고 있는가?
1 A는 회사에 이익을 가져다줄 것이라고 말하고, B는 직원들의 심신이 지치지 않게 될 것이라고 말하고 있다.
2 A는 회사의 매출이 오를 것이라고 말하고, B는 직원의 직급이 올라갈 것이라고 말하고 있다.
3 A는 회사의 자본을 지킬 수 있다고 말하고, B는 직원의 능력이 향상될 것이라고 말하고 있다.
4 A는 회사에서 좋은 일을 할 수 있다고 말하고, B는 직원들의 피로 회복에 효과적이라고 말하고 있다.

[64] 쉬는 것에 대해 A와 B는 어떻게 말하고 있는가?
1 A도 B도 일에서 좋은 결과를 내기 위해 필요한 것이라고 말하고 있다.
2 A도 B도 쉬는 동안에는 일에 도움이 되는 공부를 해야 한다고 말하고 있다.
3 A는 업무에서 활약하기 위해 필요하다고 말하고, B는 삶을 풍요롭게 하기 위해 필요하다고 말하고 있다.
4 A는 근무시간 이외의 내가 되는 것이 중요하다고 말하고, B는 사회를 풍요롭게 하기 위해 필요하다고 말하고 있다.

문제12 다음 문장을 읽은 뒤에 다음 물음에 대한 답으로 가장 올바른 것을 1·2·3·4에서 하나 고르세요.

　　많은 사람을 매료시킬(주1) 만한 예술 작품을 만들어 내기는 어렵다. 물론 작품의 완성도나 참신함도 사람의 마음을 사로잡는(주2) 중요한 요소 중 하나라고 할 수 있겠지만, '오지널리티(주3)'가 가장 중요한 요소라고 생각한다. 작품은 작가의 마음을 비추는 거울과 같다. 작가다움이 드러나는 작품이기에 보는 이들의 마음을 울리는(주4) 것이다.
　　그러나 오지널리티가 있는 것과 참신한 것을 혼동하는(주5)

사람이 많은 것 같다. 기존에 없던 작품을 독창성이 있는 작품이라고 부르는 것이 아니다. ①진정으로 오지널리티가 있는 작품은 참신함을 목적으로 만들어지지 않는다. 또한 사람들의 시선을 끌 만한 기발한 아이디어나 수법을 이용해 만들어진 것도 아니다.

오리지널리티라는 말은 '독창성'이라고 하는 말로 바꾸어 말할 수 있지만, 그 글자 그대로 '독자적'으로 '만드는' 것이지, 다른 것을 중심으로 하여 만들어지는 것은 아니다. 그러나 예로부터 일본인은 집단주의적인 경향이 있고, 일본의 아이들은 다른 사람과의 조화를 중시하도록 교육 받았다. 그런 교육을 받은 아이들이 어떻게 '독창성'을 키워 나갈 수 있겠는가? 나는 이런 현 상황을 '아깝다'고 생각한다. 왜냐하면 어린 그들은 자유롭게 사물을 생각할 수 있는 유연한 머리를 가지고 있고, 지금이야말로 '창의성'과 마주해야 할 때이기 때문이다.

그런 ②아까운 현재 상황에 대해 어떤 대책을 세워야 할까? 어린아이들에게 '다른 것을 의식하지 말라'고 말로만 전하는 것은 효과적인 방법이 아닐 것이다. 아마도 자기 손으로 아이디어를 구체화하고 그것이 평가 받는 기쁨을 알아야 할 것이다. 그러기 위해서는 교육하는 쪽의 변화가 필수적이다. 잘하는 것을 목적으로 하는 것이 아니라 주체적으로 행동하는 것을 목적으로 어른들이 아이들에게 자유롭게 생각하고 행동할 수 있는 기회를 주어야 할 것이다. 물론 다른 데서 영감을 받는 것을 부정하는 것은 아니다. 그저 기다리고 있으면 하늘에서 좋은 아이디어가 내려온다는 것은 있을 수 없는 일이고, 다양한 것을 접하고 거기서 자극을 받은 결과 ③가치 있는 작품이 탄생한다는 것이다. 다만 그렇게 사람의 마음을 움직이는 작품은 단순한 모방품과 달리 외부에서 받은 자극을 나름대로 해석해 자기 작품으로 승화한(주5) 것임을 이해해야 할 것이다.

앞으로 점점 더 과학 기술이 발전해 로봇이 인간의 일을 빼앗아 갈 것이라고 한다. 그것은 예술 분야도 예외가 아닐 것이다. 과학 기술을 활용하면 틀림없이 표현할 수 있는 작품의 폭이 넓어질 것이다. 그리고 우리 인간에게는 각자의 '독창성'이 시험대에 오르게 될 것이다. 즉, 인간에게는 인간만이 할 수 있는 것이 요구된다는 뜻이다.

(주1) 魅了する 매료시키다 : 빠져들게 만들다
(주2) 心を惹きつける 마음을 사로잡다 : 흥미를 갖게 하는 것
(주3) オリジナリティ 오리지널리티 : 독창성
(주4) 胸を打つ 가슴을 울리다 : 감동시키다
(주5) 取り違える 혼동하다 : 잘못 이해하다
(주6) 昇華する 승화하다 : 보다 가치가 높은 것으로 변화시키는 것

[65] ①진정으로 오리지널리티가 있는 작품이란 어떤 작품인가?

1 주목을 끌 만한 기발한 작품
2 지금까지 없었던 새로운 작품
3 남들이 흉내낼 수 없는 작품
4 작가의 마음이 반영되어 있는 작품

[66] ②아까운 현재 상황이란 무엇이 아까운 것인가?

1 유연한 머리를 필요로 하지 않는 것
2 독창적인 작품을 접하지 못한 것
3 스스로 생각하고 행동할 기회가 적은 것
4 다른 것을 의식하지 말라고 교육 받아 온 것

[67] ③가치 있는 작품에 대해 필자가 말하고 있는 것과 일치하는 것은 무엇인가?

1 영향을 받은 것의 수에 따라 작품에 가치가 결정된다.
2 다른 것을 중심으로 생각함으로써 희귀한 작품을 만들어 낼 수 있다.
3 다른 것으로부터 받은 영향을 자기만의 방식으로 작품에 반영해야 한다.
4 다른 것으로부터 영향을 받으면 나다운 작품을 만들 수 없다.

[68] 필자가 하고 싶은 말은 무엇인가?

1 로봇이 만들 수 없는 섬세한 기술을 필요로 하는 작품이 늘어난다.
2 오리지널리티가 있는 작품을 만드는 것이 요구된다.
3 과학 기술이 발전해 로봇이 없으면 예술작품을 만들 수 없게 된다.
4 과학 기술을 응용한 오리지널리티 있는 작품을 만들어야 한다.

문제13 오른쪽 페이지는 어느 기업의 업무 체험 모집 공지 사항입니다. 다음 물음에 대한 답으로 가장 올바른 것을 1·2·3·4에서 하나 고르세요.

[69] 구엔 씨는 도쿄에 있는 공과 대학의 컴퓨터 사이언스 학부 2학년이다. 그는 더 이상 대학에서 배울 수 있는 지식이 없다고 생각해 Mori Tech에 취직하기로 마음먹었다. 구엔 씨는 우선 무엇을 하면 되는가?

1 'Mori Tech 콘테스트'에서 우승해 그대로 Mori Tech에 입사한다.
2 '비즈니스 체험 인턴십'에서 우승해 그대로 Mori Tech에 입사한다.
3 Mori Tech 홈페이지에 이력서를 제출한다.
4 Mori Tech 홈페이지에 회원 가입을 한다.

[70] 폰 씨는 문학부 졸업 예정인 대학 4학년이며 현재 훗카이도에 살고 있다. 가능한 한 많은 Mori Tech 업무 체험에 참여하고 싶다. 그녀가 신청할 수 있는 업무 체험의 수와 모두 참가했을 때 받을 수 있는 보수 금액은 얼마인가?

1 1개 신청할 수 있고, 9,100엔을 받을 수 있다.
2 2개 신청할 수 있고, 18,200엔을 받을 수 있다.
3 3개 신청할 수 있고, 18,200엔을 받을 수 있다.
4 3개 신청할 수 있고, 63,700엔을 받을 수 있다.

(주)Mori Tech 인턴십⁽주⁾ 공지 사항

A 비즈니스 종합직 1일 업무 체험 (총 2회)
젊은 직원과 함께 새로운 사업 계획을 세웁니다. 5명이 한 팀이 되어 세상에 기여할 수 있는 사업을 시작하세요!

- ◆정원 각 회 50명 ◆도쿄 본사 개최
- ◆일시 11월 14일(토), 11월 15일(일) 10:00 ~ 17:00
- ◆학부·학과 불문 ◆보수 시급 1,300엔
- ◆전형 없음
- ※1회만 참가 가능

B IT 엔지니어직 1일 업무 체험 (총 2회)
중견 엔지니어와 함께 처음부터 Mori Tech 시스템을 설계합니다. 학생 5명 당 Mori Tech 직원이 함께 시스템 설계에 필요한 스킬을 전수합니다.

- ◆정원 각 회 50명 ◆오사카 지사 개최
- ◆일시 11월 14일(토), 11월 15일(일) 9:50 ~ 12:00
- ◆이과 학과·이과 학부 대상 ◆보수 시급 1,300엔
- ◆전형 없음
- ※1회만 참가 가능

C 비즈니스 체험 인턴십 WEB 개최
4명이 한 팀이 되어 7일간 진행되는 업무 체험입니다. 6일간 배운 경험과 지식을 바탕으로 마지막 날 Mori Tech 회장에게 새로운 사업을 제안합니다. 우승한 두 팀은 그대로 입사하게 됩니다.

- ◆정원 20명 ◆WEB 개최
- ◆일시 11월 21일(토) ~ 11월 27일(금)
- ◆학부·학과 불문 ◆보수 없음 ◆전형 있음

D 대학교 1학년 2학년 환영 'Mori Tech 콘테스트'
4명이 한 팀이 되어 Mori Tech의 경영 과제를 해결합니다. 과제를 발견하고 해결책까지 발표합니다. 우승한 2팀은 그대로 입사하며, 발견한 과제를 해결하게 됩니다.

- ◆모집 인원 각 회 약간 명 ◆회장 도쿄 본사 및 WEB
- ◆일시 12월 26일(토) 10:00 ~ 17:00
- ◆보수 시급 1,300엔
- ◆학년·학부·학과 불문 ◆전형 있음

【신청 방법】
당사 홈페이지에서 '이력서 제출'과 '사전 테스트'를 진행해 주시기 바랍니다.
'이력서 제출'과 '사전 테스트'를 하기 위해서는 사전에 당사 홈페이지 회원 가입을 하셔야 합니다.
(홈페이지 http://mypage.nihongonomori.com)

【응모 마감】
'이력서 제출'과 '사전 테스트'는 11월 8일(토) 24:00까지 해 주세요.

【교통비·숙박비】
A·B·D : 교통비·숙박비는 참가 후 일주일 후에 지급하겠습니다.

Mori Tech 인턴십 서포트 데스크
TEL : 03-3333-xxxx
E-mail : m-internship@recruit.nihongonomori.com

(주)インターンシップ 인턴십 : 업무 체험

모의 시험 제2회 청해

문제1 문제1에서는 먼저 질문을 들으세요. 그러고 나서 이야기를 듣고 문제지의 1부터 4 중에서 가장 올바른 것을 하나 고르세요.

예

> 음성
>
> 女の人が飲料の広告について男の人と話しています。女の人はこのあと何をしなければなりませんか。
>
> 女：部長、飲料の広告のデザイン案、確認していただけたでしょうか。
> 男：うん、とてもいいアイデアだと思うよ。
> 女：ありがとうございます！ただ、ここの文字が少し見にくいかなと思うのですが。
> 男：うーん、確かに。まあこの部分は全体のバランスを見てから色を調整するとして…。いつから販売するのか書いてないね。
> 女：あ！すみません！
> 男：じゃあ、その部分を書き加えて。それと依頼人にデザイン案をチェックしてもらいたいんだけど。
> 女：あ、来週打ち合わせをすることになっているので、そのときに確認します。

女の人はこのあと何をしなければなりませんか。

1 デザイン案を見せる
2 文字の色を変える
3 発売日を書く
4 打ち合わせの日を決める

여자가 음료 광고에 대해 남자와 이야기하고 있습니다. 여자는 이 다음에 무엇을 해야 합니까?

여 : 부장님, 음료 광고 디자인안 확인해 보셨나요?
남 : 응, 아주 좋은 아이디어라고 생각해.
여 : 감사합니다! 다만, 여기 글자가 좀 보기 힘들지 않을까 싶은데요.
남 : 음, 그러네. 뭐, 이 부분은 전체 밸런스를 보고 난 다음에 색깔을 조정하는 걸로 하고…. 언제부터 판매하는지가 안 적혀 있네.
여 : 앗 죄송합니다!
남 : 그럼 그 부분을 추가해 줘. 그리고 의뢰인한테 디자인안을 체크해 달라고 해 줬으면 하는데.
여 : 아, 다음 주에 미팅을 하기로 되어 있으니까 그때 확인하겠습니다.

여자는 이 다음에 무엇을 해야 합니까?

1 디자인안을 보여 준다
2 글자 색을 바꾼다
3 **발매일을 쓴다**
4 미팅 날을 결정한다

1번

> 음성
>
> 花屋で、女の人と店員が話しています。女の人は、これから何をしますか。
>
> 女：あのう、すみません！こちらの緑のハート型の植物ですが。
> 男：はい。あ、そちらは「ウンベラータ」ですね。この店の中にある植物の中でも最も人気を誇るものです。
> 女：へえ！「ウンベラータ」というんですね。実はこの前、友達にこの植物をプレゼントでもらったんですが、最近葉っぱのつやが悪くなってて…。
> 男：室内に置いているんですか。それとも外に置いているんですか。
> 女：日差しが強い日は外で日光浴をさせるんですが、最近は寒くなったので室内に置いておくことが多いですね。
> 男：そうですね。冬になって気温が下がってきましたよね。昼間の時間以外は室内の方がいいですね。水やりですが、「ウンベラータ」の原産地は熱帯アフリカですから、日本で育てる場合は、水やりの量を季節ごとに調節してあげたほうがいいんです。
> 女：え？そうなんですか。私、いつも、たっぷり水をあげちゃっていました！
> 男：冬場は、水やりの量を変えた方がいいですよ。水を頻繁にたくさん与えてしまうと根腐れすることもあるので。
> 女：あら、知らなかったです。

女の人は、これから何をしますか。

1 植物に与える水の量を増やす
2 植物に与える水の量を減らす

3 植物を外にずっと置いておく
4 部屋の温度を上げる

꽃집에서 여자와 점원이 이야기하고 있습니다. 여자는 앞으로 무엇을 합니까?

여: 저, 실례합니다! 여기 초록색 하트 모양 식물이요.

남: 네. 아, 그쪽은 '움벨라타'예요. 이 가게 안에 있는 식물 중에서도 가장 인기를 자랑하는 것입니다.

여: 왜 '움벨라타'라고 하는군요. 사실 얼마 전에 친구한테 이 식물을 선물로 받았는데 요즘 잎이 윤기가 없어져서.

남: 실내에 두고 있나요? 아니면 밖에 두고 있는 건가요?

여: 햇빛이 강한 날은 밖에서 일광욕시키는데 요즘은 날씨가 추워져서 실내에 놔두는 경우가 많아요.

남: 그렇군요. 겨울이 되면서 기온이 내려갔죠. 낮시간 이외에는 실내가 나아요. 물 주는 것은, '움벨라타'의 원산지가 열대 아프리카이기 때문에 일본에서 기를 경우에는 물 주는 양을 계절별로 조절해 주는 것이 좋습니다.

여: 네? 그래요? 저는 항상 물을 듬뿍 줬어요!

남: 겨울철에는 물 주는 양을 바꾸는 것이 좋아요. 물을 자주 많이 주면 뿌리가 썩을 수도 있거든요.

여: 어머, 몰랐어요.

여자는 앞으로 무엇을 합니까?

1 식물에 주는 물의 양을 늘린다
2 식물에 주는 물의 양을 줄인다
3 식물을 밖에 계속 놓아둔다
4 방의 온도를 높인다

2번

음성

会社で、女の人と男の人が話しています。男の人はこのあとすぐ何をしなければなりませんか。

女:加藤さん、12月8日の新規顧客の情報なんだけど、オンラインの社内ネットワーク上の新規顧客っていう共有フォルダーに保存してくれた?

男:それが、フォルダーに保存はしたんですが、朝から社内ネットワークに接続ができないんです。自分のパソコンの中にはテキストファイルにして残しているんですが。

女:また?社内ネットワークに入れないの?会社から発行してもらったメールと暗証番号でログインしたの?

男:はい。前、村上さんに教えてもらったメールアドレスと暗証番号を入力しましたけど、入れません。

女:オフィスのインターネットのメンテナンスをしているのかな?

男:でも、オフィスのインターネットのメンテナンスの時は必ず前もって連絡をくれるんですが…。

女:あ、今入れたよ。あれ!共有フォルダーにファイルが一個もない!

男:え?

女:今すぐ、ITチームに電話して12月8日のバックアップファイルを送ってもらうように!

男:12月8日のバックアップファイルなら私が持っています!

女:じゃあ、すぐ、私のメールの方に!

男の人はこのあとすぐ何をしなければなりませんか。

1 ITチームに電話する
2 もう一度、ログインする
3 女性にバックアップファイルを送る
4 共有フォルダーに新しい情報を保存する

회사에서 여자와 남자가 이야기하고 있습니다. 남자는 이 다음에 바로 무엇을 해야 합니까?

여: 가토 씨, 12월 8일의 신규 고객 정보 말인데, 온라인 사내 네트워크상의 신규 고객이라는 공유 폴더에 저장했어?

남: 그게 폴더에 저장은 했는데 아침부터 사내 네트워크에 접속이 안 돼요. 제 컴퓨터 안에는 텍스트 파일로 해서 남겨 뒀어요.

여: 또? 사내 네트워크에 못 들어가!? 회사에서 발급 받은 메일과 비밀번호로 로그인한 거야?

남: 네. 전에 무라카미 씨가 가르쳐 준 메일 주소와 비밀번호를 입력했는데 들어갈 수가 없어요.

여: 사무실 인터넷 정비 중인가?

남: 근데 사무실 인터넷 정비할 때는 꼭 사전에 연락을 주는데요….

여: 아, 지금 들어갔어. 에 공유 폴더에 파일이 하나도 없어!

남: 네?

여: 지금 당장 IT팀에 전화해서 12월 8일 백업 파일을 보내 달라고 해!

남: 12월 8일 백업 파일이라면 제가 가지고 있어요!
여: 그럼, 바로 내 메일로 보내!

남자는 이 다음에 바로 무엇을 해야 합니까?
1 IT팀에 전화한다
2 다시 한번 로그인한다
3 여성에게 백업 파일을 보낸다
4 공유 폴더에 새로운 정보를 저장한다

3번

음성

大学で、女の学生と男の学生が話しています。男の学生は大学のオープンキャンパスの手伝いをしています。このあと男の学生はまず何をしなければなりませんか。

女：泉君！泉君！
男：お！美貴！まだ、キャンパスにいたんだ。明日の会計学科の模擬授業、人集まるかな？
女：実は…明日の模擬授業の進行役なんだけど、泉君が代わってくれないかな？
男：え？でも、ゼミ生たちと先生で話し合ってゼミのリーダーの美貴が進行役やることになったんだよね？急に、二人で話して変えてもいいの？
女：確かに、それもそうよね。実は、私うっかりしちゃってて、明日会計士資格試験の二次試験があるの。どうしても、模擬授業には間に合わなくて。
男：ええ？死活問題じゃないの！ちょっと待って、もう8時か。今からラウンジに行ってゼミ生と先生とビデオ会議をやろうよ。事情を話せば、理解してくれるはず。
女：急にお願いしちゃってごめん。今、泉君のメールに進行役の台本のファイルを送ったから確認してくれる？
男：ビデオ会議の後で確認してもいい？
女：うーん。ビデオ会議で皆、集まらないかもしれないから、先に確認してもらえる？

このあと男の学生はまず何をしなければなりませんか。
1 ゼミ生と先生とビデオ会議を始める
2 メールで進行役の台本を確認する
3 会計士資格試験の勉強にもどる
4 模擬授業の進行の練習をする

대학교에서 여학생과 남학생이 이야기하고 있습니다. 남학생은 대학 오픈 캠퍼스를 돕고 있습니다. 이 다음에 남학생은 먼저 무엇을 해야 합니까?

여: 이즈미 군! 이즈미 군!
남: 오! 미키! 아직 캠퍼스에 있었구나. 내일 회계학과 모의 수업에 사람들이 모일까?
여: 실은… 내일 모의 수업 진행을 맡았는데, 이즈미 군이 대신해 주지 않을래?
남: 어? 근데 세미나 학생들과 선생님이 의논해서 세미나 리더인 미카가 진행을 맡게 된 거지? 갑자기 둘이 얘기해서 바꿔도 되는 거야?
여: 하긴, 그것도 그러네. 사실 내가 내일 회계사 자격 시험 2차 시험이 있는 걸 깜빡했거든. 아무래도 모의 수업에는 늦을 것 같아.
남: 뭐? 사활이 걸린 문제잖아! 잠깐, 기다려봐, 벌써 8시네. 지금부터 라운지에 가서 세미나 학생과 선생님과 화상 회의를 하자. 사정을 이야기하면 이해해 줄 거야.
여: 갑자기 부탁해서 미안. 지금 이즈미 군 메일로 진행자 대본 파일을 보냈으니까 확인해 줄래?
남: 화상 회의 끝나고 확인해도 돼?
여: 음. 화상 회의에 다들 안 모일 수도 있으니까 먼저 확인해 줄래?

이 다음에 남학생은 먼저 무엇을 해야 합니까?
1 세미나 학생과 선생님과 화상 회의를 시작한다
2 메일로 진행자의 대본을 확인하다
3 회계사 자격증 시험 공부로 돌아간다
4 모의 수업 진행 연습을 한다

4번

음성

お店で男の人と女の人が話しています。女の人はこのあとまず何をしますか。

男：キムさん、この配送伝票キムさんが書いてくれたの？配送の指定日が間違ってるよ。配送の指定日だけど、この数字、1日なの7日なの？このままだと分からないね。
女：はい？確か…。ちょっとその伝票見せていただけますか。

男：いいよ。どうぞ。
女：ええ！本当に数字1のか7なのか微妙ですね！どうしよう！
男：そうだね。お客様はもうお帰りになったのかな？うーん…携帯の電話番号も伝票に…書いて…ないか…。
女：本当に、申し訳ございません！
男：一旦、落ち着こうか。
女：今すぐ、私がお客様のところに行って聞いてきます！責任をとります！
男：その気持ちは分かるけど。新規のお客様だったの？それとも、顧客リストに名前と電話番号が残っている方なの？
女：えっ…と。確か…この店の会員カードをお持ちの方でした。
男：よかったね。じゃあ、タブレットでお客様の情報を調べて、電話しようか。
女：もし、繋がらなかったら…どうしましょう？やっぱり、直接行ってきます。
男：待って待って。まずは、電話の方お願いね。

女の人はこのあとまず何をしますか。

1 タブレットでお客様の電話番号を探す
2 お客様に電話する
3 配送伝票を書き直す
4 お客様の家に直接配達する

가게에서 남자와 여자가 이야기하고 있습니다. 여자는 이 다음에 먼저 무엇을 합니까?

남 : 김 씨, 이 배송 전표 김 씨가 써 준 거야? 배송 지정일이 틀렸어. 배송 지정일 말인데 이 숫자 1일이야 7일이야? 이대로는 알 수 없네.
여 : 네? 분명… 잠깐 그 전표 좀 보여 주시겠어요?
남 : 그래. 자.
여 : 어머! 정말 숫자 1인지 7인지 미묘하네요! 어쩌지!
남 : 그치. 손님은 벌써 가셨나? 음…, 휴대전화 번호도 전표에… 써… 있질 않네….
여 : 정말 죄송합니다!
남 : 일단 좀 진정할까?
여 : 지금 바로 제가 손님한테 가서 물어보고 올게요! 책임지겠습니다!
남 : 그 마음은 이해하지만. 신규 손님이었어? 아니면 고객 리스트에 이름과 전화번호가 남아 있는 분이야?
여 : 그러니까…. 분명… 이 가게 회원 카드를 가지고 계신 분이었어요.
남 : 잘됐네. 그럼, 태블릿으로 고객 정보를 확인하고 전화를 걸어 볼까?
여 : 만약 연결이 안 되면… 어떻게 하죠? 역시 직접 다녀오겠습니다.
남 : 잠깐만 기다려. 우선 전화 쪽을 부탁해.

여자는 이 다음에 먼저 무엇을 합니까?

1 태블릿에서 손님의 전화번호를 찾는다
2 손님에게 전화한다
3 배송 전표를 다시 작성한다
4 손님 집에 직접 배달한다

5번

음성

女の人と男の人が話しています。女の人はこのあとまず何をしますか。

女：もうすぐ、真夏だよね！加藤君はエアコンの掃除とかはいつもどうしているの？
男：そうだね。真夏はエアコンをたくさん使うから、そろそろ手入れしないといけないよね。
女：うちは主人がドラッグストアで買ったスプレー型の洗浄液でエアコンを掃除してくれてるんだよ。でも、あまり、頼りにならないんだよね。だって毎年、エアコンを掃除した後、くしゃみとか鼻水とか大変だもん。
男：確かに、スプレー型の洗浄液だとエアコンの奥のカビとかは処理しきれないかもね。
女：そうなのよ。
男：最近、ユーチューブで見たけど、水を高圧で噴射してエアコンを丸ごと洗ってくれる業者さんがいるみたいなんだよね。映像を見ただけなのに気分がすっきりしたよ。
女：へえ。あ、そういえば、私も朝の情報番組でそのサービスを見たことある。
男：値段は多少高いかもしれないけど、ハウスダストに敏感だったり、アレルギーがあったりする人には投資する価値があるかもね。でも、旦那さん仕事がなくなって寂しがるかもしれないね。

女:そうかな。手間が省けて喜ぶと思うよ。今私のスマホにそのユーチューブのリンク送ってくれる？それを見て、どうするか決めるよ。
男:いいよ。

女の人はこのあとまず何をしますか。

1　スマホで動画のリンクを確認する
2　エアコン洗浄業者に問い合わせる
3　旦那さんに電話する
4　ユーチューブを見ながらエアコンを掃除する

여자와 남자가 이야기하고 있습니다. 여자는 이 다음에 우선 무엇을 합니까?

여 : 이제 곧 한여름이네! 가토 군은 에어컨 청소 같은 건 보통 어떻게 하고 있어?

남 : 그러네. 한여름에는 에어컨을 많이 사용하니까 슬슬 손봐야겠네.

여 : 우리 집은 남편이 드러그 스토어에서 산 스프레이형 세정액으로 에어컨을 청소해 주고 있어. 하지만, 별로 안심이 안 돼. 왜냐하면 매년 에어컨을 청소한 다음에 재채기나 콧물 같은 것 때문에 힘들거든.

남 : 아마 스프레이형의 세정액은 에어컨 안쪽에 곰팡이 같은 건 다 처리하지 못할 거야.

여 : 맞아.

남 : 최근에 유튜브에서 봤는데. 고압으로 물을 분사해서 에어컨을 통째로 씻어 주는 업체가 있는 것 같더라. 영상만 봤는데도 속이 후련하더라.

여 : 오, 아, 그러고 보니 나도 아침 정보 프로그램에서 그 서비스를 본 적 있어.

남 : 가격은 좀 비쌀지도 모르겠지만. 집 먼지에 민감하거나 알레르기가 있는 사람에게는 투자할 가치가 있을 거야. 하지만 남편은 일이 없어져서 아쉬워할지도 모르겠네.

여 : 그럴까? 수고를 덜어서 좋아할 거야. 지금 내 휴대전화로 그 유튜브 링크 보내 줄래? 그거 보고 어떻게 할지 결정할래.

남 : 그래.

여자는 이 다음에 우선 무엇을 합니까?

1　<u>스마트폰에서 동영상 링크를 확인한다</u>
2　에어컨 청소업자에게 문의한다
3　남편에게 전화한다
4　유튜브를 보면서 에어컨을 청소한다

6번

음성

大学のマーケティングのクラスで先生が話しています。学生は今日何をしなければなりませんか。

男:皆さん、最近のマーケティングの舞台はオンラインとモバイルデバイス、つまりスマートフォンに移っています。その中でも最も脚光を浴びている分野はEC、つまりインターネット通販ですね。今年の秋と冬はこのECサイトの分析をして最後にグループ発表を行います。皆さんにやってほしいことは、まずは各ECサイトに訪問し、直接販売・購買経験をすること。また、その体験をもとに各ECサイトの戦略を分析してください。戦略の分析が終わった段階で、各ECサイトを運営する会社に訪問してインタビューを実施してください。では今から、ご自身のデバイスで各ECのウェブサイトに入ってください。来週には自分が分析したいECサイトを決め、チーム分けをします。チーム分けが終わったら各自役割を決めましょう。

学生は今日何をしなければなりませんか。

1　チーム分けをする
2　ECサイトの本社を訪問する
3　ECサイトに入る
4　役割分担をする

대학 마케팅 반에서 선생님이 이야기하고 있습니다. 학생은 오늘 무엇을 해야 합니까?

남 : 여러분. 최근 마케팅의 무대는 온라인과 모바일 디바이스, 즉 스마트폰으로 옮겨가고 있습니다. 그중에서도 가장 각광받고 있는 분야는 EC, 즉 인터넷 통신판매입니다. 올가을과 겨울에는 이 EC 사이트를 분석해서 마지막에 그룹 발표를 합니다. 여러분들이 해 주었으면 하는 것은, 우선은 각 EC 사이트에 방문해. 직접 판매·구매 경험을 하는 것입니다. 그리고 그 체험을 바탕으로 각 EC 사이트의 전략을 분석해 주세요. 전략 분석이 끝난 단계에서 각 EC 사이트를 운영하는 회사를 방문하여 인터뷰하기 바랍니다. 그럼, 지금부터 본인이 갖고 있는 디바이스로 각 EC의 웹 사이트에 들어가 주세요. 다음 주에는 자신이 분석하고 싶은 EC 사이트를 결정하고 팀을 나눌 것입니다. 팀 배정이 끝나면 각자 역할을 정합시다.

학생은 오늘 무엇을 해야 합니까?

1 팀을 나눈다
2 EC 사이트 본사를 방문한다
3 <u>EC 사이트에 들어간다</u>
4 역할 분담을 한다

문제2 문제2에서는 먼저 질문을 들으세요. 그 다음 문제지의 선택지를 읽으세요. 읽는 시간이 있습니다. 그러고 나서 이야기를 듣고 문제지의 1부터 4 중에서 가장 올바른 것을 하나 고르세요.

예

음성

喫茶店で男の人と女の人が話しています。この男の人は恋人がどうして怒ったと言っていますか。

男：あーあ。また彼女を怒らせちゃったよ。
女：また？何があったの？
男：昨日、彼女の誕生日だったんだけど、いろいろあって何もしてあげられなくて。
女：誕生日なのに何もあげなかったの？
男：うん、まあ、それは気にしてないみたいなんだけど、仕事があって、帰るのが遅くなっちゃって。疲れてたから、帰ってそのまま寝ちゃったんだよね。
女：え、じゃあずっと寒い中、外で待たせてたの？
男：いや、彼女のうちに会いに行く約束をしたから大丈夫だったんだけど、メッセージぐらい送れないのって言われちゃって。
女：それは怒られても仕方ないね。

この男の人は恋人がどうして怒ったと言っていますか。

1 プレゼントをあげなかったから
2 仕事が忙しかったから
3 長時間外で待たせていたから
4 <u>連絡しなかったから</u>

찻집에서 남자와 여자가 이야기하고 있습니다. 이 남자는 애인이 왜 화가 났다고 말하고 있습니까?

남：아아, 또 여자 친구를 화나게 했어.
여：또? 무슨 일이야?
남：어제 여자 친구 생일이었는데, 여러 가지 사정이 있어서 아무것도 못 해 줬어.
여：생일인데 아무것도 안 준 거야?
남：어, 뭐 그건 별로 신경 안 쓰는 것 같은데, 일이 있어서 집에 늦게 가서, 피곤해서 집에서 그대로 잠들어 버렸어.
여：어머, 그럼 계속 추운 날씨에 밖에서 기다리게 한 거야?
남：아니. 여자 친구 집으로 만나러 가기로 약속했어서 괜찮았는데 메시지 정도도 못 보내냐고 하더라고.
여：그건 혼나도 어쩔 수 없어.

이 남자는 애인이 왜 화가 났다고 말하고 있습니까?

1 선물을 주지 않기 때문에
2 일이 바빴기 때문에
3 장시간 밖에서 기다리게 했기 때문에
4 <u>연락하지 않았기 때문에</u>

1번

음성

会社で女の人と男の人が話しています。男の人はどうして在宅勤務をしたくないんですか。男の人です。

女：あれ、中本君！珍しいね！今日はどうして事務所にいるの？
男：僕、やっぱり事務所の方が居心地いいや。半年前は、在宅勤務に変わって結構嬉しかったけど、仕事のパフォーマンスもぐっと上がってたし！
女：え？じゃあ、在宅勤務は良くないってこと？私は在宅勤務したくてしょうがないんだけど。
男：最初は気付かなかったんだ。6か月在宅勤務をしてみて思ったのよ。在宅勤務「自体」は魅力的だってことを。朝の満員電車に乗る必要もないし、通勤の時間を活かして自己啓発もできるし、それに、ビデオ会議の時も上着だけちゃんと着ていれば問題ないしね。
女：そうそう。私の部署も在宅勤務の話はよく上がってはいるんだけど、セキュリティーの事でずっと先延ばしされてたな。あーあ。
男：だけど、気付いたときは、妻も在宅勤務をしていたんだ！だから、一日中妻と一緒に過ごさないといけなくなったんだよ！
女：なんだ！奥さんとラブラブでいいじゃない！

男の人はどうして在宅勤務をしたくないんですか。

1 仕事のパフォーマンスが下がるから

2 仕事のセキュリティーが担保されないから
3 家でパートナーとずっと一緒にいるから
4 仕事以外の時間の活用が難しいから

회사에서 여자와 남자가 이야기하고 있습니다. 남자는 왜 재택근무를 하고 싶지 않은 겁니까? 남자입니다.

여 : 어머, 나카모토 군! 웬일이야! 오늘은 왜 사무실에 있는 거야?

남 : 나, 역시 사무실이 더 편해. 반년 전에는 재택근무로 바뀌어서 꽤 기뻤는데. 일의 성과도 확 올라갔고!

여 : 어? 그럼, 재택근무가 좋지 않다는 거야? 나는 재택근무 하고 싶어 죽겠는데.

남 : 처음에는 몰랐지. 6개월 재택근무를 해보고 생각했어. 재택근무 '자체'는 매력적이라는 걸. 아침에 만원 전철을 탈 필요도 없고, 통근 시간을 활용해서 자기 계발도 할 수 있고, 게다가 화상 회의 때도 상의만 잘 입고 있으면 문제없고 말이야.

여 : 맞아. 맞아. 우리 부서도 재택근무 얘기는 자주 나오긴 하는데 보안 문제 때문에 계속 미뤄졌어. 아아.

남 : 하지만 정신을 차려 보니 아내도 재택근무를 하는 거야. 그러니까 하루 종일 아내랑 함께 지내야 하는 거지!

여 : 뭐야! 부인이랑 알콩달콩하고 좋잖아!

남자는 왜 재택근무를 하고 싶지 않은 겁니까?

1 일의 성과가 떨어지기 때문에
2 일의 보안이 보장되지 않기 때문에
3 **집에서 파트너와 계속 같이 있기 때문에**
4 일 이외의 시간 활용이 어렵기 때문에

2번

음성

ゲーム会社の女の人と男の人が話しています。二人はオンラインゲーム世界の中のイベントについてどんな企画をすることにしましたか。

女：え！今年は「集え！恐竜の森」、前作をはるかに超える売上ですね！今年は室内で時間を過ごす人が増えて、我が社にはチャンスなんですね。

男：そうだな！ここから、もっと盛り上げていかないと。ゲーム世界内のクリスマスイベントの件、何かいいのある？

女：去年は、ゲームのキャラクターに着せるクリスマス限定の服を販売しましたよね。

男：そうだったね。そしたら、キャラクターが身に着けるもの以外がいいね。ゲーム世界の中で他のプレーヤーにクリスマスプレゼントを贈れるようにして、そのプレゼントが現実の世界でも実際に相手の家に届くっていうのはどう？

女：へえ！クリスマスのプレゼントですか！直接、お店に買いに行かなくてもいいですし、ゲーム世界内のコミュニケーションも活発になります！ウィン・ウィンの企画ですね！

男：そうだね。まず、ゲーム世界の中でプレゼントとして送れる食べ物をリストにして、オフラインの該当食品を扱う流通業者にも連絡してくれる？

女：でもリストアップの前に、我が社のゲームは日本地図をベースにつくられていますから、できれば、地方の生産者から直接商品を送るようにしたいんですが。どうでしょうか。

男：直接生産者から買って他のプレーヤーに郵送するってことだね。システム上実現可能なのかエンジニアと話してみよう。

二人はオンラインゲーム世界の中のイベントについてどんな企画をすることにしましたか。

1 ゲーム内でキャラクターに着せる服を売る企画
2 ゲーム内のキャラクターが限定アイテムを販売できる企画
3 ゲーム内のキャラクターがプレゼントしたものが実際に家に届く企画
4 ゲーム内のキャラクターに着せる服をプレーヤーも実際に着られる企画

게임 회사의 여자와 남자가 이야기하고 있습니다. 두 사람은 온라인 게임 세계 속 이벤트에 대해 어떤 기획을 하기로 했습니까?

여 : 에! 올해는 '모여라! 공룡의 숲', 전작을 훨씬 뛰어넘는 매출이네요! 올해는 실내에서 시간을 보내는 사람들이 많아져서 우리 회사로서는 기회네요.

남 : 그렇지! 여기서 더 분위기를 띄워야 해. 게임 세계 속 크리스마스 이벤트 건 뭐 좋은 거 있어?

여 : 작년에는 게임 캐릭터에 입히는 크리스마스 한정 의상을 판매했었죠?

남 : 그랬지. 그렇다면 캐릭터가 입을 수 있는 것 말고도 다른 것도 좋을 것 같아. 게임 세계에서 다른 플레이어에게 크리스마스 선물을 줄 수 있도록 하고, 그 선물이 현실 세계에서도 실제로 상대방 집에 도착하는 것은 어때?

여: 왜! 크리스마스 선물인가요? 직접 가게에 사러 가지 않아도 되고, 게임 세계 내의 커뮤니케이션도 활발해지겠네요! 윈윈 기획이네요!

남: 그렇지. 우선 게임 세계 속에서 선물로 보낼 수 있는 음식을 리스트로 만들어서 오프라인의 해당 식품을 취급하는 유통 업체에도 연락해 줄래?

여: 하지만 리스트업 하기 전에 우리 회사 게임은 일본 지도를 기초로 만들어져 있어서 가능하면 지방의 생산자가 직접 상품을 보내도록 하고 싶은데요, 어떨까요?

남: 직접 생산자한테 사서 다른 플레이어에게 배송한다는 거구나. 시스템상 실현 가능한지 엔지니어랑 이야기해 보자!

두 사람은 온라인 게임 세계 속 이벤트에 대해 어떤 기획을 하기로 했습니까?

1 게임 내에서 캐릭터에게 입힐 옷을 파는 기획
2 게임 속 캐릭터가 한정 아이템을 판매할 수 있는 기획
3 게임 속 캐릭터가 선물한 물건이 실제로 집에 도착하는 기획
4 게임 속 캐릭터에게 입히는 옷을 플레이어도 실제로 입을 수 있는 기획

3번

음성

喫茶店で男の人と女の人が話しています。男の人は海外に赴任するにあたり、何が心配だと言っていますか。

男：今度うちの会社、海外事業拡大のためにベトナムに新しい営業所を作ることになったんだ。
女：そうなんだ！
男：いつか海外で働いてみたいって思ってたから、部長から誘いを受けた時はすごく嬉しかったよ。
女：でも、断ったんでしょ？
男：それが、無理承知で妻に相談してみたら、意外にもせっかくのチャンスなんだからって言ってくれて。
女：よかったじゃない！
男：うん。でも、心配なことがあって。
女：ああ、奥さん一人で育ち盛りの子どもを育てるのは大変だもんね。
男：うーん。恥ずかしい話なんだけど、普段から子どものことは妻に任せっぱなしだし、両親と同居してて、関係も良好だからこっちに残ってくれるならなんとかなると思うんだけど、私も一緒に行くって言い出して。赴任先は田舎の街だから、妻みたいな都会育ちの人間が暮らすのは到底無理だと思うんだけど、言い始めたら聞かないからなあ。
女：嬉しいことじゃない！気にしすぎよ。

男の人は海外に赴任するにあたり、何が心配だと言っていますか。

1 妻が海外転勤に反対していること
2 妻を残して海外に行くこと
3 妻と両親の関係が良くないこと
4 妻がベトナムに住むこと

찻집에서 남자와 여자가 이야기하고 있습니다. 남자는 해외에 부임할 때 무엇이 걱정된다고 말하고 있습니까?

남: 이번에 우리 회사, 해외 사업 확대를 위해 베트남에 새로운 영업소를 만들게 됐어.
여: 그렇구나!
남: 언젠가 해외에서 일해 보고 싶다는 생각이 있어서 부장님한테 제안을 받았을 때 굉장히 기뻤어.
여: 그런데 거절한 거지?
남: 그게, 무리인 줄 알면서도 아내에게 상의했더니 뜻밖에도 모처럼의 좋은 기회라고 말해 줘서.
여: 잘됐네!
남: 응. 그런데 걱정되는 게 있어서.
여: 아, 부인이 혼자서 한창 자라는 시기의 아이를 키우는 건 힘들겠지.
남: 음. 부끄러운 얘기지만 평소에 애들은 아내한테 다 맡기고 있고 부모님이랑 같이 살고 관계도 좋으니까 여기에 남아 주면 어떻게든 될 것 같은데, 자기도 같이 가겠다고 해서 말이야. 부임지가 시골 마을이라서 아내처럼 도시에서 자란 사람이 살기에는 도저히 무리일 것 같은데 말을 꺼내면 듣지 않을 테니까.
여: 기쁜 일이잖아! 신경을 너무 많이 쓰네.

남자는 해외에 부임할 때 무엇이 걱정된다고 말하고 있습니까?

1 아내가 해외 전근에 반대하는 것
2 아내를 남기고 해외로 가는 것
3 아내와 부모의 관계가 좋지 않은 것
4 아내가 베트남에 사는 것

4번

음성

英語のテストについて女の学生と男の学生が話しています。女の学生は男の学生が何をするべきだったと言っていますか。

女：今日、英語テストの結果発表だよね。
男：覚えてたんだ。いやあ、この点数じゃ目標の大学に留学するのは厳しいな！
女：どれどれ、読解、聴解、スピーキング、作文か。あ！読解と聴解は高得点なのに、スピーキングと作文が半分以下なんだね。
男：毎日英字新聞を読んで、記事をまとめて、音読を欠かさなかったからね。読解と聴解には自信があったんだよ。でも、スピーキングと作文の時、文章を作ろうとしたら、頭が真っ白になってさ！
女：そうか、単語や文型のインプットは多いけど、アウトプットの練習は足りなかったんだね。
男：ビデオ通話で、ネイティブの人と会話したり、作文の添削をしてもらうコースを受けていればよかったかな。
女：もちろん、有料のコースもいいんだけど、自分でも英語でユーチューブの動画を撮影してみたり、ブログを書くこともできたんだと思うよ。もしかしたら、いいお小遣い稼ぎになってたかも！

女の学生は男の学生が何をするべきだったと言っていますか。

1 自分で学費を稼ぐべきだった
2 もっと書いたり話したりする訓練をするべきだった
3 オンラインコースを受講するべきだった
4 単語や文型をもっと覚えるべきだった

영어 테스트에 대해 여학생과 남학생이 이야기하고 있습니다. 여학생은 남학생이 무엇을 했어야 했다고 말하고 있습니까?

여 : 오늘 영어 시험 결과 발표지?
남 : 기억하고 있었구나. 아아, 이 점수로는 목표한 대학에 유학하기 힘들겠어!
여 : 어디 보자, 독해, 청해, 말하기, 작문이구나. 아! 독해와 청해는 고득점인데, 말하기랑 작문이 절반 이하네.
남 : 매일 영자 신문을 읽고 기사를 정리하고 소리 내서 읽는 걸 거르지 않았거든. 독해와 청해에는 자신이 있었어. 하지만, 말하기와 작문 때, 문장을 만들려고 하면 머리가 하얘져서 말이야!
여 : 그렇구나. 단어나 문형의 인풋은 많은데 아웃풋 연습이 부족했구나.
남 : 영상 통화로 원어민과 대화하거나 작문 첨삭을 받는 강좌를 들었으면 나았을까?
여 : 물론 유료 강좌도 좋지만, 직접 영어로 유튜브 동영상을 촬영해 보거나 블로그를 작성해 볼 수도 있었을 것 같아. 어쩌면 좋은 용돈벌이가 됐을지도 몰라!

여학생은 남학생이 무엇을 했어야 했다고 말하고 있습니까?

1 스스로 학비를 벌었어야 했다
2 더 쓰고 말하는 훈련을 했어야 했다
3 온라인 강좌를 수강했어야 했다
4 단어나 문형을 더 외웠어야 했다

5번

음성

ある会社の会議で社長が話しています。社長は動画配信サービスの成功において、何が一番重要だと言っていますか。

女：動画配信サービスの鍵は独自のコンテンツ制作です。ここだけで楽しめるオリジナルのコンテンツがないと話題を集めるどころか、これ以上見る動画がないと思われ、会員様からそっぽを向かれてしまいます。多様なデバイスで動画を楽しめることや、その人の好みに合わせて動画をお勧めする機能は、もはやどの会社も提供しています。価格設定を安くシンプルにすることも同じです。更なる成長の為にまずは、自社の独占コンテンツ制作に大胆に投資すべきなんです。

社長は動画配信サービスの成功において、何が一番重要だと言っていますか。

1 多様なデバイスで動画を楽しめるようにすること
2 会員の好みに合わせて動画を勧める機能をつくること
3 サービス価格を安くすること
4 自社のオリジナルのコンテンツをつくること

어느 회사 회의에서 사장님이 이야기하고 있습니다. 사장님은 동영상 스트리밍 서비스의 성공에 있어서 무엇이 가장 중요하다고 말하고 있습니까?

여 : 동영상 스트리밍 서비스의 핵심은 독자적인 콘텐츠 제작입니다. 여기에서만 즐길 수 있는 오리지널 콘텐츠가 없으면 화제를 모으기는커녕 더 이상 볼 만한 영상이 없다고 여겨져 회원들이 외면하게 됩니다. 다양한 디바이스에서 동영상을 즐길 수 있는 기능이나 개인의 취향에 맞는 동영상을 추천해 주는 기능은 이제 어느 회사나 제공하고 있습니다. 가격 설정을 저렴하고 단순하게 하는 것도 마찬가지입니다. 더 큰 성장을 위해서는 우선 자사만의 독점 콘텐츠 제작에 과감하게 투자해야 합니다.

사장님은 동영상 스트리밍 서비스의 성공에 있어서 무엇이 가장 중요하다고 말하고 있습니까?

1 다양한 디바이스에서 동영상을 즐길 수 있도록 하는 것
2 회원의 취향에 맞춰 동영상을 추천하는 기능을 만드는 것
3 서비스 가격을 저렴하게 하는 것
4 <u>자사의 오리지널 콘텐츠를 만드는 것</u>

6번

음성

コンビニ運営会社の会議で男の人が話しています。男の人は、コンビニ運営の経費を削減するために、何を新しく導入する予定ですか。

男：インターネット販売を利用する人や在宅勤務をする人の増加により、我が社は危機に直面しています。この危機を乗り越えるには各店舗の経費削減が欠かせません。まず、レジ袋ですが、政府の要請もあってこちらは今年度も引き続き有料化を維持します。また、商品の自動発注システムも各店主様から好評をいただいております。続きまして、無人レジ機械の設置ですが、こちらは初期投資は必要なものの人件費削減、レジ待機時間問題を軽減できる見込みなので全店舗に設置を進める予定です。あと、キャッシュレス対応ですが、こちらは新しい機械の設置は不要で追加費用はかからないと予想しております。

男の人は、コンビニ運営の経費を削減するために、何を新しく導入する予定ですか。

1 <u>無人レジ機械を設置すること</u>
2 レジ袋を有料化すること
3 商品の自動発注システムを導入すること
4 インターネットで商品を販売すること

편의점 운영 회사의 회의에서 남자가 말하고 있습니다. 남자는 편의점 운영 경비를 절감하기 위해 무엇을 새로 도입할 예정입니까?

남 : 인터넷 판매와 재택 근무자의 증가로 우리 회사는 위기에 직면해 있습니다. 이 위기를 극복하기 위해서는 각 점포의 비용 절감이 필수적입니다. 우선 비닐봉지는 정부의 요청에 따라 올해도 계속 유료화를 유지합니다. 또한 상품 자동 주문 시스템도 각 점주님들로부터 호평을 받고 있습니다. 다음으로 무인 계산 기계 설치인데, 초기 투자가 필요하지만, 인건비 절감, 계산대 대기 시간 문제를 줄일 수 있을 것으로 예상되어 전 점포에 설치하도록 추진할 예정입니다. 그리고 캐시리스 대응은 새로운 기계 설치가 불필요하고 추가 비용이 들지 않을 것으로 예상하고 있습니다.

남자는 편의점 운영 경비를 절감하기 위해 무엇을 새로 도입할 예정입니까?

1 <u>무인 계산 기계를 설치하는 것</u>
2 비닐봉지를 유료화하는 것
3 상품의 자동 발주 시스템을 도입하는 것
4 인터넷에서 상품을 판매하는 것

문제3 문제3에서는 문제지에 아무것도 인쇄되어 있지 않습니다. 이 문제는 전체적으로 어떤 내용인지를 묻는 문제입니다. 이야기 전에 질문은 없습니다. 먼저 이야기를 들으세요. 그러고 나서 질문과 선택지를 듣고 문제지의 1부터 4 중에서 가장 올바른 것을 하나 고르세요.

예

음성

女の学生が男の学生に旅行の感想を聞いています。

女：夏休み、イタリアへ旅行に行ったらしいね。どうだった？
男：大満足だよ。景色や世界遺産の美しさに感動させられたよ。それに本場で食べるイタリア料理は日本で食べられるものとは比べられないくらい美味しいんだ。ただ、距離がね。飛行機の移動だけで一日かか

っちゃうから、社会人になったら行くのは難しそう。イタリアは在学中に行くことをおすすめするよ。

男の学生はイタリア旅行についてどう思っていますか。

1 景色がきれいで、距離も近い
2 景色はきれいだが、距離は遠い
3 景色も悪いし、距離も遠い
4 景色は悪いが、距離は近い

여학생이 남학생에게 여행 후기를 묻고 있습니다.

여: 여름 휴가 때 이탈리아에 여행 갔다면서? 어땠어?
남: 대만족이었지. 경치랑 세계 유산의 아름다움에 감동받았어. 게다가 본고장에서 먹는 이탈리아 요리는 일본에서 먹을 수 있는 것과는 비교할 수 없을 정도로 맛있어. 다만 거리가 멀어서 말이야. 비행기 이동에만 하루가 걸리니까 사회인이 되면 가기 힘들 것 같아. 이탈리아는 재학 중에 가는 것을 추천해.

남학생은 이탈리아 여행에 대해 어떻게 생각하고 있습니까?

1 경치가 아름답고 거리도 가깝다
2 경치는 아름답지만 거리는 멀다
3 경치도 나쁘고 거리도 멀다
4 경치는 나쁘지만 거리는 가깝다

1번

음성

大学の先生が授業で話しています。

女: 昨今、世界中の大学は危機に直面しています。従来の大学は対面教育を基本前提にしていました。決まった時間・決まった教室に教授と学生が来て、授業を行いました。その場で質問することもできます。しかし、新しい感染症の影響で対面したり、声を張ってコミュニケーションをとったりすること自体がリスクになりました。それでも、幸い私達にはIT技術が残っています。教授はインターネット配信で授業ができます。学生は、いつでも、どこでも参加したい授業に参加し、音声及びコメント機能で質問ができます。時間と空間の制約を超えた教育が訪れたと言えるでしょう。

先生は何について話していますか。

1 新しい感染症の危険性
2 大学教育の存在価値
3 従来の大学教育の問題点
4 IT技術による大学教育の変化の可能性

대학교 교수가 수업에서 이야기하고 있습니다.

여: 요즘 전 세계 대학은 위기에 직면해 있습니다. 기존의 대학은 대면 교육을 기본 전제로 했습니다. 정해진 시간, 정해진 교실에 교수와 학생이 와서 수업을 진행했습니다. 그 자리에서 질문도 할 수 있고요. 하지만 신종 감염병의 영향으로 대면하거나 목소리를 내어 소통하는 것 자체가 위험해졌습니다. 그래도 다행히 우리에게는 IT 기술이 남아 있습니다. 교수님들은 인터넷으로 강의를 할 수 있습니다. 학생들은 언제 어디서나 원하는 수업에 참여할 수 있고, 음성 및 댓글 기능을 통해 질문할 수 있습니다. 시간과 공간의 제약을 뛰어넘는 교육의 시대가 찾아왔다고 할 수 있습니다.

교수는 무엇에 대해 이야기하고 있습니까?

1 새로운 감염병의 위험성
2 대학 교육의 존재가치
3 기존 대학 교육의 문제점
4 IT 기술에 의한 대학 교육의 변화 가능성

2번

음성

ユーチューブ動画の音声です。登録者数10万人記念メッセージです。

男: こんにちは、ショウジです。この動画を撮影している今、ちょうど登録者数が10万人を超えました。皆さん、ありがとうございます。去年の冬は、まだ5万人だったんですけどね。まだ、実感がわきません。それに、昨日、なんと娘が生まれました！子どもができたこともあり、ユーチューブをやめて就活を始めようかなと悩んだりもしましたけど。今まで支えてくれた皆さんにもっと貢献できるよう動画を作っていきたいと思います。これからも、よろしくお願いします！

このメッセージで言いたいことは何ですか。

1 ユーチューブをやめること
2 就活に関する動画をアップロードすること
3 視聴者に感謝していること
4 今、登録者数が5万人を超えたこと

> 유튜브 동영상 음성입니다. 구독자 수 10만 명을 기념하는 메시지입니다.
>
> 남 : 안녕하세요, 쇼지입니다. 이 동영상을 촬영하고 있는 지금, 정확히 구독자 수가 10만 명을 넘었습니다. 여러분 감사합니다. 작년 겨울에는 아직 5만 명이었는데요. 아직 실감이 안 납니다. 게다가 어제 제 딸이 태어났어요! 아이가 생기기도 했으니, 유튜브를 그만두고 취업 준비를 시작해야 하나 고민도 했는데요. 그동안 응원해 주신 여러분들께 더 많이 기여할 수 있도록 동영상을 만들어 나가고 싶습니다. 앞으로도 잘 부탁드립니다!

이 메시지에서 하고 싶은 말은 무엇입니까?

1 유튜브를 그만두는 것
2 취업 준비에 관한 동영상을 업로드하는 것
3 시청자에게 감사드리는 것
4 지금 구독자 수가 5만 명을 넘은 것

3번

음성

テレビでアナウンサーが、コンピューター科学の専門家にインタビューしています。

女：最近、自動運転という言葉をたびたび耳にします。自動運転というのは、人間が操作をしなくても車が自動で運転してくれるというものですが、従来の自動運転は、危険な時に自動ブレーキが作動したり、高速道路などの限られた条件下でのみ実用化されていました。そんな自動運転技術が今、次の段階に進もうとしているそうですね。

男：ええ、今おっしゃったとおり従来は、主に人間が運転して機械がそれをサポートしてくれるようなシステムでした。しかし、次世代の自動運転は、車が主に運転をし、人間はほとんど操作をしなくてもいい時代に突入します。

女：つまり、無人で車が動く時代もそう遠くないということですか。

男：はい、車だけで独立して走行できるようになると、配達サービスやタクシーなどのものと人の流れに革命が起こるでしょうね。

話のテーマは何ですか。

1 自動運転は今後どのようになっていくのか
2 自動運転はどうして必要なのか
3 自動運転はどのように活用されているのか
4 自動運転が抱えている大きな問題

> 텔레비전에서 아나운서가 컴퓨터 과학 전문가를 인터뷰하고 있습니다.
>
> 여 : 최근 자율주행이라는 말을 자주 듣게 됩니다. 자율주행이란 사람이 조작하지 않아도 자동차가 알아서 운전하는 것을 말하는데요, 기존의 자율주행은 위험할 때 자동 브레이크가 작동하거나 고속도로 등 한정된 조건에서만 실용화되어 있었습니다. 그런 자율주행 기술이 이제 다음 단계로 나아가고 있다고 하네요.
>
> 남 : 네, 방금 말씀하신 것처럼 기존에는 주로 사람이 운전하고 기계가 이를 보조하는 시스템이었어요. 하지만 차세대 자율주행은 자동차가 주로 운전하고 사람은 거의 조작을 하지 않아도 되는 시대로 접어들게 됩니다.
>
> 여 : 그럼 무인 자동차가 움직이는 시대도 멀지 않다는 말씀이시네요?
>
> 남 : 네, 자동차만 독립적으로 주행할 수 있게 되면 배달 서비스나 택시 등 물건과 사람의 흐름에 혁명이 일어날 것 같습니다.

이야기의 주제는 무엇입니까?

1 자율주행은 앞으로 어떻게 될 것인가
2 자율주행은 왜 필요한가
3 자율주행은 어떻게 활용되고 있는가
4 자율주행이 안고 있는 큰 문제

4번

음성

市民講座で講師が話しています。

女：日本の観光は「もの」に集中していました。しかし、新型感染症の影響で大勢の人が同じ場所で物を消費する事はもはやリスクだと言えます。密閉された空間に、人々が密集する、会話と飲食の際に密接に接触することは避けられないでしょう。このタイミングだからこそ、「もの」ではなく「こと」を新しく捉えるべきです。日本国内には世界的な雪山、湖、温泉、美しい島があり、私たちは実際そこへ

足を運ぶこともできます。今まで自然資源を過小評価していました。解放感のある敷地、人や人工物とは離れて触れ合う太古の自然、四季によって変わる風情。今、このような自然資源の体験を再評価するべきでしょう。

講師は何について話していますか。

1 日本の観光産業が落ち込んだ原因
2 日本の自然環境汚染のリスク
3 日本の自然資源の価値
4 日本の自然資源の問題点

시민 강좌에서 강사가 이야기하고 있습니다.
여 : 일본의 관광은 '물건'에 집중되어 있었습니다. 하지만 신종 감염병의 영향으로 많은 사람들이 한 장소에서 물건을 소비하는 것은 이제 위험하다고 할 수 있습니다. 밀폐된 공간에 사람들이 밀집해 대화와 음식물을 섭취할 때 밀접한 접촉을 하는 것은 피할 수 없을 것입니다. 지금이야말로 '물건'이 아닌 '것'을 새롭게 바라봐야 할 때입니다. 일본 국내에는 세계적인 설산, 호수, 온천, 아름다운 섬이 있고, 우리는 실제로 그곳에 갈 수도 있습니다. 그동안 우리는 자연 자원을 과소평가했습니다. 탁 트인 대지, 사람들과 인공물에서 벗어나 태고의 자연, 사계절에 따라 변화하는 풍경을 만끽할 수 있습니다. 이제 이런 자연 자원의 경험을 재평가해야 할 때입니다.

강사는 무엇에 대해 이야기하고 있습니까?

1 일본의 관광산업이 침체된 원인
2 일본의 자연환경 오염 리스크
3 일본 자연 자원의 가치
4 일본의 자연 자원의 문제점

5번

음성

講演会で医者が話しています。

男 : 生後二か月までの赤ちゃんは激しく泣き続けることがあります。ミルクをあげ、おむつをかえてあげても泣き止まないときが必ずあります。この時、親はイライラします。これは、ごく自然な現象です。赤ちゃんが泣き止まないことも、それに親がいらだつこ

とも。しかし、だからといって赤ちゃんを激しくあやすことは禁物です。生後二か月未満の赤ちゃんは首がすわっておらず、前後に過激に揺らすことで深刻な後遺症を残してしまう可能性さえあります。

医者は何について話していますか。

1 赤ちゃんが泣き止まない原因
2 赤ちゃんを虐待する親への批判
3 赤ちゃんをあやすときの注意点
4 赤ちゃんを育てる上での政府の支援策

강연회에서 의사가 이야기하고 있습니다.
남 : 생후 2개월까지의 아기는 계속 심하게 울 수가 있습니다. 우유를 주고 기저귀를 갈아 줘도 울음을 그치지 않을 때가 반드시 있습니다. 이때 부모는 짜증이 납니다. 이것은 지극히 자연스러운 현상입니다. 아기가 울음을 그치지 않는 것도, 게다가 부모가 짜증을 내는 것도, 하지만 그렇다고 아기를 심하게 달래는 것은 금물입니다. 생후 2개월 미만의 아기는 목을 가누지 못해 앞뒤로 과격하게 흔들면 심각한 후유증을 남길 가능성마저 있습니다.

의사는 무엇에 대해 이야기하고 있습니까?

1 아기가 울음을 그치지 않는 원인
2 아기를 학대하는 부모에 대한 비판
3 아기를 달랠 때 주의해야 할 점
4 아기 양육에 대한 정부의 지원책

6번

음성

テレビでアナウンサーが二社のデパートについて話しています。

女 : 有名デパートとして知られている、日の丸デパートと富士デパートが合併すると発表しました。ライバル会社であった二社は近年、不景気に悩まされていました。今回、互いの良質な事業や得意分野を兼ね備え、業界随一のサービスを試みることで売上の回復が期待されています。また、デパート業界では日本初となる海外進出も予定しています。日本ならではのおもてなしが受けられると世界からも注目を集めています。今後は、海外の企業とも連携し日本に

も新たなブランドを広げていくことを目標にしているそうです。

アナウンサーは二社のデパートの何について話していますか。

1 二社の経営権をめぐる争い
2 新サービスの開始
3 二社を一つにすることによる効果
4 海外展開をすることの難しさ

텔레비전에서 아나운서가 두 곳의 백화점에 대해 이야기하고 있습니다.

여 : 유명 백화점으로 알려진 히노마루 백화점과 후지 백화점이 합병한다고 발표했습니다. 경쟁사였던 두 회사는 최근 몇 년 동안 불황으로 어려움을 겪어 왔습니다. 이번 합병을 통해 양질의 사업과 특기 분야를 겸비해 업계 최고의 서비스를 시도함으로써 매출 회복을 기대하고 있습니다. 또한 백화점 업계에서는 일본 최초로 해외 진출도 예정돼 있습니다. 일본 특유의 고객 서비스를 받을 수 있다는 점에서 세계에서도 주목을 받고 있습니다. 앞으로는 해외 기업과의 제휴를 통해 일본에도 새로운 브랜드를 확장해 나가는 것이 목표라고 합니다.

아나운서는 두 백화점의 무엇에 대해 이야기하고 있습니까?

1 두 회사의 경영권 다툼
2 새로운 서비스의 개시
3 <u>두 회사를 하나로 합친 효과</u>
4 해외 진출의 어려움

문제4 문제4에서는 문제지에 아무것도 인쇄되어 있지 않습니다. 먼저 문장을 들으세요. 그러고 나서 그것에 대한 대답을 듣고 1부터 3 중에서 가장 올바른 것을 하나 고르세요.

예

음성
男 : 最後の試合じゃないんだから、そんなに気を落とさないでよ。
女 : 1 次こそは点を取ってみせます。
　　 2 うまくいかなかったんですね。
　　 3 はい、注意しておきます。

남 : 마지막 시합이 아니니까 그렇게 낙심하지 마.
여 : 1 <u>다음에는 꼭 점수를 내겠습니다.</u>
　　 2 잘 안됐군요.
　　 3 네, 주의하겠습니다.

1번

음성
女 : ああ！やっと当たった来月のコンサート、待ちきれないね。

男 : 1 ええ、もう行っちゃったの？
　　 2 うんうん、早く行きたいね。
　　 3 落選したの？残念だね。

여 : 아! 겨우 당첨된 다음 달 콘서트 못 기다리겠어.
남 : 1 어, 벌써 갔어?
　　 2 <u>그래 그래, 빨리 가고 싶다.</u>
　　 3 낙선했어? 아쉽게 됐구나.

2번

음성
男 : 起業家で成功したからって、人のことを見下すにも程があるよね。

女 : 1 うん、なんだか気分悪いよね。
　　 2 うん、見ててくれないと困るよ。
　　 3 ええ、それはすごいね！

남 : 기업가로 성공했다고 사람을 깔보는 것도 정도가 있지.
여 : 1 <u>맞아, 왠지 기분 나쁘네.</u>
　　 2 응, 봐 주지 않으면 곤란해.
　　 3 와, 그거 굉장하네!

3번

음성
女 : 部長、明後日の鈴木さんの歓迎会、最初に一言お願いしたいのですが。

男 : 1 一、二分でいいかな。
　　 2 そうですか、お願いします。
　　 3 鈴木さんからお話があるんですね。

여 : 부장님, 모레 스즈키 씨 환영회, 처음에 한마디 부탁드리고 싶은데요.

남 : 1 <u>1, 2분이면 될까?</u>
　　 2 그렇습니까? 부탁합니다.
　　 3 스즈키 씨로부터 할 이야기가 있군요.

4번

음성
女: タケルったら家で教科書を開くことすらしないし、怒らないと勉強しないから本当に手が掛かるのよ。

男: 1 手を出すのはダメだよ。
　　 2 そうか、俺からも言っておくか。
　　 3 それは褒めてやらないとな。

여: 다케루는 집에서 교과서는 펴지도 않고, 혼내지 않으면 공부를 안 해서 정말 손이 많이 가.
남: 1 손찌검을 해서는 안 돼.
　　 2 <u>그래, 나도 뭐라고 말 좀 해 줄까?</u>
　　 3 그거는 칭찬해 줘야지.

5번

음성
男: 月末は仕事の量が多すぎて、何から手を付けたらいいか分からないよ。

女: 1 そうだね、仕事がどんどん進みそうだね。
　　 2 それ触ったらダメだよ。
　　 3 うん、なんだかいつも慌ただしくなるよね。

남: 월말에는 업무량이 너무 많아서 뭐부터 시작해야 할지 모르겠어.
여: 1 맞아, 일이 점점 진척되겠네.
　　 2 그거 만지면 안 돼.
　　 3 <u>응, 왠지 항상 정신이 없어.</u>

6번

음성
女: あれっ？伊藤さん、お客さんともう少し金額の交渉するって言ってなかったっけ。

男: 1 <u>それが、あっさりと断られてしまいました。</u>
　　 2 いえ、部長がご覧になられるんですか。
　　 3 はい、交渉した方が良いですか。

여: 어머? 이토 씨, 손님하고 조금 더 금액을 협상하겠다고 하지 않았었나?

남: 1 <u>그게, 딱 잘라 거절당하고 말았어요.</u>
　　 2 아니요, 부장님이 보시는 겁니까?
　　 3 네, 협상하는 것이 좋을까요?

7번

음성
女: 引っ越す前のお家、なんだか部屋の空気がどんよりしてて不気味だったんだよね。

男: 1 うんうん、綺麗な部屋だよね。
　　 2 それは引っ越して良かったね。
　　 3 じゃあ、引っ越せばいいじゃん。

여: 이사하기 전에 살던 집, 왠지 방 공기가 탁하고 기분이 나빴어.
남: 1 어, 깨끗한 방이네.
　　 2 <u>그건 이사하길 잘한 거네.</u>
　　 3 그럼, 이사 가면 되겠네.

8번

음성
男: 最近、周りからやけに老けたって言われるんだけど、そんなに老けたかな？

女: 1 はい、若返りましたよね。
　　 2 うーん。確かに顔が疲れてるように見えます。
　　 3 そうですね。すごく日に焼けましたよね。

남: 요즘 주위에서 유난히 늙었다는 소리를 듣는데 그렇게 늙었니?
여: 1 네, 젊어지셨어요.
　　 2 <u>음. 확실히 얼굴이 피곤해 보여요.</u>
　　 3 맞아요, 햇볕에 많이 탔죠.

9번

음성
男: 映画おもしろかったね。最後の展開には面食らったよ。

女: 1 映画館で食べたの？
　　 2 思わぬ展開だったね。
　　 3 そんな感動する話ではなかったと思うけど。

남: 영화 재미있었지. 마지막 전개는 황당했어.
여: 1 영화관에서 먹은 거야?
　　 2 <u>예상치 못한 전개였어.</u>
　　 3 그런 감동적인 이야기는 아니었던 거 같은데.

10번

음성

男 : この間彼女と行ったレストラン、レビューは良かったんだけど、その割にはいまいちだったんだよね。

女 : 1　え、なんで調べて行かなかったの。
　　 2　そっかあ、レビューを見て行けばいいんだね。
　　 3　やっぱり、ネットの情報って信憑性ないよね。

남 : 지난번에 여자 친구와 갔던 레스토랑, 리뷰는 좋았는데 그에 비해서는 별로였어.

여 : 1　어, 왜 조사를 안 하고 갔어?
　　 2　그래? 리뷰를 보고 가면 되겠구나.
　　 3　역시, 인터넷 정보는 신빙성이 없구나.

11번

음성

男 : 同僚に押し付けられて、今回の会議で議長をすることになったんだよ。

女 : 1　難しそうだけど、山田君ならできると思うよ。
　　 2　ええ、それは苦労したね。
　　 3　正直にやりたいって言えばよかったのに。

남 : 동료에게 떠밀려서 이번 회의에서 의장을 맡게 됐어.

여 : 1　어렵겠지만 야마다 군이라면 할 수 있을 거야.
　　 2　아, 그거 고생했구나.
　　 3　솔직히 하고 싶다고 하지 그랬어.

12번

음성

女 : オリンピックに向けた街開発は、永野工事長がいなければできなかったよね。

男 : 1　うん、工事長ってみんなから信用されてるよね。
　　 2　とはいえ、間に合ったなんてね。
　　 3　工事長、いなくて大変だったね。

여 : 올림픽을 위한 도시 개발은 나가노 공사 소장님이 없었다면 할 수 없었겠지?

남 : 1　응, 다들 공사 소장님을 신뢰하고 있지.
　　 2　그렇다고 해도 제시간에 했다니.
　　 3　공사 소장님이 없어서 힘들었지.

13번

음성

女 : ニュースで取り上げられてたんだけど、最近詐欺が流行ってて年齢を問わず被害にあう人が多いんだって。

男 : 1　そうなんだ、取材したんだ。
　　 2　ええ、詐欺にあったことがあるの?
　　 3　詐欺師は、人の心の隙間に入るのが上手なんだね。

여 : 뉴스에서 다루었는데 요즘 사기가 유행이라 나이를 불문하고 피해를 보는 사람이 많대.

남 : 1　그렇구나, 취재했구나.
　　 2　아, 사기를 당한 적이 있어?
　　 3　사기꾼은 사람 마음의 빈틈으로 파고드는 데 능숙하구나.

문제5 문제5에서는 장문의 이야기를 듣습니다. 이 문제에는 연습은 없습니다. 문제지에 메모를 해도 괜찮습니다.

1번, 2번

문제지에 아무것도 인쇄되어 있지 않습니다. 먼저 이야기를 들으세요. 그리고 나서 질문과 선택지를 듣고 1부터 4 중에서 가장 올바른 것을 하나 고르세요.

1번

음성

電話で携帯会社の人と男の人が話しています。

女 : はい。もみじ携帯ショップでございます。
男 : あのー、携帯の契約内容を改めたくて電話をしました。最近、海外の方と仕事をするのにネットをよく使うようになったのですが、外ではWi-Fiのない場所が多くて不便で。Wi-Fiがなくても十分にネットを使えるようなプランにしてもらいたいんです。
女 : はい。
男 : あと、家族も3人同じもみじ携帯ショップを利用しているので、そういった割引もあれば教えてもらいたいです。
女 : 承知しました。ご家族も、もみじ携帯ショップをご利用いただいているとのことですね。ええ、4つのプランがあるのですが。一般的なプランは基本プランです。こちらは家族割引はなく、料金を支払えば通信量を追加することができます。1日1時間ネットを利用するのであれば、4つのプランの中でも一番安いプランになっています。

99

男：ああ。
女：もし、ご家族もネットをよく使われるのでしたら家族シェアプランというものがあります。こちらは、決まった通信量を家族で使っていくもので3人以上のご家族が契約されているとお得なプランです。大体1人、1日2時間ネットをご利用いただくことができ、契約しているご家族との電話が無料になっています。
男：家族で通信量を共有するのか。まあ、でも家族はそこまでネットを使わないし、電話もアプリがあるからいいかな。あと2つのプランは何ですか。
女：もう1つは無制限プランです。これは契約された日からネットが使い放題なので、外でも安心してご利用いただけます。1日4時間以上ネットを利用する方には、今ご紹介しているプランの中では一番お得になっています。しかし、ネットを使わなくても一定の金額になっており、家族割引がございません。
男：そうですか。
女：それから、海外パケットプラン。これは、海外でもネットを繋ぐことができるプランです。料金は少し高くなりますが、海外によく行く方は、こちらのプランの契約がお勧めです。
男：そうですか。海外にはそんなに行かないからいいかな。えーっと、そしたら毎日6時間以上はネットを利用するので外出してても安心して使える、さっきのプランでお願いします。

男の人はどのプランの契約をすることにしましたか。

1 基本プラン
2 家族シェアプラン
3 無制限プラン
4 海外パケットプラン

전화로 휴대전화 회사 사람과 남자가 이야기하고 있습니다.

여: 네. 모미지 휴대전화 판매점입니다.
남: 저기요, 휴대전화 약정 내용을 바꾸고 싶어서 전화를 드렸습니다. 최근 해외에 있는 분과 일을 하느라 인터넷을 자주 사용하게 되었는데, 밖에서는 와이파이가 없는 곳이 많아 불편해서요. 와이파이가 없어도 충분히 인터넷을 사용할 수 있는 요금제로 바꾸고 싶어서요.
여: 네.
남: 그리고 가족 3명이 같은 모미지 휴대전화 판매점을 이용하고 있는데, 그런 할인 혜택이 있으면 알려 주세요.

여: 네, 알겠습니다. 가족분들도 모미지 휴대전화 판매점을 이용하고 계신다고 하셨는데요. 음, 네 가지 요금제가 있는데요. 일반적인 요금제는 기본 요금제입니다. 가족 할인은 없고, 요금을 내면 통신량을 추가할 수 있는데, 하루 1시간 정도 인터넷을 사용한다면 네 가지 요금제 중 가장 저렴한 요금제입니다.
남: 아.
여: 만약 가족들도 인터넷을 많이 사용한다면 가족 공유 요금제라는 것이 있습니다. 이 요금제는 정해진 통신량을 가족이 함께 사용하는 요금제로, 3인 이상의 가족이 계약되어 있으면 저렴한 요금제입니다. 대략 1인당 하루 2시간씩 인터넷을 이용할 수 있으며, 가입한 가족과의 통화는 무료입니다.
남: 가족끼리 통신량을 공유한다고요? 뭐, 하지만 가족들은 인터넷을 그렇게 많이 사용하지 않고, 전화도 앱이 있으니 괜찮을 것 같네요. 나머지 두 가지 요금제는 무엇인가요?
여: 다른 하나는 무제한 요금제예요. 이것은 가입한 날부터 인터넷을 무제한으로 사용할 수 있어서 밖에서도 안심하고 사용할 수 있고, 하루 4시간 이상 인터넷을 사용하시는 분들에게는 지금 소개하는 요금제 중 가장 저렴하게 이용할 수 있는 요금제입니다. 하지만 인터넷을 사용하지 않더라도 일정 금액으로 책정되어 있으며 가족 할인은 없습니다.
남: 그렇군요.
여: 그리고 해외 패킷 요금제. 이것은 해외에서도 인터넷을 사용할 수 있는 요금제입니다. 요금은 조금 비싸지만, 해외에 자주 가시는 분은 이 요금제 가입을 추천합니다.
남: 그렇군요. 저는 해외에 그렇게 많이 가지 않으니 괜찮을 것 같은데. 음, 그럼 매일 6시간 이상은 인터넷을 이용하니까 외출 중에도 안심하고 사용할 수 있는 아까 말한 요금제로 부탁할게요.

남자는 어느 요금제를 계약하기로 했습니까?

1 기본 요금제
2 가족 공유 요금제
3 무제한 요금제
4 해외 패킷 요금제

2번

음성

ケーキ屋で店長と店員二人が話しています。

男1：近々、うちにも宅配サービスを導入しようと考えて

いるんだ。でも、ケーキって熱さに弱かったり、崩れやすかったりとデリケートなものだから宅配が難しいんだ。何かいい案はないかな。

女：友人の誕生日の時、近くにケーキ屋さんがなくて当日わざわざ遠くまで買いに行ったことがあるんですが、そういう時宅配のサービスがあると便利ですね。

男2：確かに、うちのお店、開店時間が10時ですし駅から少し離れているので買いに来られるお客さんが限られてるかもしれませんね。

男1：うん。

男2：長時間の持ち運びにも問題がないように、ケーキを冷凍して販売するのはどうでしょうか。そうすれば、宅配の時も崩れる心配がないですし、買った日に食べなくても家でまた冷凍すれば日持ちしますよね。

男1：ああ、そうだね。フルーツが入っているケーキは冷凍できないから、冷凍販売できるケーキは限られるけど、メリットもたくさんあるよね。

女：それより、ケーキを冷凍せず綺麗な状態で届けることができた方がいいんじゃないですか。

男1：ん？というと？

女：ケーキといえばフルーツがたくさん乗っていた方が人気がありますし、冷凍できるケーキが限られてしまうなら、冷凍しなくても崩れないような箱に入れて宅配をするとか。

男2：でも、ケーキを固定させるのも限界があるし、運ぶときのリスクが高くなるんじゃないかな。ケーキを凍らせたまま食べられるアイスケーキのようにするのはどうですか。

男1：うーん。そうすると新しいケーキを考えるところからしなければならないからすぐには難しいな。

女：あとは、駅前や人通りが多いところにワゴンを出して冷凍ケーキと普通のケーキ両方販売するのはどうですか。

男1：そうだなあ。ワゴンを出すとなると経費がかかってしまうな。そこはできるだけ抑えたいから、宅配しやすいさっきの案に挑戦してみようかな。

この店ではどうすることにしましたか。

1 冷凍したケーキを宅配する
2 ケーキが崩れない箱に入れて宅配する
3 アイスケーキを作って販売する
4 ワゴンを出して販売する

케이크 가게에서 점장과 점원 2명이 이야기하고 있습니다.

남：조만간 우리 가게에도 택배 서비스를 도입하려고 생각하고 있어. 하지만 케이크는 열기에 약하고 뭉개지기 쉽고 다루기 힘들어서 택배가 어려워. 뭐 좋은 방안이 없을까?

여：친구 생일 때 근처에 케이크집이 없어서 당일에 일부러 멀리까지 사러 간 적이 있는데 그럴 때 택배 서비스가 있으면 편리하겠네요.

남2：확실히, 우리 가게, 개점 시간이 10시이고 역에서 조금 떨어져 있어서 사러 오는 손님이 한정되어 있을지도 모르겠네요.

남1：응.

남2：장시간 들고 다녀도 문제가 없도록 케이크를 냉동해서 판매하는 것은 어떨까요? 그러면 택배 때도 뭉개질 염려가 없고, 구입한 날 안 먹어도 집에서 다시 냉동하면 오래 가잖아요.

남1：아, 그러네. 과일이 들어 있는 케이크는 냉동할 수 없으니까 냉동 판매할 수 있는 케이크는 한정되겠지만, 장점도 많이 있겠어.

여：그보다 케이크를 냉동하지 않고 깨끗한 상태로 배달할 수 있는 편이 좋지 않을까요?

남1：그래? 그러면?

여：케이크는 과일이 많이 올려 있는 것이 인기가 있고, 냉동할 수 있는 케이크가 한정되어 있다면, 냉동하지 않아도 뭉개지지 않는 상자에 넣어서 택배로 보낸다든지.

남2：하지만 케이크를 고정시키는 것도 한계가 있고, 운반할 때 리스크가 커질 것 같아요. 케이크를 얼린 채로 먹을 수 있는 아이스크림 케이크처럼 만드는 건 어때요?

남1：음. 그러면 새로운 케이크를 생각하는 것부터 해야 하니까 당장은 어려워.

여：남은 건 역 앞이나 유동 인구가 많은 곳에 왜건을 세워 놓고 냉동 케이크와 일반 케이크 모두 판매하는 것은 어때요?

남1：글쎄. 왜건을 쓰게 되면 경비가 많이 들겠지. 그건 최대한 줄이고 싶으니까 택배하기 쉬운 아까 나온 방안에 도전해 볼까?

이 가게에서는 어떻게 하기로 했습니까?

1 <u>냉동한 케이크를 택배로 한다</u>
2 케이크가 뭉개지지 않는 상자에 넣어 택배를 보낸다
3 아이스크림 케이크를 만들어 판매한다
4 왜건을 세워 놓고 판매한다

3번

먼저 이야기를 들으세요. 그러고 나서 두 개의 질문을 듣고 각각 문제지의 1부터 4 중에서 가장 올바른 것을 하나 고르세요.

음성

テレビ番組を観て夫婦が話しています。

女1：今話題になっている人気のツアーを紹介します。カップルや夫婦で行くにはもってこいのツアーです。まずは国内から。1つ目は4泊5日の沖縄旅行です。1日目は海沿いのリッチなホテルで過ごし、その後は民泊でリアルな沖縄の生活を楽しむことができちゃいます。友達との旅行でも人気のツアーなんですって。2つ目は、3泊4日の東京旅行です。ガイドさんがついているので、事前に計画を立てなくても一度の旅行で様々な観光地に行くことができます。自由時間も設けられているので、お土産をゆっくり買いに行くこともできていいですね。3つ目は海外です。3泊4日のダナン旅行が今、カップルの中で大人気だそうです。ダナンでは、ラグジュアリーな最高級ホテルで大きな貸切プールや豪華な食事、お洒落なバー、エステなど全てがプランに組まれており、今までに味わったことのない優雅な時間とリッチな気分を満喫できてしまいます。4つ目は、3泊4日の韓国旅行です。よくドラマに出てくるようなサウナへ行ったり、民族衣装を着て撮影をしたり、人気の韓国料理屋を巡るなど、普通の旅行では経験できないようなツアーが、朝から晩まで組まれています。このツアーに参加すればディープな韓国を一気に体験できちゃいますね。

女2：わあ。全部行きたい。今度旅行に行こうって話してたけど、今の中から決めない？

男：そうだな。民泊は去年経験したよね。そういえば、都内って観光地沢山あるのに前行ったとき全然回れなかったよなあ。ガイドさんついてるから安心できるし、これがいいと思うなあ。

女2：うーん、国内もいいけど、せっかくの長期連休だからもっと遠くに行って、ちょっとぜいたくな気分を味わいながらゆっくり過ごしたいなあ。

男：まあ、夫婦で行けばどこ行っても楽しいだろうな。

女2：それって、私といたらいつも楽しいってこと？なんか照れるな。

質問1　男の人は旅行でどこに行きたいと言っていますか。

1　沖縄
2　東京
3　ダナン
4　韓国

質問2　女の人は旅行でどこに行きたいと言っていますか。

1　沖縄
2　東京
3　ダナン
4　韓国

텔레비전 프로그램을 보고 부부가 이야기하고 있습니다.

여1 : 지금 화제인 인기 있는 투어를 소개합니다. 커플이나 부부가 가기에는 안성맞춤인 투어입니다. 일단은 국내부터. 첫 번째는 4박 5일 오키나와 여행입니다. 첫날은 해안가에 있는 고급 호텔에서 보내고 그 후에는 민박에서 리얼한 오키나와의 생활을 즐길 수 있습니다. 친구들과의 여행에서도 인기 있는 투어라고 합니다. 두 번째는 3박 4일 도쿄 여행입니다. 가이드가 있어서 미리 계획을 세우지 않아도 한 번의 여행으로 다양한 관광지를 갈 수 있습니다. 자유 시간도 마련되어 있어서 기념품을 여유롭게 사러 갈 수도 있어서 좋겠네요. 세 번째는 해외입니다. 3박 4일 다낭 여행이 지금 커플들 사이에서 큰 인기라고 합니다. 다낭에서는 럭셔리한 최고급 호텔에서 큰 전용 수영장과 호화로운 식사, 세련된 바, 에스테틱 등 모든 것이 플랜으로 짜여 있어 지금까지 경험해 본 적이 없는 우아한 시간과 만족감을 만끽할 수 있습니다. 네 번째는 3박 4일 한국 여행입니다. 드라마에 자주 나오는 사우나에 가거나 민족 의상을 입고 촬영을 하거나 인기 있는 한식당을 둘러보는 등 보통 여행에서는 경험할 수 없는 투어가 아침부터 밤까지 짜여 있습니다. 이 투어에 참가하면 한국을 깊이 있게 단번에 경험할 수 있습니다.

여2 : 와. 다 가 보고 싶다. 이번에 여행 가자고 얘기했었는데, 지금 나온 것 중에서 정하지 않을래?

남 : 그래. 민박은 작년에 경험했잖아. 그러고 보니 도쿄 도내에는 관광지가 많은데, 전에 갔을 땐 전혀 돌아보지 못했지. 가이드가 있어서 안심할 수 있고, 이쪽이 좋을 것 같아.

여2 : 음, 국내도 좋지만, 모처럼 생긴 긴 연휴니까 더 멀리 가서 좀 사치스러운 기분을 맛보면서 여유롭게 보내고 싶어.

남 : 뭐, 부부가 함께 가면 어디를 가도 즐거울 거야.

여2 : 그건 나랑 있으면 항상 즐겁다는 뜻이야? 왠지 쑥스럽네.

질문 1 남자는 여행으로 어디에 가고 싶다고 합니까?

1 오키나와
2 <u>도쿄</u>
3 다낭
4 한국

질문 2 여자는 여행으로 어디에 가고 싶다고 합니까?

1 오키나와
2 도쿄
3 <u>다낭</u>
4 한국

한 권으로 끝내는
JLPT N1 단기 합격 코스

- JLPT 최신 기출 경향 완벽 반영
- 단 한 권으로 JLPT N1 완벽 대비
- 적중률 향상을 위한 철저한 분석
- 실전 모의 시험 2회분 수록
- 단어 암기용 앱 무료 다운로드 제공
- MP3 무료 다운로드 제공(www.nexusbook.com)